读客

读客中国史入门文库

顺着文库编号读历史，中国史来龙去脉无比清晰！

知行合一
王阳明（1472—1529）

知行合一的“知”，不是“知道”，而是“良知”，
是每个人内心与生俱来的道德感和判断力。
找到并遵循内心的良知，复杂的外部世界就
将变得格外清晰，制胜决断，了然于心。

本书通过讲述王阳明的辉煌传奇，
为您剖析知行合一的无边威力。

度阴山 著

江苏凤凰文艺出版社
JIANGSU PHOENIX LITERATURE AND ART PUBLISHING

图书在版编目（CIP）数据

知行合一王阳明. 1472—1529 / 度阴山著. -- 南京:
江苏凤凰文艺出版社, 2018.1（2025.11重印）
（知行合一王阳明大全集）
ISBN 978-7-5594-0203-5

Ⅰ. ①知… Ⅱ. ①度… Ⅲ. ①王守仁（1472-1528）
- 哲学思想②王守仁（1472-1528）- 传记 Ⅳ.
①B248.2

中国版本图书馆CIP数据核字 (2017) 第317394号

知行合一王阳明. 1472—1529

度阴山 著

责任编辑	丁小卉
特约编辑	盛 亮　潘 炜
装帧设计	读客文化　021-33608320
责任印制	刘 巍
出版发行	江苏凤凰文艺出版社 南京市中央路165号，邮编：210009
网　址	http://www.jswenyi.com
印　刷	三河市龙大印装有限公司
开　本	1000 毫米 × 710 毫米 1/16
印　张	19.25
字　数	320 千字
版　次	2018 年 3 月第 1 版
印　次	2025 年 11 月第 33 次印刷
书　号	ISBN 978-7-5594-0203-5
定　价	118.00 元（共三册）

江苏凤凰文艺版图书凡印刷、装订错误，可向出版社调换，联系电话：010-87681002。

目　录

序　章
心学诞生的前夜

心学横空出世

如果老天爷在1508年高坐云端俯瞰人间，他会看到这一年发生在地球上的那些大事。在中国，大明帝国的实际领导人刘瑾创建了内厂，这是继明帝国三大特务组织（锦衣卫、东厂、西厂）之后的又一更加残暴、更加摧残人性的机构；在日本，幕府掀起的内讧飓风归于平静；在欧洲，神圣罗马帝国皇帝的军队进攻威尼斯共和国失败；在中美洲，西班牙人把非洲的尼格罗人运到西印度群岛作为奴隶，美洲有“黑奴”自此开始。

老天爷如果擦亮双眼仔细观看，还会看到未来的宗教精神导师马丁·路德正在威顿堡大学慷慨激昂地鼓吹他自己的宗教思想。如果他专心于中国，则会看到广西柳州的农民起义被血腥镇压，看到山东曹州的农民正在掀起抗暴的烽火，还能看到已上任三年的皇帝朱厚照（明武宗）正在紫禁城里不眠不休地纵欲。

只有一件事，他可能没有看到，或者说，他不屑于看到。这件事发生在大明帝国贵州龙场（今修文县）驿站中，当事人是驿站站长王阳明，叫“龙场悟道”。多年以后，中国思想史把它定义为：心学的诞生。

老天爷看不到，是因为贵州龙场在原始森林中，连目光最敏锐的鸟儿都看不到；老天爷不屑于看到，是因为那时的心学还未散发它最耀眼的光芒。

自心学诞生的那一刻起，就注定了它的不同凡响。七年后，王阳明被明帝国的中央政府派到江西剿匪时，他的忠实门徒已达千人。在他1529年离开人间时，他的门徒已以万计。在他去世的五百多年中，真心实意地把他当作精神导师的伟大人物不胜枚举，曾国藩、康有为、孙中山都是他忠实的拥趸。1513年，日本人了庵桂梧把心学带回日本，300多年后，日本人在王阳明心学影响下发动了举世皆惊的“明治维新”，摇身一变而成为世界强国。

所有的一切都无可置疑地表明，心学是一门能让一个人乃至一个国家迅速强大起来的神奇学说。不过在1508年它来到人间时，恐怕只有王阳明一人认为它具有如此神奇的功效。

和很多伟大思想的诞生一样，表面上看，心学诞生在电光石火间。

1508年一个春天的夜晚，王阳明在睡梦中突然惊醒，像着了魔一样喊叫起来。他的两个仆从被惊醒时，他已开始自言自语：“是了！是了！圣人之道，从我们自己的心中求取，完全满足。从前枝枝节节地去推求事物的原理，真是大误。实际上，‘格’就是‘正’的意思，正其不正，便归于正。心以外没有‘物’。浅近而言，人能‘为善去恶’就是‘格物功夫’。‘物格’而后‘知致’，‘知’是心的本体，心自然会‘知’。见父知孝；见兄知弟；见孺子入井，自然知恻隐；这便是‘良知’，不假外求。倘若‘良知’勃发，就没有了私意障碍，就可以充足他的恻隐之心，恻隐之心充足到极点，就是‘仁’了。在常人，不能够没有私意障碍，所以要用‘致知格物’一段功夫去胜私复理，到心的‘良知’没有障碍，能够充塞流行便是‘致知’。‘致知’就‘意诚’了，把心这样推上去，可以直到‘治国’‘平天下’。”

想到这里，王阳明感觉到胸中爽快异常，向着静寂的夜空一声长啸。这就是心学史的开篇“龙场悟道”，归纳为八个字则是：“吾性自足，不假外求。”用王阳明的解释就是，人人心中都有良知，良知无所不能，能解决一切问题，不需要任何外来帮助。

多年以后，当心学璀璨夺目时，我们不禁要问，为什么是王阳明创建了心学，而不是别人？王阳明为什么突然“顿悟”出了心学，而不是别的什么“学”？如果以“既成事实”的角度来看，这个问题必然使人发笑。因为就是王阳明创建了心学，而不是别人。即使王阳明本人也对自己何以能创建心学没有一目了然的答案。龙场悟道后没过几年，他到江西剿匪。有弟子问他：“尧舜那样伟大的圣人为什么不制作礼乐，非要等到周公呢？”他回答：“圣人的心是面明镜，物来则照，物不来也不去强求。尧舜没有制作礼乐，只是因为他们那个时代还不需要，没有这件事来找他们。周公制作礼乐，只是因为礼乐这件事刻不容缓，来找周公了。”

用今天的话来说，就是时势造英雄。

那么，到底是什么样的时势造就了王阳明和他的心学呢？

心学诞生的前夜

现在，让我们看看心学诞生的前夜都发生了什么。

这个夜很漫长，有很多人行走在夜色中。我们最先看到的是一个道士模样的人，他正倒骑着驴，行走在公元960年的一条大路上。当有人告诉他赵匡胤做了皇帝建立了大宋时，他惊喜得从驴上摔了下来，说："从此天下定矣。"他叫陈抟，是五代末期华山里神乎其神的一个道士。在他身后，我们看到了他的弟子穆修，而穆修的背后则是他的弟子周敦颐，此人精通儒、释、道三家学问，是当时的大学问家，世人评价他的品行时说他"胸怀洒落如风光霁月"。周敦颐最为我们所熟知的就是那篇美轮美奂的《爱莲说》。另外，他受到祖师爷陈抟道士的影响，以道家的语境写了一本书叫《太极图说》。书中提到了"无极"这一概念，它是万物的造物主，也是万物运行的标准。在周敦颐的身后，我们会看到两个相貌相似，神情却迥然不同的人。一个脸上荡漾着和气的颜色，而另一位则神情严肃，活像僵尸。这两人是亲兄弟，和气的那位是哥哥叫程颢，严肃的那位是弟弟叫程颐。

多年以后，兄弟俩从老师周敦颐的《太极图说》的"无极"理论中抽出"理"和"道"的概念，自成一家，这就是理学的雏形。理学认为，在超现实、超社会之上存在一种标准，它是人们一切行为的规范。周敦颐说它叫"无极"，二程说它叫"天理"。而"天理"的敌人则是"人欲"（不合理、不正当的行为和欲望）。每个人的一生最应该做的事就是去发现（格物穷理）和遵循这个"天理"，祛除"人欲"。归根结底，就是要"存天理，灭人欲"。我们可以举个例子来说明"天理"和"人欲"。饿了吃饭是"天理"，但非要吃鱼翅鲍鱼，这就是"人欲"；困了睡觉是"天理"，但非要有美女陪睡，这就是"人欲"；一个人如果饿了非不吃饭，困了非不睡觉，这也是"人欲"，虽然它不是不合理的欲望，却是不合理的行为，因为你违反了人的生理规律。由此可知，天理其实就是满足我们生存下来最基本的需求，除此之外的都是人欲。

如何"存天理，灭人欲"，程颢和程颐的方法不同。程颢认为，人性本是善的，天理就在我心中，所以只需要在自身上下功夫就可以了。而程颐虽然也认为人性是善的，但是认为不能仅仅在心上用功，必须要去外界寻找天理，也就是说，必须要依靠外界的力量“格物致知”来让自己的人性达到至善的境界。

二人的主张不同，是因为心性不同。有这样一则轶事，很能说明问题。兄弟二人去参加宴会。宴会上，哥哥程颢对主人送到怀里的歌女温存备至，而弟弟程颐对怀里的美女连看都不看一眼，反而气得七窍生烟。回家后，他指责哥哥有失体统。程颢大吃一惊，说：“我当时在饭局上，怀里有美女，心中就有美女，我现在回家了，怀里没有美女，心中也没有了，而你直到现在，心中还有美女？”

这个故事恰好戏剧性地验证了两人的思想。程颢认为，一切都是心的问题。而程颐则认为，必须要时刻约束自己，让外界的规则来规范自己的心。

南宋时，朱熹继承了程颐的思想，而陆九渊则继承了程颢的思想。朱熹和陆九渊凭借天资将这两种思想发扬光大，这就是后来的程朱理学和陆九渊心学。

无论是程朱理学还是陆九渊心学，都是为了存天理去人欲。为什么要存天理去人欲呢？另一位理学大师张载给出了答案：为天地立心（为社会重建精神价值），为生民立命（为民众确立生命意义），为往圣继绝学（为前圣继承已绝之学统），为万世开太平（为万世开拓太平之基业）。

如此精彩雄壮的格言，在中国乃至世界史上只此一次。这四句话，就是理学家的名片。

实际上，理学的思路虽然来自道家，但创造它的人都承认，理学是儒家思想，是新儒学。不过，理学谈的是儒家鼻祖孔子最不愿意谈的问题“性和天道”（子罕言性与天道），表面上看，这背离了孔子的方向，但其实不是这样。

孔子之后，儒家分为六派（李斯为代表的小康派，孟子为代表的大同派，董仲舒为代表的天人感应派，孟子、荀子和告子为代表的心性派，荀子为代表的考证派，司马迁为代表的记纂派），其中有两派在日后发扬光大，一派是天人感应派，在两汉时期威风八面；另一派则是心性派，多年以后，它改头换面而成为理学。

孟子说人性本善，荀子说人性本恶，告子则说，人性可善可恶。理学家则说，孟子说得对，荀子说得也有道理，而告子给我们提了个醒。所以，我们应该时刻注意自己的心，一定要“存天理灭人欲”。

为什么会有理学的诞生，这是个深远的话题。儒学在西汉取得正统地位后风光了几百年。魏晋南北朝时，儒家四平八稳的主张在乱世失去作用，于是销声匿迹，直到南北朝结束后，隋唐大一统王朝到来，儒学才蹑手蹑脚地回到人们的视线中来。不过，四百多年不在人间，魏晋南北朝时期佛、道二教的高度繁荣，使得儒家思想没有了竞争力。唐代的韩愈曾向皇帝提出抑制佛、道二教，重新把儒家思想放到尊位上来的建议。韩愈的呼吁很快就化为泡影，唐帝国灭亡后，中国又迎来了一个血肉横飞的小分裂时代（五代十国），到处都是武夫当权，儒学再次显示了它脆弱的一面——只有在大一统时代才有力量——而退隐。

北宋统一中国后，第一任皇帝赵匡胤“抑武扬文”，儒学在告别人世接近七百年后终于迎来了复兴时刻。这一复兴是震动天地的。几乎是一夜之间，北宋帝国成了儒家知识分子的乐园。人人都以读儒书、参加科考而高中为生平最幸福的事，连北宋的皇帝都指着儒书赞叹说，“书中自有颜如玉”，“书中自有黄金屋”。

我们都知道，儒家知识分子有个极坚韧的行为就是，千方百计把他们侍奉的对象（皇帝）纳入自己设计的圈套中来。他们要求皇帝必须具备基本的仁义道德：必须这样，必须不能那样。他们的政治理想就是：圣君贤相。问题就出在这里，儒家知识分子从来没有想过设计一种制度来限制皇权，而只是通过各种说教来让君圣相贤。一旦君不圣，相不贤，他们只有一个办法：干瞪眼。

董仲舒曾用“天人感应”的方式来限制皇权，但汉武帝穷兵黩武的历史照样发生了。“天人感应”思想认为，国君做了坏事，老天就发怒；国君做了好事，老天就高兴。北宋的儒家知识分子拿不出别的办法，但如果还拿“天人感应”来忽悠，他们自己都会为自己枯竭的想象力而羞愧。所以，北宋的儒家知识分子们开始对“天人感应”进行升级。

意想不到的是，这段时期发生的一件事给理学的诞生提供了温床。1058年，王安石在皇帝赵顼（宋神宗）的全力支持下进行变法。儒家的保守派群起而攻之，王安石将他们统统从中央驱赶到洛阳。正是在洛阳，以程颐为代表的洛阳知识分子群没有政事的烦扰，所以专心致志地搞起思想来。也正是在这时，这些儒家知识分子放弃了儒家知识分子本应该坚守的处理现实问题的实际性，而凌空蹈虚地谈起了天道和人性。

据说，程颐年轻时听了周敦颐对《太极图说》的解释后，大呼过瘾说：“周老师是天下第一等人。”朱熹很小的时候就曾问过老师：“头顶是天，那么天之上是什么？”陆九渊三四岁的时候就问老爹：“天地的边际在哪里？”

正是这种区别于注重现实的古典儒者的探索精神，让理学诞生到人间。理学虽然诞生于南宋，可在南宋时命运多舛。朱熹晚年，发生了“庆元党禁”，一大批理学家和信奉理学的朝野著名人士被列入伪党名录。理学受到重创，直到南宋灭亡，都未恢复元气。不过元朝初期，蒙古人对思想的宽松政策使理学重获青春。理学就在它倒下的地方（中国南方，当年的南宋地区）站起来，开始发光发热。1314年，元朝皇帝把朱熹特别推崇的“四书”作为科举考试的内容，并且指定朱熹的《四书集注》作为它的参考书。直到此时，理学在全中国被普及，渐渐有了压倒其他思想的权威。

然而，自理学诞生的那一刻到它拥有唯我独尊的地位时，它自身不可避免的缺陷始终像个恶灵一样跟随着它。

首先，理学在“存天理去人欲”的执行上过于严苛。这一点，程颐登峰造极。程颐认为，人生应该严肃，并且要绝对严肃。他曾给小皇帝赵煦（宋哲宗）上课，当时是春天，树枝发出清新的芽，让人怜爱。赵煦趁程颐不注意，折了一根树枝。程颐发现，脸色大变，说：“春天正是万物复苏之时，您怎么忍心折杀它们，这真是没有天理。”这种忽视甚至是扼杀情感的理学，实在让人无法喜欢上它。

其次，理学萌芽于北宋王安石变法时，倡导理学的那些人因为没有政务在身，所以不对政治负责，于是提出了高调的个人道德主义。他们希望每个政治家都应该具备他们所说的个人道德素质，程颐认为，一个出色的政治家必须是完美的道德家，必须有古典儒家所要求的一切美德：仁义礼智信，甚至包括个人卫生。司马光就曾攻击王安石，认为王安石一年才洗一次澡，连胡子里都是虱子，这样一个连“修身”都做不到的人，怎么能齐家、治国、平天下？

问题是，个人的道德和能力扯不上半点关系，可理学家非要认定，个人道德是能力的基石，没有个人道德，能力就大打折扣。王安石对那群高谈高调个人道德主义的理学家反击说，你们说的那些都是“壁上行”，根本没有实现的可能。

的确没有实现的可能。程颐还算是合格的，他的一生极端严肃，几乎没有笑过。但别的理学家就没有这种能力了。久而久之，理学家们大谈特谈的“存天理去人欲”变成说给别人听的口号。正是因为说给别人听，所以调越高越好，这让人在那些严苛的道德规定下无所适从的同时，也注定了理学师傅们不能知行合一。早在朱熹时代的南宋时期，就已经有人指责理学家是道貌岸然的伪君子。说一套却做一套，理学宗师们规定的那些道德要求，都是让别人用的，理学信奉者只是讲师，不是实践者。

最后，也是最致命的，理学迈进明朝时，在明朝各位皇帝的努力下，被打造成了国家意识形态。这个变异过程虽漫长却相当顺利。明王朝开国皇帝朱元璋建国不久，就在那位充满神话色彩的刘伯温的建议下，全盘接受了元王朝的科举制。朱元璋在思想控制上比蒙古人狠一百倍，他把理学之外的所有学说统统列入异端，甚至是孟子的“吊民伐罪”思想都被他砍了。如此一来，理学一方面作为科举考试的内容，使得凡是想通过读书改变人生的人必须接受，由此普及全国；另一方面，理学由此成了明帝国的唯一思想，成为国家意识形态。

如你所知，一种思想被确定为国家意识形态后，就成了不言而喻的真理。由此会给生活在其中的人带来下面的刻板印象：一切都臻于完美，你只要在它那一套架构中调节自己的生活，补充自己的知识，完善自己的心灵，就一切圆满。本身，理学就有一个严密完整的体系，在这一严密完整的体系中，一切问题都有答案，你不必再去寻找答案。实际上，在一个严密的体系里，你也找不到不同的答案。最有天赋的思想家就是最大胆的怀疑者。但你一旦怀疑，你就成了异端、叛逆。明朝第三任皇帝朱棣时期，一个灵性十足的思想者朱季友对朱棣说，朱熹理学有很多缺陷，即使不抵制，也不能把它普及。朱棣咆哮道：“你真是儒家的逆贼！”这位异端受到了严厉的廷杖惩罚，屁股被打烂，割下腐肉几斤，由于走路的姿势很怪，好多年他外出都要人背着行走。显然，理学在明代，已经严重制约了人们的想象力和探索精神。才华出众的思想家们只有一件事可以做，那就是：实践理学。

明代最著名的理学实践家主要有以下两人。一个是山西理学泰斗薛瑄，他对自己曾说过下面这段话而沾沾自喜：自有朱熹后，人间大道已明，不需任何多余的著述，躬行就可以了；另一位则是江西人吴与弼，他是圣人的奴隶，不仅仅恭维朱熹，而且恭维一切圣人。他经常梦到自己匍匐在周文王、孔子、朱熹的脚下聆听教诲。比如在他六十七岁那年的五月二十六日，他在日记中这样记载：“昨天晚上，我梦见孔子的孙子子思来访我。他说他是按孔子的命令来的，我感动得要死，也就在梦中醒来了。”吴与弼特别注重行，所以在他门下学习的人肯定是个出色的劳动力。但他的弟子中也有叛逆者，此人就是陈白沙。陈白沙慕名而来，几天过后就发现吴与弼没什么突破性思想，于是赖在床上，不去劳动。吴与弼就用棍子击打他，愤怒地说：“如此懒惰，怎么能做程颐、朱熹的门徒！”

陈白沙细皮嫩肉，当然经受不起棍棒的考验，于是号叫着离开了吴与弼。当他肉体的疼痛还未消失时，他的精神更剧烈地疼痛起来。这种疼痛就是：朱熹的理学好像是错误的，他叫人到外面去“格物”而获得“天理”，纵然把外面的理格了，又怎么能和我的心意一样？朱熹注解的“四书”是天理，我去格它，结果我的心发现，他的注解有问题，可大家都说，他的话都是天理。这可如何是好？

陈白沙无论如何都解不开这个心结，他从朱熹理学的殿堂里窜了出来，去探索陆九渊心学。

要了解陆九渊心学，就必须和朱熹理学相参照。朱熹理学的修养方法是以读经书和持敬为主。所谓持敬，就是统一自己的精神，抑制人欲，经常自觉天理。它的实践方法就是静坐。如果说，“读经书”是知性修养法，那么，“持敬”就是实践修养法。朱熹认为，这两者必须互相帮助、互相依存，才能达到幡然领悟天下事物之理的境界。陆九渊心学在修养上特别重视静坐，主张直观性的感悟真理。朱熹则重视读经书，朱熹理学和陆九渊心学的区别，就是在修养上，至于他们的终极目标都是一样的：得到天理，锻炼内心。

陈白沙转投陆九渊心学，奠定了他明代第一位心学家的不容置疑的地位。不过，他是从朱熹理学逃到陆九渊心学这里的，所以他仍然没有解决朱熹理学的“格物”问题。事实就是这样：理学当时已经是一个完美、严密的体系，在它内部，很难产生独创型的学者。

而当时是清一色的理学天下，想要在思想上被人瞩目，必须要从朱熹理学开始。王阳明当然也不会例外。

那么，他是如何突破朱熹理学，一举创建王阳明心学的呢？

让我们从头开始说起。

第一章
为什么悟道的是王阳明

何谓第一等事

对于大明帝国第八任皇帝朱见深（明宪宗）来说，1472年绝对不是个好年头。鞑靼（明朝时由也速迭儿开始，最终由达延汗统一的东部蒙古）从年初到年末持续不断地攻击帝国北疆；大运河因为干旱而枯竭，南方运往北京的粮食只能走遥远而艰险的海路；四川爆发了大规模的农民武装暴动，政府军接二连三地惨败；苏州发生洪灾，两万余人被冲进大海成了鱼虾的美食。朱见深和他的政府焦头烂额。

但对于浙江余姚王华家来说，1472年是个非常好的年头。因为就在本年九月三十，王华的老婆生下了一个婴儿，这个婴儿就是多年以后的王阳明。

王阳明早慧，四岁之前，他就把爷爷王天叙经常朗诵的书籍内容全部烂熟在胸。和大多数孩子一样，他生性活泼、顽皮好动，有一种惹人发火的好奇心。当他四岁开口说话后，总是把王天叙追问得走投无路。同时，他对任何事物都有一种令人难以置信的刻苦钻研的心。七八岁时，他迷上了象棋，很快就把自己沉浸到这个没有硝烟的战场上去了。

那个时候，他不是在和别人玩象棋，就是在去和别人玩象棋的路上。吃饭时，他身边摆着棋谱，睡觉时，他枕边摆着棋谱，即使洗澡时，他的木桶旁边也摆着棋谱。最疯狂时，他废寝忘食，几乎忘了自己还有很多儒家经典要读。

他的父亲王华实在看不下去了，训斥他：“你整天鼓捣这种‘小技’，是违背圣人的教诲。”

王阳明一本正经地说：“我正是在遵循圣人的教诲啊！”

王华冷笑：“你老子我是秀才，圣人说过的每句话我都背得滚瓜烂熟，我怎么从来没有听过圣人让人鼓捣象棋的话？”

王阳明摇头晃脑地说：“您说象棋是‘小技’，但孔夫子说过，即使是小的技艺，也一定有可取之处（‘虽小技，必有可观者焉’）。这不是告诉人们，可以钻研象棋这种小技吗？”

王华被气得胡子抖了两下，说：“你断章取义的功夫还真不错。孔夫子这句话下面还有句话，你可记得？”

王阳明当然记得，但他摇头。

王华冷笑：“真是学艺不精。孔夫子下面的话是：但对远大的事业恐怕有影响，所以君子不从事这些小技艺（‘致远恐泥，是以君子不为也’）。”

王阳明假装恍然大悟：“孔夫子是个性情活泼的人，他肯定支持人钻研小技。后面那句话大概是后人加上去的，应该不是孔子的话。”

王华的胡子又抖了起来。

王阳明的母亲没有闲工夫和他斗嘴皮子，索性趁他睡觉时把他的象棋扔到了水里。小王阳明悲痛不已，还做了首诗来描述象棋的“凄惨”命运：“象棋在于乐悠悠，苦被严亲一旦丢；兵卒坠河皆不救，将帅溺水同时休；车马千里随波去，相士和川逐浪流；炮响声音天地震，象若心头为人揪。”

这并未摧折王阳明喜欢钻研的心，他很快就把象棋的事忘到脑后，又一头钻到了道教的养生术里。

父亲王华再次吹胡子瞪眼，母亲严肃地站在了王阳明面前。王阳明只好乖乖地将关于养生术的书籍束之高阁，但只要父母不注意，他就会像做贼一样偷偷地阅读。好在他很快就从养生术中走了出来，又开始舞枪弄棒。

王华看着这个孩子，唉声叹气。唯一支持王阳明“为所欲为”的只有他的爷爷王天叙。这是位和蔼的老人，饱读诗书，思想开放，允许年轻人按自己的想法去行事。正是在王天叙的保护下，王阳明才充实了自己丰富多彩的少年生活。

随着年纪的增长，王阳明的心越来越野，越来越让当时的人不能接受。1482年，王阳明的父亲高中状元在北京获取官职。十一岁的王阳明和爷爷王天叙从浙江余姚前往北京。途经镇江时，王天叙被他在镇江的诗友挽留，一行人游览金山寺。

游玩进入高潮时，有人提议以“金山寺”为名作诗。当大家都在冥思苦想时，王阳明已挥笔而就，这首诗是这样的："金山一点大如拳，打破维扬水底天。醉倚妙高台上月，玉箫吹彻洞龙眠。"

王天叙扬扬得意地把孙子的诗传给众人看，这些诗友们啧啧称奇。但有几人打翻了醋坛子，议论说，这样的诗歌怎么可能是一个孩子所作，必是王天叙代作，以显示他孙子的超人才华。王天叙显然听到了这样的议论，为了证明他孙子的确有超人的才华，就让他们给王阳明命题。

有人就指着金山寺的"蔽月山房"景点说："作一首如何？"

王阳明毫不谦虚，点头。

有人要拿笔墨纸砚给王阳明，王阳明拒绝说："不必。"还未等那人反应过来，他已脱口而出，"山近月远觉月小，便道此山大如月。若有人眼大如天，还见山高月更圆。"

对诗歌稍有欣赏力的人就能发现，这首诗语言虽然清新平凡，却呈现了一种非凡的艺术观念，它的美几乎是浑然天成。

即使那些醋坛子也不得不发自肺腑地称赞，这真是一首好诗。可王阳明发出一声青涩的冷笑，说道："文章小事，何足挂齿！"

众人大惊。这些人一致认为，王阳明要么是在玩清高，要么就是疯了，文章怎么是小事？在大明帝国，文章是能获取高官厚禄的头等大事，作为知识分子，文章差不多是他生命中唯一的事。如果文章是小事，那王阳明心中的大事还能是什么呢?

这个问题在一年后有了答案。

1483年，王阳明在北京的私塾读书。有一天，他一本正经地问老师："何谓第一等事？"这话的意思其实就是问，人生的终极价值到底是什么?

他的老师吃了一惊，从来没有学生问过他这样的问题。他看了看王阳明，笑笑，又思考了一会儿，才做出他自认为最完美的回答："当然是读书做大官啊。"这在当时的确是标准答案，正如今天大多数中国人发家致富的"第一等事"一样，明帝国的知识分子们当然是以读朱熹理学，通过八股考试，进入仕途为毕生理想。

王阳明显然对这个答案不满意，他看着老师说："我认为不是这样。"

老师不自然地"哦"了一声："怎么，你还有不同的看法？"

王阳明夸张地点头，说："我以为第一等事应是读书做圣贤。"

老师目瞪口呆，突然狂笑，然后对着王阳明摇头："孩子，你这第一等事可是太高了，哈哈。"

王阳明对老师的讥笑毫无反应，转身离去。这件事后来传到王华的耳里，王华冷笑。有一天，他看到王阳明在院子里望天，若有所思，就笑着问他："听说你要做圣贤？"

王阳明对父亲点了点头："当然。"

王华大笑，说："你把吹牛皮的功夫放到学业上，该多好。"

王阳明有点恼怒，回问父亲："圣贤怎么就做不得，您和我老师都这样取笑我？"

王华收起笑容，质问儿子："你懂什么叫圣贤？"

王阳明像背书一样回答："圣人就是那些为天地立心，为生民立命，为往圣继绝学，为万世开太平的人。"

王华说："你虽然把北宋张载这段话背得很扎实，但我告诉你，这是理想主义者的呓语，你怎么就当真了！"

王阳明说："孔子就是这样的圣人。"

王华正色道："那是千年才出的一位圣人，你怎么能比？"

王阳明反驳："大家都是人，怎么就不能比？"

王华语塞。

的确，孔子出生时也不是圣人，是通过后天努力把自己锻造成圣人的。按王阳明的见解，大家都认为圣人不好做，只是因为被圣人的光环吓唬住了，不敢去做，所以很多人都和圣人失之交臂。他下定决心，自己绝不可以和圣人失之交臂。

但是，做圣人的第一步该是什么呢?

为天地立心，太空了；为生民立命，太大了；为往圣继绝学，太远了。能摸得着看得见的只有"为万世开太平"。为万世开太平可不是靠嘴皮子，而要靠出色的军事能力才能经略四方。

正是这种"经略四方"的理想，使得王阳明在课堂上总是心不在焉。后来他干脆就逃课和很多小朋友玩军事游戏。不过他组织的军事游戏，即使在成人看来也已超越了纯粹的玩闹。他制作了大小旗帜数面，自己则装扮成指挥官的样子居中调度。在他手中的旗帜不断变换时，他的"士兵"们左旋右转，右旋左转，很有排兵布阵的架势。

王华唉声叹气，可以说，他为这个孩子操碎了心。他大声训斥王阳明："我家是书香门第，你却搞这些不入流的东西，真是败坏家风。"

王阳明深为父亲的武断吃惊，问："排兵布阵怎么就是不入流的东西？"

王华耐住性子解释道："本朝自开国以来就重文轻武，凡是有志向的君子都不会参与武事，而且我从来没听过哪个圣贤是舞刀弄棒的。"

王阳明小心翼翼地质问："孔子不是文武全才吗？"

王华跳了起来："人家是圣人，你只是个普通人。你最正经的事就是好好读书，将来通过科举考试，最好成为状元，像你爹我，就是状元，大家都喜欢我，尊重我，羡慕我。"

王阳明转动眼珠子，不怀好意地问父亲："父亲中了状元，后世子孙还是状元吗？"

王华丝毫没察觉出这是个陷阱，严肃地回答："你想得美。状元只是一代，你若想中状元，还需要刻苦读书。"

王阳明随意地一笑："原来只是风光一代，但建功立业能百世流芳，所以我恐怕不会稀罕状元。"

王华气得发疯，他拿出家长的姿态来，要体罚王阳明。每每在这个时候，王天叙都会适时地出现，先是好言相劝王华，如果王华不听，他也拿出家长的架势来，王华是孝子，只好乖乖地溜走。

王天叙早就对王华讲过大道理："人才不是管出来的。"

王华谨慎地反驳说："但人才是教育出来的。"

王天叙就反击道："最好的教育是引导，不是你这种强制管束，你应该顺着孩子的习性去教育。我这个孙子将来必有大成，不是你所能体悟到的。"

王华摇头苦笑，他实在看不出这个有点多动症、喜欢吹牛皮，整天都在搞"小技"的孩子将来能有什么大成。

王华不了解王阳明，王阳明的确有多动症，但绝不是吹牛大王。为了实现"经略四方"的志向，他很是投入。除了频繁地组织军事模拟，他苦练骑射，遍览兵法，在史籍中寻找出色的军事家传记反复阅读，然后把这些人打过的著名战役在现实中还原，不停地模拟。

在模拟之外，他还极为认真地进行过实地考察。1486年，十五岁的他单枪匹马私出居庸关。当时大明帝国的主要敌人就是居庸关外的蒙古人，他们三番五次攻击大明帝国的边疆，王阳明私出居庸关，正是为了实地考察蒙古人，希望能得到最佳的解决方案。

当他在居庸关外的一条羊肠小道上骑马漫行时，两个蒙古人在他不远处信马由缰。王阳明热血澎湃，从身后抽出弓，搭上一支利箭，扯开嗓门向那两个蒙古人大喊："哪里走，吃我一箭！"

两个蒙古人突然发现一匹马腾空而来，马上端坐一人，正朝他们的方向弯弓。他们从未在此遇过这样的情况，所以吓得魂飞魄散，调转马头，带着哭腔拍马就跑。王阳明在后面大喊大叫，追出了几里才停住。他看着两人的背影“哈哈”大笑，很为自己的勇气而自豪。不过，他这样做的目的并无恶意，他只是想练练自己的胆子。随后，他就和当地的蒙古人打成一片，在居庸关外待了一个月，他深刻了解了蒙古人的生活习惯和军事训练方式，后来还在一场蒙古人组织的射箭比赛上拔得头筹，又在蒙古人组织的摔跤比赛中取得了不俗的成绩。

当他回到北京时，他父亲王华的肺都被气炸了。王阳明在爷爷王天叙的庇护下才没有受皮肉之苦。这件事不久，北京郊区发生了农民暴动。这是件大事，皇帝朱见深要各位大臣出谋划策，王阳明得到消息后，兴奋不已，他连夜写了一篇《平安策》，请求父亲交给皇帝。王华斜眼看了看他，又拿过他的《平安策》扫了几眼，就扔给他，说：“老生常谈，无济于事。”

然后王华拿出了另一副腔调：“我说，你就不能干点正经事吗？”

王阳明在心里说：“我现在做的是第一等事，第一等事怎么就不是正经事了？”

王华似乎注意到了儿子的心思，指责他：“你四处乱逛，像个夜游神，我听说你有事没事就去逛于谦庙？”

王阳明回答：“于谦是大英雄，当初土木堡之变，如果不是他守卫北京城，蒙古人可能就把这座城给攻陷了。”

王华又问：“你还很喜欢东汉的马援？”

王阳明激动地回答：“他平定交趾，实在是天底下第一等豪杰。”

王华叹了口气：“你呀，羡慕英雄豪杰我不反对，但你想过没有，人家是赶上了时势，人家有平台施展。你要真想做那样的英雄豪杰，就要读书做官，只有做了官才有平台给你施展。”

从以上的故事中，我们可以获得以下信息：因为王阳明太聪明，所以能积累起大量的知识，同时，极致的聪明也使他目空一切，把别人看得特别重的东西视为粪土，并且树立起高人一等的理想。又因为他与生俱来一种“英毅凌迈，超侠不羁”的性格，使他浑身散发着任侠情怀和要在战场上摧敌制胜的伟大心愿。

但也正如他老爹王华所说，他现在只是空想，因为没有平台。王阳明也经常问自己，施展经略四方的平台到底在哪里呢？

两件荒唐事：新郎失踪和格竹子

王阳明当时只是个普通的读书人，即使往大了说，他也不过是个状元的儿子，没有任何平台施展他那“经略四方”的志向。

而在王华看来，王阳明总有点三心二意，一会儿玩箭，一会儿骑马，一会儿搞军事游戏，一会儿又对着兵书发呆，一会儿又跑去对着道教典籍愣神。王华心里说，恐怕只有鬼知道这个小子天天在搞什么。

王阳明七八岁时曾接触过单纯的道教养生术。十二岁时，他重新回归道教，这一次不仅仅是养生术，还有道教思想。这次回归起源于他生母的离世。在为生母守孝期间，他那多愁善感的心绪不能平静，于是感叹说，人生在世，忽然而来忽然而走，太短暂，什么事都干不成。倒不如学习道教长生术，做个不死神仙。

不过很快，他被“经略四方”的志向吸引，把道教又扔到一边。然而，他只是扔掉了手中的道教典籍，在他心里，始终留有道教的一席之地。

1488年，王阳明按长辈们的约定到江西南昌迎娶江西副省长（江西布政司参议）诸养和的女儿。让人意想不到的是，就在一刻千金的新婚之夜，王阳明居然茫然若失地走出了诸家，在南昌城街道上漫无目的地游荡起来。或许是命运使然，他不知不觉地走到一处道观，抬头看时发现了“铁柱宫”三个大字。铁柱宫在江西南昌名气非凡，是许多达官贵人争相造访的地方。但在那个沉寂的深夜，王阳明可算是唯一的香客。

他信步走了进去，放眼四望，灯火阑珊，只见空地上坐着一位仙风道骨的道士，大概在修行导引术。他走上前，小心地坐在道士面前。道士闭着眼，听到急促的喘气声，缓缓睁开眼。他吃了一惊。

王阳明当时的脸色很不好，呈现青黑色，在灯火并不明亮时，很像鬼魅。道士对王阳明说：“你有病啊。”

王阳明承认：“我从小身体就不好，肺部经常感到不适，脸色始终如此，所以一直坚持用你们道家的导引术缓和病情。”

道士“哦”了一声。

王阳明就问：“仙人何方人氏？”

道士回答：“祖籍四川，因访问道友到此。”

王阳明仔细打量着面前这位道士，只见他白发披肩、皮肤细腻、眼神清亮，王阳明无法猜出对方的年纪，只好问：“您高寿啊？”

道士回答："惭愧，才九十六。"

王阳明吃了一惊，九十六岁，够短命鬼活两回了，他居然还惭愧，看来世界上的确有长生不老术这回事，而面前这位活神仙就是证据。

他问活神仙："请问您俗名？"

道士抱歉地一笑说："从小就在外面漂泊修行，姓名早就忘记了。有好事者见我经常静坐，所以称我为'无为道者'。"

王阳明又凑近一点，殷切地问活神仙："您是高人，必有养生妙法，请赐教。"

道士笑了笑说："我才说过，那就是静坐。养生之诀，无过一静。老子清静，庄子逍遥。唯清静而后能逍遥也。"

按王阳明的理解，这位道士的话其实就是：首先通过身体的安静（静坐）从而进入心灵安静（内心空空，什么都不想）的状态。只要心灵安静了，就能跳入逍遥境界，成为不死奇人。这就是养生的秘诀，它养的不仅是身体，还有心灵。

王阳明大喜过望，把他在道教方面的造诣和盘托出。道士一面听着一面频繁地点头，这更激起了王阳明的表现欲。两人就那么畅谈，直到东方发白，毫无倦意。

道士适时地止住王阳明的滔滔不绝，问道："你好像不是本地人，来此何干？"

王阳明"啊呀"一声，他总算想起来南昌是为了结婚，而洞房花烛夜就在昨天。他跳了起来，和道士告别，很有些依依不舍的样子。

道士却意味深长地对他说："以后要保重，我们还有见面的机会，下一次我们见面，你的人生将迎来转折点。"

王阳明对道士的讳莫如深不感兴趣，因为凡是道士都有这样的怪癖，他只是问："何时能再见？"

道士笑了笑，伸出两根手指说："二十年后。"

王阳明向道士拜别，急如星火地跑回了他老岳父诸养和的家。诸养和与他的家人和下人们一夜无眠，新郎失踪几乎让诸养和绕柱狂走。当王阳明气喘吁吁地出现在大门口时，诸养和惊喜交集，王阳明不停地道歉。诸养和也顾不上追问王阳明去了哪里、做了什么，他现在只知道，这个女婿应该把新婚之夜该做的事补上。

新婚之夜的失踪告诉我们的信息是：王阳明对任何一件事只要痴迷起来，

就会倾注十二分的精力，这种使人震惊的热情让他在每个领域都可以成为专家级人物。

戏剧性的新婚之夜失踪事件后，王阳明又做了一件高度戏剧化的事——格竹子。它是王阳明人生中最有趣味，同时也是王阳明本人最苦闷的一件事，而起因则是王阳明和大儒娄谅的见面。

1489年秋天，第一片黄叶飘落地面时，王阳明带着他的老婆诸女士离开南昌回老家浙江余姚。途经广信（江西上饶）时，他舍筏登岸，拜访了居住在此的大理学家娄谅。娄谅是吴与弼的高徒，喜欢佛、道二家思想，深谙理学三昧，善于静坐，并把静坐当成是步入理学殿堂的敲门砖。

王阳明来拜访他时，他正在给他的弟子们讲课，场面很大，足有几百人。王阳明确信自己找到了真人，并希望娄谅能和他单独交谈。

这个时候的王阳明虽然也读了朱熹的很多书，和大多数人一样都是应景，并未深钻。他来向娄谅请教朱熹理学，实际上还是想得到如何成为圣贤的答案。

他问娄谅："如何做圣贤？"

娄谅自信满满地回答："圣人是可以靠后天学习而获取的。"

王阳明满心欢喜，因为这正是他一直以来的认识。他问娄谅："为万世开太平是不是通往圣贤之路的捷径？"

娄谅大摇其头，险些把脑袋摇了下来，说："不是，绝对不是。你说的为万世开太平是'外王'，只有先'内圣'了才能'外王'。所以要成为圣人，必须锻造自己，然后才能去做圣人做的事。"

王阳明再问："怎样才能成为内圣的人呢？"

娄谅一字一字地回答："格物致知。"

这是朱熹理学的治学方法，也是成为圣人的方法：人在面对自己所不知的物时，要通过各种方式（实践或书本知识）来把它搞明白。搞明白一切事物的道理后，你就是圣人了。

王阳明表示谨遵娄谅教诲。娄谅告诉他，人生要绝对严肃。王阳明回到浙江余姚后就把从前嘻嘻哈哈的习气一举荡涤干净，变成了不苟言笑的谦谦君子。娄谅又告诉他，要刻苦读朱熹经典。王阳明回到余姚后就苦读朱熹注解的"四书"。别人读"四书"只是为了应付考试，王阳明却真是向里狠钻，不但钻朱熹，还钻各种各样的理学大师们的著作。娄谅还告诉他，一草一木都有道理，必须要去格出来，王阳明于是就去格了竹子。

王阳明格竹子事件的始末大致是这样的。有一天，他和一位同样精钻朱熹理学的朋友在竹林前探索学问。王阳明突然说：“咱们把竹子的道理格出来如何？”

这位学友吃了一惊：“竹子能有什么道理？”

王阳明回答：“朱熹说，一草一木都有它自己的道理，你不格你怎么知道它有什么道理？”

学友认为王阳明说得有点道理，于是两人从椅子上站起来，走到一棵挺拔的竹子面前。学友不知从何下手，问道：“如何格？”

王阳明也不知方法，只好胡乱说：“盯着它看，道理自会闪现。”

两人就死盯着那棵竹子看，草草地吃饭，草草地睡觉。三天后，那位学友都快成了竹子，可他什么都没有得到，还有了幻觉。他发现竹子自己飘了起来，绕着他转。他头昏脑涨，实在无法支撑，就对身边瞪着布满血丝双眼的王阳明说：“哎呀，我不行了，看来朱熹老头的‘格物’真不是我等凡夫俗子能做到的。”

王阳明说：“你要坚持！”

学友懊恼道：“天赋有限，不是坚持就能成功的。我撤了，你继续。”

学友的离开并没有使王阳明灰心失望，他依然坚持盯着竹子看，到第六天时，他不但出现了幻觉，还出现了幻听。他听到竹子在说话，好像在埋怨他：我的道理如此简单，你怎么就“格”不出来呢？

王阳明懊丧不已，正要回答他的难处，突然听到所有的竹子哄堂大笑，这种笑声具有明显的挑衅味道，王阳明怒了，使尽浑身力气喊道：“你们就没有道理，我怎么格！”

他不知道自己根本就没有喊出任何话来。他体力严重透支，最后扶着竹子倒了下去。几天后，他恢复过来，反省此事，他确信，朱熹的“格物致知”有问题。

他找来那位难友，把自己的怀疑说给对方听。对方的幻觉才消失不久，以为自己又得了幻听，当他确信不是幻听时，不由惊骇起来：“你疯了？朱熹的‘格物致知’怎么可能是错误的，你是不是走火入魔了？”

王阳明没有走火入魔，他冷静地分析说：“别说我们没有格出竹子的道理，即使把它格出来又能怎样？朱熹说，天下万物包括一草一木都有道理，而且要我们去格，格个竹子都这么费劲，天下万物那么多，我们格到死，连圣贤的影都看不到。况且，如果我们踩了狗屎运，突然把竹子的道理格出来了，可那是竹子的道理，如果这个道理不被我们认可该怎么办？是把它扔了，还是违心地承认这个道理？”

他的难友对王阳明这段话瞠目结舌："你这话太惊世骇俗了，唬得我六神无主。总之，朱熹老夫子是没错的。你不能因为格不出来竹子的道理就说人家的理论是错的，这只能说明你没有天分。"

王阳明叹息道："我倒希望如此。可无论是我受天分所限还是朱熹有问题。总之，如果通过朱熹这条路成为圣人，对我而言，是一条死路了。"

他苦恼，从前对朱熹的狂热瞬间全无，转为了一种捉不到根由的绝望，就像是一个人掉到了云彩上，上也不是，下也不是。

在苦恼了一段时间后，他适时转向。王阳明就是有这样一种本事：此路不通，掉头再寻找另外的路，绝不会在一条路上走到黑！

能勇敢向前是勇气，能转身是智慧，智勇兼备，才可成大事。

看上去，王阳明在俗世的大事好像要成。

彷徨和痛苦是天才的共性

1492年，格竹子事件发生后不久，王阳明在浙江的乡试中脱颖而出。据他的同学们说，王阳明几乎没有费什么劲就金榜题名，所以当1493年北京会试时，人人都认为王阳明会毫无意外地重演乡试的荣耀，令人大感诧异的是，他居然落榜了。

王阳明心情必定是沉重的，但他未挂碍于心。他的朋友们来安慰他，他只是笑笑说："我并未哀伤，我只是为不能考中做官为国家效力而遗憾。"他父亲的朋友、大学士李东阳就起哄说："为国家出力也不在乎一天两天，当然也不在乎一年两年，三年后，你必高中状元，何不现在写个《来科状元赋》？"

王阳明在诗词文章上向来是毫不谦虚的，听到李东阳这么一说，就提起笔来，文思泉涌，很快完成一篇赋。在场的人深为叹服，但有醋坛子看着这篇文章对别人小声说，此人口气如此大，自负之气跃然纸上，将来真得势，他眼里还会有我们?

实际上，王阳明在那时眼里就已经没有了很多人。他在1493年的会试中名落孙山，并非运气不佳，而是他并未用心于八股文。乡试过关后，他开始钻研道家养生术和佛家思想。他对自己说，经略四方，没有平台；钻研朱熹理学，没有诀窍，倒不如另辟蹊径，去道教和佛家中寻找成为圣贤的密码。

然而这一密码，他只找了一年，1493年会试败北后，他放弃道教和佛家，开始精研辞章之学。和那些欲以诗歌文章获取名利的人不同，他是希望通过辞章为万民立心，立下千古之言。这种钻研是虔诚的，他在北京的家中读古代那些伟大文学家的著作，他和北京城中那些文学家结下深厚友谊，彼此切磋文学的真谛，日夜苦读，以至于累到吐血，搞得他父亲每天夜晚必须强迫他休息才算完。1494年，王阳明离开北京回到浙江余姚，热情地组织了龙泉诗社，每天的生活都在和文章诗歌打交道，他发誓要走通这条路，把自己送上圣贤的圣坛。

在辞章之学上，王阳明取得了灿烂的成就，他被当时的文学界誉为天才。可不知什么时候，他突然解散了龙泉诗社，重新拾起了久违的军事。

让他做出这一“吃回头草”举动的是一个叫许璋的居士。许璋当时在浙江余姚附近过着离群索居的生活，一举一动都流露出传奇人物的特征。他喜欢穿白衣，喜欢站在茫茫一片绿的森林中，人们一眼就能发现他。据说，许璋曾经也是理学高手，拜过陈白沙为师，不过和王阳明一样，他也琢磨不透朱熹理学的真谛，所以抛弃理学，钻研军事和奇幻法术。他有两个让人钦佩的地方，一是占卜：他能掐会算，有在世刘伯温的美誉。他曾准确地预言了朱宸濠的造反，又准确地预言了明帝国十一任皇帝朱厚熜（明世宗）的继位（朱厚熜是以非太子身份登基的）。另一成就是在军事理论上，他用多年时间吃透了诸葛亮兵法和奇门遁甲中的兵法部分，后来他把这些兵法毫无保留地传授给了王阳明。

王阳明得知山中有这样一位奇人后，就急忙去拜访。二人交谈，当许璋发现了王阳明的宏图大志和他正在钻研的辞章之学后，夸张地大摇其头。

他说：“辞章是小技，小技不能成大业，何况是圣贤。”

王阳明惊异地问：“那该如何？”

许璋说：“建功立业是圣贤的不二法门，你如果真是胸藏韬略、有经略天下之志，还愁没有机会施展？所以，应该努力提升军事能力。”

王阳明于是扔了辞章经典，死心塌地地跟许璋学习兵法。他悟性好，有底子，而且用心，很快就得到了许璋的真传。在许璋的引导下，王阳明的军事理论逐渐成熟，王阳明“经略四方”的志向死灰复燃。

1495年，他回到北京，准备第二年的会试。可人人都注意到，他根本没有准备。他在那段时间最喜欢做的一件事就是和人家大谈用兵之道。每当宴会结束时，他就用果核在桌子上排兵布阵。他说起来头头是道，很多阵形都是那些久经沙场的将军们闻所未闻的。或许出于嫉妒，或许他们真的这样认为，他们对王阳明说，战场情况瞬息万变，而你这战阵一成不变，难免胶柱鼓瑟，削足适履。

王阳明叫起来，把其中几个果核略一改变方位，说：“你看，只需要动一下，就是另外的阵形，怎么说是一成不变呢？”

有人讥笑起来：“你觉得摆个标新立异的阵形就能克敌制胜？”

王阳明严肃地回答：“当然不是。”

“那是什么？”

“攻心！”王阳明自信地回答，“虚虚实实，让敌人的心慌乱，动起来没有章法，我们就能趁势而入，以最小的代价取得最大的胜利。”

这是王阳明日后用兵的诀窍，那些愚人是不会懂的，所以那些人只好攻击他神经中最脆弱的一环：“请问，你有机会上战场吗？”

王阳明哑口无言，于是很多人在背后窃笑说：“还是先过了会试这关再说其他的吧。”

王阳明大失所望，他本来不是个轻易受到别人影响的人。但多年以来，他的理想始终无法实现，这不由让他灰心丧气。1496年，他在会试中再度名落孙山。有人在发榜现场未见到自己的名字而号啕大哭，王阳明却无动于衷。大家以为他是伤心过度，于是都来安慰他。

他的脸上掠过一丝沧桑的笑，说：“你们都以落第为耻，我却以落第动心为耻。”恐怕只有王阳明这样的人，才能说出这样有境界的话来。他的确能对落第而不动心，但对不能实现圣贤理想，他无法做到不动心。

1498年，二十六岁的他又回到了朱熹理学这座高山面前。这一年，距他格竹子已过去了六年，距他拜访娄谅已过去了九年。或许是命运的安排，有一天他在不经意翻看理学经典时看到了朱熹给赵惇（宋光宗）的一封信。信中有句话如是说：“虔诚的坚持唯一志向，是读书之本；循序渐进，是读书的方法（居敬持志，为读书之本；循序致精，为读书之法）。”

王阳明像是被雷劈到了一样，这句话恰好戳中了他多年来的毛病：始终不能坚持唯一志向，而是在各个领域间跳来跳去，也没有循序渐进地去研究一个领域，所以什么成果都没有获得。

他如同在沙漠中一脚踩到了喷泉，兴奋得狂呼起来，他以为自己终于找到了通往朱熹理学的钥匙，他开始重新认真地钻研朱熹的“格物致知”，恨不能要把印在纸张上的朱熹思想生吞进肚子里。但是无论他如何钻研，依然无法从“格物”中“致知”。最令他沮丧的是，他无法确证到底是朱熹错了，还是自己智慧不够。他一会儿坚信朱熹的格物致知是错的，一会儿又认为自己智慧有限。最后他心灰意冷地说了这样一句话：“圣贤大概是命中注定的，而我很不幸，未被注定。”

《金枝》的作者弗雷泽说，当人类的思维之舟“从其停泊处被砍断缆绳而颠簸在怀疑和不确定的艰难之海”时，他们会感到痛苦和困惑，只有一种方式可以抹平这种痛苦，消除这种困惑，那就是，思维之船必须重新进入一种“新的信仰体系和实践的体系中”。

王阳明的思维之船在1492年格竹子事件和1498年采用循序渐进读书法后，已经从停泊处漂了出去。他其实一直“颠簸在怀疑和不确定的艰难之海”中，几乎是左冲右突、上蹿下跳，但仍不能磨平那种成圣无望的痛苦，而“新的信仰体系和实践的体系”离他还有很远，他看不到，甚至连幻想都幻想不到。

有一种无趣叫仕途

15世纪的最后一年（1499年），王阳明终于通过会试，正式步入仕途。在其他人看来，这是个光明的起点，王阳明最初也是这样认为的。他被分配到了工部实习，第一个差事是为王越修建坟墓。

王越是明代军事史上屈指可数的儒将之一，他的人生由无数传奇写就。他年轻时参加会试，刚要交卷时，考场中起了一阵飓风。风停时，王越发现自己的卷子消失了，大哭，考官被他凄惨的哭声感动，就又给了他一份考卷。王越奇迹般地在考试结束前完成，高中进士。几年后，朝鲜使者来北京，谈到一件具有神话色彩的事。1451年，朝鲜国王早上起床，发现王宫中有份考卷，细细看下来，啧啧称赞。稍有点常识的人就知道，这是明帝国会试的考卷。朝鲜使者说完，就把那份考卷恭敬地捧出，并且说，希望不要耽误了这位考生的前途。当那份考卷被各位大臣击鼓传花一样传到王越手中时，他惊骇起来。原来，这份考卷就是他在1451年的会试考场失踪的第一份考卷。

这个故事透露给我们两个信息：一、王越能在规定的时间里完成两份考卷，足见其功底深厚，思维敏捷，有急智；二、杰出人物必有传奇跟随。

在后来的岁月中，很多人发现王越对文职没有兴趣，对军事却如痴如醉。土木堡之变后，王越被任命为大同军区司令。自此，明帝国中央政府对蒙古人的反攻中，王越率军取得了辉煌的战果。1480年，王越兵团出大同，追击蒙古兵团至威宁海，捣毁敌营，擒男女一百七十一人，斩首四百三十七级，这次大捷使他毫无悬念地被封为威宁伯。

据说，王越经常和士兵打猎，士兵获得猎物的多少决定了他在战场上的位置。打十只兔子的士兵肯定会排在打一只兔子士兵的前面。这种排列顺序会不会导致士兵故意不获取猎物，我们不得而知。我们只知道，从1467年王越开始和蒙古兵团打交道，直到1498年他病逝于甘肃军营的30年中，他取得了十三场中小型战役的胜利。这个纪录，整个明代，没有任何一名文臣能打破。明代的爵位制，沿袭的是西周王朝“公侯伯子男”的爵位。整个明代，文人被封为“伯”的有十余人。不过文人立军功而被封为伯的只有三人。他们是王骥、王越和王阳明。王骥是1406年的进士，1441年，身为国防部长（兵部尚书）的他在云南消灭了少数民族的叛乱，因此一战而被封为靖远伯。当然，王阳明比前二人要厉害，这不仅是王阳明立下的战功比二人彪炳得多，还因为王阳明在去世后，从“伯”跳到了“侯”，终明一代，文臣有如此殊荣，唯王阳明一人。

不过1499年，王阳明在为王越修建坟墓时，他还只能将王越当成偶像，实际上，就在几年前，他曾梦到过王越。

据说，为王越修建坟墓，让他兴奋异常。明代文官出外执行任务，一向是坐轿子，可王阳明拒绝轿子而骑马。他在工地上骑着高头大马来回巡视，威风凛凛。同时，第一次管理这么多民工，让王阳明的军事激情顿时燃烧。他把工地变成了战场，排兵布阵，休息时，就让民工们演练诸葛武侯的“八阵图”。当王越的坟墓修建完毕，那群民工就成了一批民兵。据王阳明说，如果把这些人投放到战场，那就是以一当十的特种兵。

这个任务完成之后很久，王阳明始终沉浸在喜悦中。他以为自己能很快凭借出色的才华和热忱就平步青云，然后走到那个经略四方的平台上建功立业。但他错了，他的仕途生涯就此发生转折。

1499年冬的某一天，一颗流星从北京上空大张旗鼓地滑过。国家天文台（钦天监）在第二天的报告中指出，那颗流星在天空中画了个圆，然后就跑到北边去了。天文台的官员们认为，这颗流星是老天爷警示世人而发的一个信息。至于信息的内容，从它画圈和消失在北方的现象来看，应该和边疆战事有关。

北方的边疆战事指的自然是蒙古人。王阳明满心欢喜地抓住这个机会，向皇帝上了一道《陈言边务疏》。这是一封以使命感为灵魂的政治建言书，里面谈了很多需要改观的问题，而且还拿出了一份改变现状的计划。它的主旨是，军事问题首先是政治清明问题。只要政治清明，军事问题就可迎刃而解。

这道奏疏为他赚来的成果只有一个：皇帝认为他的心意和文字都不错，于是把他从工部调到了刑部，担任刑部云南分部的一名处级干部（刑部云南清吏司主事）。他的工作内容就是审核已被定性的案件，看是否有冤假错案。

这不是他想要的，他本希望皇帝能采纳他的建议。他变得消沉，尤其是当他正式在刑部工作后，现实的黑暗让他对理想的实现更加失去信心。据他后来回忆说，有一些案件的审理根本没有依据法律，依据的是皇帝和一些政治大佬们的意志。每当他进入大牢时，都会被淹没在喊冤声的海洋中。大牢中的气味令人窒息，狱卒的鞭子和木棒上永远都有未干的血迹，这里没有任何光线，阴惨凄凄，如同地狱。犯人们头发蓬乱、皮包骨头，在一个狭小的牢房中和蟑螂、老鼠争夺着地盘。

1500年之前，王阳明成长在阳光下。1500年那个夏天，当他进入刑部大牢时，他才知道什么是真正的黑暗。与此相比，他精神上追逐未果的痛苦实在不值一提。当他被眼前的刑部大牢震骇，无法移动脚步时，他的属下告诉他："这根本不算什么，您还没有去过锦衣卫大牢，与锦衣卫大牢相比，这里简直就是安乐窝。"

王阳明如同被一种看不见的恐惧捕获，他知道自己无法改变这些人的命运，正如他在多年的圣学探索中找不到出路一样。他唯一能做的事就是按自己良心，能做一件是一件。

有一天，他看到大牢里的狱吏抬着一个大桶，绕到大牢后面去了。他小心翼翼地跟踪，发现大牢后面是一个猪圈，狱吏正把大桶里的食物倒进猪槽中。王阳明很奇怪，以主事的身份询问情况。狱吏告诉他，这群猪是刑部养的，食物是犯人的。

王阳明大为恼火，问："你把犯人的食物喂了猪，犯人吃什么？"

被问的人回答："他们少吃点，不会饿死。再说这些人迟早都要死，吃那么多做什么？把这群猪喂肥了，可以杀了吃肉。"

王阳明七窍生烟，通过雷厉风行的手段废掉了这一不知已延续多少年的潜规则。这解决不了根本问题，王阳明只是让自己的良心稍稍宽慰一些。但繁杂琐碎、沉沦理想的政务根本释放不了那颗向往圣人的心。

王阳明渐渐明白，他的人生价值不可能在这烦琐无趣的仕途上实现。1501年，在刑部工作不到两年，他已身心俱疲。这年秋天，他请了一个漫长的假期，上了九华山。这预示了王阳明在之后几年中的行事轨迹：当他对现实失望时，就会转身跳到世外。

转捩点

王阳明一生中曾两上九华山，两次上山的心情完全不同。

1501年，他上九华山，大概是想彻底放弃世俗的羁绊。也许在他看来，不能成为世俗的圣人，还可以成为方外的仙佛。他一走进大自然，世俗圣人的欲望就烟消云散，成仙成佛的心灵躁动起来。

现在，他对佛道是如此向往，于是有了下面两个传奇故事。

王阳明在九华山的寺院里闻听山中有位奇人，此人没有名字，蓬头垢面，见过他的人都称他“蔡蓬头”。他住在阴暗潮湿的山洞中，有时候会来寺庙中要吃的，有时候就靠山中草木和雨露为食。

王阳明欣喜若狂，断定此人必是异人。他上了山，仔细地寻找，终于在一个山洞中看到了那个传奇人物——蔡蓬头。他热情地邀请蔡蓬头到他的临时住所，希望蔡蓬头能为他指明一条通往神仙殿堂的道路。蔡蓬头爽快地接受了邀请。王阳明请他吃饭，蔡蓬头看到满桌子素菜，脸就沉了下来。王阳明急忙让人换上大鱼大肉，蔡蓬头高兴地吃了几口，脸色又难看了。王阳明恍然，又叫人拿来一罐子酒。这次，蔡蓬头喜笑颜开。

王阳明趁他高兴时，问了长生不老之术，问了神仙之事，问了蔡蓬头有几百岁，最后问了自己是否可以如他蔡蓬头那样过上无拘无束的神仙日子。

蔡蓬头不回答。王阳明只好等待，等桌上的盘子全空了，罐子里倒出最后一滴酒时，蔡蓬头打着饱嗝，终于开口说话，但只有两个字：“尚未。”

王阳明追问：“什么尚未？是我过你这种日子尚未，还是您的年纪尚未达到几百岁，还是我在养生之术上的成就尚未？”

蔡蓬头看了一眼王阳明，像复读机一样：“尚未。”

王阳明焦急：“那就请您赐教一二啊。”

意料之中的，蔡蓬头还是那两个字：“尚未。”

王阳明停止了追问，他想思索这两个字背后隐藏的玄机。蔡蓬头没有给他时间，把答案说了出来：“从你进入山洞的那一刻起，我已用眼和心看了你好久。你虽然对待我这个臭道士非常尊重有礼，看上去是真的尊崇道家，实际上，你脸上终究有官相，去不掉的。”

这是段大白话，王阳明听懂了。蔡蓬头的意思是，他俗世未了，还没有到达谈仙谈佛的境界。可能还有引申出来的意思：你的理想终究要在俗世实现，而不是山林古刹。

王阳明心上很不平。他在道教上的成就他最清楚。老庄哲学、养生之术，他花了多少年心思！他的道士朋友有多少，数都数不过来！他以道家语境写的诗歌散文，车载斗量。如今却被一个疯疯癫癫的道士几乎全盘否定，他完全不能接受。

然而，更大的打击接踵而至。被蔡蓬头否定后，他又听说山中有位得道高僧，于是，迫不及待地去拜访。之前有人提醒他，通往高僧家的路迷幻险阻，从未听说有人可以到达那里。王阳明对这样好心的提醒置若罔闻，热情洋溢地上路了。

那个山洞虽然在九华山中，可的确异常难寻，王阳明在路上吃了不少苦头，似乎感动了苍天，终于被他找到了那个和尚。让他失望的是，和尚并无传说中的神奇之处，只是丢给了他一句话："北宋的周敦颐和程明道是儒家的两个好秀才。"

和尚这句话意味深长。他没有给出王阳明在佛教道路上的指路牌，却指明了让王阳明重回儒学中的心学领域——周敦颐是理学和心学的精神导师，而程明道（程颢）则是心学的鼻祖。和尚的意思是，圣贤之道在民间，在心学上，希望王阳明能从此入手。

这位和尚比蔡蓬头还不厚道，蔡蓬头只是否定王阳明不能求仙入道，和尚却让他马上调头。王阳明心情沮丧到极点，他热情似火地来投奔佛道，却被两个看门的毫不客气地拒之门外。人世间如果有"热脸贴冷屁股"这回事，那说的可能就是王阳明在九华山的寻仙觅佛了。

不过，王阳明并未理会九华山两个异人的指点。离开九华山后，王阳明回北京上班，重新捡起辞章，在京城的文化圈里混起来。不知是什么缘故，有一天，他在推敲一个句子时，猛地扔下了笔，说："我怎么可以把有限的精力浪费到这无用的虚文上！"

这是他创建心学前思想上的第一个转捩点：和辞章说再见。

辞章是虚文，什么才是实的？王阳明的答案是：佛道。

1502年夏，他又请了假，回老家浙江余姚，虔诚认真地温习起了佛经，全身心地练起了导引术。

这件事足以说明，九华山的蔡蓬头和无名和尚的指点和劝告在王阳明心上连个涟漪都没有激起。同时，这件事还验证了另外一个问题：王阳明和他的门徒多年以来都面不改色地说，王阳明心学是从朱熹理学突破而来，并非来自陆九渊。王阳明很少提心学始祖程颢和陆九渊，甚至离他最近的心学大师陈白沙都不曾提过。

事实可能的确如此。如果王阳明心学真的是从陆九渊那里转手而来，1502年他也不会不听从无名和尚的话而在老家钻研佛经和修习导引术。

1502年，王阳明在老家浙江余姚的一个山洞中修习导引术，品读佛经，这并非他的目的。他的目的是当初在九华山一直追寻的目标：远离红尘，成仙成佛。1502年，王阳明已三十一岁。二十多年的追寻，二十多年的苦闷，足以让他把红尘俗世抛到脑后。他在静坐中想了很多，建功立业没有平台，又不能突破理学的大山而寻到成为圣贤的钥匙，文学家的迷梦又被他亲手刺破。他此时唯一的精神支柱只有佛道。

佛道的确能解脱他的苦恼，终止他前半生的迷茫，只要他能放弃一切。但是，他还有个心结。这就是他的家人，尤其是他的父亲。毕竟，他是个儒家士子，儒家提倡的第一道德就是孝，他说服不了自己去违背这一道德。

终于有一天，他在静坐中从胡思乱想中睁开双眼，以一副如释重负的口气说道："亲情与生俱来，如果真能抛弃，就是断灭种性！"他站起来，走出山洞，深吸一口气，外面的空气新鲜纯净，原来俗世才是最亲切的。他和佛教说了再见。

而就在几天前，他在静坐修行导引术时成功预感到了几位朋友的到来。可当他的朋友们大为讶异时，他叹口气说："这是簸弄精神。"在和佛教说再见之前，他已经和道教说了再见。

第二年，他又为自己和佛教的分手举行了一场怪诞的仪式。这场仪式发生在杭州。他在一座寺庙中看到一个枯坐的和尚。据知情人透露，这个和尚已不视不言静坐三年。

王阳明笑了笑，就绕着和尚走了几圈，像是道士捉鬼前的作法。最后他在和尚面前站定，看准了和尚，冷不防地大喝一声："这和尚终日口巴巴说什么！终日眼睁睁看什么！"这句话就是传说中禅宗和尚的禅机。所谓禅机，就是用含有机要秘诀的言辞、动作或事物来暗示教义，让接收方触机领悟。

不知是王阳明的禅机触动了和尚，还是王阳明的大嗓门惊动了和尚，总之，和尚惊惶地睁开眼，"啊呀"一声。

王阳明盯紧他，问："家里还有何人？"

和尚回答："还有老母。"

"想念她吗？"

和尚不语。一片寂静，静得能听到和尚头上的汗水流淌的声音。最后，和尚打破了这一死寂，用一种愧疚的语气回答："怎能不想念啊。"

王阳明露出满意的神色。他知道，自己对佛教的判断是正确的。他向和尚轻轻地摆手说："去吧，回家去照顾你的母亲吧。"

第二天，和尚离开寺庙，重回人间。

无论多么宏大深渊的宗教，在人性面前都要俯首称臣。王阳明在佛教领域多年的浸染和探究，终于在最被人忽视的人性上看穿了佛教的弊端。正如他创建心学后所说的，佛教是逃兵的避难所。佛教徒所以出家，就是想逃避君臣、父子、兄弟、夫妻、朋友这五伦中他们本应该尽的责任和义务。

什么是洒脱？王阳明用他的行为告诉了我们：该放手时就放手，不必计较付出多少。王阳明在辞章、道教、佛教上的付出如海洋般深沉，在这三方面的成绩几乎是他半生的心血。然而，他一旦想明白，说放就放，连个犹豫的眼神都没有。

王阳明用他和辞章、佛道的一刀两断指出了一条心法：只有放弃，才有日后的得到。如果你在付出的人事上得不到快乐和人生价值的答案，它就是一个包袱，甚至是五行山，只有放下它，才能轻松上路，继续你的前程。

现在，王阳明轻装上阵，只剩下了军事方面的建功立业。他又回到起点：想要建功立业，必须成为圣人，而圣人必须要从儒家理学那里获得密码和能量。

看上去，曙光，像是再一次出现了。

未经审视的人生不值得过

在重归理学前，王阳明对他的前半生做了一次严肃的回顾和总结。这次回顾在山东，回顾的方式是考题。1504年秋，王阳明被他的同乡、监察御史陆偁（chēng）推荐到山东主持乡试，王阳明欣然前往。他出的题目并不仅仅是考问，还有切磋的感觉。

他问考生："合格的臣子以道侍君，如果不能行道，就可以离开君主（所谓'大臣者，以道侍君，不可则止'）？"这是孔孟思想的精华，要求臣子要以忠诚之心对待君主，可如果君主对这份忠诚视而不见，那就应该离开。这不但是一个臣子应该具备的品质，也是"圣贤"的素质之一。他大概是想通过这样的试题来求证，如果一个臣子没有机会没有平台施展自己的抱负，是不是可以转身就走？自己这么多年来在工作和隐居之间的华丽切换是否正确？他还想知道，一个合格的知识分子是应该毫无条件地忠诚领导还是只忠诚于真理。

其实他的答案就是考题本身。王阳明几乎用大半生时间在践履这个答案，就是在这时，他心中已经有了心学的种子：我只对自己的心俯首听命。但是，王阳明还是希望所有的臣子以道侍君时能被君主关注，因为“不可则止”听上去很潇洒，对于有着强烈责任感的人而言，却是痛苦的。

他又问考生：“佛道二教被人诟病，是不是它们本身的问题？”他的答案是，佛道二教本身没有问题，有问题的是弘扬佛道二教的那些人。道教说能让人成神，这太荒诞；佛家说能让人成佛，这更无稽。即使它们真的可以让人成神成佛，付出的却是抛弃人伦的代价，这种神佛不成也罢。

所以，他和佛道一刀两断。

最后，他站在了朱熹理学前，对考生说：“天下之事，有的貌似礼但实质上不是礼；有的貌似非礼但实质上就是礼。”二者的区别很细微，如果不用心去研究（格）它们，将会产生大困惑，就不能得到真理。

这是他否定辞章、佛道后重新回归朱熹理学的一个表态。他两次倒在理学的“格物致知”上，但还是认定人人都应该“格物致知”。

山东乡试结束后，王阳明登了泰山。在泰山之巅，他写了几首诗。诗歌是沉闷抑郁的，他说自己的使命感没有实现的机会，他又说自己虽然认定佛道并非圣学，但朱熹理学也没对他笑脸相迎。他还说，半生已过，往事不堪回首。

1503年农历九月，他回到北京，进了兵部工作，依然是索然无味。他重新探索理学，但这一次的探索是平静的，没有从前的激动和困惑。他此时毫无预感，不知道他前半生的历史已到了尾声。1504年，他突然对好友湛若水说：“我们倡导身心之学如何？”

湛若水双手赞同：“好！我们招生，讲学。”

湛若水是陈白沙的弟子，深得陈白沙心学之精髓，一直倡导学习的目的是涵养身心，这一点和王阳明不谋而合。王阳明和湛若水是好朋友，也是好同志，互相敬佩。湛若水说自己周游世界，从未见过王阳明这样的优秀人物。王阳明则回应说，他活了这么大，也没有见过湛若水这样的理学家。

两人在1504年志同道合，几年后，王阳明创建心学，两人成为不共戴天的论敌，但仍然保持着友谊。什么是真朋友，王阳明和湛若水可为表率。

多年以后，据王阳明的心学门徒说，1504年王阳明在北京倡导身心之学，实际上离心学的大门近在咫尺。如果不是后来刘瑾的干扰，心学可能提前三年降临人间。

事实并非如此。

实际情况是，1504年王阳明和湛若水在北京城里开班讲课，来听课的人并不多。一个主要原因是，大家都在学习口耳之学，对于身心之学，那是吃饱了撑的没事干的富家子弟唱的高调。一个穷苦读书人学习知识的目的就是科举和仕途。你对他说，学习知识是为了修身养性，你如果当它是晋升工具，那就太低俗了，他非跟你拼命不可。

还有个原因，无论是王阳明还是湛若水，当时都很年轻，他们对身心之学的感悟力和体验力远没有那么强大。尤其是王阳明，他自己还对朱熹理学感到困惑，如何去指点别人？

王阳明的学生们认为1504年王阳明离心学的大门近在咫尺，说明他们根本不了解老师王阳明。这个时候的王阳明虽然学富五车，才高八斗，拥有别人所没有的儒释道三教精髓，但他没有自己的思想系统。勿论其他人，就是他的伙伴湛若水的理学造诣和悟性禀赋并不逊于王阳明半毫，为什么湛若水没有创建心学？

王阳明在1504年时不过是一座地下烈火飞奔的休眠火山，要喷发出万众瞩目的璀璨光芒，必须要有一个外力（比如地震、磁极变化）推一把。我们称这种外力为外部环境。

实际上，每个大人物的成功都有一个外部环境，这个外部环境像运气一样，绝不可少。有的人在外部环境特别好的时候不需要过人的自身素质就能成功，比如官二代、富二代。而从来没有听说过拥有超级素质的人在没有外部环境的帮助下可以成功的。人类历史上怀才不遇的人多如过江之鲫。

注意，外部环境是一种作用力，不过有正推力（顺境），也有反推力（逆境）。而很多时候，反推力才是人类前进的最直接、最有效的动力。王阳明就是在一股反推力的作用下，一举创建了心学。作用于王阳明身上反推力的，是一个叫刘瑾的人。他是个名人，关于他，我们也要从头说起。

刘瑾风暴

如果用因果论来看，王阳明创建心学，权阉刘瑾居功至伟。倘若不是刘瑾，王阳明就不可能到龙场，王阳明不到龙场，他的心学恐怕就不会横空出世，至少不会在1508年横空出世。

刘瑾出生于陕西贫苦人家，本姓谈，伶俐乖巧，有冒险精神。六岁时到北京城流浪，被一位宫中的刘姓太监收养，遂改名刘瑾。十几岁时，刘瑾在养父的怂恿下主动阉割进入皇宫做了小太监。刘瑾是个实用心理学大师，能在最短时间里摸透别人的心思，于是他先是得到了皇帝朱祐樘的喜爱，朱祐樘把他交给太子朱厚照时，意料之中地得到了后者更深的宠信。

时移事往，刘瑾和朱厚照建立下了深厚的主仆友谊。这缘于刘瑾对朱厚照各种欲望的纵容和引导，朱厚照一日都不能没有刘瑾。所以当1506年朱祐樘去世朱厚照继位时，刘瑾知道，他的好日子来了。

但他高兴得有点早。朱祐樘死前为朱厚照指定了三位辅政大臣：端正持重、眼里揉不得半点沙子的刘健；善于辩论，并坚持原则的谢迁和那位让王阳明做《来科状元赋》的李东阳。从三位大臣的眼中看朱厚照，朱厚照是个任性自我、我行我素的十五岁的大男孩。无论如何，这样一个半成品皇帝，需要他们精心塑造。而儒家知识分子最大的追求就是把皇上塑造成德高望重的圣贤。

但他们失算了。朱厚照自继位之后，除了在早朝露一面，其他时间都和刘瑾在一起享受人生。刘瑾在宫中多年，并非单打独斗，他有如下几个好兄弟：马永成、高凤、罗祥、魏彬、丘聚、谷大用、张永，刘健和谢迁给他们起绰号为“八虎”。据这二位老大人说，朱厚照登基的三个月内，这八只老虎就引诱朱厚照做了太多有违皇帝身份的事：一、无论是白天还是黑夜都骑马跑出皇宫，鬼知道去了哪里；二、把钱不当钱；三、到北海划船，进行交通管制，严重影响京城百姓的正常生活；四、养了那么多老鹰和猎犬，搞得宫中成了马戏团；五、饮食上太邋遢，不符合圣人“食不厌精脍不厌细”的要求。

刘瑾和朱厚照一起看这封信，然后“哈哈”大笑，把信扔到一边，继续纵欲玩乐。刘健和谢迁一咬牙一跺脚，决心违背圣人们“不许和太监结交”的警告，找到了当时宫中的头号太监王岳。王岳对刘瑾“八虎”的迅猛崛起深感忧虑，看到政府部门的首脑主动和自己示好，很激动，表示一定竭尽全力，让朱厚照铲除“八虎”。

刘健和谢迁得到了王岳的支持，立即开始制定向“八虎”进攻的计划，这个计划其实很简单：凡有血性的臣子都要写信给皇帝，要他摆脱八虎的控制。他和谢迁在内阁“票拟”，要王岳呈送给朱厚照，并在朱厚照面前苦苦劝谏，得到朱厚照同意后，盖印，发布天下。

在呈送给朱厚照的信件中，有一封让他毛骨悚然。这封信追忆了太监祸国的历史，把中国历史上出现的太监祸国的真实事件，清晰地摆在朱厚照眼前。

东汉时的十常侍搞垮了东汉，唐时的太监不停换皇帝覆灭了唐朝。就在不多久以前，太监王振把先皇朱祁镇领到塞外，让朱祁镇成了俘虏，还失去了帝位。

信中说：“八虎现在羽翼未丰，您看不到危险。可危险来的那天，您后悔就晚了。”

据说，朱厚照看完这封信后，浑身发抖。他一夜未眠，清晨来临时，他找来王岳交代了几句话，王岳派人给刘健和谢迁送去了一封信。信中说：“已定。”刘瑾等人被发配到南京守太祖陵。

刘健大喜过望，叫道：“哇呀呀，好事！”

但谢迁皱起眉头，说：“皇上与他们八人情分极深，如果有一天想起他们，就必然会召回他们。我们现在高兴，太早了。”

刘健吃了一大惊，扼腕道：“我怎么没有想到。”

谢迁已经铺开纸，准备写信给朱厚照。信的内容血淋淋：八虎罪大恶极，应该处决。为什么应该处决呢？谢迁用他那滴水不漏、无懈可击的辩才，给朱厚照全方位地分析了个遍，使朱厚照相信：“不杀八虎，天理不容。”

朱厚照中午给了回复：“我许可，明天早朝宣布。”

刘健和谢迁兴奋得满脸红光，两人对着洞开的窗户，说“只要过了今晚，就什么事都没有了。”

李东阳在旁却若有所思。

他想的是，夜长梦多，一夜时间，足以让很多事情发生改变。

历史的确就在那天晚上改变了。

改变历史的小人物是一个叫钱宁的小太监，当时还未受朱厚照的重视，但却得到了刘瑾的青睐。他靠上刘瑾这座大山，费了很多工夫。所以那天中午他凭着伶俐探听到了八虎的前途，马上就报告给了刘瑾。

刘瑾恐惧、愤怒、浑身发抖。他万万没想到就是在一夜之间，他千方百计哄着开心的朱厚照居然如此翻脸无情。但他不能把怨气撒到朱厚照身上。他所拥有的一切就是源于朱厚照。他嚼着无声的怨恨在房间里踱步，围在他周围的七只老虎面面相觑，惨无人色。

刘瑾要自我拯救，他带着七个兄弟靠着多年来积攒的人脉，终于在午夜时分见到了朱厚照。朱厚照眼圈红肿，无精打采，刘瑾一眼就看到了希望。

朱厚照刚坐到椅子上，刘瑾和他的七位战友便环跪在朱厚照脚下，哭出声来，神情哀伤。朱厚照便也流下眼泪，说：“我也舍不得你们死啊。”刘瑾就说：“您掌握天下苍生生杀大权，您不让我们死，我们就不会死。那群大臣为什么逼您杀我们，您心里最清楚。他们不过是想让您身边没有一个知心人，从而把您陷入孤立状态，好听从他们的摆布。我们的确是给你贡献过猎鹰猎狗，可王岳也没有闲着啊。为什么他就没事？我得到消息，王岳和那群大臣相互勾结，要把您身边所有对您好的人都铲除掉。”

朱厚照听到这里，失声叫了起来。他说：“我早就讨厌这群士大夫道貌岸然的那一套，现在听你这么一说，真是被我猜对了。你们起来，不必担心。明天，我自有分寸。”

八只老虎不起来，因为现在的形势瞬息万变，犹如战场。离明天早朝还有三个时辰，谁知道这三个时辰里还会发生什么意外。

朱厚照要搀起刘瑾，刘瑾跪在地上不停地磕头。朱厚照看明白了，于是说：“我现在就任命你为司礼监的掌印太监，马永成为秉笔太监。你们六个，都有新职位，明天早上宣布。”

刘瑾吃了这颗定心丸，这才长出一口气，起了身。

朱厚照为了挽回他和八虎的友情，连夜就把王岳免职发配南京守太祖陵。

对于刘健和谢迁的理想而言，一切都过去了。

早朝时，刘健和谢迁得到噩耗：皇上因昨夜失眠无法上朝。关于刘瑾等人的处理，朱厚照说：“他们跟随朕这么多年，不忍心把他们处死，所以这件事稍后再议。”

李东阳叹息了一声，摇头。刘健和谢迁决定用多年来赚取的地位、威望和声誉做最后一击——辞职。

他们认为这是一招好棋。因为他们是先皇指定的辅臣，朱厚照再顽劣荒唐，也不可能对他们的辞职无动于衷。朱厚照的确没有无动于衷，他在辞职信上快活地批示了“准”。

刘健和谢迁的时代过去了，他们根本就不了解朱厚照，早已把身心都沉浸在玩乐中的朱厚照巴不得他们离开。

刘健和谢迁现在已无回旋余地，只能回家养老。李东阳在送行会上对二人说：“我不能走，我要继续您二人未竟的事业。”

刘谢二人笑了笑，说：“好啊。我们的时代结束了，不知道你的时代是否真能开始。”

李东阳的时代没有办法开始。李东阳是个懂政治的人，他看清了刘瑾已经站立得很稳，坚如磐石，短时期内，没有任何力量可以把他从高处拉下来。

当北京方面的很多官员要求李东阳扛旗向朱厚照上书挽留刘健、谢迁二人时，李东阳说：“你们这不是救人，而是害人。刘瑾对他二人已恨之入骨，我们现在又去挽留，这不是给刘瑾火上浇油吗？先不说诸位的命，刘、谢二人也命不久矣。”

北京方面由此销声匿迹，南京方面开始生龙活虎。

知而不行，只是未知

“明知山有虎，偏向虎山行”不是自残行为，至少在王阳明看来，它是心灵驱动下的冒险犯难，是孔子在良知命令下的“明知不可为而为”。

北京方面的“打老虎”行动彻底失败后，南京方面接过了这个不可能完成的任务。早在刘健、谢迁“被辞职”的消息传到南京后，南京监察官（御史）薄彦徽、陆昆、蒋钦等十五人联名上书请求朱厚照挽留刘、谢二人。不过他们的请求书达到北京时，刘、谢二人已经离开。他们马上转向，矛头直指八虎，自然，刘瑾是他们攻击目标里的代表人物。他们在奏折中声称掌握了无数确凿的证据，证明刘瑾罪不容赦。

刘瑾的反应非常凌厉，要求朱厚照下令，把这些人捉到北京，廷杖伺候。朱厚照对刘瑾的愤怒感同身受，自他继位以来，官员们就一直在找他麻烦。

廷杖是朱元璋专门对付政府官员而设置的刑罚之一。这一刑罚引人注目的地方就在于：把罪犯在众目睽睽之下按趴在地，用绳子捆绑住手脚，把裤子褪到膝盖处，执行员以粗重的木板拍打受刑人的屁股。

扭曲的传奇就此上演。南京的监察官们被拖到北京，每个人都被打得奄奄一息，又被开除公职，政治生命就此结束。监察官蒋钦不服气，屁股挨了三十棍被贬为平民后，他又给朱厚照写了封信。在信中，他把刘瑾骂得狗血淋头，同时提醒朱厚照，我太祖皇帝（朱元璋）曾立下家法，不许太监干政。可如今，刘瑾已成了帝国的二号首长，贪赃枉法，无恶不作。奏疏的最后，蒋钦豁出性命：“皇上如果您信臣，杀刘瑾；如果不信臣，杀我。”

刘瑾暴跳如雷，朱厚照七窍生烟，两人一合计，再给蒋钦三十军棍，如果他还没死，就扔他进锦衣卫大牢。

蒋钦没有死，不过已剩半条命。这半条命在蒋钦看来，剩和不剩没有太大区别。于是，他在狱中又给朱厚照写信，希望朱厚照能明白这样的事实：如果刘瑾没有罪，我为何要不惜性命来控告他。现在，我每天在狱中和蟑螂老鼠为伍，他在外面锦衣玉食，我有老爹七十二岁，我连尽孝这件事都可以抛弃，我图个什么？

朱厚照没明白，和刘瑾合计后，蒋钦又挨了三十军棍。剩下那半条命就这样和已死去的半条命会合了。

蒋钦在十天内挨了九十棍，给政府官员们带来了极大的视觉冲击和心理摧残。那是一幅血肉横飞的场景，屁股上被打烂的腐肉能割下一盆。当事人在受刑时钻心刺骨的痛时，使得面部都会变形。政府官员们在感叹蒋钦奇异的不屈不挠精神和朱厚照罕见的冥顽不灵外，毫无他法。人人都意识到，现在谁敢说刘瑾一句坏话，蒋钦就是榜样。

王阳明就在这噤若寒蝉的空气中不声不响地登场了。他必须登场，表面上看，是一群文官和太监刘瑾作对，实际上，这是正气和邪气的较量。王阳明当然站在正气这边，所以他必须做一个表态。

据说王阳明准备上奏疏之前，有人劝他："当初闹得那么凶，不见你有任何动作；现在胜负已定，你却逆风而行，这太傻了吧？"

王阳明傲然道："就是因为当初闹得太凶，那么多正义之士都在奋斗，所以多我一个不多，少我一个不少。而现在，正义之士被压迫，死气沉沉，必须要有一个声音来呼唤他们的良知，而这个重任非我莫属。"

知道王阳明要登场的人可能会猜测，他会直奔当时官员们力挺的宏大主题：扳倒刘瑾。但王阳明的思考方式和一般人并不一样，他就是上了山，也不会直奔老虎。以他的见解，这场风暴的起源处是朱厚照，刘瑾不过一木偶。想要扳倒刘瑾，必须要从朱厚照那里入手。他入手的方式极为婉转，绵里藏针。

他的着眼点就是南京监察官事件。他首先把朱厚照捧起来：君仁，臣才直。也就是说，上有朱厚照这样英明的皇帝，下才有那些直言敢谏的南京监察官。他们如果说得对，您应该嘉奖。如果说得不对，您也应该包容，这样做的好处是可以听到各种不同的声音。随后，话锋一转：可是您现在做的叫什么事啊。南京离北京几万里，您也不惜成本把他们拉到北京来执行廷杖。对当事人而言，不过就是屁股上受了点苦，可在外人看来，您这就是在堵塞言路，将来谁还敢面对奸佞之人挺身而出？皇上您天纵睿智，不可能不知道南京监察官们的指控是虚是实。我希望您能施舍您的仁慈，把他们官复原职。上有天下有地，中有万民，都会以各种形式称颂圣明，天下有福。

上了这道奏疏，王阳明心情轻松，居然还跑到他和湛若水创建的学堂里继续给学生讲身心之学。朱厚照和刘瑾远没有他那么淡定，看完信后，虽然朱厚照根本不知道王阳明是谁，刘瑾也不清楚这个兵部的小官到底是何方神圣，不过他当时的原则是“宁可错杀一千，不可放过一个”。既然王阳明的上书和南京监察官们有关，那就证明其心必异。而且，这封信里有暗示：那些监察官是对的，岂不就是证明他刘瑾是错的。

于是，一道圣旨到了王阳明眼前：廷杖四十，下锦衣卫狱。

王阳明年轻时虽然练过中国传统武术，而且能蹦过一丈宽的悬崖，更修习过道家导引术，可他天生体质就弱，更没有练过硬气功，所以，他无法“笑纳”招呼到屁股上的四十廷杖。他被打得一佛出世，二佛升天。直到被抬到锦衣卫大牢时，他才悠悠醒转，眼前已换了世界。

这个世界，他在几年前任职刑部时见过，暗无天日，臭气熏天，俨然地狱。不过当年他在过道里看，现在他在囚笼里看，站的角度不同，看到的情景就完全不一样。他有种异样的感觉：在这幽暗潮湿的囚牢中，他自少年时代就埋藏在心中的一切理想都消失不见了。他的心不是空的，而是像装满了浑水的罐子。

关于王阳明在锦衣卫大牢的具体情景，没有旁证，我们只能通过他的诗歌来还原他在监狱中的生活。据他的诗歌说，他刚进大牢时，由于屁股创伤和心理压力，整夜整夜地失眠。从一个养尊处优的公子哥一下跌到人间最黑暗的锦衣卫大牢，心理难免会起变化。当他勉强能直立行走后，他就在牢里来回地踱步。回忆起前半生时，他不禁潸然泪下。他好像没有回忆他的那些理想，人的理想和站立的位置有关，一个身陷囹圄的囚犯不可能去想建功立业。王阳明也没有想自己怎么会沦落到这个境地，也许他在写那封奏疏时就预料到会有今天。如今，他漫不经心地观察今天的处境，牢房里没有四季的更替，只有刺骨的寒冬。牢房里的光线惨淡，几乎可以忽略不计。牢房里的饭菜几乎比猪食还难吃。

后来，他终于认清了现实，自己在这个地方会待很久。据他估算，离他去另一个世界的时间也还有很久，这段时间，他怎么来打发，应该是他首先思考的问题。他把时间用在了《周易》上。道家说《周易》里面暗藏人生玄机，读透它就能趋吉避凶；儒家却说它是君子的修身宝典。王阳明读《周易》，也想读出点天机来。不过读着读着，他就想到了自己在家乡的阳明洞。在那里，他曾翻过佛经，练过导引术，清风吹进洞里时沁人心脾。

出乎王阳明意料的是，1507年春天，他的牢狱生涯居然结束了。但旧的厄运结束标志着新的不幸到来：他被贬到贵州龙场驿站担任站长。但凡有点地理常识，就知道那不是人待的地方。不过王阳明很开心，他出狱时还曾勉励他的狱友，要保持君子风范，不可抛弃圣贤之书。

人生一切所谓的苦难，都是比较而言。和锦衣卫大牢相比，山遥水远的贵州龙场就不值一提。这至少是王阳明当时的想法，可他的朋友们面色大变。

湛若水费了好大劲，才在大明疆域图的最南方找到了一个叫龙场驿站的地方。他沮丧地对王阳明说："此地非人类所能居住，你这一去恐怕……"

王阳明心里有数，却安慰湛若水："我大明既然在那里有驿站，就说明有人。别人能在那里生活，为什么我不能？锦衣卫大牢是什么地方，我这不也出来了吗？"

他话锋一转："我唯一担心的是当今天下，圣学不明，读书人只讲口耳之学，不谈身心之学，我希望你能把身心之学发扬下去。"

湛若水很愧疚，一个生死未卜的人还时刻不忘身心之学，他这个在波平浪静中生活的人没有任何资格颓丧。况且，他对王阳明也有很深的了解，王阳明大半生无论是对理想还有生活从未绝望过，只要他能发挥主观能动性，应该不会发生什么事。

看上去，王阳明应该没什么事。

可生活自有它自己的准则，凡是你能预料的事大都不会发生；凡是你没有预料到的，毫无意外地肯定会发生。

释厄路

王阳明在离开北京之前，写了一首诗，其中有两句："贤圣可期先立志，尘凡未脱漫言心。"这说明他一离开锦衣卫大牢，心里的宏图大志就复活了。另外，他并没把到恶劣的龙场去生活看成是什么了不起的障碍。他是个有抱负的人，抱负是一个人活出价值的发动机。至少在他离开北京时，他是这样想的。不过后来的事实证明，在面对险恶环境时，这台发动机也会熄火。

王阳明从北京去贵州龙场的第一站是老家浙江余姚。由于牢狱之灾，他的祖母和家人一见到他，就说他苍老了很多，并对他去贵州龙场表示出担心。王阳明以一种无所谓的态度劝慰他们说："那个地方虽然少有人行，却是山清水秀。你们也知道，我从小就喜欢山水，所以那个地方在你们看来是地狱，对我而言却是天堂。"当他的家人心绪平静后，他离开余姚到了杭州，住在他曾经成功劝退那个静坐和尚的胜果寺中。王阳明并非重新皈依了佛教，而是为了养病。四十廷杖带给他的生理创伤还在，天气稍有变化，他的屁股就会出现阵痛，以至于不能安心静坐。更糟的是他的肺病又复发了。所以王阳明必须要把身体休养好，才有能量继续赶路。

可惜，他这点小心愿都没有达成。在杭州休养了几个月后，刘瑾派了人来。来的人是锦衣卫，任务是杀掉王阳明。

锦衣卫日夜兼程，很快就来到杭州。他们凭着高度灵敏的嗅觉，摸上了胜果寺。王阳明在胜果寺有满坑满谷的朋友，马上就有个叫沈玉殷的找到王阳明，对他说："寺里今天住进了几个操北方口音的人，面露杀气，可能是来找您的。"

王阳明惊恐起来，沈玉殷问他："你是否有仇人？"

王阳明回答："平生只有一个仇人，就是刘瑾。"

沈玉殷点头道："是了，如果我没有猜错，这几个人应该就是锦衣卫，是来对付您的。"

王阳明站起来就要走，沈玉殷拦住他，说："先不要着急，我去探查一下，然后见机行事。"

当夜，沈玉殷备好酒菜敲开锦衣卫的房间，开门见山问道："你等为何要杀王阳明？"锦衣卫明人不做暗事，回道："奉刘公公之命。"

沈玉殷又问："何时动手？"

锦衣卫回答："今夜。"

锦衣卫的自负让他们付出了任务失败的代价。沈玉殷把他们灌醉后，急忙通知王阳明快逃。王阳明连行李都没收拾，仓皇逃出了胜果寺。

他走得越快，就感觉危险离他越近，他拼命地跑起来，一直跑到钱塘江边，但危险的气息仍然在左右萦绕。他知道，醒酒后的锦衣卫始终在后面嗅着他的踪迹尾追不舍。

要摆脱一个人，只需让他如愿以偿。王阳明把外衣和鞋子放到钱塘江边，又写下遗书"百年臣小悲何极，夜夜江涛泣子胥"。他藏了起来，锦衣卫到来时，看不懂他的遗书，但看到了正被江水推向江心的衣服和鞋子，他们认定，目标已死，于是回京复命了。

王阳明"死亡"的消息很快传遍浙江，又传到北京。他在浙江的一些朋友居然到钱塘江边去祭奠他，他的家人痛不欲生，刚被刘瑾赶回老家的王华老泪纵横。只有王阳明最好的朋友湛若水不信，当他看到王阳明的遗书时，哈哈大笑，说："这是英雄欺人。"湛若水的意思是，王阳明在玩诈。

诈，让他摆脱了暂时的困境。他搭上一艘去舟山的船。倒霉的是，一阵狂风把船吹离航向，当他登岸时，人家告诉他这里是福建福州的鼓山。王阳明叹息了一回命运不济，辨明了贵州方向后就钻进西南的森林里。穿过森林，有座破败的寺庙，一条若隐若现的小路延伸到远方，王阳明顺着小路走了一会儿，就见到一座装修简单的寺庙。他兴奋地去敲门，过了很久，门才打开一条缝，探出个和尚的光头来。和尚见王阳明一脸焦虑，有些讶异。王阳明希望和尚能收留他一晚，和尚连连摇头，却不说原因。据和尚说，小路的尽头有座寺庙，那里可以容身。

王阳明咳嗽着，浑身颤抖，但和尚毫无慈悲之心。

这就叫祸不单行。王阳明只能掉头回那座破败的寺庙，虽然破败不堪，但遮风挡雨的功能还未完全丧失。当第二天王阳明醒来时，看到的第一个物体就是昨夜那个和尚的脸，那是一张惊异的脸。后来王阳明才知道那个出家人的用心有多险恶，寺庙在深山老林，没有多少香客。没香客就没有香火钱，和尚因此很贫穷。有一次，一位过路客在那个破败寺庙里过夜时被老虎吃掉，遗留下大堆的骨头和金银财宝。这让和尚产生了灵感，此后，他拒绝任何过路客住他的寺庙，那个破败寺庙就成了他的经济来源。在王阳明之前，只要有人来，就必有收入。可王阳明打破了他的定律——老虎居然没有吃他。和尚想，此人绝非等闲之辈，这种想法唤回了他久违的慈悲心，他把王阳明请回寺庙，好生招待。

王阳明在寺庙里安顿下来后，身体康复得很快。有一天，他百无聊赖，在寺里闲逛，走到一空旷处发现一位老道静坐闭目。听到脚步声，就睁开眼，看了看王阳明，"哈哈"一笑，说："我终于把你等来了。"

王阳明吃了一惊，定睛细看，失声叫道："啊呀，道长，怎么是你啊！"

道士正是二十年前江西南昌铁柱宫里的那位道士，他的容貌和二十年前一样，光阴似乎在他脸上没起任何作用。两人热烈地交谈起来。

王阳明问他："为何在这里？"

道士回答："你不记得二十年前我说过，二十年后咱们再相见吗？"

王阳明没有想过这样的问题，因为他乡遇故知的喜悦充盈了他的脑子。道士问他多年来的人生状况。王阳明一五一十地说给道士听，说完，长叹一声。道士也叹了一声。

王阳明说："我被刘瑾追杀，九死一生，前途未卜。我不想去贵州龙场，只想找个没有人知道的地方隐居。"

道士说：“你是要出世？”

王阳明说：“是的。”

道士笑了：“你才否定佛道的出世思想，如何又转回来了？”

王阳明苦笑：“如今我也顾不得那些，只求保存性命。”

道士问：“你当初为何和佛道分道扬镳？”

王阳明答：“实在是难舍亲情。”

道士追问：“你现在就能舍了？”

王阳明被问住了，他当然不能。

道士替他分析：“如果你一走了之。刘瑾说你去了越南，或是蒙古，诬你个私通敌国的罪名，你的家人肯定受牵连。”

王阳明惊骇道：“我也是被时势逼得太紧，居然忘了这样的事。”

道士说：“你来之前，我已为你占得一卦，得卦明夷，断辞是：光明消退，黑暗降临，面对灾难，宜坚贞守持。”

其实这几个字无非告诉王阳明和每个在逆境中的人：切勿受到不利环境的影响，也不要让坚定之心有所动摇。要避免灾祸，就要守护内心的光明，尽管表面上可以屈服。采取这种态度，再大的灾难都是浮云。有时候，人必须隐藏他的光芒，以便在当时的困难处境之下仍能让他意志占上风，内心深处必须意志坚定，并且要一点都不流露在外。如此，就能在困难中坚持。

据说，道士的占卜唤起了王阳明身上的信心。王阳明决定先去看望父亲，之后继续踏上通往贵州龙场的坎坷路。实际上，王阳明不想再逃避，和卦象没多大关系，亲人们的安全才是决定性因素。

离开那座寺庙后，他直奔南京去看他父亲王华。王华当时被刘瑾驱赶到南京，坐着冷板凳。父子二人相见，抱头痛哭。王阳明愧疚地对父亲说，自己对不起父亲的养育之恩，对不起王家列祖列宗。王华却说：“我们都以为你真的自杀了，如今能看到活着的你，还有什么奢望。你从小性格就野，不与人同，步入仕途后三心二意，我从来未在光宗耀祖上对你寄予厚望。虽然如此，你那道上书是对的。正义总需要一些人来维护，你只是做了你该做的事。”

王阳明对父亲说，他已经决定去龙场，勇敢地面对这次放逐。临行前，王华让两个仆人跟随王阳明。在重新上路前，王阳明写下了动人心弦的一首诗：“险夷原不滞胸中，何异浮云过太空。夜静海涛三万里，月明飞锡下天风。”

普遍认为，王阳明用这首诗表达了他决定直面前途未卜的未来之后如释重负的感觉，里面透露出的勇气让人深深感动。

人的力量永远来自心灵。当你的心灵产生力量后，外界的环境看上去也就没有想象中的险恶了。所以他后面的路虽然异常艰辛，但他从浙江到江西，再从江西进入湖南，从湖南进入贵州，一步一个脚印，终于在1508年年初到达了他的放逐地——贵州龙场驿站。

做自己的主人

王阳明虽然对放逐地的严酷现实有思想准备，不过到达龙场驿时，他的心还是瞬间冷了下来。

龙场驿位于今贵州贵阳西北约八十里的修文县城，地处荒僻，虫蛇甚多，瘴气流行。如果你说此地不是人类所能居住的，但是当地居住了很多彝人、苗人等少数民族；如果你说这个地方是人类可以居住的，但是和山顶洞人的生活条件差不多。

王阳明到达龙场驿时是一个太阳还未升起的早晨，植物腐烂的气息在森林里形成浓密的雾。这仿佛是一个迷幻的世界，看不到任何希望。龙场驿站的站长用出离了兴奋的心情接待了他们。他的这种心情实在不厚道，他的高兴不是因为有人来，而是因为有接替他的人来。他把自己在龙场驿三年的生存经验全部传授给王阳明。按他的意思，这些生存经验一旦出了龙场驿，就是屠龙之计，一点用都没有，所以他毫无保留。

他要王阳明在未来的生活中需要时时警惕以下五点。第一，不要和陌生人说话。当地少数民族和我们不是同一类人，阴鸷易怒，发起火来像魔鬼，要命的是，他们时时刻刻都在发火。即使是中原人，也不要随便和他说话。来这里的人有很多是为了逃避法律制裁、心狠手辣的亡命之徒。第二，注意空气质量。这里的空气看上去清新，但暗藏杀机，尤其是早上和夜晚，森林中的瘴疠之气四处弥漫，稍不小心就会中毒身亡。第三，动物凶猛。这原本就是野兽的家园，所以要时刻小心狼虫虎豹的攻击。第四，自力更生。法律虽然规定政府供应粮食，但经常一年才来一次，所以你要学会种植谷物。第五，也是最重要的：既来之，则安之，一定要保持乐观的心态。否则，你终有一天会把自己结果了。

这位卸任的龙场驿站站长传授完毕，收拾了自己的行李，乐呵呵地走了。王阳明望着他的背影在原始森林深处消失，脑子里一片空白。他想朗诵他在离开南京时写的那首诗，可怎么也想不起第一个字是什么。

他没有心情去想那个字，因为有好多活要干。首先就是居住问题，按法律，王阳明是戴罪之人，不得居于驿站。他找到一个山洞，阴暗潮湿，却能抵挡频繁而至的雨水。但他犯了一个致命的错误：没有安装门！所以一天晚上，一只狗熊在他们熟睡时走进山洞，把他一个仆人的半边脸当成了夜宵。王阳明懊悔之下才想起了前任的警告。他开始忠实地奉行起来。第一，他叮嘱仆人在森林里寻找食物时不要和当地土著说话，不要有任何接触，包括眼神。第二，每当森林中瘴疠弥漫时，他就用他有限的中医药知识采集消毒的植物放到锅里煮沸，祛除瘴疠气。第三，他让仆人打造了一扇石头大门，睡觉前必须关门。第四，他带着仆人开垦土地，种植前任留下来的种子。第五，他为自己和仆人找各种乐子。他把自己居住的几个山洞和临时搭建的窝棚起了很多文雅而有深意的名字，比如他所居住的山洞叫"玩易窝"，按他的解释是，这个山洞是山麓的窝，他时常在这里凭记忆力读《易》，读到精熟处，感觉就像是在玩一样，于是叫"玩易窝"。有一个窝棚叫"何陋轩"，王阳明解释说，这里的土著虽然表面粗野，但性格直爽，心思如小孩子，这说明他们"良知"并未丧失。所以他给这个窝棚起名为"何陋轩"。还有个窝棚叫"君子亭"，王阳明的解释是，这四周都是竹子，竹子具备君子的四个特征，中空而静，通而有间，这是君子之德；外节而实，一年四季枝叶颜色不改，这是君子之操；随着天气而出而隐而明，适应性强，这是君子"适应时势"的变通；挺然而立，不屈不挠，这是君子之容，所以他给它起名为"君子亭"。

这是艺术上的自我调节。在现实生活中，王阳明给他的仆人用大白话唱民歌，跳最狂热的舞蹈，以驱逐他们对现实的沮丧。为了淡化残酷的生存环境，他凭记忆诵读理学经典，把自己从现实世界中拔出来沉到思想世界中。

有生以来，王阳明第一次有意识地陷进回忆中。他突然发现了许多自己从未发现的事实。他钻研军事、探索理学、浸染佛道、苦攻辞章，都是他那"野多违俗"的性格和"成为圣贤"的理想与现实世界的生死搏击。现实世界总把他的性格和理想打倒在地。而他自己也注意到，每一次他都能站起来，并且比倒下之前更强大。就在他被投入锦衣卫大牢前，他心中已有了明确的目标，那就是身心之学。即使在来贵州的路上，他还在探索身心之学的精妙。不过他也承认，现实世界还是很强大的，因为它用龙场这一记重拳把他打倒在地，至少在他回忆往事时，他还没有站起来。

实际上，从内心而言，他现在比过去强大了百倍。他说："我已超脱了得失荣辱，只是还无法超脱生死。”其实人人所谓的怕死，怕的并不是死，而是对生有所眷恋而已。王阳明一想到因为死亡会让他那些理想半途而废，心里就火烧火燎地难受。他为自己准备了一副棺材，说：“我现在就听天由命吧。”

这并不是放弃，实际上“听天由命”隐含了某种洒脱，它是在我们无法改变事情时的淡然心态。王阳明在听天由命时，每天都用静坐的方式让自己的心安静下来。当他的心彻底安静下来后，他就会问这样一个问题：“如果是一个圣人处在我这样的环境下，他如何做？”

这个问题问得好！

它实际上问的是，圣人是如何改变外部世界有所作为的？

王阳明已意识到，圣人无论多么非凡，也不过是肉体凡胎，他生活在社会中，所以必须要面对外部环境。那么，圣人们处于逆境时是如何改变外部世界的呢？遗憾的是，王阳明很快发现，儒家圣人系统中的那几位圣人谁都没有他这样的遭遇。孟子是贵族，每次出门都鲜衣怒马，仆从如云。周武王是西周时期的万王之王，谁敢放逐他？周文王坐过牢，但吃喝不愁。孔子在周游列国时的确挨过饿，那也是几天的事。也就是说，没有哪个圣人像他王阳明这样倒霉过。

他找不到标杆，寻不到成功的案例，这让他的心灵备受煎熬。后来，他通过长时间的默想，突然发现，圣人是没有办法改变外部环境的，他们只是适应环境。正如他自己，刚来时面对这样恶劣的环境，想死的心都有。可现在，他不还是好好地活着？那么，让他活下来的精神支柱是什么呢？无非努力适应外部环境。

想到这里，他的心情轻松了许多。他觉得自己应该把时间用在理学的突破上。于是，他开始审视朱熹的“格物致知”。他对朱熹仍然极不满意，因为朱熹说，去外面世界格真理。这就如他现在，他如何才能从外部找到一个好好活下去，并且可以创造人生价值的真理呢？外部根本没有这样的真理，所以他根本无法找到。

朱熹的“格物致知”和“圣人处此该如何”交织在一起在他的脑海里撞击着，他变得神魂颠倒起来，像中了魔一样絮絮叨叨，时而点头，时而皱眉，时而摇头。

他的脑子再也放不下这些翻来覆去被他肯定和否定的问题，终于有一天，这些问题冲出了他的脑子，像一幅画一样清晰地呈现在他眼前。于是，就发生了本书开头的那一幕，王阳明的心学横空出世。这个传奇故事被称为“龙场悟道”，是王阳明心学诞生典礼上的礼炮。

龙场悟道引来很多争论。有人说是禅悟，有人说是道家思想的结晶。有人则说，是儒家孟子思想和陆九渊心学思想的碰撞。也有人说，其实这是王阳明长期失眠和极度消沉后所产生的幻觉。

但无论怎么说，王阳明在龙场所悟到的“圣人之道，吾性自足”都是中国思想史上最夺目的光辉。所谓“圣人之道，吾性自足”，就是我们每个人与生俱来心中就有圣贤之道，因为我们心中与生俱来就有能知是非善恶的“良知”，而做圣贤就是要通过自我努力实现最真实的自我。我们每个人身上既然都有圣贤的因子，那人人就是平等的，谁都没有权力支配谁。只有一个人有权力，那就是我自己。只有我才能支配我自己，我才是自己的主人！

这就是王阳明心学最根本的思想，也是哈佛大学教授杜维明说“二十一世纪将是王阳明的世纪”的理由。

现在，我们已经可以回答下面这三个问题：为什么是王阳明？为什么是他创建了心学？为什么他能创建心学？

宿命论者认为，王阳明创建心学是苍天注定的，因为他就不是凡人，有四件事可以证明。第一件事，在王阳明出生前，王阳明的祖母梦到神仙从空中垂直降落，把怀中一个婴儿交给她，并且说：“此子将来必能光大你家门庭。”他的祖母从梦中醒来，王阳明降临人间。为了纪念神仙乘云雾送子这个梦，王阳明的爷爷王天叙给他起名为“王云”。第二件事，王阳明直到四岁还不能讲话。有个和尚就对他的爷爷说：“好个孩儿，可惜道破。”他的爷爷王天叙猛然想起“王云”的“云”字，恍然大悟，这是道破了天机啊，于是马上把他的名字由“王云”改成“王守仁”（阳明是他成人后自己取的号）。第三件事，1482年，王阳明在镇江府金山寺的禅房里看到一位圆寂的和尚和自己特别像，墙上的诗歌暗示，王阳明就是这位和尚的转世。第四件事，1483年他和父亲在北京城走路，一个道士对他父亲说：“你这孩子能跨灶（超越父亲）。”他的父亲很疑惑：“我已经是状元了，他难道是状元中的状元？”道士说：“这正是此子奇异之处。”

还有人说，王阳明天生睿智，但人类历史上天生睿智的人太多。在王阳明身边就有湛若水，在他之前，还有陈白沙。有人说，他始终有成圣之志。但娄谅也有，陈白沙更有，几乎所有的儒家思想家都有成圣之志。有人说，王阳明多年以来积累了儒释道诸子等百家知识，但陈白沙的知识积累比他要深厚十倍，陈白沙十几岁就悟透佛、道二教，而他三十岁时才通佛、道。最后，有人说，王阳明之所以创建心学，是因为经历了一次严酷的放逐洗礼。

的确，人类历史上一个永恒的定律是：任何一位伟大的圣贤都要经历过一番非比寻常的困苦环境。摩西被放逐渺无人迹的沙漠，才有了《摩西十诫》；耶稣在颠沛流离的传道中悟得大道；穆罕默德在放逐地创建了伊斯兰教；释迦牟尼放弃了王子养尊处优的生活，到深山老林中度过艰苦的岁月，创建佛教。这几个人的成功似乎告诉了我们一个人生哲理：不经风雨，就不能见彩虹，逆境使人成长，让人成熟。

但身处逆境就一定能有所作为吗？从古到今，死在逆境中的人不胜枚举，何谈成就！

那么，到底为什么是王阳明？

至少一个因素必不可少。王阳明出身书香门第，他本人衣食无忧，这让他有充足的条件随心所欲。我们很容易就注意到一个问题：但凡哲学家，出身贫苦的极少。

实际上，这种“事后追溯”意义并不大。正如我们走在路上看到一起车祸，“事后追溯”就是，我们马上思考自己怎么会看到这起车祸的。你肯定能找到理由，如果你有耐心追溯，就会发现在你出生的那一刻已注定了你会看到这场车祸。

虽然王阳明具备的那些要素很重要，也许我们应该特别注意王阳明在“悟道”之前反复琢磨的那两个问题：一个是朱熹的“格物致知”；另一个则是圣人如何从困境中超越出来。如果非要给“为什么是王阳明”安一个看上去标准的答案，那么这个答案就应该在两个问题里，它就是：圣人肯定不像朱熹所说的去外面寻找存活下去的真理。用排除法，不去外面找，自然就在心里找。所以，他修改了朱熹对“格物致知”的解释。

于是，王阳明心学的宗旨无非就是，我们心里的良知是应对万事万物的法宝，无须去外部寻求任何帮助。

不过我们与其费力不讨好地寻找他创建心学的能量，不如用心来学习如何获得这种能量。这应该是王阳明的心愿，也应该是我们的终身追求。

新朋友和新敌人

王阳明创建心学后，他的世界看似光明起来。他适应了龙场这块土地，并且和当地的土著发展出了深厚的友谊，这源于王阳明高度的传道责任感。悟道后，王阳明马上把精力投入到讲学事业中。他让仆人开发了一块空地当作潦草的讲习所，热情地向土著居民发出邀请。

实际上，自王阳明来到龙场，当地土著们就对这个有气无力的中原人表现出了莫大的好奇。在他们眼里，王阳明有些诡异。有时候，这个中原人很正常，也很勤奋。他耕种土地，修葺山洞，生火做饭。而有时候，这个中原人像个神经病，要么一边自言自语，一边在森林里来回转悠；要么坐在空地上，一动不动。有一段时间，他们认为王阳明比山中的虎豹毒虫更可怕，而有时候，他们则觉得王阳明和蔼可亲。在森林中偶然相遇时，王阳明都很礼貌地向他们打招呼。

王阳明邀请土著去听他的讲座，土著们蹲在一起开会讨论，有人说不去，因为中原人外表忠厚，内心狡诈。也有人说，可以去，但必须全副武装。最终，王阳明几次三番邀请的热情感动了他们。他们只带着一颗心来了。

他们是王阳明在龙场结交的新朋友，这些人被王阳明所讲的内容深深迷住（土著讲的语言和汉语不同，无从得知王阳明是怎么向他们传道的），每天都来捧场。有捧场的自然就有砸场的，正如一个出色的人有朋友就肯定有敌人一样。

来砸王阳明场子的人是贵州巡抚王质。王质早年在中央政府担任御史，知道王阳明。担任御史的人由于需要经常找碴儿弹劾别人，所以心理往往比较扭曲。王阳明来贵州，作为巡抚，王质当然早已知晓。按王质的想法，王阳明到他的地盘任职，应该对他有所表示。可王阳明那段时间太忙，忙着存活，忙着悟道，就把这位贵州官场上的大佬忽视了。

这本是无心之罪，但王质认为自己的尊严受到了王阳明的挑战，于是派了一群亦官亦匪的人来到龙场驿站。这群人来砸场子时，王阳明正在给土著们讲课。他们训斥王阳明不识好歹，并作势要揍王阳明。王阳明丝毫不动声色，土著们却怒了。双方开战，当地人人多势众，来砸场子的人被打得抱头鼠窜。

王质大怒，当时就想调动军队对付王阳明，但马上就改变了主意。他意识到这是杀鸡用牛刀，而他只想让这只鸡对自己低头。王质拿出官老爷的威势来，下命令给贵州司法部长官毛应奎，要他通知王阳明，这件事的影响极端恶劣，王阳明必须诚惶诚恐、毕恭毕敬地向他道歉，只有王阳明做到这一点，他才可以考虑是否要赦免王阳明的罪。

毛应奎了解王质，知道这是官场中“廉价自尊”下的无理取闹。虽然如此，他权衡了一下，认为王阳明比王质更容易摆平。于是他给王阳明写信，要他向王质道歉，哪怕就是一封道歉信也好。

王阳明陷入沉思。这是他龙场悟道后第一次遇到事，而且非常棘手。他必须拿出妥善的解决方法来证明心学的力量。反复思考后，他给毛应奎回了封信，他说，殴打那群流氓的本地居民不会无缘故打人，是那群流氓先动手的。他接着说，即使那群流氓是王质派来的，但我和王质之间并没有任何关系，我为何要向他道歉？如果他非揪住这件事不放，那你替我转告他，我在恶劣的龙场什么没有遇到过，几乎一日三死，再大的风暴对我而言也不过是虫豸。他最后说，我虽然是流放官员，也应该得到应有的尊重。

这正是他心学的灵魂：人人都有尊严，不可侵犯。据说，王质收到这封并非是给他的信后大为震惊，只好接受了尊严被侵犯的现实。

凭几句义正词严的大话就把对手吓跑，世界上没有这回事。如果真有，公平和公正早已立足人类世界。王质不再找王阳明的麻烦，最有可能是毛应奎周旋的结果。毛应奎是个颇有正义感的人，在收到王阳明的回信后，他亲自去见王阳明。王阳明的人格魅力令他一见折服，这使他马上断定王质和王阳明之间的谁是谁非。在他的调和下，王质很容易做出判断，这件事再闹下去成本太高，而且有失他的身份，于是，不了了之。

自此，王阳明的敌人王质消失，毛应奎则成了他的新朋友。

王阳明还曾神交了一位朋友，正是这位神交之友催生了中国文学史上灿烂的篇章《瘗（yì）旅文》。我们想要了解王阳明的文学成绩，只需要欣赏这篇文章就足矣：

维正德四年秋月三日，有吏目云自京来者，不知其名氏，携一子一仆，将之任，过龙场，投宿土苗家。予从篱落间望见之，阴雨昏黑，欲就问讯北来事，不果。明早，遣人觇之，已行矣。薄午，有人自蜈蚣坡来，云：“一老人死坡下，傍两人哭之哀。”予曰：“此必吏目死矣。伤哉！”薄暮，复有人来云：“坡下死者二人，傍一人坐叹。”询其状，则其子又死矣。明早，复有人来云：“见坡下积尸三焉。”则其仆又死矣。呜呼伤哉！

念其暴骨无主，将二童子持畚、锸往瘗之，二童子有难色然。予曰："嘻！吾与尔犹彼也！"二童悯然涕下，请往。就其傍山麓为三坎，埋之。又以只鸡、饭三盂，嗟吁涕洟而告之曰：

呜呼伤哉！繄何人？繄何人？吾龙场驿丞余姚王守仁也。吾与尔皆中土之产，吾不知尔郡邑，尔乌为乎来为兹山之鬼乎？古者重去其乡，游宦不逾千里。吾以窜逐而来此，宜也。尔亦何辜乎？闻尔官吏目耳，俸不能五斗，尔率妻子躬耕可有也，胡为乎以五斗而易尔七尺之躯？又不足，而益以尔子与仆乎？呜呼伤哉！

尔诚恋兹五斗而来，则宜欣然就道，乌为乎吾昨望见尔容，蹙然盖不胜其忧者？夫冲冒霜露，扳援崖壁，行万峰之顶，饥渴劳顿，筋骨疲惫，而又瘴疠侵其外，忧郁攻其中，其能以无死乎？吾固知尔之必死，然不谓若是其速，又不谓尔子、尔仆，亦遽然奄忽也。皆尔自取，谓之何哉！吾念尔三骨之无依而来瘗耳，乃使吾有无穷之怆也。呜呼伤哉！

纵不尔瘗，幽崖之狐成群，阴壑之虺如车轮，亦必能葬尔于腹，不致久暴尔。尔既已无知，然吾何能为心乎？自吾去父母乡国而来此，三年矣；疠瘴毒而苟能自全，以吾未尝一日之戚戚也。今悲伤若此，是吾为尔者重，而自为者轻也，吾不宜复为尔悲矣。

吾为尔歌，尔听之！歌曰：连峰际天兮飞鸟不通，游子怀乡兮莫知西东。莫知西东兮维天则同，异域殊方兮环海之中。达观随寓兮奚必予宫。魂兮魂兮无悲以恫！

又歌以慰之曰：与尔皆乡土之离兮，蛮之人言语不相知兮。性命不可期，吾苟死于兹兮，率尔子仆，来从予兮。吾与尔遨以嬉兮，骖紫彪而乘文螭兮，登望故乡而嘘唏兮。吾苟获生归兮，尔子尔仆尚尔随兮，无以无侣悲兮！道傍之冢累累兮，多中土之流离兮，相与呼啸而徘徊兮。餐风饮露，无尔饥兮！朝友麋鹿，暮猿与栖兮。尔安尔居兮，无为厉于兹墟兮！

现在，我们将这篇文章翻译成现代白话文。一篇优秀的古典文章，翻译成白话文字，即使减色不少，但同样能动人心弦。

在大明正德四年（1509年）秋季某月初三，有一名吏目从北京来到这里，不知道他叫什么。他身边带着一个儿子、一个仆人，要到更远的地方去上任，路过龙场，投宿在一户苗族人家。我从篱笆中间望见他，当时阴雨昏黑，想向他打听北方的情况，没有实现。第二天一大早，我派跟班的一人去探视，他已经走了。近午时刻，有人从蜈蚣坡那边来，说：“有一个老人死于坡下，旁边两人哭得很伤心。”我说：“这一定是吏目死了。可悲啊！”傍晚，又有人来说：“坡下死了两个人，旁边一人坐着叹息。”问明他们的情状，方知他的儿子又死了。第二天，又有人来说：“看到坡下堆了三具尸体。”那么，他的仆人又死了。唉，令人神伤啊！

想到他们的尸骨暴露在荒野，无人认领，于是我就带着两个跟班，拿着畚箕和铁锹，前去埋葬他们。两名童仆脸上流露出为难的表情。我说：“唉，我和你们，本像他们一样啊。”两名童仆怜悯地淌下眼泪，要求一起去。于是在旁边的山脚下挖了三个坑，把他们埋了。随即供上一只鸡、三碗饭，一面叹息，一面流着眼泪鼻涕，向死者祭告说：

“唉，悲伤啊！你是什么人，什么人啊？我是此地龙场驿的驿丞、余姚王守仁呀。我和你都生长在中原地区，我不知你的家乡是何郡何县，你为什么要来做这座山上的鬼魂啊？古人不会轻率地离开故乡，外出做官也不超过千里。我是因为流放而来此地，理所应当。你又有什么罪过而非来不可呢？听说你的官职，仅是一个小小的吏目而已。薪俸不过五斗米，你领着老婆孩子亲自种田就会有了，为什么竟用这五斗米换去你堂堂七尺之躯？又为什么还觉得不够，再加上你的儿子和仆人啊？哎呀，太悲伤了！

“你如真正是为留恋这五斗米而来，那就应该欢欢喜喜地上路，为什么我昨天望见你皱着额头、面有愁容，似乎承受不起那深重的忧虑呢？一路上常冒着雾气露水，攀援悬崖峭壁，走过万山的峰顶，饥渴劳累，筋骨疲惫，又加上瘴疠侵其外，忧郁攻其中，难道能免于一死吗？我固然知道你必死，可是没有想到会如此之快，更没有想到你的儿子、你的仆人也会很快地死去啊。都是你自己找来的呀，还说什么呢？我不过是怜念你们三具尸骨无所归依，才来埋葬罢了，却使我引起无穷的感怆。唉，悲痛啊！

“纵然不葬你们，那幽暗的山崖上狐狸成群，阴深山谷中粗如车轮的毒蛇，也一定能够把你们葬在腹中，不致长久地暴露。你已经没有一点知觉，但我又怎能安心呢？自从我离开父母之乡来到此地，已经三个年头。历尽瘴毒而能勉强保全自己的生命，主要是因为我没有一天怀有忧戚的情绪啊。今天忽然如此悲伤，乃是我为你想得太重，而为自身想得很轻啊。我不应该再为你悲伤了！

“我来为你唱歌，你请听着。我唱道：‘连绵的山峰高接云天啊，飞鸟不通。怀念家乡的游子啊，不知西东。不知西东啊，顶上的苍天却一般相同。地

方纵然相隔甚远啊，都在四海的环绕之中。想得开的人到处为家，又何必守住那旧居一栋？魂灵啊，魂灵啊，不要悲伤，不要惊恐！’

“再唱一支歌来安慰你：‘我与你都是离乡背井的苦命人啊，蛮人的语言谁也听不懂，性命没指望啊，前程一场空。假使我也死在这地方啊，请带着你子你仆紧相从。我们一起遨游同嬉戏，其乐也无穷。驾驭紫色虎啊，乘坐五彩龙；登高望故乡啊，放声叹息长悲恸。假使我有幸能生还啊，你尚有儿子仆人在身后随从；不要以为无伴侣啊，就悲悲切切常哀痛。道旁累累多枯冢啊，中原的游魂卧其中，与他们一起呼啸，一起散步从容。餐清风，饮甘露啊，莫愁饥饿腹中空。麋鹿朝为友啊，到晚间再与猿猴栖一洞。安心守分居墓中啊，可不要变成厉鬼村村寨寨乱逞凶！’”

王阳明在龙场除了结交新朋，还有旧友来巩固他们之间的友谊。这些旧友都是他曾经在北京讲身心之学的弟子，以他的妹夫徐爱为首，陆续来到龙场。当这些人得知王老师创出了不同于朱熹理学的学说后，大为惊奇。他们让王阳明讲讲这个新学说，王阳明侃侃而谈：“心即理。”

众人不明白。

王阳明说：“我心中有个能知是非善恶的良知，所以一切道理都在我心上，就是：心即理。”

这一说法当然让他的弟子们耳目一新，但他们疑虑重重。徐爱就问：“您说心即理，不需外求。我孝顺父亲的种种行为，恐怕要去外面求取吧。一个三岁的孩子怎么知道那些孝顺父母的礼节？”

王阳明的解释是：如果你真有孝顺父母的心，就会去做孝顺父母的事。天冷了，你会给父母盖被；天热了，你会给父母打扇子。这种礼节，你需要去外面学吗？孝顺这个道理就在你心中，如果它在外面，比如在你父母身上，倘若你父母去世了，难道它就消失了？

王阳明心目中儒家伦理最基本也是最重要的孝道到底该如何表现，有件事可以说明。王阳明的爱徒徐爱曾在安徽祁门遇到一个叫傅凤的人，此人以孝顺父母为终生理想。可因没有像样的工作而赚不来钱，所以理想无法实现。徐爱就推荐他来见王阳明。王阳明于是给他讲心学，傅凤偶有所得，正要痛下决心修行时，突然意识到年迈的父母和傻子弟弟都需要他来养活。所以就抛弃心学，不顾性命日夜苦读，希望能考个进士，有个一官半职来养活父母和弟弟。因为吃不饱，再加上学业辛苦，竟然患了大病，卧床不起。但傅凤仍然坚持读科举之书，王阳明的弟子们都千方百计劝他以身体为重。

傅凤很苦恼，于是请教王阳明。

王阳明叹息说：“你呀，虽然志在孝亲，可已陷入不孝的深渊了。”

傅凤吃惊地问：“难道我不想去做官赚钱养活父母和弟弟，就是孝了吗？”

王阳明说：“你为了做官赚钱而养活父母和弟弟，却把自己搞成病夫，这是孝吗？”

傅凤疑惑。

王阳明又说：“就看你现在病恹恹的样子，能考上进士吗？”

傅凤很坦诚地说：“不能！”

王阳明说：“你把自己的身体搞垮了，却没有得到官职，而因为你身体很差，不能照顾父母兄弟，可能还要让他们来照顾你。你说，你这不是大不孝，还能是什么？”

傅凤潸然泪下，请王阳明出个好主意。

王阳明说：“宇宙中最真的孝，就是不让父母担心。知道了这个，你就知道怎么去孝顺父母了。”

我们可以看到，王阳明心学中所倡导的孝的问题，其实就是一门不让父母担心的学问。良知告诉一个人，孝顺父母的终极目的是让他们心上安宁，物质条件还在其次。这其实就是感应，人世间所有父母希望的其实是儿女平安，锦衣玉食并不重要。那么，将心比心，我们希望的其实也是父母平安，心平安，身平安。要做到这一点，必须是你的身心要平安，否则，这都是空谈。宇宙无时无刻不在变化，世事也在变幻，但那些良知未被遮蔽的心对于孝顺的要求是亘古不变的。想要真孝顺，做到五个字就可以了。这五个字是：让父母心安。

有弟子曾问王阳明，学习朱熹理学的方法很简单，只要我们去外面格物，把格到的道理用静坐思考的方式和自己的心吻合就是了。您这个学说，应该怎么学会它呢？

王阳明给出了四点。第一，立志。就是要打定主意，下定做圣贤的决心；第二，勤学。做圣贤必须勤奋，努力学习知识和提升品德；第三，改过。有错就要改，绝不姑息；第四，责善。也就是在朋友之间要以责备的方式劝善。

实际上，这是儒家提倡的老方法：在仿效典范和反省中获得自我，进而成为圣贤。这时的圣贤就是心灵自由、自己能支配自己的人。

不过在龙场，除了徐爱，并没有矢志不移跟随在王阳明身边的弟子。这些弟子来了几天，或许是有别的事，又或许是忍受不了龙场的生活环境，所以就离开了。王阳明在《诸生》这首诗中叹息说，人生相聚机会不多，何不把你们的书和行李拿来，咱们在一起享受心学的极欢大乐？（“唯我二三子，吾道有真趣。胡不携书来，茆堂好同住”）

而心学的极欢大乐在此时恐怕只有他一人能享受。虽然如此，他已蜚声整个贵州。前来拜访他的人相望于道，贵州龙场看上去不再是个闭塞之地，而成了人来人往的市场。在来看他的人中，有一人很特殊。他就是贵州军区世袭军政长官（贵州宣慰司宣慰使）安贵荣。安长官在贵州并非等闲，贵州的驿站就是他的祖上奢香夫人为明帝国免费创建的，所以他的神态里有一种无上荣耀的傲慢。安贵荣来见王阳明并不是听心学，按他的思维，王阳明学识渊博，声名远扬，肯定有非凡的智慧。他希望王阳明能为他解惑，这个惑就是：他想减少贵州通往中原的驿站数量。

王阳明劝他别胡思乱想：“驿站，尤其贵州境内的驿站是中央政府控制贵州的烽火台，你撤驿站，会给中央政府‘企图弱化中央政府对贵州控制能力’的印象。后果如何，不必我说。”

安贵荣急忙派人送来酒肉，说：“想不到这深山老林里有您这样见识非凡的人，让人钦佩，关于裁撤驿站的事，我以后想都不想。”

王阳明回答他：“我没有这样的力量。我说的这个道理，你心中早已有之。”

这个回答很阴险，一方面他暗示，安大人你要裁撤驿站恐怕就是有这想法。一方面，我的心学说，道理在你心中，我只是提醒了你一下而已。

但安贵荣贼心不死。这件事不久，贵州境内发生了两个少数民族首领的叛乱。王阳明判断，这两人是安贵荣的部下，他们叛乱和安贵荣的默许有直接关系。因为叛乱持续了一个月，安贵荣的军队毫无动静。他给安贵荣写信：“两人叛乱是在你的军事管辖区，你就眼睁睁地看着他们这样胡闹？中央政府怎么想？即使不追究你的失职，如果调动别省的军队来镇压，你的颜面何在？”

安贵荣看到这封信后，冷汗直冒。他马上出兵，轻松平定了叛乱。

由此看来，王阳明在龙场的身份不仅是个驿站站长，还是个教育家，偶尔还客串下政治家。他的朋友越来越多，声名大振，他的命运在经过一番痛苦的洗礼后发生了大逆转。所有人都知道，龙场这块天地已容不下他，他离开龙场的日子已不远了。

王阳明是被人请出去的，而且被请了两次。第一次请他的人是贵州省主管教育的副省长毛科，他和王阳明是同乡。1508年冬天，他到龙场听王阳明讲学，由于没有深厚的思想根基，毛省长很容易接受新思想。王阳明心学本身是灵动的学说，所以他很快就接受了，于是他邀请王阳明去省城贵阳讲学。王阳明委婉拒绝。他说，我现在只是山野村夫，体弱多病让我变得异常疏懒。我没有用功阅读和研究经典，所以没有资格担任讲师。我现在正准备去看医生，您作为官方代表，给我这样的荣誉，实在让我惭愧。

毛科当然不会明白王阳明这番托词背后的心理活动。在王阳明看来，他的心学是帮助人完善道德，而并非指导人科举考试。但毛科的用意很明显，他要王阳明到贵阳讲学就是希望王阳明能帮他培养出一批考试高手，这和王阳明的出发点南辕北辙。

毛科在1509年年初被调离贵阳，接替他的叫席书，毛科临走前叮嘱席书，王阳明学大才渊，不应该在龙场驿沉沦。席书谨遵前任教诲，上任不久，就跑到龙场驿来听王阳明的讲课。课后，他请教王阳明，朱熹和陆九渊二人的思想有什么不同吗？王阳明说，这个话题太深，作为晚辈，他暂时还没有资格来谈。他话题一转，普及了一会儿自己的心学。简易明快的心学马上就让席书为之着迷。不过，席书是朱熹理学的门徒，虽然着迷，但对王阳明心学的“真理性”表示怀疑。

第二天，席书满腹心事地来了。他还是希望王阳明能讲一下朱熹和陆九渊的不同，或者是，他王阳明和陆九渊的不同。王阳明只好满足了席书的愿望。

王阳明从“知行”的角度来说明他和朱熹、陆九渊的不同。他说，朱熹是通过经书得到天理，然后去实行；陆九渊是通过静坐得到天理，然后去实行。二人虽然在得到天理的方式上不同，可都认为“知行”是有先后次序的。而我却认为，知与行是合一的。知是行的开始，行是知的成果，二者是一回事。席书没有深入质疑“知行合一”的问题，而是质疑另一个问题：“您也提倡静坐，和陆九渊的静坐有什么区别吗？”

王阳明说：“陆九渊静坐是希望从心中得到真理。而我提倡静坐，是因为现在的人心浮气躁，静坐能让他们把心沉静下来，我并没有让人一味静坐去获取真理，那不是正路。”

席书问：“那您从哪里获得真理？”王阳明回答：“真理就在我心中，但必须去事上练，只有去实践了，你才能更深刻地体会这一真理。而且，这两者是不可分的，正如知行合一一样。”

席书这回心悦诚服，马上让人修建贵阳书院，并亲自率领贵阳的秀才们来到龙场，以师礼请王阳明到贵阳。

由此，王阳明离开了他的放逐地和涅槃重生地。

心学的政治力

1509年，王阳明在贵阳书院正式讲学。按理，他有了传播自己学说的平台本该高兴。但在来贵阳的路上，他心事重重。表面上，席书服膺他的心学，实际上，作为主管教育的省长，席书面临一个困局：他对王阳明心学心悦诚服，但王阳明心学并非考生辅导课，他的工作职责就是让自己辖区内的考生通过科举考试。王阳明也面临一个困境：他的心学目标是给考生指明圣贤之路，而考生的目标是读书做大官。如果他一门心思宣扬和朱熹理学截然不同的心学，那考生的目的就无法实现。想让考生的理想实现，就必须要讲朱熹理学。这个困局也是他当初婉言拒绝毛科的根本原因。不过好像事情没有他想的那么复杂，席书用一句话就抚平了他的忧虑：讲你最想讲的。

王阳明在贵阳书院讲的主要内容就是“知行合一”。

当时的人仍然按照朱熹的思路，想把一切天理都捕捉到手，然后再去实践。长此以往，每个人都拥有了一种本事：嘴上功夫天下第一，一旦要其动手，就会束手无策。他希望能改变这种读书人的毛病。当然，“知行合一”实际上也是他心学“心即理”和“事上练”的延伸：天理既然都在我心中，那我唯一也必须要做的就是去实践来验证我心中的天理，而不是去外面再寻找天理。这种思路有个莫大的好处：心中有天理，那我们就不必再去寻找天理，如此一来，我们就节省了大量时间，而这些时间可以用在实践中。这样一来，你就有足够的时间去实现理想。王阳明心学和朱熹理学、陆九渊心学的一个重要区别就在这里，它也正是王阳明心学的闪光点。

实际上，知行合一和事上练只是“致良知”的一个前奏，真正动人心弦的是他心学思想的精华——致良知。

1509年，王阳明在贵阳书院讲“知行合一”，他的门徒开始逐渐聚集，他的声望已今非昔比。人人都认为他应该不仅仅是个教育家和思想传播者。既然“知行合一”，他应该把他的知和行结合起来，所以在1510年农历三月，他三年的贬谪期限结束后，在贵州多名官员的推荐下，他被任命为江西吉安府庐陵县县令。一个和曾经的自己完全不同的政府官员王阳明正式登场。

他已脱胎换骨，不是从前那个对仕途毫无热情，总是请假的王阳明了。他意气风发，又谦虚地说，虽然经国之志未泯，但三年来不曾参与政事，恐怕不能胜任一县之长的工作。他不幸言中，当庐陵县的父母官的确不是件容易的事。

以当时政府官员的角度来看，江西最惹人注目的“特产”就是刁民，尤其是吉安府庐陵县，简直是刁民生产地。王阳明前任一位姓许的县令在庐陵待了三年，临走前身心俱疲，奄奄一息。在给上级的述职报告中，他说："如果世界上真有地狱，如果非要让我在地狱和庐陵选一个，那我选前者。"在他眼中，庐陵人就是恶棍，市侩的小人。他绞尽脑汁也搞不明白下面的事实：庐陵人特别喜欢告状，先在庐陵县内上诉，如果得不到满意的结果，就会离开庐陵上访。许县令声称，他办公桌上每天都会堆积一千份以上的诉讼案卷。这使他生不如死。后来他采取严厉的手段，将告状人关进监狱。可这些人太机灵，一群流浪汉特意来告状，为的就是进监狱后有吃喝。

许县令无计可施，只能请辞，他的接班人王阳明就来了。

王阳明一到庐陵县，县令的幕僚们就把该地百姓的喜好告诉了他，并且特意指点王阳明，对付他们，只能采取高压政策。

王阳明将心比心，分析说，自古以来民间就有"民不与官斗"的生存智慧。如果民总是和官过不去，那只能说明一点，他们的权益受到了侵犯。

幕僚对王阳明一针见血的分析却不以为然，他们指出，庐陵是四省交通之地，鱼龙混杂，是非极多。人没有定力，自然会受外界环境的影响，所以每个人都不是省油的灯。因为在这种环境下省油，就没办法生存。

王阳明仍然坚信这样一点：普通平民在什么时代都是弱势群体，弱势群体每天烧香求佛保佑不被政府欺压都来不及，哪里还有心情找政府的麻烦。如果他们真反常地时常找政府麻烦，那肯定是政府有问题。

这是一种心理分析法，答案往往是正确的。上级政府摊派到庐陵的赋税相当重，当然，这并不是政府的错。中国古代政府靠压榨百姓生活是政治常态，"轻徭薄赋"的政府凤毛麟角。吉安政府对庐陵的赋税中有一项是关于葛布（葛的纤维制成的织物）的，问题是，庐陵不产这种东西。对根本就没有的东西收税，百姓当然不干了。

王阳明还未坐稳庐陵县县长那把交椅，一千多百姓就敲起了战鼓，向新来的大老爷投诉，声称他们绝不会缴纳葛布的税。

王阳明看了状纸，又看了案宗，发现这的确是一项莫须有的税收。于是，他答应庐陵百姓，会要求上级政府取消这个税，甚至是取消更多没有必要的税。

这种包票打起来容易，做起来难。王阳明陷入了困局：赋税任务是上级摊派下来的，下级唯一能做的就是保证完成任务，没有任何借口。但有的赋税是不合理的，强行征收，百姓的反应一定是极为窝火。如果处置不当，很可能激起民变。

王阳明是那种一定会为民请命，但绝不会直来直去的人。他找来前届政府的工作人员，详细向他们询问庐陵赋税的来龙去脉。这些人就把事实告诉了他。三年前，庐陵的赋税还没有这样高，自来了位宫廷税务特派员（镇守中官）后，庐陵的赋税就翻了三番。据这些工作人员说，这个特派员姓王，是个宦官，平时就住在吉安府政府的豪华大宅里，里面每天莺歌燕舞。

王阳明清晰地意识到，这个姓王的宦官就是罪魁祸首。只要搞定他，庐陵县不该缴纳的赋税就会灰飞烟灭。他给吉安府长官写了封信，他知道那位王太监肯定也要看信，所以信的内容其实是写给王太监看的。他说，我在看庐陵的税收记录时大为惊异地发现，三年前庐陵的赋税总额是四千两，可这三年来达到万余两。我先是高兴得手舞足蹈，因为在别的地方赋税都在负增长的时候，庐陵县却呈直线增长。不过我又仔细看了赋税名录，发现有些东西根本没有，却还要收税。我还听说，以镇守中官为首的收税大队来庐陵像是土匪抢劫一样。我现在有个小疑惑，这些赋税是上级政府，甚至是中央政府的规定吗？还只是我们吉安府的规定？交税的日子马上要来了，可最近这里发生了旱灾，瘟疫又起。如果再强行收税，我担心会激起民变。俗话说，饥人就是恶人。一旦真有民变，我不知该如何向上级政府交代。

他最后说，我对于这种收税的事真是于心不忍，而且势不能行。如果你们认为我不能胜任这份工作，我请求辞职。

王太监看到这封信，冷汗直冒。如果这封信不是王阳明写的，那他不会恐惧。一个对自己都敢下狠手的人，对于别人的几句要挟就缴械投降，那他就不是个合格的太监。可王阳明的要挟不同，王阳明此时虽然只是个小县令，但他的弟子遍布全国，中央政府也有他的旧知新友。天蓬元帅虽然被贬下凡间做了猪，但人家毕竟也是天上来的。

王太监对吉安府长官说："我看这庐陵的赋税是有问题，暂时免了吧，等王阳明走了再恢复。"

庐陵人感激王阳明，几乎痛哭流涕。王阳明趁势发布告说："你们打官司，我不反对。但我看你们之前的状纸是专业人士撰写的，又臭又长，毫无阅读快感可言。今后你们如果再告状，要遵守以下几点要求：首先，一次只能上诉一件事；其次，内容不得超过两行，每行不得超过三十字；最后，你认为和对方可以解决的事，就不要来告状。如果有违反这三条的，我不但不受理，还要给予相应的罚款。"

这份告示贴出时，百姓们还沉浸在减免税收的欢乐中，所以一致认为，打官司是没有良知的表现，今后要改。他们不知道，自己的心境已被王阳明悄无声息地改变了。

王阳明趁热打铁，继续对他们的心灵世界进行改造。针对当时瘟疫横行的现实，王阳明写了篇感人肺腑的布告。他说："虽然是天灾，不可避免，也不能违抗，所以我们要适应它，并且在适应它时感悟人生道理。你们怕传染，所以就把得了病的亲人抛弃，表面上看，他们是因瘟疫而死，实际上是死于你们的抛弃。瘟疫并不可怕，通过正确的方法可以控制，可怕的是人心，一旦你们的心被恐惧侵袭，就会让你们做出没有天理的事来，这是逆天啊！我现在为你们指明一条消灭瘟疫的道路，那就是用你们的心。你们心中本就有孝心、仁心，你们不必去外面寻求任何东西，只要让你心中的孝心和仁心自然流露就万事大吉了。"

不过，王阳明也承认，道德虽然是每个人自己的问题，可有些人的道德被多年来时间的俗气污染，已不能自动自发地流露，所以必须要树立道德楷模，让道德楷模唤醒他们内心正要睡死过去的善良。

他的办法是老办法，但老办法往往是最管用的。他恢复了设立于朱元璋时代，早已名存实亡的申明亭和旌善亭"两亭"制度。他要求庐陵县所管辖的各乡村都要设立这"两亭"。旌善亭是光荣榜：凡是热心于公益事业、乐于助人、为国家和地方做了贡献的人，在该亭张榜表彰，树立榜样。这是存天理；申明亭是黑榜：凡是当地的偷盗、斗殴或被官府定罪的人，名字都在此亭中公布，目的是警戒他人。这是去人欲。

所谓政治力，无非一个人处理各种关系的能力，主要就是人际关系。王阳明在庐陵，首先，必须要处理好和上级的关系，这样才能保住自己的官帽；其次，他还必须要搞好和下级的关系，这样才能把自己的意志通过他们来实现；最后，他更必须要关心的就是他和百姓的关系，因为百姓是他实际上的衣食父母。但让人沮丧的是，"父母官"大多热衷于和上级处理好关系，偶然会用心于下级关系的维护，很少有官员会把时间和精力用在处理和百姓的关系上。理由很充分，中国古代是专制社会，百姓不是他们的权力源泉，上级才是，皇帝才是。

王阳明截然不同，他全身心要解决的就是他和百姓的关系。我们注意到，他处理这层关系时的思想就是先让百姓有道德感，也就是唤醒他们向善的心。让他们专注本职，不要以和自己内心无关的官司为人生目标。

同时，他还设身处地地为百姓着想，百姓的难处就是他的工作内容。比如他在庐陵县城视察时发现庐陵房屋的建造材料都是木材，巷道狭窄，又没有砖墙相隔，一旦失了火，那将是灭顶之灾。于是，他就发出命令，要那些临街民居退进三尺，以拓宽街道用来做防火带，疏散人口；店铺店屋退进二尺，做防火巷；每户出一钱银子，用来为临巷道的房屋建砖墙，隔离火势。

他到庐陵几个月都没有下雨，于是他吃斋一个月，停止征税，释放轻罪的犯人。不知是不是由于他的诚心真的感动了老天，一个多月后，一场倾盆大雨降临庐陵。

任何人都看得出，他是真的以百姓心为已心。但我们应该知道，王阳明在此之前从未有过在基层工作的经验。按朱熹的说法，你没有工作经验，就不可能知道这份工作的道理，那你就无从下手。你必须先通过书本或者是前任的工作总结“格”出你工作的道理，才能胜任这份工作。王阳明用事实反驳了朱熹，按王阳明心学的说法，天理就在我心中，我之前所以没有显露在基层工作的那些道理，是因为我没有碰到这个机会，现在我碰到这个机会，那些道理就显现出来了，所以我不需要向外求取任何关于基层工作的道理。

这个道理是什么呢？其实就是用心，只要你用心为百姓好，就能想到为百姓做任何好事的道理，然后去做就是了。

这正如他对弟子徐爱说的，孝顺父母还需要去外面学什么？只要你有孝顺父母的心，就必然知道，冬天来了要给父母添衣服，夏天来了要给父母打扇子。正如他在庐陵一样，只要有一颗为百姓的心，就必然会想到百姓的房屋存在防火隐患，这种道理，不需要去外面寻求。

当然，王阳明不仅是个高超的政治家和战略谋划家，还是个能灵活处理具体事务的干练的技术官僚。下面这件事就是证明。

庐陵不仅讼棍多，恶棍也多。王阳明曾活捉了一个绰号“王和尚”的强盗。经审讯，王和尚是一个强盗团伙的三把手，这个强盗团伙做了很多大案要案，经过王阳明的一番心灵启蒙，王和尚居然良知发现，供出了老大多应亨和老二多邦宰。二人很快被缉拿归案，并且招供。王阳明将他们送到上一级政府。但过了不久，王阳明收到上级的抗诉信，信中说，这件案子是冤案，多应亨和多邦宰是纯粹的良民，之前发生的刑事案件都是王和尚一人做的，而且王和尚已经承认。上级政府要王阳明重新审理此案。

这案子并不难断，三人作案时的目击者有很多，当时也取证了。而且三人也承认了罪行。如今翻案，只有一种可能：多应亨和多邦宰的家人打点了王和尚，要他一人顶罪。

王阳明不想让罪人逍遥法外，他决心让这三人重新亲口承认罪行。开庭审问前，王阳明叮嘱他的幕僚说，当审讯到一半时，你就来找我，装作有要事的样子。幕僚听从。王阳明上堂后从头到尾问了一遍，王和尚一口咬定罪行都是他一人所犯，和多应亨、多邦宰无关。这时，王阳明的幕僚走出来说有要事，王阳明离开。趁着三个罪犯不注意时，王阳明偷偷地钻进了桌子下。过了一会儿，王和尚见大堂上只有他们三人，就低声地向二人说道："等会儿可能要给你们上刑，只要你们能忍耐下来，我就能替你们脱罪。"他话音刚落，王阳明就从桌子底下爬了出来，一面整理衣服，一面微笑地看着惊愕万分的三人。

这是王阳明"机诈"的又一个典型事例，王阳明绝非一本正经的冬烘学究，处理实际问题，他从来都是灵活多变的。

庐陵是王阳明创建心学后第一次施展拳脚的地方，效果显著。当然，正如1508年前他始终不曾忘记"经略四方"的大志一样，在庐陵，他也始终没有忘记修炼和传播他的心学。自心学诞生那一刻起，王阳明传播心学的使命感就与日俱增。如果从前他想让自己成为一个圣人，那么，现在，他希望每个人都能成为圣人。

他在庐陵和弟子聊天时，对自己在龙场的两年时光唏嘘不已，同时也对在贵阳讲"知行合一"的成果并不满意。他对弟子冀元亨说，其实听课的人虽然认同我的"知行合一"，却还是以科举做官为目的。他们根本没有体悟到"心灵自由"才是人生的真谛，一个人只要把内心的善完全唤醒，就能体会到圣贤的滋味。

很少有人愿意体会圣贤的滋味，因为他们已在世俗世界浸染了太久，这个世界告诉他们，做了官，尊严、权力和荣华富贵就唾手可得，人生在世，追求的无非就是这几样。

刘瑾就是这样认为的。不过，他也用自身的毁灭证明了这种看法和真理相差十万八千里，刘瑾于1510年农历十月以贪污罪在北京被凌迟。

自朱厚照继位以来，刘瑾始终处在权力的巅峰。那个只能站一个人的权力巅峰上现在站了两个人，一个是朱厚照，另一个就是刘瑾，而刘瑾并没有意识到自己实际已处于危险之中。由于朱厚照不理政事，整日娱乐，所以政权渐渐转移到了刘瑾手中，他被人称为"立皇帝"。

1510年夏，甘肃安化王朱寘鐇（zhì fán）宣布革命，中央政府急忙派人去甘肃镇压。这支平叛军的司令叫杨一清，杨一清是个极具正义感的人，曾在兵部工作过，因不肯给刘瑾行贿而受到革职处罚。朱寘鐇革命的消息传到北京后，朱厚照要兵部推荐平叛军司令，兵部里在职的人都不愿意去，所以就想到了这位在野的同事。杨一清早上得到消息，中午就进了北京城。这说明建功立业对他有极强的诱惑力。

平叛军的政委（监军）是八虎之一的张永。张永是宫廷二号人物，地位仅次于刘瑾。但宫中府中人人都知道，他和刘瑾不和。有一个原因很重要：刘瑾曾和他的老婆（大伴）搞暧昧，张永和刘瑾因此事而打过架。朱厚照后来劝了架，给张永又找了个更年轻漂亮的老婆，自然，张永的老婆名正言顺地归了刘瑾。

如果仅是这一件事，张永和刘瑾的仇恨还不至于那样深。刘瑾自绝地反击刘健、谢迁成功后，坐稳了宫中第一把交椅。他的七位虎友也水涨船高，但刘瑾毕竟是老大，一手遮天，并未把七位虎友当成兄弟，只是当成小弟。张永据说是有情有义的人，在刘瑾对待兄弟的态度上极看不惯。况且，他内心深处也有个阴险的想法，想取代刘瑾。

杨一清知道张永和刘瑾的关系极为脆弱，所以在路上对张永表现出了极大的热情。当他们到达甘肃时，朱寘鐇这个无能的王爷已被手下一名将军活捉，于是两人高兴地押解朱寘鐇回京。杨一清断定他和张永已到了无话不谈的地步，所以就骑在马上说："现在外患已除，内患仍在。"张永故意问："四海升平，宫中和谐，有何内患？"杨一清就在手掌上写了一"瑾"字。张永默不作声。

杨一清的开头不错，于是直逼张永的底线："公公在宫中做了五年的老二，恐怕度日如年吧？"

张永明白杨一清的意思："刘瑾宫中耳目众多，搞他，比登天还难。"

杨一清拍掌叫道："只要公公你肯用心，搞掉刘瑾的机会就在眼前。我已查明刘瑾的哥哥刚死，他准备在满朝大臣去参加葬礼时发动政变挟持百官，造反称帝。"

张永大为惊骇。他问杨一清是如何知道这件事的，杨一清讳莫如深，只是说，公公您只需按咱们的计划去执行，水落自然石出。

杨一清的计划是，两人回京，朱厚照必会摆宴接风，刘瑾必到，而很快他就会走，因为刘瑾见不得别人风光。他一走，马上拿出事先写好了的刘瑾要谋反的奏折给朱厚照，大事就成了。

说来也奇怪，这件事真的就极顺利地成了。关于过程极富戏剧性，接风宴只剩下张永和朱厚照时，张永拿出奏折，朱厚照不看。张永就跪在他面前，痛哭流涕说："刘瑾要造反。"朱厚照喝得晕晕乎乎的，问："他为何要造反？"张永回答："要做皇帝。"朱厚照说："由他做去。"张永叫起来："他做皇帝，您干什么去？”朱厚照酒醒了，咬牙切齿道：“奴才辜负我！”

当夜，朱厚照的搜查队就冲进了刘瑾家，从他的密室里搜出了管制刀具和一件龙袍，刘瑾被关进大牢。朱厚照大怒若狂，很快，刘瑾被定罪，凌迟处死。

刘瑾一死，王阳明的新生活接踵而至。

朱陆异同

1510年农历十一月，三十九岁的王阳明回到北京，在兴隆寺里等待新的任命。他惊奇地发现，北京城不再像三年前他离开时那样死气沉沉，到处都是新气象。他在北京的弟子们和仰慕者纷纷来拜见他，几乎踏破了兴隆寺的门槛。本年最后一个月，中央政府命令他到南京刑部报到，这是个挂职，所以他不必到任，于是他下定决心在北京传播心学。1511年正月，就在他踌躇满志准备做精神导师时，他的两个弟子争论起来。但争论的内容不是他的心学，而是朱熹理学和陆九渊心学。

王阳明的弟子王舆庵读陆九渊，津津有味，又去读朱熹，味同嚼蜡。所以他认为陆九渊心学是圣学，而朱熹理学则是偏门。另一位弟子徐成之恰好相反，他认为朱熹理学是圣学，陆九渊心学是禅，和他们儒家毫无关系。

两人辩论许久，不分高下，于是请王阳明裁判。王阳明高度评价了两人的学术辩论热情，但也指出，学术辩论是要明理，你们二人的辩论中充满了意气，你们是在分胜败，并非是在明理。你二人各执一端，无论是对朱熹还是对陆九渊都没有全面领会，所以就是争论出个胜败来，也毫无意义。最后他说，“是朱非陆”已是定论，徐成之不必为朱熹伸张，朱熹是对的；王舆庵你就是为陆九渊辩出花来，陆九渊的学说也不能大行天下。

徐成之对这种答案很不满意，尤其是最后一句话，好像陆九渊受了不白之冤。王阳明苦笑，他对弟子的执着很赞赏，他想做一回裁判，但他有苦衷。

我们应该很有信心地确定，王阳明心学是从朱熹理学牢笼里冲出来的，他在龙场悟到的“道”就是对朱熹“格物致知”的拨乱反正。他是把朱熹的“格物致知”和他“圣人处此该如何”的求索合二为一，才迸发出了心学的火花。可以负责任地说，没有朱熹理学，就不可能有他的心学。但当他创建心学提出“心即理”的思想后，发现这一思想早被陆九渊定型了。问题是，他对陆九渊心学没有下过功夫。王阳明心学和陆九渊心学同有“心即理”（我心即宇宙）

一说，如果他对人解释，我的这个“心即理”和陆九渊的“心即理”是不同的，恐怕没有人相信。但我们知道，他的心学和陆九渊心学是不同的，正如他所说的，陆九渊的心学有点“粗糙”，“粗糙”的原因就是陆九渊不太注重实践（事上练）。

如果他说，朱熹是对的，那么实际上，他的学说和朱熹的学说风马牛不相及。如果他说陆九渊是对的，那就会被人误会为禅。

经过反复思量，他还是决定做一次裁判，其实表面上是判定朱熹和陆九渊的是非，其实是在为自己的心学正名。

他评判道：一直以来，大家都把侧重修养（尊德性）和侧重学问（道问学）分割，实际上，二者是一体的。大家都说，陆九渊侧重修养，朱熹侧重学问。但陆九渊未尝不让人读书穷理，他也不是整天静坐在那里胡思乱想，所以说他是坠入虚空的禅，毫无道理。而朱熹也未尝不侧重修养，只是他把时间都用到了学问上，修养的事被人忽略了。

也就是说，无论是陆九渊和朱熹，还是王阳明自己，在目的上都是相同的：成为圣人。只不过，朱、陆二人在方法的选择上有所失衡。而他王阳明则主张，修养和学问本就是一回事，就如知行是一回事，不可分割。

最后他说，我对朱熹老夫子是相当崇敬的，他的理学散发光辉几百年，不必让我来画蛇添足抬高他。我唯一的遗憾就是陆九渊被世人污为禅，竟然没有一个人站出来为他主持公道。即使朱熹知道陆九渊这样的遭遇，也会在孔庙里黯然落泪的。

王阳明最大的希望就是，弟子们不要为古人争长短。在后来他给弟子聂文蔚的信中，他这样说道：“为朱、陆争是非是枉费心力……朱熹与陆象山两位先生之所以招致后世的众多议论，是因为他们的工夫还不精炼、纯熟，其中有感情用事的成分也在所难免。而程颢在这上面就表现得比较公正。他与吴涉礼谈论王安石的学问主张时说：‘为我尽述诸介甫，不有益于他，必有益于我也。’这种气象何等从容啊！……希望你能让同仁们都知道，各人只管把握自己的对错，不要理睬朱、陆的是非。用言论诋毁他人，这种诋毁是肤浅的。若自己不能身体力行，只是夸夸其谈、虚度光阴、浪费时日，这就是在诽谤自己，这样就严重了。现在，天下的人都在议论我，如果能因此为善，那么，都是在与我砥砺切磋。就我而言，不过是提高警惕，反省自己，增道进德。古人云：‘攻我短者是吾师。’作为学生，怎能连老师都不热爱呢？”

这就是王阳明心学史上相当重要的篇章——朱陆异同，因为这是王阳明为自己心学的正名仪式。表面上看，他是在评判朱熹和陆九渊，实际上，他是在想方设法地把自己的心学抬到显学的殿堂。朱熹的“格物致知”和他的“格物致知”简直水火不容，可王阳明说，他和朱熹的心是一样的，而且几年后，他把从朱熹晚年写给二十四人的三十四封信中选取一段，编纂成《朱子晚年定论》，用他的心学思想来解释，试图证明朱熹晚年的思想才是他真正的思想，这一真正的思想与他的心学相一致。

但只要看一段《朱子晚年定论》，就会发现，王阳明是在断章取义。有人说他始终向朱熹抛媚眼，就是因为当时朱熹门徒遍布天下，反对他心学的人多如牛毛，他是想和朱熹攀上关系，以此来证明自己的学说是从朱熹那里转手来的。还有人说，当时是朱熹理学的天下，圣人必须要在朱熹设定的圈子里锻造，王阳明追求圣人之道就绝不能撇掉朱熹，重起炉灶。

这正如有人想从道教和佛教中寻到儒家的圣人之道，只能被他人抨击和贻人笑柄。也就是说，王阳明不否定朱熹，是认为他的心学和朱熹内心真实的想法相一致。他的这种想法是真情实意的，毕竟他在朱熹理学的路上走了好多年，而且还因为朱熹吃过不少苦头，他的前半生几乎就笼罩在朱熹的阴影下。

按常理推测，既然他不否定朱熹，那他对朱熹的论敌陆九渊就该完全否定。可他仍然没有，他认为陆九渊也没有大错。原因很可能就在于，他和陆九渊心学太相似了，如果大家都否定陆九渊，那很可能殃及池鱼，把他的学说也当成是枯禅。

实际上，王阳明的心学在他1510年农历十一月初到北京时就遇到了挑战。挑战他的人叫黄绾。黄绾认为，他的学说就是禅宗的变种，和陆九渊学说毫无二致。

黄绾出身书香门第，聪慧异常，欣慕朱熹理学如欣慕美色一样，是那个年代北京城思想界的青年才俊。他容易接受新鲜事物，所以当王阳明一到北京，他就闻风而来。

王阳明热情地向他阐述心学要旨。他说，人人心中都有个圣人，但有人的圣人之心被物欲遮蔽，只需在心上用功，把物欲扫除，做到这一点，就能成为尧舜那样的圣人。

黄绾充满疑虑地问：“怎么个心上用功？”

王阳明回答：“你的心能知是非善恶，一个恶念发动时就克掉它，一个善念流行时就保持它。”

黄绾吃了一惊，说：“您这不就是禅宗吗？禅宗说，人人都有佛性，佛向心头做，莫向心外求。禅宗说顿悟，您说狠斗私心一念间，没有任何区别啊。”

王阳明拼命摇头，说：“不一样。禅宗说了‘人人都有佛性’后就枯坐，什么都不管了。说了‘佛向心头做’后就真的在心头做，不去实践。而我说了‘在心上用功’后，必须去实践。”

黄绾又吃了一惊，说：“这还是朱老夫子的‘去万事万物上格真理’啊。”

王阳明又大摇其头，说：“朱熹说是去实践中寻找真理。而我认为，真理已在我心中，我去实践，只是去验证这个真理，其实最终目的就是磨炼我们的心。”

黄绾恍然大悟。据说他当时茅塞顿开，从此死心塌地地跟随王阳明，并且经常在反对王阳明的人面前为王阳明辩护，成了王阳明最忠实的信徒之一。不过，黄绾年老后，有一天早上醒着躺在床上思考。不知他想到了什么，突然大叫一声，吼道：“王阳明心学就是枯禅！”说完这句话后，他把余生的光阴都用在反对王阳明心学上了。

把王阳明心学视为枯禅，是当时反王学的一个主流。王阳明对反对派曾多次反驳，他说他的心学和禅学的区别就在于实践。他说，我们每个人的心像一面镜子，你只需要时刻保持着它的一尘不染。如何保持呢？禅宗说要勤擦，也就是在心上擦。而王阳明也说勤擦，但要以实践为指导，不能枯坐在那里，认为我心没有恶念了，认为我内心强大了。是否有恶念，是否内心强大，非得去实践中验证一下。如果不去实践，就会流入枯禅的境地。

用儒家语境来说，禅宗注重的是修养（尊德性），而几乎没有学问（道问学）。而他的心学是既有修养又有道问学的。禅宗没有进取，而他的心学就是一门要人进取的学说。这是王阳明心学和禅宗最灵魂的区别。

王阳明对佛道的态度很有点“忘恩负义”，佛道二教为他的思想供给了充沛的源头活水。但创建心学后，他对佛道给予他的帮助闭口不言。有人向他请教道教长生之术时，他劝对方不要沉迷于此，因为即使你明白了长生术，也不过修个不死的肉身。接着他推销他的心学：心学却能让人有一个超越生死的精神境界。

他的弟子王嘉秀喜欢谈仙佛，并且以独到的见解对王阳明说：“佛教以超脱生死来劝人信奉，道教以长生不老劝人信奉，其本意也不是干坏事，究其本质，也是看到了圣人的上一截，但非入道的正途。今天谁要做官，可经科举考试，可由乡里推举，可借大官绿荫，同样可做大官。如果不是仕途的正道，君子是不会接纳的。道、佛到终极点，和儒学大致相同。后世儒生，往往只注意到圣人下一截，因而上下分裂，失去了圣人的本意，从而使儒学变为记诵、辞章、功利、训诂之学，到底不免发展为异端。从事记诵、辞章、功利、训诂之学的人，终身辛苦劳碌，毫无收益。看到佛徒道士清心寡欲，超然世外，反而感到自己有所不及。今天的学者不必先去排挤佛、道，而当笃志学习圣人之学。”

王阳明很不赞同：“你所讲的大体正确，但说上一截、下一截，也是人们理解有失偏颇。至于说到圣人大中至正的道，上下贯穿，首尾相连，怎会上一截、下一截？”他警告王嘉秀，“我年轻时在圣学上不用功，转而去佛道上求取，偶然有所得，但很快就觉悟不对。后来在龙场终于发现圣学，懊悔错用了二十多年工夫。佛道之学和圣学只是一张纸的距离，所以不容易辨别，只需要立志于圣学，将来必能看透。”

那么，一张纸的厚度到底是什么呢？

王阳明极力指责佛教：“佛教徒担心父子连累他，就离开父子；担心君臣连累他，就离开君臣；担心夫妻连累他，就离开夫妻。佛教徒总说自己不执着于‘相’，其实这些都是执着于君臣、父子、夫妻的‘相’，所以他才逃避。我们儒家，有个父子，就给他仁爱；有个君臣，就会对他忠义；有个夫妻，就给他礼节。什么时候执着于父子、君臣、夫妻的‘相’呢？”

由此可知，这张纸的厚度就是责任心和使命感。儒家有，佛道没有。简洁地说，王阳明心学是一门要人去外面建功立业的学说，而佛道是龟缩避世的学说。

但是，他虽然对佛、道二教如此恩断义绝，可他思想的灵魂书《传习录》中到处能看到佛、道二教的影子。比如佛家的“明觉”“无善无恶”，道家的“圣胎”，特别是下面这句话：“良知就是易，其为道也屡迁，变动不居，周流六虚，上下无常，刚柔相济，不可谓典要。”这简直就是把道家的语境生吞活剥过来的。

问题是，从一头老虎的胃里发现了几块狗肉，你能说老虎是狗吗？

1515年农历八月，皇帝朱厚照心血来潮，准备举行隆重的佛事接引佛祖。王阳明就写了一道奏疏《谏迎佛疏》。他说，佛是夷狄的圣人，我们中国的圣人是孔子，佛在夷狄教化万民正如孔子在我中国教化万民一样。但陆地行走要用车，水上行走要用船，把船放到陆地上，寸步难行，把车推进水中，必然下沉。我担心佛来到中国会水土不服。您既然有尊敬佛的心，就必有尊孔子的心。何必舍近求远？他又说，佛固然有不惜身体拯救世人的心，但修成佛，可是要苦行的。而我们儒家的圣人，诸如尧舜什么都不用做，只是端坐那里垂拱而治就是了。皇上您何必放弃完美的先贤，去追求夷狄的圣人呢？

这封奏疏并未呈递朱厚照，王阳明写完后就把它收了起来。与其把这封奏疏看成是他向皇帝的建议书，倒不如看作他对佛教的看法。在他眼中，佛教既然不适合中国，也就不可能是圣人之道。

1516年之前，王阳明在北京、浙江余姚和南京之间来回游走，他虽然有官职在身，但始终把讲学当成第一要务。而且专挑山水秀丽之地，和弟子们一面游览山水一面讲学。这种在山水之间讲学的方式成了王阳明讲学的一大特色。他的学生越来越多，学生里的高官显贵也越来越多，当时的组织部部长（吏部尚书）方献夫都成了他的入室弟子。他当初经略四方的理想似乎泯灭了。因为他有新的追求，他想让更多的人知道成为圣贤的道路，这是一条充满阳光和激情的道路。

所谓造物弄人，你越是拼命追求的东西越是不来，当你不想它时，它却扑面而来。1516年农历九月，他建功立业的机会来了，这一年，他已四十五岁，如果从他有“经略四方之志”的十五岁算起，这个理想的实现足足晚了三十年。

贵人王琼

1516年农历九月，中央政府任命礼仪部候补大臣（南京鸿胪寺卿）王阳明为都察院副院长（左佥都御史）。这并不是中央政府的目的，目的是要他巡抚南赣。有一点需要注意，“巡抚”并非实官，而只是一个差使。

“巡抚”在明帝国出现并非偶然。朱元璋在1380年废除了以丞相为代表的最高行政机构中书省，同时，还废除了最高军事机构大都督府的大都督（把大都督府分为五个都督府）和最高监察机构御史台的御史大夫。他把行政、军事和监督权全部抓到手里，在中央他可以做到，可在地方，他就心力不足。如果他非要办到，必须要地方的行政、军事、监察长官来京城向他报告。这只能把皇帝累吐血。所以为了协调地方的行政、军事和监察事务，他派出自己的代理人去“巡抚”。明帝国乃至中国历史上第一个担当此任的是朱元璋的太子朱标，他曾奉命到帝国西北（陕西、甘肃）去“巡抚”。1421年，明帝国第三任皇帝朱棣发现他老子有此先例，于是派出多人到各地“巡抚”，这些人都是中央六部和都察院的高官，即使不是高官，也会临时挂职。由此，“巡抚”成为留驻在各地的协调人，由于“巡抚”其所巡视的辖区并不总与省的边界一致，所以他们是“巡抚”而不是“省抚”，“巡抚”完毕则回京交差。

官方给王阳明“南赣巡抚”的文件是这样的：巡抚南（江西南安）、赣

（江西赣州）、汀（福建汀州府）、漳（福建漳州）等地，提督军务。可见，“巡抚”是动词不是名词。如果巡抚之处的军事问题是主要问题，那“巡抚”后面再加上个“提督军务”，也就是说，此人既有行政权也有军事权。

南赣巡抚设立于1497年，就是王阳明第二次探索朱熹理学的前一年。治所在江西赣州，管辖的区域包括了江西、福建、湖广（湖南与湖北）、广东的部分交界地区。由于“巡抚”的军事性质，所以这个信息就透露出，早在1497年，南赣巡抚所管辖的这些地区就已有了猖獗的土匪，当地政府苦不堪言。历任南赣巡抚深有体会，1516年巡抚南赣的都察院副院长（左佥都御史）文森给中央政府的辞职信中说，土匪们仗势险峻茂密的深山老林和政府军打游击，他被他们搞得焦头烂额，想以死谢罪的心都有了。文森还说，他每天都焚香祷告，希望上天降下神人把这群土匪一网打尽。他叹息道，这样的神人何时来啊！

才上任一年的国防部长（兵部尚书）王琼也在考虑这问题，而且想法已经成熟。王琼是山西太原人，多年以前有个做部长的父亲。王阳明在浙江金山寺赋诗的1484年，他中进士入仕途，在工部、刑部、吏部、户部都担任过要职。据说王琼异常精明，担任户部部长时，有个边防总兵官试图向户部冒领粮草供给。王琼就把他请来，只用手指头便计算出了他的士兵编制人数，领的粮草数量，现在还应该有多少余粮，地方诸郡每年给他的粮草数量，以及国家发放的补贴的奖金、购买的粮草应该是多少，一笔一笔算来丝毫不差，把那个总兵官算得目瞪口呆、汗流浃背。

那些精明的人往往都是用心的人，用心的人就会发现别人所不能发现的秘密。比如他只去过一次边疆，就对边防军的腐败心知肚明；他只经历过一次战阵，就发现了帝国边防军在互相支援上的致命缺陷。有段时间，他曾到地方上治理漕河，当他拿出治理方案时，连那些干了一辈子的漕运专家都大为叹服，评价说这种方案恐怕只有王大人能做得出。在很多人眼中，王琼似乎有一种罕见的天赋，能在情况朦胧不明时就能预测到事情发展的趋势。当然，他还有一种不太被人注意的能力，那就是识人。

他一生中最值得自豪的事就是“识”了王阳明。1516年农历八月，他向皇帝朱厚照建议要王阳明巡抚南赣，顿时，官员大哗。有官员说，王阳明只能坐在清风徐来的书桌前写几句诗歌，或者是像木头一样坐枯禅，要他到遍地悍匪的江西，不是让他送死吗？也有官员说，要他讲讲课可以，可让他带兵打仗，那是赶鸭子上架。更有人说，他根本就没有做事的激情，自他从龙场的大森林里钻出来后，给了他那么多官职，他只是讲他那狗屁不通的心学，有谁看见他处理过政事？

王琼反驳说，王阳明并非只会空谈，我曾领教过他的心学。他要人在心上用功存天理去人欲，锻造强大的内心。一个内心强大的人肯定是做事的人。他的确没有带兵经验，但巡抚南赣的人有几个带过兵打过仗？他之所以没有做事的激情，是因为他自龙场回归以来，他所担任的职务都是候补（南京官员），没有平台，何来激情？

朱厚照透过昏暗的光线看到王琼异常激动，胡子直抖。他想了想，问王琼："你确定这人可以？"王琼坚定地点头。朱厚照在龙椅上伸了个懒腰，说："好吧，就让他以都察院副院长的职务巡抚南赣。"

如果世界上真有"贵人"这回事的话，那么王阳明一生中有两个贵人：一个是南昌城铁柱宫那个无名老道，他拯救了王阳明入世的灵魂；另一个就是王琼，他给了王阳明一个绝好的机会，释放了他的能量。

王琼和王阳明的关系在历史上并不明朗。王阳明在1510年年末回北京时，王琼因得罪刘瑾正在南京坐冷板凳。不知是什么原因，直到1513年年末，王琼才被调回京城到户部任副部长。而这时，王阳明已回老家浙江余姚了。两人正式见面坐而论道可能在1515年，王阳明以礼仪部候补大臣的身份回北京述职。王阳明给王琼留下了深刻的印象。王阳明的老成持重、自制、气定神闲和言谈举止中不易察觉的威严让王琼断定此人必是大用之材。他对王阳明心学的兴趣并不大，只是对王阳明在心学熏染下练就的"不动心"状态大为惊叹。他对王阳明说，将来我在朝中有话语权时，必会给你个创造奇迹的平台。

王阳明只是笑笑，脸色平静。在此之前，他刚在南京讲"存天理去人欲"，这是理学家和心学家共同的使命。有人问他，既然你说天理都在心中，又何必用存？他回答："天理是在我心中，但由于世俗的浸染和自己的不注意修心，天理虽然没有离开你的心，可被蒙蔽了。我说，存天理去人欲，就是要你们把沾染到天理上的尘埃擦掉，让它回复本来面目。而我说去人欲，其实就是存天理，存了天理，人欲就没有了。一个人只要能恢复他内心的天理，那内心就必能强大。"谁都不得不承认，一个没有人欲的人必然是内心强大的人。

可是，功名利禄的心是否是人欲，王阳明给出的答案很有机锋：那要看它是被你请来的，还是它主动来找你的。内心强大的人心如明镜，来了就照，去了也不留。

正在王阳明大谈"存天理去人欲"的时候，王琼被推上了国防部部长（兵部尚书）的椅子。但他没有马上践履对王阳明许下的诺言，因为他还有另外的打算。他的眼光停留在大明帝国疆域图的江西南昌，眉头紧锁。

在南昌城，有位王爷，正带着高贵的微笑审阅着他的卫队。这位王爷就是宁王朱宸濠。按王琼的洞察力，他迟早有一天会谋反。他的计策是，要王阳明到江西去注意这位王爷。不过，朱宸濠毕竟是位王爷，在没有正式起事前，谁都不能揣度他要造反。如果王琼对朱厚照说，朱宸濠可能要造反，这是以下度上，是大罪。王琼没那么笨，他一年来始终在找合适的机会把王阳明这道防火墙插进江西。而很快，他就找到了南赣匪患这个机会。

王阳明接到朱厚照要他巡抚南赣圣旨的同时，也接到了王琼的私信。王琼在信中先是对王阳明夸赞一番，然后对朱厚照的浩荡皇恩表示高兴。接着他说，作为国防部长，他对南赣匪患深感忧虑。他希望王阳明能抓住个机会，创建不世之功。最后他说，非常之事必有非常之人。南赣这个非常之事必须要你这个非常之人来解决了。

王阳明接到圣旨和王琼的私信后，心动了。他毕竟还是个凡人，他把建功立业的理想埋在心里几十年，从未生根发芽，甚至都快要腐烂。他后来虽然能心平气和地看待取得事功的理想，随心所欲地去传播心学，然而正如他所说，事情没有来时，人人都能稳坐钓鱼台。一个人是否成熟，要看他在面对事情时的态度。这个平台，他等了几十年，终于来时，他不可能不激动。他贪婪而不急躁地看着圣旨，最后手指不易察觉地颤抖着放下。慢慢地，他冷静了下来。

一旦冷静下来，他就把心思投入如何处理这件事上了。一般人首先会考虑的是剿匪的难度，王阳明却没有担心这个。心学本身就是一门要人自信的学问，他认为自己有足够的能力和智慧剿灭土匪，所以他不会考虑这种不言而喻的问题。他想的是："我不是皇帝忠实的走狗，我有我自己的意志，不能皇帝说什么，我就屁颠屁颠地去做。这么多年来，如果不是王琼的大力举荐，那个沉浸在紫禁城极乐世界的皇上会想到我？你固然是至高无上的皇上，但不代表我就是随叫随到的小狗。况且，要我巡抚南赣是真的看重我，还是只是例行公事？如果是例行公事，那就是不重视我。既然不重视我，我将来的成果在他眼中，也不过是瓜熟蒂落。"

但这些问题很快就被他驱逐出脑海。他不应该这样想，建功立业的目的是为一方的安宁，他是奔着拯救那里的百姓去的。他应该不为名利，只凭良心来做事。他的良心现在就告诉他，应该去实现理想，拯救万民。

但去之前，他必须给朱厚照写封信。这封信看着是谦虚，实际上却有两个目的：一是发发多年来不被重用的牢骚；二是试探下朱厚照，他是否真的就是朱厚照心中巡抚南赣的不二人选。

他上了一封辞官信。信中说，这么多年来他一直尸位素餐，最近一年，他的身体每况愈下。而且他的才能低劣，要他去巡抚南赣是误国误政。他又说："任何人得了这样一个大权在握的官职，都会兴奋，我也不例外，可我真是担心自己干不好。如果在我当年意气风发时还有这个信心，但现在已入黄昏之年，真是心有余而力不足啊。"他还说，"我提出退休，是因为我祖母年事已高，作为孙子，我应该在她有限的时间里陪伴她，送她最后一程。"最后他说，"我知道这是违反条例的，但有什么办法呢。"

这封请求退休的信一上，他就从南京出发大张旗鼓地回浙江余姚。实际上，他在路上几乎可以用"挪"来形容。他走得难以置信地慢，几天时间才出了南京地界。他的目的太明显了：等着朱厚照的反应。

朱厚照的反应有点让人失望，他指责王琼，看你推荐的什么人啊！我没让他巡抚南赣时，他什么事都没有。我一让他巡抚南赣，你看他，居然要退休。左说右说一大堆，其实就是不想去，胆小鬼。

中央官员们起哄了，很多人已为自己对王阳明的分析得到证实沾沾自喜。王琼当然不能对朱厚照说，王阳明这是在发牢骚和试探。他只能说，王阳明是在谦虚，谦虚的人才证明他稳重，才能成事。那些给份工作就上的人，都是冒失的笨蛋。

朱厚照想了想，说："那就再给他下道圣旨，要他不要再谦虚了，马上去江西！"

王琼马上请求，希望皇上能给他便宜行事的权力。

朱厚照想都不想，说："准了。"

于是，第二道圣旨到了王阳明面前：巡抚南赣等地，军马钱粮作战等事，除非是天大的事，其他小事可自行定夺。

王阳明此时在杭州城，仍然没有回音。朱厚照有点不高兴了，他问王琼："这老先生是什么意思？"

王琼回答："事不过三。"

朱厚照耐着性子，发出第三道圣旨：你怎么敢以病为借口推辞本应尽的义务？如今南赣地区盗贼遍地，百姓倒悬于水火。你如果还拖拖拉拉，岂不是更加误事？赶紧去，不许辞职，不许推脱，钦此。

1516年农历十二月初二，组织部（吏部）的一封信几乎赶上了朱厚照的那道圣旨：按皇上的意思，王阳明不准退休，南、赣地方多事，赶紧去办事，用心巡抚。

王阳明长出一口气，对他的弟子们说：“走，去江西。”

本年十二月农历初三，王阳明离开即将春回的杭州城，走向那些活蹦乱跳的土匪，走向只有土匪才肯居住的原始森林，走向他多年以来企盼的刀光剑影的战场。

据说，王阳明从杭州出发前，他的一位道家朋友对人说：“王阳明此番前去，必立大功。”人问原因。这位道士说：“我触之不动。”

“触之不动”正是王阳明心学的目标，它是希望我们无论面对什么样的处境时都应宠辱不惊，不因得失而动心。“不动心”也是王阳明自龙场悟道到江西剿匪这段时间传播的主要心学思想。黄宗羲说王阳明心学有三个阶段，“不动心”就是第一阶段。

王阳明创建心学后，发现来学习心学的人都有浮躁之心，所以要他们静坐以涤荡内心的欲望，使心保持一个澄净的状态。为了让人相信自己的心没有丝毫欲念，他讲“知行合一”，认为一个恶念就是一个行动，所以必须要静心。但他又担心弟子们把静坐当成目的，流入枯禅，所以提倡事上练。

这一切的终极目的都是让人“存天理去人欲”，去人欲的目的就是让人心存天理，有真理在心，就不会对任何荣辱动心。他以此希望人人都拥有一颗强大的内心，任何事和物来触之，都不会因之而动。

也许下面这段记载于《传习录》中的问答可以让我们知道如何才能不动心，让内心强大起来。

弟子问：“这几年因厌恶学问，常常想独自静坐，以求摒弃思虑念头。但是，不仅不能达到目的，反而更觉得心神不宁，这是什么原因？”

王阳明回答：“思虑念头，如何能打消它？只能让它归于正统。”

弟子问：“念头是否有没有的时候？”

王阳明说：“的确没有无念之时。”

弟子又问：“既然如此，因何说静呢？”

王阳明说：“静并非不动，动也并非不静。戒慎恐惧就是念头，为何要区分动和静？”

弟子说：“周敦颐为什么又要说‘定之以中正仁义而主静’呢？”

王阳明说：“没有欲念自然会静，周敦颐说的‘定’也就是‘静亦定，动亦静’中的‘定’，‘主’就是指主体。戒慎恐惧的念头是活泼的，正体现了天机的流动不息，这也就是所谓的‘维天之命，于穆不已’。一旦有停息也就是死亡，不是从本体发出的念即为私心杂念。”

弟子又说：“当用功收敛身心的时候，若有声色出现在眼前，还如同平常那样去听去看，只怕就不为专一了。”

王阳明说：“怎么能不想听，怎么能不想看？除非是死灰槁木、耳聋眼瞎之人。虽然听见、看见了，只要心不去跟随它也就行了。”

“只要心不去跟随它”就是不动心。正是这“不动心”的心灵正能量，才让王阳明创建了光芒万丈的盖世武功。

第二章
王阳明如何做到知行合一之南赣剿匪

人性无法改变，却可以引导

1517年正月，王阳明到江西赣州剿匪。一年后，他写信叮嘱弟子们要全身心“存天理去人欲”。为了让弟子对祛除人欲的难度有深刻认识，信中有这样一句话：破山中贼易，破心中贼难。心中贼自然是“人欲”，而山中贼则是南赣地区的土匪。

他说破山中贼易，只是为了烘托祛除人欲有多难，实际上，破山中贼远没有他说的那么容易。

1517年正月初六，王阳明到达南昌。南昌官员向他递交了南赣地区的地理和土匪的详细资料。资料说，南赣地区山麓千里，崇山峻岭，洞穴密布，只有飞鸟能和外界沟通。这自然是土匪的安乐窝，因为官兵来时，他们能轻易地化整为零，官兵一走，他们又重新聚合。所以四省组织过多次围剿，但收效甚微。

该地土匪中有几个带头大哥：谢志山与蓝天凤（拥有江西赣州崇义的横水、左溪、桶冈根据地）、池仲容（拥有广东和平浰头三寨根据地）、陈曰能（拥有江西南安大庾岭根据地）、高快马（拥有广东韶关乐昌根据地）、龚福全（拥有湖南郴州山林深处根据地）、詹师富（拥有福建漳州大帽山根据地）。

不过王阳明遇到的第一个敌人并不在名单里，他的第一个敌人出现在江西万安，是一群水盗。

从南昌出发去赣州路过万安时，王阳明在岸上休息。他从岸边的商人聊天中得知，江上有一群水盗，商人们每次到这里都提心吊胆，很怕倒霉碰到水盗。

王阳明就加入他们的谈话说："我是中央政府的御史，正巡抚此地，你们可跟随我。"商人们很高兴，可马上又失望了，因为王阳明就带了几个仆人，没有卫队。

王阳明告诉他们，按规定，新官上任不得带士兵。不过，对付他们不必用士兵，有咱们这些人就足够了。

他的方法是，让商人们把各自的船插上官旗，敲锣打鼓，一字排开向前进发。

就这样，江面上出现了十几艘"官船"，锣鼓声震耳欲聋，气势逼人。到江心时，像是从江里冒出来一样，几艘破烂窄小的船挡住了去路。有商人哆嗦着说，这就是水盗的船。

王阳明走上甲板，对着水盗们喊话："我是中央来的大官，是皇上要我来巡抚此地，你们居然在我的地界闹事，不要命了？"

说完向身后一指："这么多官船，你们也敢劫？"

水盗们仔细辨认眼前的船只，模糊地认定是官船，又见到王阳明站在风里屹立如山，气场十足，纷纷跪在船上说："我们也是被逼无奈，才跑到这里为盗的。政府苛捐杂税太多，我们无法承受，还希望大老爷开恩。"

王阳明为了尽快到赣州办公，就打发他们说："你们的供词我已知道，如果情况属实，等我到赣州后马上为你们解决。"

水盗们见王阳明说得一本正经，马上欢呼雀跃地让开水道，王阳明站在甲板上，指挥各商船陆续离开，走出很远，才松了一口气。

商人们说："如果那群水盗识破了咱们，后果不堪设想啊。"

王阳明笑道："他们只要一疑，这事就没有失败的道理。"

轻易化解水盗的包围，似乎给了王阳明一个好预兆。1517年农历正月十六，他抵达南赣巡抚办公地江西赣州，开府办公。他连一分钟都不休息，先是让人到南赣巡抚各管辖区传令：新巡抚王阳明已上班。与此同时，他在赣州武装部队中挑选了两千名士兵急行军先奔福建汀州，他随后即到。他的第一个目标就是福建漳州大帽山的詹师富。

在对詹师富采取行动之前，王阳明谨慎地"知己"。他发现自己一方有三个致命弱点。

第一，当地政府军毫无战斗力。原因是，接连不断的匪患使得当地政府财政枯竭，军费开支被严重压缩。身强力壮的士兵都去当了土匪，留下的大部分是老弱病残。另外，他们和土匪打了多年交道，胜少败多，形成了“畏敌如虎”的心理。王阳明的应对办法是：从四省军队中拣选骁勇绝群、胆气过人的士兵组成一支兵团，日夜操练。

第二，政府里有敌人的卧底。这从多次的剿匪档案中就能看出，大的军事行动找不到土匪的影子，小的军事行动总遇埋伏，他得揪出内奸。

在之后几天的摸查中，他掌握了一位老吏是内鬼的充足证据。他把老吏叫到办公室，先是客客气气地和他聊家常，慢慢地过渡到政府事务，最后谈到了政府剿匪的事倍功半。

正当老吏侃侃而谈时，他假装漫不经心地问了一句：“山贼们如何知道我们的每一次军事行动？”这一突然袭击让毫无防备的老吏怔了一下，当他意识到自己已露出马脚准备掩饰时，为时已晚。

王阳明大喝一声：“你想死想活？”

老吏本能地“扑通”一声跪到地上正要辩解，王阳明又喝问：“为何做山贼的奸细？人证、物证俱在，你如果等我拿出来，就晚了。还不赶快招了！”

老吏的心理防线被王阳明迅如闪电的组合拳击溃。他承认自己是奸细，请求王阳明放他一马。王阳明说：“你要戴罪立功。”

老吏问：“怎么个戴罪立功？”

王阳明说：“你继续当你的奸细，以后的情报由我给你，我叫你放什么消息你就放什么消息。”

老吏磕头如捣蒜，用良心发誓，一切听凭王阳明的安排。

王阳明再通过老吏的供词揪出了隐藏在政府里的多名奸细，如法炮制，把他们变成了自己传播虚假消息的话筒。

第三，民匪一家。上山做土匪的在山下都有亲人。由于政府的横征暴敛，他们唯一的收入来源就是做土匪的亲人，所以他们对土匪有深厚的感情，经常给土匪通风报信。王阳明的解决方案是十家牌法。所谓十家牌法，就是要每家把所有家人的个人信息（性别、籍贯、职业等）写到一块木牌上，挂在门口。十家为一牌，由指定的人当牌长，牌长手上有一份关于这十家的详细资料，这份资料甚至详细到这样的地步：谁家有残疾人，哪里残疾，怎么残疾的。牌长每天在固定时间挨家挨户查巡，先用手上的册子对照各家门口的牌子，然后对住户人口进行比照。有时候会搜查，一旦发现有“黑户”（没有在牌子上记录的人），立即报官。倘若这个“黑户”来路不明，或者就是土匪，那这家和与他编在一起的其他九家就要倒霉，受到处罚。所以，十家牌法的功利性就在于，它把每个人都变成了神经兮兮的间谍。

十家牌法制度看上去没有人情味儿，不过按王阳明心学的解释，它是激发人内心良知的灵丹妙药。王阳明说，人人都有趋利避害的心，所以人人都担心被别人连累，如此一来，不用政府的命令，他就能发挥主观能动性去监视别人。而人人都有良知，良知告诉他，不能牵累那么多人，所以他们会拒绝土匪。即使土匪是他的家人，他也会想，为了自己的一个亲人，而连累了几十个人，良心实在不安。于是，他们会把藏匿于家中的土匪主动送到政府手中。

王阳明的这种解释是否合理，有事实为证。十家牌法施行后，南赣地区的土匪再也不能隐藏到人民群众中，他们的生存空间被大大地压缩，只能龟缩在山林中。

在大致解决了自己的问题后，王阳明开始严肃地审视詹师富。与其他山中巨寇相比，詹师富是个小字辈。王阳明来江西的两年前（1515年），他才在绵亘数百里的大帽山宣布革命，不过这是个易守难攻的地方，詹师富很有眼光。

1515年下半年和整个1516年，他粉碎了前南赣巡抚文森组织的多次围剿，创造了南赣地区山贼们反围剿成功次数的最高纪录，并且把根据地建在了大帽山子山脉的象湖山（福建漳州平和县象湖山），直到王阳明在汀州制订了围剿他的计划时，还没人打破他的纪录。

詹师富能创造多次反围剿胜利的神话，一靠地利，二靠奸细。王阳明虽然挖出了许多奸细，可还是有漏网之鱼。所以当王阳明在汀州制订计划时，詹师富很快就得到了消息。

王阳明计划兵分两路，一路攻詹师富的基地象湖山，一路从饶平（广东饶平）北上配合。詹师富马上把他的人埋伏在官兵来象湖山的必经之地——长富村（福建漳州平和长乐一带），当官兵进入埋伏圈后，詹师富部队喊杀声起，然而经王阳明整顿的部队战斗力惊人，在被包围的情况下丝毫不乱，仗着人多势众，向四面八方突围。他们不但撕开了詹师富的包围圈，而且掉头反包围了詹师富。詹师富招架不住，急忙跑回老巢象湖山。

王阳明刚得到正面攻击部队取得胜利的消息，那支偏师也把捷报送来了。王阳明兴奋异常，叫人备马，他要亲自上战场。这并不怪他，毕竟是第一次上战场，难免有些激动。

当他踌躇满志地走到广东一个叫大伞的地方时，突然一声锣响，四面八方冲出了黑压压一片人，王阳明带的士兵少，詹师富的伏军又是突然冲出，他措手不及，下令突围。

在突围混战中，他中了两枪，栽下马来。幸好护从给力，把他扶上一匹快马，冲出了包围圈。这一仗，他险些被詹师富活捉。

此时的王阳明狼狈不堪，他调转马头回汀州。一路上，他深刻地检讨自己，他发现自己太轻敌，这都是因为没有经验。他有了新的想法：我不应该在不擅长的战场上和敌人较量，我的特长在战场之外。

横扫詹师富

王阳明心学说的是，不要迷信自己的经验。世间一切瞬息万变，拿从前的经验对待新出现的事物是胶柱鼓瑟。尤其是当你面对新对手时，经验就是道教的丹药，会神不知鬼不觉地置你于死地。詹师富很快就要犯这样的低级错误。

王阳明说他的特长不在战场上而在战场外，说的其实是帷幄里的运筹。他的运筹和其他军事家不同，他把军事打击放在第二位，放在第一位的是“攻心”。

他决定在詹师富身上实验。几天后，他把部队调到上杭（福建上杭县），以此为瞭望塔和跳板，创造机会给詹师富致命一击。在他聚精会神思考攻心术时，他的指挥官们却情绪低落。按他们的看法，此时应该撤兵回赣州，等待广东剿匪专业部队狼兵到来。

王阳明哭笑不得。几天前，他们在长富村打了次胜仗，战后欢呼声盖过天雷，而昨天的一场败仗马上就让他们变得像遭了殃似的。

果然如民谚所说，庸人一挫就馁，才胜便骄。

王阳明对他们说：“胜败乃兵家常事。我们应该立即提振士气再寻胜机，你们说等待广东狼兵，可是靠别人永远是不靠谱的。你们说敌人气势正盛，我们正应该趁他们取得胜利疏于防备时向他们进攻，怎么能在这个关键时刻后退呢？”

指挥官们齐声问：“计将安出？”

王阳明说：“詹师富现在巴不得我们撤退，我们就如其所愿传出消息，说不打了，今年秋天再来。他的那群间谍肯定会把消息传递给他。你们再把士兵们组织起来搞个联欢会，要搞得热热闹闹的，让他信以为真。当他放松警惕后，我们就奇袭他的基地象湖山，一战可下。”

指挥官们还有疑虑：“恐怕詹师富不会相信。”

王阳明看着他们，笑了笑，说：“他会相信的。”

詹师富的确会相信。他不相信王阳明，他相信他的经验。据他的经验，政府军每次来围剿失败后都会撤军，无一例外。他的经验信心百倍地告诉他，王阳明也不会例外。所以当他接到他的间谍们传给他的所有情报后，他坚信不疑。当他的间谍把王阳明正在上杭举行班师联欢会告知他时，他心底最后一丝警觉也烟消云散。他命人杀猪宰羊，抓起酒坛，庆祝他这次反围剿的胜利。他根本没有意识到，他创造的反围剿纪录已经画上了句号。

王阳明派人日夜不息地打探象湖山的动静，最后，他得出结论：守卫松懈，詹师富相信了。一得出结论，他马上制订作战方案：兵分三路，于1517年农历二月十九趁着下弦月色衔枚疾走直奔象湖山。在距象湖山一箭之地会合后，王阳明向全副武装的突击队下达了攻击象湖山隘口的命令。进展异常顺利，因为王阳明之前的工作取得了成效，象湖山守卫松懈得一塌糊涂，突击队几乎未费吹灰之力便攻破象湖山隘口，双方就在山中展开惨烈的肉搏战。詹师富的手下在山中长大，山石林中跳跃如飞，如同从马戏团出来的演员。幸运的是，当时是黑夜，那些土匪不能淋漓尽致地发挥长处，只能与政府军短兵相接。一夜苦战后，由于武器装备上的巨大优势，王阳明部队将这些悍匪全部剿灭，控制了象湖山。不过在打扫战场时没有发现詹师富的尸体。从俘虏口中得知，詹师富在乱战中已逃到可塘洞据点去了。王阳明下令对詹师富的所有据点全面扫荡。

詹师富的据点还有四十余处，战斗人员达数万，而王阳明的部队满打满算才五千人，力量对比悬殊。但詹师富的老巢被王阳明端了，气势和斗志受到严重打击。当他在可塘洞据点听到王阳明扫荡部队擂起的战鼓声时心胆俱裂。民间有句话叫“兵熊熊一个，将熊熊一窝”，一个团队的领导人如果胆怯，毫无斗志，那这个团队离瓦解就不远了。詹师富吓得魂不附体，当然不能指望他的守卫部队个个如天神下凡。于是，可塘洞的防线很快溃散，詹师富本人被活捉。

一个没有信仰支撑，纯靠利益（打家劫舍获得钱粮）结成的团队，一旦灵魂人物消失，它就如多米诺骨牌一样，势必倒塌。王阳明剿匪部队如暴风扫落叶一样，在三天之内横扫詹师富四十三处据点。1517年农历三月二十一，詹师富最亲密的战友温火烧被王阳明的扫荡部队活捉。詹师富武装成为历史。

王阳明剿灭詹师富仅仅用了三个月，这一雷鸣电闪的速度把那些山中大佬们震住了。他们瞠目结舌，直到此时，他们才开始认真研究王阳明。这位脸色黑紫、不停咳嗽的病夫怎么会有如此神奇的力量？他们通过各种情报渠道了解王阳明。有情报说，此人只是个教书先生，好像是讲什么心学的，没有作战经验，消灭詹师富只是他侥幸而已。也有情报说，此人外表忠厚，内心奸诈，不可不防，詹师富就是死在他奸诈的计谋下的。还有情报大惊小怪地说，此人是个半仙，因为他居然能求雨。如你所知，前两条情报都是假的，最后一条半真半假。

王阳明的确在求雨，而且成功了，但他不是半仙。1517年农历四月初，他从前线回到上杭。上杭当时大旱，王阳明心血来潮，突然就吃斋念佛求起雨来，第二天，上杭居然大雨。一个月后，他又和一个和尚在瑞金求雨，居然又得偿所愿，于是王阳明通神的名声渐渐在百姓中传开了。

过足求雨瘾后，王阳明将工作重点重新转移回剿匪。在对剿灭詹师富的军事行动的复盘中，他发现，政府军的战斗力已经弱到了令人难以置信的地步。即使是他当初从各省军区挑选出的所谓精英，也不过是半吊子，因为他们缺少军事训练。他想到的办法就是后来清人曾国藩借以发家的“团练”，即地方民兵。

王阳明的“团练”和曾国藩的“团练”不同。曾国藩是从民间挑选勇武之人编成部队操练，而王阳明则是从各个部队中挑选骁勇之士，编为四团。每团有团长，除有农事季节外，四个团都必须到赣州城军营操练。

据说，活动于福建南安的山贼们听到王阳明昼夜练兵的消息后，心惊胆战。他们把老婆孩儿和金银珠宝都藏到深山老林里，白天下山耕地，晚上就跑回山林。他们再也不能像从前那样百无禁忌了。

大庾岭的陈曰能却大不以为然，当谢志山、池仲容等匪首们变得谨慎起来时，陈曰能反其道而行之，异常张扬，对南安府进行了数次试探性攻击。陈曰能有嚣张的资本，他的根据地大庾岭要比詹师富的象湖山安全一百倍。大庾岭遍布荆棘，全是悬崖峭壁，在唯一可以通行的路上，陈曰能布置了最勇悍的山贼。

陈曰能倚仗的就是这种地利。如果他能和王阳明坐下来谈心，王阳明就会告诉他，人生在世唯一可以倚仗的就是自己。靠山山倒，靠河河枯。你越倚仗什么，那个“什么”就会越让你失望。

王阳明始终相信一个道理：即使是老虎，也有打盹的时候。陈曰能在大庾岭的守卫都是凡人，不可能没有懈怠的时候。他故伎重施，祭出“真假虚实”的法宝。这一次，他宣称，四班团练训练完毕，就各归本部。给人的感觉是，纵然有天大的事发生，下班的团练也不会管。在这个既定程序持续了一段时间后，陈曰能的人产生了一种思维定式：这些团练一下班，就没有必要再提高警惕了。这就是王阳明希望达到的效果。

1517年农历六月二十日，王阳明的三班团练下班，但没有回各部，而是被王阳明集合起来，在微弱的月光掩护下悄悄向大庾岭急行军。这次军事行动和进攻詹师富的军事行动毫无二致，都是在麻痹敌人后的快速偷袭。陈曰能的结局也和詹师富一样，由于防守松懈，他的基地被王阳明部队用火攻轻易取下，而他本人在逃跑途中被王阳明的一支小分队活捉。

大庾岭陈曰能就这样戏剧性地被王阳明从南赣山贼的黑名单上画掉了。

群贼大惊!

横水、左溪的谢志山、桶冈的蓝天凤联合乐昌高快马决定主动出击。很多人觉得这帮山贼的野性大发，但王阳明感到了他们内心的恐慌。人只有在恐慌而又无计可施时才会有如此疯狂的举动。他们紧锣密鼓地打造攻城器具，宣称要进攻赣州的邻县南康。他们声称打下南康就打赣州，端了王阳明的老窝，让王阳明打哪儿来回哪儿去。遗憾的是，他们没有“知行合一”，1517年农历七月二十五，谢志山带领一千多人推着吕公车却跑到南安城下发动了一阵毫无章法的猛攻（当地以山地为主，他的基地横水、左溪又在崇山峻岭中，吕公车又重又大，他居然能推到南安城下，真是个苦心人），毫无效果。一个月后，他又带着蓝天凤卷土重来，人数和吕公车倍增。南安城打退了他的进攻，但已很勉强。

这种小动作马上吸引了王阳明的目光，他在黑名单上把谢志山和蓝天凤的名字圈了起来。不过在准备对二人动手前，他做了两件事。第一件事是给王琼写信，希望王琼让朱厚照授予他提督南赣军务的特权，也就是说，他必须在南赣地区成为名副其实的军界第一人。任何人都要服从他的军令，只有这样，他才能统一指挥。王琼行动力很强，很快，朱厚照就传来了圣旨，要王阳明提督南赣军务，可便宜行事。

如果一件事太顺利，那么就要小心。王阳明刚接到提督南赣军务的圣旨，就有人就瞄上他了。瞄上他的人叫毕真，是江西军区的监军。明朝时，皇帝为确保自己对各地军事权力的控制，临时差遣东厂太监为军中监军，专掌稽核功罪赏罚之事。监军名义上是军法处处长，实际上，军区司令要进行任何军事行动，都必须通过他，俨然就是多了一个领导。毕真的前任许满卸任时对毕真说，江西这地方是我做监军做得最不爽的，王阳明那家伙来江西剿匪，从没和我打过招呼，好像我是空气一样。毕真恭恭敬敬地说，我会让姓王的知道咱们身为绝户的威力。毕真说干就干，他和紫禁城后宫的同事们取得联系，要他们提醒皇上朱厚照，王阳明在南赣剿匪获得提督军务的大权，身边却没有一个监军。朱厚照把太监们的话复述给王琼听，王琼气急败坏。他说，南赣军区不同于其他军区，那地方是四省相交，之前的巡抚所以不能成事，就是因为政出多门。比如南赣巡抚到福建剿匪，先要知会福建巡抚，福建巡抚再知会监军，两人又发命令到下一级。命令往返之间，时间很长，山贼们早已知晓，因此贻误战机。如果让毕真监军，他在南昌，王阳明在赣州，王阳明每次军事行动都要经过他的许可，这和从前那些南赣巡抚有什么两样？

朱厚照对他的那群太监向来是有求必应的，但不知为什么，这一次他却清醒得很，居然没有同意。王阳明这才牢牢地抓住了“政由我出”的机会。

于是，他做了第二件事：撒网捕鱼，愿者上钩。

这招的具体应用只是一封信——《告谕巢贼书》，这是一封阴阳结合、绵里藏针、胡萝卜加大棒的情感告白书。他让人把这封信抄录多份，向整个南赣地区还存活着的山贼们撒去。文章开篇，王阳明用的是大棒：

“本老爷我以弭盗安民为职，一到任就有良民日夜来告你们，于是我决心征讨你们。可是平完漳寇（詹师富），斩获七千六百余，经审理才得知，首恶不过四五十人，党恶之徒不过四千余，其余的都是一时被威逼，惨然于心，便想到你们当中岂无被威逼的？访知你们多大家子弟，其中肯定有明大理的。我从来没有派一人去抚谕，就兴师围剿，近乎不教而杀，日后我必后悔。所以，特派人向你们说明，不要以为有险可凭，不要觉得你们人多势众。比你们强大的都被消灭了。”

然后笔锋一转，胡萝卜来了：

“若骂你们是强盗，你们必然发怒，这说明你们也以做强盗为耻，那么又何必做强盗呢？若有人抢夺你们的财物和老婆，你们也必愤恨报复，将心比心，你们为什么又抢别人的财物和老婆呢？我也知道，你们或为官府所逼，或为富人所侵，一时错起念头，误入歧途。此等苦情，甚是可悯。但是你们悔悟不切，不能毅然改邪归正。你们当初是生人寻死路，尚且要去便去；现在弃恶从善，死人寻生路，反而不敢。为什么？你们久习恶毒，忍于杀人，心多猜疑，无法理解我无故杀一鸡犬尚且不忍，若轻易杀人，必有报应，殃及子孙。

“但是，若是你们冥顽不灵，逼我兴兵去剿，便不是我杀你们，而是老天杀你们。现在若说我全无杀你们的心思，那也是忽悠你们。若说我必欲杀你们，可不是我本意。你们还是朝廷赤子，譬如一父母同生十子，二人背逆，要害那八个。父母须得除去那两个，让那八个安生。我与你们也正是如此。若这两个悔悟向善，为父母者必哀怜收之。为什么？不忍杀其子，乃父母本心也。

“你们辛苦为盗，刀口上过日子，可利润有多少，你们自己知道，你们当中也有衣食不充者。何不用为贼的勤苦精力，来用之于种地、做个小买卖，过正常的舒坦日子？何必像现在这样担惊受怕，出则畏官避仇，入则防诛惧剿，像鬼一样潜形遁迹，忧苦终身，最后还是身灭家破。何苦来哉？

“我对新抚之民，如对良民，让他们安居乐业，既往不咎，你们肯定已经听说了。你们若是不出来，我就南调两广之狼兵，西调湖、湘之土兵，亲率大军围剿你们，一年不尽剿两年，两年不尽剿三年。你们财力有限，谁也不能飞出天地之外。”

再说天地万物为一体：

“不是我非要杀你们不可，是你们使我良民寒无衣、饥无食、居无房、耕无牛。如果让他们躲避你们，他们就失去了田业，已无可避之地；如果要他们贿赂你们，家资已被你们掠夺，已无行贿之财。就算你们为我谋划，恐怕也只有剿尽你们而后可。我言已无不尽，心已无不尽。如果你们还不听，那就是你们辜负了我，而不是我对不起你们，我兴兵可以无憾矣。民吾同胞，你们皆是我之赤子，我不能抚恤你们，而至于杀你们，痛哉痛哉！走笔至此，不觉泪下。”

这封深情款款的书信撒出去后，真就有主动上钩的。第一拨被感动得稀里哗啦的盗贼是赣州龙南的黄金巢武装。第二拨则是广东龙川卢珂武装。他们带领自己能控制的所有人马来见王阳明，声称要重新做人。王阳明把他们队伍中的老弱病残清退为民，留下骁勇的人组编成一个战斗单位，由卢珂担任指挥官。当时有人提醒王阳明，这群盗贼反复无常，当心他们反水。王阳明说，他们被我的诚心感动，我用真心对待他们，他们不会用伪心来对我。

他对卢珂推心置腹道：“你们做贼多年，虽是发自本心改邪归正，但还是有人用从前的眼光看你们。所以你们必须拿出点成绩来，堵住他们的嘴。”卢珂说：“您打谢志山和蓝天凤，我定尽死力。”

王阳明要的就是这句话。不过，有一点引起了卢珂的注意。这就是王阳明虽然说要打横水、左溪、桶冈，但没有开过一次军事会议。卢珂眼中的王阳明不像一位军事领导人，更像是一位教师。王阳明每天的大部分时间都是在和他的弟子们讲课，有时候会玩玩射箭。每天早上，弟子们到王阳明的办公室请安，王阳明从后堂走出，大家就开始谈心学。中午时分，大家在一起吃饭，午饭完毕，继续谈论心学。偶尔有人送来军情报告，王阳明只是看一眼，就继续讲他的课。好像他现在最要紧的工作是讲课，而不是剿匪。弟子们也习以为常，就这样一天天地过着。可1517年农历十月初九早上，弟子们如往常一样来向王阳明请安，他的仆人却说：“你们的王老师凌晨就带兵走了，不知道去哪里了。”弟子们对王老师的神出鬼没感叹不已。

实际上，王阳明打仗，重点不在排兵布阵上，而在前期的谋划上。他的谋划也有个特点，在他和他那群指挥官们讨论时，他已胸有成竹。用他的心学来说就是，吾性自足，不须外求。

1517年农历十月初九，王阳明领兵到南康之前，他的指挥官们认为如果对横水、左溪、桶冈进行围剿，应该先剿桶冈。王阳明却反对说："如果我们站在湖广的角度来看，桶冈是盗贼的嗓眼，而横水、左溪是心脏；而站在江西的角度来看，则横水、左溪也是心脏，而桶冈是羽翼。总之，无论站在哪个角度，横水、左溪都是心脏，杀掉一个人，当然可以去咽喉上着刀，但如果这样做，湖广无事了，可江西仍然有事，所以，我们必须去敌人的心脏上来一刀。只一刀，就能解决两省的问题，何乐而不为？"

还有一条很重要。王阳明说："谢志山和蓝天凤认为我们离桶冈近，肯定会先打桶冈，横水和左溪防备松懈，这正是天大的好机会，绝不可错过。"

他的指挥官们认为王大人的分析天衣无缝，剩下的事自然就是付诸行动了。剿灭谢志山和蓝天凤的军事行动正式打响。

胜败由心，兵贵善用

在整个南赣地区反政府头目里，谢志山是最为引人注目的，实力仅次于池仲容。谢志山性格奔放豪爽，有一种即刻就能获得别人信任的大哥天赋。青少年时期谢志山曾读过很多书，特别喜欢兵法。当时江西政府横征暴敛，逼出了一大批五花八门的冒险家进山做了贼。政府屡次围剿，胜少败多。谢志山马上就发现了政府军的羸弱战斗力和深林险山的大好地利，于是在没有任何人逼他做贼的情况下，他带领着他的朋友们落草横水。接着，凭借深广的社会关系，拉拢了一大批才华横溢的人物，陆续在左溪、桶冈建立了根据地。在粉碎历任南赣巡抚围剿过程中，谢志山掌握了游击战的精髓，他在战争中学习战争，越做越大，他的野心也越来越大，王阳明来南赣之前，他在南赣地区已经获得了巨大的名声，他自称的"征南王"名号覆盖到了整个南部中国。

谢志山始终坚信一点：想要做大事，一个人的智慧是不够的，必须要招揽各种人才补充他的大脑。在南赣山贼中，谢志山手下的谋士最多，而如何招揽到这些足智多谋的人为他效力，正是他最擅长的地方。他结交蓝天凤就是一个最好的例子。

蓝天凤做山贼的时间要比谢志山早，他的根据地在左溪，做得风生水起。谢志山听说蓝天凤很有头脑，而且志向远大，就单枪匹马去左溪拜访蓝天凤。

去之前，有谋士对他说："大家都是土匪山贼，不讲道义，小心蓝天凤黑吃黑。"

谢志山说："敌人的敌人就是朋友。况且我平生交友只以诚心实意待之，以情动人。如果他不领情，我就持之以恒，直到他被我感动，做我的兄弟为止。"

蓝天凤没有想要火并谢志山，但他对谢志山要他入伙的事不以为然。二人喝到酣处，蓝天凤斜眼看向谢志山，傲慢地说："大家都是出来混的，手下都有几千号兄弟，你让我跟你，我这面子该往哪里放？我的兄弟们怎么看我？政府军怎么看我？这一大片山林怎么看我？"

谢志山决心用"理"来说服蓝天凤。他说："团结就是力量，咱们抱成团，人多力量大，能成大事。"

蓝天凤觉得很好笑，说："你大老远的连个卫兵都不带跑到我这里，就是为了说这些？我自己也能成大事，何必要劳烦你，请回。"

谢志山笑呵呵地睡了一晚，第二天什么话都没说就下山了。蓝天凤没想到，几天后，谢志山一个人挑着两桶酒来了。他对蓝天凤说："我上次喝你的酒，发现太烈，如今是酷暑，喝烈酒很不健康，我给你送来两桶清淡的酒。虽然不如你的酒好，但至少在这个季节喝起来是很舒服的，还可以养生。"

蓝天凤有点小感动，他想不到一个做山贼的心居然如此精细。不过，他还是没有要和谢志山交朋友的意思。那天两人喝酒，谢志山只字不提要他入伙的事。喝完酒，谢志山就晃晃悠悠地要走，蓝天凤挽留，谢志山绷起脸来说，这是你的地盘，我怎么可以随便留宿，传出去被人说闲话。蓝天凤愕然。过了几天，谢志山又来了，带来了新鲜的肉和上好的酒。从此后，谢志山成了蓝天凤的常客，每次来，必是大包小包一大堆东西。

终于有一天，两人喝酒时，蓝天凤发出一声长叹，对谢志山说："兄弟，咱们联合吧，以后你就是我老大，有事尽管吩咐。"

谢志山用这种方式"邀请"了很多能人上他的根据地为他效力，刘备"三顾茅庐"在他面前简直不值一提。

无论是谢志山，还是蓝天凤，他们的武装人员都以畲族为主。畲族原本在广东，后来广东和江西首长达成一项协议，畲族人就迁到了江西。这些人原本只是遵纪守法的百姓，但政府的高税收和他们本性中的好勇斗狠很快让他们三五成群、持续不断地对当地居民进行攻击。到了后来，当地居民的田地和房屋都被他们抢了去，谢志山与蓝天凤又把他们聚集到一起，更是无法无天。

谢志山和詹师富截然不同。詹师富只关起门来称王称霸，典型的奉行保守主义的山贼。而谢志山经常会对政府发起小规模的军事进攻。就在王阳明来南赣的几天前，他还发起了一次攻击南康的军事行动。不过，他的力量虽可以拔寨，但还未强大到攻城的地步。所以，他的每次攻城战只不过是骚扰，不会对政府构成实际威胁。

谢志山之所以有“主动出击”的行为，就是因为他和他的谋士们经过多年分析总结出一个真理：政府军奈何他们不得。实际上，他根本就没有同时面对过二省以上的部队围剿。由于四省距他的根据地路途不一，有的先到，有的后到，他能利用这种时间差快速有效地进行反围剿。谢志山的根据地在他自己看来是险不可摧的，这让他不由得产生了盲目的自信。王阳明在打詹师富之前曾扬言要打他的横水、左溪和桶冈。他失声大笑，说：“就凭赣州那点部队，我都不用和他打游击，就能收拾了他。”当王阳明说，要等三省部队会合夹攻他时，他自信地冷笑，向着天空喊：“你忽悠，接着忽悠吧。”这样的信心来源于他的间谍们一直在给他传递消息，说：“王阳明在赣州城等三省部队，短时期内，不可能有军事行动。”

实际上，他不是没有怀疑过王阳明的“狡诈”，詹师富武装和陈曰能武装的覆灭，都是王阳明突然发动袭击的结果。不过他被自我的窠臼限制住了：从前的经验和不会被围剿的侥幸心理。从前的经验告诉他，他的三大据点要比詹师富和陈曰能的根据地稳固十倍，经受了无数次考验，安然无恙。他的侥幸心理告诉他，王阳明用了两次突然袭击，不可能再用第三次对付他。越是怕被围剿，越是相信王阳明不会对他进行围剿。

人面对事情时如果有侥幸心理，必定失败。即使真有人能躲过，但大多数人一定躲不过，而谢志山毫无悬念地属于大多数人里的一员。1517年农历十月初十，王阳明把指挥部从南康迁到离横水较近的至坪（崇义县龙勾乡）。直到这时，他才调兵遣将。他把部队分为十路，两路为机动部队，在黑夜悄悄埋伏到横水周边。四路为诱敌部队，在约定时间向横水武装叫阵。最后四路是精锐部队，当诱敌部队把谢志山诱出横水的有效防御范围时，这四路就会发动进攻。而两路机动部队则从旁边快速攻陷横水隘口，仿效韩信背水一战故事，夺掉他们的旗，插上政府军的旗，大事可成。

1517年农历十月十二，太阳刚从地平线上露出一半，王阳明就下达了攻击命令。四路诱敌部队佯攻横水，谢志山急忙到前哨阵地观看，他发现眼前的敌人虽然喊打喊杀声震天，但战斗力实在不值一提，全是呐喊助威的角色，于是想都没想就开了城门，带领精锐出城准备把这些“噪声”消除掉。由于横水寨的大门并不宽，但他的部队见到这群待宰的羔羊时兴奋得过了头，冲出去时不管不顾，连寨门的守卫部队都跟着冲了出来。良机出现了，王阳明下令另外两路机动部队趁势而起，从侧面猛冲破横水寨门，谢志山的部队哪里会想到半路能杀出个程咬金，一下就被冲垮了。王阳明部队马上换掉了谢志山的大旗，插上了政府军的旗，然后敲锣打鼓，大喊“胜利啦”。

谢志山猛回头，发现自己的旗变成了政府军的旗，心慌意乱，扭头就冲向他自己的寨门。王阳明另外四路精锐部队适时上场，猛攻谢志山部队的屁股。谢志山魂飞魄散，闭着眼睛狂奔。王阳明让精锐部队紧追，而剩下的六路部队喊叫着直奔横水寨的心脏。横水寨的山贼们在上面早就听到了政府军“胜利啦”的喊声，又看到他们如猛虎一样冲上来，顿时人心涣散，没有了抵抗的意志。横水就这样轻易地被攻陷了。

谢志山此时已陷入神志不清的状态，凡是在他逃跑路线上的任何障碍物，无论是他的士兵还是他的谋士，全被他用刀劈成了两半。他拼命地跑，他左溪的部队从来没有见过谢大王如此狼狈过，他们本想只放谢大王一个人进来，可谢大王后面跟着一群残兵败将，如洪水一样涌进了左溪寨。

这道洪水后面紧紧跟随的正是王阳明的精锐部队，他们几乎是被裹挟着进了左溪城。现在，对王阳明部队构成最大威胁的敌人恐怕不是山贼的刀枪，而是山贼在狭窄区域狂奔时发生的大规模踩踏事件。半个时辰后，左溪山贼全部投降，左溪被攻陷。谢志山满脸血污地趁乱逃出了左溪，直奔蓝天凤的桶冈。

谢志山这次来桶冈和之前截然不同，没有带酒肉，身后跟了一群仓皇的士兵。谢志山虽然失去了根据地，但风度不减，和蓝天凤谈话时依然是“征南王”的口吻。蓝天凤早就把谢志山当成了大哥，这种口吻他也能接受，不过他不能接受的是谢志山对王阳明的认识。在谢志山看来，王阳明这老家伙除了“诈”，一无是处。只要能想办法破了王阳明的诈术，不出一个月，他肯定灰溜溜地回北方去。

蓝天凤对王阳明的看法和谢志山很不同。他分析说：“先不管他的诈，你看他才来南赣不到一年，就把詹师富、陈曰能轻易地搞定了，还有你。而且他还把龙南的黄金巢和龙川的卢珂收服了。我做了这么多年山大王，和那么多大官打过交道，可从来没有见过王阳明这样厉害的角色。”

谢志山恼了，说："你这是什么意思？灭自家威风，长他人志气？"

蓝天凤叹了口气说："我没有这意思，只是你那横水、左溪都是一夫当关万夫莫开之地，被他一日之内攻破，这人实在太厉害了。"

谢志山很不服气："这都是他的奸计。你的桶冈比我的横水、左溪如何？"

蓝天凤自豪地说："论险峻，比你的强多了。"

谢志山握紧拳头，嚷道："好，我们就在这里待着。任他用什么花招，都闭门不出。他的粮草已尽，肯定撤兵。"

蓝天凤想了一想，点了点头。

当王阳明来到桶冈时，谢志山和蓝天凤正在喝酒。王阳明审视了桶冈，不由得发出一声赞叹："真是个鬼斧神工的山贼老巢啊。"

制心一处，无事不办

在不经蓝天凤许可下进桶冈，难度和登天相差无几。王阳明在给中央政府的报告中曾这样说："桶冈四面万仞绝壁，中盘百余里，山峰高耸入云，深林绝谷，不见日月。"不仅如此，桶冈内部还有一片适合种植番薯和芋头的土地。这是任何山贼都梦寐以求的天赐之物。所以如果桶冈山贼闭门不出，纵然二郎神下凡也没用。

当然，桶冈不可能真就是个铁桶，没有进出口。王阳明从被俘山贼口中得知，桶冈入口有六处，其中五处是锁匙龙、葫芦洞、茶坑、十八磊、新地。不过这五处全是狭窄的险道，只要在上面放一排滚石，一个人就能守住。另外还有一处很让人惊喜，不过这条路要绕远，要用去半个月的时间。而且，之前约定夹剿的湖广部队的计划就是从这里进入桶冈。

王阳明只能在锁匙龙、葫芦洞、茶坑、十八磊、新地这五处地方挑选一处作为突击口。不过王阳明现在有点麻烦，他的部队攻打横水和左溪后消耗巨大，用他的话说，已经是强弩之末，他必须要等湖广和广东的部队前来。1517年农历十月二十七夜晚，王阳明在桶冈前线的营帐中沉思，部队需要休整，必须要找个安全地带。而人人都知道，桶冈附近最不安全，一旦敌人发动偷袭，后果不堪设想。但他又不能撤兵，一旦撤兵，横水和左溪的匪患就会死灰复燃。他现在最要紧的事就是让自己安全，而他的安全表面上看是取决于桶冈，实际上，心学说心外无事，每个人的安全都取决于自己。

他故伎重施，写了封招降信，派人送给蓝天凤，并声称要在本年农历十一月初一早上亲上锁匙龙，招降蓝天凤。

桶冈接到信后马上炸了窝。这个时候的桶冈已不是几天前的桶冈，横水和左溪逃亡出来的山贼都涌进这里，他们在谢志山的指引下对王阳明的招降持强烈的反对意见。谢志山说："王阳明这是缓兵之计。他是想让咱们放松警惕，同时自己休养生息。我们应该趁他元气大伤时，进攻他。"

蓝天凤正在专心致志地看王阳明的招降书，听到谢志山这样说，就扫了他一眼，说："前几天你还说咱们要闭门不出，现在怎么又要开门攻击？你的横水就是这样失掉的。"

谢志山冷笑。蓝天凤知道谢志山看穿了他。他蓝天凤不是个轻易投降的人，桶冈如铜墙铁壁，无数个剿匪将领都在桶冈面前望洋兴叹。问题是王阳明用兵如鬼魅，他有些担心。

这时他的手下很不看场合地说："龙南的黄金巢和龙川的卢珂被招抚后，黄金巢回家做了生意，而卢珂则在王阳明的部队里担任指挥官，打横水和左溪时，这小子带着他的五百人把对手打得满地找牙。"

意思是，投降王阳明会得到好处。

蓝天凤发现，听到这句话的谢志山脸色如猪肝一样难看，他马上制止了这种论调的扩散，高声大骂："卢珂这叛徒，要是落在我手里，我非活剥了他。"

谢志山的脸色好转了，蓝天凤以一种只有亲兄弟才有的口吻安慰他："大哥放心，我们就是死也不会投降，如果初一他真的敢来送死，我就敢埋。"

谢志山脸色恢复本色，蓝天凤脸上虽然笑着，心里却波涛汹涌：王阳明真的会来？如果真的来了，我是降还是不降呢？

如果蓝天凤对那封招降信有所答复，王阳明可能会真的上桶冈。但王阳明等了两天，那封信像是投进了墓道一样，他就再也没有去想那封招降信的事了。王阳明的部队元气已恢复，他要做的事就是攻打桶冈。不过，王阳明确信，那封招降信肯定在桶冈引起不小的波动，他虽然不了解蓝天凤，但他了解人心。他几乎不费吹灰之力就横扫了山贼们引以为傲的横水、左溪，这一结果不可能不在蓝天凤心中引起冰冷的回响。按王阳明的预计，蓝天凤现在正处在犹豫不决、进退维谷的境地。他的心已乱，攻心的机会已到。

1517年农历十一月初一，王阳明命令南康县县丞舒富领数百人奔锁匙龙下寨，声称要在这里接受蓝天凤的投降，并且催促蓝天凤尽快对招降书做出回复。这是阳的一面，阴的一面的是：早在一天前，他就已命令赣州府知府邢珣领兵直奔茶坑，吉安府知府伍文定领兵直入新地，汀州府知府唐淳领兵奔十八磊，广东潮州府程乡县知县张戬兵入葫芦洞，这四路部队都趁夜到达指定攻击地点，等待王阳明总攻的命令。

初一早上，天降大雨，整个桶冈地区烟雨迷蒙。蓝天凤向外望去，几乎什么都看不到。他此时此刻突然有了一种想法，就是从前发生的一切现在突然都消失不见了，唯一留下的就是那片烟雨。王阳明不停地派人催促他快点答复，他拿着那封招降信，心里莫名地空虚，眼前的世界模糊起来。有人提醒他赶紧做出决定，他仍然没反应。

这很好理解，因为他的桶冈部队希望投降，而谢志山和他的横水、左溪部队不希望投降。要蓝天凤在如此关键的时刻作出重大决定，那不现实，因为这已经超出了他的能力。

他听着投降派和主战派的辩论，听着大雨把树叶打得发出凄惨的叫声，这种叫声把他从恍恍惚惚的虚空中拉回现实。他看了看外面的雨，以一种奇异的声调说："今天这么大雨，王阳明该不会有所行动吧？"

没有人回答他的问题，自从收到王阳明的招降书后，蓝天凤仿佛灵魂出窍，谁也不知道他每天坐在椅子里两眼无神地望着外面的天空在想什么。用王阳明的话说，蓝天凤的心已经乱了。他没有能力应对有生以来遇到的最厉害的敌人——王阳明。

1517年农历十一月初一中午，他才脱卸了折磨他好多天的精神包袱：王阳明部队同时在锁匙龙、葫芦洞、茶坑、十八磊、新地发起进攻。他的传令兵把命令传给他时，这五处已经失守了三处。

蓝天凤连吃惊的力气都没有了，他自言自语："王阳明真是用兵如神，这些兵怎么像是从天而降啊？"

他的卫队长大吼一声："大王，风紧啊。"

蓝天凤叫了起来，灵魂终于附体，传令他的卫队集合，就在桶冈里凭借地势打阻击战。但是王阳明部队已经一拥而入，双方几乎是摩肩接踵，根本没有打阻击战的条件，只能肉搏。卢珂部队在此时发挥了重要作用，为了重新做人，立下功勋，他和他的五百人和蓝天凤卫队玩起了命。蓝天凤和他的几个亲信在万人中冲出一条血路，奔向十八磊逃跑。十八磊尚未陷落，蓝天凤得到了片刻的喘息，命令他的守卫部队拼命抵抗。双方僵持了一夜，卢珂的部队赶到，一顿冲杀，十八磊陷落。蓝天凤又逃到桶冈后山，在这里死守数日，最终见大势已去，他就设想乘飞梯进入范阳大山。因为老话说了，"留得青山在，不怕没柴烧”，但老话还说了，“莫道君行早，更有早行人”。王阳明早在范阳大山中布置了部队。蓝天凤在桶冈后山前无进路，后无退路，仰天长叹说：“谢志山害我。”说完，看着万丈悬崖，一个猛子栽了下去。

谢志山不如蓝天凤骨头硬，他主动放下武器投降了。

至此，横水、左溪、桶冈全部被平定，王阳明所耗费的时间不足一个月。据说，王阳明在打扫战场时，湖广部队才到达郴州，听说王阳明已经消灭了谢志山和蓝天凤后，部队指挥官吃惊得张大了嘴巴，像是被人塞进个拳头：从前三省联合剿匪，打了一年也不见成效，而王巡抚朝去夕平，如扫秋叶，真乃天人也!

这位部队指挥官说王阳明是天人，恐怕未必可信。因为他是把王阳明和他们这群饭桶相比而言的。王阳明早就说过，无论是三省还是四省联合围剿，唯一的作用就是劳民伤财，助长土匪们的傲气。三省部队的长官都是平级，没有统一的指挥，而且距离剿匪地点路途远近不同，先到的部队如果等后到的部队，等于是把一大批军粮拉到南赣让士兵吃，这和旅游吃大餐没有区别。而当大家聚齐后又都不用力。比如剿横水、左溪，湖广部队和福建部队认为这是江西部队的事。如果剿龙川，江西部队又认为是广东部队的事。没有责任感的部队注定没有战斗力，多次剿匪失败后，南赣地区的部队已没有斗志，只是一群消耗粮食的吃货。

按王阳明的心学，一个人如果用心诚意，天下就没有难事。因为心外无事，一切事都是心上的事，就看是否用心。

王阳明可谓用心良苦。每一场战役之前，他都深思熟虑，尽量用最小的代价换取最大的胜利。他打詹师富，用兵五千人，打横水、左溪用兵一万人，打桶冈用兵一万人，所耗费的钱粮据他自己说不过几千金。而数省联合围剿时，每天都要耗费千金。

王阳明的目光不仅是在战场上，还在战场外。他曾仔细考察研究后写给中央政府一份报告。报告上说，南赣地区的匪徒数量在五六年前还是几千人，可最近这三五年，他们像滚雪球一样越滚越大。原因有两个，一个是如谢志山、詹师富这样的山贼的确有过人之处，能在短时间内招兵买马。但最关键的因素是，当政者在某些方面的推波助澜。比如各种苛捐杂税，这是逼人为盗。再比如，政府军的围剿不是没有成效，但剿灭一股土匪后，就认为万事大吉。他们一走，该地马上又崛起另一股土匪。

王阳明所认识到的问题只有一个办法可以解决，那就是该地吏治清明，但这显然办不到。王阳明可能也意识到这一点，所以他三番五次地上书朱厚照，要朱厚照取消南赣地区的苛捐杂税，尤其是盐税，他说他在万安遇到的那群水盗就是这种不合理税收的直接后果。但是，朱厚照并没有回音。王阳明也并未唉声叹气，他只能尽最大心力让匪患不再如狗尿苔，见雨就起。

“平定”这两个字大有深意，“平”是剿匪成功，而“定”则是让该地区安定，不再有土匪。王阳明的“定”主要就是在关键地方设置行政建制，比如他在消灭詹师富后，就在象湖山附近设立平和县，平了横水、左溪、桶冈后，他又在附近设置崇义县。他用十家牌法牢牢地控制每一个固定村镇，用置县的办法把容易产生盗贼的地方割裂。同时，他还在各地宣言道德教育，让百姓知道做贼不值，做百姓挺好。

王阳明用心做的这一切，把南赣盗贼的毒瘤彻底清除，再未复发。作为剿匪司令，他对山贼们并非是切齿痛恨，有时候，他也为自己杀了那么多山贼而心上不安。在围剿蓝天凤大功告成后，王阳明面对桶冈漫山遍野的尸体，不由得心上流泪，他后来对弟子说：“如果我再等几天，蓝天凤可能会出来投降，也就不必死那么多人了。”

据说，谢志山在被处决前，王阳明特地去看了这位在南赣地区如雷贯耳的大人物。谢志山虽然身在囚牢，但精神不错，一股英雄气直冲脑门。当王阳明告诉他即将被处决的消息时，谢志山神色平静，只是手指微微颤抖，他坐在王阳明对面，眼神黯淡，时不时用手掸掉肩膀上的灰尘。

王阳明说：“杀你的不是我，是国法。”谢志山看着王阳明，笑笑。他说：“无论是谁杀我，我都已不在乎。我第一天上山做贼时就曾预料到这样的结局。不过我还是荣幸能死在你手里，你用兵我佩服。”

谢志山轻声细语，和他在横水时判若两人。他见王阳明没有说话，就换了种口气说：“我看得出你和从前来打我们的人不同，你是真的为民着想，而不是打完就拍拍屁股走人。但我不明白，你这样智慧高超的人，为什么想不明白，百姓叛乱的病根不在我们身上而在政府身上呢?!”

王阳明沉默良久，转移了话题，也是他很感兴趣的话题：“你是用什么办法网罗了这么多同党？”

谢志山叹气道：“也不容易。”

王阳明问：“怎么不容易？”

谢志山回答：“平生见世上好汉，我绝不轻易放过。我会用尽各种办法和他接近，请他喝酒吃肉，为他解救急难，等到和他建立下真正的友谊，我就把真情告诉他，没有不答应入伙的。”

王阳明感慨万分，站起来对谢志山说：“上路吧。”

事后，王阳明对他的弟子们说：“我们交朋友，也应该抱着这种态度啊。”

现在，王阳明在南赣的敌人只剩下了一个，也是最厉害的一个：广东浰（lì）头三寨的池仲容。

金龙霸王池仲容

池仲容造反是“官逼民反”的活例子。池仲容在广东浰头山区里长大，放眼望去千山万岭，他的青少年时代就是在这样原生态环境中度过的。池家以打猎为生，因为靠近森林，本应该衣食无忧。但政府对当地猎户的税收相当严苛，池家很快发现，一旦获得猎物，除非不让政府知道，否则即使把猎物全部上缴也不够交税的。这是一个无解的难题，池家人有着中国南方人典型的坚韧性格，他们坦然接受这样的残酷事实，到地主家当长工，勉强维持生存。不过当地的地主也不全是富得流油，当地多山，可耕种的土地稀少，一旦天公不作美，干旱和暴雨就会毁了一切。地主家里也没有余粮，像无数池家这样的人家就得失业。政府本来有责任在灾荒之年救济百姓，中央政府也有拨款。然而每次从中央出来的赈灾款到了灾区时，就如一车盐经过大江大河的淘洗，最后只剩下寡淡的盐水。

明帝国政府的官员贪污腐败已达极致，从处于权势巅峰的“立皇帝”刘瑾到居于体制底层的县长、村长，只要有贪污的机会从不放过。刘瑾被抄家时，金银珠宝堆积成山，全是他贪污所得。《明史纪事本末补编》说，刘瑾的巨额财产共有金子2987万两（约合人民币2837.2亿元），元宝五百万锭，银800余万两（约合人民币526.5亿元），仅此两项合计就高达3363.7亿元。另外还有宝石二斗，金甲二，金钩三千，玉带四千一百六十二束。当时，明帝国10年财政收入也就这么多。刘瑾在高位不过四年时间，也就是说，他每天贪污的数额达到两亿元人民币。

在地方上，比如万历年间的山东昌邑令孙鸣凤脑子里只有两件事，一是贪墨，二是私自征税。一遇灾荒年，孙鸣凤就高兴得手舞足蹈，因为中央政府会发放赈灾款。而这些钱全都入了他的腰包，不但如此，他还和平时一样继续向百姓征税。

我们很不理解，为什么像孙鸣凤这样的地方官会如此肆无忌惮地搜刮聚敛本应该属于老百姓的钱财，难道他们不怕百姓造反？

他们当然怕，但他们好像摸透了中国老百姓的性格。中国老百姓不被逼上绝路是不会去反抗的，把他们逼到“革命”的大路上，需要很长很长的时间。所有官员都相信，这个“很长很长”的时间是没有尽头的。即使真的到了尽头那天，他们已被调出这块是非之地，或者早就抱着财宝回家养老去了。正如池仲容造反多年之后所说的：“我现在杀的贪官都不是我真正的仇人，我真正的仇人不知在哪里。”

朱祐樘在位的最后几年，池仲容正在深山老林里小心翼翼地跟在他父亲屁股后面。他的父亲时刻如箭在弦上，机警地寻觅着倒霉的猎物。那一天，池仲容和父亲一直向森林深处摸去，他们寻找了很久，都没有找到一头野兽。越向森林深处走，池仲容就越感到压抑。他感觉如同走进一个没有尽头的地狱，而一旦看到尽头，就是死亡。他又联想到他和大多数人的生活，就像是这片史前森林，遮天蔽日，透不过气来。

他在森林中唯一感觉良好的就是，这片森林给了他锻炼体魄的机会。据说，池仲容能把一只刚吃饱的老虎摔倒在地，还能在树上和猿猴赛跑。他能钻进水里待半个时辰，可以捉住在水底歇息的老鳖。他后来成为广东浰头的霸主后，有人声称他能从当地森林里最高的树上腾跃而起，触摸到月亮。他靠着天赋和后天的努力，终于把自己锻造成了森林之王和山区之王。

池仲容还有一项天赋，和谢志山异曲同工。他善于交际，能和各色人等在最短的时间里结交下深厚的友谊。他尽最大能力仗义疏财，并且非常开心地为人解救危难。时光流逝，他渐渐地在广东浰头地区的广大平民中获得信赖和威望。人人有困难时都会去找他，人人都相信他能解决一切难题。

世界上有一种人，他们几乎是无意识地助人为乐，他们只看到别人的困难，却从来对自己的艰难处境视而不见。这种人被孔孟称为圣人，池仲容也应该是这样的人。他在为别人排忧解难时似乎没有注意到自己时刻都处在忧难中。

他的父亲租赁了地主家的土地，因为遇到灾荒，所以在地主来收租时，两手空空。地主很不高兴，就把他的父亲抓走，留下一句话给池仲容和他的两个兄弟：拿钱赎人。

池仲容和他的两位兄弟商议了一夜，没有任何结果。因为这种事根本不用商议，解决方式是一目了然的：拿钱赎老爹。问题就在于，这唯一的方式行不通，他们没有钱。

这件事让池家蒙上了一层阴影，池仲容那几天用他那有限的知识储备思考父亲被绑架是否合理合法。当他最后认定，这既不合理也不合法时，县衙的收税员来了。这是一群锤子，在锤子眼中，所有的百姓都是钉子，他们所做的事就是砸钉子。他们见门就踹，见人就打，池仲容家的大门也不能幸免，池仲容和他的家人更不能幸免。每家每户值钱的东西都被这群人强行夺走，装上数辆大车。他们又拉出身强力壮的百姓让他们帮助拉车。

民情沸腾起来，这些百姓的想法是，你们把我的东西抢走，还要让我们帮你拉车，你别欺人太甚！池仲容的想法是，这是什么世道啊！

池仲容只能咀嚼着无声的怨恨想到这里，即使是王阳明恐怕也不会想到这样一个地步：财产权是人不可侵犯的天赋权利之一。中国古代人没有财产权的概念，因为没有人权的概念。仅以明帝国为例，皇帝想杀谁就杀谁，不需要通过法律。一个人连生命权都没有，何谈别的权利。中国古代政治史上有一个特别令人作呕的现象：普天之下莫非王土。实际上，这是政治家最不要脸的行为之一。仅以池仲容所在的广东浰头为例，浰头是自然形成的村镇，这里所有的百姓都是靠自力更生和互相尊重而维持村落的稳定和发展的，明政府没有为他们做任何事，相反，他们听说有这样一个地方后，立即派人到这里组建政府，他们唯一做的事就是收税和没收无辜百姓的财产。

那天夜里，在家家户户的哭声中，池仲容对着昏黄的灯光和他的两个兄弟池仲安、池仲宁说："你们把青壮年组织起来，我们必须要去打仗。"

他两个兄弟不以为然，说："武器呢？所有的铁器都被他们收走了。"

"用拳头！"池仲容握紧了拳头，平静地说。

那天后半夜，在一次乱哄哄的行动中，池仲容和他年轻力壮的老乡们用拳头向县衙的税务官们发起了进攻，两名政府官员被杀，剩下的都被活捉。池仲容割下了他们的耳朵，放他们回去报信。他站到最高处，对他的战士们发表演讲。他说："我们忍了半辈子终于决定不再忍受，因为我们发现一味忍受永远换不来吃饱穿暖。我们必须做出改变，我们要自己掌握自己的命运。"

接下来的几天里，池仲容解救了自己的父亲，用他多年来积攒下的人脉迅速壮大了他的队伍。他们打劫一些地方政府，获得了武器。他们用"打土豪分田地"的方式获得了整个浰头地区百姓的强力支持。

池仲容审时度势，把三浰（上、中、下）作为自己的根据地，并在附近设立了三十八个据点。好像是神鬼附体，池仲容丰富的想象力和创造力源源不断地喷涌而出。他组建政府，封官拜爵，他自称"金龙霸王"，一条画着蜈蚣的鲜红色大旗在浰头迎风飘扬。他组建纪律严明的军队，在根据地开荒种地、屯兵耕活，同时让人邀请一批铁匠到根据地来制造武器。他创造了一个像王阳明心学精髓的新天地：自给自足，不需外求。

池仲容的精力好如泉水，永无枯竭。他在努力发展壮大自己的同时，还把眼光投向外面。他以饱满的热情和谢志山、蓝天凤、高快马等同志取得联系，他提醒这些兄弟，大家是一损俱损，一荣俱荣。既然大家都是抱着“和政府作对”的共同目的，那就应该紧密地联合起来。只有强强联合，才能把事业做大。他还指出，我们最终的目的不是占山为王，我们将来有一天必须走出深山老林，扫灭明帝国的牛鬼蛇神，取缔明帝国的统治。也许很多人都认为，我们现在不过占据个山头，实力太弱，能打的太少。但星星之火可以燎原，只要我们站在乡亲们这一面，就一定能打败站在乡亲们对立面的明政府。

池仲容的语言动人心弦，谢志山被深深地吸引，“喜欢拉拢好汉”的江湖脾性被激发出来，他给池仲容写信说，要亲自去拜访他。他设想能像拜访蓝天凤一样把池仲容也笼络到自己门下。但池仲容比他的野心还要大，在给他的回信中，池仲容态度坚决：你别胡思乱想，我们只是联合的关系，我也没有让谁来我门下的意思。

谢志山很沮丧，叹息说，可惜了池仲容这位好汉不能为己所用。实际上，他不知道池仲容的志向要远比他大。当池仲容站在山头的最高处，向下望去时，他的理想不但超越了他目光的范围，还超越了他可以想象的范围。

他满脸的胡子迎风飘荡，像是要脱离他的下巴飞向天际。他坚毅的眼神、高耸的颧骨、熠熠生辉的皮肤都让他骄傲万分，正如他在给他的同志的信中所说，他不仅要做山中之王，还要做一个帝国的王。

事实上，在池仲容造反的开始阶段，一系列的成功都在支撑他这个理想。他和谢志山、蓝天凤、高快马联合攻打过附近的无数城池，并且成绩不俗。他活捉过地方官和部队指挥官，还曾在翁源城里检阅过他那支衣衫褴褛的军队。

王阳明的前几任南赣巡抚被他频繁的攻城掠寨折磨得痛苦不堪。这些人一听说一面蜈蚣大旗迎风飘扬时，就手足无措。王阳明到南赣之前，池仲容曾独自面对两次四省围剿。最后一次围剿大军无计可施撤退时，他甚至还进行了一次非常漂亮的追击。对于四省部队指挥官来说，池仲容部队和他的根据地三浰是拥有人类智慧的毒蛇猛兽，最好的办法就是不去碰它。

“金龙霸王”池仲容威震四方，南赣地区的各路山贼难以望其项背。王阳明在万安遇到水盗时，池仲容听说有新巡抚到来，就给了王阳明一个下马威：

围攻南赣巡抚办公地赣州南部的信丰城。池仲容虽然没有攻下信丰城，但王阳明得到消息后的确吃了一惊。

池仲容没有把王阳明放在眼里，还是缘于他的经验。多年以来，南赣巡抚如走马灯似的换，没有一个能动他分毫，他觉得王阳明也不例外。直到王阳明以迅雷般的速度消灭了詹师富、温火烧等人后，他才把狂热的自信收起来，认真地审视起王阳明来。

池仲容就是有这样的自制力和领悟力，一旦发现情况不对，立即转向。他的两位兄弟安慰他："王阳明没有那么可怕，消灭詹师富只是瞎猫碰上死耗子。况且，他原本说要打横水、左溪、桶冈，要打咱们，可他也没有打啊。这只是拣柿子挑软的捏。"

池仲容正色道："詹师富经历的政府军围剿次数最多，可谓身经百战。他的象湖山又是易守难攻，只几天时间就被王阳明拿下，这人不可轻视。"

两个兄弟毫不在乎，说："只要我们在山里不出去，他王阳明难道长了翅膀能飞进来吗？"

池仲容不和两个兄弟说话，而是把他的元帅高飞甲叫来，忧虑地说："王阳明此人不可轻视，看他消灭詹师富的用计和排兵，就知道他不是个省油的灯，咱们要多加防范。"

高飞甲也是不以为然："咱们经历过多少事，四省联军都被咱们赶跑了，那些政府军队里的指挥官们还不是对咱们无计可施。据说王阳明不过一书生，能有什么本事？"

池仲容深呼吸，说："你们呀，还是年轻。这都是在顺境中消磨了机警和智慧。总之，王阳明不可轻视，要时刻关注他的举动。"

池仲容的确在关注王阳明的举动。当他看到王阳明四处散发的《告谕巢贼书》时，他大叫不妙。他赶紧给各地的同志们发消息说："我知道你们对这封信心动了。但我提醒你们，我等做贼不是一年两年，官府来招安我们也不是一次两次，可哪一次是真的？"王阳明这封信就是个圈套，让我们自投罗网，任他宰割。

当黄金巢和卢珂投降王阳明后，池仲容仍然是信心满满的样子，说："等黄金巢和卢珂得到官职再说。"当卢珂得到官职并被王阳明大力重用后，池仲容有点蒙了。他想，难道这次是真的招抚？

这种想法只是灵光一现，他很快就认为，即使是真的招抚，他也不能就这样投降。他的造反字典里根本就没有"投降"这两个字。

局势瞬息万变。很快，陈曰能倒下了。池仲容背剪双手在房间里踱步，陈曰能是第一个宣称拒不接受招安的人，并且放出狠话，要把王阳明装进他的囚车里。池仲容从陈曰能的覆灭总结出这样一件事：王阳明对拒不投降的人，只有一个字——杀。

这还不是要命的，要命的是，王阳明总能把拒不投降的人杀掉。

如果陈曰能的覆灭让池仲容心绪波动的话，那么，谢志山的横水、左溪的覆灭则让池仲容万分惊恐起来。

他急忙审视自己的根据地，这块据点无论从哪方面来论，都和谢志山的横水、左溪差不多。谢志山的才能和自己也是不相上下，却在不到一个月的时间里灰飞烟灭。这足以说明下面的问题：王阳明对剿匪太在行了，无论他想剿谁，那个人应该没有可能躲过。

在第二天的会议上，池仲容把这种担忧说给他的兄弟听。这些人已经对王阳明重视起来，现在只希望池仲容拿出像样的解决方案来。

池仲容就领着他的“文武百官”在根据地巡视，他看到人们在收割庄稼，听到铁匠铺里“叮叮当当”的打铁声，士兵们在巡逻，他一会儿摇头一会儿点头，眼珠子乱转。在一处乱石中间，他停下脚步。池仲容转身看了看他的“文武百官”，说了两个字：“投降。”

众人张大了嘴：“什么?!”

池仲容一字一句地说：“我们向王阳明投降。”

池仲容也会用计

池仲容所谓的投降王阳明，用他的话来说就叫刺探虚实、缓兵之计、以毒攻毒。总而言之，这是一招非常漂亮的棋。王阳明善于玩诈，那我就以其人之道还治其人之身。诈，谁不会玩？不说真话，不做真事而已。

但玩诈，也有高低之分。玩得高明的人，会让对手晕头转向找不到北，你永远猜不到真假，比如王阳明。玩得拙劣的人，破绽百出，对手一眼就能看出他的虚实，比如池仲容。

池仲容虽然口口声声说王阳明不是等闲之辈，但表现在行为上，他还是轻视了王阳明。他要弟弟池仲安带领两百名老弱残兵去向王阳明投降，王阳明马上感觉到，这些人根本就不是池仲容的武装人员，而是匪兵家属，其中有人走路都气喘吁吁。

王阳明将计就计，声称对池仲容的改邪归正表示赞赏，然后问池仲安："你哥哥为何不亲自来？"

池仲安按池仲容的嘱咐回答："寨子里还有很多事务要处理，处理完毕，我哥哥会快马加鞭赶来投降，他现在唯恐落后。"

王阳明笑了笑，说："你们弃暗投明，应该需要我给你们个将功赎罪的机会吧？如今我正要进攻左溪，你有兴趣吗？"

池仲安慌得连连摇头，险些把脑袋摇下来，说："王大人您看我这些手下能打仗吗？"

王阳明假装扫了一眼那二百老弱残兵，点头道："的确不能上战场，那我就给你另外一个差事吧。我看他们虽然身体孱弱，但手脚还能动，我正准备在横水建立营场，你们就辛苦一下。"

池仲安说："我们不会啊。"

王阳明大喝一声："你们建了那么多据点，怎么就说不会！"

池仲安哆嗦了一下，连声说"好"。

于是，在王阳明的指挥官的监视下，池仲安和他的两百人在横水当起了农民工。

1517年农历十月下旬，"金龙霸王"池仲容的弟弟池仲安领着两百多老弱残兵开始在王阳明的横水营场修营。他来投降王阳明的目的是刺探王阳明的虚实，这些虚实包括如下情况：王阳明对他池仲容的看法如何？他对三浰根据地有什么看法？他是否有对三浰用兵的想法？如果用兵，他是等广东特种剿匪部队狼兵来，还是只靠他现在的江西部队与福建部队？

池仲安的记忆力较差，所以把这些问题都记在一张纸上，他以为用不上几天时间，就能探得王阳明的虚实。可是自从当了农民工后，不用说见王阳明，就连王阳明部队的下级军官都见不到，池仲安刺探虚实的计划彻底泡汤。

正当他忧心忡忡时，王阳明突然命令他跟随部队去打桶冈。池仲安痛快地答应了，也不管自己的老弱残兵能否上战场，因为毕竟跟着部队走，会离王阳明近一点，离他那份问卷上的答案也近了点。

王阳明对他关怀备至，说："你才来投靠，不如卢珂他们能独当一面，而且你的士兵恐怕也不是打硬仗的材料，但你必须要经历战阵。我让你上战场是对你信任，我不怕你阵前倒戈，天下合伙人必须要建立在信任的基础上才能成事，你懂我的意思吗？"

池仲安像磕头虫一样连连点头，王阳明就把吉安府知府伍文定介绍给池仲安，说："你和你的兵由他指挥，去前线吧。"

池仲安有些小感动，王阳明对他如此信任，他险些忘了池仲容交给他的另一项任务：及时把王阳明的行动通知给咱们的同志蓝天凤。他后来在行军路上想起这项任务时，前面的部队突然停了下来。伍文定派人告诉他，咱们就在这里埋伏。池仲安问："此是何处？"回答："新地。"

池仲安七窍生烟：王阳明你这王八蛋，这不是耍我吗？新地是离蓝天凤的桶冈最远的一个隘口，蓝天凤只有走投无路时才会从这里突围，守在这里，等于守个坟墓，什么消息都得不到，什么消息也送不出。

王阳明交给他任务时，他又惊又喜；现在，他却如丧考妣。

尤其要命的是，新地离三浰的路程非常遥远，如果回三浰，定会经过王阳明的控制区。如果被王阳明的巡逻队捉住了，他就不好解释回三浰的理由。

桶冈被剿灭后，池仲安越来越心神不宁。他拿出那张纸来看着那些问题，只凭感觉就能得出正确的答案，王阳明对池仲容和三浰的态度很明朗：剿为主，抚为次。

如果说池仲安还有可取的地方，那就是他的这份答案。他无法对王阳明本人做出评价，这超出了他的能力，有时候他认为王阳明就是个书呆子，因为他每次见王阳明时，王阳明都在看书。有时候他又认为王阳明是个混世魔王，横水、左溪、桶冈战场尸横遍野，他看到那些人的尸体时，心惊肉跳。还有的时候，他认为王阳明是个快要死掉的病夫，脸色青黑，声音嘶哑飘忽，双手好像总是吃不准要够的东西的位置。

他对王阳明的种种印象交织在一起，像一只大蝴蝶盘旋在他头上，折磨得他痛苦不堪。他想把王阳明对待三浰态度的情报送出去，但这不可能，王阳明有一支小部队如影随形。

实际上，他对于王阳明会如何对待三浰上的直觉是对的。消灭桶冈后，王阳明就四处寻找和池仲容打过交道的官员和受他骚扰过的地方士绅。这些人向他着重指出，池仲容这种人只能剿灭，不能招抚。因为在整个南赣地区，他的实力最强，而且犯下滔天大罪。他也明白自己十恶不赦，所以他绝不会相信投降后会得到好下场。

而没太遭受池仲容伤害的士绅有不同意见。意见是这样的：王巡抚您自来南赣后，每天的太阳都是血红的，每夜的月亮也是血红的，不知道我是不是老眼昏花，有时候我看这天空都是血一样的红。虽然他们是盗贼，罪大恶极，但上天有好生之德，纯靠杀戮不能解决问题。孔孟说，要以仁义感化人，不嗜杀，能不杀人就不要杀人。

持这种论调的人在王阳明看来，既可悲又可恨。王阳明很想对他说，我来南赣的目的就是剿匪，不是向土匪传播他们不屑一顾的仁义道德的。除非是神仙，否则没有人可以让猪欣赏交响乐。用他的心学来说就是，人人都有良知，盗贼也有。但他们的良知被欲望遮蔽太久，靠理论灌输，不可能让他们的良知光明。盗贼的良知正如一面斑驳陆离的镜子，他们映照不出真善美，必须要通过强大的外力擦拭。可他们不让你擦，难道你能把每个人都活捉来，废寝忘食地擦他们的镜子吗？只有一个办法：消灭他们。

王阳明心学虽然和朱熹理学一样，把道德提到至高无上的位置，但王阳明心学有一条很重要：提升个人道德固然重要，不过用严厉的手段扫荡那些不道德的人和事更重要。

池仲容就是那个良知之镜斑驳陆离的人，谁要是指望他能自我更新光明良知，只能等到死。实际上，王阳明并非嗜血如命的人，他每次消灭一处盗贼见到血流成河时，良心就会受到谴责。每当有盗贼被他感化前来投降时，他就异常高兴。他是个有良知的人，而有良知的人有时候也要做些让良知不好受的事，但这绝不是违背良知。王阳明的良知告诉他的是，还南赣一个清平世界是他的任务，想要做到这点，剿匪不容置疑。所以对于池仲容，王阳明还抱着一丝希望，面对这个最大的敌人，他也不希望发生硬碰硬、血流漂杵的决战。

池仲容也不希望他和王阳明在战场上相见。他派池仲安去刺探王阳明虚实，其实心中已有了判断：王阳明在未等到广东部队和湖广部队到来前，不会轻易发动进攻。毕竟他的三浰不是公共厕所，想进就能进。即使是广东部队和湖广部队来了，他也不会惊慌。用他的说法，我闭门不出，你们军粮一尽，不用我动手，你们马上就灰溜溜地走了。

他也想用这招拖垮王阳明。不过局势越来越紧张，左溪、桶冈消失后，他稍显慌张，开始在老巢和各个据点备战。

但王阳明不可能让他拖，于是开始稳住他。王阳明让池仲安回三浰，同时还拉了几大车酒肉。临行前，他对池仲安推心置腹地说："你哥哥池仲容已经宣称投降我，我觉得我已仁至义尽，没有催促他赶紧来报到。可他现在备战起来，你回去传达我的意思，既然已经投降，为何要备战？如果不投降，何必又派你来，这不是羊入虎口吗？"

池仲安被这番话惊了一下，此时此刻，他才发现自己已身处险境多日。他哥哥在三浰搞备战，几乎是把他推上了断头台。他的双手直颤，想说些感谢王阳明不杀之恩的话，但咬了咬嘴唇，没有说。

池仲安和王阳明的慰问团到达三浰后，池仲容举行了热烈的欢迎仪式。当被问到为何要备战时，池仲容早已准备好了答案：卢珂那厮要对我下手，我是防备他，并非防备官兵。

池仲容说的恐怕有点道理。卢珂的根据地龙川山区离池仲容的三浰很近。池仲容当初四方联合他的同志们，只有卢珂不搭理他，卢珂并不想做他的小弟。两人的梁子就此结下，不过在很长一段时间里，两人的矛盾并未白热化，因为他们当时最大的敌人是政府剿匪部队。卢珂投降王阳明后，池仲容怒气冲天，他对人说，我早就知道这小子不可靠，今日果然。池仲容所以发如此大的邪火，一是和卢珂早有矛盾，二是他憎恨软骨头。

卢珂打完桶冈后，王阳明让他带着那支山贼为主的剿匪部队回龙川，目的就是监视池仲容的一举一动。王阳明对池仲容的打击战略是从远到近，一步一步地围困，卢珂只是其中一个点，桶冈战役结束后，他把精锐分成数路，慢慢地向池仲容三浰合围。由于卢珂离池仲容最近，所以池仲容马上就察觉到了卢珂的威胁。

王阳明回信给池仲容，他说："如果情况属实，我肯定会严办卢珂，他真是贼心不改。"池仲容冷笑，对他的"文武百官"说："我倒要睁着两眼看王阳明怎么严办卢珂！"

王阳明说到做到，立即派出一支农民工打扮的部队来三浰，说要开一条道去龙川。池仲容惊叫起来，因为去龙川最近的路必须经过三浰，池仲容担心王阳明会在借道过程中对自己发动突袭。他回信给王阳明，说自己的武装虽然没有政府军强大，但抵御龙川卢珂还是绰绰有余。他同时问，卢珂现在是政府人员，他总对我虎视眈眈是他本人的行为，还是代表政府?

王阳明让池仲容不要疑神疑鬼，还是那句话："你已投降我，我何必还多此一举对你动兵。你如果不相信的话，我现在就回赣州，我请你来赣州商谈你的有条件投降事宜，你意下如何？"

池仲容不回信，静观王阳明行动。王阳明说到做到，1517年农历十二月初九，王阳明从前线撤兵回南康。六天后，王阳明到达南康，给池仲容写信说："我从前线回来所过之处，老百姓对我们感恩戴德，顶香迎拜，甚至还有老百姓自动自发地捐款为我立生祠。我从前还对杀了那么多山贼而良心不安，现在我完全释怀，因为老百姓用行动告诉了我，我们代表了民心。如今我在南康城，正要回赣州，随时恭候你的到来。”

池仲容看完信，捻着胡子，做思考状，还是不给王阳明回信。

王阳明不必等他的回信，因为卢珂来到南康，把池仲容三浰的情况向他做了详细汇报。他判断说，池仲容必反！

王阳明笑了：“他根本没有归顺我，何来‘反’？”

卢珂虽然知道王阳明奇计百出，不过此时对王阳明的表现还是深有疑虑。他小心地提醒王阳明：“我们应该做好准备。”王阳明又笑了笑：“做什么准备？池仲容不敢出三浰，他无非摆出如临大敌的姿态，让我不敢攻他。那我就做给他看看。”

1517年农历十二月二十，王阳明和他的部队回到南赣巡抚办公地赣州，他宣布：休兵，本地士兵回家务农，外地士兵自由活动。

当池仲容在三浰寨子里思考王阳明这一行动时，王阳明又给他来了封信。王阳明说：“整个南赣地区的匪患已彻底清除。有人说还有势力最大的你，可我告诉他们，你已经投降了，只不过还没有办理投降手续。我已把部队解散，并且准备了好酒好肉在赣州城里等你，你何时来？”

池仲容拿着信给他的“文武百官”看，说：“王阳明是不是病糊涂了？南赣地区除了我之外，还有高快马啊。他难道把高快马忘了？”

王阳明没有忘记高快马。除了池仲容，高快马在他的黑名单上坚持的时间最长。王阳明一直没有抽出时间对高快马动手，是因为高快马在广东乐昌的根据地与他距离遥远。他动用大部队围剿高快马，和从前的南赣巡抚剿匪四省联剿一样得不偿失。他只是派出一支敢死队，时刻注意高快马的动向。幸运的是，高快马是个神经质。每当王阳明剿灭一处山贼时，他就在根据地里如热锅上的蚂蚁。一有风吹草动，他立刻心跳加速、浑身发抖。当王阳明消灭桶冈后，高快马的精神已近崩溃，他认为自己的大本营很快就会被王阳明攻破。有一天夜里，他突然发起神经，让他的两个老婆收拾金银财宝，带着几十人组成的卫队潜出大本营，奔到他自认为不会被人寻到的地下据点，像老鼠一样躲了起来。

王阳明的敢死队在他后面悄悄跟踪，第二天，就对他的据点发起了猛攻。高快马魂飞魄散，跳出据点就跑，连老婆和卫队也不要了。敢死队紧追不舍，终于在他彻底精神失常前活捉了他。

高快马的事迹告诉我们，做任何事，尤其是做贼，没有过硬的心理素质，是绝对不成的。

池仲容取笑王阳明遗忘了高快马的第二天，高快马被捕的消息传来。他急忙要池仲安带口信给王阳明：卢珂是我的一块心病啊。

这是以攻为守，他想看看王阳明怎么做。王阳明就当着池仲安的面把卢珂叫来，训斥他道："你这厮总对池仲容心怀不轨，还诬陷他要造反。你看，人家把亲弟弟都派来和我谈判投降事宜，你罪大恶极，本应就地正法。看在你战场上的表现，暂时放你一马。不过死罪可免，活罪难逃，你去监狱里待着，你的未来到底如何，该由池仲容来决定。"

王阳明这是胡说。池仲容很快连自己的未来都无法决定，何况是别人的！

定力的交锋

王阳明处置卢珂时，池仲安就在身边。池仲安看得一清二楚，王阳明声色俱厉，根本不像是演戏。王阳明又当着他的面给池仲容写了封信。信中说："虽然我把卢珂关押了，但他的部队还在龙川，请你不要撤除警戒，我担心他的部队会攻击你。"

池仲容收到信后终于有了点感动，他给池仲安带密信，要他仔细侦察王阳明和剿匪部队的情况，不要放过任何蛛丝马迹，要得到最可靠的情报：王阳明是否在制订进攻三浰的计划。

池仲安很不耐烦地回信给他的老哥："王阳明把军队都解散了，赣州城里只有为数不多的维持治安的军警。王阳明每天都在和一群弱不禁风的书生谈什么'心学'。我的印象是，王阳明不会对咱们动手，如果你不相信，可亲自来。"

这封报告信让池仲容吃了一惊，它和池仲安在半个月前的判断泾渭分明。池仲容不明白，池仲安的变化如此之快，如此之大，王阳明到底给他灌了什么迷魂汤。

池仲安对王阳明态度的转变，全是王阳明用诈的结果。他和与池仲安关系非常亲近的一位山贼小首领彻夜长谈，给他做思想工作，谈人生谈理想。最后，这位山贼突然发现自己的前半生是白活了，他痛哭流涕地要拜王阳明为师，学习精深而又灵动的心学。王阳明就对他说，学点心学理论和知识都是等而下之，心学的最高境界是实践，到现实中去做些有意义的事，以此来唤醒自己的良知。

山贼于是和池仲安谈心。他说，咱家大王莫名其妙，王阳明对咱们如此善良和宽厚，就是铁石心肠的人也会被感动。咱家大王应该来致谢，而且，大王如果亲自来就可以借机堵住卢珂等人的嘴。

池仲安就把这位山贼的原话透露给池仲容，池仲容反复考虑后，决定去见王阳明。不是因为他彻底相信王阳明，而是他想亲自去侦察下王阳明。用他的话说："不入虎穴焉得虎子，王阳明究竟要什么花招儿，我必须亲自前去看一下才能知道。"

有人反对，说："王阳明这厮太狡诈，这里肯定有鬼，您这一去不是自投罗网？"池仲容说："我心里有底。我走后，你们必须提高警惕严防死守。五天内没有消息传回，那说明我已遇害，你们要继承我的事业和王阳明死磕到底。不过这种情况不会发生，因为据可靠情报（他弟弟池仲安的情报），王阳明对咱们动兵的可能性不大。我之所以去，是想完全清楚地了解他的意图。只要我们拖他几个月，他自然就会走了。"

临行前，池仲容挑选了飞檐走壁、力大如牛的四十人作为他的卫队。这些人曾是深山老林中的骄子，能让狼虫虎豹望风而逃。池仲容离开三浰根据地时，阵阵凉风从山上吹下来，他不由得打了几个喷嚏。他说："这肯定是王阳明在迫切地盼望我去呢。"

王阳明的确在盼望他来赣州，池仲容离开老巢的消息刚传来，王阳明立即命令离三浰最近的部队开始行动。这支部队的指挥官拿着王阳明签发的缉捕卢珂党羽的檄文，推进到池仲容的据点。池仲容据点的人先是惊恐，准备抵抗。可当他们发现那道檄文后，又欢喜起来，因为事实再一次证明，王阳明的目标是卢珂在龙川的余党，而不是他们。就这样，王阳明这支部队轻易地进入了池仲容的腹腔。紧接着，一支又一支部队都从池仲容的据点路过，他们拿着缉捕卢珂党羽的檄文如入无人之境。

池仲容的武装之所以如此掉以轻心，是因为他们的老大池仲容去了赣州。池仲容去赣州使这些人产生了一个错误的印象：万事大吉。

池仲容绝不是粗率大意的人，进入赣州郊区后，他就不再向前一步，而是派人去通知王阳明，我池仲容来了。

王阳明假装纳闷地问池仲安："既然来了，怎么不进城，难道还要让我这个巡抚大人亲自去迎接他不成？"

池仲安就跑到赣州郊区对池仲容说："你都走到这里了，王阳明如果真想加害于你，一队人马就足够。你要是担心，就不要来嘛。"

池仲容对弟弟的变化如此之大极为吃惊，不过弟弟的话也有道理。于是，他放下谨慎的包袱，进了赣州城。赣州城中正张灯结彩，迎接新年。尤其是巡抚衙门，春节气息扑面而来。在巡抚衙门口，池仲容停了下来。他对五个保镖说，你们先进去，我在外面看看这如画的春节景象。他的想法很简单：只要发现情况不对，他可以转身就跑。进城的路他已经仔细查探过，有几条路可以让他轻易脱身。

五个人进去没多久，池仲容就听见里面乱了起来。他大惊失色，抽出大刀，转身就要跑。他的那群保镖拥堵了去路，延迟了他起步的速度，所以他没有跑出几步，就听身后他弟弟池仲安喊他："没事，别跑！"

池仲容魂不附体地回头，看到他弟弟池仲安一个人和那五个保镖奔了过来。池仲安气急败坏地说："王大人说了，你都到衙门了，居然不亲自去见他，明显是不相信他，看不起他。所以在里面摔东西，把我们赶出来了，要我们哪儿来回哪儿去！"

池仲容被这段话震住了。他急忙赔着小心对后来走出来的官员说，请向王大人解释下，我是山野村夫，没见过像王大人这样大的官，怕见了有失体统。

那位官员一笑，说："王大人没有官架子，和蔼可亲。请吧。"

池仲容左顾右盼，没有发现什么不对劲的地方，他没有看到军队，连衙门口的警卫也只有两个。他指了指他的卫队，向那位官员说："这些人一直寸步不离我，我可以带他们进去吗？"

那位官员连忙点头，可以啊。

池仲容这才放下心来，小心翼翼地向巡抚衙门走。他突然紧张起来，不是因为危险，而是因为他即将要见到那位天神般的王阳明。

王阳明站在他的办公室门口，微笑着向他点头。池仲容和王阳明在1517年农历闰十二月二十三那天见面了。池仲容和王阳明才谈上三句话，他的紧张感就消失得无影无踪。王阳明就有这种本事，能用三言两语把一个陌生人变成朋友。

王阳明说："你在南赣可谓大名鼎鼎，而我籍籍无名。今日我们二人相见是大喜事，我可以回京交差，南赣百姓可以安居乐业，你功不可没。"

池仲容哼哼哈哈地附和着，他偷偷地打量王阳明。这人正如外面传言的那样，不是什么一餐斗米、吸风饮露的神仙，只是个身体孱弱，几乎有点弱不禁风的黑面书生。他在一瞬间想到这样一个问题：这样一个人，怎么就能用兵如神？他的军事能力从哪里来？

池仲容存着这个疑问又开始想另外的问题：万一他现在就和我谈投降事

宜，我该如何应对？如果我说容我考虑下，会不会激怒他？他扫视了下周围，心想，即使他恼了，我也不怕，我凭这四十个大汉就能冲出赣州城。

很多时候，你越是想什么，那“什么”就绝不会发生。意外毫无悬念地发生了：王阳明根本没有谈投降事宜，而是用一句话结束了这次会面：“你先休息几天，住处我已经为你们准备好了。”

王阳明为他们准备的住处在赣州城最繁华的地段，住处装修华丽，生活设施一应俱全。这对于总在大山里生活的人来说，简直就是天堂。池仲容和他的卫队躺在舒适豪华的大床上一夜未眠，这足以证明，有些福对于有些人而言，是不能享受的。第二天起床，王阳明就派人送来酒肉，还有当时最新潮的衣服。池仲容的卫队大为惊喜，感动不已。不过池仲容还是稳住了心态，他做了三件事：第一，派人到赣州城里城外仔细打探王阳明部队的情况；第二，通过重金贿赂监狱的守卫，他亲自去监狱看了卢珂；第三，寻找赣州城最顶级的妓院和最有名的妓女。

三件事很快就有了结果：赣州城里除了少量的王阳明卫队和巡逻队，没有任何军队；卢珂在监牢里睡大觉；赣州城里的妓院可怜兮兮的只有一两家，他们没的挑，只能将就了。

池仲容放下心来，给他的根据地写信说，在赣州城没有遇到任何事，你们尽管放心，不要每天都绷紧神经。

三浰根据地和他的那些据点马上放松了守备，大家都认为无事了，再熬一段时间，王阳明就滚蛋了。

王阳明不可能滚蛋，而且在池仲容做那几件事的同时，他也没有闲着。池仲容从关押卢珂的监狱一走，他马上放了卢珂，要他昼夜兼程回龙川集结他的部队随时待命。他不仅让各地方的部队悄悄集结，等待他的命令；而且他每天都和池仲容喝酒吃肉，池仲容的那些保镖在几天时间里把半辈子的肉都吃了。

王阳明还对他们抱有一丝希望，所以每次在宴席上都会对他们谈仁义道德，对他们谈人之为人，就在于忠孝。并且暗示他们，你们现在上山做贼，让父母担心是不孝，和政府作对就是不忠。一个不忠不孝的人如果还不主动改正，那就是无可救药，如何生活在这个世界上。

池仲容深刻明白王阳明的意思，但他来赣州可不是来投降的，他是来缓兵的。按他一直以来的想法，只要再拖上一段时间，王阳明就会知难而退。池仲容把政府恨入骨髓，怎么可能投靠政府。他最想过的日子就是坐在虎皮铺垫的木头椅上，吃肉喝酒。其他一切，不是他人生的题目。

所以王阳明苦口婆心地劝他改邪归正，而他用各种借口搪塞，王阳明渐渐发现，他在对牛弹琴。或许正是他总对牛弹琴，池仲容这头牛不高兴了。他要告辞回三浰。

王阳明在1518年春节到来之前的最后几天时，所考虑的事已不是如何对付池仲容。池仲容现在已是他盘里的烤鸭，插翅难飞。他疑虑的是，卢珂还没有回到龙川。他之所以重视卢珂，是因为卢珂本来是贼，贼最了解贼，“以贼攻贼”会减少不必要的损失。而且，卢珂回到龙川，就可以完成对三浰的合围计划。

他对池仲容只字不提投降的事，而是劝他，现在已是年关，你若回去，春节一过还要来给我拜年，何苦这样折腾。我看赣州这地方可能比不上你的三浰，但有一样，你三浰是没有的，就是元宵节的花灯。你也不差这十几天，赏完花灯再走也不迟。

池仲容说起了场面话：“叨扰多时，心有不安，我们还是走吧。”

王阳明叹道：“你这一回，我也要回京交差，人生苦短，咱们此生恐怕再不能相见，我很不舍。我这里有酒有肉，你们还经常出去找妓女，今后这样的好日子恐怕不多，何不多享受几天？”

谈到酒肉，池仲容的卫队无动于衷，因为他们山中也经常有酒肉。但谈到女人，山中就很稀缺了，池仲容的卫士们两眼放光。他们劝池仲容多留几天，按池仲安的说法，人家王阳明都说了，他要回京交差了，你在赣州城等他走和回三浰等他走，有什么区别？

池仲容的卫队认为没有区别，池仲容思来想去，也认为应该没有区别。他的确好多年不在民间过春节了，他想，这倒是个好机会。

春节那天，池仲容和他的卫队喝得烂醉如泥。第二天醒来时已是中午，池仲容后怕起来，如果王阳明就在他们喝醉时下手，那简直易如反掌！他对池仲安说：“不是我不相信王阳明，我是心理素质不过硬，总觉得在这里每天都提心吊胆的。”

池仲安大为惊异，说：“看来你的心理是有问题，那怎么办？”

池仲容说：“后天，初三，初三必须离开这个鬼地方。”

王阳明同意了池仲容的告辞请求，因为他估算着卢珂已经到了龙川，他说：“初三日子不好，初四早上走。初三，我为你们饯行。”

池仲容不同意，说：“初三我们必须走。”

王阳明回复：“可以，中午吃饭，饭毕，你们就上路。”

在这种拉锯式的谈判中，池仲容神经不再紧张，一想到回三浰，他就舒坦了很多，心里最后的警惕不复存在。

1518年正月初三，王阳明请他们吃大餐。吃到一半时，池仲容的卫队把武器从身上摘了下来。即将结束时，王阳明向他身边的卫兵使了个眼色，他的卫兵大喝一声："拿下。"

帐幕后面蹿出了一群刀斧手，池仲容"哇呀"一声，去拿身边的武器，但他太慢了，两个刀斧手已把他拍倒在桌子上，他的卫队里有几个人跳到桌子上要反抗，王阳明的刀斧手们就把桌子掀翻，把他们压在底下。整个缉捕过程快速有效，没有任何人伤亡，池仲容被捕了。

王阳明命人把池仲容等人捆绑起来，击鼓升堂，拿出了卢珂递交给他的书信，那上面写的正是池仲容必反的分析报告。王阳明冷冷地盯着他，说："你认罪吗？"

池仲容嘴里渗出苦涩的黏液，勉强地笑了笑，没有说话。在一瞬间，他确信，一切都已过去了。

王阳明接着问："你既已投降我，为何还要造反？"

池仲容吐出了几个字："欲加之罪，何患无辞？"他又补充了一句，"你杀了我一个，我那万把兄弟不会袖手旁观。"

王阳明说："我想象不出，你那万把兄弟看到你的人头后会有什么感想？"

池仲容一干人等被斩首，头颅还在滴血，王阳明就下达了对三浰的总攻令。他本人率领自己的卫队经由龙南县冷水径直奔浰头三寨。

三浰岌岌可危。任何一个组织、团体乃至团伙只要群龙无首，灭亡可立而待。王阳明在给中央政府的报告中三番五次说三浰是南赣地区危害最大的土匪，原因就在于池仲容的武装有严明的纪律和远大的割据理想。靠纪律组织起来的一群人就不是团伙，而是组织。当然，辩证法告诉我们，有利就有弊，这种靠纪律维持的组织，一旦没有了领导，必是一盘散沙。王阳明把池仲容诓到赣州，无非要造成这样的后果。不过，王阳明并未轻视三浰武装，虽然在群龙无首下没有有效的抵抗，可他们的力量还在。困兽犹斗，有时候比自由的野兽还要厉害。

1518年正月初七，王阳明兵分三路，直指三浰：第一路从广东惠州府龙州县奔三浰；第二路从江西赣州府龙南县奔三浰；第三路从赣州府信丰县奔三浰。卢珂的龙川部队作为机动部队，随时支援各处。

三浰山贼自池仲容送回那封平安信后，就已没有了丝毫的警惕。1518年正月初七那天，王阳明三路剿匪部队向他们发起进攻时，他们张皇失措，在短暂商议后，决定把精锐放在龙子岭抵抗王阳明。王阳明三路部队同时向龙子岭发动猛攻，决心一战而成。开始时，王阳明部队遇到了顽强的抵抗，但当战斗进入白热化时，王阳明命人把池仲容的人头悬挂在长杆上，叫人呼喊："你们大王已身首异处。"池仲容的部队顷刻丧失斗志，在逃跑中互相践踏，死了一半，另一半又被王阳明的部队紧紧追击，也死伤殆尽。王阳明趁热打铁，命令所有部队扫荡池仲容的各个据点，池仲容多处据点的抵抗都没有任何实质意义，只有九连山据点的抵抗可圈可点。

九连山四面都是悬崖绝壁，只有一条鸟道可以到达山顶。九连山武装设下了滚木礌石，王阳明部队寸步难进。王阳明乞灵于诈术，他挑选一批敢死队，让他们穿上盗贼的服装，入夜后，这批敢死队在九连山下发出凄惨的求救，声称他们是从老巢逃出来的人。九连山盗贼毫不怀疑，给他们开了大门，打着灯笼照着他们脚下的路。敢死队抓住机会砍翻了守卫，守住隘口，放进了王阳明的一部分大部队。九连山就这样被拿下了。

1518年农历三月初八，王阳明从三浰班师回赣州，让四省多年疲于奔命而又劳而无功的南赣匪患被王阳明彻底平定，用去的时间仅一年零三个月。

只怕有心人

我们叙述王阳明南赣剿匪时，读者往往会产生这样的疑问：剿匪真的就如叙述的那样顺利？一个明显的事实是，南赣土匪在少则数万、多则数十万的四省剿匪部队面前几乎不可动摇，但在王阳明指挥的一万余部队面前不堪一击。原因何在？

1518年农历四月下旬一个阳光明媚的午后，王阳明邀请他的弟子们喝酒，席间，他真心实意地对弟子们说："谢谢诸位，以此相报。"弟子们大为惊讶，说："我们还为没有帮到您而惭愧，您为何要感谢我们？"王阳明回答："我刚到赣州办理军务时，时常担心办错事，愧对诸位，所以谨慎之极。我一人静坐回忆执行赏罚时，总感觉有些地方还是不到位。不过一旦与诸位相对，我感觉所做的一切赏罚之事都无愧于心。这就是你们助我之处啊。"

其实这段话说的就是"事上练"，任何一件事靠你一个独坐想象，无论想得如何滴水不漏，都于事无补。必须要到事上去磨炼。做事时无愧于人、无愧于心，这才是王阳明心学所说的真正的"存天理去人欲"，真正的"炼心"。

王阳明的这段话还透露出一个信息。他初到南赣打败詹师富之后曾给中央政府上了一道奏疏，他认为赏罚不明才是南赣剿匪屡次失利的根本原因。也就是说，他自认为能够顺利扫荡群贼，归因于他在忠诚地执行了赏罚。

固然，“赏罚公正”是一个组织前进的催化剂。但公正的赏罚只能保证组织本身的前进，它并不是组织解决外部问题的充要条件。王阳明南赣剿匪的全盘胜利，主要靠的是他非同凡响的军事才能和行政才能。

王阳明在军事上有三个过人之处。

一、不重形式，只重实质。王阳明之前的南赣巡抚都喜欢调动四省部队，场面壮观，声势逼人，却寸功难立。王阳明认为这是搞形式主义，南赣地区千山万壑，根本就不适合大部队纵横驰骋，而且劳民伤财。他动用的剿匪部队其实只是机动部队，人数最多时才一万余人。按他的见解，山贼未经过专业的军事训练，所以野战能力脆弱，全靠地势存活，只要解决了他们倚靠的“地利”就万事大吉。而解决“地利”的问题，一支骁勇善战的机动部队就足矣。

二、以毒攻毒，以贼攻贼。任何一个王朝的正规军在军事训练中很少训练山地战。因为正规军的主要任务是抵御强大的外敌，消灭敌人有生力量必须在大平原上进行硬碰硬的冲锋战，躲猫猫式的游击战简直就是玩笑。所以正规军一旦对付起山贼草寇，就力不从心。王阳明的策略就是以毒攻毒，以贼攻贼。最了解贼的不是官，而是贼。用贼攻贼，势如破竹。王阳明重用受降的卢珂，就是此例。

三、心理战。真真假假、虚虚实实，永远让人摸不透他的路数。

在军事才能之外，王阳明还有出色的行政才能。每消灭一处土匪，他就在土匪滋生处建立政府据点，崇义县、和平县就是这种思路的产品。另外，之前我们提到的保甲制、光荣榜和黑名单，都被王阳明在南赣地区全方位地实行了。最值得一提的是《南赣乡约》。

南赣匪患销声匿迹后，王阳明开始以一个儒家门徒的眼光看待匪患产生的缘由。儒家思想把个人道德抬到至高无上的位置，认为道德是灵丹妙药，百病可除。王阳明把这种思想实践化。他的心学认为，道德就在我心，不必外求，关键是有人并不想释放它。

如果遇到不想释放道德的人，王阳明和孔孟的办法一样：教养。孔孟、朱熹、王阳明都认为，家庭宗族乡里的风俗环境，对个人的道德和行为影响极深。孔子说，性相近，习相远。孟母为了让孟子有个良好的生活环境，曾多次搬家。王阳明则说：“天理固然在我心中，但如果一个意志力不坚定的人，生活在一个肮脏的环境里，他的天理就很难显现。”

按王阳明心学的意思，真正的圣人是在花街柳巷而能清白为人，不去狎妓；是在强盗窝里正身修心，不当强盗的人。可这样的圣人凤毛麟角，因为大多数人都是被大环境影响的。所以，对于这大多数人来说，大环境是相当重要的。

不过王阳明也认为，单纯和这些人讲大道理未必有效，所以他的《南赣乡约》不是道德教科书，实际上，它应该属于命令，其中主要内容如下：

一、每一乡的领导人（约长、约正）要帮助大家，必须对他所管辖区域内的人负责。任何人有疑难，乡领导必须出面为其解决。乡领导还要主动去了解人们的困难，如果有人作奸犯科，乡领导就有连带责任。

二、每一乡的领导人要协助官府完成纳粮的任务，劝一些顽民改过自新、恪守本分，以及劝诫大家维护地方安定。如果乡领导认为无法解决的问题，必须第一时间向官府汇报。

三、每一乡的领导人有保护其所管辖人民的责任。如果有地方官吏、士兵等来勒索骚扰，乡领导必须向官府报告，并追究官吏和士兵的法律责任。

四、每一乡的领导人必须有处理管辖区事宜的责任和义务。在经济事务上，乡领导要劝令大户、客商，放债收息合依常例，贫难不能偿还的宜以宽舍，不得趁火打劫，逼人为盗。亲族乡邻若有纷争、斗殴等不平之事，不得妄为，当向乡领导上诉。男女成年宜及时婚嫁，如有因为聘礼或嫁妆没准备好而推迟婚期，要请示乡领导，乡领导要出面劝他们不要耽搁，随时婚嫁。为父母办丧事，根据家庭经济条件，只要心诚尽孝就好，不必浪费。否则，乡领导有权在纠恶簿上的“不孝”栏里写上他的名字。

由上述内容可以看出，《南赣乡约》从政治层面来讲，很有点自治的味道。它是一个由政府督促的乡村组织，也许在王阳明之前，它不过是个政府的规条，而到了王阳明手中，它就成了政府统治乡村的工具。而从王阳明心学的角度来讲，它就是“格心”。

康有为曾说，言心学者必能成事，而且是大事，这句话在王阳明身上是不言而喻的真理。因为王阳明心学，说白了，就是让人用心的学问。所谓“天下无难事，只怕有心人”。任何一件事，只要你用心，正如王阳明所说，道理就在你心中，你用了这个道理，就必能成事。“用心”其实就是一种使命感，为了一个目的而进行全方位的思考。

王阳明到南赣剿匪就一直在用心。他最初的目的是消灭山贼，他就“用心”地运用“诈术”消灭山贼。他后来的目的是还百姓一个太平世界，他就“用心”地设立政府据点、教化百姓，出炉《南赣乡约》。因为他的使命感告诉他，消灭土匪后拍拍屁股走人不是做事的正确态度。

当然，在一年多的剿匪过程中，他始终没有忘记自己作为心学大师的角色。只要稍有空闲，他就会和跟随他的弟子讨论心学。在赣州，他要弟子们静坐祛除人欲，又让弟子去事上练，更让弟子们去事上练时一定要诚心实意。为了大范围地传播他的心学，他在赣州城一口气建立了义泉书院、正蒙书院、富安书院、镇宁书院、龙池书院。同时写下心学《教约》，要弟子们每日清晨聚集后，扪心自问如下问题：爱亲敬长的心是否有松懈时？孝顺父母的行为实践否？人际交往中是否有不得当之处？每天是否做了欺心的事？如果没有，那就继续，如果有，那就马上要改。

为了让弟子们深刻理解他的心学，他在赣州写下了《大学问》一书。《大学问》是心学入门课，是王阳明从心学的角度重新解释了儒家经典《大学》。任何对心学感兴趣的人，必须要读这本书。而如果能读透这本书，也就从理论上正式迈进了王阳明心学的殿堂。

心学入门课——大学问

首先将和我们有关的《大学》的内容放在这里：

> 大学之道，在明明德，在亲民，在止于至善。知止而后有定，定而后能静，静而后能安，安而后能虑，虑而后能得。物有本末，事有终始。知所先后，则近道矣。古之欲明明德于天下者，先治其国；欲治其国者，先齐其家；欲齐其家者，先修其身；欲修其身者，先正其心；欲正其心者，先诚其意；欲诚其意者，先致其知；致知在格物。物格而后知至，知至而后意诚，意诚而后心正，心正而后身修，身修而后家齐，家齐而后国治，国治而后天下平。

有弟子问王阳明：“《大学》一书，过去的儒家学者认为是有关‘大人’的学问。我冒昧地向您请教，‘大人’学问的重点为什么在于‘明明德’呢？”

《大学》是论述士大夫通过广泛学习，获取可以用来从政做官的学识和本领的一篇文章。学习的目的就是治理国家，并显示自己光明的品德。古典儒家和朱熹认为，“大人”就是获得治理国家能力和光明自己品德的人。

王阳明的回答是：“所谓‘大人’，就是以天地万物为一体的那种人。他们把天下人看成是一家人，把所有中国人看作一个人。倘若有人按照形体来区分你和我，这类人就是与‘大人’相对的‘小人’。‘大人’能够把天地万物当作一个整体，并非他们有意这样认为，实在是他们心中的仁德本来就是这样，这种仁德跟天地万物是一个整体。

“实际上，不仅仅是‘大人’会如此，就是‘小人’的心也是这样的，问题就在于，他们自己把自己当作‘小人’罢了。为什么这样说呢？任何一个人看到一个小孩儿要掉进井里时，必会自然而然地生起害怕和同情之心，这说明，他的仁德跟孩子是一体的。

“或许有人会说，哎哟，那孩子是人类，所以才有害怕和同情的心。可是当一个人看到飞禽和走兽发出悲哀的鸣叫或因恐惧而颤抖时，也肯定会产生不忍心听闻或观赏的心情。飞禽走兽不是人类，他仍有这样的心情，这说明他的仁德跟飞禽和走兽是一体的。

“或许有人又疑问：飞禽和走兽是有灵性的动物，如果他看到花草和树木被践踏和折断时呢？我确信，他也必然会产生怜悯、体恤的心情，这就是说他的仁德跟花草树木是一体的。

“又有人说，花草树木是有生机的植物，如果当他看到砖瓦石板被摔坏或砸碎时呢？我仍然确信，他也肯定会产生惋惜的心情，这就足以说明他的仁德跟砖瓦石板也是一体的。这就是万物一体的那种性德，即使在‘小人’的心中，这种性德也是存在的。

“那么，这种性德是怎么来的呢？这个问题无需证明，它与生俱来，自然光明而不暗昧，所以被称作‘明德’。只不过‘小人’的心已经被分隔而变得狭隘、卑陋了，然而他那万物一体的仁德还能像这样正常显露的时候，是他的心处于没有被欲望所驱使、没有被私利所蒙蔽的时候。

“待到他的心被欲望驱使、被私利蒙蔽、利害产生了冲突、愤怒溢于言表时，他就会损物害人、无所不用其极，甚至连自己的亲人也会残害。在这种时候，他那内心本具的万物一体仁德就彻底被遮蔽了。所以说在没有私欲障蔽的时候，虽然是‘小人’的心，它那万物一体的仁德跟‘大人’也是一样的；一旦有了私欲的障蔽，虽然是‘大人’的心，也会像‘小人’之心那样被分隔而变得狭隘、卑陋。所以说致力于‘大人’学养的人，也只是做祛除私欲的障蔽、彰显光明的德性、恢复那天地万物一体的本然仁德功夫而已。根本不必在本体的外面去增加或减少任何东西。”

这段话的意思是，人人都有良知，与生俱来，不必外求。一个有良知的人不会去杀戮同类，也不会去残害飞禽走兽，更不会践踏草木瓦石，因为有良知的人能把天地万物都当成自己的一部分。而那些杀戮同类、残害飞禽走兽、践踏草木瓦石的人不是没有良知，而是良知被遮蔽了。所以说“光明自己的良知”（明明德）很重要。

弟子接着又问：“‘明明德’确实很重要，可是为什么又强调‘亲民’呢？”

王阳明的回答是：“‘明明德’是要倡立天地万物一体的本体；亲民（关怀爱护民众）是天地万物一体原则的自然运用。所以，明明德必然要体现在亲爱民众上，而只有亲民才能彰显出光明的德性（明明德）。所以爱我自己父亲的同时也兼爱他人的父亲，以及天下所有人的父亲。做到这一点后，我心中的仁德才能真实地同我父亲、别人的父亲，以及天下所有人的父亲成为一体。真实地成为一体后，孝敬父母（孝）的光明德性才开始彰显出来。爱我的兄弟，也爱别人的兄弟，以及天下所有人的兄弟，做到这一点后，我心中的仁德才能真实地同我兄弟、他兄弟，以及天下所有人的兄弟成为一体。真实地成为一体后，尊兄爱弟（悌）的光明德性才开始彰显出来。

“对于君臣、夫妇、朋友，以至于山川鬼神、鸟兽草木也是一样，真实地爱他们的，以此来达到我的万物一体的仁德，然后我的光明德性就没有不显明的了，这样才真正与天地万物合为一体。这就是《大学》所说的使光明的德性在普天之下彰显出来，也就是《大学》进一步所说的家庭和睦、国家安定和天下太平，也就是《中庸》所说的充分发挥人类和万物的本性（尽性）。”

这段话的意思是，良知的有无不是你说有就有，必须要知行合一，要到事上磨炼，要致良知。也就是说，要光明你的良知（明明德），必须到在万事万物上（亲民）。不然的话，那就成了禅宗，只说不做。

弟子问：“既然如此，做到‘止于至善’为什么又那么重要呢？”

王阳明回答：“所谓‘至善’，是‘明德’‘亲民’的终极法则。‘至善’的显现，表现在立刻能肯定对的、否定错的。凡轻重厚薄，都能根据当时的感觉而展现出来，它富于变化却没有固定的形式，然而它是人的规矩与物的法度的终极裁断，其中不容许有些微的设计筹划、增益减损存在。其中若稍微有一点设计筹划、增益减损，那就是出于私心的意念和可笑的智慧，而并不是真正意义上的‘至善’。只有将慎独（自己独处时也非常谨慎，时刻检点自己的言行）做到精益求精、一以贯之境界的人才能达到如此境界。

“后人因为不知道‘达到至善’的关键在于我们自己的心，而是用自己掺杂私欲的智慧从外面去揣摩测度，以为天下的万事万物各有自己的道理，因此掩盖了评判是非的标准，使‘心为统帅’的简单道理变得支离破碎、四分五裂。人们的私欲泛滥而公正的天理灭亡，明德亲民的学养由此在世界上变得混乱不堪。

“古来就有想使明德昭明于天下的人，然而因为他们不知道止于至善，所以使得自己夹杂私欲的心过于膨胀、拔高，最后流于虚妄和空寂，而对齐家、治国、平天下的真实内容无所帮助，佛家和道家两种流派就是这样的。

“古来就有希望亲民的人，然而由于他们不知道止于至善，而使自己的私心陷于卑微的琐事中，因此将精力消耗在玩弄权谋智术上，从而没有了真诚的仁爱恻隐之心。春秋五霸这些功利之徒就是这样的。

“这都是由于不知道止于至善的过失啊。所以止于至善对于明德和亲民来说，就像规矩画方圆一样，就像尺度量长短一样，就像权衡称轻重一样。所以说方圆如果不止于规矩，就失去了准则；如果长短不止于尺度，丈量就会出错，如果轻重不止于权衡，重量就不准确。而明明德、亲民不止于至善，其基础就不复存在。所以用止于至善来亲民，并使其明德更加光明，这就是所说的大人的学养。”

止于至善，说的就是按良知的指引做事。

弟子问：“‘知道要止于至善的道理，然后自己的志向才得以确定；志向确定，然后身心才能安静；身心安静，然后才能安于目前的处境；安于目前的处境，然后才能虑事精详；虑事精详，然后才能得到至善的境界。’这是什么意思呢？”

王阳明回答：“人们只是不知道‘至善’就在自己心中，所以总是向外界寻求；以为万事万物都有自己的定理，从而在万事万物中去寻求‘至善’。所以使得求取至善的方式、方法变得支离决裂、错杂纷纭，而不知道求取至善有一个确定的方向。

“如果你知道至善就在自己心中，而不用向外面去寻求，这样意志就有了确定的方向，从而就没有支离决裂、错杂纷纭的弊病了。没有支离决裂、错杂纷纭的困扰，那么心就不会妄动而能处于安静。心不妄动而能安静，那么在日常生活中，就能从容不迫、闲暇安适，从而安于目前的处境。能够安于目前的处境，那么只要有一个念头产生，只要有对某事的感受出现，它是属于至善的呢，还是非至善呢？我心中的良知自然会以详细审视的本能对它进行精细的观察，因而能够达到虑事精详。能够虑事精详，那么他的分辨就没有不精确的，他的处事就没有不恰当的，从而至善就能够得到了。”

只有让自己的良知正常工作，那就能做到定、静、安、虑、得。由此可知，良知并不仅是一种美德，还能助你做成一切事。

弟子问：“任何事物都有本末主次，从前的理学家把彰显德性当作根本，把教导民众重新做人当作末梢，这两者是从内心修养和外部用功的相互对应的两个部分。事情有开始和结束。从前的理学家把知道止于至善作为开始，把行为达到至善作为结束，这也是一件事情的首尾相顾、因果相承。像您这种把‘新民’作为‘亲民’的说法，是否跟儒家学者有关本末终始的说法有些不一致呢？”

王阳明回答：“有关事情开始与结束的说法，大致上是这样的。说显明德性为本，亲爱人民为末，这种说法也不是不可以。但是不应当将本、末分成两种事物。树的根干称为本，树的枝梢称为末，它们只是一个物，因此才称为本与末。如果说是两种物，那么既然是截然分开的两种物，又怎么能说是相互关联的本和末呢？如果明白彰显光明的德性是为了亲爱民众，而亲爱民众才能彰显光明的德性，那么彰显德性和亲爱民众怎么能截然分开为两件事呢？理学家的说法，是因为不明白明德与亲民本来是一件事，反而认为是两件事，因此虽然知道根本和末梢应当是一体的，却也不得不把它们区分为两种事物了。”

朱熹解释《大学》，认为是“新民”，而不是“亲民”，王阳明认为是“亲民”，再次阐释“知行合一”。

弟子问：“从‘古代想使天下人都能发扬自己本身具有的光明德性的人’，直到‘首先要修正本身的行为’，按照先生您‘明德亲民’的说法去贯通，也能得到正确、圆满的理解。现在我斗胆请教您，从‘要想修正本身的行为’，直到‘增进自己的知识，在于能够析物穷理’，在这些修为的用功次第上又该如何具体地下功夫呢？”

王阳明回答：“此处正是在详细说明明德、亲民、止于至善的功夫。人们所说的身体、心灵、意念、知觉、事物，就是修身用功的条理之所在，虽然它们各有自己的内涵，而实际上说的只是一种东西。而格物、致知、诚意、正心、修身，就是在现实中运用条理的功夫，虽然它们各有自己的名称，而实际上说的只是一件事情。什么叫作身心的形体呢？这是指身心起作用的功能而说的。什么叫作身心的灵明呢？这是指身心能做主宰的作用而说的。什么叫作修身呢？这里指的是要为善去恶的行为。我们的身体能自动地去为善去恶吗？必然是起主宰作用的灵明想要为善去恶，然后起具体作用的形体才能够为善去恶。所以希望修身的人，必须首先要摆正他的心。然而心的本体就是性，性天生都是善的，因此心的本体本来没有不正的。

“那怎么用得着去做正心的功夫呢？因为心的本体本来没有不正的，但是自从有意念产生之后，心中有了不正的成分，所以凡是希望正心的人，必须在意念产生时去加以校正，若是产生一个善念，就像喜爱美色那样去真正喜欢它；若是产生一个恶念，就像厌恶恶臭那样去真正讨厌它，这样意念就没有不诚正的，而心也就可以得正了。

“然而意念一经发动、产生，有的是善的，有的是恶的，若不及时明白并区分它的善恶，就会将真假对错混淆起来，这样的话，虽然想使意念变得真实无妄，实际上也是不可能的。所以想使意念变得纯正的人，必须在致知上下功夫。

“‘致’就是达到的意思，就像常说的‘丧致乎哀’的致字，《易经》中说到‘知至至之’，‘知至’就是知道了，‘至之’就是要达到。所谓的‘致知’，并不是后来的儒家学者所说的扩充知识的意思，而是指达到我心本具的良知。这种良知，就是孟子说的‘是非之心，人皆有之’的那种知性。

“这种知是知非的知性，不需要思考，它就知道；不需要学习，它就能做到。因此，我们称它为良知。这是天命赋予的属性，这是我们心灵的本体，它就是自自然然灵昭明觉的那个主体。凡是有意念产生的时候，我们心中的良知就没有不知道的。如果它是善念，唯有我们心中的良知自然知道；如果它是恶念，也唯有我们心中的良知自然知道。这是谁也无法给予他人的那种性体。

“所以说，虽然小人造作不善的行为，甚至达到无恶不作的地步，但当他见到君子时，也会不自在地掩盖自己的恶行，并极力地表白自己做的是善事。由此可以看到，就是小人的良知也具有不容许他埋没的特质。

“今日若想辨别善恶以使意念变得真诚无妄，其关键只在于按照良知去判断行事而已。为什么呢？因为当一个善念产生时，人们心中的良知就知道它是善的，如果此时不能真心诚意地去喜欢它，反而背道而驰地去远离它，那么这就是把善当作恶，从而故意隐藏自己知善的良知了。而当一个恶念产生时，人们心中的良知就知道它是不善的，如果此时不能真心诚意地去讨厌它，甚或反而把它落实到实际行动上，那么这就是把恶当作善，从而故意隐藏自己知恶的良知了。像这样的话，虽说心里知道，但实际上跟不知道是一样的，那还怎么能够使意念变得真实无妄呢?

“良知所知道的善，虽然人们诚心地想去喜欢它，但若不在善的意念所在的事情上实实在在地践履善的价值，那么具体的事情就有未被完全校正的地方，从而可以说喜欢善的愿望还有不诚恳的成分。良知所知道的恶，虽然人们诚心想去讨厌它，但若不在恶的意念所在的事情上实实在在地铲除恶的行为，那么具体的事情就有未被完全校正的地方，从而可以说那讨厌恶的愿望还有不诚恳的成分。如今在良知所知道的善事上，也就是善意所在的事情上实实在在地去为善，使善的言行没有不尽善尽美的。在良知所知道的恶事上，也就是恶意所在的事情上实实在在地去除恶，使恶的言行没有不被去除干净的。我的良知所知道的内容就没有亏缺和被掩盖的地方，从而它就得以达到纯洁至善的极点了。

“此后，我们的心才会愉快坦然，再也没有其他的遗憾，从而真正做到为人谦虚。然后心中产生的意念才没有自欺的成分，才可以说我们的意念真正诚实无妄了。所以《大学》中说道：‘系于事上的心念端正后，知识自然就能丰富；知识得以丰富，意念也就变得真诚；意念能够真诚，心情就会保持平正；心情能够平正，本身的行为就会合乎规范。’虽然修身的功夫和条理有先后次序之分，然而其心行的本体是始终如一的，确实没有先后次序的分别。虽然正心的功夫和条理没有先后次序之分，但在生活中保持心念的精诚纯一，在这一点上是不能有一丝一毫欠缺的。由此可见，格物、致知、诚意、正心这一学说，阐述了尧舜传承的真正精神，也是孔子学说的心印之所在。”

良知是件法宝，使用它不需要任何烦琐的程序，也不需要任何咒语，只要你按它的意思行事，就是最好的使用方式。

这就是王阳明《大学问》告诉我们的一个终极真理，用王阳明的话说，不是我告诉你的，这个道理其实就在你心中：天下一切事，都是你良知的事。

风雨又来

1519年春节刚过，王阳明在赣州给王琼写了封长信。在信中，他平静地叙述了南赣地区的剿匪和设立行政区的情况。人们从梦中醒来后，就再也不会心有余悸地去回想那个噩梦。紧接着，他满怀热情地追忆了王琼对他的信任往事，声称如果没有王琼在中央政府的全力支持，他在南赣的剿匪不可能这样顺利。然后又谈到自己获得的那些国家荣誉，诸如升为右副都御史，实在感到有愧，他没有这个才能。还有他的后代可以世袭千户，这让他受宠若惊。他说，大部分功劳应归于王琼。

王阳明这样说，乍一看去有些虚伪。南赣匪患的平定无可置疑是他的功劳，王琼不过是把他推到那个舞台上而已。不过这就是问题所在：王阳明固然伟大，但王琼更伟大，因为他能重用王阳明。

信的最后，王阳明谈到自己的健康状况。他说南赣地区气候潮湿，瘴疠弥漫，他的肺病复发，又因为剿匪工作辛苦，所以生活作息不能规律，患了很严重的痢疾。他此刻最大的希望就是王琼能在皇上朱厚照面前替他求情，允许他退休回老家。他说，自己所以如此不顾体统地总想回家，是因为祖母于1518年农历十二月离开了人世，他因为来南赣剿匪未能见祖母最后一面，内心在滴血。

王阳明的身体状况的确不容乐观。他在给弟子的信中经常提到他的肺病和不见好转的痢疾，在1518年春节的那场邀请池仲容的宴会上解决了池仲容后，他一个猛子扎到地上，口吐鲜血。弟子们惊慌地扶起他时，他开始剧烈地咳嗽。当时弟子们的感觉是，王阳明想把肺咳出体外。在成功地彻底扫荡南赣山贼后，他连续四次写信给朱厚照、给吏部、给兵部，允许他退休，但都被驳回。

中央政府不准王阳明退休，实际上是王琼不让王阳明退休。王阳明在南赣建下煊赫的功绩后，中央政府很多人既羡慕又嫉妒，他们巴不得王阳明赶紧离开政坛。意料之中，这些人都是朱熹门徒。他们担心王阳明会挟着卓著功勋闯进中央政府，与他们并肩而立。可这是他们绝不能容许的，因为在他们眼中，王阳明是异端，是他们的精神领袖朱熹的敌人。

1519年二月初，王阳明的第四封请求退休的信到达北京。朱厚照先问吏部尚书陆完，王阳明三番五次要退休，吏部怎么看。

陆完是朱熹门徒，但从未按朱熹的教导“存天理去人欲”。他对王阳明在南赣的成就不屑一顾，因为他也是靠剿杀农民武装（1510年刘六、刘七起义）成功上位的。他对朱厚照说，王阳明在江西的剿匪是托皇上洪福，他是个异端分子，不应该留在政府中，可以允许他辞职。

朱厚照又问王琼。王琼的回答是，王阳明绝不能离开江西！

朱厚照问为什么。王琼不可能说是因为宁王朱宸濠，可他也没有别的理由。王阳明第一次请求退休时，他对朱厚照说南赣地区还有土匪残余，只有王阳明能扫清这些残匪。王阳明第二次要求退休时，他对朱厚照说南赣地区社会治安问题很大，王阳明必须要整顿社会秩序。王阳明第三次申请退休时，他对朱厚照说没有合适人选接替王阳明。总之，他用尽各种借口把王阳明钉在了江西。但这最后一次，他实在找不出理由来了。王阳明给中央政府的报告中已经详细地说明了他清整南赣的所有举措和成果。如果南赣地区已经太平无事，谁来当这个南赣巡抚已无关紧要。

这就是陆完的看法，也是朝廷内部很多官员的看法。他们都对王琼在王阳明退休上的态度疑惑不解，既然匪患已平定，南赣社会秩序已恢复，为什么不让人家离开？王琼对这些人的质疑反应很冷淡，只是希望朱厚照不要批准王阳明的退休请求。他有一种不祥的预感，大事马上就要发生，山雨马上就要来了。

朱厚照也不理解王琼何以如此没有人情味，人家王阳明口口声声说身体状况不佳，祖母又去世，就是铁石心肠的人看到王阳明信中提及未见祖母最后一面的悲痛笔墨也会流下眼泪，可王琼不为所动。

朱厚照对别人的伤心事一向不太关心，而南赣匪患的平定的确是王琼举荐王阳明的功劳，所以他也就不想有什么立场。他对王琼说：“你呀，和王阳明好好谈谈这件事，人家非要退休，你就不要强人所难。”又对陆完说：“这件事就暂时听王琼的吧，你们吏部把他的退休申请打回去。”

王阳明接到吏部“不准致仕”的信后，叹了口气。他的学生问他：“我听说老师您年轻时就立下经略四方的志向，如今天下不安，到处都是可以建功立业之地。您为何屡屡辞职呢？”

王阳明思索半天，才道：“当年年轻气盛，自龙场之后，这种心态平和了很多。因为我终于想明白，人有建功立业的心没有错，但千万不要把这种心当成常态。我们应该时刻格自己的心，心如明镜，物来则照，不要刻意去追求。你把自己锻造成一个良知光明的人，这种机会总来找你。况且，我现在最重要的任务是传播心学，让天下人知道圣学法门，相比而言，建功立业就成了副业。”

又有弟子问他：“如果您在年轻时被派来剿匪，您能成功吗？”

王阳明痛快地回答：“恐怕不能。”

弟子问：“为什么？”

王阳明回答：“我早已说过，年轻时涉世未深，内心浮躁，心不定就难成事。人非要经历一番不同平时的劫难才能脱胎换骨，成为真正能解决问题的人。”

弟子问：“如果没有磨难呢？难道去主动找吗？”

王阳明回答：“当然不是这样。我是从磨难中得到了真谛，人只要时刻格心，让良知不要被人欲遮蔽，就都能成功。”

1519年前半年，王阳明就是在这种和弟子有声有色的讲学中度过的。他没有再向中央政府递交退休申请，他的身体虽然恢复了许多，但远不及正常人健康。有一段时间，他曾想起他的妹夫、最得意的大弟子徐爱。徐爱病逝于1518年农历四月，正是王阳明在赣州大兴书院之时。

徐爱字曰仁，号横山，浙江省余姚马堰横上村人。1508年，年仅二十一岁的他高中进士，被朝廷派到祁州（今河北安国市）担任州长（知州）。两年后，霸州文安县（今河北文安）居民刘六、刘七凭借在地方上的势力发动武装起义，徐爱在祁州坚壁清野，抵抗二刘。二刘失败后，中央政府曾对其点名表扬。

徐爱为官清正廉明、勤奋敬业，在知识分子圈中享有美誉，后来调至南京建设部工作（南京工部郎中）。就是在南京当差时，得知王阳明讲授心学，于是登门拜访。相谈之下，深为王阳明的“心即理”理论而折服，于是，对其北面而拜称弟子。他是王阳明创建心学后的第一位弟子，后来，又深深地爱上了王阳明的妹妹王守让，娶之，由此又成了王阳明的妹夫。

徐爱和王阳明讨论最多的就是《大学》宗旨问题，王阳明为其辨难解惑，使徐爱对王阳明心学的认识深入骨髓。随着王阳明弟子的与日俱增，很多弟子对王阳明的良知学有不明之处，徐爱就充当了大师兄的角色，为他们辨难解惑。

1516年年末，王阳明受命到江西剿匪。王阳明在中央政府屡次催促下不肯上路，最后一次，徐爱劝王阳明：“如今天下纷纷议论，您还是走一遭吧，我愿意永远跟随您。”王阳明大为感动。1518年农历三月，王阳明剿匪功成。徐爱希望能和王阳明一起回浙江余姚，终身膜拜王阳明。同时，他还引用名言道：“朝闻道，夕死可矣！”想不到的是，竟一语成谶，就在他回老家看望父母时，一病而死，年仅三十一岁。王阳明在赣州得此噩耗，悲痛万分，大呼：“天丧我！天丧我！”心情长久低落，每每想到徐爱，便不能自已。

据说，徐爱曾做过一个奇异的梦，梦见他在空旷的沙漠中，遇到一位和尚。和尚预言他“与颜回同德，亦与颜回同寿”。如果此梦真如王阳明所说的是人在良知完完全全时的状态，那么，良知告诉徐爱，你就是王阳明的颜回。

王阳明对此也有同感，他说：“徐爱的温恭，实在是我不能企及的啊。”多年以后，他领着众多门徒到徐爱的墓前（今绍兴迪埠山麓）扫墓，就在徐爱的墓前讲解他的心学，讲到兴头上，突然长叹一声：“真想让他起死复生听我讲课啊。”

实际上，在王阳明的众多弟子中，徐爱是最能领悟他心学的弟子。他对徐爱的怀念不仅仅是纯粹感情上的怀念。在之后传播心学的道路上，每遇挫折和攻击，王阳明都会想到徐爱。两人不仅仅是师徒，还是惺惺相惜的好友。

《传习录》第一篇就是《徐爱录》，如果说《大学问》是心学入门书，那么《徐爱录》就是《大学问》的课外辅导书。在《徐爱录》中，我们清晰地知道，“心即理”其实就是一切道理、真理、天理都在我心，不需外求，知行肯定是合一的。

当王阳明在赣州一面讲学、一面回忆徐爱时，兵部来了指令。王琼要王阳明到福建福州去处理一个军人的叛乱。这个军人叫进贵，是中央政府在福州设立的三卫下属的“所”的千户。

在此需要补充解释一点明朝的“卫所”。卫所制是朱元璋的军师刘伯温创立的，它是这样的一个军事组织：在全国各个要地建立军事据点“卫”，每一“卫”有5600人，长官称为指挥使。这位指挥使管辖五个千户“所”，每个千户“所”有1120人。千户“所”又下辖十个百户“所”，一所为112人。百户“所”下设两个“总旗”，“总旗”下再设五个小旗，每个小旗为十人。千户所的长官称为千户，百户所的长官称为百户。有战事时，中央政府国防部（兵部）就命令各地的卫所最高长官指挥使把他的5600人交出来，然后皇帝再指派一人担任这支军队的司令，司令领着这群卫所的士兵出征。

这是一个相当完善的军事组织。但到了朱厚照时代，卫所制已破败。指挥使把千户当成苦劳力，千户把百户当成农民工，百户又把总旗当苦劳力。由此就中了“大鱼吃小鱼，小鱼吃虾米”的魔咒，最底层的士兵要给长官免费打工，所以怨声载道。

进贵就是看到了这样的危机，同时也认为这是一个改变命运的良机，所以带领他能控制的所有士兵，发动兵变。一时之间，福州危急，福建危急。

王琼在得到进贵叛乱的消息时，认为不足虑。不过这恰好给了他一个大好机会，要王阳明继续在江西附近转悠，所以他立刻命令王阳明到福州平息叛乱。而在给王阳明的私信中，他说：“南昌城最近动静很大，你不必在进贵的身上浪费太多精力，要密切注意南昌城。”

王阳明明白王琼的意思，南昌城里正是宁王朱宸濠。也许在此时，王阳明已经猜到了当初王琼要他到江西的真正目的。

但王阳明也有自己的打算，朱宸濠造反的传言已传播了好多年，不过按他的见解，朱宸濠不会在这个时候造反，因为种种迹象都表明，朱宸濠没有准备好。倘若他真在这个时候造反，那只能证明一点：朱宸濠的智力商数绝对不足以支撑他的帝王理想。所以，他在1519年农历六月初九从赣州启程后，并没有急如星火地奔瑞金过福建，而是绕道丰城直奔广信，理由是他想回家奔丧。

这在外人看来是典型的不负责任，进贵正在福州大动干戈，大概已血流成河，他不但不去拯救万民，反而要回家奔丧。事后曾有些小人追究王阳明的这一责任，而王阳明给出了巧妙的解释：瑞金、会昌等县瘴气生发，不敢行走，所以取道丰城。

倘若他走的是瑞金这条路，恐怕他就赶不上朱宸濠上演的那场大戏了，因为朱宸濠在王阳明从赣州启程的四天后掀起了声势浩大的革命。如果他不绕道，此时已在福建福州，正因为他绕了道，所以他在朱宸濠宣布革命两天后的1519年农历六月十五得知朱宸濠革命的消息时，才走到丰城县界。

先是有人来报告："朱宸濠反了。"王阳明在船舱里吃了一惊，他急步走出船舱站到船头。紧接着，又有一拨人来报告："朱宸濠已经发兵了。"王阳明在船头上惊骇起来。他和跟随他的两个谋士说："想不到宁王如此焦急！"

他命令他的船原路返回。但返回时是逆风，他的船寸步难行。此时有两种说法：第一种说法是，王阳明在船头焚香祷告，流下眼泪说，如果老天怜悯圣灵，让我可以匡扶社稷，就请给我一阵顺风。如果老天没有此心，此舟就是我葬身之地。他的祷告灵了，很快，风变了方向，王阳明和他的几个谋士顺利地潜进了临江镇（江西樟树临江镇）；第二种说法是，虽然有了顺风，可他的船老大不想开船，因为回去肯定是死路一条。于是王阳明抽出卫兵的刀，把船老大的耳朵割掉了一只，船老大认为一只耳朵也能活下去。王阳明又割掉了他另一只耳朵，并且威胁他，如果再不开船，就把他扔到水里喂鱼。船老大认为，不开船是死，开船或许还能有活路。两害相权取其轻，船老大开了船。

这艘满载着王阳明焦虑的船乘风破浪，把王阳明送到了最荣耀、最光芒的巅峰，也把他推到了别人望尘莫及的传奇圣坛，更把他送进了谗诬诓诈的漩涡中，这艘船永远都不会想到，正是它让王阳明心学"致良知"的终极真理横空出世。

1519年农历六月十五夜，乌云滚滚，不见月亮。王阳明在临江镇忽明忽暗的灯光下，看向南昌城。那里将是战场，是他和朱宸濠的战场。他将在那里和朱宸濠正式交锋，而实际上，他和朱宸濠早已有过交锋，只不过那时的交锋是隔山打牛，这一次，却是短兵相接！

第三章
王阳明如何做到知行合一之平定宁王

不被待见的宁王

在正式进入王阳明和朱宸濠的对决前，有必要了解朱宸濠这位王爷的一切。只有真正了解他，才能使我们深刻认识到王阳明这位对手的强大，以及王阳明下定决心解决宁王问题时承受的重如泰山般的压力。而王阳明则用后来的成功完美地证明了心学的巨大威力。

朱宸濠的故事不是他一个人的故事，而是他整个家族的故事。事情要从明帝国开国皇帝朱元璋谈起。朱元璋建明后，有一天对秘书说："元强大如超级巨兽，可在短短几十年内就土崩瓦解，何故？"他的秘书当然说些元王朝统治者不珍惜权力，不爱惜百姓的废话。朱元璋摇头说："他们如此迅速灭亡的原因就是没有藩王。"他的秘书大吃一惊，说："西汉时建立诸侯国，后来发生了七国之乱；西晋时设置藩王，后来发生了八王之乱，这是历史留下的教训，不能重蹈覆辙。"朱元璋大怒，下令处决这位秘书，开始陆续封他的儿孙们为藩王，分镇各地。

朱元璋设藩，并不仅仅从元王朝覆亡中得到的启示。他设立藩王的根本目的是解决功臣尾大不掉的局面，试图以分封藩王的方式来牵制中央政府那些权臣，进而把军权和君权牢牢抓在手中。朱元璋并不是颟顸的君主，那位秘书对他普及的历史知识也深深触动了他的心弦。所以在设藩时对藩王们潜在的危害采取了严厉的"预防措施"，可用六个字来说明：不列土，不领民。

各位藩王并未实现朱元璋限制权臣的意图。朱元璋是靠屠刀解决了那群开国功臣，但藩王制伴随了明帝国的始终。

“不列土”指的是藩王没有自己的土地；“不领民”指的是藩王不能直接管理百姓，他所管理的只有他的王府。藩王有自己的武装力量——王府卫队，人数不能超过一万五千人。一万五千人和明帝国的百万正规军相比，实在是九牛一毛。藩王所在的地方政府的军政官员不许和藩王有来往。这样一来，藩王没有行政权，只有可以忽略不计的军权，所以他们没有实力造反。

有些规定制定出来就是让人违反的，而第一个违反规定的人就是朱元璋。他在世的最后几年，蒙古残余在北方持续不断地攻击他的帝国边防，于是他许可在边疆的藩王可以把卫队增加到五万人，用这五万人去和敌人作战。五万人只是个概数，迫于形势，这个数字还会增加。也就是说，在很长一段时间里，封到边疆的藩王成了野战军的司令。他们在血肉横飞的战场上锻炼自己和自己的卫队，终于使自己成为英雄人物，使其卫队成了骁勇善战的野战兵团。燕王朱棣和宁王朱权就是这方面最卓著的代表人物。

朱棣是朱元璋的第四子，1370年被封到燕（今北京）为王，因以地名为藩王称号，所以他的王号为燕王。1380年，20岁的朱棣就藩北京，从此带着他的卫队在长城以北冲锋陷阵。他两次以北伐军总司令的身份带领他的卫队和明帝国主力出击蒙古人，在军界和北京政界威望大振。

朱权是朱元璋的第十七子，1392年到大宁（今内蒙古赤峰市宁城县）就藩，是为宁王。由于此地是蒙古主力最活跃的地区，所以朱权的责任很重，压力很大。在和蒙古人无数次交手中，朱权的实力野蛮生长。朱元璋去世时，他的卫队已逼近七万人，强悍善战，是蒙古人惧怕的对手。

1399年，朱元璋的孙子朱允炆（wén，建文帝）在几个亲信大臣的怂恿和支持下削藩，朱棣针锋相对地发动“靖难之役”。

“靖难”是“平定变乱”的意思。朱棣认为朱允炆已被他的大臣控制，不能行使意志，所以他要清君侧，解救朱允炆。

朱棣当时只有三万人，三万人和中央政府的百万政府军抗衡，后果比用鸡蛋去砸石头还要明显。想不到的是，奇迹发生。朱棣把从蒙古兵团那里学来的闪电战用到了战场上，所过之处，各地政府军丢盔卸甲。但奇迹的发生不会持久，朱允炆反应过来把帝国主力部队投入战场后，朱棣就开始处境维艰。他留下少量军队守卫北平，在亲自领军解除了永平的包围后，率军向朱权的地盘——大宁进发。

朱权对朱允炆不念亲情的削藩极为反感，但从未想过要使用武力和朱允炆摊牌。他对哥哥朱棣的摊牌举动既不赞成也不反对，所以当朱棣来敲大宁城城门时，他和当地政府官员商量了一下，于是带话给朱棣：可带少量卫士进城。

朱棣当初在北京喜欢看戏，从艺人（优伶）那里学到了精湛的表演技巧，如今有了用武之地。他远远看见朱权，就像是饿狗看到骨头一样，三步并作两步跑了过去，拉起朱权的手放声大哭，哭得如丧考妣，在场的人险些莫名其妙地流下眼泪。当他确信朱权已被他感动后，开始诉衷肠："我从燕地起兵去南京，千山万水，多劫多难，什么都不图，就是为了让皇上能摆脱奸贼之手。我起兵实在是迫不得已，总不能看着老爹打下的江山落到别人手上。然而现在我的一片苦心遇到了不分青红皂白地对待，皇上居然派大军把我往死里打，我实在不忍心骨肉相残，所以想结束这场闹剧，这次来大宁，就是希望老弟你能当个中介，帮我去向皇上求情，化干戈为玉帛。我从此做个草民也心甘情愿。"

朱权很少看戏，大概不知道世界上有演戏这回事。世人传说朱棣善打，朱权善谋。可他的谋都是堂堂正正的阳谋，朱棣这招表演式的阴谋，他从未遇到过。所以，他不确定自己是否该相信朱棣。他让朱棣稍作休息，自己好有时间来思考朱棣的真假。朱棣不给他这个机会，因为正如王阳明所说，戏子的演技再精湛也是假的，假的东西最怕夜长梦多。朱棣决定引蛇出洞。他先密令他的一部分士兵化装成普通百姓混进大宁城，在宁王府附近埋伏下来。而他本人则告诉朱权，他要去南京向朱允炆负荆请罪。

朱权挽留他，说自己正在写奏疏给朱允炆，希望他能看在亲戚的分上饶朱棣叔叔一回。朱棣摇头说："我想了一下，要你做中间人，也不是太好的事，因为你也是他手下那些臣子对付的对象。我觉得表示诚意最好的办法就是去亲自见他，到时候杀剐随他，我心甘情愿承受。"

朱权一听到这话，挽留朱棣的心情更为坚定，他才真是不想看到骨肉相残的人。朱棣马上就来个一百八十度大转弯，说："既然你不愿意我死，那我就不去南京，我回我的燕地，解散军队，找个山村隐居起来。你和诸位亲王在皇上面前多向我美言，让他对我网开一面，我老死山中，这样的结局皆大欢喜啊。"

朱权实在没有别的办法，他不想看到骨肉相残，但他不能把朱棣留在大宁。朱棣说得没错，他现在还是泥菩萨过江自身难保，怎么还有闲心保朱棣。

为了尽兄弟之情，朱权要求送哥哥朱棣一程。朱棣假装想了想，说："是啊，此次一别大概是永别，你应该送我。就送我到城外吧，然后你走你的，我走我的。”

朱权被亲情冲昏了头脑，毫无戒备，只带了几百名卫士送朱棣出了城。朱棣拉着他的手，聊些闲话，朱权本想出城就返回，可碍于情面，顺从地被朱棣拉着走。走出很远，朱棣回头望了一眼，确信大宁城部队即使现在出城也无济于事后，立刻大吼一声，早已埋伏在路边的部队一涌而出，把朱权的卫队武装解除，这时他还拉着目瞪口呆的朱权的手。

朱权毕竟是见过大场面的人，很快就醒悟过来，对朱棣说：“你不怕我的七万人马？”

朱棣狂笑，说：“你少安毋躁。”

一会儿工夫，大宁城上插上了一面“燕”字大旗，朱权在城里的卫队跑出城报告朱权，府里家眷都被燕王俘虏了。

朱权长叹一声。他看向朱棣，咬了咬嘴唇，说：“你好卑鄙。”

朱棣一本正经地说：“你太不懂政治，政治无是非、无亲情，利害即是非。不过咱们是兄弟，我不忍杀你的家眷，我们现在做个交易，咱俩二人共同对付朱允炆那小兔崽子，事成之后，你我二人平分天下如何？”

朱权只有一个选择，就是和朱棣共进退。于是，之后的事情就是，兄弟俩合兵挥军南下，向他们的侄子发起猛攻。再后来，朱棣得到南京空虚的消息，绕过北面城镇，迂回奇袭南京大获成功，取得靖难之役的胜利。自然，帝位也被他笑纳怀中。

朱棣登基称帝后，朱权望眼欲穿地等待朱棣兑现承诺。可他很快就发现，朱棣是忘恩负义的行家里手。他不再奢望一半天下，而只是希望有个山清水秀之地养老，于是请求到苏州去当藩王。朱棣不答应，理由是，苏州不是边陲，没有设藩的必要。

朱权强忍命运对他的捉弄，再请求去杭州。朱棣还是不答应，理由是，江苏已有吴王。而且当初有人主张把吴王府设杭州，可老爹说杭州富得流油，是国家赋税重地，你也知道，藩王的经济来源就是本地百姓缴纳赋税的一部分，所以这地方不能设藩。

朱权悲愤不能自制，居然控制不了泪水，夺眶而出。朱棣看到这个饱经战争风云的老弟竟然也会哭，被遮蔽的良知突然闪现一丝光亮，人性刹那间复苏。他拿出大明疆域图，扫视了一遍，说：“朕有慈悲之心，给你四个地方，你选。”

这四个地方是：福建建宁、四川重庆、湖北江陵、江西南昌。

朱权学识渊博，对大明的地理成竹在胸。福建建宁在当时堪称荒山野岭；四川重庆是山城，只有鸟道通往外面；湖北江陵气候潮湿多雨，相较而言，只有江西南昌还算适宜人居住。本来朱权一直在北方，已经适应了中温带半干旱大陆性季风气候，让他到亚热带季风湿润气候区，实在是一种惩罚。

朱权只能接受这种惩罚，用朱棣的话说："我能给你个藩王已是仁至义尽，当初你不主动帮我，反而要我施展高超的谋略逼你帮我，对于不能识时务者，我的态度就是如此。你既然选择江西南昌，你的王号还叫宁王，不过要记住，你已不是从前的那个宁王了。"

朱权到南昌后，为了让朱棣安心，每天把自己沉浸在公子哥的生活中，种花养鸟，读书写字。有时候会到庐山上去修行，下山时会用袋子把庐山上的雾装起来。

朱棣对朱权的监控渐渐放松，朱权以善终告别人世。但稍有头脑的人都能意识到这样的问题：朱权后半生所以在江西南昌度过，全是因为朱棣的欺骗。

宿命论者认为，人的命运天注定，无法更改。每个人一生下来就注定了他将是什么样的人生、什么样的结局。朱权的人生就是被朱棣欺骗，顶着"宁王"的帽子在江西南昌一直到死。而朱宸濠认为，他的命运就是要替祖宗向朱棣的子孙讨回这个公道，并且让朱棣的子孙兑现朱棣和朱权当年"平分天下"的承诺。朱宸濠还坚定地认为，由于这个承诺未被兑现的时间太久，所以他要收利息。这利息就是：朱棣子孙的那一半天下。

实际上，朱权有怨气，只不过他不敢发作。在他之后的宁王们每每想到这段祖宗的往事，都有点心烦意乱。不过，当时正是朱棣子孙如日中天时，他们的怨气也不敢发作，而且随着时间的推移，祖先留下的仇恨渐渐淡化，后来就成了无关痛痒的别人的故事了。

人类最悲痛的事就是遗忘，恩情、仇恨都能被遗忘，漫长的时间则是罪魁祸首。所以，春秋时期齐襄公为报九世祖被纪国人诬陷致死而攻取纪国的"九世复仇"成了不可复制的神话。

江西南昌的宁王谱系是这样的：朱权死后，他的长子朱盘烒继承宁王爵，朱盘烒死后，他的长子朱奠培继承王爵。朱奠培身体状况欠佳，他的老婆也不争气，所以直到三十一岁才得了一个男孩，这个男孩就是朱宸濠的父亲朱觐钧。朱觐钧继承宁王爵时已四十三岁，五年后，他一病而死。他的正室只生了两个女儿，他的小老婆生的是朱宸濠。

关于朱宸濠的身世，有一段恶劣的故事。据说他的母亲本是妓女，朱觐钧垂涎其美色，将她带回宁王府，后来她怀上了朱宸濠。临产那天，朱觐钧在噩梦中看到这位妓女的肚子被一条蟒蛇从里面撕开，那条蟒蛇冲出母亲的肚子后就在宁王府中掀起屠杀风暴，见人就吞噬，最后扑到朱觐钧面前，也要把他吞食。朱觐钧心胆俱裂，拼命大叫，从梦中惊醒。有人通知他，小妾生了个男孩。朱觐钧把那个噩梦和这个诞生的男孩联系到一起，确信这个男孩是不祥之物，于是把他送给山村里的百姓养活。他临死前，朱宸濠才被准许和父亲相见。但朱觐钧死不瞑目，因为他始终确信朱宸濠是把家族带进地狱的一条恶虫。

这个丑恶的故事很可能是“事后诸葛”式的编造，目的就是把朱宸濠丑化，认为他后来的叛乱是从娘胎里带来的。

据正史记载，朱宸濠天资聪颖，过目不忘，在儒家经典和历史方面是个专家，又喜欢写诗歌，和南方的知名文人墨客来往频繁。他自信、气度非凡、礼贤下士，拥有一颗慈悲之心，很多知识分子都闻名而来到南昌，见一见这位风流倜傥的王爷。那位传说比事实多出数倍的风流人物唐伯虎就不远千里来南昌城，朱宸濠和他结下了深厚的友谊。唐伯虎有一年回老家苏州，曾向他们的朋友夸奖朱宸濠，说朱宸濠是他唐伯虎有生以来见过的最温文尔雅、最才华横溢的朱家人。唐伯虎这种赞誉正如文人的夸张修辞，不必当真。如果他真如此欣赏朱宸濠，就不会在几年后发现朱宸濠有叛乱迹象时溜之大吉。

朱宸濠不但能文，而且能武。他对兵法如痴如醉，对战争跃跃欲试。和王阳明一样，他经常在他朋友们面前排兵布阵，和王阳明不同的是，谁如果破了他的阵，他就闷闷不乐。朱宸濠闷闷不乐时，就会取消一切娱乐活动，由于娱乐活动要大把花钱，而朱宸濠每次都做东，所以大家都不希望他闷闷不乐。如此一来，朱宸濠的排兵布阵天下无敌。正如王阳明所说，你不谦虚接受别人的意见，最终害的是你自己。于是，朱宸濠就成了个半吊子军事家。

他自己并不这样认为。于是，宁王朱宸濠的日子就在他经常训练他的卫队和怀抱大志中度过。而他怀抱的“大志”和他本人的性格与外人的推波助澜不可分割。

朱宸濠一直在努力

任何人的终极理想都非一蹴而就，理想的大小和当下现状有关。一个屠夫杀猪卖肉时的理想绝不会是做皇帝，他最大的理想大概是通过杀猪赚更多的钱。当如愿以偿后，他的理想可能是开个屠宰厂，杀尽天下猪。再次如愿以偿后，他的理想可能就是花钱买官，如此循序渐进，他最后的理想可能就是做皇帝，命令天下人都不许杀猪。

朱宸濠初当宁王时的理想肯定不是革命，朱棣的后人们对朱权的后人们有严格的限制，仅在卫队数量上，宁王府卫队就不得超过七千人。这可怜兮兮的七千人绝不至于催生朱宸濠当皇帝的理想。

当二十八岁的王阳明于1499年高中进士步入仕途时，二十岁的朱宸濠继承了宁王爵位，意气风发。他开始以王爷的眼光审视他的王府。朱棣当年根本就没有允许朱权建新王府，宁王府只是江西省主管民政的布政司官署，很让朱宸濠在其他王爷的王府面前自惭形秽，于是他首先在老巢上“开疆拓土”。

宁王的办法很机巧：在王府某处边缘纵火，扑灭火势后重修，修建时向外扩张地基。王府附近的百姓惶惶不可终日，因为宁王府霉运当头总失火，宁王府失火是他自己的事，本来不必担心。但诡异的是，宁王府的火势总是蔓延到周围百姓家。这群百姓认为住在宁王府附近就是住在了不祥之地，纷纷变卖房产远走。朱宸濠就用极低的价格购买了这些房产，他的宁王府像是个怪兽，四面八方吞吃，终于把自己吃成了大胖子。

按明律，私自扩建王府属于违法，但那已是老掉牙的规定。朱宸濠始终相信人际关系才是人间最大的法。他积极结交中央政府各路贪财的官员和皇帝身边的太监。他省吃俭用，把钱用车推到北京，只要有人肯和他交朋友，一大笔钱就是他朱宸濠“不成敬意”的一点见面礼。于是，虽然很多江西官员都向中央政府弹劾朱宸濠私扩王府，但朱宸濠在中央的那些好朋友们都替他遮掩过去了。

在明孝宗朱祐樘时代，朱宸濠的理想就是做一个名副其实的、在江西有不容置疑影响力的宁王爷。这一点他做得很好，他结交五湖四海的朋友，这些人四处传播他的种种美德，尤为重要的是，所有人都知道朱宸濠在中央政府有关系过硬的朋友。

在强大人脉的刺激下，朱宸濠开始把目光转向他的卫队。他需要威仪，而威仪的获得必须以军事实力为前提。他积极训练他的卫队，南昌郊区的百姓在晨光熹微中就能听到宁王府卫队喊打喊杀、震耳欲聋的声音，他招兵买马，很快就把七千人的卫队扩充到了一万五千人。

但在这方面的进取上，朱宸濠遭遇了挫折。1504年，王阳明在兵部人事司（清吏武选司）任职时，江西某匿名官员指控朱宸濠私自扩充卫队，皇帝朱祐樘忍无可忍，下令取消朱宸濠卫队。这一次，朱宸濠那些过硬的朋友没有帮忙，他们不敢。扩充卫队这种事和扩建王府有本质上的区别，后一种只是对物质的贪欲，前一种则可能是野心。对于二者的区别，他那些朋友心知肚明。

朱宸濠郁闷地度过了1504年，但到了1505年，他重见光明。朱厚照继位，刘瑾专权。朱宸濠从几年来和太监打交道的经验中得到启示，刘瑾是让他卫队重获新生的不二人选。他派人分批把两万两黄金送到刘瑾家中，刘瑾当时刚获得大权，在此之前从未见过这么多钱，所以对朱宸濠的豪爽和懂事印象深刻。朱宸濠一击即中，马上向刘瑾提出恢复他的卫队。刘瑾未加思索就同意了。朱宸濠心花怒放，暗示刘瑾在朱厚照面前替自己美言。刘瑾则很对得起朱宸濠的黄金。

很快，朱厚照印象中的宁王朱宸濠就成了江西省的圣人，集儒家经典中的美德和能力于一身，是当时他们朱家除朱厚照之外最睿智的一人。朱厚照对家族中出了这样一位圣人级的人物表示欣慰，特意叮嘱江西省政府官员对宁王朱宸濠要多多关照。朱宸濠原本对朱厚照的关爱心生感激，但通过他安插在北京城间谍们的报告，他对朱厚照纵乐无度、昏庸无能的印象逐渐深刻起来，他的理想因此而升级。

人因性格、人生阅历和生活环境的不同，看待事物时的态度就会迥然不同。多年以前，秦始皇威风八面地出游，无赖刘邦看到后说："大丈夫就该如此啊！"而贵族项羽看到后则说："我要灭了他（'彼可取而代之'）。"刘邦性格洒脱，不拘小节，在社会底层摸爬滚打多年，所以秦始皇是他可望而不可即的，他最大理想也不过是能过上秦始皇那样的日子。而项羽身为前朝贵族，国仇家恨全拜秦始皇所赐，所以他的理想是复仇。王阳明看到朱厚照热爱玩乐高于热爱政事时，会苦口婆心地规劝朱厚照，这是因为王阳明有一颗悲天悯人的心，不想看到天下百姓因为朱厚照的胡作非为而受苦。而朱宸濠看到朱厚照玩世不恭的行径时，确信这不是块当皇帝的料，是个千载难逢"取而代之"的机会。因为他本来就是个对社稷、百姓没有太多感情的人，他身体里最多的就是持续不断膨胀的野心。

他决心取朱厚照而代之。

这在普通人眼中就是个比天还高、比海还深的理想。但朱宸濠不是普通人，以术士李自然和李日芳的专业眼光来看，朱宸濠是悄悄隐在民间的真龙，迟早有一天会乘风驾云腾飞而起。李自然和李日芳都有独门绝技。李自然精于看相摸骨，据他说他曾在龙虎山得到道教大亨张道陵的灵魂垂青，赐他相人神技。他于是走遍大江南北，不断给人看相摸骨，赚得拥趸无数。李日芳擅长风水，他也是个有故事的人。三十岁前的李日芳是个苦读理学的穷酸书生，一天晚上他梦到一个道士模样的人对他说："你是天上的星宿下凡。"李日芳从梦中惊醒，突然有了看风水的绝招。从此周游天下，也获取了大师的名号。

朱宸濠自有了那个超尘拔俗的理想后，就四处招揽人才，很快就大喜过望地招揽到了李自然和李日芳这两个不世人才。

有一点需要补充。江西在明代时术士泛滥成灾，这可能和道教大亨张道陵有关。张道陵在江西龙虎山修炼，后来白日飞升，引得无数江西人都开始钻研道教神秘难测的方术。当时的民间和官署，乃至皇帝的宫廷中到处都有江西术士的身影。有一个数据可以作为直接证据，明帝国第八任帝朱见深（明宪宗）在位的二十三年（1465—1487年）里，127名传奉官（皇帝直接下诏任命的官员）中有12名方士。这12名方士中有4人是江西人，其中术士李孜省以名震天下的房中术做到了教育礼仪部副部长（礼部侍郎）的位置，成为江西人的骄傲。无疑，江西在明代是道教术士们的大本营，是方术文化的重镇。在这种大背景下，朱宸濠招揽人才，招到的人才中肯定有术士。

李自然用理性的专业眼光赞叹朱宸濠：骨相天子。李日芳在南昌溜达了一圈后，用格外确定、格外敬业的口吻提醒朱宸濠：江西南昌东南方有天子气。

这二人的配合天衣无缝，从里到外给朱宸濠灌迷魂药。朱宸濠的宁王府就在南昌城的东南方，看来李日芳的风水知识相当精湛，而他多次照镜子，也发现自己的相貌异于常人，这必是天子相。看来，李自然看相摸骨的技能已经到了炉火纯青的境界。朱宸濠确信这点后，神清气爽、兴奋无边。但李日芳提醒他，有高道行的人不止我一个，万一有人看到南昌东南方有天子气，可不太好。朱宸濠马上惊慌起来，说："这可如何是好？"李日芳说："可以把气遮掩起来。"几天后，朱宸濠就按李日芳提出的方法，开始兴建"阳春书院"来遮掩天子气。

朱宸濠并非总玩这种肉麻的游戏，而是真的在为实现理想而努力实践。用王阳明心学来解释朱宸濠的行为就是，人人心中都有个"天子"，但如果你不去事上练，那就和禅宗的枯禅没有区别，而朱宸濠的"事上练"相当卖力。

他把人际交往扩大化和精深化，不但结交朝中权贵要人，还结交山贼草寇和江洋大盗。他干涉司法，从监狱里捞人。被捞出来的人为了报答他，就替他卖命，抢劫、杀人、放火，无恶不作，得到的利润统统交给朱宸濠，朱宸濠再重新分配。他在南昌城郊区建立武器制造厂，昼夜不息地打造兵器，声音能传出几公里。

刘瑾的覆灭对朱宸濠的影响微乎其微，因为很快他又攀上了代替刘瑾被朱厚照宠爱的太监钱宁。钱宁能赢得朱厚照的欢心靠的不仅仅是谄媚，他是个有本事的人，据说能双手同时开弓，百发百中。钱宁也有俗人的弱点就是爱钱。朱宸濠就对其挥金如土，钱宁寂寞，朱宸濠就把一个叫臧贤的男艺人推荐给钱宁。钱宁又把臧贤推荐给朱厚照，臧贤的机灵乖巧很快就征服了朱厚照的心，臧贤很卖力地在朱厚照面前赞扬朱宸濠这位圣人级人物，朱宸濠此时感觉更如鱼得水。

朱宸濠对朱厚照的关注已经到了这种地步：臧贤在家中建有专门的墙壁，里面可以藏人。他时常邀请朱厚照到家中做客，朱宸濠就把间谍藏到墙壁中，朱厚照在臧贤家说的所有话都被一一记录，然后命人乘快马飞奔南昌交给朱宸濠。

朱厚照对臧贤过于夸张地渲染朱宸濠的行为也有过怀疑。某次，他在臧贤家看到一别致的酒杯，臧贤说是朱宸濠送给他的。朱厚照质问："他有好东西怎么不给我，为何要给你？"臧贤冒了身冷汗。另有一次，朱宸濠示意他在中央政府的朋友们赞颂他"仁孝"，臧贤把奏疏呈给朱厚照看时，朱厚照疑惑道："官员仁孝，可以升官。他一个王爷仁孝，这是要干什么？难道他想做皇帝？"

臧贤这回不仅是冒冷汗，而是毛骨悚然了。

当朱宸濠发现自己太急功近利时，为时已晚。江西某匿名官员指控他扩充卫队违背律法。朱厚照下令，取消宁王府卫队。朱宸濠的人生蒙上了一层阴影。

但老天爷大概非要看一场好戏。1513年，那个对王阳明没有好感的陆完当上了兵部尚书。王府卫队理论上归兵部管，所以陆完只要开口，就大事可成。朱宸濠马上命人推了一车珠宝来到京城，通过他强大的人脉和陆完接上头。陆完见到发光的财宝后已被震得神志不清，连声答应要为朱宸濠排忧解难。陆完很快就完成了朱宸濠交给他的任务，宁王卫队再次起死回生。

朱宸濠卫队复活后，他暗暗发誓这是最后一次，决心不再招摇，而是悄悄地发展自己的势力。他很快从历史中得到启示：自己要成大事还缺少一个关键因素，这就是谋士。

凡是想做成大事的人，身边都有谋士。刘备有诸葛亮、苻坚有王猛、朱元璋有刘伯温，就是西夏李元昊在决心和北宋帝国翻脸时，还找了两个落第秀才当谋士，朱宸濠于是加紧寻找谋士。

他找到的第一个谋士是江西的一个举人刘养正。刘举人属于神童级别，本来可以做出一番事业的，但被卡在了会试上，屡试不中，恼羞成怒之下他发誓不再去考，安心在家乡养生。他制作了别具一格的道冠道服，经常出门晃悠，惹人注目。江西有地方官曾邀请他当自己的幕僚，刘养正严厉拒绝，他说自己已是世外之人，凡尘琐事已不是他人生的题目。

刘养正的特立独行获得了广泛关注，江西各地官员以被他允许见面为至高无上的荣耀。朱宸濠认为此人就是传说中的顶级谋士，三番五次派人带着厚礼去请他出山。朱宸濠请的次数越多，刘养正的谱摆得就越大。朱宸濠想起刘备三请诸葛亮的往事，亲自登门拜访。一来二去，刘养正被朱宸濠的礼贤下士感动，来到宁王府和朱宸濠共谋大计。

朱宸濠的另一位谋士叫李士实，来历非凡。李士实原是皇帝秘书（翰林官），由于每天都在国家图书馆看书，所以逐渐懂得谋略之术，退休回江西后，朱宸濠迫不及待地邀请他再度走上工作岗位。李士实听了朱宸濠一番豪言壮志后，拍着桌子叫道："老夫半截已入土，懊恼终生抱负不能实现，如今是苍天有眼，把你送到我面前。姜子牙、诸葛亮只配给我提鞋，他们一生所用谋略我一清二楚，你找我，没有错。"

这位千古难遇的大贤给朱宸濠贡献的第一个奇计就是：让朱宸濠的儿子认朱厚照做干爹。

朱厚照三十多岁始终没有儿子，李士实的着眼点正在此。他说："这个计划可谓最出彩的和平演变。如果您的儿子成了朱厚照的儿子，将来朱厚照一死，您就成了皇上的亲爹。"

朱宸濠不想做太上皇，因为那是个花瓶。李士实神秘地说："我这奇计分两段，第二段我现在不能说。"

依常理猜测，李士实这个奇思妙想的后半段大概是，一旦朱宸濠的儿子成了皇帝，朱宸濠就把儿子搞定，自己来当皇帝。解决亲生儿子远比解决朱厚照要容易得多。

朱宸濠或许猜到了这个奇计的后半段，所以大喜过望，马上动员在京城的朋友们向朱厚照推荐自己的儿子。

朱厚照莫名其妙。他说："我不过才三十多岁，而且身体健康，你们怎么就敢保证我不能生出儿子来。"不过，他又说，"宁王这份为了江山社稷的苦心真让我感动。你们要叮嘱江西的那群官员，好好照顾宁王。"

朱宸濠得到朱厚照关心的问候后，马上又主动起来。先是要求中央政府给予他管理和调动当地监军和他所在地区卫所部队军官的权力的印信。理由是，江西地区的反政府武装太多，他希望为国出力。这是一个不可能被允许的请求，但奇迹发生了：朱厚照同意了。

朱宸濠蹬鼻子上脸，又提出一个为家族分忧的请求：管理江西境内的皇族。这又是一个不可能被允许的请求，不谈法理，只从人情上而言，他就没有资格管理其他皇族。但奇迹再次发生了：朱厚照又同意了。

朱宸濠对朱厚照的昏庸印象越发深刻，他本人也越来越肆无忌惮。他坐在装修豪华的宁王府的山寨龙椅上自称“朕”，把他的卫队称为皇帝卫队，把他的命令说成是皇帝的敕令。他没有局限在自娱自乐中，而是继续去“事上练”：当王阳明在赣州和池仲容吃饭聊天时，他命令南昌各地官员以后要穿戴正式朝服随侍他。

当王阳明扫清南赣匪徒，并加紧后期重建工作时，朱宸濠的辛苦努力得到了他自认为的回报，他认为自己已控制了局面，并且信心百倍地确定了革命的具体时间。

针锋相对

在朱宸濠的革命准备阶段，最大的阻力并非来自北京，而就在他眼皮子底下——那群江西省的政府官员。王阳明只是其中之一，像王阳明这样的官员在江西至少有两个：一个是胡世宁，另一个是孙燧。

胡世宁是个善于发现问题和处理问题的行政官僚，眼睛里揉不得半点沙子，文武兼备。他到江西南昌当军事督察副督察长（兵备副使）时，朱宸濠正在为“革命”埋头苦干。胡世宁立即搜集朱宸濠和山贼土匪勾结的铁证，呈送中央，要求中央派调查组前来调查。

朱宸濠得到消息后，慌忙去拜访胡世宁。他不能像对付别的惹事官员一样对付胡世宁。因为胡世宁是兵备副使，不仅有监察当地军队的权力，还有调动军队的权力，尤为重要的是，胡世宁忠正的声名远播。胡世宁对朱宸濠的到访很冷漠，还把话说得很不好听。他说：“律法规定，亲王不得结交地方官员，宁王爷这是想干什么？我胡世宁天生就不喜欢交朋友，请宁王自重。”

朱宸濠发现胡世宁果然像传说中的那样又臭又硬，所以不想在他身上浪费时间。不过他警告胡世宁，在南昌做官，要小心。胡世宁最不怕的就是威胁，1514年，胡世宁在多次向中央政府指控朱宸濠谋反未果后，再上最后一道奏章。他沉痛地指出：“人人都认为江西现在最大的灾难是匪患，但是几个毛贼能成何大事？我确信，不久之后，江西将有大难，那就是宁王府。无论如何都要派人来调查宁王，否则后果不堪设想。”

兵部尚书陆完回复胡世宁：不要杞人忧天；之后，他又写信给朱宸濠：胡世宁诬告你多次，你二人有何深仇大恨？

朱宸濠大怒，他决心除掉胡世宁。他那张越织越密的关系网发挥了能量：胡世宁被调到福建。朱宸濠认为这不足以泄愤，连上三道奏疏指控胡世宁妖言惑众，诬陷皇族。胡世宁霉运当头，去福建上任时转道回浙江老家看望家人。朱宸濠抓住机会指控胡世宁畏罪潜逃，并且命他在浙江的朋友巡抚潘鹏把胡世宁缉拿到南昌来。胡世宁发现问题严重起来，一旦回江西必是老命不保，于是慌忙逃往北京，主动走进锦衣卫大牢。就是在狱中等待死亡时，胡世宁依然三次上书认定朱宸濠必反。朱宸濠动用他在京城的关系网想把胡世宁置于死地，但胡世宁的忠直之名拯救了他。朱厚照出人意料地认为胡世宁罪不至死，将其发配东北。朱宸濠革命失败后，胡世宁才被撤销罪名，回到京城，因多次直言朱宸濠必反的先见之明而为朝野所推重。

孙燧和王阳明是同乡，也是要好的朋友。他以都御史的身份巡抚江西和王阳明巡抚南赣的时间大致相同，但两人的遭遇有天壤之别。孙燧机敏、正直，做事有计划，不畏强暴。去巡抚江西之前，他对朱宸濠做了详细的了解，最后确信朱宸濠造反只是时间问题，又确定了当时疑雾重重的两件事：他的两位前任王哲和董杰之死的幕后黑手正是朱宸濠。这二人在巡抚江西时都拒绝和朱宸濠合作，下场凄惨。孙燧对他的家人说：“此去凶多吉少，你们不必跟随，我只带两个仆人去就是了。你们不在，我没有后顾之忧，还可以用这条命和宁王斗上几个回合。”

孙燧一到南昌，毫不迟疑，立即将进贤、南康、瑞州的城防精细化。这是针对活跃在三处土匪的一记重拳。有情报指出，这些土匪和朱宸濠有千丝万缕的关系，甚至就是朱宸濠的属下。同时，他又强烈建议中央政府对九江兵备大力加强。按他的想法，朱宸濠一旦造反，必先攻九江，九江的城防如果完美，将成为朱宸濠出门的第一块绊脚石。

朱宸濠对孙燧如此勤于军政之事大感意外，他请孙燧吃饭。他要孙燧了解，江西有他宁王在，太平无事，你不必锦上添花。孙燧向朱宸濠陈说大义。

朱宸濠对孙燧所谓的大义很冷淡，他有自己的大义，那就是“灭亲”。

孙燧见朱宸濠已是油盐不进的顽固分子，也就不费唇舌。他开始接二连三地把朱宸濠必反的奏折送向中央。此时的江西南昌到处都是朱宸濠的人，所以孙燧的奏折永远都出不了江西。但孙燧这种持续不断打小报告的行为惹恼了朱宸濠，他决心铲除孙燧。不过他是个有身份的人，所以先礼后兵。他给孙燧送去四样江西土特产：枣、梨、姜、芥，暗示孙燧“早离疆界”。孙燧的反应极为激烈，他探听到活跃在鄱阳湖附近的盗贼凌十一、吴十三、闵廿四和朱宸濠有密切往来，于是在大雨夜突袭其老巢。三人狼狈地逃到朱宸濠祖墓后突然消失。孙燧要进朱宸濠祖墓搜索，虽未如愿，却给了朱宸濠一记闷棍。

孙燧更确信朱宸濠必反，他在给朝廷的文件中还取笑朱宸濠“不愿做王爷，甘去做盗贼，大概是做王爷的趣味不如盗贼佳”。

朱宸濠怒火攻心，当他正要对孙燧下手时，王阳明来到江西剿匪，他的注意力很快被这位心学大师吸引了。当王阳明以迅雷不及掩耳的速度解决了詹师富，以一封信的力量让龙川大亨卢珂痛改前非后，朱宸濠惊骇万分。他对两个谋士刘养正和李士实说：“王阳明果然非同凡响，希望他来江西只是剿匪。”

李士实一笑，说：“他那两下子也就能对付几个山贼而已。我听说，这人全靠忽悠成事，从不讲真话。”刘养正不同意李士实的见解。他说：“这人不可小觑，即使他来江西只是剿匪，难道会眼睁睁看着我们做大事而不干涉？”

李士实的意见是，他要阻挡历史的车轮，我们就轧死他。对付他，只需要一支机动部队。

朱宸濠批评李士实：“你呀，越老越糊涂。咱们不能无故给自己树敌，在革命之前最好把障碍全部清除。我觉得可以试着拉拢他，看他出什么价。天下没有谈不拢的买卖，只有谈不拢的价格。”

刘养正闷闷地来了一句：“孙燧就是谈不拢的买卖。”

朱宸濠冷笑：“谁说谈不拢，不过这个买卖的价格是一条命而已。”

这当然也是买卖，不过是砸锅的买卖。

当王阳明在赣州准备对付池仲容时，朱宸濠派刘养正和李士实去探王阳明的虚实。双方一见面，嘘寒问暖谈些家常，气氛融洽。刘养正向王阳明请教心学，王阳明认真地阐述他的心学思想，李士实极不耐烦地听了半天，突然插嘴：“我们还是谈正事吧。”这意思是，王阳明的心学不是正儿八经的事。

他不等王阳明开口，就侃侃而谈。在他激情四射的叙述里，王阳明了解到，如今整个江西，上至皇亲国戚下至贩夫走卒，都知道宁王爷尊师重道，集商汤、周文的气质于一身，是正在成为圣人的人。而王阳明也鼓吹恢复圣学，所以他宁王爷特地派他最亲密的人来拜访王阳明，表达他对王阳明的欣赏之意。同时，如果王阳明不介意（你也没有资格介意），宁王就亲自来向王阳明讨教。

王阳明装出诚惶诚恐的模样，说："我的学生虽然都是官员，但官位最高的也不过是侍郎。宁王爷身为千金之躯要做我的学生，我哪里敢当。难道宁王爷要舍弃王爵来做我的学生吗？"

李士实冷笑："我们王爷舍弃王爵如弃掉一双破鞋，但舍弃王爵对天下苍生有何意义？当今天子闹得太不像话，政事荒废，黎民生活在大黑暗中，如果我们王爷舍弃王爵能让百姓重见天日，舍弃了又如何？"

王阳明和刘养正都变了脸色。这话实在太露骨，刘养正认为李士实太心急，不该一上来就把朱宸濠的理想全盘托出。王阳明则认为，李士实居然敢在他这个巡抚面前说这些大逆不道的话，说明朱宸濠的造反已是箭在弦上。

箭的确已在弦上。李士实见王阳明不说话，用一种沮丧的语调说："难道当今世上就没有汤武吗？"这话明显有两层意思，朱厚照是桀纣，朱宸濠是汤武。

王阳明也假装叹了口气："纵然有汤武，也需要有伊吕（伊尹、姜子牙）来辅佐。"

李士实虽然年纪大了，但反应仍然很快："有汤武就有伊吕！"

王阳明不想纠缠在"鸡生蛋、蛋生鸡"的悖论中，他发挥出去："有伊吕，就有伯夷、叔齐。"伯夷和叔齐都是前朝坚定的卫道士。

刘养正终于有了插话的机会，而且他认为自己这句话绝对可以堵住王阳明的嘴："伯夷、叔齐后来都饿死了。"

王阳明的嘴没有被堵住，而且比上次反驳得还要快："他们那颗忠诚的心还在！"

李士实追击："心在有个屁用，要看既成事实。"

王阳明摇头："人人心中都有良知，人人心中的良知都会得出一个真理。伯夷、叔齐虽然死了，但他们的良知在每个人心中。"

两人发现再辩论下去就会踏进王阳明心学的地盘，那不是他们擅长的，所以他们当天就告辞回了南昌。

他们去时是两人，回南昌时却是三人。王阳明派了一个名为冀元亨的弟子跟他们来到南昌。冀元亨此行有两个任务，一是用心学的力量把朱宸濠拉回正途；二是如果第一个任务无法完成，那就搜集朱宸濠谋反的证据。

实际上，第一个任务是不可能完成的任务，第二个任务已多此一举。

朱宸濠已是王八吃秤砣——铁了心要造反，即使佛祖下凡做他的思想工作也无济于事；王阳明早已对朱宸濠谋反的事实心知肚明。刘养正和李士实来之前，孙燧也来过赣州。孙燧把朱宸濠的谋反罪证一五一十地说给王阳明听。

虽然如此，王阳明还是派了自己的得意弟子冀元亨去南昌，原因恐怕只有一个：他不想随便放弃任何一个人，尤其是朱宸濠，哪怕有一丝希望，他也要争取。毕竟这是关系千万生命的大事。

冀元亨是王阳明在贵州龙场时的入室弟子，乐观向上、智勇兼备，深信王阳明心学，确信任何道理都要到实践中去验证。有一件事可以证明。他在老家湖南参加乡试时，考官出的题目是“格物致知”。朱熹已把这四个字讲得很透彻，冀元亨也知道，可他非要按王阳明解释的“格物致知”答题。王阳明派他到南昌，他居然乐不可支。王阳明提醒他，此去凶多吉少，他更是心花怒放。他向王阳明保证，倾尽全力完成任务。

冀元亨这个陌生人闯进了朱宸濠的世界，让朱宸濠和他的两个谋士疑虑重重。刘养正认为，冀元亨是王阳明出于礼貌派来给朱宸濠上心学课的。李士实却认为，这人就是个奸细。朱宸濠思来想去，最后说，留下他，看他能要出什么花样来。

朱宸濠不怕冀元亨要花样，就怕冀元亨讲心学。冀元亨最先给他讲的是王阳明重新诠释的“格物致知”。朱宸濠听得目瞪口呆。冀元亨讲完，他才发现这东西的确可以让他耳目一新，但和他的知识结构有很大出入。

他不认可王阳明心学，尤其不认可王阳明在《大学问》里说的“只要良知光明就能获得一切”。他反驳说，良知这玩意就是孟子说的恻隐之心，它只是一种个人品德，人如果能靠个人品德获取成功，简直天方夜谭。

冀元亨大声道：“谁说的良知只是一种品德，它是万能的。如果你不信，请先光明你的良知，你再看。”

朱宸濠较劲了：“难道你老师王阳明扫平了那群山贼靠的就是良知？”

冀元亨吃惊地喊了起来：“不靠良知还能靠什么啊！人唯一的依靠就是自己的良知啊！”

朱宸濠无论如何都理解不了冀元亨的话，问道：“你老师王阳明的良知彻底光复了吗？”

冀元亨愣了一下，朱宸濠笑了起来。

朱宸濠的笑声好不容易结束，冀元亨又不紧不慢地说开了，这次不是谈良知了，而是谈朱宸濠最感兴趣的问题。

他首先立下大提纲：君臣。君就是君，臣就是臣，臣绝不能叛君。朱宸濠在这方面的学识比冀元亨渊博。他说："商汤周武就是臣，后来成了君。"冀元亨说："那是因为桀纣都不是好鸟，孟子说，商汤杀的不是君，而是独夫民贼。"朱宸濠说："当今圣上和桀纣有何区别？"

冀元亨被朱宸濠的露骨惊骇当场，可他没有办法反击，只是使出浑身的力气吼道："为臣的就不能有谋反之举！"

朱宸濠想起家恨："成祖皇帝（朱棣）的江山是怎么来的？你们现在这群抱着儒书歌功颂德的那个皇帝的祖宗就是个谋反之臣！"

冀元亨发现自己在讲大道理上明显被朱宸濠压得透不过气来，于是他转换角度，设身处地为朱宸濠着想。他对朱宸濠的"时"与"势"进行分析，最后得出结论，你没有"时"运，没有"势"，所以，万万不可妄动。

朱宸濠说："你的分析是隔靴搔痒。我非常想把我的时势都告诉你，但这恰好是你想得到的，所以我不告诉你。"

冀元亨的第一个任务毫无悬念地失败了，而他的第二个任务根本不必用心去做，因为当时的南昌城里到处都是朱宸濠的兵马在紧锣密鼓地调动。他跑回赣州对王阳明说，朱宸濠造反只是时间问题了。

王阳明当时的分析是，朱宸濠不可能马上造反。他没有任何根据，大概是他的良知告诉他的，这是一种直觉。实际上，有时候直觉非常重要，按王阳明的说法，直觉就是你良知发动时递交给你的正确答案。

不过有时候直觉也会出错，尤其是这种直觉和我们自己没有直接关系时。

朱宸濠在1519年农历六月十五造反，是王阳明没有预料到的。而朱宸濠的造反实在是过度紧张后的做贼心虚。

实际上，和朱宸濠近在咫尺的孙燧在1519年农历六月初也没有预料到朱宸濠会如此迅疾地造反。就在六月初，他捉了几个盗贼，朱宸濠的卫队蒙面来劫狱。他捉住了一名劫犯，严刑拷打之下声称是朱宸濠所派。孙燧要朱宸濠给出解释，朱宸濠出乎意料地把已抢到手的盗贼还给孙燧，而且还亲自处决了那个招供犯。这件事让孙燧产生一种错觉，朱宸濠还未准备好。

朱宸濠的确没有准备好。他本来定在1519年农历八月十五乡试时起兵，但一件偶然发生的事，让他做出了提前起兵的重大决定。

宁王革命了

1519年农历五月中旬，退休南昌的御史熊兰对朱宸濠咬牙切齿。原因只有一个，朱宸濠很不待见他。这并不怪朱宸濠，朱宸濠正在做大事，结交各类有用的人，对于一个已经退休的御史，他显然不会放在心上。熊兰发誓要让朱宸濠付出轻视自己的代价，于是把朱宸濠谋反的事实报告给他在京城的好友御史萧淮。本来，举报朱宸濠的人前仆后继，得逞的人却凤毛麟角，萧淮也不可能违背这个定律。但是，萧淮和当时首辅杨廷和关系非同一般。他直接把控告朱宸濠的信私下交给杨廷和，并且暗示杨廷和：朱宸濠的卫队被恢复，你这个内阁首辅可是签字的，朱宸濠如果造反，你有不可推脱的关系。杨廷和是政治高手，马上发现自己已坐到了火山口，他急忙向朱厚照申请撤销朱宸濠卫队。

本来，杨廷和的申请也会像从前别人的申请一样，泥牛入海。但此时宫廷政治发生了变化，新被朱厚照宠爱的江彬与朱厚照身边的太监张忠结成联盟正在猛烈打击钱宁和臧贤。三人都知道钱宁和朱宸濠的关系非比寻常，于是抓住这个机会，在朱厚照面前煽风点火。最后，朱厚照确信朱宸濠的确有问题，所以命令驸马都尉崔元去南昌。

这里有典故。明帝国第五任皇帝朱瞻基（明宣宗）时，他的叔叔、赵王朱高燧在封地很不老实，朱瞻基就派驸马袁泰到朱高燧封地警告他不要乱来。朱高燧恐惧万分，从此安分守己。这是和平的安抚，并没有其他意思。朱厚照也是想用这一招让朱宸濠老实本分。但朱宸濠做贼心虚，一听说中央政府派驸马前来，想到的却是另一个典故。

这个典故是这样的：明帝国第九任皇帝朱祐樘（明孝宗）时，荆王朱见潇天良丧尽，把生母活活饿死，又把亲弟弟杀掉、霸占弟媳，再把堂弟活埋、霸占堂弟媳，还经常带着他的卫队与山贼到民间强抢民女。朱祐樘不能忍受家族这个祸害，于是派出驸马蔡震到朱见潇封地，将其擒获处决。

这个典故对朱宸濠的冲击力量是巨大的，他一得到驸马崔元要来南昌的消息后，马上召集他的两个谋士，问计。

李士实捶胸顿足道：“北京的官员们全是群废物，亏您给了他们那么多金钱，怎么就让事情发展到这一地步？”

刘养正认为这件事或许没有想象的那么可怕。按他的分析，朱厚照多年来对朱宸濠一直不错，派驸马崔元来南昌可能只是抚慰。朱宸濠叹息道：“即使是抚慰，肯定要取消我的卫队，所谓事不过三，这次再取消，想要恢复就难了。”

李士实拍案而起：总是要反！择日不如撞日，明天是王爷您的生日，江西官员都会来祝贺您，咱们给他们来个一窝端，愿意跟随咱们的，留下；冥顽不灵的，杀掉。

朱宸濠说："应该师出有名。"

李士实说："这简单，人人都说朱厚照是野种，根本不是朱家的人，我们就说奉太后命令发兵讨罪。"

朱宸濠说："这个理由很好！"

当天夜里，朱宸濠集结部队七万余人，号称十八万，然后在长夜中坐以待旦。

1519年农历六月十四，太阳从东方升起，宁王府人潮汹涌，几乎所有高级官员都来为宁王祝寿。当宴会进行到高潮时，朱宸濠站到高台，示意众人安静，大声说："太后密旨，要我出兵北京，讨伐伪帝朱厚照。"

群臣大骇。孙燧第一个站出来质询朱宸濠："太后密旨何在？"

朱宸濠说："你别废话，密旨是你想看就看的？我现在准备去南京，你等愿意保驾吗？"

孙燧跳了起来，高声叫道："你这是谋反，天无二日，民无二王，宁王爷你好大胆子。"

朱宸濠拍手两下，帷幕后冲出了一群士兵。他看定孙燧，说："你们这群鸟人，名义上保我孝行，背地里却告我谋反，阳奉阴违。来啊，给我把孙贼拿下！"

江西省法院副院长（按察副使）许逵厉声高叫："孙都御使是皇上派来的钦差大臣，你们这群反贼还有王法吗?!"

朱宸濠狂笑："什么狗屁钦差，我巴不得他就是狗皇帝本人。来啊，把许逵也给我拿下。"

孙燧和许逵被士兵刀架脖子上，大骂不已。朱宸濠见二人已经无法以死胁迫，于是成全二人让他们成了烈士。

孙、许二人的被杀在众人心中引起了冰冷的回响。在当时，人人只有两条路可以走：一条是臣服朱宸濠；一条就是走孙、许的死路。大多数人都选了第一条路，正如王阳明所说，人最难看破的就是生死关，在生死一线时，人人都求生而惧死。

朱宸濠宣称他将是明帝国未来的主人，而和他一起同生共死的人将是帝国的顶梁柱，好处不言而喻。

当朱宸濠在南昌城运筹帷幄时，王阳明也在临江镇运筹帷幄。他的弟子心惊胆战，朱宸濠可不是詹师富、池仲容这样的山贼，而是拥有精兵十几万的超级巨兽。

王阳明那支在剿匪战争中成长起来的强悍兵团由于军饷不足已解散，等于说，王阳明现在是光杆司令。况且，整个江西大部分官员都跪倒在朱宸濠的淫威下。王阳明没有帮手，只有数不清的敌人。这一严峻的情况，王阳明完全可以避免。因为他没有职责和朱宸濠对抗，他的职责是去福建平定兵变。即使他现在已到吉安府，他也完全可以撒手不管，假设有一天朱宸濠真的做了皇帝，他王阳明也对得起朱厚照的明帝国。或者可以这样说，王阳明从去福建的路上返回是抗旨不遵，不但无功反而有罪。

这些问题，王阳明根本就没有考虑。他在听到朱宸濠造反消息的第一反应就是必须阻止他。用他的心学理论解释就是，良知在刹那间传递给他的信息就是这个，而这个就是正确的，是有良知的表现。他如果在听到朱宸濠造反消息时的第一反应是思考，那就不是王阳明。王阳明有一颗悲天悯人的心，而朱宸濠造反势必要掀起腥风血雨，生灵涂炭，良知告诉他，必须让这些事消弭于萌芽之中。康有为说心学家都能成事，理由就在这里：他们凭良知做事。凭良知做事，首先大题目就是正确的，用今天的话来说就是，它代表的是大多数人的利益，站在正义的立场上。

1519年农历六月十六凌晨，王阳明在临江镇对几个小知县说，朱宸濠有三个选择：第一，从南昌直袭北京；第二，从南昌突袭南京；第三，死守南昌城。如果他用第一计，由于北京方面没有准备，他很可能旋转乾坤，江山社稷危如累卵。如果他用第二计，长江南北必是血流成河，他运气若好，搞不好会是南北对峙。如果他用第三计，那天老爷保佑，等政府军一到，他只能困守南昌，灭亡指日可待。

有人问王阳明，按您的猜测，朱宸濠会用哪一计？

王阳明回答：“朱宸濠志大才疏。志大才疏的人胆子小，瞻前顾后，尤其是对老巢有感情。如果他知道勤王之师正在准备攻打他的南昌城，他肯定会用第三计，死守南昌。”

有人不以为然，说：“勤王之师连影都没有。朱宸濠气焰万丈，肯定不会用第三计。”王阳明没有纠缠于这个问题，而是对临江镇的县令说：“你这个地方离南昌太近，又是交通枢纽，朱宸濠一支部队就能把我们一窝端，所以我决定去吉安。”

当王阳明从临江去往吉安的路上时，朱宸濠已在实践他的宏图大略了。他的一支精锐兵团在1519年农历六月十六、十七两天时间里突袭南康、九江，大获成功。当王阳明在六月十八到吉安府时，朱宸濠已稳固了南康和九江的防御。

王阳明死都不想让朱宸濠实行他的第二条计策，他决心让朱宸濠死守南昌。当然王阳明要把他钉死在南昌城，必须倚靠计谋。在开始他的谋划前，他要各地还效力政府的官员招兵买马，集结起一支可以上战场的部队。

凭着这支临时凑起来的部队，王阳明开始了他的布置。首先，他传檄四方，把朱宸濠骂了个狗血淋头，要天下人都知道朱宸濠造反就是和全天下人作对，和良知作对，是自寻死路。其次，他以南赣巡抚的身份要求江西各地军政长官起兵勤王。但这些只是占据了道义制高点，道义制高点是否可以产生效力，要有实力支撑。再次，他让伍文定带领那支临时凑起来的部队到离南昌六十公里的丰城敲锣打鼓，声称要进攻南昌。最后的计谋，才是王阳明用兵之策最完美的展现。

这个计谋用两个字就可以概括：造假。他伪造了各种迎接正规军进驻南昌的公文，在这些公文中最耀眼的就是正规军的人数，粗算一下，大概有十万人。公文中还声称，约定在本年六月二十合围南昌城，次日拂晓发动总攻。在另外的公文中，王阳明“回复”说，不要太急躁，为了避免重大伤亡，攻城是下策，应该等朱宸濠出城后打歼灭战。

他还伪造了答复李士实和刘养正投诚的书信。在信中，他对两人弃暗投明的态度表示深深的欣赏，并且答应两人，在平定朱宸濠后会给两人升官发财的机会。他再伪造朱宸濠手下指挥官们的投降密状，然后让人去和平时与朱宸濠结交的人相谈，在会谈结束后故意把这些公文遗落。自然，这些伪造的公文统统都到了朱宸濠手里。

有地方官员对王阳明这些造假计谋不以为然，他们问王阳明：“这样有用吗？”

王阳明不答反问：“先不说是否有用，只说朱宸濠疑不疑。”

有官员不假思索地回答：“肯定会疑。”

王阳明笑道：“他一疑，事就成了。”

这位地方官当然不明白王阳明的意思。王阳明就解释说：“朱宸濠虽然苦心经营多年，但他的造反不得人心，虽然有那么多官员都归顺了他，有很多人却是为形势所迫，并非是他们良知使然。也就是说，朱宸濠表面上人多势众，实际上各怀心思，所以他的失败是迟早的事。但是，如果让他出了南昌城，所过之处必是血流成河，百姓遭殃。我用了这么多计谋，无非让他多留在南昌城一天，那么百姓就少受一天劫难。我的良苦用心，希望你们可以了解。”

在场众人听王阳明如此说，都感动得要流下眼泪。

正如王阳明所预料的，朱宸濠对着那些公文，果然起了疑心。他立即派人私下打听刘养正和李士实，情报人员没有在这二人身上找到造反的证据，却在二人的家人那里得到可靠情报。他们的家人都被王阳明好心照料，二人的家里人衣食不愁、夜夜欢宴。朱宸濠又派人到丰城去查探王阳明部队的虚实，发现丰城城上果然旌旗蔽日，城里人喊马嘶，据他那心胆俱裂的情报人员分析说，丰城里的部队大概有十万人。

朱宸濠不再疑了，而是确信了下面的事实：王阳明集结了大部队准备攻南昌；政府军正从四面八方云集南昌；两个狗头军师三心二意，简直是混账王八蛋；他的部队指挥官们也是首鼠两端，准备站在胜利者一边。

朱宸濠想到这里，就大怒若狂。可我们始终有个疑问，他既然已确信李士实和刘养正怀有贰心了，为什么不杀了二人？不过在李士实看来，朱宸濠现在对他的态度比杀了他还难受。因为当他向朱宸濠分析王阳明在故布疑阵时，朱宸濠不理不睬。当他向朱宸濠建议按照原计划在1519年农历六月二十亲自带领主力直奔南京时，朱宸濠“哼”了一声，说：“你呀，老眼昏花了吗？看不到现在的形势啊，政府军就要来了，咱们必须先守住南昌城才能进行下一步。”

李士实愕然，不过出于责任，他还是劝说朱宸濠立即领兵北上直趋南京，朱宸濠死都不听。李士实和朱宸濠结交以来第一次大失所望，他叹息、流泪，忽然就想到王阳明，狠狠地骂道：“这个王八蛋真是诡计多端！”

王阳明曾对弟子说，他用阴谋时总受到良心的谴责。按他的心学，有良知的人要做到“诚”，不能欺骗别人。哪怕你的对手是盗贼，也不能欺骗，因为人家也有良知。最正确的办法是感化他们，唤醒他们内心的良知，让他们主动认识到从前的错误，洗心革面重新做人。当初他在南赣剿灭蓝天凤后就非常自责，他对弟子们说：“蓝天凤本可以缴械投降的，我是太着急了，没有给他时间。”在对朱宸濠进行了那么多“造假”计谋后，他也对弟子说，弄虚作假不该是我等人做的事，虽然是出自善意，却和自己的良知有违背。多年以后，他的弟子们回忆王阳明时说了这样一段话：“王老师认为阴谋诡计不符良知本体，所以每次行间用计，都不详细说明。”

所以，我们在看到王阳明在战场上光芒四射的同时，更应该看到他对自己所行之事的深刻总结，那就是做人应该诚实不欺，不可弄虚作假。

除了战场用计，王阳明的确不是弄虚作假的人，1519年农历六月十九，王阳明向中央政府递交了《飞报宁王谋反疏》。我们今天来看这道奏疏，好像看不出王阳明与众不同之处。但如果我们和当时的形势结合，就会发现王阳明的胆气直冲霄汉。

朱宸濠造反酝酿十几年，有七万精锐和一个庞大的关系网，朱厚照的胡作非为在政府官员中造成了恶劣的影响，这些官员对朱厚照已失去信心，他们或许并不希望朱宸濠造反，可一旦朱宸濠造反了，他们就采取坐山观虎斗的态度。这是朝廷的中央官员。地方上，尤其是南方各省，朱宸濠的部队用了一天时间就把江西军事重地九江攻陷，这种雷霆之力彻底把他们震住了。他们虽然不能肯定朱宸濠是否有帝王之运，但对朱厚照的前途也不确定。

于是，我们会在1519年的江西、浙江、湖广、福建、南京等地官员中看到这样一件奇怪的事：在他们反映江西情况的奏疏中，绝口不提朱宸濠造反。有的官员说，江西南昌有变；有的官员说，江西南昌十分紧急；有的官员说，江西南昌巡抚孙燧被害；还有的官员说，南昌居聚军马船只，据说有变。只有王阳明说，朱宸濠造反了。

这种不顾身家性命的胆气足以让我们折服，对于这种第一时间站出来和朱宸濠划清界限，并把朱宸濠贴上造反标签的举动，王阳明的一位弟子认为大可不必，正如那些官员一样，应该给自己留个缓冲的余地。依这位弟子的想法，王阳明不必发表什么檄文慷慨激昂地声讨朱宸濠，一旦朱宸濠真的革命成功，王阳明的这种努力非被朱宸濠诛了九族不可。王阳明批评这位弟子说：“就是因为很多人都抱有这种心态，所以我辈才要反其道而行之，凭良知做事！”

他也不是没有忧虑，在写完《飞报宁王谋反疏》后，他突然忧心忡忡地说：“如果朱宸濠捉了我的家人可怎么办！”

幸好，朱宸濠当时被他的“造假”计谋搅得心烦意乱，没有想到去捉王阳明的家人来要挟王阳明。几天后，朱宸濠就更不会想到这件事了，因为他已经发现了王阳明在虚张声势。

安庆保卫战

朱宸濠在1519年农历六月末得到可靠消息：根本就没有中央军来，王阳明在丰城的部队才几千人。出人意料地，他对中了王阳明的诡计这件事超然度外，反而还当着李士实的面称赞王阳明果然是非凡人物，险些把自己吓死。

李士实却没有朱宸濠这样的胸襟，他先是咒骂王阳明诡计多端，然后预测说大势恐怕已去。朱宸濠问原因。李士实分析说："您和南康、九江的部队约定六月二十二从南昌出发去南京祭拜太祖皇帝朱元璋的墓后继位，可现在过去很多天，您却迟迟不出。不必说南康、九江部队，就是南昌城的部队也已人心沮丧。他们错把王阳明的虚张声势当成事实，人心离散，无心攻斗。我听说已有小股部队正走在投降吉安府的路上。"

朱宸濠认为李士实是杞人忧天。他说："我有精锐部队十八万，可以不费吹灰之力席卷江南，王阳明仅靠几个虚假宣传就能乱我军心，世界上可从来没有这种事。"

说到这里，朱宸濠猛地一拍脑门："我应该派人去招降王阳明！"这真是个奇异的想法，但朱宸濠真的做了。被派到吉安府去招降王阳明的人叫季敩（xiào）和赵承芳。

季敩曾是南安府知府，在王阳明领导的桶冈、横水战役中立下大功。南赣匪患平定后，季敩被任命为广西政务长官（参政）。1519年农历六月十五，霉运当头的季敩携带家眷到广西上任路过南昌，听说是宁王生日，就跑去为朱宸濠庆生，结果被扣。据季敩自己说，他当时宁死不屈，可朱宸濠用他家人的性命威胁他，他只好屈从。而赵承芳则是南昌府教育局局长，属于自发投靠朱宸濠的人。

季敩心知肚明，来招降王阳明是个不可能完成的任务。所以他一见了王阳明，就把自己面临的困境说给王阳明听，而且把他所知道的南昌城和朱宸濠的所有情况汇报给王阳明。王阳明终于得到确切消息：朱宸濠要出南昌奔南京。王阳明还得到一个看似千真万确的消息：如果季敩的招降不成功，朱宸濠将和叶芳夹攻吉安府。

叶芳本是南赣地区的造反首领之一，后被王阳明招降，在桶冈之战中身先士卒，立下汗马功劳，深得王阳明的赞许。南赣匪患平定后，叶芳在惠州府政府工作，不过他仍然拥有精兵一万人，是当时朱宸濠积极拉拢的对象之一。如果这个消息属实，那王阳明将陷入绝境。吉安府恰好在朱宸濠的南昌和叶芳部队驻扎地中间，二人夹攻，王阳明纵是吴起、韩信再世也无济于事。

但王阳明认为叶芳绝不会和朱宸濠连成一气。他以深邃的洞察力告诉惊慌失措的弟子们："山贼草寇们都以茅草建筑房屋，但凡叛乱都会把房屋烧毁，以示破釜沉舟的决心。可我曾路过他大本营，见他们用上好的原木为房屋的建筑材料，如此重视家园的人，肯定不反。"

后来的事实证明，叶芳的确不会反，而且还在王阳明平定朱宸濠的战争中出力不小。

1519年农历七月初二，朱宸濠带着他的主力部队开出南昌城，目的地：南京。他根本没有理会季敩去招降王阳明的成败，也许在当时的他看来，一个手无精兵的人，即使他是用兵如神的王阳明，也不会构成什么威胁。所以，他毫无顾虑地去实现他的理想。

王阳明更加忙碌起来，他命令各地仍然效忠中央政府的官员集结所能集结到的一切部队，在本年七月十五会合于离南昌九十公里的临江樟树镇，他将在此地集结兵力后向北对南昌城发动总攻。

随后他很担心中央政府对朱宸濠的造反认识不清，又连上两道奏疏，在其中一道奏疏中，他提醒朱厚照："您在位这十几年来，屡经变难，民心骚动，可您却四处巡游，皇室谋动干戈不止。我告诉您，觊觎您龙椅的又岂止宁王一人？天下的奸雄又岂止在皇室？如果您不易辙改弦，罢黜奸谀，以回天下豪杰之心，绝迹巡游，以杜天下奸雄之望，那么会有无数个宁王站出来。我一想到这里，就心寒彻骨。如果您真的能像汉武帝那样有轮台之悔，像唐德宗那样有罪己之诏，天下人必被感动，天下人心必被收服，那真是江山社稷之幸。"

朱宸濠可没有王阳明那份"愚忠"的心，他倒巴不得所有的皇帝都像朱厚照那样昏庸。皇帝昏庸，他才有机会。可不知为什么，朱宸濠感觉这次革命的开头就不怎么顺利。虽然有攻陷南康和九江的成绩，但他被王阳明的虚张声势耽误了近半个月，这让他很不爽。另外，在他水军誓师那天，出了个天大的意外。本来是万里无云的天突然变化，云气如墨、暴风骤雨、电闪雷鸣。他的舰队先锋官被雷击。一艘军舰瞬间起火，很快就烧成了灰烬。朱宸濠对这一晦气的预兆很不开心，更不开心的是，他睡梦中看到自己照镜子，里面的他白发如霜。惊醒之后，他沮丧地叫来解梦专家。解梦专家看到他那半死不活的架势，赶紧安慰他："您现在是亲王，而梦到头发白，'王'字上面一个'白'，乃是'皇'字，此行必轻取皇位！"

这个解释真是千古一绝！朱宸濠重获青春的活力，命令水陆大军全力向前，取那命中注定的皇位。

朱宸濠兵团一路沿江北上，过九江后又势如破竹，推进到安庆附近。朱宸濠命人去安庆招降，结果安庆知府张文锦不吃这套，还给朱宸濠带了口信，诅咒他必死在安庆城下。朱宸濠气得七窍生烟，决心攻陷安庆活剥了张文锦。我们从地图上可以看到，南昌、九江、安庆和南京是在南北向的一条直线上，四个城市都在长江边，所以去南京必通过安庆，但通过它和攻占它不是一回事儿。按李士实的意思，朱宸濠没必要和安庆较劲，应该迅速通过安庆以最快的速度去攻南京。朱宸濠看着李士实苍老而红通通的脸，试图找到他居心叵测的证据，可惜没有找到。

他对李士实说："如果不把安庆拿下，我们攻打南京又不顺利，安庆部队断了我们的后路，我们就插翅难飞了。"

李士实说："安庆城易守难攻，我们会在这里浪费太多时间，南京方面一旦有了准备，那我们可真是插翅难飞了。"

朱宸濠说："就是因为我们浪费了太多时间，所以南京城肯定早就有了准备，我们应该稳扎稳打，如果真的打不下南京城，还能有个退路。"

李士实跌足道："都到了这个份上，还要什么退路。南京是帝国的第二心脏，攻取南京，太祖坟前登基，南方就是我们的了。不直趋南京而攻安庆就是不要西瓜捡芝麻。"

朱宸濠不理李士实，命令他的兵团猛攻安庆城。安庆城和它的主人张文锦开始经受严峻考验。

安庆城诞生于南宋初年，它被筑于长江北岸的目的就是防御从海上进攻的蒙古兵团，由此可知，它必定是易守难攻。张文锦到安庆担任知府后，江西巡抚孙燧曾多次给他写信，要他把安庆防御进一步精细化。张文锦也认为朱宸濠肯定会闹事，于是勤恳专业地料理安庆防御工事。当1519年农历七月份朱宸濠来到安庆城下时，他看到的是一个固若金汤的城池，他还看到城墙上摆满了防守军械。

朱宸濠猛攻安庆城的第一天，张文锦就把消息传给了王阳明。王阳明祈求老天保佑张文锦能守住安庆城。王阳明对张文锦并不了解，他只是知道这位知府是个忠正之士，曾受过刘瑾的制裁被迫回家养老。刘瑾死后，张文锦被重新起用，到陕西负责税务工作。据可靠消息，张文锦为官清廉，忠贞不贰。可这只是个人道德素质，它并不能证明张文锦的能力。

张文锦很快用实际行动证明了他的能力。安庆城正规军不到一千人，预备役（民兵）也只有几千人，张文锦发挥他突出的演讲能力，动员安庆城所有百姓有力出力、有钱出钱。他又发挥出色的管理能力，让每个登城者携带一块大石，石积如山，安庆城更加高大坚固。他发布命令说，每个登城者防守的时间必须坚持到一个时辰。一个时辰后，没有受伤的歇息一个时辰再来；轻伤的可以休息半天；重伤的不但无限期休息，还会得到物质奖励。

用王阳明的说法，真正的作战高手打的都是心理战，张文锦深以为然。他命人在城上架起大锅煮茶解暑。当时正是伏天，南方的伏天简直比炼狱还可怕，朱宸濠的攻城部队眼睁睁地看着对手喝茶解暑，而自己挥汗如雨，气得直跳。

开始时，他们用云梯攻城，被张文锦的卫兵用大石头砸得痛不欲生。后来他们又推出云楼，那玩意儿比安庆城墙高出一大截，他们想从云楼上跳到安庆城里。张文锦以毒攻毒，就在城上制造云楼，恰好比他们的高出一截。双方士兵在云楼中面对面，可朱宸濠的士兵只有大刀长矛，而张文锦的士兵有滚烫的热水，热水浇身，堪称火上浇油。

朱宸濠再次气得七窍生烟，可让他五脏俱裂的是，张文锦居然趁夜派出敢死队缒城而下袭击他的舰队。

在经过多轮的较量后，朱宸濠失去信心，说：“一个安庆都不能攻陷，还说什么南京城啊！”

李士实又适时地发话，他始终认为应该放弃安庆直奔南京。朱宸濠一生中从未遇过如此挫折，发毒誓要拿下安庆，否则他死不瞑目。经常有人说，遇到挫折时如果不能解决就绕过它，这叫拿得起、放得下。其实，世界上唯一能拿得起放得下的只有筷子。特别是从未遇过挫折的人突然面临困境时，要么退缩，要么死钻牛角尖。

如果没有王阳明，朱宸濠的毅力还是会取得效果。无论是张文锦还是王阳明都深知，安庆城抵抗不了多久。在朱宸濠丧心病狂的攻击下，安庆城正呈加速度的战斗性减员。吉安知府伍文定劝说王阳明，应该改变七月十五围攻南昌的计划而去援救安庆。因为人人都知道，安庆一下，南京就在朱宸濠眉睫。南京的防御工事多年来从未升级，根本抵挡不住朱宸濠的虎狼之师。如果朱宸濠拿下南京称帝，大明必将是另外一番景象。

王阳明沉思片刻，就说出了他的见解：“九江、南康都已是朱宸濠的了，据可靠消息，朱宸濠留了一万精锐在南昌城。如果我们去解救安庆，必走长江，必过南昌、九江、南康，这些都是朱宸濠的地盘，危机四伏，谁也不敢保证我们是否能顺利到达安庆。即使我们顺利到达安庆，朱宸濠必掉头来对付我，他号称十万精锐，我们如何能对付？纵使我们和朱宸濠旗鼓相当，可他的九江部队一旦割断我们的运输线，到那时必是大势已去。”

伍文定问：“那我们该怎么办？”

王阳明说：“执行原计划，七月十五全力攻南昌。一旦攻陷南昌，朱宸濠必会从安庆城下撤兵。这是一箭双雕：解了安庆之围，南京再无危险；朱宸濠失去老巢，必魂飞魄散，大功可成。”

1519年农历七月十五，各路部队在樟树镇会合。三天后，王阳明在樟树誓师，并向南昌城推进。农历七月十九，王阳明部队攻陷了距南昌城二十公里的南昌县。当夜，王阳明调兵遣将，确定在第二天拂晓对南昌城发动总攻。王阳明针对南昌城七个城门把攻击部队分为十三路。

第一路指挥官兼副总司令官伍文定，领官兵四千四百二十一人，进攻南昌城广润门，事成之后径直到布政司屯兵，分兵把守宁王府内门。

第二路指挥官泰和县知县李缉，领官兵一千四百九十二人，和第一路指挥官伍文定夹攻广润门，事成后直入王府西门屯兵。

第三路指挥官赣州府知府邢珣，领官兵三千一百三十人，进攻南昌城顺化门，事成之后径直入城到镇守府屯兵。

第四路指挥官吉安府推官王暐（wěi），领官兵一千余人，夹攻顺化门，事成之后直入南新二县儒学屯兵。

第五路指挥官袁州府知府徐琏，领官兵三千五百三十人，进攻南昌城惠民门，事成之后径直入按察司察院屯兵。

第六路指挥官临江府知府戴德孺，领官兵三千六百七十五人，进攻南昌城永和门，事成之后径直到都察院提学分司屯兵。

第七路指挥官瑞州府通判胡尧元，领官兵四千人，进攻南昌城章丘门，事成之后径直到南昌卫前屯兵。

第八路指挥官新淦县知县李美，领官兵两千人，进攻南昌城德胜门，事成之后直入王府东门屯兵。

第九路指挥官吉安府通判谈储，领官兵一千五百七十六人，夹攻德胜门，事成之后直入南昌左卫屯兵。

第十路指挥官抚州府通判邹琥，领官兵三千余人，夹攻德胜门，事成之后撤出城在天宁寺屯兵。

第十一路指挥官中军赣州卫都指挥余恩，领官兵四千六百七十人，进攻进贤门，事成之后直入都司屯兵。

第十二路指挥官万安县知县王冕，领官兵一千二百五十七人，夹攻进贤门，事成之后直入阳春书院屯兵。

第十三路指挥官宁都县知县王天与，领官兵一千余人，夹攻进贤门，事成之后直入钟楼下屯兵。

在发动总攻前，王阳明做了一件让指挥官们心惊胆战的事。王阳明命人把十几个穿着低级军官制服的人当着那群指挥官的面处决，鲜血淋漓、触目惊心。王阳明平静地对这些指挥官说，这几个人在攻打南昌县城的战役中不听命令，得此下场罪有应得。你们明天作战，必须要严格按我的命令进行。如果我发现有士兵不听命令，就斩士兵的长官；你们的手下不听命令的，就斩你们；如果你们不听命令，我就斩你们的司令官伍文定。

众人汗流浃背。实际上，王阳明所斩的都是俘虏。王阳明的权术高深莫测，这只是一个并不显眼的证明。

令人大为惊诧的是，南昌城兵团指挥官对王阳明从1519年农历七月十五到七月十九的情况毫不知情。王阳明的神速是其中一方面，不过也同时证明朱宸濠南昌兵团指挥官的低能。直到七月二十日凌晨，王阳明的部队已经敲起战鼓时，朱宸濠南昌城守卫兵团才大梦初醒，南昌城里顿时像被踢翻的蚂蚁窝一样。

决战朱宸濠

1519年农历七月二十日凌晨，王阳明对南昌城下达了总攻令。据后来被俘的宁王部属交代，他们对王阳明的用兵如神早有耳闻，当时得知王阳明来攻南昌城时吓得魂飞魄散。尤其是看到南昌城外围兵力顷刻瓦解崩溃退回城内后，他们对守卫南昌城已不抱丝毫希望。

世界上最坚固的城池绝不是铜墙铁壁，而是人心。南昌城原本被朱宸濠经营多年，几乎坚不可摧。城上常年架设着滚木、灰瓶、火炮、石弩等现代化守城军械，朱宸濠临走时又留下一万精锐和五千预备役（土匪流氓），而王阳明的杂牌部队才三万人，兵法说"围五攻十"，包围敌人要用五倍于敌人的士兵，攻击敌人就要用十倍于敌人的士兵。如果南昌城死守，王阳明绝讨不到半点便宜。问题是，王阳明之前的宣传战（各地勤王军正源源不断赶来）和他迅雷不及掩耳地扫除南昌外围防御的阵势吓住了南昌城守军。

当伍文定攻城部队率先攻打广润门时，广润门守军一哄而散，伍文定几乎未遇任何抵抗就进了广润门。广润门一失，其他各门扔掉武器大开城门，王阳明的攻城部队就这样几乎兵不血刃地占领了南昌城。

王阳明一进南昌城就马不停蹄地忙碌起来。首先，张贴安民告示，对百姓没有支持朱宸濠守军表示欣慰，要他们各安生业，就像是什么事都没有发生过一样。同时打开朱宸濠的粮仓，大放粮食。其次，扑灭宁王府大火。宁王府的人一听王阳明围城就开始放火，王阳明进城时，宁王府已浓烟滚滚，火光四射，殃及周围的百姓房屋。再次，整顿部队纪律。王阳明的部队是从各地征召来的，其中难免有地痞无赖，这些人进城后奸淫掳掠，搞得南昌城居民苦不堪言。王阳明就捉了几个闹得最凶的斩首示众。最后，王阳明整编朱宸濠留在南昌城的部队，同时张贴告示，所有胁从人员只要自首，一律不问，虽主动投靠朱宸濠但现在只要改邪归正，写份保证书，也既往不咎。南昌城很快秩序井然，于是朱宸濠的老巢换了主人。

当王阳明把朱宸濠的大本营重新恢复为明政府治下的一个城市时，朱宸濠早已得到南昌城失守的消息，他嚼着无声的怨恨，痛苦地流下眼泪。朱宸濠下令回师夺回南昌，李士实和刘养正都不同意。

李士实认为，一旦从安庆撤军回南昌，军心必散。朱宸濠冷冷地说："南昌是我们的根基所在，怎能不救？"刘养正说："男儿四海为家，况且您可是顶天立地的大男儿，安庆城指日可下。拿下安庆，调遣九江、南康部队，再救南昌也不迟。"

朱宸濠咆哮起来，大骂二人："你们两个站着说话不腰疼的东西，你们的家人被王阳明好生照料着，我的家人却在南昌城受苦，要我不回南昌，除非我死。"

两人万分错愕，解释说："这是王阳明的诡计，他在离间我们。"

朱宸濠冷笑："我现在倒希望他也对我使用诡计！"

李士实和刘养正突然发现自己的脖子已放到了朱宸濠的屠刀下，他们沉默起来。没有了谋士的朱宸濠奋起雄威，下令把军队从安庆城下撤到阮子江。一到此地，朱宸濠就制订了夺回南昌城的作战计划。作战计划是这样的：先锋部队二万人乘战舰南下，直逼南昌城，他随后跟进。

1519年农历七月二十二，朱宸濠回师的消息传到南昌，王阳明召集他的指挥官们开会商议对策。所有指挥官都认为，朱宸濠那支虎狼之师最近这段时间战无不胜攻无不取，只在安庆城下小遇挫折，如果不是我们取了他南昌逼他撤兵，安庆城早被他拿下了。面对这样一支强悍之师，最好的办法就是闭门坚守，等待援兵。

王阳明厌恶被动防守，他认为最佳的防守就是主动出击。况且，朱宸濠造反已一月有余，勤王之师连个影儿都没见到。谁敢保证他们死守南昌城就一定能等来援军？南昌城粮食本来就不多，很大一部分又分给老百姓，一旦粮食吃完，援军又不来，到时岂不成了瓮中之鳖？

王阳明的分析是从"心"的角度开始的。他说："朱宸濠自造反以来，兵锋所向的确锐不可当。而现在我们占了他的老巢，他又不能打下安庆，处于进不能攻、退不能守的尴尬境地。出师才半个月又要回师，这对他部队的士气是个严重的打击。我们不如雪上加霜，出奇兵一鼓作气挫了他先锋的锐气，他的兵团必不战自溃。三军可夺气，将军可夺心。"

这分析和解决方案从理论上说，非常绝妙。没有人否认朱宸濠的士兵现在已是方寸大乱，朱宸濠部队的大部分士兵都是南昌人，家人都在南昌城，家里换了主人，换作谁都会方寸大乱。一个人内心已动，就必然心不在焉，心不在焉的人必然会失败。

可有个问题：战场情况瞬息万变，王阳明凭什么就确定他的"奇兵"能一战而成？

王阳明没有给出肯定的答案，而是小心翼翼地布置战场。伍文定仍然是他的头马：领兵五百从正面迎击朱宸濠的先头部队；赣州卫都指挥余恩领兵四百作为伍文定的增援；赣州知府邢珣领兵五百绕到敌人背后；袁州府知府徐琏和临江府知府戴德孺在敌人左右埋伏。伍文定把敌人诱进埋伏圈后，总攻开始。

在布置完战场后，王阳明又命人制造免死木牌数万块。有人问他缘由，王阳明笑而不答。

1519年农历七月二十三，朱宸濠先头舰队乘风破浪抵达樵舍（江西新建县樵舍镇）。王阳明的探子心惊胆战地回报：风帆蔽江，战鼓擂动，传出几公里。王阳明下令伍文定等人进入战场。七月二十四，朱宸濠先头舰队直逼离南昌城15公里的黄家渡（属南昌县南新乡）。王阳明下令伍文定和余恩迎击。

九百人对两万人，小舰艇对大战舰，只有天绝其魄的人才敢在这样绝对劣势的情况下主动进攻。朱宸濠先头舰队的指挥官看到几艘足足落后三代的战舰迎面冲来，愣了一下。不过他很快就回过神来，他认为敌人这是在自掘坟墓。

伍文定和余恩果然有自掘坟墓的征兆，两人并驾齐驱，遥遥领先，把自己的舰队远远地甩在后面。朱宸濠先头舰队指挥官发现世界上还有如此呆鸟，大喜若狂，也从他的舰队群中鲁莽地冲了出去。他冲出去时，他的舰队没有得到是跟进还是原地待命的命令，所以张皇起来。后面的军舰不知道前面发生了什么事，就想开到旁边看看。大家都这样想，也都这样做，朱宸濠的先头舰队自己先乱了，横七竖八地趴在江面上。指挥舰和伍文定已经交战，后面的舰队还不知道怎么回事。

就在此时，赣州知府邢珣的军舰已经悄悄地绕到敌人的后方，王阳明得到消息后下令前后左右同时进攻，三路舰队猛地切进了朱宸濠的先头舰队，朱宸濠的战舰上都配有巨炮，但前后左右既有敌人，也有同僚，所以不敢轻易开炮。而王阳明的小军舰上每个士兵都配备了小火枪，在乱哄哄中，小火枪正好派上用场。一阵混战后，朱宸濠先头舰队完败，死在水里的士兵不计其数。此时，朱宸濠主力舰队刚到八字脑（今属南昌县塘南镇），听说先锋舰队溃败，心胆俱裂。

他急忙召开紧急军事会议，会议上，人人都保持沉默。李士实和刘养正想说话，但朱宸濠不给他们机会。朱宸濠没有任何方案，因为第二天，王阳明舰队就向八字脑发动进攻。朱宸濠这才有了方案：抵抗。

朱宸濠的顽强抵抗出现了奇迹，王阳明舰队被逼退数十次，最后没有人敢再向前。不过也有坏消息，有人告诉朱宸濠，士兵在大量逃亡。他们从江中拾到写着“免死”的木牌，都投奔王阳明去了。朱宸濠气得“哇哇”怪叫，他奢望能失之东隅，收之桑榆，借着击退王阳明舰队的数次胜利失而复得的锐气命令他的舰队反攻。

以当时的情势，王阳明舰队恐怕抵挡不了朱宸濠的反攻。王阳明收到伍文定迟迟无法突破朱宸濠防御的战报时，正在给学生讲课。他讲课时聚精会神、神态从容，仿佛外面根本就没有他亲自指挥的战役一样。每当前线送来消息，他就抱歉地对弟子们笑一下，然后起身到外面看军情报告，轻声细语地发布命令。伍文定在八字脑毫无进展，让王阳明动了杀心，他斩了几个冲锋不力的人，可仍然没有进展。

不久，伍文定和赣州知府邢珣各送来两封信。伍文定说邢珣不听从他的指挥，而邢珣则说，伍文定的打法有问题。朱宸濠舰队一字排开，伍文定也让舰队一字排开冲锋，本来双方舰队数量对比悬殊，这是以卵击石。他的建议是应该采取中央突破战术，找到朱宸濠舰队防御弱点，集中主力迅猛插入，然后左右展开。

王阳明回复二人道：“采用什么战术不重要，重要的是大家齐心合力，奋勇冲锋，不要在地域上画圈圈（邢珣是赣州知府，伍文定是吉安知府）。你们二人的行为已经触犯军法，我本该现在就处置你们，可如今正是用人之际，希望你们好自为之。”

伍文定和邢珣对这个仿佛藏了刀锋的回复心惊肉跳，二人握手言和，齐心协力。伍文定改变战术，试图在江面上捕捉朱宸濠的指挥舰。他虽然没有找到朱宸濠的指挥舰，却找到了朱宸濠的副舰。伍文定高兴得跳了起来，因为他的战舰上有当时最先进的武器——佛郎机铳，这一武器是王阳明的崇拜者林见素贡献的。

林见素是1478年的进士，进入官场后以敢于谏诤出名，后来到沿海地区做官，和外国的商人们结下友谊，佛郎机铳大概就是他从葡萄牙人那里得来的。据说，当他知道朱宸濠叛乱后，第一时间把一尊佛郎机铳运送给王阳明。伍文定大展神威，把佛郎机铳对准朱宸濠的副舰，开出了山摇地动的一炮，朱宸濠的副舰像纸糊的一样被打成碎片。

意料之中，朱宸濠的指挥舰就在那艘倒霉的副舰后面，副舰被炸碎后，朱宸濠的指挥舰也被震荡得左右摇晃。副舰燃烧的碎片击中了他的指挥舰，他惊慌失措，弃舰逃到岸上。

众人一看王爷跑了，哪里还敢恋战，纷纷溃退。伍文定指挥舰队一阵猛冲，朱宸濠损失惨重，退到了黄石矶。那天夜里，朱宸濠神情沮丧，心不在焉地问身边的卫兵：“这是什么地方？”卫兵急忙显摆学问：“‘王’失机。”（南方人讲话，黄、王不分）朱宸濠提起十二分的精神咆哮道：“你敢咒我！拉出去砍了。”

朱宸濠身边的人看到王爷已是神经错乱，叹息着偷偷潜逃。朱宸濠望向江面，江面死气沉沉，如他当时的心。他突然想讨个吉利，命舰队退避樵舍，召开紧急军事会议，商量对策。有人提议，调集九江、南康部队和王阳明拼死一搏。朱宸濠认为这也是个主意，立即派人去调动他在九江、南康的部队。

王阳明不给他这个机会。当朱宸濠心急火燎地南下时，王阳明就已派出两支部队绕过朱宸濠的主力，直奔南康和九江。

仍然是攻心战。他命人在南康、九江城外散播朱宸濠已在南昌附近被擒的消息，南康、九江守军人心浮动。当他们绝望升级时，这两支部队突然发动进攻。南康、九江被克复，朱宸濠的两万精锐部队弃械投降。

朱宸濠得到这个消息后，如五雷轰顶。他不得不承认，王阳明真是个厉害角色。他也不得不向李士实和刘养正请教。李士实也无计可施，刘养正却有个主意：主力舰队受损不大，如果把战舰连成一体，完全可以抵御王阳明的进攻。王阳明的部队都是杂牌，只要我们挡住他几轮进攻，然后找准机会反攻，仍能反败为胜。

“连舟”这种事，有两个英雄人物做过：一个是三国时期的曹操；一个是元末的陈友谅。二人的结局都是惨败。刘养正肯定知道历史上有这两个反面案例，但他还要坚持用这一招，而朱宸濠又毫不犹豫地同意，说明这一招肯定有它的优点。

把单个战舰连成一体，会让舰队不被一一击破，而且无数只战舰连成一体，无论是防御还是进攻，都会给敌人造成排山倒海的气势，实际也有这种威力。

朱宸濠立即下令用铁索把所有军舰连起来，同时搬出他所有金银财宝，鼓励他的将士们，如果能杀回老巢南昌，这些财宝就属于那些奋勇杀敌的人。

每个人都喜欢财富，但更爱惜生命。虽然的确有为了钱不要命的人，但大多数人在二者之间都会选择后者。朱宸濠兵团的人心已散，失败已成定局，没有人可以拯救他。因为拯救人心是世界上最难的一件事。

1519年农历七月二十六，王阳明和朱宸濠决战的时刻到来。朱宸濠用“铁索连舟”，王阳明就用“火攻”。这是最简单的智慧：借鉴历史经验。

王阳明下令把战舰换成轻便灵活的小舰艇，装备炮火、全线进攻。伍文定立于船头指挥放火，身边射出的火箭把他的胡子都烧着了，他纹丝不动。“铁索连舟”的致命缺陷此时暴露：一舟着火，舟舟起火。朱宸濠的庞大舰队成了王阳明放火的试验场，朱宸濠在冲天的火光中确信大势已去。

此时，他突然回忆起南昌城里他的王府。据说，王府已被烧成灰烬，和他眼前的舰队一样的下场。他回忆这一个多月里所走的每一步，试图找出走到今天这一地步究竟错在哪里。结果发现，他自起事后就已不能行使自己的意志，他就像是王阳明的木偶，让他跳，他就跳；让他跑，他就跑。最后他总结出失败的罪魁祸首：王阳明。

王阳明还没有抽出时间来总结，他在给学生讲授心学。当伍文定彻底摧毁朱宸濠主力的军情报告送来时，他和往常一样向学生们抱歉地笑了笑，然后走到外面，看了看报告，思索了一下，神色如常地回到学生们中间。有人问他，宁王可是败了？

他点了点头，回答：“败了，但死伤太重。”

说完，又平静地继续讲他的心学。弟子们由衷地赞叹：“王老师真是不动如山的大圣人啊！”

费心为哪般

朱宸濠决心给世人留下“虽败犹荣”的印象。他和他的妻妾们说，我现在就想一死了之，无奈担心你们的将来。妻妾们说，不必担心，我们先走。说完，纷纷投河自尽。朱宸濠看到这些弱女子在水里挣扎哀号的痛苦模样，马上就收回他的决心，换了身平民衣服，跳到一条摆渡船上，悄悄地逃出了混乱的战场。

王阳明似乎未卜先知，在决战开始前就命令一支机动部队埋伏在战场之外的芦苇丛中，当朱宸濠的摆渡船经过芦苇丛时，这支机动部队迅速开出，挡住了朱宸濠的去路。由于他们不是官军打扮，引起了朱宸濠的误会。他认为这是天老爷扔给他的救命稻草，急忙捉住，对在为首的船只中的指挥者说：“我是宁王，你们送我到岸上，我必有重谢。”

王阳明的机动部队指挥官几乎要狂笑了，不过不忍心在此时摧毁朱宸濠的希望，于是装作惊讶地问道：“你真是宁王爷吗？如何重谢我们？”

朱宸濠指着摆渡船上的几个箱子说：“里面是金银珠宝，上岸后全归你们。”

那位指挥官强忍住狂喜，说：“来来来。”

朱宸濠大喜过望，跳到他们的船上，要他们赶紧划船。船上所有的人都狂笑起来，朱宸濠正想对这种没有礼貌的举止做一番评价时，发现船并没有划向岸边而是直奔战场。朱宸濠预感大事不妙准备跳船，可上了贼船的人很难轻易下去，他立即被人摁倒，五花大绑。

就在贼船上，朱宸濠王爷得知他的军队全军覆没，他的文武百官也统统被俘。1519年农历七月二十七，朱宸濠被押进南昌城见王阳明，此时他仍不失王爷气派，他站在囚车里，向王阳明投去冷冷的一笑，说：“这是我们朱家自己的事，你何必费心如此？”

这是一句实事求是的话。明帝国是由朱元璋创立，并由他的家族统治的，国事和家事很难分得清。以朱宸濠的思路，他造反是造他们朱家的反，和国家没有关系。况且，中国古代根本就没有国家的概念，只有“天下”的概念。

王阳明并不同意朱宸濠的见解，但他的确拿不出反驳的有力话语。朱宸濠给了他一个机会。他说：“我愿意撤销卫队，降为庶民如何？”

王阳明回答：“有国法在。”

朱宸濠干笑起来，以一种“狗拿耗子”的姿态仔细审视王阳明。王阳明下令处置朱宸濠的伪臣，朱宸濠换了一种声调，说："娄妃是个好女人，希望你能厚葬她。"

娄妃是王阳明理学入门导师娄谅的女儿，多次劝阻朱宸濠不要造反，朱宸濠始终不听。投河自尽前，娄妃还对朱宸濠进行过思想教育，朱宸濠仍然无动于衷。现在，他进入囚车，才开始懊悔不该不听娄妃的劝告。

有些人，你用言语劝告根本不起作用，必须让他亲身经历失败，他才会得到真知。这可能就是王阳明心学强烈主张"事上练"的良苦用心。

从朱宸濠起兵（1519年农历六月十五）到被俘（1519年农历七月二十七日），王阳明平定他只用了四十三天，四十三天的时间还不够燕子从北飞到南，还不够牡丹花彻底绽放，而王阳明只用了这么点时间就把一场震荡大江南北的叛乱轻而易举地平定，堪称奇迹。

本年农历七月二十八早晨，王阳明起床洗漱完毕，恰好他弟子在侧，就恭维他："老师成百世之功，名扬千载啊！"

王阳明笑了笑："功何敢言。自从宁王造反以来，我就没睡过一天安稳觉，昨天晚上这一觉真舒服啊！"

上午讲课时，有弟子问王阳明，用兵是不是有特定的技巧（"用兵有术否"）？王阳明回答："哪里有什么技巧，只是努力做学问，养得此心不动。如果你非要说有技巧，那此心不动就是唯一的技巧。大家的智慧都相差无几，胜负之决只在此心动与不动。"

王阳明举个例子，说："当时和朱宸濠对战时，我们处于劣势，我向身边的人发布准备火攻的命令，那人无动于衷，我说了四次，他才从茫然中回过神来。这种人就是平时学问不到位，一临事，就慌乱失措。那些急中生智的人的智慧可不是天外飞来的，而是平时学问纯笃的功劳。"

一位弟子惊喜道："那我也能带兵打仗了，因为我能不动心。"

王阳明笑道："不动心岂是轻易就能做到的？非要在平时有克制的能力，在自己的良知上用全功，把自己锻造成一个泰山压顶色不变，麋鹿在眼前而目不转的人，才能不动心。"

弟子又问："如果在平时做到不动心，是否就可以用兵如神？"

王阳明摇头："当然不是。战场是对刀杀人的大事，必须要经历。但经历战场非是我心甘情愿的。正如一个病入膏肓之人，用温和疗养的办法已不能奏效，非下猛药不可，这猛药就是杀人的战场。我自来江西后，总在做这种事，心上很有愧啊。"

不喜欢打架，却把打架上升为一种艺术，这就是王阳明。

他的心思没有几个人可以明白，他的弟子对老师创造的震动天地的奇功非常感兴趣，但王阳明很少提及用兵之术。他的精力是在学问上，让每个人光复良知成为圣人，才是他最喜欢做的事。

当朱宸濠在囚笼里沉浸在往事中时，王阳明隐约感觉到这件事还没有完。他在1519年农历七月三十连上两道报捷书，一是报告收复了南昌城，二是报告活捉了朱宸濠。他把两件事分开写，就是想提醒皇上朱厚照，不是为了夸耀功劳，而是强调他王阳明所以如此舍身涉险建下这番功劳，就是希望皇上能改弦更张，不要再自私任性。

他如此费心费力，希望能避免的一些事情，还是发生了。

第一个把朱宸濠造反的消息送到北京的是巡抚南畿（辖今江苏、安徽两省、治所南京）的都御史李克嗣。和很多人一样，李克嗣在奏折中也没有明说朱宸濠造反，只是说南昌必有惊变。王琼得到消息后，立即要求朱厚照召开紧急会议，对朱宸濠造反这件事进行认定。王琼一口咬定朱宸濠肯定是反了。但其他朝臣有的是朱宸濠的朋友，有的则采取观望态度，都认为朱宸濠不可能造反。他们还举出证据说，南方各省的官员都有奏疏到京，没有一个人说朱宸濠造反了，只是说南昌城有变。“有变”和“造反”可有天壤之别，不能乱说。

朱厚照这次突然有了智慧，他把钱宁和臧贤下锦衣卫狱，严刑拷打，两人招供：朱宸濠的确有造反之心，所以南昌城有变，应该就是谋反了。

朱厚照猛地吃了一惊，王琼要他不必多虑，因为王阳明在江西。他当初让王阳明到江西剿匪的终极目的就是担心有今天这件事。按他的见解，朱宸濠是个钉子，王阳明就是锤子。王阳明以雷霆速度剿灭南赣土匪的例证让朱厚照吃了颗定心丸。在王琼的提醒下，他立即发布命令，要王阳明担任江西巡抚，平定朱宸濠叛乱。

很快，王阳明的两道明言朱宸濠谋反的奏疏也陆续到京，朱厚照这次确信，朱宸濠真造反了。

朱厚照这回出人意料地不吃惊了，他对身边的亲信江彬和张忠说：“宁王怎么敢造反啊，太让我生气了，我真想和他短兵相接，手刃此贼。”

说者无心，听者有意。张忠小心地探询：“不如您御驾亲征？”

朱厚照眼睛放光。江彬趁势说：“当初您出居庸关亲征蒙古小王子，天下人都对您的英雄事迹直竖大拇指。”

张忠继续诱导朱厚照：“江南风景如画，美女如天仙，皇上从未去过吧？”

朱厚照眼前立即出现一番美女如云的幻境，他发情得跳了起来："好，亲征！"

众臣哗然。几年前，朱厚照以"威武大将军朱寿"的名义跑到关外去和蒙古小王子打了一架，据说他以滴水不漏的指挥调度和身先士卒的无畏精神取得了那场战役的胜利，击毙蒙古人几百人，在民间传为美谈。但他是偷偷出关的，他后来回到北京时，所有大臣都向他发难，指责他穷兵黩武，以尊贵之躯陷危险之地，根本就不符合皇帝的身份。朱厚照为了解决这些烦恼，还动用廷杖，打了很多人的屁股。不过他在那时就明白，皇帝去战场艰难异常。所以之后的两年内，他虽然对战场如痴如醉，但在众臣的压力下再也没有出去过，只在紫禁城的各个皇家娱乐场所度日。据他自己说，虽然娱乐场所里有野兽有美女，凡是满足人欲的应有尽有，但与惊心动魄的战场相比，实在味同嚼蜡。

实际上，发生在1517年朱厚照和蒙古兵团的应州战役名不副实。朱厚照是在带着少量卫队出关游玩时偶遇蒙古兵团南下，朱厚照就以他的卫队为诱饵，引诱蒙古兵团发动攻击，然后以皇帝的命令调集各路边防部队。蒙古兵团在进入他设置的埋伏圈后，双方开战，蒙古兵团大败而逃。

一些人煞有介事地说，这次战役充分显示了朱厚照的军事才能。其实，人人都能诱敌，朱厚照能有应州战役的小胜，全是因为他以皇帝的身份调动增援部队，增援部队哪里敢耽搁片刻，而且有的边防部队根本未接到命令就跑来救驾。这是一场十倍于敌的战役，却让蒙古兵团主力冲出重围，简直是丢脸到家了。

按王阳明的看法，平时吃喝玩乐不肯静养良知的人，遇到战事时绝不可能取得胜利，因为他们做不到"不动心"。他们的心被物欲所牵引，一直在躁动。这样的人怎么可能镇定自信地指挥千军万马？

固然，明帝国的文官们都反对战争，更反对皇帝亲自参加战争。一部分原因是儒家本身对大动干戈就有排斥心理，一部分则因为，很多人都认识到朱厚照这个皇帝不过是个花花公子，根本就不是战神。

朱厚照深知，想要去江南必须先摆平他的文官们。擒贼先擒王，朱厚照决定先堵住内阁首辅杨廷和的嘴。他找来杨廷和问："宁王造反，可曾派大将？"杨廷和说："正在选将。"朱厚照一挥手："选什么将啊，我亲自去。"

杨廷和立即发现1517年的往事要重演，他说："区区一个宁王造反，王琼说有王阳明在，何必劳您大驾。"

朱厚照说："社稷有难，我焉能坐视不理？"

杨廷和一下就戳穿了朱厚照的嘴脸：“皇上是想游览江南吧？”

朱厚照怒了，尤其是他发现杨廷和说的是对的时候，更是恼羞成怒。他拿出杀手锏，斥责杨廷和：“宁王造反，你们内阁有不可推卸的责任。他的卫队被恢复，就是你的主意，我现在是替你收拾残局。你不感谢我，居然还无中生有地污蔑我。”

杨廷和马上意识到杀机四伏，急忙换了腔调：“恐怕众臣不允啊。”

朱厚照笑了，说：“这就是我来找你的目的。你去说服他们，告诉他们，我势在必行。”

杨廷和无奈地叹了口气，萎靡地离开皇宫。他一回到家，就把大门紧闭，任谁来求见都不开门。文官们虽然没有杨廷和的领导，但都自发地跑到宫门号啕大哭，宣称皇帝亲征万万不可，在他们的哭声和诉求中，朱厚照听出了这样的意思：一旦亲征，江山社稷将有危险。

朱厚照对付这群危言耸听的人，唯一办法就是廷杖。他把哭得最响亮、最狼狈的几个大臣摁倒在地“噼里啪啦”地打。可很快就有大臣接替了前辈的位子，而且青出于蓝而胜于蓝，哭声震荡屋瓦、树叶飘零、天空变色。朱厚照只好说：“我不以皇帝的身份出征，出征的是威武大将军朱寿。”

文官们就说，活了一大把年纪，为朱家王朝效力了半辈子，从没有在皇族里听过这个名字，此人是谁？有何奇功？能带兵出征？

朱厚照说：“这人你们不记得了吗？就是两年前在应州打得蒙古兵团鬼哭狼嚎的那位天才军事家啊。”

文官们继续闹，朱厚照不理睬，到他的娱乐场玩乐去了。他不必准备，自有人替他准备出征事宜，这个人自然是朱厚照最亲近的朋友江彬。

江彬原来是大同军区的一名低级军官。1511年，北京郊区发生群体性暴力事件，随之席卷全国，江彬的部队在本年奉调维稳。在维稳行动中，江彬神勇非常，大有明朝版城管之气魄，和变民对抗时身中三箭，拔出再战。这件英雄事迹传到中央，政府的官老爷想要树立个典型，就把江彬吆喝到了北京。于是，江彬得到了朱厚照的亲切接见。

朱厚照未接见江彬之前，政府老爷们命令江彬把包扎的箭伤暴露在外，那时正是春末夏初，乍暖还寒。江彬凭仅有的一点医学常识告诉政府老爷们，箭伤未痊愈，如果暴露在外，容易得破伤风，破伤风在当时可是很难攻克的医学难关，人得了后十有八九会没命。

但江彬的死活是江彬的事，政府老爷们对别人的事向来漠不关心，他们只关心这个典型在皇帝面前的表现。所以，江彬露出三处箭伤，跪在朱厚照脚下，心里想着一旦得了破伤风，该去找哪位医生医治。

朱厚照一见江彬，大吃一惊，江彬的三处箭伤分布在身体的不同部位：阑尾、胸口、耳根。由于被政府老爷训令必须体现箭伤，所以江彬的打扮很古怪：裸着上身，裤子褪在阑尾下，有些当时少数民族风格的打扮。换作任何一位靠谱的皇帝，江彬的衣衫不整可是大不敬，但现在的皇帝是朱厚照，吃惊过后，连呼“壮士”。就把江彬的伤口仔细研究了一回，让江彬穿上宫中官服，也就是说，江彬被升官了。

江彬懂军事，朱厚照喜欢军事，两人一拍即合，在大内搞军事演习，朱厚照暗暗发誓要和江彬成为一生的朋友。

江彬是个伶俐的人。据很多人说，他如果想和你结交，一顿饭的工夫就会让你把他当成知己。同时，他心机极深，不甘心做朱厚照身边的一条哈巴狗。在给朱厚照组织军队的同时，他其实也在给自己组织军队。

江彬和朱厚照极为亲近，有一件事可以证明。

朱厚照喜欢下棋，江彬也喜欢下棋，所以两人经常下棋。朱厚照是臭棋篓子，江彬也是。但两个臭棋篓子相遇，更臭的那个总是输，所以朱厚照总是输。

朱厚照不但棋臭，棋品也臭，总悔棋。对这种人最好的办法就是，不跟他玩。可朱厚照是皇帝，江彬只好陪着玩。

这一次，朱厚照已经悔棋了十几次，最后时刻，江彬已稳操胜券，朱厚照又要悔棋，而且是三步。

朱厚照刚要去棋盘上抽子，江彬按住了朱厚照的手，说：“皇上，您这哪里叫下棋，简直是耍无赖。”

朱厚照笑嘻嘻的，当时在场的锦衣卫官员周骐却血向上涌，一直冲到脑门，冲破了理性，但他认为这是忠心的体现。他大喝一声：“江彬，你是什么东西，敢不让皇帝棋子，敢说皇帝是无赖，敢按着皇帝的手！”

三个排比句如三道巨浪，把江彬打得冷汗马上就下来了。他急忙把手从朱厚照手上拿下来，跪下说：“该死，我该死。”

朱厚照“哈哈”一笑，让他起来，并且训斥周骐：“我们在玩，搞那么多事干什么，你真是多事！”

周骐只好哑口无言。

江彬为朱厚照的南征所做的准备工作很快完成，京城卫戍部队和临时从北方几大军区抽调来的部队十几万人集结完毕，朱厚照以威武大将军朱寿的身份在北京城外誓师，然后浩浩荡荡地向南方开拔。

王阳明的倒霉日子倒计时。

真诚的权变：最难不过斗小人

朱厚照这次南下场面宏大，人才济济。除了威武大将军朱寿，还有挂将军衔的江彬、许泰，宦官张永、张忠，朱厚照还特意带了两个史官以记录他将来的丰功伟绩。

朱厚照于1519年农历八月二十二从北京出发，四天后走到河北涿州。北京紫禁城距涿州直线距离五十五公里，讨伐叛逆应刻不容缓，可朱厚照大军每天才走十多公里，这说明他根本就没有把讨伐朱宸濠放在心上。据小道消息称，朱厚照之所以走得这样慢，是因为他在和一个叫李凤姐的安徽美女游山玩水。

就当他在涿州和李凤姐欣赏祖国大好河山时，王阳明的两道捷报到了河北，第二道捷报中是这样说的：我知道您一听说宁王造反，必然御驾亲征。可很多事您并不知道，比如：宁王朱宸濠曾训练了一批杀手埋伏在北京通往江西的路上，这些人唯一的任务就是刺杀您。只不过宁王失败得太快，您还没有来，所以他的奸计并未得逞。但这些杀手还在路上，而且他们是宁王忠诚的死士，如果您来，他们肯定会继续执行刺杀您的任务。且不说他们，光朱宸濠溃败后的余党就有无数隐藏在民间，他们在暗您在明，一旦他们发作，后果不堪设想。所以我请您千万别来！

朱厚照毫不理会这一提醒，却把王阳明的捷报当成瘟疫，暴跳如雷，说："王阳明如此心急，真让朕愤怒，宁王这废物怎么如此不堪一击！"他发了一通邪火之后，就召集他的将军们讨论。张忠献上一计：扣住王阳明的捷报，不发北京。同时派人带着圣旨快马加鞭到江西和王阳明谈交易。交易的内容是，要王阳明把朱宸濠放到鄱阳湖上，皇上要亲自和他打一架，并且创造奇迹活捉朱宸濠。

朱厚照认为这是一条开天辟地的奇计，可使自己流芳百世。于是，命令张忠和许泰去江西和王阳明做交易，命令张永到人间天堂——杭州，为自己捉住朱宸濠后放松一下的生活做铺垫。

张忠能排除万难一路混到朱厚照身边并且成为朱厚照的红人，显然不是个简单的角色。他性格阴阳兼备、笑里藏刀、阴鸷易怒，连大太监张永都让他三分。而许泰出身将门，还是武状元，因有功封为伯爵，但品德烂污猥琐异常，和张忠勾搭成奸，在当时炙手可热。

两人一面向江西飞奔，一面派出锦衣卫拿着威武大将军的手牌去见王阳明。锦衣卫的速度惊人，1519年九月初，锦衣卫到达南昌城，并且向王阳明呈上威武大将军的手牌，命令王阳明和他见面。王阳明确信，朱厚照真的来南方了。

王阳明的弟子们说："很明显，威武大将军就是皇上。他的手牌和圣旨到没有区别，应该赶紧相见。"

王阳明说："圣旨是圣旨，手牌是手牌，怎可同日而语？大将军的品级不过一品，况且我是文官，他是武官，文武不相统属。我为什么要迎他？"

王阳明的弟子们大骇："他明明就是皇上，老师您这是想瞒天过海，恐怕要得罪皇上。"

王阳明叹息道："做儿子的对于父母错误的言行无法指责时，最好的办法就是哭泣，怎么可以奉迎他的错误呢！"

王阳明的属下苦苦相劝。王阳明只好让一名属下代替自己去见那名锦衣卫。锦衣卫发了一通火，更让他不爽的是，按规矩，王阳明需要孝敬锦衣卫一大笔财物，可王阳明只给了五两金子。锦衣卫决定第二天返回张忠处，让王阳明吃点苦头。

第二天，王阳明出现了。他说他亲自来送锦衣卫上路，然后拉起锦衣卫的手，满怀深情地说："下官在正德初年下锦衣狱很久，和贵衙门的诸多官员都有交情，但您是我见过的第一个轻财重义的锦衣卫。昨天给您的黄金只是礼节性往来，想不到就这么点钱您都不要，我真是惭愧得要死。我没有其他长处，只是会做点歌颂文章，他日当为您表彰此事，把您树立成典型，让天下人膜拜。"

锦衣卫先是错愕，接着就是感动。他让王阳明握着手，说："本来这次来是让您交出朱宸濠的，可我看您也没有这个意思，虽然我没有完成任务，但您的一番话让我心弦大动。我提醒王大人，还会有人来。"

王阳明装出一副惊异的样子，问："为何要朱宸濠？朱宸濠既被我捉，本该我献俘才对啊。"

锦衣卫不语，转身跳上马背，一溜烟跑了。

王阳明不让朱厚照来，朱宸濠的杀手组织只是一个借口。唯一的理由是，朱厚照不会是一个人来，十几万大军就如漫山遍野的蝗虫，所过之处人民必定遭殃。他们仅以搜索朱宸濠余党这一堂而皇之的理由就能让无数百姓家多年的积蓄化为乌有。

现在，王阳明只有一条路可以走，那就是押着朱宸濠急速北上，在半路堵住朱厚照，让他没有理由再来南方。1519年农历九月十一，王阳明把朱宸濠等一干俘虏装进囚车，从水路出发去堵朱厚照。

张忠和许泰一路猛追，终于在广信追上王阳明，再派两位高级宦官去见王阳明，声称是奉了皇上朱厚照的圣旨，要王阳明把朱宸濠交给他们。

王阳明这次面对的不是锦衣卫，而是东厂太监。锦衣卫还有点人性，东厂全是兽性，王阳明用对付锦衣卫那套办法对付东厂太监，显然是胶柱鼓瑟。他对弟子们说，对付恶人，千万别引发他的恶性，你不能和恶人直来直去地对着干，要懂得斗争的技巧。恶人也不是天不怕地不怕的，他们最怕的就是丧失利益。对付他们，只需要给他们摆清利害关系，他们就会知难而退。

王阳明热情地接待了两位高级宦官，两宦官请王阳明不要废话，立刻交出朱宸濠。王阳明慢条斯理地问："这是皇帝的意思，还是你们老大张忠的意思？"

两宦官冷笑："当然是皇上的意思。"

王阳明又问："皇上如此急着要朱宸濠，想要干什么？"

两宦官再度冷笑："我们做下人的，怎敢去擅自揣摩圣意！"

王阳明就讳莫如深地说："我大概知道皇上如此急迫想要干什么。"

两宦官以为王阳明发现了他们的阴谋，脸色一变，不过很快就恢复平静，问王阳明："王大人难道是皇上肚里的蛔虫吗？"

王阳明说："我能猜出个一二。宁王造反前在宫中府中朋友无数，天下人谁不知道，宁王交朋友靠的就是金钱。本来，这是宁王人际交往的一个方式，可他现在既然造反，就是叛逆，用金钱交朋友那就是贿赂。我进南昌城后在宁王府中搜到了一箱子账本，上面详细地记载了他给了什么人钱，给了多少钱，这人又为他谋取了多少好处。"

说到这里，两位宦官早已面无人色，因为朱宸濠的朋友里就有他二人。王阳明见二人已没有了刚见面时的傲慢，马上就清退身边的所有人，然后从袖子里掏出两本册子，一本是账簿，另外一本则夹着二人和朱宸濠来往信件。这些信件完全可以证明二人和朱宸濠的关系非同一般，而且在朱宸濠造反的准备工作中给予了很大帮助。王阳明把两本册子都递给二人说："我仔细搜检了一番，只有这两本册子和二位有关，所以就都拿来，你们早做处理，以免后患。"

两人又惊又喜，对王阳明感激不尽。王阳明借势说："我准备北上亲自献俘，二位可愿跟随？”

两位宦官急忙说：“不必，我等回张公公处报告。王大人放心，我等绝不会在您面前出现第二次。”

两人装出一副沮丧的表情回报张忠，说王阳明的确不好对付，取不到朱宸濠。张忠发誓事不过三。他再派出一个东厂太监中的狠角色，要他无论如何都要拿到朱宸濠。

这一次，在张忠看来，连神仙都不能阻挡他。王阳明的弟子们也认为，张忠第三次来取朱宸濠，势在必得，恐怕再用什么计谋也无济于事。王阳明内心平静如古井之水，特意在广信多留一天，等待张忠的奴才到来。

这位东厂宦官抱定一个信念：不和王阳明说任何废话，必须交人，否则就把王阳明当场法办。在东厂眼中，王阳明不过是个都御史，他们的祖宗刘瑾连内阁首辅都办过，何况区区王阳明！

让他意外的是，当他提出要取朱宸濠时，王阳明没有和他针锋相对，而是马上同意。这位宦官正在沾沾自喜时，王阳明突然让人摆出笔墨纸砚，然后指着窗外说，朱宸濠的囚车就在外面，只要您写下下面的话：今某某带走朱宸濠，一切后果由我某某承担。然后签字画押，马上就可以领走朱宸濠。

这位宦官呆若木鸡，他不敢签字画押。他和张忠都知道这样一件事：朱宸濠绝不能出意外，但意外很可能会发生。朱宸濠余党隐藏在江西各处，如果这些人头脑一热，劫了囚车，自己就是有十个脑袋也不够朱厚照砍的。

他试图让王阳明明白这样一个道理：张公公无论取什么，都不需要签字画押。

王阳明说：“那就请张公公亲自来！”

张忠不能来，有两个原因：第一，他早听闻王阳明不是个省油的灯，他怕出丑，一旦出丑就有了第二个原因，在朱厚照身边的江彬或张永会乘虚而入，取代他在朱厚照心中的位置。

他的人虽未去见王阳明，但向王阳明扔了一把匕首。这把匕首涂上了一目了然的剧毒：他给朱厚照写信说，王阳明和朱宸濠的关系很异常，有两件事可以证明。第一件事是孙燧未巡抚江西前，朱宸濠曾给中央政府写信推荐人选，谈到王阳明时说过“王守仁（阳明）亦可”的话；第二件事是王阳明曾派了得意弟子冀元亨到宁王府，还许诺借兵三千给朱宸濠。至于证据，只要把王阳明扔进审讯室就能得到。最后，张忠用“墙头草”来归纳王阳明征讨朱宸濠这件事：他所以调转枪头揍朱宸濠，是他的良知发现朱宸濠难以成事。

王阳明得此消息时已过了玉山，正在草坪驿歇息。这个消息就如一颗炸弹在他头顶“轰”的一声爆开，他预想过张忠等人会用卑劣的手段对付自己，却从未想到会如此卑劣，居然把他和朱宸濠生拉硬扯上关系！

可他并未愤怒，诋毁来得越强烈，越需要冷静。愤怒能让自己阵脚大乱，良知不能发挥力量。他明白朱厚照即使相信他是清白的，可架不住朱厚照身边那群小人的吹风。他确定不能再向前走，向前走即使不是死路，也绝不是一条顺畅之路。良知告诉他，现在迫在眉睫的一件事就是要找到他和朱厚照之间的桥梁，这个桥梁很快就被他发现了，那就是闲居在家的前首辅杨一清。

杨一清自和太监张永联合搞掉刘瑾后，在张永的帮助下青云直上，最后进入内阁担任首辅。1512年，钱宁来到朱厚照身边并迅速得宠，张永迅速失宠。作为他的好友，杨一清自然紧随其后被排挤出中央政府。

王阳明见到他，把张忠等人的行径轻描淡写地说了一遍，希望杨一清能发挥余热，给他指条明路。杨一清先是赞赏王阳明的功绩，又夸奖了王阳明忠君爱国的那颗心，然后遗憾地摇头说：“人走茶凉，我不在朝廷混已好多年，哪里还有什么余热。”看到王阳明虽遇风波却不焦不躁，不禁暗暗称赞。于是他话锋一转说：“你可以找张永。”

张永张公公此时正在杭州为朱厚照的“工作视察”做准备。王阳明披星戴月来到杭州见张公公。张公公不见。

张永不见王阳明的心理基础是，王阳明已得罪了朱厚照身边的群丑，这种情况下，和王阳明交流是件极度危险的事。

但王阳明必须要让张永和他见面，他在门口扯起嗓子喊道：“我王守仁千辛万苦来见公公，为的是国家大事，公公为何不见我！”

孔子说，真正聪明的君子，要么不言，言必有中。王阳明对当时的其他太监说“国家大事”都不可能打动对方，却能打动张永。因为张永有良知，是个把国家大事当成自己事的好太监。

这是王阳明心学的一个独到之处：说服对方的成功率，在于见什么人说什么话的能力。有一次，王阳明的弟子们出外讲学回来，都很沮丧，王阳明问原因。弟子们说，那些老百姓都不相信您的心学。王阳明回答：“你们装模作样成一个圣人去给别人讲学，人们看见圣人来了，都给吓跑了，怎么能讲得好呢？唯有做一个愚夫笨妇才能给别人讲学。”

王阳明喊的那句话就是找准了张永的频率。张永把王阳明请进来，单刀直入问道：“你说的国家大事是什么？”

王阳明语重心长地说："江西百姓先遭盗匪荼毒，后又遭朱宸濠蹂躏，已奄奄一息，如今皇上又要来。朱宸濠余党听说皇上来，肯定会给皇上制造麻烦，到那时岂不是刀兵又起？皇上安危是问题，江西百姓有可能会被逼上梁山，如何是好？"

张永叹息道："我何尝不知道，可皇上身边那群小人蛊惑皇上非要来，皇上又喜欢出宫，我也没办法阻拦。我这次主动跟随，就是为了保护皇上，在力所能及之内劝阻皇上不要闹得太厉害，其他，就不是我所能管得了的了。"

王阳明向前一步，拉起张永的手握紧了，声音微颤："公公您必须要管啊！"

张永认真审视王阳明，在那张憔悴的青黑色脸上充盈着焦虑，那是在为南方百姓担忧，为皇帝担忧。张永很是敬佩眼前这个老学究，两人很快就惺惺相惜起来。张永关心地问道："王大人啊，你这颗忠君爱民的心让我好生佩服，难道你不知道你自己身处险境吗？"

王阳明无奈地一笑："我知道，有人在皇上面前诬陷我私通朱宸濠，不过我已将生死荣辱置之度外，只希望公公能拯救南方苍生和皇帝的安危。"

张永惊讶地问道："你真不想知道他们为何要构陷你？"

王阳明摇头。他当然知道，但他向来不以最大的恶意来揣测别人，尤其是评说别人。

张永多费唇舌道："这些人为了给皇上增添乐趣，要皇上南下。但皇上南下必须有个由头，现在朱宸濠被你擒了，皇上如果继续南下也就名不正言不顺，这群无耻小人当然不可能让皇上不开心，而且他们本人也想趁乱捞点油水，所以逼你交出朱宸濠放到鄱阳湖上，让皇上去擒拿，这样就师出有名了。可王大人你三番五次地不交朱宸濠，那群小人当然不开心，构陷你，也就在情在理了。"

王阳明借梯就爬："我这次来的其中一个目的就是为此事，我一身清白却被人无端泼脏水，真是悲愤。希望张公公能代我向皇上解释。"

张永陷入沉思，有句话他不知该说不该说，不过他还是说了："你呀，把朱宸濠交给我。当然，我要朱宸濠和那群人要朱宸濠本心不同，我得到朱宸濠就可以面见皇上，向皇上说明你的忠心。"

这是王阳明最希望听到的，朱宸濠现在就是个烫手山芋，他爽快地答应了张永。这个张忠费尽心机都未得到的宝贝，张永却唾手而得。这不禁让人想到一句格言：命里有时终须有，命里无时莫强求。

王阳明和张永分开后，并未回南昌而是到杭州净慈寺休养起来。原因有二：一是他的健康状况的确很差需要休养；二是皇上还未对他释疑，他必须在半路等着皇上的意思。

王阳明忙里偷闲，张永却忙碌起来。他以最快的速度推着囚车来到南京面见朱厚照，申明两点。第一，朱宸濠是王阳明主动交给他的，这样就减少了张忠等人对他的嫉妒。第二，他严正地指出，王阳明是忠贞之士，绝不可能和朱宸濠有关系，他基本上是毫不利己专门利国，可现在还有人想要利用剿宁王这件事大做文章陷害他。如果这群小人真的得逞，以后朝廷再遇到这类事情发生，谁还敢站出来，朝廷还有什么脸面教导臣下为国尽忠？

朱厚照被这番话打动，张忠和许泰仰头看天，不以为然。他们再出奸计，对朱厚照说："王阳明就在杭州，离南京近在咫尺，为何他不亲自献俘，说明他心中有鬼。如果皇上您下旨召见，他必不来。"

朱厚照点了点头说："传旨，要王阳明来南京。"

王阳明接到圣旨，就要启程。他的弟子们不无忧虑地说："皇上始终没有召见过您，这次召见肯定是皇上身边那群小丑的奸计，这一去必是羊入虎口。"

王阳明正色道："君召见臣，臣不去，这是不忠。"

弟子们苦苦哀求老师不能去，王阳明笑道："我没那么傻，你们想想，那群小人真会让我和皇上见面？他们这是在试探我，你们看着吧，我在半路上就会被原路打回。况且，张公公肯定为我说了不少好话，如果我不去，不是把张公公给卖了！"

王阳明果然料事如神，他才离开杭州郊区，圣旨就来了：王阳明可在杭州养病，不必来南京。

他的弟子们正钦佩老师的神断时，王阳明却来了倔脾气。他对弟子说："皇上不见我，我却要去见他。"弟子们吃了一惊，王阳明说："我要给他讲讲良知，不要再胡闹下去。"说完这句话，他不顾众人的反对直奔南京，走到京口时，杨一清把他拦下了。

杨一清对行色匆匆的王阳明说，不要去南京，去了也是白去。

王阳明一旦有了定见，十头牛都拉不回来，他坚定自己的主张。杨一清悄声对他说："张忠和许泰已经去了南昌。"

王阳明惊问："他们去南昌做什么？"

杨一清笑道："当然是想从朱宸濠之乱中捞点油水，你以为他们去普度众生吗？"

王阳明半天不说话。

杨一清看着别处，唉声叹气道："南昌城的百姓要受苦了。"

王阳明“腾”地站起来，大踏步冲出门。

杨一清喊他：“去哪儿？”

“回南昌！”声音还在，人已不见。

张忠和许泰的确已到南昌，正如杨一清所分析的那样，他们到南昌城是为了捞点油水，人人都知道朱宸濠有大量财宝，包括朱厚照，所以当张忠和许泰暗示朱厚照去南昌城会有莫大的好处时，朱厚照一口同意，还给了他们几万政府军。张、许二人就打着“扫清朱宸濠余孽”的旗子如鬼子进村一样进了南昌城。

两人一进南昌城，马上把城里的监狱恢复，一批批“朱宸濠余党”被拖了进来，接受严刑拷打，只有一种人能活着出去：给钱。

没有了王阳明的南昌城已如地狱，鸡飞狗跳、声震屋瓦、怨气冲天。幸好，王阳明马不停蹄地回来了，1519年农历十一月末，王阳明以江西巡抚的身份进了南昌城。百姓们箪食壶浆迎接他，惹得张太监醋意大发。他对许泰说：“王阳明这人真会收买人心。”许泰说：“人心算个屁，谁说得民心者得天下，兵强马壮才得天下。”

这是错误的历史观和价值观，很快将得到证实。

百姓对王阳明越是热情，王阳明的压力就越大。他必须拯救南昌城的百姓于张、许二人的水火之中。如果有机会，他还想拯救两人的良知。

他分两步来走，第一步，树立权威，必须让张、许二人知道这样一个事实：他王阳明才是南昌城的一把手，而不是别人。他回南昌的第二天，穿上都御史的朝服去了都察院。张忠、许泰正在都察院琢磨朱宸濠的财宝去向，看到王阳明昂首独步而来，存心要他难堪。张忠指着一个旁位给王阳明看，意思是，你坐那里。

王阳明视而不见，径直奔到主位，一屁股坐上去，如一口钟。张、许二人目瞪口呆，王阳明才假装反应过来，示意他们坐下——旁位。

许泰冷笑，看着王阳明说：“你凭什么坐主位？不知高低！”

王阳明盯准了他，说：“我是江西巡抚，本省最高军政长官，朱宸濠叛乱，都察院没有长官，依制度，我顺理成章代理都察院院长，这个主位当然是我的。况且我是从二品，你等的品级没我高，你们不坐旁位坐哪里？”

这番话说得有理有据，张、许二人，包括头脑灵敏的江彬都无法反驳。王阳明发现自己取得了第一步的胜利，于是乘胜追击：“咱们来谈谈朱宸濠余孽的事吧。”

没有人和他谈，三人拂袖而去。

确立权威后，王阳明开始第二步：切断张、许二人捉拿朱宸濠余孽的来源。他命人悄悄通知南昌城百姓以最快的速度离开南昌城，等风平浪静后再回来。但很多人都走不了，因为家里上有老下有小，故土难离。所以，张忠一伙人每天仍然忙碌不堪，监狱里鬼哭狼嚎。

张忠等人也有计划，模式是剥洋葱。他们不敢直接对王阳明动手，所以从外围突破捉来王阳明的头马伍文定，严刑拷打，要他承认王阳明和朱宸濠的关系。伍文定是条硬汉，死活都不让他们得逞。

这一计划流产了，他们又生奇计：派一批口齿伶俐的士兵到王阳明府衙门前破口大骂，这是泼妇招式。王阳明的应对策略是，充耳不闻。他和弟子们专心致志地讨论心学，在探讨心学的过程中，整个世界都清静如海底。

王阳明的淡定让张忠团伙无计可施，正如一条狗面对一个蜷缩起来一动不动的刺猬一样，无从下口。

王阳明发现他们黔驴技穷后，发动了反击。反击的招数正是他最擅长的“攻心”。

1520年春节前夕，南昌百姓开始祭祀活动，城里哭声震天。王阳明趁势发布告示，要南昌城百姓在祭祀自己的亲人时也不要忽略还有一批不能和父母相见的孩子，那就是被张忠带来的中央军。中央军的战士们看到告示后流下泪水。张忠等人还没有拿出反击的办法，王阳明趁热打铁，再发布告示说，中央军的弟兄们不远万里来南昌，万分辛苦，他代表皇帝犒师。实际上，王阳明的犒师搞得很简单，他只是让百姓们端着粗茶淡饭在大街小巷等着，只要看到中央军士兵就上前关怀，这些武夫个个心潮澎湃。王阳明本人也亲自上阵，每当在街道上遇到郁郁寡欢的中央军士兵时，都会嘘寒问暖一番。这就是将心比心，永远都不会过时，必能产生奇效。

很快，张忠这伙人就得到极为不利的消息：军营中的绝大多数士兵已开始念叨王阳明的好，同时对自己在南昌城里做过的坏事忏悔。许泰敲着桌子气急败坏地说：“完了完了，军心散了。”张忠默不作声，江彬眉头紧锁。许泰絮絮叨叨起来：“姓王的给这些人灌了什么迷魂汤，让他们如此是非不分。”

江彬缓缓地伸出两指，说：“俩字，攻心。”

张忠把拳头捶到桌子上，咬牙切齿道：“姓王的太善玩阴的，我们真是玩不过他。”

江彬冷笑道：“每个人都有弱项，我们找到他的弱项，给他点颜色看看。”

许泰冷冷道：“我听人说姓王的是圣人，无所不能。”

江彬指了指墙上挂的一张弓，吐出一个字："弓。"

许泰没明白，张忠一点就透，拍着大腿跳起来，喊道："他王阳明弱不禁风，看他这次不出丑才怪！走，请王阳明去校场。"

校场人山人海，都是张忠组织起来的士兵，王阳明施施然来了。

张忠扔过一张弓来，向王阳明说："懂射箭吗？"

王阳明看了一眼弓，笑笑说："略懂。"说完，就从旁边的箭筒里抽出一支箭搭到弓上，看向远处的箭靶，缓慢而有力地拉弓，二指一松，"嗖"的一声，箭如流星飞了出去，正中靶心。箭杆犹在震颤，王阳明的第二支箭已在弓上，略一瞄，二指一松，这支箭的箭杆在靶心上震颤得更厉害。张忠惊讶得来不及张嘴，王阳明的第三支箭已飞了出去，又是正中靶心。三支箭的射击一气呵成，王阳明脸不红心不跳，场上响起了雷鸣般的掌声和叫好声。

王阳明向士兵们微微一笑，把弓扔回给张忠，一拱手："献丑了。"说完转身就走。张忠团伙垂头丧气，这是他们唯一能想到的反击王阳明的招数，可惜惨败。

射箭事件后，张忠团伙的所有成员都发现他们的队伍不好带了，执行力下降，有些士兵甚至还跑到王阳明那里去听课。他们一致确定，王阳明是南昌城的真正主人，而他们现在唯一能做的就是夹着尾巴走人。

南昌城百姓用最热烈的仪式欢送他们，每个人都在心中祈祷，瘟神来南昌只此一回。王阳明没有祈祷，他知道祈祷也没用，因为张忠团伙对他的攻击必有下文。

的确有下文，张忠等人一到南京见到朱厚照，马上就七嘴八舌地议论起王阳明来。

张忠说："王阳明平定朱宸濠功劳一般，实际上是知县王冕（前面提到的活捉朱宸濠那位）擒了朱宸濠。"

朱厚照"哦"了一声，许泰立即跟上："王阳明拥兵自重，将来必占江西造反。"

朱厚照"啊"了一声，张永在旁边冷笑道："您有什么根据吗？"

许泰是能发不能收的人，幸好江彬接过话头："王阳明在南昌城用小恩小惠收买军心，我们的士兵几乎都被他收买了。如果您不相信，现在下诏要他来南京，他肯定不敢来。"

朱厚照笑了，说："下旨，要王阳明来南京。"

诏书一到南昌，王阳明立即启程。可当他走到安徽芜湖时，张忠团伙又劝朱厚照，王阳明是个话痨，来了后肯定要你别这样、别那样。

朱厚照点头说："下旨，要王阳明回南昌。"

王阳明现在成了猴子，被要来要去，还没有申辩的机会。他不想当猴儿，所以没有回南昌，而是上了九华山。

江彬派出的锦衣卫如狗一样跟踪而至。王阳明知道有狗在身后，所以他每天都坐在石头上，闭目养神，仿佛和石头合二为一了。

锦衣卫得不到任何有价值的信息，只好回报江彬：王阳明可能得了抑郁症。

抑郁症没有，但王阳明的确得了病。他三次上书朱厚照，要回家养病，同时看一下入土多时的祖母。朱厚照在张永的阻拦下三次不允，王阳明在九华山上对弟子们说："这可如何是好，我现在是如履薄冰，不敢多走一步，很担心被张忠等人拿了把柄去。"

弟子们说："老师也有退缩的时候啊。"

王阳明回答："谁喜欢身在诬陷的漩涡里！"

弟子们问他："那您现在该怎么办？"

王阳明不知道下一步该怎么办，直到南京兵部尚书乔宇的到来。

乔宇本是北京民政部的副部长，因得罪江彬而被排挤到南京坐冷板凳。可能是这件事对他的打击很大，突然有一天他认定江彬要谋反。没有人相信他，他却矢志不渝地向别人灌输这个信念。朱厚照南下，他捶胸顿足，认定江彬可能要在这个时候动手。可还是没有人相信他，他于是找到王阳明，说了自己的担忧。

王阳明也不太相信，乔宇就说了一件事证明自己的判断。这件事的经过如下：几日前，朱厚照和江彬到郊外打猎，某日宿营突然发生夜惊，士兵们纷纷到皇上军帐前保卫，想不到皇上居然不在军帐。找了许久，才在一个山洞找到狼狈不堪的皇上，和皇上在一起的就有江彬，江彬紧张兮兮。

王阳明没有乔宇那样丰富的想象力，不过他曾在给朱厚照的信中谈到过朱厚照南下面临的风险，朱宸濠余党还在江湖上，皇上又不肯回北京，如果真的发生不测……

王阳明不敢想下去，他的良知也没有再让他想下去，而是让他马上行动起来。1520年农历六月，王阳明集结军队在赣州郊区进行了一场声势浩大的军事演习。演习准备期间，王阳明的弟子都劝他不要如此高调，因为张忠团伙贼心不死，搞演习就是授人以柄。

王阳明说："我之所以这样做当然有苦衷，我要警告那些别有用心的人，不要打皇上的主意。话说回来，即使我不搞军事演习，那群人想找麻烦就一定能找得出来。既然横竖都是被人盯着，何必畏畏缩缩，如果有雷就让它打吧，有电就让来闪吧。”

仁者所以无惧，是因为做事全凭良知。

为了表达自己的这一想法，王阳明作了一首《啾啾吟》：“丈夫落落掀天地，岂顾束缚如穷囚！千金之珠弹鸟雀，掘土何烦用镯镂？君不见，东家老翁防虎患，虎夜入室衔其头？西家儿童不识虎，抱竿驱虎如驱牛。痴人惩噎遂废食，愚者畏溺先自投。人生达命自洒落，忧谗避毁徒啾啾！”

这是王阳明经历张忠团伙的诽谤和构陷后豁然开朗的重新认识，超然、自信、不惑、不忧的人生境界跃然纸上。

让人惊奇的是，朱厚照对王阳明大张旗鼓的军事演习毫无意识，所以当江彬向他进谗言说王阳明别有用心时，朱厚照一笑置之。朱厚照现在最迫切的想法是让朱寿大将军名垂青史。几个月前，他真把朱宸濠放到了鄱阳湖上，派给朱宸濠一群士兵，这群士兵的唯一工作就是擂鼓和挥舞旗帜。朱厚照英勇神武，身穿重甲，站在船头指挥作战，朱宸濠毫无还手之力，缴械投降。这是一场完全有资格载入史册的战事，朱厚照决心要把这件事和他当初的应州大捷写入他的人生，这叫双峰并峙。

他的这一想法给王阳明制造了难题。王阳明曾向中央政府连上两道捷音书，天下人都知道是王阳明捉了朱宸濠。现在要把这一客观事实改变，解铃还需系铃人，王阳明想躲也躲不开。

朱厚照明示张永，要他暗示王阳明，重上江西捷音书。

张永哭笑不得地暗示王阳明：只要把张忠团伙和朱厚照写进平定朱宸濠的功劳簿里，此前种种，一笔勾销。王阳明也哭笑不得，他是个有良知的人，不能撒谎。即使面对种种构陷也不愿意撒谎。

张永对王阳明的高洁品格印象深刻，他只好拿出最后一招，也是王阳明最在意的一招：如果按皇上的要求重写江西捷音书，皇上马上回北京！

王阳明片刻没有迟疑，马上按照要求重写。张永成功了，因为他知道王阳明不在乎自身安危，却在乎皇上和天下百姓。皇上在南方多待一天就多一天危险，而当地百姓也会早日解脱，要知道，皇上和他的军队每天吃喝的钱可都是民脂民膏啊！

1520年农历七月十七，王阳明献上修改版平定宁王报捷书，朱寿大将军、张忠、许泰、江彬成为功勋，王阳明屈居功臣第二梯队。

朱厚照果然说话算话，1520年农历八月下旬，朱厚照从南京启程回北京。王阳明得到消息后大松了一口气。有弟子问他："老师您受到如此不公正待遇，却还心系皇上，这是良知的命令吗？"

这个问题问得非常刁，所以王阳明被问住了。

人生在世，难免遇到不公正的待遇。可当遇到不公正待遇时，我们该怎么办呢？王阳明时常教导弟子，为了自己相信的正义要勇敢去拼，不要做缩头乌龟，否则即便活千年，也不过是千年的禽兽。如果王阳明知行合一，他就应该在面对张忠团伙的无耻和朱厚照的昏聩时勇敢地说"不"，他应该抗争，而不是畏畏缩缩地被人牵着鼻子走，到头来贡献了力量却没有得到荣誉，任何人的良知都不会教导他，这样做是对的。

王阳明思考了很久，终于说出了一个可以让人接受的答案："应视功名利禄如浮云，要勇敢地去做事，不必计较事成之后的荣耀。有荣耀是我幸，无荣耀是我命，这就是良知给我们的答案。"

致良知

直到1520年农历九月前，王阳明始终把"存天理去人欲"作为他心学的终极目标。每当有人问他应该如何成为道德圣人时，他给出的方法也只是"存天理去人欲"，但经历了张忠团伙处心积虑地谗诬构陷而能毫发无损后，王阳明的心学来了一次飞跃，这即是"致良知"的正式提出。从此后，王阳明什么都不提，只提"致良知"。

有人考证说，"致良知"早就被南宋的理学大师胡宏提出过，我们已无从得知王阳明是不是抄袭了胡宏，还是根本不知道胡宏而自创出来的，无论哪种情况，在今天，"致良知"和"王阳明"已成一体，不容置疑。

"致良知"其实很容易理解，就是用良知去为人处世。按王阳明的话说则是，由于良知能分清是非善恶，所以它就是天理，致我心的良知于万事万物上，万事万物就得到了天理，于是皆大欢喜。

"致良知"的运行原理是什么呢？王阳明和弟子陈九川的一段对话是最佳的答案。

陈九川向王阳明提出这样一个困惑："心学功夫虽能略微掌握些要领，但想寻找到一个稳当快乐的地方，倒十分困难。"

王阳明告诉他："你正是要到心上去寻找一个天理，这就是所谓的'理障'。此间有一个诀窍。"

陈九川就问诀窍是什么。

王阳明回答："致良知。"

陈九川问："如何致良知？"

王阳明回答："你的那点良知，正是你自己的行为准则。你的意念所到之处，正确的就知道正确，错误的就知道错误，不可能有丝毫的隐瞒。只要你不去欺骗良知，真真切切地依循着良知去做，如此就能存善，如此就能除恶。此处是何等的稳当快乐！这些就是格物的真正秘诀，致知的实在功夫。若不仰仗这些真机，如何去格物？关于这点，我也是近年才领悟得如此清楚明白的。一开始，我还怀疑仅凭良知肯定会有不足，但经过仔细体会，自然会感觉到没有一丝缺陷。"

据此，我们可以知道，"致良知"就是"格物致知"里的"致知"，它的运行原理就是按良知的本能（能分是非善恶）指引去为人处世。

我们现在可以追溯王阳明如神的用兵事迹，他对付江西土匪和朱宸濠未败一战，一个显而易见的原因是：他在多方面考察和大量资料搜集后，一旦定下战略就绝不更改。这恰好就是"致良知"的力量。

由上面的论述可以知道，王阳明心学认为人心中有个能分是非善恶的良知，所以人不必靠典籍，也不必靠其他外在的方面来证明，良知刹那间一发作，那就是正确答案。但千万不能有第二次发作，也就是在一件事上不要反复思考，记住你面对事情时脑海中的第一个解决方案，那就是最佳方案，这也就是真正的致良知。一个出色的军事家就应该致良知，相信自己良知的力量，按良知的指引做出决定，这样才不会疑虑和悔恨。

没有确凿的证据证明王阳明是在1520年农历九月的哪一天提出了致良知的心学思想，我们只是知道，王阳明心学又被称为"良知学"，可见，致良知在王阳明心学中的分量。

据王阳明自己说，提出"致良知"还要特别感谢张忠团伙，如果没有他们对他进行的百般构陷使他每天都在生死一线徘徊，他就不可能在这极端恶劣的人为环境中提出"致良知"。

王阳明对良知的评价非常高，他曾在给弟子的书信中说，考察人类历史和神鬼历史，发现"致良知"三字是圣门正法眼藏，能规避灾难、看淡生死。人如果能致良知，就如操舟得舵，纵然无边风浪，只要舵柄在手，就能乘风破浪，可免于沉没。

听上去简洁明快的“致良知”真的有如此神奇？王阳明的回答是坚决的肯定，不过他也有担忧，说：“就是因为致良知如此简捷，很多人会不太重视，走向歧路。实际上，我的致良知之说是从百死千难中得来，真不可以轻视。”

王阳明这种担忧是必要的，多年以后，王阳明心学的衰败就是他这种担忧成了事实。我们也无从明白，王阳明怎么会把“致良知”看得如此重要，并且预见性地认为人们在学习良知学时会走歪路。

依我们之见，致良知无非用良知去为人处世而已，这有什么难的？可王阳明说，人人都明白，但很少有人能真的做到。一件坏事到眼前，良知明明告诉你不要去做，可无数人还是违背了良知的教导。这就是王阳明为什么说“致良知”看似简易，其实艰难：知行不一。

按王阳明的意思，如果我们做每件事都按良知的指引去做，那就能获得不动如山的心和排忧解难的智慧。他在张忠团伙的非难中能安然度过，除了一点点运气，靠的就是这种不动如山的心和排忧解难的智慧，而这两种东西，必须长时间地坚持致良知才能获得。

王阳明心学无非如此！

它难就难在我们很多人都不能持之以恒地致良知，如果真能坚持到底，那超然的心态和超人的智慧就会不请自来。遗憾的是，我们很多人都不能把致良知坚持到底，所以我们缺乏不动如山的定力和解决问题的智慧，烦恼由此而生。

1520年农历九月后，王阳明开始向弟子们讲授“致良知”。第二年五月，王阳明在白鹿洞书院大事声张“致良知”，并且声称，他的“致良知”学说并非空穴来风，而是直接从孟子而来，也就是说，圣学到孟子后就戛然而止，赖天老爷垂青，终于让他接下了孟子手中的棒子。这种说法，韩愈、程颐、陆九渊、朱熹都用过，并无创新。王阳明还煞有介事地说，他提出的“致良知”是千古圣贤尤其是孟子遗留的一点血脉。对于那些讥笑和反对他学说的人，他长叹说：“这些人顽固得很，就是滴血认亲得到证据，他们也不会相信。”

王阳明显然在睁着眼睛说瞎话。孟子所谓的“良知”纯粹立足于人的情感上，也就是道德上，恻隐之心、羞恶之心都属于道德，属于善恶之心。而王阳明提的“良知”则除关于道德的善恶之心外，还有关于智慧的是非之心，这一点一定要注意。

在王阳明弟子越来越多的同时，他的学术敌人也越来越多。这些人攻击王阳明的致良知学说是枯禅，理由是，禅宗主张直指本心，人人都有佛性，佛在心中坐，不去心外求。而王阳明的心学和禅宗异曲同工，无一例外的，他的学术敌人都是朱熹门徒，发誓有生之年和王阳明心学不共戴天。

王阳明的反应很让这些人愤怒，他不但未有所收敛，反而变本加厉。1521年农历八月，王阳明回浙江余姚后，居然肆无忌惮地扩招门徒，搞得天下人都知道浙江余姚有个王阳明在讲心学。在他的敌人看来，王阳明明知道自己的学说是荒谬的，应该痛哭流涕地向他们忏悔。可王阳明不但不知悔改，还拿圣人孟子当挡箭牌，这真是恬不知耻。

攻击谩骂王阳明的声音在整个明帝国成了学术界的主旋律，上到中央政府高级官员下至地方小吏，王阳明的敌人满坑满谷。当然，对他顶礼膜拜的人也是浩如烟海。王阳明大有不管不顾的气势，用他的话说，只相信自己的良知，其他一概不理。

他曾和弟子们谈论过这样一件事：为什么王阳明自平定朱宸濠后，他的学术敌人像雨后的狗尿苔一样层出不穷。有弟子说，因为先生立下与天地同寿的奇功，所以很多人都嫉妒先生，因妒生恨，这应该是真理。还有弟子说，这是因为先生的学说影响力已如泛滥的黄河一发不可收拾，而那些朱熹门徒自然要站出来反抗让他们耳目一新的学说。更有人说，先生创建了动摇山河的功勋，所以尊崇先生的人越来越多，根据辩证法，那些排挤阻挠先生的人也就越来越卖力。

王阳明说："诸位的话有道理，但并不是根本。最根本的原因应该是这样的，未发现良知妙用之前，我对人对事还有点乡愿的意思，也就是言行不符。可我确信良知的真是真非后，就发现只要我按照良知的指引去为人处世，心情非常愉快，由此就养成了'狂者'的胸襟。即便全天下人都讲我言行不符也毫无关系。这就是自信，真正的自信就是相信自己的良知！良知告诉你什么时候该做什么事，那就去做，不必顾虑、不必计较。"

如果说，王阳明在龙场悟道的"格物致知"是王阳明心学的基调，那么，他后来提"知行合一""存天理去人欲"则是探索模式。1520年，他提出"致良知"，由此给了王阳明心学的灵魂。到他1521年这次和弟子谈话后，王阳明心学第一次在他身上有了成果：超狂入圣。王阳明心学的主张就是要成为圣人，先要成为狂者，然后才能循序渐进，进入圣人殿堂。

所谓"狂"，就是在相信真理的前提下时刻坚持真理、践履真理，其他一概不管。或者说，和真理无关的事并非我所关心之事，如此，我不需伪饰，只要本色表现就可以了。

王阳明年轻时就是个狂放不羁的人，坚持建功立业的真理。为了这个真理，他废寝忘食苦读兵法，不屑众人的嘲笑在饭桌上用果核排兵布阵，这就是狂。因为他本是个狂人，所以他英雄相惜，他也喜欢别人是狂人。1520年他收服王艮就是个典型例子。

王艮原名王银，出生于儒家大本营江苏泰州，父亲靠煮盐维持全家生计，王艮七岁开始学习理学，四年后辍学继承父业，二十五岁时成为当地富翁。由于经济条件许可，王艮重新回归理学，他的天分和刻苦成就了他，二十九岁的某天夜里，他从梦中惊醒，浑身大汗如雨，突然感觉心体洞彻、万物一体，确切地说，他悟道了。

其实，即使朱熹本人，也不可能在四年时间里悟透理学之道，王艮的悟道只是他没有深厚的理学基础，没有基础就没有思想负担，一番胡思乱想后就很容易让自己误以为悟道了。王艮自悟道后，就四处讲学，他的讲学有个特点：不拘泥陈说旧注，而是根据自己的心理、以经证心，以悟释经。说白了，就是望文生义，但因为可以言之成理，所以他的听众越来越多。三十七岁时，王艮已在泰州声名大振，他把自己塑造成超级特立独行的人物：按古礼定制了一套冠服，帽子叫“五常冠”，取儒家仁义礼智信五常之义，衣服是古代人穿的连衣裙“深衣”。穿戴完毕，他捧着笏板，行走时迈的步子经过精致的测量，坐时一动不动，和死人唯一的区别就是还有气息。

王艮还有一特立独行之处，就是嗜酒、嗜赌如命。1520年，他到江西挑战各路理学大家并且百战百胜。他最后狂傲地宣称，天下没有人可以当他的对手。当有人告诉他，江西有个叫王阳明的在学术上很厉害时，他冷笑。

王阳明听说有这样一个人后，派人隆重地去邀请。王艮没有时间，他正在喝酒、赌博。王阳明不停地去请，王艮不停地在喝酒、赌博。

王阳明的弟子劝王阳明：“这种人还是算了，他既然不想来，强求不得。”

王阳明说：“据说这人很有‘狂’气，我非要他来见我不可。”

弟子们问：“难不成去绑架他？”

王阳明笑了笑，找出几个学习能力强的人专门学习喝酒、赌博。这几名弟子学成后就跑到王艮面前，先是喝酒，把王艮喝得大醉三天，又和王艮赌博，王艮输得一塌糊涂。王艮大为叹服，对方却告诉他，我们不是自学成才，而是有名师指导。王艮问是何人，他们就把王阳明的名字告诉了王艮。

王艮大吃一惊，说：“想不到王阳明这老儒还会这些东西。”

这些赢家就说：“我们老师非腐儒，而是能灵活变通的圣人。”

王艮打了几个酒嗝，推开牌局，说：“那我要去见见他。”

王艮戴上了他的复古帽，穿上了他的非主流衣服，捧着笏板来见王阳明。二人开始了一段有趣的对话。

王阳明：“你戴的是什么帽子？”

王艮：“舜帝的帽子。”

王阳明：“穿的什么衣服？”

王艮：“春秋道教创始者老莱子的衣服。”

王阳明：“为什么穿这样非主流的衣服？”

王艮：“表示对父母的孝心。”（舜和老莱子都以孝著称）

王阳明：“你的孝道贯通昼夜吗？”

王艮：“当然。”

王阳明：“如果你认为穿这套衣服就是孝，那你脱掉衣服就寝时，你的孝还在吗？”

王艮：“我的孝在心，哪里在衣服上！”

王阳明：“既然不在衣服上，何必把衣服穿得如此古怪？你是想把孝做给别人看？”

王艮：“……”

王艮：“咱们来谈谈天下大事吧。”

王阳明：“君子思不出其位，天下事可不是你这样的人应该管的。”

王艮狂傲道：“我虽是个草民，但尧舜君民之心，没有一天忘记过。”

王阳明：“当年舜是平民时在山中和野兽玩乐，快乐得忘记了还有天下这回事。”

王艮：“那是因为上有尧这样的圣君。”

这回轮到王阳明答不上来了。王艮说得对，上有尧那样的圣君，作为平民的舜才没心没肺地忘记还有天下这回事。可如果上有朱厚照那样的混蛋，作为一个有良知的平民，是否还应该没心没肺呢？

我们可以看出，王阳明和王艮在后者着装上的谈话已经透露了王阳明“心即理”的心学核心，而王艮的回答恰好符合了这个心学的核心。王阳明发现，这是一个可塑之才，大喜之下，连忙给王艮脑子里灌他的心学思想，从“格物致知”谈到“诚意”，再谈到“存天理去人欲”，最后谈到“致良知”。王艮听得一愣一愣的，深深拜服。王阳明最后说，其实你已有了“狂”的灵魂，但有点跑偏，你应该静下心来，专心致志地得到“狂”的真谛，这就需要你致良知。你的名字“银”边是个金字，金乃狂躁流动之物，把它去掉，名为王艮，字“汝止”。这是提醒你自己：要静止，不要太流动。

王艮同意王阳明的见解，从此专心地学习起心学来。王阳明后来说：“我收服王艮比我平定朱宸濠还有满足感。”但也正是王艮后来把王阳明心学的这只巨舟驶入狂傲不羁的禅宗海洋，让王阳明心学的敌人们有了攻击的话柄，从而导致了心学在明代被围剿，直至没落。

当然，这是后话了。

从王阳明的角度来看，王艮犯的致命错误就是，全力渲染良知的效用，而不注重光明良知。王阳明说：“因为我心中有良知，良知能辨是非善恶，所以我只要按良知的指引去做事就一定符合天理。问题是，良知能分是非善恶，是因为良知光明。如果良知不光明，在是非善恶上，它的作用就会微乎其微。”王阳明一直主张，你固然有良知，可别人也有良知，只有大多数人的良知认定同一件事是对的或者错的，那才叫心即理，否则就不是。

王艮和他后来的弟子都有这样的思路：良知告诉我，五花肉好吃，那不管什么场合面对什么人我都吃。可如果我们面对穆斯林时吃猪肉，那就是大不敬，这种行为就不符合天理了。也就是说，这个时候，你的良知分清的就不是“是”或者“非”，它完全拧了。

不过这大概也不能怨王艮，王阳明在对待良知能分清是非的问题上，也刻意强调良知的作用。曾经有个叫杨茂的聋哑人向王阳明请教如何对待“是非”，王阳明用笔和他交谈。

王阳明：“你的耳朵能听到是非吗？”

回答：“不能，因为我是个聋子。”

王阳明：“你的嘴巴能够讲是非吗？”

回答：“不能，因为我是个哑巴。”

王阳明：“你的心知道是非吗？”

杨茂兴奋起来，手舞足蹈，拼命点头。

王阳明最后写下这样的话：“你的耳朵不能听是非，省了多少闲是非；口不能说是非，又省了多少闲是非；你的心知道是非就够了。”

人人都有良知，所以人人心中都知道“是非”，但耳朵不听是非，口不说是非，那也不是知行合一。

王阳明说他已进入狂放不管不顾的境界，其实这只是他的一厢情愿，至少他在良知指引下的狂放境界就不能绝对地解决下面的问题——对朱厚照的评价。

伟大的杨廷和

人人都知道王阳明在平定朱宸濠中居功至伟，人人也都知道，王阳明最终闹了一场空。他的全体弟子都为他抱不平，但无济于事。甚至是退休在家的杨一清也为王阳明抱不平，也无济于事。整个1520年，王阳明成了一把扫帚，扫完朱宸濠这堆垃圾后就被人放到墙角，中央政府所有高官显贵都故意不想起他。

1521年农历三月，王阳明的光明时刻看似到来。因为朱厚照死了，环绕在他身边的垃圾群如冰山消融，首当其冲的自然就是江彬。

1520年年末，朱厚照一行到达通州，江彬提醒朱厚照不要回紫禁城，因为一旦回紫禁城再出来就很难。江彬设法让朱厚照相信，在通州完全可以处置宁王余孽，完事后可以去他在大同建造的行宫。朱厚照欣然同意，就在通州，审讯朱宸濠同党。钱宁和吏部部长陆完被拖到他面前，朱厚照对二人恨得咬牙切齿，因为他们以谋反来回报他对他们的信任。他以恶作剧的方式来惩治这两个罪犯：把二人剥得一丝不挂，五花大绑，站在严寒天气中让士兵向他们身上吐口水。凌辱完毕，他命令把二人凌迟处死。至于朱宸濠，他显示了家人温情的一面：允许朱宸濠自尽，不过朱宸濠自尽后，他命令把朱宸濠的尸体烧成灰烬。

虽然朱宸濠已灰飞烟灭，但朱厚照相信江彬的说法，所以对中央政府官员要他回京的请求置之不理。但他的身体已不允许他再胡闹。两个多月前，他在江苏淮安的清江浦独自划船时，船莫名其妙地翻了，他喝了好多口水才被人救起。也就在那时，他经常会感到寒冷，不停地咳嗽，到通州时，他给人的感觉已是有气无力。

他其实特别想去大同行宫，可紫禁城来到通州的御医告诉他，如果不回北京进行一番正规的疗养，那后果不堪设想。朱厚照听到这句话时很遗憾地看了看江彬，江彬欲言又止的神情让朱厚照如坠云里雾里。

1520年农历十二月初十，朱厚照终于病体沉重地回到紫禁城。虽然如此，他还是进行了一番夸张的表演：几千名捆绑着的俘虏排列在通往皇宫的路旁，他则骑着高头大马，穿着军装耀武扬威的“检阅”俘虏们，由于身体原因，这场表演很快结束了，这是他人生中最后一次表演，有点失败。

三天后，他勉强从床上爬起到天坛献祭。在群臣的惊呼声中，他当场晕倒，被抬回紫禁城时，气若游丝。皇家御医们虽然保住了他的命，却没有恢复他的健康。1521年农历二月初二，他带病和一位宫女进行质量不高的性生活，之后，病情加重，只有躺在病床上回忆往事。1521年农历三月十四，朱厚照一命呜呼，享年三十一岁。

一直以来，人们对朱厚照的评价都不高。大家普遍认为，朱厚照是一位自私任性的皇帝。倘若用王阳明心学来评价他，应该有两种评价：作为普通人，朱厚照无疑是很出色的，因为他能创造心灵的自由，他不被那群腐朽的老臣订立的规则所左右，只活最真实的自己；但作为皇帝，他是极不合格的。朱厚照在享受皇帝权力带给他快乐时却很少履行皇帝应该尽的责任。按王阳明心学的解释，朱厚照的心中应该有这样的天理：我要为江山社稷负责，要为黎民苍生负责。可事实证明，他没有。他心中的“天理”就是：我行我素，让自己成为一个“将军—皇帝”式的皇帝。如你所知，这和大多数人（儒家门徒）对皇帝心中应该具备的天理的共识背道而驰。

天理是什么，其实就是有良知的大多数人对一个道理达成的共识。显然，身为皇帝，朱厚照没有按他的良知去行事。

江彬也没有按自己的良知去行事。朱厚照在残存于世的那两个月里，江彬一直在违背良知。他明知道朱厚照已病入膏肓，却还要求朱厚照去大同行宫，目的只有一个：朱厚照死时，他能在身边，将来的事就都好办了。

但朱厚照忽然变得聪明起来，回到北京紫禁城，这让江彬的计划泡汤。他明知道伪造圣旨不是臣子应该做的事，可还是在1521年农历三月初九伪造了一道“要江彬担任北京郊区边防军司令”的圣旨。

北京郊区的边防军是江彬几年前在得到朱厚照许可的情况下调动的大同军区部队，这是一支训练有素、久经沙场考验的部队，能以一敌百。江彬希望这支军队能为他的前途保驾护航。他接下来唯一要做的事就是守在朱厚照病榻前，只要朱厚照一死，他可以再伪造朱厚照的遗命，而他江彬则将名标青史。至于怎么名标青史，江彬的答案：造反。

这一计划险些就成功了，但最终还是功亏一篑：1521年农历三月十四朱厚照咽气时，江彬不在朱厚照身边，历史由此转向。

朱厚照死时，身边除了几名宫女，只有两个与大局无关的司礼太监，两名太监记下了他的临终遗言：朕疾至此，已不可救了。可将朕意传达太后，此后国事，当请太后（张太后）与内阁定夺。从前政事，都由朕一人所误，与你等无关。

相当一部分人认为，朱厚照的遗言是伪造的。那两个宦官很担心朱厚照死后政府官员找他们算账，所以添加了“从前政事，都由朕一人所误，与你等无关”这一句。即使这句是伪造的，但前面几句话肯定是真的，因为它是口语，反映了朱厚照实际说话的情态。

朱厚照把后事完全交给皇太后和大学士，说明他临死前已变得清醒。如果他再混账一点，把后事交给江彬，后果不堪设想。

出色的政治天才、内阁首辅杨廷和勇担重任。他要做的第一件事就是寻找新皇帝，朱厚照一生没有儿女，而且也没有过继的子嗣，所以必须要从朱家重新挑选一位。这件事不必临时抱佛脚，杨廷和早在朱厚照卧床不起时心中就有了人选，而且曾向朱厚照暗示过，但朱厚照认为自己可以起死回生，所以没有答复。当杨廷和第一时间得知朱厚照归天的消息后，马上跑进太后宫中，提出了他心目中的人选：设藩于湖广安陆（湖北钟祥）的兴王朱厚熜（时年十三岁）。

杨廷和的理由是：朱厚熜天生明敏、温文尔雅，后天受到良好的教育，有明君的气度。张太后同意了。杨廷和立即向群臣宣布这件大事，群臣哗然。

兵部尚书王琼第一个强烈反对。他的理由是，皇上朱厚照还有很多叔伯，让一个十三岁的孩子来做皇帝，这太玩笑了。杨廷和老谋深算地祭出朱元璋制定的《皇明祖训》说，这里有“兄终弟及”的规定，自己是按规定办事。

王琼又反对说，“兄终弟及”的“弟”必须是嫡长子，而朱厚熜是他老爹朱祐杬的次子，这不符合规定。

杨廷和冷笑说：“朱祐杬的长子已死多年，我们去哪里请他？”

王琼再反对说，无论如何都轮不到朱厚熜，益庄王朱厚烨（设藩江西抚州）今年二十三岁，生性恬淡，生活简朴，而且是嫡长子，他更适合。

杨廷和冷笑：“别忘了，江西可刚出了个宁王朱宸濠。你提江西的朱厚烨，什么意思？”

王琼惊骇万分，突然发现这场廷议杀机四伏，马上闭起了嘴。没有人反对，因为该反对的理由都被王琼说尽了。

杨廷和为什么非要违背《皇明祖训》选朱厚熜而不选朱厚烨，从二人的年龄上就可以得到答案：朱厚熜十三岁，还是个小孩子，容易控制，而朱厚烨已经二十三岁，具备了独立意识，杨廷和控制起来会非常麻烦。

迎朱厚熜继位的大队人马刚出北京城，杨廷和立即着手第二件事：解决江彬。

1521年农历三月十七日，杨廷和正式发布朱厚照遗诏，江彬大摇大摆地来听遗诏。他不担心杨廷和，因为他来之前就已经和他的部队商量好，只要在约定的时间内没有见到他出宫，他的部队将采取行动。杨廷和当然明白江彬是有备而来的，所以绝不会在这时对他动手，但还是伪造了朱厚照的遗诏，命令江彬指挥的边防军撤出北京回大同军区。

命令于发布的那一刻开始就开始执行，边防军陆续北返。江彬的幕僚们怂恿他立即采取行动，可江彬根本就不是成事的料，犹豫不决。大概是边防军撤出北京一事严重地打击了他，他已乱了方寸，甚至派人去打探杨廷和的态度。

杨廷和发现自己已掌握了主动权，内心狂喜。不过表面上他还是设法让江彬相信，他对江彬不会采取任何行动，对江彬的处理是未来皇帝的事，他一个首辅没有这个权力。

江彬得到这一消息后，如释重负。他不知道这是杨廷和的缓兵之计，只要边防军全部撤出北京，杨廷和就会翻脸无情。由这件事可以推断，江彬不过是个庸人，他最擅长的只是谄媚和构陷，对政治，他一窍不通。

江彬的幕僚们看到主子忽然悠闲起来，不禁扼腕叹息。1521年农历三月十九日，边防军全部撤出北京，江彬现在成了孤家寡人。他的幕僚们出于对主子的爱护，劝他立即离开北京。江彬拒绝，他不但拒绝这一善意的提醒，反而就在当日跑到皇宫里参加坤宁宫的落成典礼。在典礼进行到最高潮时，江彬突然发现露天礼堂周围多了很多士兵，一股冷汗顺着头皮就流了下来。他推开众人想要逃跑，杨廷和大喝一声，早已准备多时的士兵把他拿下，送进了锦衣卫大牢。

等待他的只有死路一条。

解决江彬后，杨廷和凌厉地开始第三件事：涤荡朱厚照在北京城内的一切痕迹。撤销朱厚照的皇家娱乐场所，遣散仍逗留在宫中的僧侣、异域美女、演艺人员。把朱厚照豢养的野兽统统拉到郊区，或是放走，或是杀掉。

看上去，紫禁城恢复了它本来的庄严。

杨廷和现在成了明帝国当之无愧的主人，成了一个伟大的人。一个月后，朱厚熜来到北京郊外，杨廷和指示有关人员：要以迎接太子的仪式迎接朱厚熜。

杨廷和是想给朱厚熜一个下马威，要朱厚熜意识到他的龙椅是怎么来的。朱厚熜不领这个情，他传话给杨廷和：我不是先帝的儿子，所以不是太子，我是来继承帝位的，所以我是皇帝，要用迎接皇帝的仪式迎我进城。否则，我就打道回府。

杨廷和想不到这个十三岁的孩子这么较真，他只能同意朱厚熜的意见。本年农历四月二十二，朱厚熜以皇帝的身份被迎进北京城，杨廷和先败一局。

朱厚熜继位的第五天，礼部接到这位小皇帝的命令：拿出适合于他父母的大礼和称号的意见。

这是朱厚熜注定要面临和解决的问题：他不是先皇朱厚照的儿子，他有自己的亲生父母。他既然做了皇帝，那按常理，他的父母必然是太上皇和皇太后。

可正如杨廷和所说：当今圣上的父母不能是太上皇和皇太后，因为他的帝位是从朱厚照那里得来的。朱熹说过，继承别人的皇位后，就要称此人为父，这是天理。而对于亲生父亲，就不能称为父，可以称皇伯、叔父。朱熹总结说，如此一来，正统就明了，天下人对皇帝的尊崇就到达极限，天理就昭昭了。

杨廷和拿出自己的见解：朱厚熜应该效仿北宋赵曙（宋英宗）称呼父母的方式。

赵曙是北宋第五任帝，他前任是赵祯（宋仁宗）。赵祯一生无子，就把兄弟的儿子赵曙认作义子，赵祯死后，赵曙继位。按儒家家法，他应该称亲生父母为伯父，称赵祯为亲爹，理由是：赵曙是从赵祯那里继承的皇位，而不是从亲爹那里。

在杨廷和的指示下，礼部建议朱厚熜："称您亲爹为皇伯，而称朱厚照的父亲（朱祐樘）为亲爹。"

朱厚熜大为不解，他说："我和赵曙的情况不一样，他是早已入继赵祯膝下的，赵祯活着时，赵曙就已经称赵祯为父，而且还当过太子。可我从未入继过朱祐樘，也从未被立为太子，所以我不必遵守儒家理法。"

杨廷和认为这是件严重的事，如果朱厚熜真的称亲生父亲为父，那就预示着皇帝的位子不必一系相承，朱宸濠要做皇帝，也无非想从旁系进入皇帝这一系。如果朱厚熜真如愿以偿，将来皇系以外的皇族各系都会对皇位虎视眈眈。

还有就是，朱厚熜如果真称亲爹为爹，那就是断绝了朱祐樘一系的正统。这属于内部革命，无论如何都不成。

朱厚熜非要称亲爹为爹，而杨廷和和他的朱熹门徒同僚们强烈反对，双方由此展开了空前的激战，这就是明代历史上最动人心弦的"大礼议"。

那么，远在浙江余姚的不同于朱熹理学的异端王阳明的态度是什么呢？

不许来京

无须推测，我们就能知道王阳明对“大礼议”的态度必然和杨廷和背道而驰。朱熹理学主张孝道，王阳明心学更主张孝道。所不同的是，王阳明心学对事物做出判断依靠的不是外界的规定，而是内心的良知。任何人的良知都会告诉他，亲生父母就是父母，不可更改。难道朱熹和杨廷和的良知不知道这一点吗？当然知道！但他们自认为那些儒家的规定能保证正统，所以他们违背良知的告诫，做出莫名其妙的事情来。然而在他们看来，这是很严肃的事，认为他们莫名其妙的人才莫名其妙。

朱厚熜的抵抗是强烈的。1521年农历四月到六月，朱厚熜统治下的明帝国最大的政治事件就是“大礼议”。杨廷和带领全体官员向朱厚熜施加压力，要他称自己的父亲为皇伯。朱厚熜单枪匹马，靠着皇帝至高无上的权力顽强抵抗。1521年农历六月，一个叫张璁的新进士让本无希望再抵抗的朱厚熜神奇般地转守为攻。

张璁的运气一直不好，连续七次参加会试才终于在第八次的1521年过关，这一年他已四十六岁。张璁一进入政坛，就遇到“大礼议”事件，他发现这是个旱地拔葱的机会，决心站在朱厚熜一边和整个帝国的官员们作对。

张璁向朱厚熜表明了自己的主张，他认为杨廷和挑选的典故并不适用于当今皇上，皇上应该称自己亲爹为父。朱厚熜心花怒放，把这个唯一盟友的奏疏转给杨廷和看。杨廷和傲慢地在奏疏上批下自己的意见：一介书生晓得什么大体？

十三岁的朱厚熜火冒三丈，把奏疏摔到地上，他有点沉不住气地要和杨廷和翻脸。他从湖广带来的幕僚群提醒他，和杨廷和翻脸是极不明智的。从私人角度讲，杨廷和是您的恩人；从政治角度讲，杨廷和控制着政府，皇帝新来乍到，在力量不足时绝不能和杨廷和控制的政府作对。

朱厚熜问计，有幕僚提到大量引进外援，比如王阳明。依这名幕僚的见解，王阳明思想开通，而且依靠他的哲学思想和不可置疑的军功建立了卓著的声誉和广泛的人脉，他将是抗衡杨廷和的最佳人选。朱厚熜转怒为喜，下旨给王阳明：你当初能剿平乱贼，安靖地方，朝廷新政之初，正是用人之时，你速速来京，我要封赏你，并委你重任，不得迟疑。

1521年农历六月二十一，圣旨到达江西南昌时，王阳明正和他的弟子们在游山玩水中探讨学问。

他接到圣旨后，心中波澜起伏。客观地说，王阳明的仕途并不顺。开始时王阳明是没有用武之地，后来有了用武之地，却永远都是无名英雄。朱厚照剥夺了他的一切荣誉，他并不沮丧，因为他看淡了这一切。

但他只是看淡这一切，而不是推托。当一个可以施展抱负的机会来到他面前时，他绝不会拒绝。他对弟子们说："新帝上任，朝廷风气面目一新，此时正是施展我抱负的时机，我应该去京城。"

弟子们对老师的深明大义表示赞赏，但有弟子犀利地指出，此一时彼一时。当初您到江西剿匪能功成名就，是因为兵部尚书王琼。也就是说，您上面有人。可王琼在一月前已被杨廷和清除出中央，您现在是孤家寡人，皇上又是个初出茅庐的后生，中央政府里情况暧昧不明，此事还是慎重为好。

王阳明一听到"王琼"这个名字，心上不禁一颤。王琼是他一生中最重要的贵人，没有之一。如果不是王琼，王阳明的一生将失色很多，从我们今天的角度来说，如果没有王琼，王阳明不过是个哲学家，不可能在军事家中拥有一席之地。

王琼在朱厚熜未进北京时就被杨廷和排除，罪名是私通钱宁、江彬等乱党。这个罪名从王琼的行为上看是成立的，王琼和钱宁、江彬的关系的确很紧密。可他有不得已的苦衷，当时的中央，想要做成大事必须通过朱厚照身边这两位红人，王琼之所以主动结交他们，就是为了让王阳明在江西百无禁忌，否则，一旦派去监军，王阳明将会束手束脚、难以成事。

结交皇帝身边的红人是一个政治家变通的智慧，多年以后的张居正能让半死不活的大明王朝重获生命力，靠的就是和宫中的大太监冯保的友谊。但对于朱熹门徒的那些君子来说，君子和小人势不两立，你就是和那群小人打个招呼都是罪过。

法律专家杨廷和排挤王琼只和政治有关。自朱厚照死的那天开始，王琼就对杨廷和的自作主张非常厌恶，杨廷和清醒地认识到，必须把这块石头搬走，他才能控制政局。

王阳明弟子们的担忧不仅于此。有弟子说："几乎所有的政府官员都是朱熹门徒，对王老师您的心学深恶痛绝，您进中央政府和进龙潭虎穴有何区别？纵然朝廷上有为王老师您讲话的人，那也是位卑言轻之辈，王老师您虽然有良知在身，能乘风破浪，可咱们在江西待得好好的，为什么要去经历大风浪？"

还有弟子小心翼翼地问："王老师难道有官瘾？"

王阳明瞪起眼睛来，说："胡说！我怎么会有官瘾？我早就教导过你们之中进入仕途的人，仕途如一张网，进入后就会被沾上不得转身，所以千万不要沉浸在里面，要懂得站在网上看。但也不是要你不作为，是要你看明白，然后进入网中去做，做完就赶紧撤出来，这样才能不被仕途牵引，不为功名利禄所累。”

说完，他叹息一声说：“皇上此时正是用人之际，我虽然能力有限，但皇上既然能想到我，说明我还有利用的价值，我应该去。”

有先见之明的弟子说：“恐怕去不了京城。”

王阳明问原因。

弟子回答：“杨廷和是朱熹忠实的门下走狗，绝不容许您这样的异端。”

王阳明说：“不能以恶意推测别人，杨廷和是识大体的人，不会为难我。”

这可能是心学的一个缺陷：绝不要先以恶意去推测别人，否则自己就先恶了，一旦如此，就是丧失良知的表现。那么，不要先以恶意去推测别人，该如何防止别人的恶意（以欺骗为例）呢？比如有弟子就向王阳明提过这方面的担忧：“人情诡诈多变，如果用诚信应对它，经常会被它欺骗。很多骗子行骗成功就是利用了人们的厚道和诚信。但是，如果想不被骗，必须事先能察觉，可事先察觉的前提必须是把每个人都当成潜在的骗子。可这样就违反了孔子‘不要预先猜测别人欺诈自己，不要预先揣度别人不诚实’的忠告。也就是说，我这样做，就把自己变成了那种不诚实、不厚道的人了。”

王阳明告诉他：“这是孔子针砭时弊而言的，当时人们一心欺诈别人，做不诚信的事，而深陷于欺诈和不诚信的泥潭中；还有人不会去主动欺诈别人，但是缺乏致良知的能力，而常常又被别人欺诈。孔老夫子并非教人事先存心去体察他人的欺诈和不诚信。只有心怀不轨的人才事先存心，把别人看成是骗子。可即使他时刻防备，也很难不被欺骗。原因很简单，他把别人当成骗子，就证明他也是骗子。他总是防备别人，心力交瘁，偶一疏忽，骗子就乘虚而入了。”

也就是说，只要我们苦下致良知的功夫，就可以避免被人欺骗，更可以避免别人的攻击。问题是，攻击和欺骗的主动权不在我们手中，而在对方的手中，比如杨廷和，他即使知道王阳明没有把他当成坏人，也不会撤销阻挠和攻击王阳明的行动。

王阳明绝不能来中央政府，这就是杨廷和给他自己和他所控制的政府定下的基调。杨廷和和王阳明结怨已久。王阳明当初在江西剿匪，不停地给王琼写信报捷，信中只字不提内阁，杨廷和这位首辅面子上当然过不去。王阳明在这件事上做得的确有些失误。人人都知道，他王阳明虽然是兵部推荐的，但内阁位于兵部之上，王阳明至少应该提一下内阁才对。另外，杨廷和在思想修为上和王阳明也是水火不容。所以杨廷和对臣僚们说：“皇上要王阳明来京肯定是寻找外援，王阳明的主张必然和我们的相反，所以他绝对不能来京。”

有人认为王阳明来到京城后无依无靠，他的弟子都聚集在政府下层，无关大局，杨廷和是不是有点小题大做了。

杨廷和严肃地指出：“王阳明非同小可，不说他那野路子的学说，只看他在江西短时间内创建的军功就能说明这是个狡诈多端的人。这种人，不能让他来京城。”

其实，杨廷和还有一点忌讳没有说，那就是，王阳明和王琼的关系非常密切，他担心王阳明来京后皇上会重新重用王琼。

他对朱厚熜提出自己的意见，朱厚熜的娃娃脸阴沉下来：“我是皇帝，任用一个人还需要你的许可？”

杨廷和吃了一惊，他发现皇上对他的不满已溢于言表，不过他明白皇上对他的不满还只停留于言表，他说：“先皇才驾崩，此时不宜行封赏之事。”

朱厚熜跳了起来：“这是哪门子规定？”

杨廷和是法律方面的专家，这种规定他随时可以找出一百条。他就站在那里，看着地面，仿佛地面有法律条文一样，滔滔不绝。

朱厚熜发现在这方面他远不是杨廷和的对手，摆手示意他停下。他知道自己这次请外援的行动失败了，但他还抱有一线希望：“我是皇帝，君无戏言，如今已宣王阳明来京，难道要我食言？”

杨廷和早已为他想好了王阳明的结局：可让他返回江西南昌，继续担任他的江西巡抚。

朱厚熜深深地鄙视起杨廷和，因为这实在不是对待一位功勋卓著的高级官员的态度。可杨廷和眼睛盯着他，一眨不眨，这让他如芒刺在背。

必须要扳倒杨廷和！这是朱厚熜当时最真实的想法。但现在，他只能忍耐：那就按你的意思去做吧。

王阳明走到钱塘，杨廷和的圣旨来了：国丧期间不宜进行封赏事，王阳明立即回南昌履行江西巡抚之职。杨廷和还擅作主张，免去王阳明南赣巡抚的职务，由他指定的人选担任。

王阳明百感交集，几乎要仰天长啸。他如掉进冰窟窿里，浑身冰凉。他没有赞赏那位有先见之明的弟子，而是看向钱塘江，此时还不是钱塘江大潮来的时候，但他分明感觉到潮水互相冲击的巨响。他忽然想家了。

1521年农历七月，王阳明向中央政府告假，杨廷和允准。一个月后，王阳明回到阔别已久的浙江余姚。他的父亲王华喜极而泣拉着他的手诉说："当初朱宸濠造反，有传言说你也参加了，我却对人说，我儿向来在天理上用功，知道是非对错，绝不会做此愚昧之事。后来又有传言说你和孙燧等人遇害，我悲伤过后是欣慰，因为你做了忠臣。再后来我听说你讨伐朱宸濠，原来你还活着，我高兴得手舞足蹈，每天都焚香祷告你能马到成功。再后来，我听说皇上身边的那群小人拼命地想把你置于死地，我每天所做的事还是为你祈祷，希望你能化险为夷。而我也知道，公道自在人心，你必能全身而还。如今你回来了，可见世上的确有天理这回事啊！"

父亲的一番话让王阳明流下愧疚的眼泪，说："让父亲总为我牵肠挂肚，真是不孝！"

王华说："我之所以担心你，是因为你在名利场中，不过现在我不必为你担心，当我见到你第一眼时就发现功名利禄在你眼中已是浮云了。"

知子莫若父，王阳明的确早已看淡功名利禄。有一天早上醒来，王阳明对弟子说："昨日穿着蟒玉（江西巡抚的官服），大家都说荣耀，可脱衣就寝，只是一身穷骨头，何曾添得分毫？所以，荣辱不在人，人自迷耳。"

酒不醉人人自醉，色不迷人人自迷。酒、色、荣辱都是心外之物，如果心外无物，何尝能为物所迷？

然而有一样东西是人无法不迷的，那就是亲情。它和我们的良知一样，与生俱来。王阳明曾指着他当年出生的那个阁楼，心情沉重地说："我的母亲五十年前在这里生下了我。阁楼还在，我还在，母亲大人早已不在了。"当他看到年迈的父亲和荒草萋萋的祖母坟墓时，不由下泪。

有耍小聪明的弟子问道："老师您曾教导我们不要随意动心，此时为何而动心？"

王阳明擦掉泪水说："此时此刻，不能不动心！"

对于亲情，很少有人不会动心，这是人良知的表现之一，正如朱厚熜非要给他父母正当名分一样，就是良知。令人齿冷的是，杨廷和和他控制的政府非要朱厚熜泯灭良知。对于朱厚熜而言，杨廷和简直丧尽天良。

对于丧尽天良的人，朱厚熜唯有抗争到底。1521年农历八月，朱厚熜命令礼部去湖广迎接他的亲娘。杨廷和命令礼部：以王妃的礼仪迎接，不能以皇太后的礼仪。朱厚熜的母亲大怒，拒不进京。

朱厚熜脱下龙袍，声言要回湖广，而且马上收拾行李。杨廷和慌了，这是明摆的事实，一旦朱厚熜真的走了，他杨廷和就有不可推卸的政治责任。他终于退后一步：迎接朱厚熜的母亲可用皇太后礼仪。但在称呼上，不得变更。

杨廷和退一步，朱厚熜自然就进了一步。只要在前进，那就必能抵达胜利的终点。朱厚熜是这样想的，忽然又想，如果有人助力，那就更好了。

像是老天爷听到了他热切的希望，“助力”翩翩而来。

再见，杨廷和

来的“助力”当然不是王阳明，他正在余姚置办父亲王华的丧礼，全身心沉浸在父子之情的漩涡中，心无旁骛。1522年农历二月，王华安详地离开人间，享年七十七岁。

王华是王阳明一生中最敬慕爱戴的人。他年轻时和父亲王华常有冲突是性格使然，王阳明内心深处始终把父亲当成一个伟大的人，心里无时无刻不在挂念着父亲。王华同样如此，他亲眼看着王阳明从一个叛逆少年成长为国之栋梁，到后来，他几乎深深地佩服起自己的儿子来。当他离开人世前的最后一刻，朱厚熜第二次封王阳明新建伯的使者们到达余姚，王华在病榻上对王阳明说：“不能有失礼之处，扶我起来迎接使者。”使者走后，王华问王阳明：“有失礼否？”王阳明回答：“没有。”王华颔首，闭上眼睛，离开人世。

王阳明号啕大哭，像个孩子。大家都以为他会哭得神志不清，可半天工夫，王阳明就从伤悲中恢复过来，投入葬礼的筹办中去。像是排兵布阵一样，王阳明把门下的弟子们按照素质的不同分工，比如他让一个谨小慎微的人负责出纳，让平时非常注重卫生的人负责厨房，让嘴巴灵活的人负责接待客人。余姚风俗，葬礼非常奢华，有肉有酒，连桌椅都要置换新的，王阳明把这一风气革除，一切从俭。

不过几天后，他又吩咐厨房烹饪几样荤菜。他对弟子们说：“你们这些人啊，平时就有酒有肉的，突然吃素，肯定受不了，所以我为你们添个荤菜。而那些来客大都是浙江余姚人，不添加荤菜，就会和他们的习俗产生冲突，这是权宜之计，也就是致良知。”

任何时代，提倡俭朴都是天理使然。不过也要实事求是，王阳明的这一举动并未违反天理，相反，他在处处为别人考虑，恰好符合了天理。杨廷和如果懂得这个道理，就不可能有“大礼议”事件。而正因为他不懂这个道理，才会有懂这个道理的人出现，这就是朱厚熜所希望的助力。

助力来自三个人，第一个是曾大力邀请王阳明到贵阳讲学的席书，此时正以都御史的职务在巡抚湖广（湖北南部、湖南及广东北部地区）；第二个是王阳明最忠诚的弟子、吏部官员方献夫；第三个则是王阳明最聪明的弟子之一、南京刑部主事黄绾。三人将心比心地认为朱厚熜应该听从良知的指引认亲生父亲为皇考，同时也就认定杨廷和一党的行为违背天理良知。

朱厚熜看到三人的上书后，心花怒放，马上重新提出要认自己亲爹为皇考的问题。杨廷和坚守阵地，寸步不让。1522年农历十一月，朱厚熜的祖母去世。按礼，皇帝的祖母去世，朝廷应该披麻戴孝三个月，可杨廷和让礼部下达命令：披麻戴孝十三天。朱厚熜的肺都快要气炸了，他私下指使被杨廷和驱赶到南京的张璁联合各种力量反击。1523年农历十一月，张璁、南京司法部主事桂萼、席书、方献夫、黄绾联合上书请求朱厚熜坚持立场。朱厚熜以迅雷之势召集朝中官员要他们议论这份上书，同时发布命令，调张璁、桂萼进京任职，其他三人也被重用。

当杨廷和准备动用他的政府力量阻止时，为时已晚。杨廷和心惊肉跳起来，他发现这个小皇帝的手腕比他想象的还要强。1524年春节刚过，杨廷和向朱厚熜提出辞职，同时命令他的党羽们上书朱厚熜挽留他。朱厚熜见到雪片一样请他挽留杨廷和的上书，只好不同意。杨廷和发现自己先赢了一局，马上乘势追击，故伎重施，再提辞职。朱厚熜早有准备，反应极为凌厉，他的辞职信才上，朱厚熜只看了前面几句话，立即批准。当杨廷和的党羽们把请挽留杨廷和的信件送来时，批准杨廷和辞职的诏书已公布于众。杨廷和就这样稀里糊涂地“被辞职”了。

杨廷和的悲愤可想而知，临走前，他的同伙问：“您走后，谁能领导我们？”杨廷和茫然若失地答道：“蒋冕吧！”

蒋冕是内阁第二大学士，杨廷和一走，他自动升为首辅。但他没有杨廷和的威望和魄力，所以他虽然带领群臣给朱厚熜制造了很多小问题，却远未形成大麻烦。在坚持了三个月后，1524年农历五月，蒋冕退出。按资历，大学士毛纪硬着头皮顶上，可他连蒋冕的十分之一都不如，苦撑了两个月后，提出辞职。大学士费宏接过毛纪的棒子时，“大礼议”已接近尾声。

费宏不是坚定的杨廷和主义者，朱厚熜和他的顾问们也发现了这一事实，于是在1524年农历七月，朱厚熜邀请费宏和他在内阁的同僚参加茶话会。会上，朱厚熜委婉地说，他要称亲生父亲为皇考。费宏等人没有反对也没有赞成，朱厚熜就认定这件事成了。可费宏回到内阁后，在杨廷和主义者们的逼迫下不得已发表声明反对皇上的自作主张。

朱厚熜立即把费宏找来，斥责他阳奉阴违，拿皇帝当猴耍。费宏吓得浑身发抖，慌不择言地答应朱厚熜将在四天后为朱厚熜的亲生父母上“帝”“后”尊号。

朱厚熜只高兴了两天，第三天早朝结束后，200多名官员不愿意散去，跪在阙下，向朱厚熜提出抗议。朱厚熜当时正要进行斋戒，发觉有骚动，就派宦官去查看。宦官回报说，官员们跪在那里不肯散去，除非皇上明天改变初衷。朱厚熜再让宦官去传递要官员们散去的命令，可这些官员说，没有书面命令，他们就跪死。朱厚熜马上就拿出书面命令，可大臣们食言，仍不肯散去。

张璁和桂萼适时地向朱厚熜进言说，带头的人正是杨廷和的儿子杨慎，他最近这段时间像是疯了一般。他还挑唆那些愚蠢的臣子说：“国家养士一百五十年，仗节死义，正在今日。”于是有些臣子就跟着起哄说：“万世瞻仰，在此一举。”

这些臣子的确有名垂青史的意愿，在阙下伏跪时，大声喊叫朱元璋和朱祐樘的帝王称号。很多人在这场运动中因夸张的政治表演脱颖而出，他们用拳头捶打膝盖下的砖石，吼起来连雷公都要退避三舍的声音，放声大哭。有人发现如果不这样做就会面临不忠不孝的指控，所以使尽浑身气力紧紧跟随。一时之间，紫禁城在哭声中晃动起来。他们一致认为，如果朱厚熜不悬崖勒马，那国家命脉就毁于一旦。

朱厚熜气得直跳脚，他对张璁说：“大同正发生兵变，这是国家大事，他们不关心这些，却盯着我这点家事，如今还想把紫禁城哭塌，真是天理不容。”他下达命令：“把哭声最大的扔进锦衣卫监狱，杖刑伺候。”于是，一百多人被扔进了锦衣卫领了杖刑。

第二天，朱厚熜成功地为自己的父母上了尊号。至此，绵延达三年多的“大礼议”事件暂时结束。我们由此可以看出，有些事根本就不是“议”出来的，而是打出来的。

王阳明对待“大礼议”的态度如何？除了我们前面的猜测，倒是有两件事实可作为他态度的证据。

当他在余姚讲学时，有弟子问他对“大礼议”的态度，王阳明没有回答。有一天夜晚，他坐在池塘边，忽然想到“大礼议”，于是写了两首诗。

第一首是这样的：

一两秋凉入夜新，池边孤月倍精神。潜鱼水底传心诀，栖鸟枝头说道真。莫谓天机非嗜欲，须知万物是吾身。无端礼乐纷纷议，谁与青天扫旧尘。

第二首则是：

独坐秋头月色新，乾坤何处更闲人。高歌度与清风去，幽意自随流水春。千圣本无心外诀，六经须拂镜中尘。却怜扰扰周公梦，未及惺惺陋巷贫。

这两首诗实际上就是王阳明对待“大礼议”的态度，他显然是站在张璁、桂萼一边，认为天理当出于人情，朱厚熜当尊自己的亲生父亲为皇考。

还有一件事能直接证明王阳明的态度。他的弟子陆澄开始时是杨廷和思想的参与者，后来他问王阳明。王阳明说：“父子天伦不可夺，皇上孝情不可遏，众多大臣的话未必是对的，张、桂诸位大贤的话未必是不对的。”

这已是明显表态，他和张璁、桂萼不谋而合。尤其是他的信仰者席书和弟子方献夫在向朱厚熜表明态度时，其思想出发点就是王阳明心学的出发点。

几年后，“大礼议”事件重新爆发，这一次双方势均力敌。而王阳明在官场中的很多弟子都站在了张璁、桂萼一面，肆无忌惮地攻击朱熹理学的卫道士们。很多人都认为，这是王阳明心学和朱熹理学的正式较量。不过我们应该注意张璁，他不是王阳明的弟子，甚至激烈反对王阳明心学。他在“大礼议”中支持朱厚熜只是因为他是个敏锐的政客而已。真正服膺王阳明心学的人，都没有登上权力之巅。所以，王阳明只能在余姚当他的教育家，权力核心对他而言，遥不可及。

那么，作为他其中一个最光芒的身份——军事家呢？

第四章
王阳明如何做到知行合一之广西戡乱

万人齐捧王阳明

1527年，王阳明重出江湖到广西剿匪。能有再次展现他军事光芒的机会，是各种合力的结果，其中最重要的就是王阳明的影响力催生的众人齐捧。

1524年，“大礼议”尘埃落定。御史王木迫不及待地向朱厚熜举荐王阳明和赋闲在家的杨一清。王木在举荐信中指出，想要天下大治，非此两人不可。遗憾的是，王木的举荐信如同投入墓道，毫无声息。1525年农历二月，席书也上书举荐王阳明和杨一清，席书把二人推崇到了极致：“生在我前者有一人，曰杨一清；生在我后有一人，曰王阳明，我只敬佩这二人，所以应该要他们来中央政府担当重任。”但这封举荐信又如泥牛入海。四个月后，并未死心的席书再上书举荐王阳明和杨一清。这一次，朱厚熜给了回复：杨一清可来，至于王阳明，稍等。

席书很快就明白了为什么杨一清能来，而王阳明要稍等。因为张璁和桂萼两人对王阳明的心学始终抱有成见，他们“以言废人”，自然就对王阳明不待见。

但他们努力遏制王阳明的行动终归会成为泡影。因为王阳明多年播撒的心学种子开始生根发芽，心学门徒们要他出山的呼声已震动朝野。

1525年农历七月，应天巡抚吴廷在他的治所苏州向中央政府递交一份举荐王阳明的信。吴廷曾到王阳明的课堂上多次听讲，很快就迷上心学。王阳明用人格魅力打动了他，让他疯狂地迷恋上了心学。在苏州办公时，他想到王阳明的思想和其创建的不世之功，确定王阳明是帝国最需要的伟大人物，于是向朱厚熜举荐王阳明。吴廷比较幸运，他等到了答复：朱厚熜告诉他会认真考虑王阳明。不过，这只是个书面答复，吴廷等了很久，也没有等到朱厚熜的行动。

九月，退休司法部部长（刑部尚书）林俊通过他的老部下们向朱厚熜谈到王阳明，林俊也是王阳明的门徒，在活了一大把年纪后突然认识到程朱理学的弊端，感觉到了王阳明心学对心灵的冲击。林俊知道几年来举荐王阳明的人都以沮丧而结束，所以他没有向朱厚熜举荐王阳明当官，而是希望朱厚熜能让德高望重的王阳明到皇帝身边当秘书。朱厚熜身边的秘书已经多如牛毛，况且，朱厚熜身边最让他欢喜的秘书是道士们，而不可能是德高望重之人。所以，林俊也只能收获失望。

十月，监察御史熊爵向中央政府推荐王阳明担任兵部尚书。熊爵喜欢办学，自从和王阳明相识后，到处主持办学事宜，传播王阳明心学思想。他尤其对王阳明用兵感兴趣，但王阳明很少和他提用兵韬略。这是王阳明的苦衷，他不希望别人学他在战场上的诈术，诈术和良知是水火不容的。

熊爵的举荐被朱厚熜狠狠驳回，朱厚熜还训斥熊爵："身为监察御史，不好好监督百官，反而夜以继日地搞学校、设讲座，真让我这个做皇帝的寒心。"熊爵立即发现自己要官职不保，马上敬业起来。

在众人费尽心机地齐捧王阳明时，王阳明倒是很自在。他在浙江余姚守孝期间唯一的事就是讲学，对于别人诋毁他的学说，他无动于衷。

他在余姚老家讲学的这几年，抨击他学说的风浪此起彼伏。1522年末，中央政府的两个御史突然向朱厚熜提出禁止王阳明讲学，他们认为王阳明心学会让圣学（朱熹理学）蒙尘。王阳明的弟子陆澄马上反击，提出王阳明心学才是圣学。王阳明得知这件事后，给陆澄写信说，从来没有靠辩论制止诽谤的事，天下学问岂止程朱理学一门，如果有人说你的学问是邪道，你就去辩驳，那会活活把你累死。况且，学问的好坏岂是辩出来的？你认为哪门学问好，就专心地去学习实践，只要它能带给你心灵上的安宁，它就是好学问。

这封信表面上是让陆澄专心于学问而不是去辩驳，实际上是王阳明暗示弟子陆澄：千万不要把你自己和你的老师我卷进政治斗争的漩涡中。因为一旦你辩驳就证明你出手，你出手肯定就有人接招，然后还手。王阳明最大的希望就是自己的学说能普及天下，他渴望学术上的成就，而不希望被卷进政治的漩涡。

1523年进士考试，出题者显然是个朱熹门徒，所以《策问》的内容是这样的：朱熹和陆九渊的学说是泾渭分明的，但现在有学者认为二者殊途同归，这就是抬高了陆九渊贬低了朱熹。这种险恶用心和南宋时期的何澹、陈贾有什么区别（何澹、陈贾都是攻击朱熹理学的学问家）？这个学者现在到处蛊惑人心，以售卖他那低级的思想，是不是应该把他的书烧掉，把他的思想扼杀？

显然，“这个学者”指的是王阳明，这是一道赤裸裸攻击王阳明的考题。王阳明弟子徐珊在考场中看到这道考题时，叹息说：“我怎么可以不顾良知而迎合错误的言论！”于是放下笔，走出考场，主动落榜。和徐珊不同，王阳明的弟子欧阳德、魏良弼则用王老师的心学主旨回答了这个问题。让人疑惑的是，这二人居然高中进士，王阳明的得意弟子钱德洪也用王老师的心学主旨答了问卷，却落了榜。钱德洪见到王阳明后，恼恨时事之乖。王阳明却大喜过望道：“圣学可以从此明也。”钱德洪认为王老师糊涂了，问：“连考题都反对您的学说，怎么能说圣学可以明了呢？”

王阳明说：“你反过来想，连进士的考题都质问我的学说，那不就是说我的学说现在已被天下士子们了解了吗？它以为它在攻击我，实际上是在变相地宣传我啊。如果我的学说是错的，那经过这样的宣传，肯定有人会找出对的学说；如果我的学说是对的，那必将被有识之士认可，咱们应该大肆庆祝一番。”

钱德洪对王阳明这种乐观态度表示钦佩，并自愧不如。大概也正是这次进士考试的考题，让王阳明心学风靡整个中国，连朱厚熜请来的炼丹道士都对王阳明心学表示出极大的兴趣，在朱厚熜面前时不时地提到几句。朱厚熜当时有个疑惑，王阳明的心学应该是自我修炼的学说吧，那他的弟子们应该找个在深山老林里隐居，锻造道德和智慧才对，为什么要跑出来参加科举考试？

王阳明早就说过：圣学无妨举业。

这句话起源于王阳明的弟子和自己老爹的谈话。这位弟子的老爹曾问去拜访王阳明多日的儿子：“去学习心学，可曾温习理学？你可是要科举的啊。”这个儿子神秘地说：“虽然没有温习朱子学，但时刻都不曾荒废。”老爹说：“我知道王阳明心学可以触类旁通，可它和朱子学到底还是有差别的。”这个儿子严肃地告诉老爹：“用我的良知去读朱熹，就如同打蛇打到了七寸上，每击每中。”老爹认为这是儿子走火入魔，请教王阳明。

王阳明欣喜地说：“这是对的啊。良知无所不能，学习良知学，正如治家，产业、第宅、服食、器物就是良知，欲请客，这就是要参加科举考试，而你就有了请客的资本。当送客后，这些产业、第宅等物还在，还能自己享受，这就是终生之用。可今天的读书人，就如平时不积累家财（他的心学），到了请客（科举考试）时，到处借物件，虽然侥幸混过关，可客人走后，这些物件还要还给别人，家里仍然空空如也。学我的心学不但不妨碍举业，而且还是举业成绩的源泉，科举考试的人怎么能不学我的良知学呢？”

这段话至少告诉我们，王阳明心学是入世创建功业的学问，想要入世找到一个大平台，就必须进行科举考试，因为天下最大的平台是国家设置的平台。没有这个平台，能力再强大也无用武之地。

值得注意的是，王阳明的心学思想所以在短时间内受万人瞩目，一方面是其学说的灵动，另一方面是王阳明颇具灵气的教育方法。1524年正月，浙江绍兴府知府南大吉来向王阳明请教政事。南大吉曾是程朱理学忠实门徒，但其天赋灵性总让他在一本正经的朱熹理学殿堂中受到煎熬。自听闻王阳明心学精髓后，南大吉就如飞蛾扑火般奋不顾身地喜欢上了王阳明心学。

有一天，南大吉向王阳明发问：“我为政总有过失，先生为何没有说法？”王阳明反问：“你有什么过失？”南大吉就把自己为政的过失一一说给王阳明听。王阳明听完说：“你这些过失，我都指点过你。”

南大吉愣住了：“您说过什么？”

王阳明接口道：“如果我没有说过，你是怎么知道这些过失的？”

南大吉恍然：“良知。”

王阳明点头微笑，南大吉也笑了。

几天后，南大吉又来见王阳明，叹息说：“如果身边有个能人经常提醒我，我犯的过失可能会少点。”

王阳明回答：“别人的提醒不如你自己良知的提醒。”

南大吉的心灵又受到一次洗礼。

又几天后，南大吉来问王阳明：“行为上有了过失可以改变，心上有了过失可如何是好？”

王阳明看了他一眼，说：“你现在良知已现，心上不可能有过失，心上没有过失，行为上也就不可能有过失，当然这是从理论上来讲，实践中，还需要刻苦修行。”

南大吉的心灵被洗得稀里哗啦。

然而，王阳明当时所能做的也只能是给那些相信他心学的人，或者说是良知未泯的人的心灵给予洗礼。有弟子说：“如果皇帝和他的亲信张璁、桂萼认可您的心学该多好啊。”

王阳明反问：“有什么好？”

弟子瞪着眼睛回答：“那您就可以入朝为官，造福天下百姓了。”

王阳明笑笑："心学无非让人认可自己的良知，你怎么知道他们不认可自己的良知呢？况且，圣人行事如明镜，物来则照而已，世间任何事都不要强求。"

"物"很快就来了。

李福达案

1528年农历二月，王阳明重新出山，除了举荐他出山的震耳欲聋的呼声，还有个重要原因：中央权力的再分配和桂萼的用人不当。

杨一清能被重新起用，是张璁和桂萼及王阳明弟子方献夫等"大礼议"胜利派共同努力的结果。杨一清一进入内阁，就联合张、桂二人排挤了首辅费宏，这是痛打落水狗的前奏，目的是要把杨廷和的势力连根拔除。1526年农历五月，杨一清继费宏之后担任首辅。张璁和桂萼都得到了高额回报：两人仍然在内阁任职，张璁被推荐为都察院院长，桂萼被推荐为吏部尚书。内阁大学士兼尚书，这已是官场中的顶级荣誉。与此同时，王阳明的弟子方献夫也到大理寺担任首长。众人都占据了重要部门，张璁认为清洗杨廷和势力的时机已到。

双方开战的时机是到了，但杨廷和势力抢先一步发动了进攻。1526年农历六月，一名御史揭发武定侯郭勋有叛逆行为，证据是他府中一个叫李福达的人曾是两年前大同军区叛乱的军官，郭勋和这位失势的军官关系密切，而且这名军官的身份被发现后，郭勋居然还要求御史把这件事暗暗抹去。李福达的人生经历很丰富，年轻时从江湖术士那里学过巫术，后来到大同军区服役，由于太辛苦就开了小差重入江湖，在一群流氓地痞煽动下，李福达发动了叛乱，失败后就跑到京城，改名换姓以巫师的身份进了武定侯郭勋府中，并且很快得到郭勋的信任。

李福达被人告发做过反政府的事时，审讯官正是杨廷和势力的人，他们马上把李福达和郭勋联系到一起。杨廷和势力中的一名御史上书朱厚熜，声称郭勋有谋反的嫌疑。看一下郭勋的关系网就可知道他们这样做的原因，郭勋是张璁与桂萼的坚定支持者，张、桂二人能在"大礼议"中大获全胜，郭勋功不可没。

张、桂二人一得到李福达案的消息，马上反击。首先张璁以都察院院长的身份要求他管理的御史们上书指控那名御史诽谤郭勋，桂萼则以吏部尚书的身份开除那名御史，方献夫则以大理寺首长的身份要求案件由他们大理寺重新审理。

案件很快就有了结果：李福达从来没有参加过反政府武装，他的罪名只有一个——在武定侯府上施行巫术。郭勋马上出来作证说，有一段时间他腰酸背痛腿抽筋，大概就是这个巫师搞的鬼。

案件结果一公布，杨廷和的势力根基翰林院像开了锅一样，他们急吼吼地上书要求朱厚熜下令重新审理此案，并且认定，此案在审理中被人动了手脚，有的上书已经指名道姓说是张璁和桂萼。他们没有指责杨一清，大概是向杨一清示好，想把杨拉到自己这一方来。

杨一清此时的态度突然暧昧起来，或许他是不想卷进这个无聊透顶的政治事件中，或许是他认为案件的确受到了张璁等人的影响。杨一清模棱两可的态度给了杨廷和势力极大鼓励，政府中潜伏的杨廷和势力成员纷纷跳出，指控张璁、桂萼践踏法律，扰乱司法公正。

张璁和桂萼又惊又喜。惊的是，杨廷和势力居然如此强大；喜的是，被杨廷和势力利用来攻击他们的李福达案居然成就了他们的一招计谋：引蛇出洞。

二人马上向朱厚熜汇报他们的分析结果：杨廷和人走茶未凉，朝中势力还很大，如果不把他们消灭，“大礼议”将重新启动。朱厚熜下令杨一清彻查此案，当然，其实就是想让杨一清消灭杨廷和势力。杨一清突然迟疑起来，张璁和桂萼抓住这个千载难逢的机会对朱厚熜说，杨一清不肯行使皇上您的意旨，此人的立场有问题。朱厚熜立即下令：杨一清滚开，首辅由张璁接任。

张璁大权在握，对扫灭杨廷和势力不遗余力。在短短的几天时间里，就把五十余官员卷了进来，这五十余人结局悲惨：十余人被廷杖致死，四十余人被发配边疆。在各位官员家属凄惨的哭声中，张璁把都察院和六部的杨廷和势力一扫而空。

这还没有完，张璁和桂萼抱着“除恶务尽”的人生信条，开始清整翰林院。翰林院一直以来是出产皇帝秘书和内阁成员的人才库，张璁绝不能容许这里有杨廷和的势力。清整的方式是：对翰林院官员进行考核，考官自然是他。几天后，二十多名翰林院官员没有通过考核，按规定被清出翰林院。一批人离开翰林院后，又一批张璁指定的人进入翰林院。如果一切顺利，将来的年代里，内阁将全是张璁的人马。

张璁和桂萼的凌厉发展让朱厚熜警觉起来，他绝不允许有第二个杨廷和出现。张璁很快接到通知：交出首辅的位子给费宏。

费宏是老大不愿意，但在朱厚熜的淫威下只好硬着头皮上。结果可想而知，几个月前的故事重演：他再被张璁和桂萼联合杨一清排挤出内阁。1527年农历二月，杨一清再度成为首辅。张璁和桂萼当面笑脸相迎杨一清，背后却举起了刀子。然而，他们的刀子才举了一半，注意力就被另一件事吸引过去了。这就是“姚镆事件”。

姚镆是1493年的进士，曾在广西做官，成绩斐然。1522年“大礼议”进入高潮时，身为工部侍郎的他倾向于张璁和桂萼。这次站队给桂萼留下了深刻印象，很快他就成了张璁、桂萼的鹰犬。1525年，广西地区局势不稳，朱厚熜要人去巡抚，桂萼马上就想到了姚镆。因为看上去，姚镆是当时最合适的人选，他有在广西的行政经验，了解当地情况。所以，姚镆很快被任命为都御史，提督两广军务并担任两广巡抚。

广西局势不稳，全因为田州的领导人岑猛。广西是个诸多少数民族聚居之地，而且远离明帝国的权力中心北京，在这种少数民族的地区，明帝国执行的是历代王朝的“土官”政策。“土官”是相对于“流官”而言，是中央政府封赐的独霸一方的能世袭的官员或统治者。

在广西诸土著民族中，岑氏势力最大，堪称当地土著的王中王。岑氏自称是东汉建立者刘秀的后代。朱元璋建明后，岑家当家人岑伯颜主动献出他的地盘田州向朱元璋表示效忠。朱元璋为了嘉奖他的热情，设置田州府，岑伯颜则为知府。岑家不但有家族卫队，还对表面上效忠明帝国的田州军队有唯一的指挥权。所以说，岑氏家族就是个隐蔽的割据军阀。一百多年后，岑氏传到第五代岑猛这一代。岑猛本是他老爹的第二子，没有继承权，但他用谋杀父亲的手段取得了继承权。朱厚照统治的初年，岑猛用重金贿赂刘瑾取得成效，于是，他被任命为田州知府，成为田州货真价实的领导人。

和他的祖辈不同，岑猛野心勃勃，他想扩展自己的势力统治整个广西。在大肆贿赂北京的特派员后，他几乎吞并了周边所有土著居民的地盘。北京政府对这种情况一无所知，因为那些特派员封锁了消息。江西匪患严重时，岑猛发现这是扩充军队的好机会，他声称要去剿匪而大肆扩招士兵。当地政府对岑猛的行为表示赞赏，但岑猛也提出条件，那就是剿匪过后，他需要更大的官职来增强他的权威。可剿匪结束后，明帝国的官员没有兑现承诺。岑猛大失所望时，心怀怨恨。他把他控制的行政边界不停地向四面八方推移，有些警觉的官员立即出面制止，岑猛却毫无收敛，但这还不是他惊动北京的根本原因。根本原因是，岑猛拒绝再向明帝国到广西的特派员们行贿，这些官员怒了，纷纷上书指控岑猛正在谋反。朱厚熜得到消息后和张璁等人商议，张璁理性地指出，从来没有听过岑猛要谋反，怎么突然之间就能谋反，难道他有横空出世的能力？

桂萼却认为这是他作为吏部尚书出政绩的机会，立即推荐了姚镆。于是，姚镆奔赴广西战场。姚镆巡抚广西和王阳明巡抚江西南部时截然不同。王阳明是先到江西后才调集部队，而姚镆从北京出发前就已经调动了部队，他带着一批年轻气盛的指挥官，率领八万士兵分道进入广西，进逼岑猛。

岑猛想不到中央政府的反应如此迅疾，他本以为中央政府会先派人和他谈判，慌乱之下，他组织部队抵抗。姚镆完全用铁腕手段，绝不给岑猛任何申诉和投降的机会。两个月后，姚镆部队攻陷了岑猛的基地田州，并扫荡了岑猛辛苦多年取得的其他地盘。岑猛英雄气短，逃到老岳父那里，祈求老岳父向中央政府求情保他一条命。他的老岳父拍着他的肩膀要他放心，大设酒宴为女婿及他的残兵接风。宴会达到高潮时，岳父偷偷地对女婿说："你的士兵都被我的士兵灌多了。"岑猛顿时酒醒，看到岳父一张笑里藏刀的脸，听到老岳父在说："中央军正全力追捕你，我无论如何都无法庇护你，你自己应该有个打算。"说完，岳父指了指一杯新端上来的酒向岑猛推荐："这里有毒酒一杯，可免你我二人兵戎相见。"岑猛发出末路穷途的长叹，饮下毒酒，痛苦而死。他老岳父未等岑猛尸骨变冷，就割了他的首级送给了姚镆。

姚镆成了英雄。他把报捷书送到中央的同时已开始在广西树立不必要的权威。他下令处决一切投降的造反者，禁止少数民族五人以上的聚会，按他自己的意志制定地方法规，要人严格遵守，他把广西田州变成了南中国执法最严厉的地区。早就有清醒的人提醒过他，在这个地方不适合用这种高压的办法，不然会适得其反。姚镆认为这种论调是消极的，仍然坚持他的恐怖统治。1527年农历五月，广西田州风云再起。

掀起风暴的是岑猛当初的两个将军卢苏和王受。岑猛败亡后，两人逃进了安南国。他们本以为会孤独地老死在安南，想不到的是姚镆的政策帮了他们。当他们听说姚镆去了广西桂林后，就偷偷潜回田州这个一触即发的火药库，只是扔了一点星星之火，马上就形成燎原之势。当姚镆在桂林得到田州又起暴乱的消息时，卢苏和王受的部队已达五万人，声势浩大，所向披靡。

姚镆丝毫不认为这是自己的过错，他请求中央政府再调集部队入广西，由他再来一次轰轰烈烈的剿匪。

这就是桂萼当时遇到的麻烦。按许多御史们的指控，姚镆上次剿岑猛就靡费了大笔军费，这次肯定还要用钱，中央政府哪里有那么多钱够他花！

还有御史攻击姚镆是个愚不可及的行政官，他以毫无用处的高压手段统治广西田州，现在不但田州没有了，思恩也被叛乱武装夺去，损失相当惨重，应该将他正法。但姚镆能展示他的愚蠢，是桂萼给的机会，所以桂萼应该负“荐人不当”的责任。

桂萼现在只有一个办法：将功补过，举荐一个并不愚蠢的人代替姚镆。

有请王阳明

桂萼和张璁不得不讨论代替姚镆的人选，商量了一天，也没有答案。两人又找方献夫，方献夫拍掌叫道：“还用商量吗，我老师王阳明啊！”

张璁和桂萼互相看了一眼。方献夫没有死皮赖脸地向二人推销王阳明，只是说：“如果你们心中还有合适的人选，那就当我没说。”两人当然没有，桂萼咬了咬嘴唇，坚定地说：“就用王阳明吧。”

但是，张璁对方献夫说：“你可要提前给你老师通风，这次剿匪没有多少钱，因为剿匪资金都被姚镆用光了。”方献夫说：“有一点就成。我老师当初在江西南部剿匪，也没用多少钱啊。”

桂萼小心翼翼地试探方献夫：“你老师如果能马到功成，我们是不是要保举他来中央？”

方献夫一眼就看穿了两人的疑虑，纵声大笑：“你二人不必多虑。我老师是淡泊名利的人，他只会专注于军事，并不关心政治。”

两人放下心来，去找首辅杨一清商议。杨一清听了二人举荐王阳明的建议，立即冷笑起来，他说：“朝廷难道只有一个王阳明是剿匪人才？”

桂萼本来对王阳明出山的想法并不坚定，但听杨一清这么一说，火气就上来了。而且，他急于想将功补过，所以马上质问杨一清：“你说还有什么人才？”

杨一清不紧不慢地说：“姚镆平定岑猛的成绩天下人有目共睹，广西又起叛乱，就是因为姚镆急功近利，我们现在要做的不是派军事人才去广西，而是要派个行政专家。只要再给姚镆一个机会平定叛乱，让行政专家来治理广西，就万事大吉。”

杨一清的说法很有道理，充分展现了出色政治家的犀利眼光。但张璁说：“姚镆现在被攻击得体无完肤，皇上根本不可能再给他上战场的机会，除非你能说服皇上。问题是，你能吗？”

杨一清被问住了。他的确不能，但要王阳明出山，一旦王阳明立下大功，肯定会挑战他的地位。一个政治家绝不能给自己培养敌人。他沉默起来，大概是他的良知最后打败了他的私意，他终于同意了要王阳明出山的建议。

朱厚熜也同意，他此时唯一的想法就是，尽快让广西恢复秩序。1527年农历五月末，中央政府任命南京兵部尚书王阳明兼都御史，征讨思恩、田州。

张璁和桂萼竭力淡化王阳明的重要性，所以在让王阳明出山的同时，也让在边疆做苦工的王琼出山，提督三边（从延绥到宁夏，直至河西走廊嘉峪关外）军务。王阳明和王琼，同时在明帝国的南北缔造辉煌。

王阳明在1527年农历六月初收到中央政府的新任命时，也收到了他弟子方献夫和陆澄的信。两位弟子向王阳明祝贺，王阳明回信告诫他们："你们啊，以后不要如此积极地推荐我，这会给别人造成不必要的压力。而这种压力会让我无论做出多么大的事都会被他们抹去。我倒不是争那点功劳，可我不想身在政治之外，总被无缘无故地卷进政治之中。"

这正是王阳明的老到之处，或许也是他多年来致良知产生的超人智慧。他那些弟子对他越是百般吹捧，他越会受到权势人物警惕的关注。别人对他越是关注，他就越容易被卷进当时复杂的政治中来。他不是没有能力玩政治，只是没有这个兴趣。

而对于那份新任命，王阳明给出了真心实意的回答："我不想去。理由有三：第一，我健康状况每况愈下，根本无法承受广西的恶劣气候，如果我真的病倒在广西，岂不是耽误大事；第二，广西形势还没有到最危急时刻，卢苏和王受只是当地居民，他们和土匪不同，因为有家有业，所以只要采用和缓的行政措施，他们必会放下武器；第三，如果非要让人去广西，我有两个人选，一个是胡世宁，另外一个是李承勋。他们都比我强，保证能完成任务。"

胡世宁自朱宸濠垮台后就被朱厚照重新起用。1525年，胡世宁在兵部做副部长（侍郎），他的才能王阳明最了解。李承勋是个出色的行政专家和军事天才，一直在南京任职，曾多次参与地方上的剿匪，练就了一身本领，后来做到南京刑部尚书，和王阳明是最亲密的好朋友之一，王阳明对他的能力也心中有数。

杨一清、张璁和桂萼收到王阳明的辞信后，不知是真是假。他们大概都模糊地认为，几年来王阳明可能暗示他的弟子在中央政府掀起要他出山的巨大呼声，只是因为他们的百般阻挠才未得逞。可有机会到他面前时，他居然不屑一顾，而且还自作聪明地推荐起人来。

张璁说："王阳明这是在玩欲迎还拒。"桂萼说："如果我们用了他推荐的人，那我们的价值何在？"杨一清不说话。

桂萼说："必须要王阳明去广西。"张璁表示赞同。杨一清看着桂萼，意味深长地笑了笑。桂萼被笑得心神不宁，连忙问杨一清：“你这笑是怎么回事？”

杨一清说：“王阳明说得没错，他举荐的两个人在我看来也的确能胜任。我只是不明白你为什么非要王阳明去不可。难道，还有其他事？”

桂萼突然发现杨一清的眼神具有某种洞察力，惊慌起来：“还能有什么事，广西的事就是最大的事。”

桂萼很可能是说谎了。

现在已没有证据证明桂萼是否亲自和王阳明本人有过书信往来，或许有，那就是桂萼通过王阳明弟子方献夫或其他王阳明弟子明示过王阳明：你去广西还有另外一件事，那就是解决安南问题。

安南国就是交趾国（越南北部），秦朝时称为象郡。秦末，这里宣布独立。直到汉朝雄才大略的皇帝刘彻（汉武帝）时，它才被中央政府平定，并设置交趾、九日、日南三个郡。东汉初年，这里出了悍妇级的两姐妹造反，王阳明最崇拜的偶像之一马援率军平定，并且和越南南部划清国界。北宋初期，开国皇帝赵匡胤对交趾总是闹事头疼得很，于是索性承认它为王国，安南国正式登上历史舞台。元朝时，忽必烈要安南国国王来俯首称臣，安南国王置之不理。忽必烈一怒之下命令远征军进入安南国，虽然屡战屡胜，但因为补给线问题只能撤军，默认了它的存在。朱元璋建明帝国后，安南国国王来朝贡，宣称效忠朱元璋，朱元璋很高兴，也承认世界上有安南国这回事儿。

不过，安南国本身并不牢固，不停的血腥争斗始终损耗着它的国力。1403年，国王陈日炜被他的女婿、丞相黎季犛（lí）所杀。黎季犛再接再厉，把陈姓王族斩草除根。然后宣称自己是大舜后裔胡公满的子孙，于是改名为胡一元，让他的儿子胡苍当皇帝，他自己则当太上皇和摄政王。他上奏章给中国皇帝朱棣说，陈氏王族不知什么原因已全部灭绝，而他儿子胡苍是公主之子，请中国政府允许他当安南国王。

朱棣当时正全力对付北方的蒙古人，没有精力对此事的真伪进行调查，就册封胡苍为安南国王。胡一元和儿子胡苍正在庆贺胜利时，陈氏王族一个漏网的王子陈天平跋山涉水跑到南京（当时明帝国的首都是南京）向朱棣控诉胡一元的恶行。朱棣不想卷入安南政治中，于是拒绝相信陈天平的身份。可巧的是，当时正好有胡一元的使节到南京，他们见了陈天平后，愕然下拜，陈天平的王子身份已毫无疑问。朱棣出于宗主国的立场，只好扛起这份责任。

1405年，朱棣命令胡一元迎接陈天平回国继位。胡一元满口答应，中国政府派遣一支军队护送陈天平回国。第二年，中国政府军和陈天平进入安南国境，沿途欢迎人员表现得既热情又恭顺，这让中国部队指挥官放松了警惕，所以走到山路险峻、树林茂盛的芹站（富良江北岸）时，他们中了胡一元的埋伏，陈天平被杀，中国部队损失惨重。

朱棣大怒，他发现如果不给这个小国一点血的教训，他们就不明白世界上还有宗主国这回事。三个月后，中国远征军在军事天才张辅的率领下强行进入安南境，胡一元摆出象阵抵抗，张辅大破他的象阵，活捉了胡一元和他儿子胡苍。

朱棣对胜利大喜过望，宣布取消安南国把其领土并入大明版图，设置交趾省。但是，中央政府派遣到交趾省的官员都是贪鄙之人。几年后，这些官员靠贪赃枉法、欺压当地百姓，意料之中地激起了土著的造反，其中一支由黎利领导的造反队伍脱颖而出。1427年，中央政府派出的远征军在倒马坡（越南同登）遭到黎利的埋伏，全军覆没。黎利现在有了谈判的资本，于是向明帝国第五任皇帝朱瞻基（明宣宗）请求册封陈氏王族的陈皓为安南国王。这无疑是要明帝国把二十多年前吞下的交趾再吐出来。

中央政府进行了激烈的讨论，有人主张坚决不能丧失祖宗留下的国土，有人则坚信中央政府根本没有能力控制交趾，朱瞻基审时度势，同意后一种主张。于是，明政府册封了那个不知是否确有其人的陈皓为安南国国王，明帝国势力退出交趾。

几月后，黎利写信给朱瞻基说，陈皓突然死亡，要求他来继承安南国国王的位置。朱瞻基明知黎利在耍花招，可已经没有能力再发动战争，只好同意了黎利的请求。黎利独立后，并没有和中国对抗，而是采取了侍奉大国政策，两国邦交更为敦睦。

两国的友谊持续到1522年，安南国的权臣莫登庸控制了黎氏王族，1527年，也就是姚镆重新把广西变成叛乱者乐土时，莫登庸羽翼已丰，他杀掉了五年前就已控制在手的黎氏国王，自己称帝。但黎氏王族在安南经营多年，拥有军队的成员多如牛毛。莫登庸必须要经过一场大的内战才能站稳脚跟，也就是说，安南国现在处于大乱状态。

桂萼敏锐地看到了这一点，他派王阳明到广西的一个最重要的任务就是趁安南国局势大乱时把安南重新并入明帝国版图。

实际上，早在1480年黎氏王族窝里斗得最凶时，明帝国第八任帝朱见深（明宪宗）的西厂领导人汪直就怂恿朱见深收服安南。全体政府官员都强烈反对，他们的论调是朱棣的顶级大学士解缙早就说过的："交趾就是个不安分的恶棍，和他保持关系的最佳方式是承认它作为国家的存在，让它按时进贡即可。

它那地方的地理情况没有设置郡县的条件，把它纳入版图只是平添烦恼。”

朱见深不是雄图大略的君主，所以他唯一一次拒绝了汪直的请求。此后明帝国对安南的态度，解缙的那番话始终是基调。但对有些雄心壮志，并了解帝国历史的人来说，安南始终是他们心上的一个痛点。

桂萼就是这样的一个人。桂萼不但有这样的雄心壮志，而且还有犀利的政治眼光。他认为莫登庸打内战至少要打上三五年。这三五年间，中国军队完全可以先帮黎氏打垮莫登庸，最后再消灭黎氏。

桂萼大概和朱厚熜提过这个计划，但朱厚熜一口就否决了。打仗需要钱，而现在中央政府没钱。这从王阳明在江西南部剿匪时，官员们竞相上奏章盛赞王阳明就能看出，很多奏章都重点指出，王阳明的功绩不仅仅剿灭了多年的匪患，还因为他只花了很少的钱。

桂萼虽然遇到挫折，却没有放弃这一想法。他后来强烈建议起用王阳明，无非想让王阳明平定广西匪患后乘追击残匪之机南下，收服安南。杨一清看透了桂萼的想法，同时也确信王阳明不可能执行桂萼的计划。很简单，王阳明是个极能审时度势的人，绝不会打没有把握的仗。一旦真的进入安南战场，王阳明没有必赢的把握，到那时，本来就受到多人非难的王阳明，肯定成为众人的靶子。王阳明不会做这种蠢事。

桂萼认为自己的权威会对王阳明产生影响，所以他让朱厚熜在1527年农历六月下旬再向王阳明发出旨意：必须立即启程去广西！

王阳明接到圣旨后，无可奈何地叹气。他转身对弟子们说："看来广西是非去不可了，不过你们看我的身体，还有活着回来的机会吗？"

弟子们的鼻子一酸。王阳明开始剧烈地咳嗽，整个伯爵府的一草一木都能感受到那来自他肺中的疼痛。

走在成圣的路上

王阳明在1527年农历七月初接到中央政府要他去广西的圣旨，直到十一月二十才到达广西梧州，险些走了五个月。从浙江余姚到广西梧州在有路可走的情况下，距离大概是1600公里，一天即使走二十公里，三个月也足够了。王阳明走得这样慢，大概有三个原因：第一，他的身体状况不允许，当他离开浙江余姚时随身带着一位医生，他当时已不能骑马，只能坐轿，他在这段时期给弟子们的信中经常提到他患了可怕的痢疾，厕所成了他待的时间最长的场所之一；第二，他在沿途各地都做了停留，和他的弟子们聚会讲学；第三，多年对他不公正的风风雨雨消磨了他的斗志，他已不可能拥有当年去江西南部剿匪时的朝气，急如星火地上路。

他离开余姚前，发生了王阳明心学史上最光彩夺目也是最后的一幕：四句教的解析。“四句教”全文如下：“无善无恶心之体，有善有恶意之动；知善知恶是良知，为善去恶是格物。”他的两位弟子各持己见，王阳明详细地向他们做了解析。

很多王阳明心学研究者都认为“四句教”是王阳明心学继“致良知”后的又一次升华，不过我们不必看王阳明的解析，只在这二十八个字上望文生义，就可以发现，它可能仅仅是王阳明致良知的一个程式，也就是面对一件事时如何“致良知”。用一种不客气的话来说，“四句教”被后来王阳明心学的服膺者们极不明智地夸大了。

我们以一个例子来说明下。假设我们坐在天空下，只是没有目的地望着天空，这个时候，我们的心就是“无善无恶”的。但当天空一颗陨石正坠向一个熟睡的人时，我们的心马上就会动起来，这是“意之动”。我们的心动起来会产生两种“意”，一种是善意，一种是恶意，所以这时就有了“善恶”，善意是，及时提醒那个即将被砸的人，恶意是，看热闹。这两种“意”，是善是恶，我们是如何区分的呢？我们凭什么说看热闹那个意就是恶的，提醒那个意就是善的呢？原因很简单，因为我们每个人都有良知，良知能知善知恶。那么，我们下面要做的事就是“为善去恶”，如果只是知道善意和恶意，却不去行动，那也不是致良知。所以，我们必须提醒那个睡觉的倒霉鬼，有石头要砸你，赶紧起来。这就是“格物”，也就是王阳明说的“炼心”，它炼的就是我们那颗慈悲的心。我们要经常实践自己的善意来炼心，把自己的心炼成仁者的心。长此以往，我们就会成为伟大的人，因为孟子说了，仁者无敌。

“四句教”解析在王阳明心学史上被称为“天泉证道”。王阳明一生中共证了三次道：第一次是贵州龙场证出了格物致知的灵动之道——心即理；第二次是在江西南昌证出了“致良知”；第三次就是这次在浙江余姚证出了“四句教”。实际上，三次证道都是在加强它心学的“良知”宗旨，异曲同工，根本谈不上是飞跃或者是变道，尤其是“四句教”只是王阳明心学的一个可有可无的补充。

王阳明这次去广西可以看成是他对自己心学的一次检阅和对往事的回首。

1527年农历九月中旬，他抵达钱塘江，拖着病体游览了吴山、月岩、严滩。在游览浙江桐庐县南十五公里的钓台时，他感慨万千。钓台位于富春江畔，东汉初期，大能人严子陵和东汉开国皇帝刘秀关系密切。刘秀请他辅佐自己，但严子陵婉言谢绝，隐居富春江畔以钓鱼为乐，这就是钓台的来历。

七年前，王阳明押解朱宸濠和他的余党路过钓台时，非常想游览此地，可当时的局势紧张，他没有时间。七年后他如愿以偿来到钓台，想到严子陵的高士之风，又想到刘秀对严子陵的体谅，于是自然而然地想到了当今圣上对他这个病夫的态度。他写诗道："滔滔良自伤，果哉未难已。"

不过我们感到奇怪的是，据王阳明自己说他当时患有严重的肺病、痢疾，还有足疾，可他还到处游玩。他年轻时求仙访道，甚至还设想通过导引术使自己长生不老。可他不但没有长生不老，反而大半辈子都处在病患之中。在他游览当时以道士闻名的浙江常山时，对道家的强身健体思想表现出了极大的质疑。他在《长生》中写道："长生徒有慕，苦乏大药资。名山遍探历，悠悠鬓生丝。微躯一系念，去道日远而。中岁忽有觉，九还乃在兹。非炉亦非鼎，何坎复何离？本无终始究，宁有死生期？彼哉游方士，诡辞反增疑；纷然诸老翁，自传困多歧。乾坤由我在，安用他求为？千圣皆过影，良知乃吾师。"

我们一定要特别关注这首诗，因为他是王阳明在人间的最后时刻对道家养生术的体验式总结，同时他还暗示了我们很多事情。

王阳明大半生都信奉道家思想和养生术，他后来和道家只是在思想层面划清界线，王阳明一生中有很多道家朋友，而占绝大多数的是锻炼外丹的道教术士。据史料记载，王阳明在发配龙场之前就已经在服用这群道士给他的丹药和谨遵他们给的药方。比如有一个药方就是少量的砒霜，王阳明一直在服用，目的是治疗他的肺病。

肺病是王阳明一生中最大的心理和生理疾患，他千方百计想要祛除它，可我们都知道，在没有青霉素的时代，肺病就是不治之症。为了消除痛苦，王阳明选择服用术士们锻造的所谓仙丹。众所周知，道士的仙丹里含有大量剧毒化学成分"汞"和"铅"。偶尔服用不会有问题，可长时间服用就会积累毒性。明帝国中期的皇帝大都没有活过四十岁（朱瞻基三十七岁、朱见深四十岁、朱祐樘三十五岁、朱厚照三十岁），和他们长期服用这种化学药剂有直接关系。

也许王阳明服用仙丹是迫不得已，他有病在身。不过在他人生的最后一年，他终于发现靠道教的养生术达到长生不老，甚至是最基本的强身健体也是痴心妄想。所以他才写了这样一首诗。

他说，“九转还丹”根本不在道士的手中，而是在我们的心中，它就是“良知”：“乾坤由我在，安用他求为？千圣皆过影，良知乃吾师。”

1527年农历十月初，王阳明抵达江西广信。三十多年前，他在这里拜见理学大师娄谅，由此步入理学之门。三十多年后，对娄谅而言，创建自己心学多年的王阳明已是他的逆徒。远在天上的娄谅可能永不会想到，正是这个逆徒才让他娄谅的大名传播得更广。没有王阳明，娄谅充其量不过是个理学研究者而已，因为他指点了王阳明，才一跃而成为理学泰斗。师傅靠弟子成大名，娄谅是个典型。

王阳明一进入江西，他的心学光辉史来临了。不但他在广信的弟子蜂拥而至，就连远在贵州的信仰者也跑来向他请教。王阳明早就听说广信的弟子们已为他设下接风宴，他不想太高调，所以就在船上陆续接见他的弟子们。由于弟子太多，他发现在船上接见他们有危险性，所以就传话说，等他从广西回来再和他们长谈。弟子们抱着希望，恋恋不舍而散。不过他后来失约了，回到广信的是他的肉体，他的灵魂登上了天堂。

对广信当地的弟子，他可以呼唤散去，可对从遥远的贵州来的弟子，他就不忍心了。

一个叫徐樾的弟子在岸边如信徒朝圣一样虔敬地希望和王阳明见面，王阳明答应了。徐樾还处于王阳明心学的初级阶段——静坐，他确信在静坐中理解了王阳明心学，得到了真谛。王阳明就让他举例子说明，徐樾就兴奋地举起例子来，他举一个，王阳明否定一个，举了十几个，已无例可举，相当沮丧。王阳明指点他道：“你太执着于事物。”徐樾不理解。王阳明就指着船里蜡烛的光说：“这是光。”在空中画了个圈说，“这也是光。”又指向船外被烛光照耀的湖面说，“这也是光。”再指向目力所及处，“这还是光。”徐樾先是茫然，但很快就兴奋起来，说：“老师我懂了。”王阳明说：“不要执着，光不仅在烛上，记住这点。”徐樾拜谢而去。

王阳明连夜出发，第二天抵达了南浦。南浦沸腾了。南浦是王阳明当年和朱宸濠决战的战场之一，南浦百姓为王阳明能解救他们于水火之中已感恩戴德多年。王阳明在南浦受到的欢迎和广信不同。广信欢迎他的大都是弟子，而在南浦，欢迎他的更多是老百姓。老百姓欢迎王阳明的理由不仅是王阳明给他们带来了稳固的秩序和新生活，还有一个重要原因：他们对王阳明心学很感兴趣。

王阳明心学本来就是简易灵动的学说，只要有心，贩夫走卒也很容易就能成为王阳明心学门徒。南浦的百姓把王阳明请到岸上，把他扶进轿子里，你争我夺地去抬王阳明的轿子，一直抬进了衙门。当时街道上已出现了严重的交通拥堵，百姓们纷纷想近前看一眼他们人生中的导师王阳明。王阳明让他的弟子们妥善安排，他自己坐在大厅正中，开了东西两个门，大家排好队，从东门入再从西门出。这些人和徐樾一样成了虔诚的朝圣者，次第朝拜王阳明。

当时一个叫唐尧臣的人对这一场面万分惊愕。唐尧臣几年前曾听过王阳明的课，但他无法理解王阳明心学，所以半路退学。不过自我修行后，渐渐感悟出王阳明心学的真谛，于是又跑来向王阳明学习。他看到南浦的壮观而神圣的场面时，不仅发出感叹："孔孟之后从来没有这样的气象啊！"王阳明的其他弟子取笑这位迷途知返的羔羊："逃兵又来投降了？"唐尧臣反唇相讥："只有王老师这样的人才能降服我，你等岂有这样的能耐！"

王阳明在南浦引起的轰动还未降温，南昌城再掀高潮。1527年农历十月中旬，王阳明抵达南昌，南昌百姓近乎疯狂。据王阳明的弟子们说，南昌城百姓在得知王阳明到来前，不经当地政府同意，就自发地带着水果和新出炉的主食，出城分列迎接王阳明。

王阳明受到的接待是帝王般的规格。这并不奇怪，南昌百姓在朱宸濠的统治时期没有过过好日子。同时，南昌城中的王阳明心学门徒遍布大街小巷，王老师重返南昌，他们想不疯狂都不能。

据说，南昌城百姓超规格迎接王阳明一事传到北京时，张璁和桂萼愕然惊叹，他们对王阳明又是佩服又是嫉妒。杨一清以超级政治家的素质让二人不必大惊小怪。杨一清说，普通百姓哪里有这样自发的能力，这肯定是在南昌城中的王阳明弟子们组织的。老百姓是群最健忘的人，对一个人的记忆不会超过三年。你对他坏和对他好，都是如此。

无论杨一清是在玩"阿Q精神"，还是他真是就这样认为的，王阳明在南昌城中受到热烈的欢迎和顶礼膜拜却是事实。

虽然南昌城百姓苦苦挽留，但王阳明还是婉言谢绝了大家的好意，带着病体南下。当他到达当年平定宁王的指挥基地吉安时，吉安百姓的欢迎同样如海洋般将他淹没。他在吉安大会诸友和弟子，指导他们说，炼心一定要刻苦努力持之以恒，尧舜是生而知之的圣人，还不忘困知勉行的功夫，你们比尧舜差得很远，必须要顽强地学习做圣人。

而对于吉安的普通百姓们，他则留下这样一段话：致良知的功夫就是简易真切，越真切就越简易，越简易就越真切。

这段话无非告诉那些人：你们在生活中只要简易地按良知去真切地为人处

世，那就是圣人气象。真心实意地对待自己的父母，安分守己地工作，这是多么简易的事，你把这些简易的事真切地做明白了，每天都会感到心是充实的。我的心学也不过是让你们内心充实，没有烦恼。

这次讲学大概是王阳明的最后一次讲学，也许是他的良知在警告他，时日无多，也许是老天的安排，这次讲学，可看作他对其心学最透彻、最直接的一次论述。他抛弃了那些思辨的理论，单刀直入告诉世人，要学会王阳明心学非常简单：只要按良知的指引去真切地为人处世，并持之以恒，圣贤的境界就在眼前。

1527年农历十一月十八，王阳明抵达肇庆，这里离广西的梧州只有一天的路程。他的足疾开始发作，几乎不能站立，当地潮湿、瘴疠肆虐的气候也让他的肺病加重。跟随他的弟子们已能清晰地听到王老师呼吸时发出的只有蜥蜴才有的"咝咝"声。在肇庆过夜时，他有一种很不好的感觉，我们说这是预感，王阳明说这是良知正在发挥作用。

王阳明感觉自己时日无多，广西梧州的办公衙门突然变成了阎王殿，在噩梦的持续侵袭中，他总是大汗淋漓地惊醒。在给浙江余姚的弟子的信中，他叮嘱弟子们要帮他的家人谨慎处理他的家事。几年以后，他的弟子钱德洪回忆说，1527年远在肇庆的王阳明给他写信，他在积极乐观的字里行间隐约能感觉到老师的内心不安。他当时还在想，经过千锤百炼的王老师的心怎会如此大动，他认为这是自己的错觉。可事实是，王阳明在肇庆已半梦半醒地感觉到了自己的归宿就在不远的将来。

两天后，王阳明终于抵达他在人间创建事功的目的地：广西梧州。梧州是当时两广的政治、经济、军事、文化的中心，是南方万众瞩目的重镇。王阳明的到来让梧州的身价猛增，直到近代，梧州在诉说它的历史时，总会大肆渲染王阳明曾来过这里，而且建下赫赫功勋。

谢谢诸位

1527年农历十一月二十，王阳明到达广西梧州正式办公。和当初他到赣州一样，开始了实地调查。这一调查是全面的，不仅仅包括卢苏、王受的详细履历，还有他们作乱的情况，更有这个地区的历史沿革，他想知道发展到今天这样一发不可收拾的局面到底是什么原因造成的。在进行这样的全面调查后，王阳明向皇上朱厚熜呈上了《谢恩疏》，他要谢谢朱厚熜能委他以重任，这只是一笔带过，他最想告诉朱厚熜的是他在田州叛乱上的态度及方法。

王阳明承认，田州、思恩（今南宁以北及武鸣县西北，百色市及田阳、田东）的地理位置相当重要，因为它是防御安南国的最后一道屏障。如果帝国无法控制田州、思恩，就等于向安南国主动打开了大门。有些书生看着地图认为，这里是蛮荒区，可有可无。王阳明却认为，田州在帝国地理位置上的重要性并不比北方抵御蒙古人的军事重镇宣府、大同差。如果不是安南国正在自相残杀，他们完全可以利用田州的叛乱而兵不血刃地进入中国本土。可为什么这样一个重地，成了今天这副模样？

王阳明考察了岑猛的造反史后总结说："岑猛本人固然有狼子野心，可那是被活生生逼出来的。我曾查阅广西部队远征南赣的记录，岑猛多次带领他的部队参与政府军的军事行动，但事后没有得到任何奖赏。岑猛本就心怀不平，地方政府官员又向他索贿，这自然激起了他的反意。"

其实，地方政府官员，甚至是来广西巡抚的中央政府官员都没有注意到，广西的政府部队作战能力极弱，岑猛一起，即成摧枯拉朽之势。姚镆耗费巨资，带数万部队来对付岑猛，全凭一腔热血，虽然消灭了岑猛，却在后期治理上陷入错误的泥潭，导致形势更加恶化，王受、卢苏就是这一错误的产物。

王阳明说，中央政府让流官来统治广西的效果远没有让土官治理好。广西田州本是荒蛮，没有人愿意来这里做官，大多数官员都是抱着怨气来，指望他们负起执政的责任，显然不可能。他们这些人来到广西田州只有一个目的：尽快离开。毫不负责之外，他们还贪赃枉法，欺压当地少数民族。这种行为注定将引起暴乱。

王阳明有份数据，自广西行政取消土官使用流官以来，少数民族（瑶族）造反超过八次，而土官管理广西时，造反次数只有两次。这份数据一目了然地证明：流官不适合广西。虽然中央政府想把田州直接纳入帝国行政区划内的心情可以理解，但现实不允许。靠一厢情愿去行动，就不是知行合一，自然就不是致良知。

王阳明最后对朱厚熜说："我要谢谢皇上您能信任我，要我担负如此重任，虽然我身体状况不佳，但我会竭尽全力让田州乃至广西恢复秩序，保境安民。"

在呈上这道《谢恩疏》之前，王阳明提笔在一张白纸上沉思了很久，他要写信给内阁的大学士们。王阳明必须要写这样一封信，他虽然是被内阁推荐来的，可内阁的诸位仍然谨慎地监视着他，因为他一旦建下功勋，就会对内阁产生压力。要王阳明来内阁的呼声振聋发聩，可不是一天两天了。王阳明必须要让内阁成员放心，让他们同意自己在广西自作主张、大施拳脚，只有这样，他才能心无挂碍，行动无阻地付出。

但这封信写给谁，他必须慎重。本来，他的举荐者是桂萼，可桂萼希望他能解决安南问题，如果主动给桂萼写信，固然可以得到他的全力支持，可如果他不解决安南问题，那会被桂萼连根拔起。张璁在举荐他的问题上意见不多，给他写信是事倍功半，那么只剩下一个人，就是首辅杨一清。

王阳明从前对杨一清的印象不错，这缘于杨一清不顾身家性命地铲除刘瑾的正义感，还有八年前向他推荐了太监张永，正是杨一清的帮助，才使王阳明摆脱了朱宸濠这颗定时炸弹，又在张永的维护下全身而退。不过自杨一清重回政坛后，据他在中央政府的弟子们透露给他的，杨一清似乎变成了另一个人：功利性十足的政客。

给人的感觉是，杨一清在想方设法地排挤他的同僚们，以使自己成为一言九鼎的人。据王阳明的弟子们说，王老师不被召入中央，杨一清的意见举足轻重。这可能是王阳明弟子们认为的真相，可当我们站在杨一清的角度来看，这一真相甚为荒唐。

杨一清始终对国家和政府怀抱炽热的责任心。当他重返中央政府后，他发现这个皇帝和先皇朱厚照在本质上没有什么区别。朱厚照好动，喜欢扮演英雄，是有着不可遏制的表现欲的那类顽主。朱厚熜给人的感觉是很安静，但在安静的背后是他的顽梗，他对“大礼议”那么上心，固然有孝道之心，更多的却是他性格中的阴沉。他当上皇帝没几年，就安静地躲在后宫中很少露面，原因是沉溺在道家的长生之术上。

杨一清总想把权力掌握在自己手里，目的是把朱厚熜拉回正轨。他对张璁和桂萼一味纵容朱厚熜的性格非常鄙视，身为前朝重臣，他不希望再出现另一个版本的朱厚照。大多数时候，人们的想法都是好的，但现实总让人们失望。直到他被迫辞去首辅时，都没有实现这个理想。

杨一清的确在千方百计地阻止王阳明来中央政府，但绝不是世上所传言的他嫉贤妒能，而是他恐惧王阳明的学术思想会把皇上带入万劫不复的深渊。朱厚熜在宫廷中不但有技术上的道士，还有理论上的道士，这些道士向他不停传授异端思想，但这些道士的异端思想和王阳明思想一比，简直是小巫见大巫。

在杨一清看来，身为皇帝必须遵循理学规范，在这些规范的作用下，成为圣君。外在的规范作用相当重要，而王阳明恰好忽视外在的规范作用，认为所有的规范都在我心。朱厚熜本来就是个我行我素的人，如果王阳明再为他灌输这种思想，后果不堪设想。

所以，他必须阻遏王阳明。我们无从得知王阳明是否理解杨一清的苦衷，不过从他给杨一清的信中我们可以知道，他应该是把杨一清当成了世人传言中的人物。

他首先把自己能身负重任的功劳堆到了杨一清的头上：合格的朝臣报效祖国的方式就是举荐贤能，杨公你为朝廷举荐了那么多人才，我王阳明是佩服得五体投地的。如今您举荐我，真让我受宠若惊，我何德何能，不过我相信您的眼光。等我料理了广西的事情后，希望杨公能向皇上推荐我做个闲差，我感激不尽。这是我最真实的想法，因为我身体状况太差，不能再过度劳累。

这封信情真意切，乃王阳明用良知写成。杨一清非常感动，甚至还叹息，如果王阳明不创建他的心学该多好！

在自信内阁不会牵绊他后，王阳明又给当时的兵部尚书李承勋写了封信。王阳明为什么要给兵部尚书李承勋写信，需要稍作补充明王朝的上层政治情况。

在朱元璋和朱棣之后，明王朝的政治领导层就由三部分构成。一部分是宦官，和汉唐的宦官不同，明王朝的宦官都有行政编制，派到各地的监军在行政级别上就是当地的军政二把手，宦官左右明帝国政局的事时常发生，导致土木堡之变的王振、朱厚照时的“立皇帝”刘瑾就是典型。第二部分则是内阁大学士，注意，内阁严格意义上来讲不属于政府部门，它是皇帝的私人秘书团，所以他们和宦官构成了皇帝的内廷。第三部分则是外廷，代表部门就是大名鼎鼎的六部。

明王朝的皇帝们始终是在用内廷控制外廷，所以内廷凌驾于外廷之上。但外廷也不是吃素的，尤其是明王朝中期，内部盗匪和外部蒙古人的军事骚扰使得军事成为政治主题，于是，兵部尚书的地位变得举足轻重起来。明王朝的兵部有不需通过吏部任用将军的权力，这个部门叫武选司，王阳明就曾在这个部门待过。

不但如此，兵部尚书还有一项特权：如果某地有叛乱，在内阁或是吏部任命该处巡抚时，他有给这位巡抚提督军务的权力。王阳明当初在江西南部剿匪，王琼就通过这一权力让王阳明提督军务。也就是说，兵部尚书对去有军警之地巡抚的人有监督权，兵部尚书和提督军务的巡抚如果合作无间，那将是再好不过的事，当初王琼和王阳明的合作就是例子。反之，那将是糟糕透顶。

所以，王阳明必须给李承勋写信，要他在中央政府支持自己。李承勋明大义，又是王阳明的朋友，他让王阳明把心放在肚子里。他说，虽然我没有王琼那样的本事，但肯定竭尽全力支持你。

王阳明还是不太放心，他又写出第三封信，信的接收人是他的弟子黄绾。他提醒黄绾，也让黄绾提醒他在中央政府的弟子和崇拜者们，不要再拼命地推荐自己，一定要把王阳明这个人淡化，最好是让中央政府的官员们忘记有个王阳明在广西剿匪的事。他对黄绾说："我现在的注意力全集中在广西，你们如果在中央政府总是谈到我，肯定会引起某些人的不安。他们也会把注意力集中到广西来，到那时，我就不好做事了。"

他同时还叮嘱黄绾，举荐人一定要慎重，要多方考察。否则不但这个人会坏了事，你身为举荐人也脱不了干系。

他又谈到了一件往事，就是平定宁王后的赏赐问题。他说："这件事过去七八年了，很多当时立下功劳的人等赏赐等得已近绝望。我一直想向中央政府提这件事，可这个时候提，有些人会认为我在要挟政府。所以，你们如果有时间有精力，应该把这件事当成重中之重。"

最后他要弟子们放心："广西的叛乱头目不过是小疾病，比当年江西南部那些造反大佬们差远了，所以你们不必为我担心。你们要担心的是政府内部的政治斗争，这才是心腹之患。"

朝中高层的政治斗争不是黄绾和他的另一位身居高位的弟子方献夫能解决的，即使预防，二人都不能胜任。所以王阳明的这番训诫，不过是证明他深邃的眼光而已。

1527年最后的一个多月，王阳明始终没有采取任何军事行动，原因只有一个：他之前调集的湖广和福建、广东的部队没有到达。三处的行政长官和军事长官们给出的借口都是一样的：正在集结军队，筹措军饷。

王阳明苦笑，连连发信催促。几支部队终于在1528年正月抵达梧州，而王阳明仍然没有采取军事行动的意思。

实际上，他心中早已有了解决问题的方法，那就是招抚。按他对王受和卢苏资料的了解，这两人武装暴动完全是政府官员逼出来的。而他们后来攻城略地，并没有独立的意思，只是想增加和政府谈判的筹码。

这是王阳明要解决的问题，他不想让对方的筹码变得有价值。所以刚过了元宵节，王阳明组织几万人的部队进驻南宁，就在南宁郊区进行了大规模的军事演习。这场军事演习把王受和卢苏惊到了，他们急忙加紧战备，应对王阳明。

王阳明和他的指挥官们开会商议，有人说既然部队已来了，就应该打。

王阳明却说，王受和卢苏的实力不可小觑，田州和思恩的防御都被他们加固，短时间内根本打不下来。用军事手段，耗费金钱不说，还会死成千上万的人，得不偿失。

有人想不到别的办法，这缘于他们的一根筋。在他们心中，对付少数民族的叛乱就应该用铁血手段，和他们摆事实、讲道理是对牛弹琴。非我族类，其心必异，没有沟通的可行性。另外，部队已经集结，如果不打，那在面子上也说不过去啊。

王阳明说："除了打，还有很好的方法，即招抚。"

广西的地方官们强烈反对，他们举出一个例子来说明这种想法的不切实际。在姚镆灰头土脸地走人之前，曾招抚过王、卢二人，可两人开出的条件不可理喻。只要稍懂成本核算的人都知道，打比招更节省成本。

王阳明说，他们所以提出那些苛刻的条件是因为他们手中有筹码，姚镆和他们谈判时，手上没有军队，人家当然会狮子大开口。可现在我们大军云集，那场军事演习就是给他们看的，目的是要让他们明白我们的实力，提示他们，我们是先礼后兵。

与会众人被王阳明说服，但他们口服心不服。尤其是湖广军队的指挥官们，他们千里奔波来到广西，目的是建立军功。如果王阳明招抚，那他们就是无功而返。他们决定从中作梗，让王阳明的招抚计划流产。

阴谋悄无声息地进行着。在王阳明的使者还未到达王受和卢苏基地时，王、卢二人便收到可靠消息：王阳明的招抚不可信，王阳明是想通过这一方式向你等索贿，而且数额巨大。如果你们不能满足王阳明，后果可想而知。

王、卢二人对此深信不疑。因为两人的前辈们都曾遇到过前来剿匪的巡抚向他们索贿的经历，两人赶出了王阳明的使者，拒绝去见王阳明。

王阳明陷入了困境。这和他当初在江西南部剿匪时面临的情况截然不同。他当初在彻底清除了山匪隐藏在政府中的内鬼后，整个政府上下一心。如今，本该是他朋友的人却成了他的敌人。有人建议他整顿政府军内部，他没有同意。他总感觉自己时日无多，而治理整顿是耗费时间的事。在考虑了几天后，王阳明决心用良知这一武器直攻王受和卢苏。

他亲自写信给王受和卢苏。首先是站在他们的立场来考虑问题，对他们当初的遭遇表示深深的同情，重点指出，你们现在的错误实际上是政府有错在先；其次，他真诚恻怛地向二人保证，只要两人放下武器，将来绝不会再发生"官逼民反"的事，他保证会给他们生命和自由，把广西建成一个他们心目中的理想家园；最后，王阳明严肃地说，你们投降对你们和我都有好处，大家可以免掉兵戎相见的尴尬，你们的决定会存活很多人，活人一命可是最大的功勋。

这封信并没有取得意想中的效果，因为王受和卢苏有顾虑。

平定思田

王受对卢苏说："王阳明这老头是出了名的不靠谱，江西那群笨蛋都是这样栽到他手里的。"

卢苏说："岂止是他不靠谱，我看中国的所有官员都不靠谱。咱们老大岑猛就纯粹是被这群狗官逼反的。"

王受和卢苏不再说话，看上去正在思考人生大事。两人沉默了很久，最后异口同声地说："要不，咱们试试？"

王受接着说："我听说王阳明这老头只对十恶不赦和不思悔改的人才动杀机。"

卢苏说："我也听说了。咱二人属于十恶不赦那类人吗？"

王受摇头："也不属于不思悔改的那类吧。"

卢苏说："肯定啊，咱二人根本就不想反，或者可以这样说，咱二人一直在等着朝廷出个明白事理的官员来和咱们谈谈。"

王受说："据我所知，我总感觉王阳明这老人家还不错。"

卢苏说："我觉得也是。"

两人最后说，派个不重要的人去和他谈谈。

王阳明热情地接待了王、卢二人派来的不太重要的人。这人带来王、卢二人的意思：我们早就想放下武器，回归祖国的怀抱，可有许多官员总是欺诈我们，我们的好多同道中人放下武器后会遭到屠杀，或者是我们提出的很多改善我们自由的条件被漠然置之。

王阳明要王、卢二人放心，送走这位使者后，他就命令湖广部队回老家，只有广西一支没有规模的部队驻扎在南宁。

王受欢喜地对卢苏说："王阳明这是真心实意啊。"

卢苏想起王阳明在江西对池仲容的所作所为，谨慎地说："还是看看再说。"

王阳明知道他们在犹豫，所以派人给他们送去了免死牌，声称这要他们投降，既往不咎，并且要给他们理想的生活。

王受催促卢苏，咱们的架子也摆得差不多了，不能让人家王大人以为他是在热脸贴冷屁股。

卢苏想知道王受的想法。王受说："咱们还能等人家上门来劝降？应该主动去投降啊。"

卢苏沉思了一会，有了主意。他传信给王阳明：我们可以去南宁，但南宁的防务要我们来维持，诸如城上的士兵，衙门口的站岗卫兵，还有南宁城中的巡逻队。

王阳明的弟子、广西省的高级官员王大用失声叫了起来："这不就是换防吗？万一他们趁此机会向咱们动手，咱们可就是瓮中之鳖。"

王阳明教训他：怎么可以把别人想得那么坏，你的良知呢？通知他们，就按他们的意思办。王阳明最后又看着各位官员，一字一句地说：要干净地办，不要耍小动作。

1528年阴历二月中旬，王受和卢苏再把南宁城的部队都换成自己人后，慢慢地进了南宁城。卢苏发现眼前的南宁城和他想象中的不一样，街道被打扫过，还洒上了清水。街市繁华，行人如流。王阳明在南宁的临时衙门口张灯结彩，像是在欢迎贵客。他远远地就看到衙门口的卫兵是他的人，在整个南宁城的武装部队中，他没有见到陌生人。这回，他彻底放下心来。他想的是，即使和王阳明谈砸，就凭他在南宁城中这么多武装部队，他和王受也能全身而退。

王受很开心，他看到此情此景时，当即确定从前在刀口上的日子已经成了遥远的噩梦，新生活的曙光已经越过地平线正照耀着他的心。在南宁衙门门口，他和卢苏停下来，按之前二人的约定，随从们把他们反绑，并在两臂之间插上一支荆条，这就是失传多年的"负荆请罪"。

王阳明坐在上面，仪态威严。王受和卢苏跪在地上，请求王大人对他们的过失进行责罚。王阳明对二人说，本来你们主动来降，不应该责罚你们。可是，你们造反是事实，违法乱纪，冲击政府，这是有罪，如果不惩罚你们，会让更多的人抱有侥幸之心，所以，我要惩罚你们。

王受和卢苏吃了一惊。王阳明马上接着说，你们可穿上生平最厚重的盔甲，让我揍你们二百军棍。

说完就让人托着军棍给二人看，二人险些乐出来：军棍是空心的，好像一根半死不活的竹子。对于这一明目张胆的"造假"，二人开心地同意了。他们穿上厚重的盔甲，由于不能走路，所以被人抬到王阳明面前，二百"军棍"执行完毕，王阳明走下来，命人把他们的盔甲脱掉，拉着二人的手说："两位深明大义，对我深信不疑，我真的很感动。既然二人对我如此真心，我也就不客气了，有件事需要二人帮忙。”

王受激动得手直抖：“王大人但说不妨，我哥俩万死不辞。”卢苏用眼神支持王受的话。

王阳明点了点头说：“很好，我希望二位能帮我稳定广西。”

王受拍着胸脯说：“这事包在我们哥俩身上。我二人有武装部队七万，能扫平一切王大人要扫平的人。”

王阳明笑着摇头：“你们呀，我之所以招安你们就是想让你们过平静的生活，让你们离开血雨腥风的战场，怎么可能会再把你们推到沙场上去呢。”

卢苏疑惑不解：“那么王大人如何让我帮你稳定广西？”

王阳明再笑道：“很简单，解散你们的部队，回家安分守己地过日子，这就是帮了我最大的忙。而且我答应诸位，官府一定不会再发生欺压你们的事。”

二人恍然大悟，跪拜王阳明。

王阳明仅凭几封信就把广西最大的叛乱武装化解得无影无踪，这种能力在当时已知的世界上，恐怕只有王阳明才有。

无论是在江西还是广西，王阳明的战场不在外而在心上。他最擅长的实用心理战既简单也不简单。说他的心理战简单，不过是用真情实意感动对手，或是用虚虚实实、真真假假的招数让对手晕头转向，然后发出致命一击。说他的心理战不简单，是因为他的心理战表面上看没有规律可循。什么时候该用招抚，什么时候该采取军事行动，看似随心所欲，其实背后都有一个复杂的分析过程。

对于王受和卢苏的情况，王阳明曾做过多方面的材料收集和分析。最终他得出的结论是，这二人并无野心，而且是无法忍受当地政府官员的欺压才奋起反抗。当他们具备一定实力后，也没有再扩展，这就足以说明，他们的本心还是倾向于和政府谈合作。他们的良知依然光明着，心肠没有变成铁石，对于这类人，用招安就最合适不过。而对有些冥顽不灵的人，比如江西叛乱大佬池仲容，就毫无效果，所以唯一的办法就是采取虚虚实实的军事打击。

王阳明的一位弟子对老师这次不费一兵一卒、不发一箭一矢就解决了思恩、田州的事夸张地评价说：这比多年前大禹治水有过之而无不及。

事情的确刚刚开始，因为“平”和“定”是两回事，王阳明现在只做到了“平”，怎样才能让南宁地区“定”，这才是关键。

他把当初向中央政府提交的治理思、田方案迅速执行：第一步，改流为土，让当地有责任心和能力的政府官员担任军政一把手，让类似王受和卢苏这样的少数民族首领担任军政二把手和行政秘书。这样一来，军政大权在政府手里，而少数民族因为参政获取了荣誉感。双方互相监督互相砥砺，其乐融融。

第二步，把“十家牌法”在广西如法炮制。

第三步，也是最重要的一步：拯救人心，通俗的说法就是思想教育。世界上最不稳的就是人心，只要人心静了，世界也就静了。百姓心中有了道德基石，才能遵纪守法，才能做个好人。普及伦理道德的场所在学校，王阳明自己出钱兴建学校，邀请百姓免费来听他和他弟子们关于良知的讲课。

据他的弟子后来说，南宁百姓听了王阳明心学课程后，心灵受到极大的洗礼，对自己从前浑浑噩噩的日子直唾弃，决心此后为人处世必以良知为师。

王阳明心学能在最短的时间里迅速传播开，缘于心学的简易明快，更缘于王阳明在教学方法上的理念：因材施教，不以主观凌驾别人，顺着对方的思想。用心学术语来讲就是“不执”。

下面这件事就是证明。

田州城外河边有块怪异巨石，形状如乌龟，更使人惊奇的是，“乌龟”静卧不动时，田州太平无事，当它如长了脚远离河边时，田州就有刀兵。这有事实为证，岑猛造反前，“乌龟”很老实地待在河边；岑猛作乱不久，“乌龟”就离开了河边；岑猛被平定后，“乌龟”又神奇地回到河边；王受和卢苏造反时，它又离开了河边。王阳明招降了王、卢二人后，大概是乌龟的信息不灵，所以还没有回到河边。

当地百姓都确信一件事：这块石头是治乱的风向标，他们都希望这块石头永远待在河边，不要跑来跑去，背后的意思就是，希望和平，不希望动乱。

这当然是典型的迷信，不过王阳明认为这是当地的传统，他没有理由不尊重别人的传统。所以当百姓来请他对付那块石头时，他煞有介事地在河边举行了一场巫术表演。

这场表演的步骤是这样的：首先把石头抬回原处，然后他趴到石头上假装和石头谈话，再然后又假装听石头说话，最后他站起来指着石头大喝一声：“你敢作乱，不怕我毁了你？”

说完，就命人取来纸笔，写下：田石平，田州宁，千万世，巩皇明。然后让人把字刻到“乌龟”身上，百姓们被这场面震住了，坚信王阳明已经搞定了这个祸害，顿时欢呼雀跃。

王阳明能搞定“神龟”，却搞不定自己的身体。在南宁操劳四个月后，

1528年农历六月，他一病不起，万不得已要出去办事必须要躺在宽大的轿子里。他向中央政府提出退休的要求，桂萼死活不同意，要王阳明必须在安南的事情上给他交代。

王阳明情绪低落地对弟子们说：“广西要成我葬身之地啊。”

弟子们安慰他：“吉人自有天相，肯定能渡过难关。”

王阳明摇头叹息：“生死关容易过，可心上的关难过。”

弟子们问原因。王阳明说：“桂萼让我进攻安南，这是异想天开，他只分析了别人的缺点，却没有检讨自己的缺陷。安南的确在内乱，可广西全境有几处是安宁的？如果我不照他的做，这次广西之行的功劳又是竹篮打水一场空。如果我照他的做，可能会引起更多事端。”

有弟子疏阔地说：“那咱们就回余姚，管他什么桂萼和吏部！”

王阳明听到这句话，怦然心动。如果不是发生了下面这件事，他可能真的就提前违抗中央政府的命令回余姚了。

这件事和两个地名有关，一个是断藤峡，另外一个是八寨。

雷霆扫穴

断藤峡原名为大藤峡，位于广西桂平境内浔江两岸，注意，是江的两岸。两岸之间有一条粗藤，身手敏捷的人可以攀附着这条大藤来回两岸。浔江两岸高山夹峙，山势巍峨，犬牙交错，尤以大藤两岸附近的地势最为险峻恶劣，是为大藤峡。

明帝国第七任帝朱祁钰（景泰帝）在位时，此处发生了以侯大苟为首的大规模瑶族叛乱。他们把大藤峡当作基地，并建立数个寨子（军事据点）巩固基地。由于此地易守难攻，所以政府焦头烂额。大藤峡叛乱的同时，八寨（广西红水河南岸的思吉、周安、剥丁、古卯、罗墨、古钵、古蓬、都者等八个寨堡）也凑热闹般地和政府势不两立，一时之间，广西境内烽烟四起，民不聊生。

1465年农历十一月，中央政府派官员韩雍到大藤峡剿匪。韩雍文武双全，带领十万人马进入广西，以秋风扫落叶的气势一鼓荡平大藤峡匪患，当他胜利视察战场时发现了那根藤，他认为这根藤是不祥之物，于是命人砍断，改“大藤峡”为“断藤峡”。接着又扫灭了八寨之贼，凯旋而归。

韩雍离开广西时，曾向中央政府建议说：“瑶人的性情，最不喜欢面见官吏，最鄙视官吏。如果还像从前那样以流官镇抚其地，肯定还会产生动乱。我以为应该用当地有影响力的少数民族首领作为他们的父母官，不必去改变他们的风俗习惯，也不必用我们的伦理去要求他们，让他们自治，只要不闹事，制度是可以改变的。”

韩雍的建议得到中央政府的认可和执行，因韩雍的政策，断藤峡安静了四十多年。韩雍提出的政策的确有优点：减少了政府官员对当地瑶人的欺压，让瑶人自己治理自己，充分尊重了他们的权利。这是一种变相的民主。但也有显著的缺点：由于管理者本身就是瑶人，同宗同族的原因，他会在很多地方偏袒本民族的人，律例不能很好地执行，自然而然地就养出了一群刁民。这群刁民不务正业，靠着政府对他们管理上的松懈就做起了盗匪。

由于地方政府和中央政府的联合不作为，这群盗贼胆子越来越大，1510年，那根大藤被他们衔接上，于是“断藤峡”就成了他们的基地，盗贼们很快就控制了浔江上下数百里的广大地区。八寨紧跟其后，也死灰复燃，广西境内又成了百姓痛不欲生之地。

让人奇怪的是，近二十年的时间里，没有人把断藤峡盗匪当成一个重要事情来谈。即使是王阳明来广西前，也不知道广西境内居然还有这样一股力量雄厚的土匪。

1528年农历七月初，王阳明在南宁和一群当地的士绅聊天。士绅们首先对王阳明能还他们南宁一个太平世界感恩戴德。不过之后，他们就陷入惆怅。王阳明就问原因。他们对王阳明说，对广西而言，田州叛乱是雷声大雨点小，真正让百姓生不如死的是断藤峡和八寨的盗贼。他们好像人人都有反社会倾向，烧杀抢掠无恶不作，简直是天理难容。

王阳明打起十二分的精神倾听老士绅们的倾诉。当老士绅们走后，王阳明两眼茫然、沉思不语。许久，他的弟子才轻轻地打断他，问：“老师在想什么？”

王阳明叹了口气，说：“我一想到百姓受苦，心里就很不是滋味。”

弟子又问：“是否是断藤峡和八寨的盗贼？”

王阳明点头，剧烈地咳嗽了一会儿，说：“不解决他们，我良心不安。”

弟子急了：“您的身体都这样了，还是赶紧回余姚休养吧。况且，中央政府也没有让您解决这两处的盗贼。如果您擅自做主，恐怕会被人抓住把柄攻击您！”

王阳明看着弟子，笑了笑：“我只凭良知做事，管不了什么规定不规定。我的良知告诉我，这两处的盗匪必须解决掉，这就是天理。我怎么可以逆天理而行。”

“可您的身体啊！”弟子们焦急起来。

王阳明摆了摆手：“不要紧，如果进展顺利，一个月足够了。”

王阳明说干就干，他召集广西方面的所有高级官员，包括新归附的王受和卢苏，研究解决断藤峡和八寨的盗贼计划。

广西省省长（布政使）林富是王阳明的狱友，王阳明当初被刘瑾扔到锦衣卫大牢中，林富也因得罪刘瑾在里面关押。林富就给王阳明讲《易经》，两人从此结下深厚友谊。林富多年来一直关注着王阳明，对王阳明的用兵如神印象深刻。尤其是他亲眼见到王阳明不费一兵一卒就降伏了王受和卢苏后，更是叹服王阳明的能力。所以他的意见就是：一切听王阳明的。

王受和卢苏的意见是，应该招抚他们，这缘于他们是同类。广西副省长（参议）汪必东认为应该剿抚并用，这是说起来最容易的办法，也是最不容易见效的办法，因为立场不坚。

王阳明通过查阅大量的资料后，对众人说，无论是八寨还是断藤峡的盗匪，都被政府招安过，可他们屡降屡叛，已丧失了重新做人的想法。对付诸如此类良知被遮蔽的人，用招抚的办法只能让他们登鼻子上脸，认为政府好欺负，所以只能用剿。这正如花园里长满了杂草，谁也没有能力让它们变成花，必须毫不犹豫地铲除，还花园一个干净世界。

另一位广西省副省长（广西按察使）、王阳明最忠诚的弟子王大用拿出了他的方案：先攻断藤峡，后攻八寨，这叫先难后易。

王阳明不认可。他说，八寨是两广地区的心腹之患，断藤峡只是外疾。八寨是该地区盗贼的源泉，断藤峡不过是羽翼。先攻断藤峡，八寨自会顽强死守，我们消耗不起。所以，要同时出击。

众人大惊失色。因为此时王阳明能调动的部队只有一万五千人，还包括王受和卢苏未遣散的杂牌军。没有人知道断藤峡和八寨盗匪数目的确切数字，不过有一点很清楚：断藤峡和八寨的盗匪数量绝不止一万五千人，而他们又有地利，也就是说，王阳明的兵力显然处于绝对的劣势。

有人拿当年韩雍剿灭断藤峡的例子来说明，韩雍动用了十几万部队，经过一个多月强攻才消灭断藤峡盗匪，王阳明的确比韩雍厉害，可还不至于厉害到这个地步：用低于韩雍十倍的兵力去同时攻击两个断藤峡！

王阳明并未把这看成是了不起的障碍，因为他有剿匪的超级武器：不靠谱。用军事术语来讲就是：虚虚实实，进示以退，攻示以守。总之，就是先把你弄得晕头转向，在你神经错乱时，他发出致命一击。

王阳明开始使用他的超级武器。他当初来广西时，断藤峡和八寨的盗贼早就闻听过他的大名，所以马上紧张起来。由于过度紧张，他们紧闭寨门，大门不出二门不迈，作息时间极度不规律，大白天坐在椅子上就开始出现幻觉。一个多月后，他们听说王阳明不发一箭就收服了王受和卢苏，更变得神经质起来。断藤峡缺粮多日，他们也不敢下山抢劫，只靠山中有限的食物充饥，又一个多月后，他们两眼通红，几乎成了兔子。

再过一个多月后，他们探听到王阳明正在南宁办学，才放下心来。按他们有限的智慧，他们以为王阳明来广西只是对付田州，解决了田州后，王阳明就会拍拍屁股走人。于是，他们又活跃起来。

1528年农历七月，王阳明制订了对付他们的计划后，开始放出消息：他要在五日内对断藤峡和八寨采取军事行动。盗贼们又恢复紧张，五日过后，什么事都没有发生。他们去打探王阳明的情况时得知，王阳明正在养病，而且已得到可靠的情报：王阳明正准备回浙江休养。盗贼们大多一根筋，马上就相信这是真的。而即使稍有头脑的人也会相信，王阳明已是个卧床不起的病夫，怎么可能还有精力对付他们。

几天后，盗贼们又得到消息说，王阳明来广西的确就是对付田州贼的，他的任务栏里根本就没有断藤峡和八寨。盗贼们彻底放下心来，为了犒劳自己多日以来绷紧的神经，他们大肆庆祝，守卫松懈到了平时水平线以下。

王阳明向早已部署完毕的两路指挥官发出了总攻令，这两路部队都在八千人以下，悄无声息地摸到了断藤峡和八寨的边缘。第一路指挥官林富，攻八寨，王受和卢苏担任主攻。第二路指挥官汪必东，攻断藤峡，王大用担任主攻。

八寨战役第一个打响。王受和卢苏率领一大批敢死队猛攻八寨的前哨石门。石门不仅是八寨的前哨阵地，还是八寨的门户。拿下石门，八寨的防御指数就会急速下降。所以，石门是个很难啃的骨头。由此可以知道，王阳明安排王受和卢苏主攻石门的意图：二人刚归顺，急需立功献上投名状，所以必然倾尽全力。尤为重要的一点仍然是王阳明剿匪智慧的体现：以贼攻贼，因为贼最了解贼。

王受和卢苏果然不负众望，只用了半天时间就敲开了石门。指挥官林富把部队推进到八寨的第一个寨子前。王受和卢苏依然担任主攻，但对手的抵抗很有质量。林富按王阳明事先的指示，一面命王受和卢苏继续进攻，吸住敌人的兵力，一面分兵从侧面进攻。八寨的第一个寨子很快被攻陷，如同起了连锁反应，八寨的其他寨子虽然进行了有效抵抗，可由于神兵突降的震慑力把他们吓傻了，只是抵抗了一会儿，就纷纷缴械投降。

八寨战场进入尾声时，断藤峡战场刚刚开始。汪必东完全按王阳明的指示指挥战斗，实际上这次战斗方略王阳明模仿了韩雍，首先是用人猛攻，然后是放火烧山。当时是七月，郁郁葱葱，生机勃勃。如你所知，一旦放起火来，就是浓烟滚滚，断藤峡如陷于烟雾迷茫的妖魔世界，伸手不见五指。

作为主攻，王大用并未发挥超绝的能力。他本是文人，没有在战场上历练过。王阳明用他作为主攻，原因不明，大概是想让他在“事上练”。可一个从没有经历过刀光剑影的人，突然把他扔到战场上磨炼，显然高估了人心的力量。王大用的主攻迟迟不能产生效果，但攻击部队的偏师发挥了重大作用。他们很快就攻破断藤峡的前哨，并且用火箭和长矛开路。战斗进行到一半时，王阳明派人送来口信，说八寨方面已结束战斗，并且要嗓门大的士兵齐声高喊。

这是心理战，立竿见影。断藤峡盗贼一听八寨的同志们已经被全歼，原本就并不坚强的抵抗意志瞬间瓦解，他们一直向山顶溃逃，哭爹喊娘。然而他们是幸运的，王阳明不是韩雍，没有用残酷的方式对付他们。王阳明同意他们的投降，只要放下武器，王阳明的部队都会优待俘虏。

断藤峡战役虽然不是最先开始，却是最先结束的。当断藤峡战役结束时，八寨最后的据点仍在顽强抵抗，尤其是他们看到断藤峡方向浓烟滚滚直冲霄汉时，更坚定了困兽犹斗的决心。他们以为王阳明放火烧山，像是烧荒一样把他们的同志都烧死了。他们也知道自己罪大恶极，不可能得到宽恕，于是在临死前发挥全部力量，抱着“杀一个够本，杀两个赚一个”的格言玩命搏斗。

人在绝境之中的奋力一搏会产生奇迹。林富发现在他们改守为攻的情况下，他的攻击部队先是停滞不前，接着就是后退，即使是王受和卢苏带领的敢死队也只能被迫转攻为守。

林富虽然没有慌，可不知道如何应对这种突变。王受和卢苏在关键时刻发挥了作用。他们扯起震天动地的嗓门喊道：“杀啊！”“冲啊！”“完事回去吃肉啊！”在这种充满激情的口号煽动下，政府军先是顶住压力，然后一步一步地向前推进，最终，完全把敌人的气势压垮。

王阳明继续扩大成果，命令所有部队全力扫荡各处巢穴的盗贼。决战只用了一天，扫荡却用了一个多月。1528年农历八月，王阳明宣布，断藤峡和八寨盗贼已全部消灭。这是两场最值得大书特书的战役，虽然纯粹从军事上的战果来看，王阳明的部队只消灭了三千人，成果可怜兮兮，但如果我们对断藤峡和八寨，以及对王阳明这次用兵的成本稍做了解后，就会发现王阳明不是进行了两场战役，而是进行了一次奇迹的创造。

自明王朝以来，两广的稳定与否主要取决于安南和八寨、断藤峡是否平静。尤其是广西，由于多山多洞的复杂地理，一旦有盗贼作乱，必然就是旷日持久的消耗战。明王朝政治清明时，政府是有力使不出，政治不清明时，是心有余而力不足。所以断藤峡和八寨的叛乱一直隐隐约约地存在，两广所以能局势表面上稳定，全是因为他们力量不足，尤其是没有和安南联合，一旦他们内外联合，后果不堪设想，这就是王阳明所谓的八寨是两广心腹之患。

八寨之贼也曾被明军反复征剿过，但每次都以失败而告终。唯一成功是发生在朱见深时代，当地少数民族首领岑瑛带领他的本族部队和政府派遣的雇佣军联手攻寨，而成绩也很寒酸：斩杀二百余人，仍未斩草除根。

如果对明王朝中后期的军事制度不了解，就会认为无论是韩雍还是岑瑛，所耗费的钱财只是单纯的军费开支，其实绝不是这样的。

明王朝在军事上的“卫所制”在朱棣后期已经失效，原因很简单：卫所制是朱元璋指望军队能自给自足，不必靠王朝的财政过活。所以，身在卫所制的士兵们大部分时间是在务农，训练时间非常少，再加上卫所长官们对士兵的压迫和剥削，所以卫所士兵逃亡的情况非常严重。有数据表明，很多卫的规定人数是5600人，但实际上真正的士兵不足此数的一半。

1449年，朱祁镇（明英宗）带领从卫所抽调出来的大明主力四十万人去迎击蒙古兵团，最终在土木堡被全歼，这件事证明了一点：卫所制培养出来的士兵已不能打仗。朱祁镇之后的朱祁钰（景泰帝）在民族英雄、兵部尚书于谦的建议下，改革军事制度，但收效甚微。于是，政府采用了另外一种方式让军队更富有战斗力，那就是雇佣制。各地方组织民兵，一旦有战事，就雇佣他们上战场，当然，政府雇佣他们不是给他们现钱，而是抵消他们本该缴纳的赋税。还有一种雇佣军则是少数民族武装，王阳明在江西剿匪时有人建议使用的广东狼兵就是少数民族武装。先前韩雍剿匪动用的十几万兵力除卫所提供的少得可怜的兵力外，其他都属于雇佣军，比如河南的精于使用匕首的爬山高手，各地强悍善战的矿兵，善于使用长棍把人当成狗打的山东兵，单兵作战能力强的佛教寺庙的和尚，福建泉州的拳师。很明显，这个成本相当大。

再看王阳明。王阳明所动用的兵力共为一万五千人，这里还有王受和卢苏的几千人。而这一万人是他用来平定田州和思恩的，也就是说，纵然这一万人是雇佣军，他们已经领了工资，而且田州和思恩的战役并没有打响，王阳明是顺水推舟，二次利用，除了必需的军费供应，王阳明没有费国家一文钱。与韩雍相比，王阳明就是在创造奇迹。

几个月后，当王阳明的报捷书传到北京时，高级官员霍韬用对比的方式对朱厚熜说，王阳明在断藤峡与八寨之战中为朝廷省了数十万的人力、银米。他的前任（姚镆）调三省兵若干万，梧州军门支出军费若干万，又从广东布政司支用银米若干万，战死、得瘟疫而死的官兵若干万，可如此巨大成本的付出换来的却是田州不到两个月的安宁。王阳明的作战成本已低到不可思议的地步，而且把八寨、断藤峡这样的积年鬼树连根拔起，纵然是神仙下凡，恐怕也只能做到这种地步吧。

王阳明在广西没有考虑作战成本的问题，他病怏怏地投入善后工作中。他希望中央政府能同意他所提出的处置八寨、断藤峡的意见。第一，把广西的一处叫南丹的卫所迁到八寨，震慑当地的刁民；第二，把思恩府城迁到轩豁秀丽、便于贸易的荒田，这是希望当地百姓从闭塞的环境中走出来，不封闭，就不会乱想；第三，调整基层布局，要各地的县长深入乡村。这个办法和朱元璋的政策是抵触的。朱元璋对基层的政策是，乡村可以完全自治，县长和县长的吏员们不许下乡村。他的出发点可能是好的，不允许地方官员骚扰百姓。可问题是，广西这地方的百姓受到的教化不多，朱元璋希望全靠乡村里德高望重的人教化百姓而高度自治显然不适用于广西乡村，所以王阳明认为应该让县长的权威抵达乡村，可以起到监督的作用。

让王阳明死不瞑目的是，他的这三条建议都未被中央政府采纳。实际上，他对广西地方行政管理层面的建议根本没有人关心。王阳明在和广西官员接触了几个月后，发现了一个大问题：这些官员集体素质不高，无论是道德还是行政能力，都难以在广西这个复杂的地方担任要职。他希望中央政府能把各种人才派到广西来，而中央政府对他的提议置若罔闻。王阳明离开广西前，让林富和王大用暂时分别代理军事长官（都指挥司）和行政长官（布政使），可他也知道，这二人是道德有余能力不足。这实在是无可奈何的事，一方面，广西再无可用之才；另一方面，他已没有气力再培养人才。他必须离开广西，回浙江，最好能去趟北京，见见他从未谋面的那个神秘的皇上。

追忆祖先

1528年农历九月，王阳明已决心离开广西。一方面，他认为在八寨、断藤峡的善后工作已经做到位了；而最重要的一方面则是，他的生命已近尾声。在他给皇帝朱厚熜的一份辞职信中，他以平静的笔调诉说了他每天要面对的肉体之苦，我们读来却是异常伤感。从这封辞职信中，我们知道了下面的事。

从浙江余姚启程时，王阳明的肺病就已严重恶化，夜里持续咳嗽而无法入睡，脸色越来越难看，青黑得犹如鬼魅。以今天的医学角度看，他可能已是肺癌早期，或是中期。除了几乎是与生俱来的肺病，王阳明在江西剿匪时又染上了炎毒。炎毒加重了他的肺病，使剧烈的咳嗽和他形影不离。只有在凉爽季节，他的咳嗽才会好一些，如今来了广西，更是雪上加霜。

王阳明从余姚来广西时，曾带了一位医生。想不到这名医生来广西才一个月，不但没有伺候好王阳明，反而自己先因水土不服而病倒。医生可以拍拍屁股走人，可他王阳明不成。炎毒持续发作，导致他遍体肿痛，咳嗽成了他呼吸的一部分。在从浙江余姚出发前，他的脚因为长了疮而无法走路，后来更吃不下饭，每天只能喝几勺粥，稍多一点就会呕吐腹泻。

王阳明就是用这半条命上岩入洞，穿越瘴气逼人的森林，确定了他在广西的一系列方针。他将用这半条命换来的方针政策送交中央政府后，竟然杳无回音。从他招抚王受和卢苏的1528年农历二月开始，他持续不断地向中央政府递交他的方略，可直到本年九月，才得到一个回复：朱厚熜送来了奖状：田州的事做得很好，奖你五十两白银。而对于其他的方略申请，朱厚熜和内阁只字未提。

王阳明在辞职申请中说，他实在没有力量再在广西多待一天，现在的他一直在船上静卧，他希望中央政府能尽快批准他的请求。

让人气愤的是，仍然没有回音。

就在他等待中央政府的意见时，他支撑着病体在弟子们的守护下参观了伏波庙（东汉马援庙）。他年轻时曾在梦中来过广西南宁，并见到了这位平叛英雄的庙，如今亲眼所见，不禁想起自己轻狂的少年。那时，他的血液始终沸腾着，萦绕在心的只有建功立业。他渴望血战沙场，保卫边疆。他仍然钦敬马援，可总有那么点苦涩的味道。自他1516年走向战场后，他已建下了遮天蔽日的功勋，完全实现了“建功立业”的理想，然而他一点都不开心。他发现建功立业远不如他对建功立业的想象带来的快感大，他一方面要对付战场上的敌人，一方面还要对付他所效忠的中央政府的敌人，心力交瘁。用他的话说，如果不是有心学支撑，他早就撒手人寰了。

1528年农历十月的某一天，他到增城（今属广东）祭祀了他的一位祖先，这位祖先叫王纲，曾为朱元璋效力，后来到两广剿匪，死在回去的路上。看到这位祖先的塑像，王阳明第一次有意识地踏进了回忆祖先的河流。

王阳明的祖先可追溯到晋朝名人、孝悌楷模王览。王览和亲爹、亲妈，以及同父异母哥哥王祥生活在一起。他的亲妈经常对王祥非打即骂，王览总为哥哥解围。有一次，他的亲妈在酒里投毒，准备谋害王祥。王览事先得知消息，从他哥哥手里抢过酒杯满眼含泪要一饮而尽。他的亲妈惊慌地夺下酒杯，发现了王览的苦衷。从此后，这位母亲奇迹般地变成了慈母。

朝廷知道这件事后，就任命王览为禄大夫（政府名誉顾问），王家成了官宦人家。多年之后，王览的一个曾孙，大名鼎鼎的书法家王羲之的后代把家搬到浙江会稽。又过了好多年，王阳明的二十三世祖王寿把家迁到浙江余姚，直到王阳明为止，王家就始终在余姚繁衍生息。

王家更精彩故事的上演始于王阳明六世祖王纲。王纲生活在元王朝后期，曾得到一个神奇道士传授法术和养生术。当他在幽静山林中修炼时，朱元璋后来的军师刘伯温和他一见如故，相谈恨晚。刘伯温出去辅佐朱元璋时对王纲说："将来我若有了大好前程，必关照你。"

想不到几年后，刘伯温真就帮助朱元璋夺取天下，建立大明朝。刘伯温果然说话算话，就把王纲介绍给了朱元璋。王纲当时已70多岁，看上去却像中年人。朱元璋大为惊异，立即任命他为兵部高级官员。

王纲还未准备好过官瘾，两广地区发生叛乱，他被指定为后勤部长，向叛乱发生地运送军需物资。在一次运送物资的途中，他中了山贼的埋伏一命呜呼，跟随在他身边的儿子王彦达也被活捉。王彦达宁死不降的气节让山贼也很敬服，于是放走了他，王彦达就用一张羊皮把老爹的遗体背回帝国都城南京。不知什么原因，政府没有给王纲半分抚恤金。王彦达一怒之下，又用羊皮把老爹的遗体背回老家，并立下家法：凡我王家子孙绝不许做明王朝的官。

王彦达的儿子王与准谨遵家训，埋头钻研《周易》，很快就成为当地家喻户晓的奇人异士。政府知道后来请他，王与准一面背诵家法一面逃进深山老林，政府就跟踪他也进了深山老林。王与准一咬牙一跺脚，把一条腿摔到石头上，医生确诊为骨折，即使康复后也会是个瘸子。官员要有威仪，不能是残疾人，政府这才放过了他。

王与准的下半生在犹豫中度过，因为他不知道祖宗定的这条家法是否符合天理。临死前，他对儿子王世杰说："你以后想做什么就凭良心，别的都是小事。"

王与准之所以说这样的话，是因为王家的经济状况越来越差。王世杰为了家庭生活能有所改善，真的违背祖训参加了科考。可当他进考场前发现每个考生都要被搜身，血管里流淌的高傲血液沸腾起来，他和当年陶渊明面对五斗米俸禄时一样地高傲道："我怎么可以为了做官而让一群俗人在我高贵的身体上摸来摸去。"说完就愤然离开。

王世杰再也没有参加科考，临死前，他对儿子、王阳明的爷爷王天叙说："我的遗产够你受用一辈子的了。"王天叙一本正经地继承了他的遗产：几大箱子王世杰的著作。

王天叙果然受用了一辈子，他就是靠父亲的这些著作把自己锻造成了超凡脱俗的人物。他才华横溢、性情恬淡、与世无争；他思想开放，告诉儿子王华，要想扬名立万，必须走科考这条路；他道德至上，常教导儿子王华要做一个道德完人。王华也正中其下怀，从小就拥有中华传统美德。

有一次王华在河边捡到一袋金子，他就在那里坐等一天。当失主喜极而泣地拿到金子准备给他一点报酬时，王华拒绝说："如果我贪图报酬，你的一袋金子都是我的，何必在这里等你！"另外一则故事说说，王华对不该亲近的女色从不动心。他曾到他富裕的朋友家做客，夜晚，一位妙龄女郎走进他的房间，声称是奉了主人之命伺候他就寝。因为主人不育，而王华已高中状元，是个读书种子，女郎羞答答地对王华说："欲借人间种。"王华请女子离开，他的回答是："恐惊天上神。"

有史料指出，王阳明被下锦衣卫大狱时，刘瑾曾向王华暗示过，如果王华能站到他这一边，他可以考虑对王阳明从宽发落。刘瑾和王华相识，王华中状元后到翰林院工作，后来偶尔被调到东宫给太子朱厚照讲课，刘瑾在那时和王华结下了友谊。好学的刘瑾曾多次向王华请教哲学和历史知识，王华倾囊相授。刘瑾曾说，王华是拥有横溢的才华和无懈可击的道德的好人。然而，当刘瑾暗示王华可以用他的立场来交换儿子的前途时，王华断然拒绝。他说："如果我真的这样做了，即便史书原谅我，我儿子无论如何都不会原谅我。这就是为人的基本准则，每个人都有这样的准则，它没有是非对错的区别，只有适合不适合的分别。"

1528年农历十月，王阳明站在广东增城王纲的庙前，短暂地回顾了他的祖先们，他发现，他和他的祖先没有什么不同，尤其是和他的父亲王华，有一个显著的共同点。那就是坚持良知，雷打不动，风雨不改。

赏还是罚，这是个问题

如果说人间真有一条亘古不变的人生准则，那肯定就是良知。理论上，人应该把自己的良知当成唯一的人生准则，可现实是，很多人向来都不听从良知的命令，逆天理而行。桂萼就是这样的人。

王阳明的平定报捷书送到中央政府时是1528年农历四月，直到本年农历八月末，朱厚熜和他的大学士们才商定派人去广西奖赏王阳明。拖了这么长时间的原因很简单：杨一清认为对王阳明封赏会给王阳明带去更大的荣耀，荣耀会让王阳明那群上蹿下跳的弟子重新呼吁王阳明来北京，这是他最不愿意看到的事。而桂萼一直在拖奖赏王阳明的事，是因为他希望王阳明能进攻安南，王阳明不进攻安南，他就有十万个理由让荣誉不要落到王阳明头上。

至于朱厚熜为什么又在1528年农历八月末同意派人去奖赏王阳明，是因为张璁在一旁出了力。张璁帮王阳明说话不是他一时的感情用事，而是政治角逐的结果。

张璁的政治直觉甩出桂萼和杨一清几条街，他当初和桂萼走得那么近，而且心甘情愿把自己和当时籍籍无名的桂萼拴到一根绳上，就是因为他感觉利用桂萼能成大功。他和桂萼联手排挤杨廷和，以及杨廷和的代理人费宏，用尽全力，是因为他感觉到从这个方向努力必有回报。再后来，他和桂萼联合举荐杨一清，又联合压制杨一清，都是因为他能预感到事情的成败。当桂萼推荐王阳明去广西时，他悄无声息地和桂萼分道扬镳。因为他预感王阳明不可能遂了桂萼的心去进攻安南，而且，他对战场毫无兴趣。他和桂萼分离后不久马上意识到这是个错误，因为桂萼和杨一清走到了一起。

杨一清和桂萼在对待王阳明的态度上出奇一致，使得两人成为战友，在1528年的大半年时间里，张璁能明显感觉到两人的权势蒸蒸日上，他的压力由此而生。

前面我们说过，政治无非处理各种关系的一种能力，政治没有是非，利害即是非。张璁权衡利弊后，发现如果不寻找新盟友，他的现在和将来会是一片迷雾。但核心领导层中，没有人能与杨一清分庭抗礼，何况又多了个桂萼。在张璁的准盟友名单上只有两个外人能担当重任，一个是正在北方巡抚的王琼，另外一个就是在广西巡抚的王阳明。

张璁认真地衡量了二人的潜力后，发现王阳明更适合当他的盟友。原因很简单，一直有声音呼唤王阳明来京城做大学士，他只需要推波助澜就可以；另外一个原因是，杨一清和桂萼对王阳明长时间的抑制，王阳明心知肚明。张璁甚至想过，他根本不必去主动争取王阳明，王阳明就会站在他这一边。

1528年农历七月，王阳明递交给中央政府关于如何稳定田州的行政报告，杨一清和桂萼置之不理，张璁便适时地开始他的计划。他和王阳明在中央政府的弟子们谈话，对王阳明表示出浓厚的兴趣，暗示这些弟子上奏折请求恩赏他们的老师。弟子们得到当时炙手可热的大学士张璁的支持，心花怒放，连连上奏折请求对王阳明进行封赏。由于张璁这次计划的隐秘和迅速，杨一清和桂萼被打个措手不及，朱厚熜下令要内阁研讨奖赏王阳明。杨一清和桂萼用尽招数拖了两个月，终于不能再拖。于是，新任吏部尚书、王阳明的弟子方献夫被任命为犒赏王阳明大使前去广西。

人人都以为，这次吏部尚书亲自出马的犒赏实际上就是请王阳明来京，王阳明的弟子们几乎要提前庆祝。但就在1528年农历九月初，王阳明平定断藤峡和八寨的报捷书来到京城，桂萼像是在家徒四壁的屋子里发现了黄金一样，狂呼乱叫起来。

他马上去见朱厚熜，当他出来后，满脸春风，笑得花枝乱颤地对方献夫说：“不必去广西了。”

方献夫万分惊愕，问原因。

桂萼说：“王阳明违抗命令，私自对断藤峡和八寨采取武装行动，不但不能赏，还要罚。”桂萼以一副权谋家的嘴脸说，“这是擅权，居功自傲，时间一久，必是尾大不掉。”

方献夫惊叫起来，他无论如何都想不到桂萼居然会有这样的想法，这简直是昧着良心在栽赃陷害。方献夫气得浑身发抖，咬牙切齿地稳下情绪来，说：“当初要王阳明去广西，皇上已许可王阳明有‘便宜行事’的权力，断藤峡和八寨的盗贼，人人得而诛之。王阳明只是做了他该做的事，怎么就要扣上居功自傲的大帽子?!”

桂萼以一副委屈万状的语调说：“这又不是我扣的帽子，而且这也不是帽子啊，你老师就有这样的行为，皇上最忌讳的就是这种行为。”

方献夫发现桂萼脸上升起一股无耻的神韵，便冷冷地质问桂萼：“那准备怎么惩罚王阳明？”

桂萼恨恨道：“先削了他的爵位再说。”

方献夫终于不能忍住他对桂萼的鄙视，狂笑道：“抚招田、思二州，未动政府一兵一卒；平定断藤峡和八寨，未费财政一文钱。有功如此反而严惩，你们就不怕天下人耻笑？”

桂萼这种人根本不怕天下人耻笑，所以他气定神闲地站着。

方献夫死盯着他的眼：“桂大人，这桩公案，不用说日后，就是今天的史官该如何书写，你这不是给史官出难题吗?!”

桂萼换了一副腔调：“即使不罚，也不能赏。”

方献夫又是大笑：“尔等的目的恐怕就是如此吧！”

桂萼冷漠地看着扬长而去的方献夫，吐出了两个字：“不错。”

对王阳明深表同情的人都会谴责桂萼包括杨一清的行为，但如果让桂萼为自己辩护，他的辩词足以让人心服口服。他举荐王阳明的终极目的是突袭安南，而不是揍几个小盗贼。王阳明没有按他的意愿行事，这让他很下不来台，即使他的想法没有几人知道，他还是认为王阳明蔑视了他的权威。一个权谋家最憎恨的就是：你本没有资格蔑视我的权威，你却蔑视了，那你就是我最大的敌人。

如果用王阳明的良知学来解读桂萼，桂萼的良知已被权力和威严这些外在的物质遮蔽。他明知道那样做对王阳明不公正，却非要去做，这就是知行不能合一，也就是不能致良知。桂萼的人生准则和活在人世的许多人的人生准则一样——唯利是图。

张璁的人生准则不一定是唯利是图，但也绝不是良知。他也明知道王阳明受到了不公正待遇，可当方献夫来找他希望他能站在良知一边时，他转身了。他发现桂萼扣到王阳明头上的那顶帽子非比寻常，想要为王阳明摘掉这顶帽子要远比不管不问容易得多。他对方献夫说：“事已至此，已无办法，还是听天由命吧。”

方献夫这一天来听到的奇谈怪论太多，几乎要精神崩溃，他呆若木鸡，愣愣地看着张璁。张璁没有看他，事情好像已成定局，王阳明等待的不是奖赏而是惩处。

方献夫和他的师弟们当然不能眼睁睁看着老师走向灰暗的前途，他们四方奔走，最终得到了杨一清的同情。杨一清表示：“不赏也不罚。”这并非杨一清良知光明了，而是他知道王阳明不可能再来京城，痛打落水狗对他毫无意义，可能还会落个骂名，所以他做了个顺水人情。

而正当王阳明的弟子们要感谢他时，王阳明又给这群弟子们出了个难题：他未得到任何命令，擅自离开广西回浙江了。

桂萼兴奋得一跳三丈高，叫嚣道："如果再不惩治王阳明，国法何在?!"

王阳明的弟子们大为懊恼，他们远在京城，恐怕永远都不知道此时王阳明老师面临的境况。王阳明不能不离开，他已清醒地意识到自己将不久于人世。

有一点值得补充，王阳明不能来京，表面上看，杨一清和桂萼是罪魁祸首，实际上他们只是推波助澜，真正的问题在朱厚熜身上。

朱厚熜开始时想要王阳明来京，那是因为他有大麻烦，杨廷和把他压得抬不起头。但他在"大礼议"中胜出后，他很快就摆正了自己的立场：王阳明不能来京。根由是，同行是冤家。

朱厚熜是个自以为是的半吊子儒家知识分子，他年轻时曾受过儒家专业教育，做了皇帝后喜欢经常推出自己的思想，当然，他的思想还是在朱熹理学中打转转。在身边一群擅长阿谀奉承的人全力吹捧下，朱厚熜断定自己哲学的造诣已深厚到难以想象的境界。

1526年，朱厚熜用他有限的智慧写下了哲学文章《敬一箴》，被翰林院的那群腐儒吹捧为"帝王传心之要法，致治之要道"的人间天书。朱厚熜马上得意扬扬地让工部建敬一亭，并命令翰林院摹刻于北京和南京的各个学院以及地方学院的校门前。两年后，当王阳明在广西等待他的召唤时，敬一亭建成了，群臣争相祝贺，朱厚熜沾沾自喜却还是装出少有的谦虚说："我也只是学有粗得，但这是我自己所悟的哲学，非比寻常。"

实际上，他的所悟是照着朱熹画瓢。他既然画瓢，当然绝不能容忍别人居然能制造瓢。王阳明的心学就是他自己制造出来的瓢，朱厚熜对王阳明显然有羡慕嫉妒恨的情结。他不但嫉妒王阳明，而且嫉妒所有和自己的哲学有抵触的学说。1529年农历三月，有臣子献上《大学中庸疑》，朱厚熜暴跳如雷，说："朱老夫子的东西你都敢疑，给我烧了。"

有这样的皇帝，自得之学的王阳明心学显然不会受到礼遇，连带着王阳明也就不会受到朱厚熜的青睐。

这是王阳明的不幸，也是整个中国文化的不幸。

此心光明，亦复何言

王阳明大概是1528年农历十月末离开广西的，一路走得异常缓慢。有两个原因：其一，他的身体状况实在不能适应远途劳顿；其二，他还是抱着一丝希望，他希望能等到皇帝的关心和许可他退休的命令。遗憾的是，当他已进入江西地界时，还是什么都没有来。

在王阳明人生最后也是最宝贵的时光里，他仍不忘谆谆告诫弟子们要好好"致良知"。他强撑着病体给他的弟子聂文蔚写信，申明"事上磨炼"的真谛。他说："人做学问，一生也只是为了一件事。自小到老，从早到晚，不管有事无事，也只是做这一件事，这件事就是致良知。所谓'事上练'也不过就是'致良知'，但这里有个诀窍，要勿忘勿助，不要忘记你时刻要致良知，但也不要拔苗助长。致良知是个循序渐进的生命过程，要一步一步来。伟大的都城北京不是一天建成的。我们必须要遵循下面的原则：事情来的时候，尽我的良知应付。没有事情来的时候，也不要去找事，只要在心上时刻想着致良知就对了。"这就是古典儒家所谓的"必有事焉"，在你心上，一定会不停地有事，而这个事就是光明你的良知。事上磨炼，并不一定非要没事找事，当你静坐并光明你的良知时，这也是事上磨炼。

他又给他在浙江老家的弟子们写信，信中总是在追问弟子们的学业是否有进展，同时谈到了他的病。弟子回信说很担心他。他苦笑了一下，当他到达江西梅岭时，世间所有的一切都变得模糊起来。王阳明意识到这不是好现象，他对一直从广西跟随过来的弟子王大用说："你知道诸葛亮托付姜维的故事吗？"

王大用马上哽咽起来，他不敢去看王老师那张已变成青紫色的脸，拼命地点了点头。王阳明咳嗽了一会儿，似乎是用了浑身的力气吸了一口气说："两广地区稳定性差，想要真的太平无事，必须要以良知对待本地居民，将心比心，否则还会大乱。"

王大用明白，王阳明用诸葛亮临死前托付姜维的故事是明示他：两广将来就靠你了。可王大用没有姜维的能力，几年后，广西再度爆发民变，王阳明那时已在天上，只有叹息的份了。

王大用此时此刻想的只有一点："老师快不行了。"他向王阳明告辞，去找木匠加班加点地打造棺材。

1528年农历十一月二十五，王阳明乘船抵达南安。岸上已有多名弟子在等候他，但他没有上岸。并非他不想上岸，他现在最想做的事就是舍筏登岸和弟子们探讨心学。可惜，他几乎已到了寸步难移的地步，只能萎靡不振地躺在船中。他的弟子、南安地方官周积和张思聪被叫到船上，两人一见王老师的模样，鼻子一酸，流下泪水。

王阳明缓缓地摇头，说："不要这样，你们近来的学业如何？"

周积擦了擦眼泪，简单地说了说自己在工作中如何致良知，王阳明微合双眼，听了一会儿就缓缓地点头。

张思聪已不知该说什么，憋了半天，才声音打战地问："老师身体还好吧？"

王阳明挤出笑容来，正要回答，一阵剧烈的咳嗽袭来。周积和张思聪急忙上前，一个轻拍他的背，一个则安抚他的胸口。王阳明好不容易才停了下来，用尽全身力气说道："所以还没有离开你们，只是一口元气在。"

周积像个孩子一样哭出声来，王阳明握住他的手劝慰他说："不必难过，要时刻注意学问的增长。"

说完这句话，王阳明就闭上了眼睛，呼吸悠长。人们小心翼翼地划桨，桨拍到水上无声无息。船好像自己在前进，拖着旖旎的水光静静地驶向天堂。

直到此时，王阳明才第一次有时间追忆他的人生。他的这一生应该是无怨无悔的，年轻时他曾纵容自己的性格去做那些被别人讥笑的事，他在精神上的际遇让他早年的内心世界放荡不羁。一个人如果在年轻时代不释放自己最本真的性格，他这一生将是不完美的。因为人到中年，就必须负起社会所赋予他的责任。这个时候，就需要内敛，有时候应该委曲求全，有时候应该忍辱负重。无论是年轻时的浮夸，还是中年以后的老成，王阳明都做得很好，因为他在凭良知做事。

他创造了很多人都不可能创造的人生成绩，散发了很多人都不可能散发的光辉，他的人生价值得到了最极限的体现。完美的人生，就应该是这样：尽可能在良知的指引下创造引以为傲的人生价值。

1528年农历十一月二十八夜，王阳明从一个美得出奇的梦中醒来，他问弟子："到哪里了？"

弟子回答："青龙铺（今大余县青龙镇赤江村）。"

王阳明又问："船好像停了？"

弟子回答："在章江河畔。"

王阳明笑了一下："到南康还有多远？"

弟子回答："还有一大段距离。"

王阳明又是一笑："恐怕来不及了。"

他让人帮他更换了衣冠，倚着一个侍从坐正了，就那样坐了一夜。第二天凌晨，他叫人把周积叫进来。周积匆忙地跑了进来，王阳明已倒了下去，很久才睁开眼，看向周积，说："我走了。"

周积无声地下泪，问："老师有何遗言？"船里静得只有王阳明"呲呲"的呼吸声。

王阳明用他在人生中最后的一点力气向周积展现了一个微笑，说："此心光明，亦复何言？"

他的眼睛开始迷离，慢慢地闭上，呼吸停止，船不易察觉地晃了一下。王阳明离开人世，时间是农历十一月二十九日辰时（即阳历1529年1月9日，早上七点至九点）。

王阳明被装入棺材，一路向浙江。他的肉体和精神在南康、赣州、南昌受到史无前例的缅怀。他的弟子们和崇拜者哭声震天，让整个南方山摇地动。这是人们对一个慈悲人物和神奇人物最具敬意的膜拜，在整个明代乃至中国历史上，能与他分庭抗礼的人几乎没有。

普通百姓为他哭泣，是因为他为百姓做了好事；弟子们哭他，是因为他的人格魅力和心学思想已深入他们的骨髓。他们哭王阳明，其实就是在致良知。

只有那些良知被遮蔽的人才不会哭，杨一清和桂萼，包括那个已开始服用道家丹药的皇帝朱厚熜。1529年农历二月，王阳明去世的消息传到北京，桂萼突然产生一种失落感，这可能是他人性中光芒的一闪，但稍纵即逝。他恢复了权谋家的本色，向朱厚熜提出要严厉惩治王阳明，理由是，王阳明开小差。杨一清得到王阳明去世的消息后，如释重负地笑了。他对人说，即使王阳明在世，我也要把他的心学扫进垃圾堆。

伴随王阳明去世而来的是他弟子在北京政府大批被驱逐，黄绾、陆澄等人都被请出了中央政府到南京去坐冷板凳。他们沉浸在老师离世的忧伤中，而且也没有了为老师说话的权力。于是，迟到的也是注定的对王阳明的处分来了：削夺新建伯爵位。

用桂萼恬不知耻的话来说："这已是皇恩浩荡了。"

王阳明如果在天有灵，绝不会对这样的惩罚动心。因为他受不公正待遇已经习惯了，他的后半生一直就在不公正待遇的泥潭中遨游。他只对人类的不能致良知而动心，但这又是他所不能操心的了。

1529年农历十一月十一，王阳明被葬于浙江绍兴兰亭洪溪（浙江绍兴市兰亭乡花街村）。

王阳明离开人间的整四十年后的1568年，明王朝第十二位皇帝朱载垕（hòu，明穆宗）追封王阳明为新建侯，谥文成。从伯到侯是个提升，但恐怕在天上的王阳明仍然不会动心。即使他是喜欢追逐名利的人，迟来的封赏也会让人的兴奋大打折扣。

尤为重要的是：一个此心光明的人最希望得到的奖励就是良知给予的奖赏，其他，亦复何言！

外二篇

外篇之一
心学对我们有什么用——强大内心的终极武器

我是自己的主宰

众所周知，王阳明心学是人类历史上少有的简易明快的哲学之一。无论是它的思想，还是表达思想的语句都让人一目了然。王阳明心学又是一门实用的哲学，它告诉我们极易被我们忽略的真理，同时也为我们每个人规划出了一张完美的、直观的人生路线图。王阳明心学对我们有什么用，答案已不言自明。

它首先告诉我们的是这样一个极易被我们忽略的真理："人人平等。"

有一天，那个个性极强的王艮出游归来，王阳明问他："都见到了什么？"

王艮以一副异常惊讶的声调说："我看到满街都是圣人。"

我们应该注意，王艮这句话别有深意。王艮来拜王阳明为师前就是狂傲不羁的人，拜王阳明为师后，也未改变"傲"的气质，王阳明多次说："人人都可以成为圣人。"王艮不相信。他始终认为圣人是遥不可及的，所以他说的"我看到满街都是圣人"这句话，是在讥笑王阳明的言论："你瞧，那些在大街上的凡夫俗子都是圣人，我怎么就不相信，天下会有这样多圣人啊。"

王阳明大概是猜透了王艮的心意，于是就借力打力："你看到满大街都是圣人，满大街的人看你也是圣人。"

王艮尴尬地一笑："都是圣人。"

王阳明点头说："对！人人都是圣人，谁也不比任何人差。"

他的另外一名弟子叫董萝石的也出游归来，同样兴奋地对王阳明说："今日见一怪事。”

王阳明问：“什么事？”

董萝石兴奋地说：“见满大街都是圣人。”董萝石和王艮不同，他是真的悟透了王阳明“人皆可成圣”的思想，所以王阳明只是淡淡地回道：“这算什么怪事，常事罢了。”

无论是对不怀好意的王艮，还是发自肺腑的董萝石，王阳明的训导只有一条：人人确实都是圣人。

那么王阳明凭什么说“人人都是圣人”呢？

在他的文章《书魏师孟卷·乙酉》中，他给出了答案。魏师孟是王阳明弟子魏良辅的弟弟魏良贵，他的几个哥哥都拜到王阳明门下，学习心学，对于王阳明“人人都是圣人”的论点，他觉得不可思议。1525年，他来请教王阳明：您说人人都可以成为尧舜那样的人，可尧舜是如此伟大，凡夫俗子怎么可能成为他们那样的圣人呢？

王阳明解释说：每个人心中都有个良知，良知能知是非善恶，“是非”属于智慧，“善恶”属于道德，圣人也不过是既有智慧又有无懈可击道德的凡人，而你一出生就具备这两种素质，所以你就是个潜在的圣人。只要你按良知的指引去思考做事（**致良知**），那就是圣人了。自然而然致良知的，是圣人；勉强自己而致良知的，是贤人；不肯去致良知的说明他的良知被遮蔽了，那就是愚人。虽然愚人的良知被遮蔽了，但他的良知仍然存在。如果能致良知，那和圣贤就没有区别。也就是说，圣愚的良知是一样的，只要肯“致”，那就是“人人皆可为尧舜”。

在《传习录》中，王阳明重点指出，良知在人，永远不可能消失，即使是盗贼，你喊他贼，他也不爱听，这就是良知永远存在的体现。那些不肯致良知的人，只是良知被物欲遮蔽，并不是说他没有良知了。正如乌云遮蔽了太阳，你能说太阳消失了吗？

关于“盗贼也有良知”这个论点，王阳明并非信口开河，而是有事实依据的。据说他在庐陵担任县令时，抓到了一个罪恶滔天的大盗。这个大盗冥顽不灵，面对各种讯问强烈顽抗。王阳明亲自审问他，他一副死猪不怕开水烫的架势说：“要杀要剐随便，就别废话了！”王阳明于是说：“那好，今天就不审了。不过，天气太热，你还是把外衣脱了，我们随便聊聊。”大盗说：“脱就脱！”过了一会儿，王阳明又说：“天气实在是热，不如把内衣也脱了吧！”大盗仍然是不以为然的样子：“光着膀子也是经常的事，没什么大不了的。”又过了一会儿，王阳明又说："膀子都光了，不如把内裤也脱了，一丝不挂岂不更自在？"大盗这回一点都不"豪爽"了，慌忙摆手说："不方便，不方便！"王阳明说："有何不方便？你死都不怕，还在乎一条内裤吗？看来你还是有廉耻之心的，是有良知的，你并非一无是处呀！"

这就是良知中的羞耻心，连无恶不作的大盗都有，何况普通人！

为什么王阳明要不厌其烦和矢志不渝地倡导"人人都是圣人"的观点，他到底想告诉我们一个什么样的真理呢？

这个真理其实就是人人平等。王阳明是想告诉我们，良知可致圣贤，无所不能。所以人人都是平等的，任何人都没有资格充当别人的主宰，任何人也就不可能有资格控制别人。在这个世界上，只有一个人才有权力控制和支配你，那就是你自己；只有一个人能主导你的人生，那也只能是你自己。

"人人平等"思想的背后其实就是主张人的"自尊"。王阳明心学在某种意义上而言，有"骄傲"的成分，既然我有能知是非善恶的良知，既然我是圣人，那我就是自信的，我就是独尊的。

有弟子问王阳明："老师您说过，人心与物同体，我不太明白。固然，我的身体里血气畅通，所以能称同体。可我和别人，那就是异体了，至于您说的与禽兽草木同体，简直就是儿戏啊。"

王阳明回答："岂止禽兽草木，就是天地也是与我同体的，岂止是天地，如果世界上有鬼神，那鬼神也是与我同体的。"

这名弟子大惑不解。

王阳明问他："你看看在天地之间，什么东西是天地的心？"

弟子回答："圣人说，人是天地的心。"

王阳明又问："人又把什么东西称为心？"

弟子回答："恐怕是那个良知吧。"

王阳明见已把弟子带进了门里，就满意地笑了笑，解释说："这就很明白了，充盈天地之间的，唯有这个良知。人只是具有形体，从而把自己与其他一切都隔离开了。我的良知就是天地鬼神的主宰。"

他的弟子急忙打断他："等等，老师，您说人能主宰天地鬼神？"

王阳明很吃惊的反问："难道不是吗？"

弟子也吃惊："怎么可能啊。"

王阳明说："那我问你，天高不高？"

"高！"

“地厚不厚？”

“厚！”

“你是怎么知道天高地厚的？”

弟子回答：“天高是我看到的，地厚是我感觉到的。”

王阳明追问：“你是用什么感觉到的？”

“当然是用良知啊。”

王阳明更为满意了：“好。天如果没有我的良知，谁去看它的高？地如果没有我的良知，谁去感觉它的厚？天高地厚，只是因为你用良知去看它感觉它了。我们可以继续发挥，鬼神如果没有我的良知，谁去分辨它的吉凶福祸？即使是石头，如果没有我的良知，谁去感觉它的坚硬？如果这一切离开了我的良知，你认为它们还存在吗？”

弟子正在琢磨，他总感觉哪里不对劲。王阳明已接着说了下去：“但是我的良知如果离开了天地鬼神万物，也就是说，我的良知不工作了，那么，良知也就不存在了。”

弟子琢磨出了哪里不对劲，他以高尚的唯物主义的身份质问：“天地鬼神万物是客观存在的，为何认为没有我的良知它们就不存在了？”

王阳明：“你去问问那些死人，他们的天地鬼神万物何在？”

实际上这段话和唯心唯物思想没有一点关系，它是王阳明强烈主张人“自尊”的终极演绎。我们每个人都应该成为天地鬼神万物的主宰，而不应该成为他们的奴隶，这种情况是终我们一生的。

所以，在我们的人生中，我们不要做任何人和任何事物的奴隶，只俯首于自己那颗拥有良知的心，就可以了。

只俯首于自己的心

只俯首于自己的心，实际上是要求人们要蔑视权威、追求自由，崇尚独立人格，这是王阳明要告诉我们的第二大人生真理。

王阳明说，一切真理都在我心中，所以不需外求。既然所有的真理都在我心中，那外在的说教，无论它有多么权威，只要和我心中的真理不相符，就是错的。程颐曾说，“天理”这两个字可是他自己揣摩出来的，王阳明也说，“良知”二字也是他自己揣摩出来的。这两位超级思想家这样说并非炫耀，而是想告诉人们，无论是学问还是人生的道理，都要“自得于心”。只有“自得于心”的才是最适合你的，对你而言，也是最有用的。

王阳明在和他最得意的弟子徐爱谈话时，举例子说：“孔子有两个高徒，子夏和曾子，前者笃信圣人经典，后者读完圣人经典后，反躬自省。假设圣人说的全是对的，那子夏只是个复读机，而曾子则是榨汁机。被人像喂鸭子一样灌输的正确学问远不如自己从内心深处感悟出来的学问真切。”

所以王阳明说，“至圣先师”孔子说的话，如果它不能和我的心相符，那就是错的，就不是真理；而贩夫走卒说的话，如果它能和我的心符合，那就是对的，就是真理。所以说，一切真理都在我心中，我们只需俯首于自己的心，因为世界上唯一的权威只在我心中。

于是，“自得于心”肯定会蔑视权威。我们都知道，权威普遍存在于人类政治、经济、文化、思想的各个领域，它们是大人物为了控制普通人的行为和思想而苦心孤诣构想出来的。既然是出于“控制”的目的，显然就违反了王阳明“我是自己主宰”的思想，而王阳明对权威发起挑战的目的只是让人获得更多的自由，诸如生存的自由、言论的自由，做一个独立自主的人。

要成为一个独立自主的人，最根本的就是不要做自己的心的奴隶。让你的心不要迷信权威，不要人云亦云，吠声吠影，更不要违背自己的良知，逆来顺受，甘心做“权威”的牺牲品。当然，王阳明所谓的独立自主的人，是建立在良知的基础上，不是要你胡作非为。所以当我的良知认为我受到了不公正待遇时，就要勇于抗争。

孔夫子曾说：“真可以称为人（志士仁人）的，向来是杀身以成仁，从来不求生以害仁。”王阳明的一位弟子问王阳明，这话该如何理解？

王阳明叹息道：“志士仁人何其少啊。为什么会这样少，就是因为世人将性命看得太重，所以遇到不公正待遇时，良知明明告诉他不要忍受，他却非委屈地以求保全性命，这就是丧失了天理的表现。一个人如果忍心伤害天理，还有什么事干不出来？如果违背了天理，那就和禽兽无异了。即便在世上苟且偷生成百上千年，也不过做了成百上千年的禽兽。”他举出两个没有伤害天理的人来：“比干、龙逢，只因他们看得清楚，因此，他们能成就他们的仁。”

比干是商纣王的大臣，因规劝商纣王改邪归正而被挖心，关龙逢则是夏桀的大臣，因让夏桀注意到了自己暴虐的政治而被炮烙，两人都是儒家阵营中被交口称赞的圣人。王阳明说两人遇到“不公”时会奋起反抗，杀身成仁。当然，这种“不公”是宽泛的，圣人以百姓心为心，商纣和夏桀对百姓不好，所以他们为百姓争取权益就是在反抗不公。

王阳明的这段话其实是想告诉我们，人活在世上遇到不公正待遇时如果不争，就是伤天害理。这话乍一听简直莫名其妙，我当鸵鸟和乌龟是我自己的事，怎么就伤天害理了呢？

其实，读懂王阳明心学就能明白这个逻辑。王阳明说，因为我有可以分清是非善恶的良知，所以天理就在我心中。而当我遇到不公时，良知是知道的。良知是个直性子，对于不公，它给出的答案就是：马上反抗。可很多人违背了良知的指引，做了缩头乌龟。他本人违背良知时他是知道的，因为他受到不公正待遇未反抗时心里会很难受，心里受到了伤害。由于“心即理”，心里受到伤害，天理也就受到了伤害，所以说，你没有按良知的指引去做事，就是没有致良知，没有致良知，就是伤害了天理。

中国人经常说，一忍百忍，百忍成金。问题是，这句话不是规律，而只是某些人信口开河的格言而已。勾践忍辱负重甚至吃屎而咸鱼翻身，毕竟是少数，而且忍耐过后心理扭曲，成了一个良知被蒙蔽的人。如果人人都在面对不公时采取忍受的态度，那后果可想而知。

王阳明无非想告诉我们，你对不公正的忍让和你杀人放火本质上没有不同，都是在伤天害理。一个拥有良知的人应该是在遇到压迫时，即使前面是刀山火海，即使屠刀架脖，即使不能成功，也要奋勇向前。这是为你的道、你的信仰、你的责任和你的良知必须付出的牺牲，这就是“杀身以成仁”和“无求生以害仁”。

由于天地万物和我是一体的，所以当我们在替自己抗争时，同时也是在为别人抗争，而有时候为别人抗争时，其实就是在为自己抗争。波士顿犹太人屠杀纪念碑上有这一段话，一针见血地说明了不能致良知的恶果：“他们来抓犹太人，我没有说话，因为我不是犹太人；他们接着来抓工会会员，我没有说话，因为我不是工会会员；他们再来抓天主教徒，我没有说话，因为我是新教教徒；他们最后来抓我，这时已经没有人替我说话了。”

王阳明说人反抗不公就是致良知，这里还有个成本核算的问题。当我们遇到不公正未反抗时，我们的心灵就会受到煎熬，实际上这是良知给你的惩罚，因为你没有听它的命令。这种代价是高昂的，远比你听从良知的命令去做出自己的选择要高得多。所以，权衡之后，你应该选择后一种，而不应该选择做乌龟。

这就是王阳明告诉我们的真理：人人平等，自己是自己的主宰，要做一个独立自主、勇于反抗的致良知的人。

去心中贼之私情

王阳明曾说，破山中贼易，破心中贼难。我们心中的贼有很多，不过不出七情六欲（七种情感：喜、怒、哀、惧、爱、恶、欲；六种欲望：色、声、香、味、触、法）。在心学家们看来，王阳明心学的目标就是祛除心中贼的学说，所以虽然难，但王阳明还是给出了很多心法。

在七情中，我们最容易犯的就是哀伤忧愁。因为人生在世，不如意事十之八九。面对不如意时，很少有人能保持平衡的心态。《传习录》中记载了这样一件事，是王阳明为哀伤忧愁开出的药方。

王阳明的弟子陆澄有一天收到一封家信，信上说，他的儿子病危。由于鞭长莫及，所以陆澄很哀愁。

王阳明发现了这一情况，问明原因后，问陆澄："你这样忧愁，对你儿子的病有什么帮助吗？"

陆澄惨然一笑："当然没有帮助。"

王阳明于是说："那你应该快乐一点。"

陆澄几乎要跳起来，儿子病危，不哭也就罢了，居然还叫我快乐，这不是狼心狗肺吗？

王阳明看出了陆澄的心理，说："我经常要你们在事上练心，这正是个好机会，你如果错过这样的机会，平时把心学思想说得头头是道只能算穷嚼烂谷子！"

陆澄愕然，问："那我此时该如何练心？"

王阳明就讲解道："父亲爱儿子，这是良知的意思，良知认为对的就是天理。不过，'天理'之所以称为'天理'，就是因为它有个中和处，一旦过了就是私心，就不符合天理了。"

陆澄说："我的良知就是要求我现在应该哀伤啊，我觉得我没有'过'。"

王阳明笑笑："你和很多人的认识是一样的，以为面对不幸时就应该忧愁哀伤，而且还认为这就是良知的意思。可你不知道，此时你的良知已被你过分的情感所遮蔽，没有完全展现，所以它的意思可能是错的。一般而言，人们在七种情感中表露'过'的多，'不及'的少。我刚才要你快乐，这不是真话，如果你真的快乐，那就是'不及'，同样不符合'天理'，可你太'过'就更不好了。不过，人人都这样，父母去世，做儿女的都哭得死去活来，口吐鲜血。但《孝经》上说：'不能过分悲伤而失去本性'，'本性'就是天理。"

陆澄恍然："其实只是要掌握个度。"

王阳明点头。

陆澄问："这个度该如何掌握呢？"

王阳明想了一下，然后说："理论上我已经解释得很清楚，这个需要你自己去感悟。有一个掌握度的方法是这样的，哀伤忧愁是心理病痛，如果它不能影响到你的健康，那就是掌握了度。人不能因为哀伤忧愁而病倒。当然，每个人的承受能力不同，所以这个度的把握也不同。"

陆澄懊恼道："人为什么要有七情啊，做个无情的人该多好，就不必因遇到不幸的事而哀伤忧愁了。"

王阳明正色道："话可不是这样说。那群朱熹门徒就是你这种心态，希望能把七情从我们的心灵中驱赶出去。可是，七情是人心与生俱来的，所以它的存在就是合理的。只是你应该用你的良知来清醒地认识它们，不要被它们控制。如果良知是太阳，那么七情就是浮云。太阳是移动的，不可能总停留在一处，无论何处，只要有一线光明，就全是阳光所在。天空即使布满乌云，可你还是能看得清，这就是良知的妙用。而这妙用无非掌握一个度罢了。按你所说的，因为云能遮日，就要抹去天生的浮云了么？"

陆澄沉默。

王阳明接着说，其实在伤痛的情绪上掌握好一个度，无非要你在这上面不要太认真，用书面语来讲就是"不执"。有些事必须认真，而有些事绝对不能认真，哭完了就拉倒，不要时刻都把哀伤、忧愁放在心上。你要是真这样做了，那就是太认真了。认真就会"过"，就不符合天理。

除了那些有事没事就喜欢寻愁觅恨的矫情之人，绝大多数人的悲伤都有显而易见的理由：有人生计无着会忧愁，有人被恋人甩了会哀伤，有人损失了一大笔钱会难过，有人则因为失去亲人而伤心。但这些哀愁必须要有个度，生计无着而忧愁可以，可你不能一直忧愁下去，要去奋斗；失恋了哀伤也可以，可你不能每天都萎靡不振，这是作践自己；失去亲人当然要伤心，可死者已矣，你的心不要随死者而去。

王阳明说，七情只是浮云不是太阳，谁如果在浮云上较真，不但傻而且还伤天害理。

人在情感上的措置最傻的还不是过度忧愁哀伤，而是愤怒。

有人可以不哀伤过度，但从来没有人不会愤怒。它在人类的七种情感中排在第二位，说明了它地位的举足轻重（婴儿三个月时就懂得愤怒），我们会因为别人的挑衅而愤怒，会因为对某些事物不满而愤怒，会因为愿望不能达成而愤怒，会因为行动受挫而愤怒。总而言之，这个世界上一切事物都能引起我们的愤怒。

有一种论调说，愤怒，就是拿别人的错误来惩罚自己。这种惩罚是相当残酷的。生物学家曾通过实验得出这样的结论：一个人生气十分钟所耗费的精力不亚于进行了一次3000米长跑，而且人在愤怒时的生理反应非常剧烈，同时会分泌出许多有毒性的物质，这些毒素甚至可以毒死一只小白鼠。也就是说，愤怒和慢性自杀只是名称不同而已。

王阳明认为，愤怒在我们心中不可能没有，却是我们最不应该有的。因为“一个人在愤怒时，就会感情用事，有时会怒得过分，就失去了心的本体。因此，有所愤怒，心必然不会中正”。

既然愤怒是我们心中固有的，当我们愤怒时该如何不失去心的本体呢？

王阳明的理论是：“只要顺其自然，不过分在意。”他举了这样一个例子，“出门看见有人打架，对于错误的一方，我心中当然很愤怒。不过虽然愤怒，因为这事和我无关，所以我不会怒火攻心。如果你对别人有怒气时，你可以这样想，这件事和我无关，虽然我生气，但不会因怒火丧失理智。”

这种方法乍一看上去大有阿Q的神韵，其实不是这样。王阳明提倡的这种消除愤怒的方法不是逃避，而是规避，把当事人巧妙地变成旁观者。不过很多人无法知行合一：虽然明白这一点，却无法做到。毕竟我们和别人起冲突时，为了面子、利益难免要愤怒，很多人不可能放弃面子和利益而抽身退开变成旁观者。

可如果你认真思考后就会看清王阳明对待愤怒的理论源泉：我们愤怒的原因往往是别人挑战了我们外在的一些东西，诸如身份、地位、名利、面子。这些外在的东西在王阳明心学中是不值一提的，王阳明真正关注的是内心的良知，每个人只有在面对良知时才是当事人，面对其他一切外物时，就是个旁观者。

愤怒来袭时，我们可以是旁观者，那么，恐惧呢？

人人都会恐惧。

还是那位曾因儿子病危陷入忧愁中的陆澄问王阳明：“有人晚上怕‘鬼’，如何是好？”

王阳明回答：“这种人，平时不肯行善积德，内心有所欠缺，所以害怕。若平时依良知做事不违神灵，坦荡光明，又有什么可怕的？”

旁边一个叫马子莘的弟子摇头道："您说的那些是正直的'鬼'，谁做了坏事，它们自然会去找当事人。可世界上有种可恶的'鬼'，不分青红皂白，找到谁算谁，这种'鬼'，肯定要怕的。"

王阳明坚定地说："我从未听邪恶的'鬼'能被致良知的人撞上。如果真有人怕这种'鬼'，那就是心邪，还是没有完全致良知。"

两个弟子都无话可说，因为王阳明这种回答，实在让人无可反驳。正如你虔诚信佛，可总遇到倒霉事，你问佛祖，佛祖说："你呀，还是信得不坚定。"

致良知"致"到什么程度才算是"完全"，本来就没有标尺。

不过王阳明下面的话却说明了人恐惧的根源："比如你好色，就会撞到色'鬼'；你贪财，就会撞到财'鬼'；你总发怒，就会撞到怒'鬼'；你不能发挥良知的力量而总处于恐惧之中，那就会撞到惧'鬼'。"

也就是说，我们怕的"鬼"不在外而在内，是我们的心养出来的"鬼"。我们怕的是"鬼"这个概念，而不是"鬼"本身。同样，我们恐惧，也是如此。恐惧不是真实的，它只是对未来的一种自我暗示，是我们心灵的产物。虽然危险是真实存在的，但恐惧与否是你的选择。面对危机时，你可以选择恐惧，也可以不选择，这是你的自由。

遗憾的是，很多人都不曾拥有这种自由。原因正如王阳明所说，你经常去追寻外在的声色货利，这些声色货利占据了你的头脑，遮蔽了你的良知，当它们一旦出现异常情况时，你就会做贼心虚，马上恐惧起来。归根结底，我们之所以没有选择是否恐惧的自由，就是因为我们不能时刻致良知。

通过违背良知而得到的名利权势，会时刻牵引着你的心，你总会担心失去它们，恐惧自然而然就产生了。人必须在良知的指引下去争取你应得的东西，才有可能拥有选择是否恐惧的自由。这就是王阳明心学告诉我们的破除心中贼的一个道理。

去心中贼之私欲

什么是私欲，过了的基本欲望就是私欲。或者说，良知认为错的欲望就是私欲。人不可能没有欲望，一个人如果没有欲望，那和僵尸差不多。问题是，我们的欲望应该控制在一个合适的度内，而不能让它像野草一样野蛮生长。

先来看人们最容易也是最严重的"私欲"——好名（爱慕虚名）。

人人都喜欢追逐虚名，这是“表现欲”的极端。王阳明有个叫孟源的弟子就有这种毛病，王阳明曾多次让他改正，他也总是说会改，可一旦有机会表现，他总是奋不顾身地抓住。

有一天，王阳明刚教训完他，有个弟子谈起了近来学习心学的心得，说还有不明处。孟源把身子向后一仰，大笑道：“你这毛病可是我当年犯过的，哈哈。”

王阳明看了他一眼，语气冰冷：“你坐正了吧！”

孟源发现自己的确坐没坐相，赶紧坐正了。王阳明说：“你的老毛病又犯了。”孟源很无辜的样子，要争辩。王阳明马上止住他，开导道：“好表现的人必是自以为是的人，这是你人生中最大的缺点。我给你打个比方吧。在一块一丈见方的地里种一棵大树，雨露的滋润，土地的肥沃，只能对这棵树的根供给营养。若在树的周围栽种一些优良的谷物，可上有树叶遮住阳光，下被树根盘结，缺乏营养，它又怎能生长成熟？所以只有砍掉这棵树，连须根也不留，才能种植优良谷物。否则，任你如何耕耘栽培，也只是滋养大树的根。”

那棵大树就是“好名”之病，一旦有了这棵大树，其他一切优良谷物（**品德和能力**）都无法生长。原因很简单：一个“好名”的人，非常喜欢和人争辩，而且他一定认为自己是正确的，对方是错的。当他确认这一点时，那么他就把自己看成是君子，对方是小人。于是，所有和他意见不同的人都成了小人，自然，那些意见，他也就不会入耳了。没有任何意见可以进来，良知就会被这种妄自尊大遮蔽，后果可想而知。

人为什么会有表现欲？就是为了贪图虚名，而贪图虚名的最终目的是获得利。这就是为什么老祖宗把“名利”放在一起谈的缘由。人贪图名利，眼睛直盯着名利，必然会做出违背良知的事。所以王阳明说：“人生在世，最大的弊病就是好名。”

他的弟子薛侃接口说：“是啊，闻誉而喜，闻毁忧郁，就是好名的毛病在发作。但是该怎么治疗这种病呢？”

王阳明给出了方法：“名与实相对。务实的心重一分，求名的心就轻一分。若全是务实的心，就没有一丝求名的心。如果务实的心犹如饥而求食，渴而求饮，还哪里有时间和精力好名？”他接着说道，“过度追求‘名’就会把‘实’忽视，名和实不相符，活着的时候还可以弥补，如果死了那就真来不及了。”

“好名”还有一种表现，那就是把抱怨和指责别人当成是一种生活。王阳明有位弟子就是这样的人。王阳明和他谈话，认为必须改掉这种毛病：“真正的修行之道应该经常反省自己。如果一味地去指责别人，就只会看到别人的错误，而对自己的缺点视而不见。如果能返身自省，才能看到自己有许多不足之处，当你看到自己有那么多缺点时，你还有时间去指责别人吗？”

这位弟子听了这番话，露出惭愧的样子来。王阳明知道他虽然有认识，可未必能实践，所以又叮嘱道：“你今后只要不去议论别人的是非，在要责备别人的时候，把它当作自己的一大私欲加以克制才行。”

批评、指责、抱怨，都是我们疯狂生长的表达欲和表现欲在联合作怪。没有人想过这样一个问题：当我们批评、指责、抱怨他人时，就会把自己的缺点和成见掩盖起来，我们如同在玻璃后面辨认犯罪嫌疑人，只看到别人的罪过，却看不到自己。

况且，抱怨和毫无理性地批评、指责别人，是毫无效果的。现代心理学家指出，当一个人遭受批评时，心跳会加速，然后防卫本能就会出现。为了维护面子，他必然会采取反攻的手段。这样看来，批评和指责只能造成更多的冲突，冲突就意味着可能到来的风险。所以说，当你批评别人、指责别人时，就是在冒一种风险。一个基本的人性常识是，即使你的批评和指责是出于善意，但对方因为自尊受到伤害，明知道错了，也要为自己辩护，死不认错，情绪激烈时，他必会和你针锋相对。

在《书王嘉秀请益卷·甲戌》这篇文章中，王阳明说，人人都喜欢凤凰麒麟，人人都厌恶毒蛇猛兽。所以，你不能把毒蛇猛兽放到别人怀里，也不能要求别人厌恶凤凰麒麟。方法就是“己所不欲，勿施于人”，自己不喜欢的，不要强让别人喜欢。这是良知的要求，良知之所以能辨别是非，就是因为好恶。你不喜欢吃狗屎，就不能强让别人吃。你特别喜欢获得金钱，你就不能让别人破财。有一天，你发现很多人都讨厌你，也许并非你具备了毒蛇猛兽的心，但肯定是具备了毒蛇猛兽的形。这种形就是“己所不欲，强施于人”。你明明不喜欢痛苦，听说了别人痛苦的往事后，却当成笑料，毫无悲悯之心，这就是自己不想要的，却希望发生在别人身上。如果在社会生活中遇到这样的人，最好敬而远之，如果你本人就是这样的人，最好马上改正。

人的私欲看似有六种，实际上只有两种，那就是名利之欲和生存之欲。关于“名”，王阳明论述得很多，而关于“利”，王阳明只有一段论述。

有弟子叹息说：“既然我们要祛除私欲，那对于财富的追求肯定是不对的了。因为古人说了，小人才经常谈利。”

王阳明正色道："我什么时候说过不要争取富贵？只是你争取富贵的时候要凭良知的指引，不能违背良知。你只有好好光明你的良知，才能在富贵逼人时坦然面对，不被它控制，而是要控制它。只要你做到用良知去发家致富，那就符合天理，谁说君子不能谈利?!"

王阳明又说："要祛除声色货利的私欲，就要在静坐时把那些好色好名好利的祸根都搜寻出来，然后祛除。"

有位弟子灵光一闪，摇头晃脑地问王阳明："老师，那些祸根是疮，你剜了它们是好事，可剜掉的地方不是又有了新疮，这不是剜肉成疮吗？"

王阳明险些被噎了个跟头，因为这个弟子的问话太厉害了。厚黑教主李宗吾得意扬扬地说："王阳明的意思是，我们见了一星之火，就要把它扑灭，虽然不会有烧房子之事，请问拿什么东西来煮饭呢？换言之，即是把好货之心连根去尽，人就不会吃饭，岂不饿死吗？把好色之心连根去尽，就不会有男女居室之事，人类岂不灭绝吗？"

王阳明的那位弟子和李宗吾的看法一样，实际上，这是不懂王阳明。王阳明的意思是，那些私欲正如我们身上的疮，它是有害的，必须要除去。剜肉补疮，不是剜肉，而是剜有病的疮。而新长出来的肉看上去是疮，但没有危害，这是不得已而为之的事。

王阳明对这位自作聪明的弟子训斥道："这是我为人治病的药方，能完全铲除人的病根。即使他的本领再大，十几年之后，依然用得上。如果你不用，就收起来，不要败坏我的药方。"这位弟子发现王老师发怒了，急忙道歉。

实际上，学习心学，本身就是自己领悟的问题，失之毫厘就会谬以千里。很多弟子都向王阳明请教如何铲除私欲的具体方法。王阳明被问得很烦，于是说："我没有其他的办法可以讲。从前有位禅师，别人向他请教佛法，他只把拂尘提起来。有一天，他的徒弟把拂尘藏了起来，看他还有什么办法。禅师因不能找到拂尘，只好空手做出提拂尘的样子。我要你们祛除私欲的讲解就是启发人的拂尘，除此而外，还有什么可提的？"

过了一会儿，有位弟子小心翼翼地问祛除私欲的关键。

王阳明幽默了一把，侧过头去，看着旁边问："我的拂尘在哪儿？"

众人恍然，都笑起来。

私欲在王阳明看来，是人不能充分发挥良知的一个根由，良知被种种私欲遮蔽，虽然有是非善恶之心，但因为受私欲的诱惑而无法去致良知。长久以往，我们的智慧和道德渐渐销声匿迹，留给我们的只是一个腐烂的躯壳。

而关于生存的欲望，王阳明说得很沉重："人生在世，可能对一切声色名利和嗜好，都能摆脱殆尽。但如果仍有一种贪生怕死的念头存留在心，就不能和整个本体融合。人的生死之念，原本是从生身命根上带来的，因此不能轻易去掉。如果在此处能识得破、看得透，这个心的全体才是畅通无阻的，这才是符合天理的表现。"

人可以没有名利之心，但不可能没有生存的欲望，蝼蚁尚且惜命。所以谁能真的看淡生死，谁就真的成为圣人了。

闲思杂虑也是私欲

有段时间，王阳明的弟子陈九川表现出了抑郁的气质。他对王阳明诉苦："自从跟了老师后就开始厌恶泛览博观，常常想独自静坐，以求摒弃闲思杂虑。可让人恼火的是，不仅未达到目的，反而更觉得心神不宁，我这是怎么了？"

王阳明笑道："你这是痴心妄想啊，闲思杂虑怎么可能祛除？只能让它归入正轨。"

陈九川又惊又喜："您的意思是，人不可能没有闲思杂虑的时候？"

王阳明点了点头。

陈九川起了疑惑："既然如此，为什么圣人们要说'静'呢？"

王阳明回答："'静'不是让你一动不动，动也并非不静。戒慎恐惧（对一个人喜怒哀乐情感及思想未发作时的一种警觉，有防患于未然的意思）就是念头，为何要区分动和静？"

陈九川又问："那为什么周敦颐说，没有私欲就能静。按这种说法，您说不能静，看来我们还有私欲？"

王阳明回答："没有欲望当然能静，但这个静是'定'的意思，定的是什么？不是心，而是'意'。戒慎恐惧是在你心里流动，是活泼泼的，这就是所谓'上天赋予人的命运，悠远深邃，永不停歇'。你说上天动了什么？可它一直在动。如果你的心真不动了，那就是死人。如果你的心乱动，而不是为了戒慎恐惧，那就是私念，就是不静了。"

这段问答的意思其实是这样的：思虑是人固有的。王阳明说，除非是死人，否则人人都有思虑。但要看你胡思乱想的内容是什么，如果内容是色、利、名，那就是私欲。

对于这个问题，陆澄很不明白。他问王阳明："好色、好利、好名等心，固是私欲，可闲思杂虑，怎么也称为私欲？"

王阳明回答："闲思杂念，到底是从好色、贪财、慕名这些病根上滋生的，自己寻求本源定会发现。例如，你自信绝对没有做贼之想，什么原因？因为你根本就没有这份心思，你如果对色、财、名、利等想法，似不做贼的心一样都铲除了，完完全全只是心之本体，还哪里有闲思杂念？这便是'寂然不动'，便是'未发之中'，自然可以'发而中节'，自然可以'物来顺应'。"

也就是说，我们平时的"闲思杂虑"并非闲的、杂的，而是有所指的。人在胡思乱想时可能会想好的，也可能会想坏的。人人都会想自己发财，人人也会想自己可能会碰上倒霉事。这些胡思乱想的背后，其实都是我们对名利的奢望和怕失去的担忧，它们都属于非分之想。如果你真看淡名利，如果你真看透生死，你就不可能在平时胡思乱想。

当然，王阳明之所以说闲思杂念也属于私欲，还因为闲思杂虑只存在于我们的脑海中，还没有被实现。所以我们思虑的善恶、是非，并非如白昼和黑夜那样容易分辨。我们以为正在对未来憧憬，实际上却是贪欲。我们以为正在勾勒当一个伟大的人，实际上却是好名的私欲。在这些真假难辨的闲思杂虑中，很容易会让良知无法判断，最终会遮蔽良知。

所以王阳明说，一定要根除闲思杂虑，唯一的办法就是把那些影响闲思杂虑的私欲给克掉。但这又是个难题，谁不喜欢名利，谁不垂涎美女，谁不爱听靡靡之音，谁不对生猛海鲜大吞口水？

正如王阳明的另一位弟子萧惠所担忧的："想念私欲的心真是难以克除啊！"

萧惠说这句话时，仰面朝天，一副看透宇宙玄机的样子。王阳明让他坐正了，向他伸出手掌做要东西状。

萧惠茫然："您要什么？"

"把你想念私欲的心拿来，我替你克！"

萧惠很尴尬，扭捏起来。

王阳明接着说："人必须要有为自己着想的心方才能克除想念私欲的心（克己），能够克除想念私欲的心，才能成就自己。"

萧惠马上接口："为自己着想的心我有啊，可就是不知为什么不能克己？"

王阳明笑道："你说说你那颗为自己的心是怎样的？"

萧惠沉思起来，沉思了好久叹息道："我也一心要做好人，便自我感觉很有一些为自己的心。如今想来，也只是一个空有躯壳的我，并非真实的自我。”

王阳明摇头：“你这是玩和尚那一套，没意思。真正的我怎能离开身体？你所说的‘空有躯壳的我’，岂不是指耳、目、口、鼻、四肢吗？”

萧惠连连点头说：“正是为了这些。眼睛爱看美色，耳朵爱听美声，嘴巴爱吃美味，四肢爱享受安逸。因此便不能克己。”

王阳明语重心长地解说道：“老子说过，美色使人目盲，美声使人耳聋，美味使人口伤，放纵令人发狂。所有这些对你的耳目口鼻和四肢都有损害，怎么会有益于你的耳目口鼻和四肢呢？如果真的是为了耳目口鼻和四肢，就要考虑耳朵当听什么，眼睛当看什么，嘴巴当说什么，四肢当做什么。只有做到‘非礼勿视，非礼勿听，非礼勿言，非礼勿动’，才能实现耳目口鼻和四肢的功能，这才真正是为了自己的耳目口鼻和四肢。‘非礼勿视，非礼勿听，非礼勿言，非礼勿动’，并非你的耳目口鼻和四肢自动不看、不听、不说、不动，这必须是你的心在起作用。你心的视、听、言、动通过你的眼、耳、口、四肢来实现。如果你的心不存在，就没有你的耳目口鼻。

“所谓的心，并非专指那一团血肉。所谓的真正的心，是那能使你视、听、言、动的‘性’，有了这个它，才有了生生不息之理，也就是仁。性的生生之理，显现在眼时便能看，显现在耳时便能听，显现在口时便能说，显现在四肢便能动，这些都是天理在起作用。因为天理主宰着人的身体，所以又叫心。这心的本体，本来只是一个天理，原本无非礼存在。这就是你真实的自我。它是人的肉体的主宰。如果没有真我，也就没有肉体。你若真为了那个肉体的自我，必须依靠这个真我。做到戒慎于不视，恐惧于不闻，害怕对这个真我的本体有一丝损伤。稍有丝毫的非礼萌生，有如刀剜针刺，不堪忍受，必须扔了刀、拔掉针。如此方是有为己之心，方能克己。你现在正是认贼为子，反而说什么有为自己的心，但为何不能克己呢？”

这通大道理让萧惠俯首。

它是王阳明心学传授给我们铲除私欲的指导思想，也是做“真我”的大方针。

人生在世，不可拘泥常规

王阳明的弟子黄省曾向王阳明请教说：“《论语》上说，‘君子对于天下的人和事，没有出于私利的厚薄亲疏，只是按照义去做’。世间的每件事都要这样吗？”

王阳明回答：“当然，不过需要一个‘主宰’才可。‘义’，也就是良知，是适宜的意思。明白了良知是主宰，才不会拘泥固执。例如，接受别人的馈赠，有今天应该接受，而改天不该接受的情况，也有今天不该接受而改天应该接受的情况。你若固执地认为今天该接受的就统统接受，或者今天不该接受的就统统拒之门外，又岂能称作‘义’呢？”

孟子也说，真正的大丈夫，言不必信，行不必果，唯义所在。这和王阳明的意思相差无几，都是告诉人们：千万别被一些传统和常规所束缚，你要与时俱进，随时而变，大丈夫不能被诺言、世间的规矩控制。只要是良知认为“适宜”的事，大胆去做，勇敢地去打破常规。

王阳明非常赞赏《周易》，他说，“易”就是变，随时随地而变化、变通，如此才是真正拥有智慧的人。

中国历史上发生过两件事，曾让活在常规窠臼里的人大为头疼。第一件事是舜没有通知家长，就娶了老婆；另一件事是周武王未处理完老爹的丧礼就去攻击商纣王。

这些人不无懊恼地指出，舜和周武王都是圣人，怎么可以不遵守当时的规矩呢。又有些人对孟子也颇有微词，因为孟子认为舜和周武王做的是对的。

有弟子就问王阳明，孟子说舜和周武王做的是对的，那两人肯定遵循了当时的规矩吧。

王阳明摇头说，那时哪里有常规可供他们遵循？舜娶老婆前，根本就没有“不告而娶”的规定。周武王出征前，根本就没有“不葬而兴师”的规定。可他们这样做了，而且丝毫不影响他们的圣人地位，原因就在于，他们遵守了内心的成规。这个成规当然就是良知。舜娶老婆前，他的良知就告诉他，不孝有三，无后为大，必须娶妻生子了；周武王正在处理老爹的丧事时，他的良知也告诉他，商纣王统治下的百姓正倒悬于水火中，你还有时间在这里哭丧？还不去解救百姓！

两人都认为这是适宜的，所以就去做了。你如果非要说世界上有成规，那这个成规就是你的良知。

不拘泥常规，说起来容易做起来很难，我们生活在社会中，总会自觉或不自觉地寻找行事的参照物，这些参照物有时是传统道德，有时则是法律法规，我们不可能不遵守这些。

王阳明的弟子陆澄就向王阳明请教说："您提到必须要在人情事变上下功夫，这里恐怕要有些规则吧？"王阳明回答："当然有规则啊，那就是'致中和'：调节自己的思想和行为，使之符合我心中良知所知道的准则。如果一个规则你调节来调节去都不被你的良知认可，那就是错的，你为何要遵守？如果一个规则你调节后被你的良知认可，那就是对的，你必须要遵守。不过一定要注意，这个被你调节后的规则并非外在的，因为是你良知认可的，所以它是内在的。"

人生在世，在准备遵循任何外在规则和违反任何外在规则前，首先要问自己的良知是否合适，因为常规不在外，就在你内心中。

我们该追求什么

人的一生应该追求什么，人人都有自己的说法。有人说是功名利禄，有人说是安居乐业，也有人说是用无限的知识充实自己。不论是哪种追求，都需要用心。专心做事才有可能实现追求。

那么，王阳明认为一个完美人生的追求是什么呢？

他的弟子陆澄有一天问他："什么才算是用心呢？比如，读书就一心在读书上用功夫，接客就一心在接客上用功夫，这能否称为用心呢？"

王阳明反问："迷恋美色就一心在女人身上用功夫，贪爱财物就一心在财物上用功夫，这能算是用心吗？"

陆澄吃了一惊，问："那这算什么？"

王阳明回答："这叫逐物。人最应该追求的是追求天理。天理在我心，说白了，还是追求良知的光明。"

什么是"逐物"呢？王阳明有两个很有意思的比方。

第一个比方是这样的：我们的良知就是一位国君，他只需要端坐拱手，六卿各司其职，天下一定大治。而良知统领五官，也须如此。如今眼睛要看时，心就去追求美色；耳朵要听时，心就去追求美声。这就如同君主要挑选官员，就亲自到吏部；要调遣军队，就亲自去军营一样。这样，不仅君王的身份荡然无存，六卿也不能尽职尽责。

第二个比方是来自佛家：一只小狗被主人要得团团转。原因是，主人向远方扔东西，小笨狗只盯着东西，主人扔什么，扔多远，它虽然能叼回来，可累个半死。按王阳明的意思，小狗最应该盯着的是主人，即良知，而不是那些东西，即外物。

我们应该努力追求光明良知，其实是一劳永逸的事。只要良知光明，我们就拥有了智慧和道德，那么，还有什么追求是不能到手的呢?

如何对付恶

人生在世，要和各种各样的人打交道，这各种各样的人中就有恶人。所谓恶人，未必就是十恶不赦的人。按王阳明心学的观点，凡是那些我们良知不肯承认的人都是恶人。如何与这样的“恶人”打交道呢?

王阳明曾以身说法过。他晚年时，某天有乡下父子二人诉讼，请王阳明判案。王阳明三两句话，父子二人抱头痛哭，和好离去了。王阳明的弟子大为惊讶，问王阳明是如何办到的。

王阳明神秘地笑道：“我对他们说，舜是世上最不孝顺的儿子，他的父亲瞽叟是世上最慈祥的父亲。”

他的弟子已经出离了惊讶，变成惊骇了。

关于舜和他老爹瞽叟的故事，需要做简单介绍。舜的老爹是个瞎老头，老婆死后，他又续弦。这个女人后来又生了个儿子叫象，当时的社会传统可能是这样的：家产都要由长子继承，所以舜理所当然是瞎老头家产的继承人。但是他老婆和象不允许这样，瞎老头也不希望舜能继承，于是就和老婆及最小的儿子象联合要置舜于死地。他们想出谋杀舜的方法很多，比如要舜挖井，当舜下到井中后，瞎老头团伙就把井口封死。舜死里逃生，因为他在挖井时就知道父亲要谋害他，所以在井壁上挖了条通向地表的隧道。瞎老头又让舜去修理房顶，当舜登上房顶后，瞎老头就把火把扔到房顶，那上面都是茅草，舜要么被烧死，要么就跳下来摔死。但舜又死里逃生，因为他上房之前藏了一把梯子，所以安然无恙地落到地面。对于这两件事，舜都假装不知道，瞎老头见舜是个机灵鬼，又没有责怪自己，从此再也不谋害他了，还和他恢复了父子亲情。

关于这个肥皂剧，像是三流编剧的作品。不过儒家门徒都硬着头皮说，这是事实，舜就是这样孝顺。所以王阳明的弟子才表现出了惊骇之情。

王阳明就解释说："舜常常自以为是最不孝的，因此他能孝；瞽叟常常自以为是最慈祥的，因此他不能慈爱。瞽叟只记着舜是他养大的，而如今舜为什么不让他快乐？他不清楚他的心已被后妻迷惑而改变了，还自以为能慈爱，因此他就更不能慈爱。舜总是记着小时候父亲是多么爱他，而如今之所以不爱了，是因为自己不能尽孝。舜每天想着自己不能尽孝之处，因此他就更加孝顺。等到瞽叟高兴时，他只不过是恢复了心中原本就有的慈爱的本体。所以，后世之人都称舜是一个古往今来的大孝子，瞽叟也就变成了一个慈祥的父亲。"

这段解释正是王阳明心学思想赤裸裸的体现：凡事都要从自己身上找原因，只要在自己身上找到原因并且修正，就能让对方也改邪归正，符合自己良知的要求。

从自己身上找原因，在王阳明心学中就是要自我克制。王阳明接着说："像象这样的人，就是我们平常所见的恶人，他们的常态是文过饰非。所以千万别去责备他们的过错，如果这样的话，不但于事无补，反而会激起他的恶性。"

他的弟子们不明白。

王阳明说，象和瞎老头要三番五次地谋害舜，估计是舜责备了他们的过错，激起了他们的恶性。这就是舜要象向善的心太迫切了。可能舜注意到了这个问题，所以明白了功夫只在自己身上，不能去怪罪恶人，于是他开始默默地忍受陷害，最终换来了瞎老头和象的改邪归正。

在王阳明看来，和恶人打交道只要记得一条：试图改变他的恶性，往往会适得其反。所以，尽量不要揭发他的恶性。当然，王阳明也不主张"恶人自有恶人磨"的观望态度。他主张进取，用你高尚的道德和完美的智慧（舜的提前挖洞和架梯子）来不停地暗示他：不要以为我好欺负，我只是不跟你一般见识。

有恶人自然就有恶行，在我们遇到的恶行中，毁谤是最流行也最让人无法忍受的一种。有弟子疑惑地问王阳明："《论语》中说，孔子也经常受到毁谤，孔子可是完美无缺的大圣人，怎么会受到毁谤？即使真有，难道圣人就不能避免吗？"

王阳明无可奈何地回答："毁谤是从外来的，圣人也无法避免。我们虽然无法控制外来的毁谤进攻，但我们可以在无声无息中消灭它。这个方法就是注重自身修养，克制自己（控制自己的情绪，降低情绪波动的干扰，也就是要情绪稳定）。若自己的确清白方正，纵然世人都毁谤他，又不能说倒他，能将他怎么样？这就如同浮云遮日，如何能损坏太阳的光辉？若自己是个外貌恭敬庄重，而内心空虚无德的人，纵然无人说他坏话，他隐藏的恶终有一天会暴露无遗。因此，孟子说：‘有求全之毁，有不虞之誉’。毁誉来自外界，岂能躲避？只要能加强自身修养，外来的毁誉算得了什么？”

在一篇《答友人·丙戌》的文章中，王阳明淋漓尽致地发挥道：面对外来评价，尤其是毁谤时，非但不要动怒心，而且还要把它当成是磨炼强大内心的机遇。平时感觉不会被毁誉所动的人，在此时能不为所动，那才是真本领。即使现在要动心，也要强烈控制自己的情绪。只要在情绪最激烈时控制住，一切都好说。如果你没有这样的定力，那后果可就难以想象。世上有无数人，听到对自己的赞誉，马上手舞足蹈。听到对自己的毁谤时，马上就气冲斗牛。这种闻誉则喜，闻毁而怒或是戚戚然的人，是不是像个被人控制的木偶？而外在的评价就是它的主人。主人要他笑，他就笑；要他怒，他就怒。可能要跳也可，要他爬也可；要他死，甚至都可能实现。

一个被外物控制的人，他的自我在哪里呢？

不要被外来的毁谤击倒，因为这不值得，也说明你太脆弱了。王阳明心学是一门要人自信的学问，自己自信，就不会受到外来毁谤的侵蚀。而做到自信，必须时刻光明你的良知，让它拥有道德和智慧。

对付恶人和一些恶行，终极的解决方案无非如此。

不要操心

王阳明对人生有别致的看法，他的弟子问他：“那些伟大人物能做出惊天动地大事业，是不是预先都有计划啊？”

王阳明回答：“怎么可能有计划。他们的良知光明，守株待兔而已。事情来了就做，事情不来也不去找事，不过是随感而应罢了。”

也就是说，王阳明相信人生是多变的，没有人可以预料下一步将发生什么。“操心”的事，是愚蠢的人干的。你只要顺其自然就好。

冯友兰对那些经常“操心”人提出告诫说：“你最好不要操心。你的根本错误就在于找个道理打量计算着去走。若是打量计算着去走，就调和也不对，不调和也不对，无论怎样都不对；你不打量计算着去走，就全对了。人自然会走对的路，原不需你操心打量的。遇事他便当下随感而应，这随感而应，通常是对的。要于此外求对，是没有的。”

不要操心，并不是指你真的什么事都不干。王阳明评价孔子时说：“孔子气魄大，只要是帝王的事业，他都能从心上一一加以体会。例如一棵大树，无论有多少枝叶，也只是从根本上用培养的功夫，因此枝繁叶茂，并不是从枝叶上用功去培养根本。学者向孔子学习，若不在心上用功，只匆匆忙忙地学那气魄。如此，只是将功夫做颠倒了。”

由此可见，我们最应该在根上操心，也就是光明良知，而光明良知的一个主要途径就是去事上磨炼。

有弟子向王阳明抱怨说：“平时无事的时候觉得自己的修为很好，心境也不错，总想着遇到一件事后就能把它处理得很好。可一遇到事情就不同了，心乱导致手忙脚乱，什么事都做不成。”

王阳明说告诉他：“这是因为你只知道静养，而没有在实际事情上用‘克己’的功夫。只知道静养，就会养成好静的毛病，这样面对突如其来的事情，心态就会乱，事情就会处理不好。所以呢，人必须通过做事来磨炼自己的心志，磨砺自己的心境，这样面临事情时心才不会乱，处理事情才能从容不迫，游刃有余，才能做到‘静时心也定，动时心也定’。”

我们之所以在平时端坐如圣人，说起话也头头是道，是因为我们未遇事时，情绪始终处在平静状态。但一遇事来时，情绪就会发生波动，在这个时候，如果你能控制住情绪，让它恢复到你平时无事的状态，就能把事做好。王阳明要人到事上磨炼内心，实际上就是让每个人的内心都成为一块冰，而不是湖水。湖水在未受外物冲击时是平静的，可一受外物冲击就会起涟漪，而冰则不会。

王阳明告诉他的弟子们：平时无事时有多么从容的风度都是扯淡。人真正的风度应该是遇到变故遭遇屈辱时，在这个时候，平时愤怒时到此能不愤怒，惊慌失措者到此能不惊慌失措，始是能有得力处，亦便是用力处。

不要操心你的人生，但要操心你的良知。这就是王阳明心学，它高屋建瓴，直指终极密码。

获得幸福的方法：不要和外物对立

所谓幸福，就是长久的快乐。在很多人的印象中，获取幸福的方法很多，我们都耳熟能详。比如保持乐观的心态，要懂得知足，有追求幸福的决心并付诸实践。

理论上，这些方法不错，可真实践起来很难。仅以知足为例，世上没有几人可以做到知足，甚至连这个意识都没有。和很多哲学一样，王阳明心学的终极目标也是让人获得幸福，不过它的方法却是釜底抽薪的。

《传习录》中有这样一个故事，就是王阳明心学对获取幸福的一个简单有效的方法。

王阳明的弟子薛侃有一天在花园中除草时，大概是疲惫不堪，所以哀叹道:“为什么天地之间，善难培养，恶难铲除？”

王阳明当时就在花园中赏花，听到薛侃的叹息，发现说教的机会已到，接口道:“你就没培养善，也没有铲除恶。”

薛侃莫名其妙，因为他劳碌了大半天，铲除了很多棵草，而且他经常浇灌花朵，这怎么能说是没有培养善，没有铲除恶呢？

王阳明发现了薛侃的疑惑，却没有继续深入这个话题，而是转到另外一个问题上去了:“你呀，如此看待善恶，因为从形体上着眼，错误在所难免。”

薛侃这回如坠云里雾里，更不知王老师的话是什么意思了。

王阳明马上解释说:“天生万物和花园里有花又有草一样。哪里有善恶之别？你想赏花，花就是善的，草就是恶的。可如有一天，你要在门前搞个草坪，草又是善的，草里的花就肯定被你当成恶的了。这种‘善恶’都是由你的私意产生，所以就是错误的。”

薛侃吃惊地问:“这不就是无善无恶了吗？”

王阳明正色道:“天下任何事物本来就没有善恶，它所以有善恶全是你强加给它的。我问你，黄金是善还是恶？”

薛侃搓着手兴奋地说:“黄金这样的好东西，当然是善的。”

王阳明问:“这要看黄金在什么地方。它在你手上，肯定是善的，可如果它在你胃里呢？”

薛侃摇头道:“那这就是恶的了。”

王阳明又问:“粪便是善的还是恶的？”

薛侃肯定地回答:“那玩意儿肯定是恶的。”

王阳明笑了:“粪便可以让庄稼生长，在老农心中，它就是善的。所以说，天下的万事万物哪里有善恶之分？都是人强行加到它上面的。同样是一座大山，旅游的人就认为它是善的，有急事要翻越它的人就会认为是恶的。同样一个人，在朋友心中是善的，而到了他的敌人心中，他就是十恶不赦的。”

薛侃思考了一会儿，说:“老师您的这种观点听上去很有趣，可没有实用性啊，这种观点能对我们的生活有什么帮助吗？”

王阳明说:“当然有用，它能让你获得幸福。”

薛侃请教。

王阳明就解释说:“人为什么会常常感到不幸福？表面看是因为我们的身体总受到束缚，精神也不能自主，我们受到了客观条件的种种限制。实际上，我们之所以受到客观条件的限制，是因为我们和外物产生了对立。我们之所以和外物产生对立，是因为我们总是以自己的标准来衡量外物，于是，就有了是非好恶之情。一旦我们对外物有了是非好恶之情，就是给外物贴上是非善恶的标签。一旦你给它们贴上标签，它们就有了生命，反过来干扰你。也就是说，我们被客观条件限制，全是我们自己搞出来的。”

薛侃茫然。

王阳明就举例子说:“比如你刚才对野草发出的感叹，你就是给它贴上了‘恶’的标签，对于‘恶’的东西，人人都会动气，一动气，心情就受到干扰，你心情不好，还谈什么幸福！不仅仅是被你评价为‘恶’的事物会对你产生干扰，就是被你评价为‘善’的事物也会对你产生干扰。比如被你评价为‘善’的黄金，表面上看是你喜欢它，你拥有它，实际上，当你喜欢上它时，它已经控制了你，时刻干扰你。它在你手里，你就过度兴奋，可当它遗失时，你必然过度地忧伤，你已经成了它的木偶和奴隶，你如果被这样一个‘善’的东西所左右，失去自主力，也是没有幸福可言的。”

或许有人会问，如果我们对任何事物都没有善恶之分，那岂不成了不必奋斗就可衣食无忧的和尚？薛侃就问王阳明:“您说的无善无恶和佛家的无善无恶有什么区别吗？”

王阳明严肃地说道:“当然有区别。佛教把‘无善无恶’看得太重，总拿出来讲，而且他说完‘无善无恶’后就什么都不管了。比如他说粪便没有善恶，哪怕床边就有一堆，他也不扫除。而我们心学说‘无善无恶’，是不要刻意为善，更不可刻意为恶。”

薛侃好像有所领悟，点头说:“既然草不是恶的，那么，我就不拔除了。”

王阳明吸了口气，说："我才说完这是和尚的意思，你怎么就来实践了？如果草有妨碍，你就应该把它除掉。"

薛侃被王阳明弄得晕头转向说："这样不就是在有意为善、有意为恶了吗？"

王阳明说："我说不刻意为善去恶，并非说全无'好恶'，如果全无好恶，没有是非之心，那连和尚都不如，你就会成为一个麻木不仁之人。所谓'不刻意'，就是说'好恶'全凭天理，再无他意，就是不要刻意和事物对立。你现在是为了保持花园，花园里有草，这就妨碍你了，它妨碍你，你就该把它拔除。如果没有拔除干净，你也不要放在心上。比如你今天拔了一天草，可还没有拔完，那你也不要晚上想着草，一想草，就会想到它是恶的，如此，你就和草对立起来，它主导了你的情绪。你不能控制情绪，自然会被情绪控制。"

薛侃这次好像真的明白了，说："看来，善恶全然与事物无关了。"

王阳明说："当然。善恶在你心中，遵循天理即为善，为气所动即为恶。"

其实王阳明的意思只是想告诉我们，想要获得幸福，只要不和外物对立就可以了。不以自己的好恶来评价外物，让外物按照它们自己的规律去发展。比如你被雨浇成了落汤鸡，不必恼火，因为雨就是要落到地上的，这是它的规律；比如你被别人诽谤，也不必愤怒，你不理它，它自然就按它的规律慢慢消亡；大风起的时候，要顺风走，不要逆风行，你要遵守风的规律，这就是顺应万物，不要和万物对立。

财富、名声、地位自有它们的规律，你不要给它们加上标签，让它们来指挥你，你不必把它们放在心上，只需要向前努力就是了。

当我们做到不以自己的私意来衡量外物时，我们就不会受到外物的限制和支配，我们就可以支配自己，使自己的心灵得以安放，达到幸福的境界。

很多人和外物对立，归根结底，是因为有"出人头地"的野心。"出人头地"固然重要，但不能为了"出人头地"而丧失掉人本应具有的最宝贵，也是我们最容易获得的东西：幸福感。

在这个世界上，有太多的人都希望能拥有功名利禄。的确，功名利禄是可以让人产生幸福感，可问题是，人有一样东西是和别人无法平等的，这就是天赋。儒家把人分为三等：只需要稍加学习就能成为圣人的人（**生知安行者**），通过刻苦的学习可以成为圣人的人（**学知利行者**），最后一种是被动的刻苦学习才有可能成为圣人的人（**困知勉行者**）。

人之不幸就在这里。有人天生睿智，有人投胎到大富大贵之家，而有人则天生愚笨如牛，有人出身贫苦。要追求外在的成功，前一种人比后一种人要轻松百倍乃至万倍。那么，如果很倒霉，我们成为后一种人该怎么办？

答案就是掂掂自己的分量。

王阳明和他弟子的下面这段对话给出了我们答案。

他的弟子问：“人固然可以通过学习成为圣贤，但是，伯夷（**商朝末年的圣贤**）、伊尹（**夏朝末年的圣贤**）和孔子（**春秋时期的顶级圣人**）相比，在才力上终究有所不同。而孟子把他们同称为圣人，这是什么缘故？”

伯夷是商朝的臣子，周武王灭商后他发誓不吃周王朝的食物跑进深山而饿死；伊尹是商汤的宰相，帝王师级别的人物；而孔子，据儒家人士说，是圣贤中的圣贤，如同太阳（**“天不生仲尼，万古如长夜”**）。依王阳明弟子的观点，这三人的“才力”有大小之分，伯夷是节操领域的大圣人，伊尹则是政治领域的大圣人，孔子是太阳系内的最大圣人。可孟子把他们都称为圣人，难道圣人是雨后的狗尿苔，凡有点名气的就能称为圣人吗？

王阳明给出了解释：“这些人的确都可以称为圣人。圣人之所以被称为圣人，只因他们的心纯是天理而不夹杂丝毫人欲。这就好像精金之所以为精金，只因它的成色充足而没有掺杂铜、铅等。人心到了纯是天理时就是圣人，金子纯到是百分之百时就是精金。”

他的弟子若有所悟：“也就是说，心即理，只要人的良知是完完全全的，每个人都可以成为圣人？”

王阳明回答：“就是这个道理。不过呢，圣人的才力，也有大小之分，这就好比金的分量有轻重一样。尧、舜那样的圣人就如同一万两重的黄金，文王、孔子如同九千两重的黄金，禹、汤、武王如同七八千两重的黄金，伯夷、伊尹如同四五千两重的黄金。

“才力虽然不同，可他们的良知相同，所以都可以称为圣人。正如黄金的分量不同，但只要在成色上相同，就可以称为精金。把五千两重的一块金子放到一万两重的金子里，从成色上而言，没有不同。把伯夷、伊尹和尧、孔子放在一块，他们的纯是天理的心也没有任何不同。

“精金所以为精金，在于成色足，而不在分量的轻重。这就如圣人之所以为圣人，在于良知光明，而不在‘才力’的大小。因此，平常人只要肯学，使自己的良知光明，同样可以成为圣人。正如一两重的精金，和万两重的精金对比，分量的确相差很多，但就成色足而言，则毫不逊色。‘人皆可以为尧舜’，根据的正是这一点。学者学圣人，只不过是去人欲而存天理罢了。

“好比炼金求成色充足，金的成色相差不大，锻炼的工夫可节省许多，容易成为精金。成色越差，锻炼越难。人的气质有清纯、浊杂之分，有中人以上、中人以下之别。对于道来说，有生知安行、学知利行的不同。资质低下的人，必须是别人用一分力，自己用百分力，别人用十分力，自己用千分力，最后所取得的成就是相同的。

“后世之人不理解圣人的根本在于纯是天理，只想在知识才能上力求做圣人，认为圣人无所不知、无所不会，我只须把圣人的许多知识才能一一学会就可以了。因此，他们不从天理上下功夫，白白耗费精力地从书本上钻研，从名物上考究，从形迹上摹仿。这样，知识越渊博而人欲越滋长，才能越高而天理越被遮蔽。正如同看见别人有万镒之精金，不肯在成色上锻炼自己的金子只妄想在分量上赶超别人，把锡、铅、铜、铁都夹杂进去，如此分量是增加了，成色却愈低下，炼到最后，不再有金子了。”

这次谈话不久，有个很较真的弟子对王阳明说：“您把精金比作圣人，用分量的轻重比喻圣人才力的大小，用锻炼比喻学者的功夫，这些喻义很深刻。但我认为，您的话有点失衡，您说尧舜是一万两的黄金，孔子是九千两的黄金，我觉得孔子应该更沉一些。”

王阳明很恼火，训导他：“你这是从外形上着眼，是在为圣人争轻重。如果不从外形上着眼，那么，尧、舜是一万两黄金不为多，孔子九千两黄金也不为少。尧、舜的一万两也就是孔子的，孔子的九千两也就是尧、舜的，彼此之间就没有区别。因为从良知上而言，人人都是平等的。所以称他们为圣，只看精一与否，不在数量多少。只要此心同样纯为天理，便同样可称为圣。至于力量气魄，又怎么会完全相同呢？你这就是在给事物加标签，和事物对立了。

“后世儒者只在分量上比较，所以陷入功利的泥潭之中。如果剔除比较分量的心，各人尽己之力与精神，只在此心纯是天理上下功夫，就能人人知足，个个功成，如此就能大的成就大的，小的成就小的，不必外求，无不具足。这就是实实在在的明善诚身的事。后儒不理解圣学，不懂得从自心的良知良能上体认扩充，却还要去了解自己不知道的，掌握自己不会做的，一味好高骛远。不知自己的心地宛如桀、纣，动不动就要做尧、舜的功业，如此怎么行得通？终年劳碌奔波，直至老死，也不知到底成就了什么，真可悲啊！”

这段话使人振聋发聩。

其实，我们很多人都和王阳明的这位弟子一样，特别重视外在的东西，比如名利。很多人都在拼命追名逐利，原因很简单：我们把名利看成了“善”，如此一来，我们就和它们产生了对立，而它们自然地会牵绊着我们。如果侥幸得到，那最好不过；如果得不到，我们会牵肠挂肚。一个情绪总受到外界控制的人，根本不可能有幸福感。功名利禄，本是外在的，得之我幸，不得我命。你根本不知道自己有多大能量来获得它们，倒不如像王阳明的指示一样：专心在良知上下功夫，用良知去做事，你就能获得幸福，成为心灵的圣人。

外篇之二
知行合一的修炼法门

格物致知

我们已经知道，王阳明能有惊骇天地的龙场悟道，全因为他对朱熹式“格物致知”的怀疑。“龙场悟道”实际上是王阳明对朱熹式“格物致知”的重新解析，由此捕获了“心即理”的心学法则。在谈心学法则“心即理”之前，必须了解朱熹式的“格物致知”和王阳明心学的“格物致知”的区别。

如果把一只烤鸭端到朱熹和王阳明面前，二人的反应会截然不同。

朱熹会认真地盯着烤鸭看一会儿，当他看了许久后也搞不懂鸭子是如何成为烤鸭后，他会叫来烤鸭师向他请教。他请教的问题很多，比如几岁的鸭子最适合烤、烤鸭子之前有什么仪式、都放哪些调料、烤多久，等等。不过如你所知，饮食业特色菜的秘方是不外传的，所以朱熹从烤鸭师那里得不到什么有价值的信息。于是，他连香喷喷的鸭子也不吃了，转身去了书店，买了几十本关于烤鸭的书籍，回家日夜苦读。最终，他可能学会了烤鸭，也可能没有学会。如果他学会了制作烤鸭，就会把烤鸭的制作流程当成知识传授给后人。当然，最重要的是，他会从鸭子成为烤鸭中得出一个天理来。这个天理可能是，活生生的鸭子一点都不好吃，但经过专业的烘烤后，就成了美味。所以，人生在世都应该记住这样一个天理：不经历风雨，怎能见彩虹。

我们上面论述的整个过程就是朱熹的“格物致知”。“格”是探究的意思，“物”是万事万物，包括意识的和物质的，在烤鸭的例子中，则是烤鸭。

“致”是求得、获得的意思，“知”是知识，用烤鸭这个例子来解释朱熹的“格物致知”就是，朱熹用两种探究方法（一是实践，问烤鸭师；二是书本，买《烤鸭大全集》）来探究烤鸭，最后获得了烤鸭的知识。注意，这还不算完，这个“知识”不仅是常识，它还必须上升到天理层次。正如我们刚刚说的，朱熹通过探究烤鸭的知识，从而得出一个人生哲理。

当王阳明面对那盘烤鸭时，他可能会有两个反应。第一，他抄起筷子就吃；第二，他会在朱熹走后，看着鸭子说：“请你不要见怪，如果你是活的，我是绝对不会吃的。但你现在是死的，而且你的命运就是被人扔到烤炉里烤，最后端到饭桌上被人吃掉的。所以，我吃你是心安理得的。至于你是怎么被烤出来的，我不想知道，我又不是烤鸭师，干吗要知道这些，我只需要知道吃你没有错就是了。”这段话就是王阳明的“格物致知”。“格”是正的意思，物就是事，是意之所在。换个通俗的说法就是，当我们意识到一件事时，就要存一种好的想法，用当时的理学大师湛若水的说法就是：格物就是正念头。如果念头不好，马上改掉，念头好，就要维持。

当王阳明意识到吃鸭子这件事时，只是说鸭子被自己吃，是天经地义，是天理。所以他继续保持这种意识，进而“致知”。“致”是停止、实现的意思，“知”则是良知。

王阳明的“格物致知”通俗而言就是这样的：通过在事上正念头而实现良知。用烤鸭的例子来说就是，通过吃鸭子时的正念头（心安理得）来实现良知。

那么，或有人会问：“你凭什么说‘物被格了后，良知就实现了呢’？”

王阳明的回答是：“良知是主宰我们心的，它是我们的本性，比如你看小孩子，都知道喜爱自己的父母，都知道尊敬自己的兄长，这就是良知的作用。但是这个良知不能被私欲遮蔽，我们每个人遇到事情时都有私欲（自己的小算盘）来遮蔽，所以只要正了念头（别打小算盘），就能实现良知。”

我们还可以用一个浅显的例子来说明朱熹和王阳明对“格物致知”大相径庭的解释。比如孝顺父母，朱熹认为，孝顺父母是个复杂的活，你必须探究学习孝顺父母的各种知识，最后得出一套理论，然后再开始孝顺父母。王阳明则认为，只要在孝顺父母这件事上端正好态度（正念头），良知就会指引你去如何孝顺父母，这些孝顺父母的行为是不必向外学习的。

两人的认识之所以不同，原因就在于，王阳明认为，心即理；而朱熹则认为，性即理。

心即理vs性即理

在理学语境中，心分为性和情两种，这两种都与生俱来。“情”主要指的是七情六欲，情欲是表现出来的，是外在的；而理学家则主张“静”，就是说，一个人应该时刻保持庄重的仪态，要注意体统，不能追赶跑跳蹦，更不能放肆地喜怒哀乐。程颐的态度就是，人应该像僵尸一样，面无表情，行动起来一板一眼，只有这样才符合“性”。性是一个人作为人最基本也是最重要的要求，也就是天理。正是因为有这样奇妙的理论，所以，理学家要求别人“存天理（性）灭人欲（情）”。于是，朱熹就说，心可不是天理，心的其中一部分的性才是天理，情不是。

问题是，心分性和情正如水（H_2O）分为氢原子（H）和氧原子（O）一样，一旦分割了，就不可能称为水（H_2O），把“情”从“心”分出去，甚至咬牙切齿地想把它灭掉，这太不现实。朱熹也认为这有点不现实，所以他认为，我们的心是不足的，因为“情”被扔出去了，必须要找点什么东西补充进来代替“情”。这种想法是正确的，因为性和情是心的两条腿，缺一不可。如果你把右腿给砍了，即使把左腿练成金刚腿，你还是个残废，必须去外面找来一条腿，才是解决问题之道。于是，朱熹到心外去寻找另外一条腿，希望通过对万事万物的探究，从而不停地得到各种各样的天理和道理，来弥补心的不足。

老实说，这种方法没错。我们必须向外界学习，才能充实自己。比如我们要想开车，必须去考驾照，比如我们想知道原子弹为什么有那么大威力，我们必须从最基本的数理化开始学起，这些都是外在的知识，我们学习它，没有错。可理学家们在这里来个大转折：学习了这些基本的常识后，还要累个半死，把它上升到天理的高度。本来，我们考驾照就是为开车，会开车后，这个“格物致知”的流程就走完了。朱熹却说，从考驾照后到会开车这一过程中，我们必须要得出个人生道理，然后把它写进我们的修身宝典中。

从前在洛阳城，程颐对一只破壳欲出的小鸡“格物致知”，他的确得到了知识。他发现小鸡破壳时是先用脑袋撞击蛋壳，而不是别人说的用嘴巴啄蛋壳。到了这个阶段，“格物致知”已经完成，可程颐一惊一乍地说：“啊呀，看到小鸡出生，我就看到了天地的生机生生不息。”

在王阳明看来，理学家的愚蠢莫过于此，把原本属于心的情扔了出去，又拼死拼活地去外面寻求代替情的东西，这不是吃饱了撑的吗？王阳明说：“我们的心本身就是个与生俱来、无所不能的东西，因为它里面有良知，良知是个法宝，能辨是非，能知善恶，你知道了是非善恶，天下还有什么事不能解决的？”

至于人心中的“情”，它远没有理学家们说得那么恐怖。它不过是蒙在“性”上的一层尘埃，不过是遮住良知的一片乌云。尘埃一吹就逝，乌云一阵风来就散，不必大惊小怪。

既然心是无所不能的，那我们何必画蛇添足地去外面寻求什么天理？天理就在我心中。理学家们在外面寻求，费了九牛二虎之力，其实他们所探究的一切，在自己的心中早就有了。所以说，心即理。

王阳明同时还向理学家们提出一个疑问：假设你们能从心外寻求到真理，可这个真理因为是从外面寻求到的，如何来和我的心相融？正如做器官移植手术的人，如果不匹配，那是要出人命的。举个例子，理学家向外寻求真理的手法之一就是通过书本知识。可书本里的知识一定都是对的吗？如果书本上说砒霜能吃，难道你不用心想一想，拿起来就吃？

这就是心学和理学的一个重大区别，实际上，心学和理学分道扬镳，也只是因为这一个区别。

在“格物致知”上，理学家和心学家还有个不易被察觉的区别。理学家为了弥补心的缺陷，会毫无目的地去外面寻求知识，这有点像肉猪，只要它认为是能消化的东西，它都要去吃。而心学家首先是在心里认为这个知识有必要去追寻，然后才去追寻。前者是先探究，后用心；后者是先用心，后探究。

心外无理

王阳明的妹夫、他最得意的弟子徐爱曾对王阳明的“心即理”产生疑问。他问王阳明：“您说天下的道理都可以在心上求，这可能有点问题吧？世界上那么多道理，您如果不去心外探求，怎么可能得到？不说远的，就说孝顺父母，忠诚领导，如何在心上求？

王阳明叹息说：“你这种认识，许多人都有。我想问你，你孝顺父母的道理是去父母身上求来的还是你在心上求来的？如果是从你父母身上得来的，那如果你父母死了，你那孝顺的道理是不是也跟着死了？你肯定是先有了想要孝顺父母的心，然后才有种种孝顺父母的行为，孝顺父母的心，不过是你的良知指引你而已。如果你的良知光明，没有被私欲遮蔽，那么，你表现在侍奉父亲上就是孝，表现在侍奉领导上就是忠诚，等等。你只需要专注你的良知，不要让它被私欲遮蔽，天下所有的道理都会在你行动时出现，你到外面去寻求什么呢？”

这段话的意思其实就是说，我们好好地关注自己的良知，当我们去做事时，良知就会自动自发地告诉我们该怎么做。而良知在我们心中，所以你只需要在心上用功就是了，所以说，心外没有任何道理。正如一个杀猪的，只要把手中的刀磨得锋利，天下就没有杀不死的猪。

我们有点遗憾，徐爱问的只是儒家最关注的“忠孝”问题，如果徐爱问王阳明：您说心外无理，那么，如果我要制造一把神机营使用的火枪，那制造火枪的这个“道理”是在心内求还是心外求？如果王阳明生活在今天，我们也会有很多问题，比如，我是个文盲，却非常想制造一枚中子弹；我每天早上醒来都会吐三升血，我是在心中求解救的方法，还是去医院；我对数学一窍不通，却想证明勾股定理。这些问题，我能在心中求吗？

王阳明会说：“能。”

因为“心外无理”还有另外一个秘钥，这个秘钥就是，用心。天下一切事情就怕“用心”两个字，任何一件事，只要你肯下苦功，肯用心，几乎就没有做不到的。因为天老爷在我们降生前就给了我们一个法宝，它就是良知。在王阳明看来，这个良知是无所不能的，能生天生地，成鬼成神。而这个良知就在我们心中，我们想要制造神机营的火枪，那就用心去探求，如果你是文盲却想要制造一枚中子弹，那就用心去学习知识，每天进步一点点，几十年后，那就会取得天大的成就。你如果每天都吐血，那你的良知就会告诉你，赶紧去医院啊。

所以说，心外无理。

这种回答，乍一看去像是朱熹的，但实际上不是。前面我们说过，朱熹是在没有问题的情况下去寻找问题，而王阳明则是面对问题时，才来探究问题。

虽然如此，但很多人对上面的回答肯定不满意。实际上，如果你翻遍《王阳明全集》和《明儒学案》中与关于王阳明的一切，你会发现这样一个问题：王阳明谈的都是儒家思想灵魂中的三纲五常，也就是伦理学，他对自然科学的探寻恐怕只有那次失败的格竹子事件。

以今人的角度来看，在这点上，王阳明逊色于朱熹。朱熹虽然也有理学家倾向于伦理研究的特征，但他喜欢探究自然科学。研究朱熹的专家说朱熹使用各种天文仪器探索宇宙，还说他对节气的研究已可使他跻身专家行列，有的还说，石油就是这老头发现的（**石油应该是沈括发现的**）。

中国人和西方人有个明显的差异。中国人喜欢在人际关系中获得幸福，西方人则喜欢在和大自然的搏斗中获得幸福。王阳明就是中国人里典型的代表，他在自己心学史的论述中，“心即理”就是解释人际关系的伦理学的。把“心即理”这一法则从伦理学中拎出来，放到别的学科中，就有点重心不稳、摇摇晃晃了。

不过，这也正是心学的伟大之处。它永远把重心放到自己的内心上，时刻在内心上用功致良知，这样就少了外界的很多烦忧。今天的我们，都知道，人生在世第一大难题不是洪水猛兽这些大自然的挑战，而是人与人之间的关系。

“心即理”法则正是在这方面让人彻悟到解决这种关系的最佳方法。

万物一体

王阳明心学“心即理”法则衍生出来的一个非常重要的次法则就是“心外无物”。心外怎么会没有物质，对于唯物主义者而言，这话实在惊世骇俗。在了解王阳明的“心外无物”之前，必须了解心学的另一个法则“万物一体”。

“万物一体”是理学宗师程颐的发明。这位一本正经的老先生有一天静坐闲暇，看到窗外飞过一群喜鹊，不由赞叹：生生不息，万物一体。

按程颐的主张，人和万物（**主要是动物**）都是从天地互相摩擦产生的气中诞生的，但人很侥幸，那些特别有灵性的气产生了人，由此成为万物之灵。不过，追本溯源，人和各种动物，包括丑陋的癞蛤蟆和美丽的天鹅一样，都是由气生成的，所以，大家在本质上都是一样的。人有责任把万物看成是自己的好朋友，甚至把万物看成是自己的手足躯体。万物受到伤害，我们的心就会不由自主地动。孟子就说，看到小孩子在井口茫然无知地玩耍，我们的心都揪了起来。真正的君子要远离厨房，因为厨房里总杀鸡鸭，看到它们血淋淋的样子，心都碎了。这是什么？这就是仁。

可这是高调的理想主义，很多人是不能实现万物一体的。不能和万物一体的人是什么样的人呢？就是不仁的人。仁，古典儒家解释为爱人。这个解释毫无意义，正如我问你，什么是刀？你说，可以杀猪。程颐和他的理学家朋友们对仁的解释是，生生不息就是仁，也就是对万物怀有活泼的、敏感的态度。我们今天说一个冷酷无情的人是麻木不仁，麻木就是不仁。最后，理学家们给“仁”下了定义：生理上有对万物的知觉，这一知觉进而能感悟到道德性的东西。

王阳明进一步阐释“万物一体”。他说，所以说“万物一体”，是因为我们的心是天地万物的主宰。天地万物依我们的心而存在。没有我们的心去看，天高地厚就不存在。反过来，没有天地万物，我们的心也就不在了。所以二者是一气贯通的。

王阳明的这段话似乎是唯心论，他的驳论是：“你看那些死去的人，他们的天地万物在哪里？”

世界上只有一种人没有天地万物的概念，那就是心不在了。只有死了的人心才不在了。

“万物一体”除了上面的解释，还有一种更通俗的解释。比如，猪和我们是一体的，因为猪出生后就注定要被我们吃掉，它的肉到了我们的胃里，就成了我们身体的一部分；植物也是和我们一体的，中医在这方面发挥得淋漓尽致，大部分中药都是植物，它们进入我们的胃里后，帮我们驱除病痛，由此成为我们的一部分。就连粪便也是和我们一体的，它们被农夫用来当作肥料栽培蔬菜，蔬菜被我们吃进肚子里，成为我们身体的一部分。

但这种解释似乎并未被王阳明认可。王阳明的解释是，天地万物之所以一体，是因为我们的心和万物有感应，见到猪被杀，我们心里不舒服，说明我们和猪有感应；见到草木被折断，我们心里不舒服，说明我们和草木也有感应。所以万物是一体的。

我们为什么能感应到万物，就是因为我们内心深处有灵明，这个灵明就是良知。良知提醒我们，要把万物和自己当成一个整体，对万物说，我爱着你的爱，痛着你的痛，伤悲着你的伤悲，快乐着你的快乐。

万物一体，其实就是万物即我心，我心即万物。没有了我的心，万物就不存在；相反，如果没有了万物，那我的心也就没有了用武之地。简单来说就是，我和万物，谁都离不开谁。王阳明说，眼睛存在的价值是以万物颜色为基础的，耳朵存在的价值是以万物的声音为基础的，嘴巴存在的价值是以万物的味道为基础的，而心之所以存在，就是以万物的存在为基础的。

这就是体用论。所谓体用论是和因果论相对立的。如果说，因果关系是风同波的关系，那么，体用关系就是水同波的关系。因果论者认为，为什么会有波涛，是因风而起的。体用论者则说，哪里有什么因为、所以，水之为主体，波是派生的，两者虽然是不平等的，但绝不是什么因果关系，而是谁也离不开谁。水离开了波，就失去了它作为活的一面，波离开了水，就失去了它作为死的一面。这正如一个水杯，中间空的是“用”，四壁是“体”，体和用能互相离开吗？

我们对“中体西用”这四个字绝不陌生，它是被西方列强打得鼻青脸肿的大清帝国中的知识分子和官员们提出的一个振兴祖国的计策。意思是，中学为体，西学为用。以中学为杯子的四壁，以西学为杯子的中空，问题是，谁能离开谁？

王阳明的万物一体的感应论，就是体用论，大家相互依存，本就是一体，单方面是不可能存在的。

心外无物

知道了“万物一体”，我们正式来谈“心外无物”。

王阳明心学史上“心外无物”的故事很浪漫，这个故事是这样开始的，有一年春天，王阳明和他的朋友到山间游玩。朋友指着岩石间一朵花对王阳明说：“你经常说，心外无理，心外无物。天下一切物都在你心中，受你心的控制。你看这朵花，在山间自开自落，你的心能控制它吗？难道你的心让它开，它才开的；你的心让它落，它才落的？”

王阳明的回答很有味道：“你未看此花时，此花与汝心同归于寂；你来看此花时，则此花颜色一时明白起来。便知此花不在你的心外。”

这就是王阳明心学中诠释“心外无物”最漂亮的乐章。它的意思是这样的：你的眼睛受心的控制，你未看那朵花时，你的心在花身上就没有动，于是你的心和它一样，都处于沉寂状态，由此可知，花不在你的心外，因为它和你心的节奏是一起的，这其实就是万物一体，只不过万物和我都在沉寂状态；当你来看它时，你的心在它身上，你的心动了，而花也映入你的眼，所以它的颜色和你的心一样，都鲜艳、动了起来，这还是万物一体，也就是动的状态的万物一体。花和你的心处于同等频率和状态中，请问，花在你心外还是在你心内？

其实，我们还可以换个方式来理解王阳明的心外无物。按今天科学的角度来说，我们眼睛看到的一切物质其实都是光的反射，不是物质本身。所以我们就可以这样说，花在你眼中（**心中**）明亮起来，但并非它自身明亮起来，只是光的反射。我们看见的花其实是映射到我们心中的花，而不是岩间的那朵花，它映射到我们心中时就已是我们心的一部分，所以，它不在我们的心外。

我们看一位美女，认为她很美，其实这个美女是映射到我们心中的美女，和美女本身无关。美女被我们看到眼中时已经成了我们心中的一部分，她不在我们的心外。当她消失在我们的视线中时，我们还能记得她的形象就是证明。所以说，心外无物。

心外无事

“心外无事”可以最通俗地来解释，你意识到的事和做的事，都是心主使你做的，如果你的心不动，就没有任何事，所以说，心外无事。

实际上，与其说“心外无物”“心外无事”，甚至是“心即理”是心学的法则，不如说它们是王阳明的谆谆教诲。如果用现代心灵修行的角度来说，那就是王阳明其实是告诫我们，对天下万事万物不要总是动心，不要总是让心内有太多的事。我们追逐权势名利尊位，实际上对很多人而言，这都是心外的事，可他们非要把这些都拉到自己心中来。

但这和王阳明的意思有云泥之别。

王阳明说“心即理”，说“心外无物”，说“心外无事”，和佛家人说的这些迥然有异。佛家也说，心外无物，但是消极的，他不但希望心外没有物、没有事，就是心内，也不要有物，也不要有事，佛教徒都设想把自己锻造成一个心如死灰、形如槁木的活死人。

王阳明曾对佛家的“心外无事”有过很深刻的批评。他说，佛家为了做到心外无事，抛弃父母妻儿，跑到深山老林里枯坐。王阳明评定说，这些和尚是胆小鬼，不负责任的懦夫，只知道逃避。他们恐惧做儿子太累，就离开父亲；恐惧做丈夫太累，就离开妻子；恐惧做父亲太累，就离开儿子；恐惧工作，就离开社会。而我们儒家截然不同，做儿子，就用孝顺的心；做父母，就用慈悲的心；做员工，就用忠诚的心，多么自在。

从这段话中，我们可以看出，在王阳明看来，一个真正的圣人要做的事是非常多的。但这些事必须要符合下面的条件。一、你是可以做到的，也就是说，这些事是你能控制的。比如孝顺父亲，任何人都能做到。但比如造反，恐怕你没有这个能力，所以就不要去做，这种事就不应该是你心内的事。二、听从良知的指引，有些事可能是你能做到的，但你不做，这就不是真正的心外无事，心外无事不是逃避。比如你遇到有人恃强欺弱，这就是你该做的，如果你这个时候说心外无事，只要不动心，就不去做，那就不符合心即理的要求。三、有些事虽然被道德家们鄙视，但如果在你能力范围内，你依然可以做。比如追逐权势名利尊位，如果你有超人的智慧，在不违背良知的情况下，为什么不去做？

毋庸置疑，“心即理”“心外无物”“心外无事”首先就要求我们在内心的良知上用功，良知光明了，它会指引你，做到心外无物、心外无事。如果宇宙中的那些天理就在我们心中，那么，每个人不必向外去寻求，就可以在内心建立一个自己的世界。

这个世界里有属于你自己的天地万物，属于你自己的功名利禄，它是一个精神和物质并驾齐驱的光明世界。

心即理的立言宗旨

最后，我们来谈谈王阳明提“心即理”的用意，也就是他所谓的立言宗旨。

在多次讲学中，王阳明的弟子都对“心即理”有过疑问，在这个问题上，王阳明可能解释了很多次，他自己都解释烦了。所以有一次有弟子再问他时，他没有对“心即理”进行解释，而是说：“你们啊，问来问去的。你们从来没有问过，我提出这个法则的用意是什么。现在，我就要你们知道我的立言宗旨。我为什么要提‘心即理’呢？除了我经常解释的我们心中有无所不能的良知，还有一个原因。从古到今，太多的人本心和表现出的外在的道理一分为二，这样就出现了许多让人备感伤痛的问题。比如春秋时期陆续出现的那五位霸主表面上宣传他们‘尊王攘夷’，实际上，他们内心的真实想法是想自己做老大，‘尊王攘夷’只是一个口号，一个手段，而不是一个道理。这就和他们内心的想法分道扬镳了。心就不是理。

“我提倡心就是理，是希望大家都要心理合一，言行合一，按本心的想法来做事，不要矫饰，凡事在心上下功夫，而不要到心外去寻求，这才是王道的真谛，亦是我立论的宗旨。”

有一个例子很能说明这点。

春秋时期齐桓公的宰相管仲临死前对齐桓公说：“我有个秘密要告诉你，你一定要记住，不然，霸业将在你身上终结。”

管仲帮齐桓公取得了春秋五霸之首的位置，齐桓公对其言听计从，尤其这是管仲的临终遗嘱，所以齐桓公马上提起十二分精神等着管仲要说的秘密。

管仲没有说，而是问："你的宠臣易牙如何？"

齐桓公回答："他曾把亲生儿子烹饪给我吃，对我太好了。"

管仲又问："你的宠臣竖刁如何？"

齐桓公回答："他主动阉割自己陪在我身边，大好人。"

管仲再问："你的宠臣齐开方如何？"

齐桓公回答："他更没的说，自己是贵族，却主动当我的奴仆，寸步不离，三十多年都没回过家，没人比他更忠诚了！"

管仲在床上叹了一声说："这三个人都不咋地。你想啊，谁不喜欢自己的亲生儿子，易牙却把他宰了。谁愿意自发地做太监，竖刁却把自己阉了。谁不喜欢和家人在一起，齐开方却三十多年不回家！"

齐桓公不以为然地问："你到底想说什么？"

管仲说："我上面说的是天理人心，他们违反了天理人心，所以他们都不是真的为您好。"

如果王阳明在管仲身边就会用心学解释说："这三人表现出的一脸忠贞并不是真心的，只是一种手段，不是道理，心与理不合。再进一步说，这三个家伙在演戏。"

管仲的遗嘱齐桓公完全没听进去，结果几年后他得了重病，三人联合把齐桓公活活饿死在宫中，齐国霸业也就此终结。

最后，王阳明告诫他的弟子们：做人一定要心理合一，在心上好好用功，使"心即理"成为一种生活状态。

为何说知行是合一的

很多人都有这样的经历：看到一位美女，马上会由衷地喜欢上她，因为她美貌动人；进入卫生条件不合格的公共厕所后，马上会皱起眉头，因为臭气熏天。

按王阳明的解释，这就是"知行合一"的两个绝佳例子：喜欢美色（**好好色**）、讨厌恶臭（**恶恶臭**）。看到美色，是"知"，喜欢上美色，是"行"；闻到恶臭，是"知"，讨厌恶臭，是"行"。

正常人永不会出现这样的情况：看到一位美女后，先思考一下，我要不要喜欢她呢？闻到臭狗屎的味道后，先思考一下，我要不要厌恶它呢？

正常人永远都是这样的：看到一位美女后，马上就会喜欢上她，在“看到”和“喜欢上她”之间没有任何缝隙，没有停顿。闻到臭狗屎的味道后，马上就会厌恶它，在“闻到”和“厌恶狗屎”之间没有任何缝隙，没有停顿。简单来说，我们喜欢上美女和厌恶臭狗屎，是发自本能，是条件反射。这就好像我们突然被火烧到会迅疾产生某些动作（**大叫、跳起来**）一样。从来没有人被火烧后和有所动作之间还要思考一下：我要不要有所动作，或是大叫一声，或是跳起来，甚至来个号啕大哭？

我们从反面来理解就是这样的：我们喜欢一个女人，因为她具备美的素质；我们讨厌臭狗屎，因为它具备臭的素质。为什么美的素质和臭的素质会让我们喜欢和讨厌？很简单，因为我们心中的良知就是喜欢美和讨厌臭，这种“势利眼”做派与生俱来，无需证明，也无法更改。

那么，知行就是合一的。前提是，你的良知必须光明，必须可以发挥作用。如果你的良知被遮蔽了，它不能发挥作用，就会出现这样的情况：你成了瞎子，看到美女，也不会喜欢上她；你是个鼻炎患者，拼命地嗅臭狗屎，也不会厌恶它的味道。

这两个例子中，表面看，你的确看到美女了，也的确闻到臭狗屎了，就是说，你的确“知”了，可你并没有表现出“行”来：流着口水看美女；捂着鼻子避开臭狗屎。原因很简单：你根本就没有“知”，美女的映像进入不了你的视网膜，臭狗屎的味道虽然进了你的鼻子，但你的鼻子失去功能了。既然没有“知”，那你就不可能有“行”。这恰好又从反面证明了：“知行合一”这一颠扑不破的真理。

王阳明有另外关于“知行合一”的例子，更为直观。他说，说一个人孝顺，肯定是他有孝顺的行为，如果没有孝顺的行为，只凭他满嘴跑火车，稍有分辨能力的人就不会承认他孝。他又连续举了几个我们能切身体会到的例子：你为什么知道痛的感觉，你肯定被什么东西弄疼了；你为什么知道饥饿的感觉，你肯定是真的饿了；你为什么知道寒冷的感觉，你肯定是被冻到了。

痛的感觉、饥饿的感觉、寒冷的感觉都属于“知”，你被锐物刺痛了、你被饿到了、你被冻到了属于“行”，“知行”怎么就不是“合一”的呢？

既然是“合一”的，那就没有主次先后之分，它们就是火车运行的两条铁轨，如果只有一根铁轨，那就不能称为铁轨，而是一根铁棍。

不过很多人都有这样的疑问：有些人知道很多事，可就是不去做。比如有人知道孝顺是美德，但就是不去做，有些人知道应该见义勇为，但也不去做。

人人都知道屎是臭的，但中国历史上有两个人吃了屎。一个是春秋末期的越国国王勾践，另一个是唐朝武则天时期的郭霸。勾践吃屎是被逼无奈的，郭霸吃屎则是心甘情愿的。他是为了讨好生病的上司，而自动自发，非常愉悦地把上司的屎吃掉的。

那么，这些反常的知行不一，又该如何解释呢？

王阳明说，这是因为被私欲隔断了。

古人为何单独提知行

有弟子问王阳明："我无论如何都搞不明白知行怎么就是合一的。比如，学问思辨就属于'知'，去实践属于'行'，我可以学问思辨而不去实践啊，您怎么就能说，知行是合一的呢？"

王阳明做了这样的解释：所谓"行"就是认真地去做一件事，学问思辨是不是一件事？所以说，你学问思辨这个探求"知"的过程就是在"行"了。你说"去实践"属于行而不属于知，可你去实践为了什么？不可能什么原因都没有，突然就大跳大叫吧。这个"为了什么"就是"知"。"学问思辨"中有"知行"，"去实践"中也有"知行"。那么，再问你，你"学问思辨"为了什么？肯定是"去实践"。如果不是要去实践，那你学问思辨做什么？所以，"学问思辨"和"去实践"也是知行合一。

知的真切笃实就是行，行的明察精觉就是知。如果你只学问思辨了，没有去实践，那就不是真的"知"，如果你只去实践，而没有学问思辨，那就不是真的"行"。所以，在这种情况下，"知""行"都是赝品，不合一也就正常了。

这位弟子又问："既然知行是合一的，那为什么古人要单独提'知'和'行'呢？这就好像是我去酒铺买酒，我总不至于说，给我来个酒罐，再来点酒。"

王阳明回答："把'知''行'单独拿出来说，这实在是古人的用心良苦，全是因为世界上有两种人。有一种人懵懵懂懂地去做，在做事时就像是流水线上机器人，只是机械地做，不懂得思考。对这种人，就要特意提个'知'，告诉他，不要做机器人，要在做事中用过脑子，这样，他才能真的'行'。

"还有一种人，每天茫茫荡荡地没有目的地思考，任凭想象把自己拖进幻想的梦呓中，从来不想去实践。对这种人，就要特意提个'行'字，告诉他，就是胡思乱想，也应该有个思路在。这样，他才能真的‘知’。

“这就好比我们喝茶，茶水是由茶叶和白水组成，两者缺一不可。但有人就吃茶叶，有人就喝白水。对吃茶叶的人，我们要告诉它，用水，这样他才能喝到茶水；对喜欢喝白水的人，我们要告诉他，放茶叶，这样他也能喝到茶水。”

这就是古人何以要单独提知行的原因。

知是行之始，行是知之成

从空间来看，“知”“行”是两道铁轨，不可分割；从时间来看，知是行之始，行是知之成。知行合一就是一件事的开始和终结，绝不能有始无终，更不能虎头蛇尾。

关于这一点，王阳明是这样解释的：就算你是个吃货，也肯定是有了想要吃的心才知道你要吃东西了。要吃的心属于“意动”，是“知”，这就是“知是行的开始”；而你吃的东西是什么味道，肯定是放到嘴里后才知道，这就是“行是知的完成”。比如你喜欢户外，你肯定是有了想要走路的心，才会去走路。想要走路的心就是“意动”，是“知”，这就是“知是行的开始”；而路是坎坷还是平坦，只有你走了之后才知道，这就是“行是知的完成”。

我们想要知道西红柿好不好吃，必须吃它，要吃它就是“意动”，是“知”，这就是“知是行的开始”，而西红柿到底味道如何，只有你吃了后才知道，这就是“行是知的完成”。

想要知道衣服是否合身，必须去穿；想要知道水的温度，必须去感觉；想要知道红烧牛肉好吃还是水煮牛肉好吃，必须去吃。你不吃，就没有“行”，你就不知道哪道菜好吃；你不想知道两道菜哪个好吃，就没有“知”，你更不可能知道哪道菜好吃。所以，缺了“知”和“行”的哪一个，都不成，因为它们是合一的。

问题是，王阳明说，现实中就有一种人，总是希望自己先知，然后再去行。可天下的知识那么多，只能把自己活活累死，而终身不能行。

有一点值得补充，王阳明所说的“先知后行”的人，不仅仅指不去实践的人，还有一种是死背书本知识而不思考的人。因为王阳明说过，有目的性的思考本身就是行。

一念发动便是行了

几百年来，很多唯物主义者都把王阳明的“知行合一”强横地解读成“实践出真知”，这并没有错，可不是王阳明提出“知行合一”的本意。

王阳明提“知行合一”的本意是这样的：每个人的眼睛都能看到一百米开外的事物，但看不到近在咫尺的眼睫毛。每个人谈到“知行”的问题时，只能看到在现实中发生的事，这样就产生了一种观点：有些好事，我只“知”不去“行”，固然是错的。但有些坏事，我只“知”不去“行”，那肯定就是对的了。

比如，我每天都想杀人，可我没有去杀人，这是没有关系的。可王阳明说，因为知行是合一的，你的意一发动（知），就是行了。这种危言耸听的说法实在让人无法理解，难道我心里想想还不成？用今天的说法，我看到一美女，想要做些下作的勾当，可我没有去做，难道这就违法了？

王阳明说，每当你想一件丑恶的事时，其实就是你的欲望过了头，成为私欲。私欲就像是云彩，你每想一次丑恶的事时，云就会加重一次。天长地久，白云就会成为乌云，遮蔽了你的良知，由于没有良知的监控，你就真的可能会去实践了。

人类《刑法》上有个名词，叫“犯罪预备”，讲的是，一个人为了犯罪做了种种准备，但因为某种原因（外部原因：风声太紧，或内部原因：良知发现后加以制止）而停止了犯罪行为。

王阳明谈到的问题就是客观版的“犯罪预备”。你在头脑里不停地产生那些私欲，其实就是在为犯罪做准备，即使你永远不会去实践，可在你的心中已经实现无数回了，你已经把你的心变成了一个罪犯。

如果我们的心是个罪犯，那我们的这个躯体恐怕也好不到哪里去。

既然知道了一念发动时就是已经“行”了，我们该如何做呢？

王阳明的方法就是，只要有一个恶念涌上心头，就马上把它克掉，绝不能让任何一点恶念留在心头。

怎么克掉恶念（私欲），是我们在致良知中要讲的问题。

从上面的论述中，我们可以看到，王阳明提“知行合一”和提“心即理”的思想一样，都是告诫我们要防范，希望我们能时时警惕我们的私欲。

这种谆谆告诫随着地球转动和光阴荏苒，渐渐地销声匿迹，“知行合一”留给后人的只有“实践和理论”的浅薄表演。

实践出真知

实践出真知，并非是王阳明“知行合一”思想的精华，至少不是他提倡“知行合一”的本意。有一点需要注意，王阳明提“知行合一”是从其心学磐石“心即理”衍生来的。也就是说，提“心即理”是为了让人心理合一，言行合一，那么，“知行合一”实际上也有这方面的提示。你很难想象，一个“知行不一”的人在和别人打交道时的成败如何。

王阳明说，想要知道食物的味道，就必须去吃。这就是“实践出真知”，不过这可不是他的发明。穿越到他说这句话的几百年前的北宋后期，程颐的哥哥程颢正在给他的弟子上课。他的弟子突然说：“我出现了幻觉，看所有的东西都是狮子，我恐惧狮子，都快恐惧死了。”程颢问他：“你现在看我是什么？”

这名弟子浑身发抖，脸色苍白，说：“狮子。”

程颢向他招手：“来，扑我。”

这名弟子不敢，程颢大喝一声：“过来抓我！”

这名弟子硬着头皮、咬着牙扑过来，发现程颢只是个人。后来，他用这种方法，见到“狮子”就扑上去，渐渐痊愈。

这就是实践出真知。

有人每到晚上就怕“鬼”，于是请了位道士驱“鬼”。夜晚来临，道士没有设坛作法，却把灯灭了。客户大叫起来，声音凄惨。道士抽了他一嘴巴，让他冷静下来，问他：“哪里有‘鬼’？”客户捂着半边脸，指着床下。道士擦亮火石，塞到客户的手中，大喝：“去看！”

客户不肯，道士连踢带踹地把他逼到床边，他只好掀起床帘，当然，下面除了他的臭袜子，什么都没有。

这也是实践出真知。

程颢认为，理学家修行的法则是坐在那里庄敬持守，这很不对，应该去实践，庄敬持守才有意义。明朝的理学大师吴与弼是最先提出“知行合一”这四个字的人。他每天凌晨起床后就开始不停地劳作，一个人顶十头牛。他对弟子们说，上天赐给我们一副躯体，就是让我们来实践的，不要坐在那里枯想，要去实践中学得真知识。

他重视“实践”简直到了走火入魔的程度，反而把“知”这一块淡化了。我们今天看吴与弼的思想手册，发现几乎全是空白。他的修行手册中记的最多的是对基本物质生活的关心，比如他记载了这么一件事：天降大雨，房屋漏水，他就在大暴雨中爬上房顶去修葺。每当他看到弟子拄着锄头在歇息时，他以为人家在发呆，就偷偷地凑到人家耳边，使出吃奶的力气大喝一声：“咄！如此懒惰，死后有何脸面见程颐、程颢？”

实际上，从“知行合一”衍生出来的“实践出真知”根本算不上理论，它只是一个常识。诗人陆游就说：“纸上得来终觉浅，绝知此事要躬行。”无数的人都说过实践的重要性，这正如饿了吃饭、困了睡觉一样，你能说这种基本常识是理论吗？况且，有一个例子就完全可以推倒“实践出真知”：人人都知道屎难吃，可有几个人吃过屎？

王阳明就能解释这个例子：我们心中的良知是无所不知的，它知道屎难吃，不需要外界的实践。

王阳明的“知行合一”的精华就是“好好色”与“恶恶臭”，只要我们的心没有被私欲阻隔，知行就是合一的。王阳明提“知行合一”的苦心还是让我们在良知上用功，“实践出真知”不过是个附带战利品而已。

但有时候，人生、世界，乃至宇宙就是会有太多的戏剧性，纯粹的东西消失后，像猴子一样活蹦乱跳的，往往是残渣余屑。

良知就是判断力

做圣人有什么好处？或者说，如果我们的良知没有被物欲遮蔽，使其正常运转，我们能得到什么，再或者说，良知的功效如何？

王阳明说，“良知”是千古圣贤相传的一点真骨血，这是儒家圣人们的传家宝，是人世间最贵重的宝贝。谁如果能完全拥有它，那就如坐在船上得到了舵一样，你掌握了舵，平澜浅濑无不如意，就是遇到大风大浪，只要舵柄在手，也可以免于被淹。所以，王阳明赞叹道：“良知啊，你就是个试金石，你就是个指南针。”

他后来又把“良知”拟人化：良知就是造化的精灵。这些精灵，产生天和地，造就了鬼神和上帝，所有一切都由它产生，任何事物都不可与它相比。所以，如果你能彻底光明良知，无一丝缺陷，你就会发现其乐无穷。到那时，你会发现：你就是电，就是光，就是圣人。你会手舞足蹈，天地间再也没有任何乐趣可以取代这种乐趣。

其实，这段话并不是王阳明抽风，如果我们知道它的“万物一体”感应论，就明白，良知就是造化的精灵，能生天和地，能造“鬼”和“神”，能度一切苦，能化一切哀。总之，只要你拥有了良知，你此生就生活在极乐世界。

因为良知能分清是非善恶，世界上的一切事，无非是非善恶，分清了是非善恶，你就是绝顶的聪明人和大慈大悲的佛，这样的人，想不在极乐世界都不行。

——分清善恶是良知作为品德方面的能力，而分清是非就是良知作为智慧方面的能力。什么事该做，什么事不该做，这就是智慧。所以，提到良知时，不要认为它仅仅就是良心，它应该是品德和智慧齐飞的良知。

王阳明说，良知和天下一切事情的关系，就如圆规、方矩、尺子与方、圆、长短的关系。事情随时都在变，而不可预料，犹如方圆长短的不可穷尽。因此，规矩一旦确立，方圆与否就已注定，而天下的方圆也就不可胜用；尺度一旦制定，长短与否就已注定，而天下的长短也就不可胜用。

也就是说，良知能解决天下一切事，它就如圆规可以解决天下一切圆一样。

如此看来，良知似乎是机器猫肚子前那个口袋，里面什么都有。问题是，王阳明承认人人是个机器猫，也承认人人都有那个口袋，但是，我们如何把口袋里的东西拿出来呢？也就是说，我们如何获得不被物欲遮蔽的良知呢？

物欲和私欲，被王阳明认定是一个“欲”。为了更清晰地理解，我们暂时分作两个“欲”来理解，“私欲”指的是在我们心里过度的七情六欲，而物欲是外界给我们内心的刺激所产生的欲望。私欲是井中水，物欲是倒进杯里的水。一个是自身就可以产生，另一个必须要靠外界的帮助（刺激）。私欲在我心中，不必需要外界的刺激就会产生，比如莫名的惆怅、哀伤。而物欲必须外界的刺激，比如嫉妒、攀比。不过据王阳明所说，你嫉妒别人有钱有势，还是在心的指使下用眼去看到的，所以说，物欲还是私欲，还是在心里产生的。

这并不是我们关心的问题，我们要说的是，每个人都有良知，而每个人的良知都会被物欲、私欲遮蔽，想要获得完全的良知，只要把物欲和私欲祛除就是了。

这话说来轻巧，做起来实在太难。人生在世，由于要维持我们的肉体不至于死亡，必须要解决生存的问题。而在解决这一问题时，你难免会有物欲遮蔽良知的时候。比如你饥饿万分，又没有正当的办法得到吃的，你会不会去偷？如果你不去偷，那就会被活活饿死，身体发肤，受之父母，把自己饿死，那就是犯罪。西方基督徒认为，人要顽强地生存，如果轻易地放弃生存，那就是自杀，自杀的人无论做了多少好事，都上不了天堂。可如果你去偷吃的东西，那就违背了良知。

王阳明对此的解释是，可以偷，因为这是权宜之计，偷了后要记得以后还给人家。我们光复良知要从平时做起，而不是临时修行。

如何光复良知

有一天，王阳明看到许多弟子都坐在地上，毫无表情，像是睡过去的石头。王阳明就把那些‘石头’都敲醒了，问他们：“在想什么？”

有弟子愉快地说：“什么都没想，心里空空的，犹如在太空遨游，真是爽快。”

王阳明说：“你这不是我提倡的静坐，这是枯禅，和那群老和尚没什么两样。”

弟子不太愉悦了，说：“您不是教我们要静坐，安定纷乱的情绪，达到物我两忘的境界，光明良知吗？”

王阳明说：“我是要你安定情绪，物我两忘，不是让你什么都不想，死人才什么都不想呢。”

弟子惘然失措。

王阳明就说：“佛家和道家讲物我两忘，不但把心外的物忘了，连心内的也都忘了，甚至连心都忘了，这不是我的意思。我的意思是，你在安定思绪不要胡思乱想后，要一心一意地省察克治。所谓省察克治，就是通过反省检查以发现和找出自己思想和行为中的不良倾向、坏的念头、毛病和习惯，然后克掉它。

“这一功夫绝不要间断，如同你铲除盗贼，要有一个彻底杜绝的决心。无事时，将好色、贪财、慕名等私欲统统搜寻出来，一定要将病根拔去，使它永不复发，才叫痛快。再打个比方，就好比是猫逮鼠，眼睛盯着，耳朵听着。摒弃一切私心杂念，态度坚决，不给老鼠喘息的机会。既不让老鼠躲藏，也不让它逃脱，这才是真功夫。如此才能扫尽心中的私欲，达到彻底干净利落的地步，自然就恢复良知了。”

也许有人会提出异议，王阳明这样做是不是神经过敏？坏的念头，人人都有，而且时刻都有。老舍写过一部小说，里面的男主人公看书时一看“女”字旁的字就想入非非，但那男主人公是个真正的汉子。

其实，这正是王阳明“知行合一”的注脚，你的心一动（知），其实就已“行”了。不要认为一个小私心无伤大雅，时间一久，肯定会出大问题。

民国厚黑学大师李宗吾说："小私心就如星星之火，你就是不踩灭它，它也不会燎原。"当然，这只是李宗吾的一面之词，没几年后，就有一位伟人毛泽东说："星星之火可以燎原。"

由于我们的私心就像是呼吸般永恒存在，所以我们就要时时刻刻留意，这就是王阳明提倡的"必有事焉"。

"必有事焉"字面意思是，肯定有事。有什么事？就是狠斗私心。狠斗私心的目的是什么，就是光复良知。千万不能忘记这件事，这就是"勿忘"；但你也不要拔苗助长地去光复良知，不要着急，慢慢来，这就是"勿助"。

可世间有些人就是着急，恨不得一天内就能把良知光复，然后一劳永逸，永远活在极乐世界。王阳明对这种心态提出警告说："你们呀，做功夫时千万不要着急（**助长**）它。上等智慧的人很少，几乎没有人生下来就具备圣人的心性。所以说，光明良知的学业必然是一起一伏、一进一退的。千万不要因为我从前用了功夫，到现在这功夫不管用了，我却还勉强装出一个没有破绽的样子，这就是助长。这种做法的危害就在于：连从前的那点功夫也给遗弃了。这可不是小小的错误。好比一个人走路，不小心跌了一跤，站起来就走。这就是假装一副没有跌倒的模样来，其实疼痛与否，只有你自己知道。

"各位只要经常怀着一个'自然而然，不焦急'的心，耐心地去用功，别人嘲笑你、诽谤你、称誉你、侮辱你，你都不介意，功夫上无论是进还是退，你不要管，只是闷头在良知上用功，时间久了，你就能体会到快乐了。"

致良知：听从第一感觉

致良知，有两个内容。第一是向外的：用你的良知施加于万事万物，也就是用良知去做事。第二是向内的：就是我们前面说的光复良知。实际上，这两个内容在王阳明看来就是一个内容，因为王阳明说心外无物，你去做事时，事就在你心里，还是在心中光复良知。

不过，王阳明对第一个内容讨论得特别多，他曾说，人的良知是不倚仗见闻（**心外的事**）的，孔子说："多闻，择其善者而从之；多见而识之，知之次也。"其实只是在见闻的细枝末节上寻求，要抓住主干（**内心上用功**）。

有弟子就问他："您居然说见闻是次要的，我不明白，难道见闻可以去掉吗？"

王阳明说："你误会了。实际上我想说的是，良知是和我们与生俱来的，它就在我们心中，所以不可能是从见闻上产生的。但是呢，良知不可能离开见闻。现在有好多人总是在见闻上用功，那就是舍本逐末。实际上，在日常生活中，见闻酬酢，虽千头万绪，都是良知在作用。如果离开了见闻酬酢，也就无法致良知了。那么，你说，良知和见闻是不是一件事？因为你在日常生活中所有的一切见闻，都是你心动后的产物，它在你心内，而你做出了某些行为和决定，就是良知在起作用。"

人是社会的人，不可能离开社会，正如鱼不能离开水。人在日常生活中，只要"见到善的而从之，听到善的而学习之"，其实就是在致良知。离开了见闻，你的良知是个什么东西？

既然，我们致良知离不开见闻，那么，如何致良知呢？

王阳明深情地说了下面这段话："你那点良知，正是你自己的行为准则。你的意念所到之处，正确的就知道正确，错误的就知道错误，不可能有丝毫的隐瞒。只要你不去欺骗良知，真真切切地依循着良知去做，如此就能存善，如此就能除恶。此处是何等的稳当快乐！这些就是正念头（**格物**）的真正秘诀，致良知（**致知**）的实在功夫。若不仰仗这些真机，如何去正念头？关于这点，我也是近年才领悟得如此清楚明白的。一开始，我还怀疑仅凭良知肯定会有不足，但经过仔细体会，自然会感觉到没有一丝缺陷。"

我们先放掉王阳明致良知的方法，来谈一个名词，它的名字叫直觉。

我们今天对直觉做如下定义：没有经过分析推理的直观感觉。

不过，还是荷兰哲学家兼数学家鲁伊兹·布劳威尔对直觉的定义最有深度和趣味。他说，直觉就是意识的本能反应，不是思考的结果。大概是意识的源反应，比以语言要素通过逻辑关系构建的反应系统要更加高效、更具准确性。只是能引起意识源反应的机会很稀少。也许人类在语言意识未建立前，依靠的就是这种意识的本能反应——直觉。而当人类语言意识建立后，到今天，这种本能就逐渐退化了。

他举个例子说，蜜蜂能以最省的方式精准地建造坚固的六角巢穴，它肯定不懂人类的物理学，它靠的就是本能的直觉。

王阳明致良知的方法乍一看去，是不是就是直觉？由于良知知道是非善恶，所以它能在第一时间做出迅疾的判断，而这种判断正如直觉那样：比以语言要素通过逻辑关系构建的反应系统要更加高效、更具准确性。

为什么直觉比以语言要素通过逻辑关系构建的反应系统要更加高效、更具准确性？因为我们在构造逻辑关系时，有极强的目的性，这个目的性就是私欲，为了构造完美的逻辑关系，我们会左右论证和辩驳。这就是说，我们从我们私心的立场出发在制造一种东西，这种东西制造出来后可能是完美的，但它总有雕琢的痕迹。雕琢的东西必有私欲在，因为我们制造它出来的目的无非获得成就感。

致良知就是靠直觉，正如一块磁石，你用它去触碰铁时，它会吸引，你用它触碰木头时，就没有任何感应。致良知和“知行合一”的理论一样，磁石触碰铁时，不是思考，它是铁，所以我要吸它，在触碰木头时，也没有思考，它是木头，所以我不吸它。二者之间没有缝隙，没有停顿，致良知就是如此。

那么，为什么我们很多人不致良知呢？用王阳明的解释来说，就是因为我们人类总是在外部世界不停地折腾，把外部世界弄得极为复杂。在和外部世界的较量中，我们必须绞尽脑汁，反复思考，如此才能取得胜利。在明代，一个富裕家庭的孩子才开始说话，就要背诵诗书，少年时期就开始接触“四书”，目的就是考中进士做官，所有精力都用在这上面，哪里有时间去关注良知？在今天，一个孩子的脑子里除了必要的书本知识，还要被迫上各种培训班，他们哪里有时间来关注良知？当外部世界已成为一个极为复杂的世界时，我们面对它，首先想到的不是光明自己的良知，而是如何来适应它，如何击败它。这诸多的想法就成了私欲，成了乌云，遮蔽了我们的良知。当我们有一天想要把良知光明时才发现，为时已晚，因为遮蔽它的灰尘已成了一座大山。

另外，还有最重要的一点，随着社会的发展，一切现成的东西都已具备，我们在这个世界上正被动地接受一切。把米放进电饭锅里就能吃到米饭，其间不用我们费任何力气，不用动任何脑子，把屁股放到车座上，就能到达目的地，我们也不费任何力气，也不同动脑子；这都是现成的，是不用我们费力就可以做到的，何必去问直觉？因为事情本来就是那样啊。

虽然如此，但王阳明还是认为，我们的良知一直在发挥作用，只是你不理睬它。很多人都会对下面例子的判定深信不疑：高楼上掉下一个冰箱来，我们第一反应就是逃跑。而当我们看到高楼上掉下一个婴儿时，绝大多数人的反应是去承接。这就是致良知，遇到冰箱逃跑，是因为我们的良知告诉我们，它是恶的，砸到你会把你砸死，而生是本能，所以要躲开。看到婴儿掉下，良知马上会告诉我们，他是善的，因为他是一条生命，我们的良知对自己的生命重视，当然也重视别人的生命，所以要去承接。

在这两件事中，你没有思考的时间，你只能靠我们今天所谓的直觉去做出行动。如何致良知，就是听从我们良知的指引，也就是直觉。

实际上，如果你的良知光明，没有乌云和尘埃的遮蔽，它在刹那间给你指引的声音犹如滚滚天雷。可当我们被物欲遮蔽后，它的声音虽然微弱，却仍然能被我们听到。那么，问题就在这里，我们虽然听到了，却不遵循它的指引，这就是不能致良知了。

不能致良知，有两种情况：一种是，我干脆听而不闻；一种情况是，我虽然听到了它的声音，可一定就对吗？我要好好考虑一下。正如王阳明所说，你思考的时候，就已经掺杂了私欲，思考出来的结果可能是正确的，但那是歪打正着，大多是错误的。为什么错误？无非私欲让你迷失了方向。

我们举张学良的例子来说明。张学良当年在东北有三四十万东北军，当日本人准备进攻东北的消息传到他耳里时，他魂飞魄散。多年以后，他在口述实录中说，他第一个感觉就是，不能撤，因为东北有那么多百姓，如果撤了，就是把家乡父老送进火坑。但他没有遵从第一感觉，因为他有很多私欲。他魂不附体地考虑几天，在这些考虑中，他想到生命，想到他的家底——东北军，想到真要和日本人打起来肯定会失败，一旦失败，他的家底就全没了，他在蒋介石那里腰杆子就不硬了。这种种私欲的集合最终让他做出了违背良知的决定：不做任何抵抗，把军队撤进关内。

多年以后，他始终为这件事懊悔。但正如世界上很多人一样，即使给他个重来的机会，把当时的场景复活，他做的决定和第一次还会一样。因为他的良知已被外界的物欲遮得奄奄一息了。

王阳明说得很简单，只要良知判定是非善恶，你照着去做就是了。实际上，就是这么简单的一个递进句，人类历史上真正做到的人却屈指可数。

致良知：听从内心的声音

所谓“四句教”，是王阳明晚年向众弟子提出的恍恍惚惚的四句话：无善无恶心之体，有善有恶意之动，知善知恶是良知，为善去恶是格物。

据心学的拥趸、思想家耿定向说，“四句教”实际上就是“致良知”的步骤。他在给王阳明作传时，提到了这样一个例子，这个例子正是王阳明本人的现身说法。王阳明在功成名就后回浙江老家休养。有一天，一个老乡来找王阳明。这个老乡是个年迈的农夫，据他说，自己无儿无女，身体已不允许自己耕种，所以想把他的一块土地卖给王阳明换点养老钱。王阳明毫不客气地拒绝了，他说，土地买卖不合法，另外，他不忍心让一个做了一辈子农夫的人临死前看不到他自己的土地。于是，他给了老农夫几两银子，打发走了。

王阳明做完这件事后，很为自己的良知又光明了一分而沾沾自喜。不过很快，他就险些在致良知的路上栽了跟头。

事情是这样的：有一天风和日丽，王阳明和他的弟子们到山间游玩。正在兴头上，忽然他的一个弟子指着眼前一块飘来清新的泥土气息的土地对王阳明说："那就是几天前想售卖给您土地的老农的地。"

王阳明顺着弟子的手指看去，赞叹一声，真是个修身养性的好地方。他不禁懊悔起来，心说，当时真应该买下来！可这念头刚一起，王阳明马上打了个寒战，他问自己："我怎么会这样想？我怎么会懊悔？为什么懊悔，就是因为我觉得那块地很不错，这就是贪欲。我绝对不能有这样的想法，必须立即祛除。"在很长一段时间里，王阳明闭口不语，学生们感到很奇怪，直到太阳落山时，王阳明才长嘘一口气道："终于把它祛除了，真难啊！"

耿定向讲完整个故事后，就用"四句教"做了精致的分析：王阳明和弟子们在山间游玩，心上是何等的坦荡，没有任何善恶，这就是"无善无恶心之体"。可当弟子告诉他那个老农土地的消息后，王阳明马上就动了懊悔之心：天啊，这里真是个好地方，当时我怎么就不买下来呢！这就是"有善有恶意之动"。"意"动了后，王阳明突然就感觉不对，这是私欲，是恶的。他是怎么知道的呢？当然是良知告诉他的，因为良知能知是非善恶。这就是"知善知恶是良知"。良知告诉他了是非善恶后，他立即沉默不语，开始专心祛除这种被良知判定的"恶"，这就是"为善去恶是格物"。

这就是致良知的步骤，简单易行。但正如世上很多人知行不合一，人人都能知，却很少有人行。

当我们面前没有一盘红彤彤、肥油油的红烧肘子时，由于我们还没有和红烧肘子发生感应，所以我们的心体是无善无恶的。而当红烧肘子被端到我们面前时，我们的意就动了，它会射出两道射线，一道是吃，一道是不吃。那么，对于一个身体健康的人而言，吃就是善的，不吃自然就是恶的。

补充一点，王阳明认为，恶就是"过"或"不及"。在王阳明看来，善恶是一条路的上下坡，谁都离不开谁，离了善，无从谈恶，离了恶，也就没有了善。

为什么说不吃就是恶的呢？因为人的本性中都有吃的欲望，而且红烧肘子非常好吃，如果非常想吃却不吃，那就是矫情。

但是，如果你是个重度脂肪肝患者，面对一盘红烧肘子时，吃就是恶；不吃就是善了。因为你的良知会告诉你，吃了红烧肘子，会加重病情，不吃的话，就没事。

那么，我们探讨的问题就是：善恶是外界的评判，还是内心的评判？

毋庸置疑，是我们内心的良知的评判。

所以当你在开始致良知的步骤时，一定要注意，听良知的，不要理会外界的评判尺度。

后　记

高中时读书，读到唯物主义和唯心主义时常心潮澎湃。唯物主义是一定正确的，但我特别喜欢唯心主义，与其说我喜欢唯心主义，不如说我喜欢“心”这个字。它灵动清新，“物”字和它一比，简直是头蠢笨的牛。

教科书谈到“唯心主义”时，特意举个例子，这个例子就是王阳明的。说有一天他和朋友去看花，朋友问他：“你常说天下无心外之物，你看这朵花，在山中自开自落，不随你的心而开落，你做何解释？”

王阳明回答：“你未看此花时，此花与汝同归于寂，你来看此花时，则此花颜色一时明白起来，便知此花不在你的心外。”

教科书严肃地批判道：“这是典型的主观唯心主义，坚决要不得。”

我倒觉得这段话非常有意蕴，至少它比“世界是物质的，物质是客观存在的，不以人的意志为转移”这种“高大上”有趣味。

后来，看到介绍王阳明的书，说他是刽子手。因为他在江西和广西剿匪，杀了好多革命的农民兄弟。

再后来，我看了他的各种公正客观的传记和他的文集，发现王阳明其实是个很厉害的伟人。他值得我们学习。

但学习他什么呢？

恐怕直到今天，很多人都在绕着他的心学理论打转。依我之见，王阳明的心学不是理论，而是生存和解决问题的工具。这个发现就是这本书的由来。我是用王阳明自己创建的心学来解构他本人的一生，从而得出的结论应该就是我们每个人都需要的生存“天理”。因为他说了，人心古今中外是相同的。

今天写王阳明，实属费力不讨好。太多珠玉在前，已先入为主，不至于班门弄斧，却有望风而动之嫌。然而还是在《帝王师刘伯温》一完稿就开始写王阳明，在读客公司盛亮编辑的督促下，前后修改数次，终于有此书现世。

其实，我最奢望的是，现世的不仅仅是《知行合一王阳明：1472—1529》这本书，还应该是王阳明的灵魂。

度阴山

2014年4月19日

读客®

读客中国史入门文库

顺着文库编号读历史，中国史来龙去脉无比清晰！

知行合一王阳明2

四句话读懂阳明心学

无善无恶心之体，有善有恶意之动，
知善知恶是良知，为善去恶是格物。

理解这四句话，所有的困惑将变得清晰，
所有的犹豫将变成果断。

度阴山 著

江苏凤凰文艺出版社
JIANGSU PHOENIX LITERATURE AND
ART PUBLISHING

图书在版编目（CIP）数据

知行合一王阳明. 2, 四句话读懂阳明心学 / 度阴山著.
-- 南京：江苏凤凰文艺出版社, 2018.1（2025.11重印）
（知行合一王阳明大全集）
ISBN 978-7-5594-0203-5

Ⅰ. ①知… Ⅱ. ①度… Ⅲ. ①王守仁（1472-1528）-
哲学思想 Ⅳ. ①B248.2

中国版本图书馆CIP数据核字 (2017) 第317392号

知行合一王阳明. 2，四句话读懂阳明心学

度阴山 著

责任编辑　丁小卉
特约编辑　盛　亮　沈　骏
装帧设计　读客文化　021-33608320
责任印制　刘　巍
出版发行　江苏凤凰文艺出版社
　　　　　南京市中央路165号，邮编：210009
网　　址　http://www.jswenyi.com
印　　刷　三河市龙大印装有限公司
开　　本　1000 毫米 × 710 毫米　1/16
印　　张　14.5
字　　数　166 千字
版　　次　2018 年 3 月第 1 版
印　　次　2025 年 11 月第 33 次印刷
书　　号　ISBN 978-7-5594-0203-5
定　　价　118.00 元（共三册）

目　录

序　篇
四句教——阳明心学的天机与纲要

一

初春时节，到处郁郁葱葱，心学大师王阳明就在这生机盎然的天地间，为他的弟子们讲解心学。正津津有味时，一老农来求见。老农不是来听课的，而是想和他做一笔买卖。

老农说，最近家里财政状况堪忧，很多地方需要现金。可悲的是，他没有现金，所以决定将自己的一块田地卖给王阳明。王阳明当即拒绝。他说："君子应成人之美，不可趁火打劫。你是农夫，田地是你的生存源泉，我若买了你的地，你是能解了近忧，可将来怎么办？"

王阳明决定，借给老农所需要的现金，还款日期不限。老农感激涕零，拿着钱千恩万谢地走了。

故事倘若到此为止，那就成了小故事大道理道德版，所以必有下文。下文就是：几日后，王阳明和弟子们到山水间游玩。在一处风景如画之地，王阳明看向山凹处一块田地，不禁赞叹道："你们看，那里面山背水，远看如菩萨莲花宝座，实在是风水宝地啊。"

有弟子试探性地问道："老师喜欢这块田地？"

王阳明眉飞色舞："怎能不喜欢？良知能知善恶，它告诉我这就是'善'的，我真是如喜欢美色（如好好色）一样喜欢这块田地。"随即，王阳明脸色呈现出遗憾的神情，"可惜它不是我的。"

该弟子笑道："它理应是您的，只是您舍了。"

王阳明迷惑地看着该弟子。

该弟子解释道："这块田地就是几日前那个来和您做买卖的老农的。他当初要卖给您的地就是这块地。"

王阳明"哎哟"了一声，人人都能听出他语气里的懊悔。

可语音未落，王阳明马上扼腕顿足，说道："我怎么会有这种想法?!"

众弟子茫然。

王阳明找了个地方坐下来，紧闭双眼，静如枯木。许久，才睁开眼，看到弟子们丈二和尚摸不着头脑的神态，他缓缓说道："我刚才的那想法就是私欲啊，欣喜的是，总算被我克掉了。"

众弟子恍然大悟。

其实讲这个故事不是目的，这个故事是"形而下"的器，我们真正要讲述的是这个故事背后的、"形而上"的道。这个道就是王阳明的"四句教"：

无善无恶心之体，
有善有恶意之动。

知善知恶是良知，

为善去恶是格物。

这里的“善”是中庸、中和、不偏不倚的意思；“恶”是过或不及的意思。“四句教”是阳明心学的精髓，同时也是简易明快了解阳明心学的工具，更是阳明心学的“天机”。那么，上面这个故事和四句教有什么关系呢？

王阳明的拥趸、明朝心学大师耿定向说，当然有关系。

当王阳明和弟子们在山水间游玩时，他的心坦坦荡荡、无牵无挂，是无善无恶的，这就是“四句教”第一句“无善无恶心之体”。可当他听到关于那片田地的所有信息并产生懊悔之心时，就说明他的意动了，这就是“四句教”第二句“有善有恶意之动”。那么，这个“意”是对是错呢？他扼腕顿足，就说明这个“意”是错的。错就错在，他不该有懊悔的想法，一懊悔就证明他想据为己有，据为己有的心是错心。那么，他是怎么知的呢？是与生俱来能知是非善恶的良知告诉他的！所以这是“四句教”第三句“知善知恶是良知”。他一知道错，马上就静坐，克掉这个错误的“意”，去掉恶，保持善。最后，他如释重负，这就是“四句教”最后一句“为善去恶是格物”。

无疑，耿定向的这种诠释是阳明心学“致良知”的过程，或者说是程式、法则。那么，王阳明是如何解释“四句教”的呢？

二

1527年农历九月，王阳明被明政府起用，讨伐思恩（今广西武鸣县北）和田州（今广西田阳县北）。启程前，他的两位弟子钱德洪和王汝中举行了一场激烈的辩论，辩论的内容就是王阳明提出的“四句教”。

王汝中以为，这四句话前后矛盾。

钱德洪对王汝中的怀疑精神大为惊异，摆出一副热情的姿态向他讨教。

王汝中毫不客气地说：“第一句，无善无恶心之体，既然心的本体是无善无恶的，由心而发出的意也应是无善无恶的。意既然无善无恶，意所在的事也必是无善无恶，那良知还做什么裁判？何必还要去格物？所以后三句是废话。”

钱德洪不语，王汝中更来了劲：“如果意有善恶，良知要做裁判，在良知的指引下我们去格物，那就说明心体还是有善有恶的。这样的话，第一句话就是错话。”

钱德洪语重心长，拿出看透世事的长者对无知少年教诲的语气：“你呀，看歪了。心体是天命之性，原本是无善无恶的。可是，这颗心会被外物沾染，外物一沾染，心发出的意自然就有了善恶。但心体仍知善恶，所以我们要为善去恶，为善去恶的目的就是恢复那心体。”

两人各执己词，辩得不可开交，只好请王阳明来裁夺。

王阳明听了二人的见解后，说道：“两位的见解恰好可以互为补充，不可偏执一方。我开导人的技巧有两种：资质高的人，让他直接从本源上体悟。人心原本是晶莹无滞的，原本是一个中和。资质特高的人，只要稍悟本体就是功夫了。他人和自我、内和外一切都透彻了。而另外一种人，资质较差，心不免受到沾染，本体遭蒙蔽，因此就教导他从意念上实实在在为善除恶，待功夫纯熟后，污秽彻底荡涤，本体也就明净了。王汝中的见解，是我用来开导资质高的人的方法；钱德洪的见解，是我用来教导资质较差的人的途径。两位若互为补充借用，那么，资质居中的人都可被导入坦途。若两位各执一词，在你们面前就会有人不能步入正轨，就不能悟透真理了。”

这段话可以如此理解，对那些资质高（良知光明）的人，你只需和他说第一句和第三句：无善无恶心之体、知善知恶是良知，他一听到这话就明白了是什么意思。为什么呢？因为他的心体光明，始终在行良知，日用而不知罢了。

而对那些资质较差（良知被遮蔽）的人，你就要和他说第二句和第四句：有善有恶意之动、为善去恶是格物。他一听到这话就明白该在“念头”（意）上为善去恶，时刻警醒自己，我的“意”是有善有恶的，千万要谨慎，一定要正念头（格物）啊！

由于这次授业解惑发生在王阳明府邸的天泉桥上，所以这次讲学被称为“天泉证道”。“天泉证道”的最后，王阳明叮嘱二人道：“我的心学宗旨就是这四句话，你等千万不可抛弃。来，跟我念一遍：无善无恶是心之体，有善有恶是意之动，知善知恶是良知，为善去恶是格物。”

这就是王阳明本人对“四句教”的解释，王阳明最喜欢和最擅长的就是“二合一”，比如知行合一、心理合一，同样，四句教也是无善无恶和有善有恶的合一。

阳明心学四句教是让人既自信、又不可自傲的教法：人人都有能成为圣贤的良知，它无善无恶，近乎天神的境界，这是我们引以为傲的。

良知会被遮蔽，发出的意却是有善有恶的，所以我们必须要诚意，为善去恶，以此来抵达清澈的良知，随时随地行这清澈的良知。

当我们的良知无善无恶时，就是我们最有力量、最有智慧之时。天下既在我手，更在我心。

三

是否还有别一角度来理解“四句教”？

答案是肯定的。众所周知，王阳明在“天泉证道”两年后就病逝江西，在人世间的最后两年中，他拖着病躯一直在广西境内剿匪，没有时间和精力继续深入阐述“四句教”。所以后人对“四句教”的阐释五花八门，让人眼花缭乱。

那么，为什么说“四句教”就是王阳明心学之纲?

因为“无善无恶心之体”是他的世界观，“有善有恶意之动”是他的人生观，“知善知恶是良知”则是他的价值观，而“为善去恶是格物”就是他的方法论。

王阳明主张心外无物，心是无善无恶的，作为万物的世界自然也是无善无恶的。在这个“无善无恶”、一团“和”气的世界上，我们要树立正确的人生观，这自然就需要心发出“意”。

而正如钱德洪所说，有些人的心体被沾染，正如世界观受外物影响一样，所以由此而形成的人生观必然有善有恶。令人欣喜的是，我们每个人都拥有知是非善恶的良知，人人心中都有完美的核心价值观。而我们所需要的就是用格物的方法论来为善去恶，自觉践行正确的价值观。

从“四句教”作为阳明学大纲的语境出发，我们可以这样说：如果每个人的世界观都如王阳明所说的那样把天地万物当作自己的一部分去爱，那他必会树立“内圣外王”的人生观，也会真诚恻怛地践行“致良知”“知行合一”等心学核心的价值观，因为阳明心学有一套无与伦比的方法论：静坐与事上练。

“四句教”是一个正循环，正确的世界观会让人拥有善的人生观与价值观，当人人都拥有善的人生观和价值观后，会反过来自然而然地塑造善的世界观。如天地万物一样，生生不息，周游不止，一善百善，天下皆善；一和皆和，天下皆和！

对“四句教”理解的这第三点，即是本书的由来，也是本书的纲目。

第一章
无善无恶心之体——阳明心学的世界观

世界观，简单地讲，就是每个人对世界怎么看。其着眼点是物质和意识、思维和存在的关系问题。

那么，在王阳明看来，物质和意识、思维和存在是什么样的关系呢？或者说，王阳明的世界观是什么样的呢？

几万年前的黄昏，四个人类攀上参天大树欣赏落日。落日最后的余晖在人间消失时，整个世界融为一体，万籁无声。

第一个人类虔敬地说："感谢神创造了这个美丽的世界。"

第二个人类不以为然，纠正他道："世界是某种物质爆炸后诞生的，与神有何关系！"

"你俩真蠢！"第三个人类指着自己的心脏说，"世界是我心的反映。我心在，世界就在；我死后，世界也就没了。"

三人各执己见，吵得不可开交。最后一个人类从冥思中悠悠醒转，说道："你们呀，良知不明，所以把这世界看得支离。"

三人异口同声质问他："你认为这世界是怎么回事？"

此人回答："天地万物本一体，无善恶之分。如果你们觉得世界万物有善恶之分，只是你们的心为它们分出了善恶。倘若心无善无恶，万物就无善无恶。这样看来，世界是什么样，我心说了算。"

这显然是第三个人的论调。前两个人类鄙夷地一笑，第三个人扬扬得意，但第四个人又补充道："但没有这世界，我的心也就不称之为心。试想，世界万物不存在了，你的心还有什么用？躯体不在了，你的心脏还有什么用？所以我说，世界和我心，是互相感应互相依存的。"

多年以后，我们知道了，第一个人类的世界观是唯神论，第二个人类的世界观是唯物论，第三个人类的世界观是唯心论，第四个人类的世界观就是王阳明的世界观——不唯神、不唯物，也不唯心，只唯良知！

一、心是万物的尺度

1527年农历八月，赋闲在家多年的王阳明被明政府重新起用，皇帝朱厚熜命他到广西剿匪。王阳明当时已五十五岁，身体状况堪忧，但他毫不犹豫地去了广西。临行前，弟子钱德洪希望王阳明允许将《大学问》刊刻。

《大学问》是王阳明对四书之首《大学》的心学解析，据钱德洪说，它是阳明学的重要教科书。王阳明对每个来学习其学说的人，都会灌输其《大学问》。可以说，《大学问》是阳明心学的入门课和心学思想精髓。

很多弟子都希望王阳明能将《大学问》成之于文字，王阳明高深莫测地说：“这种意思必须诸位口耳相传，倘若用笔写下来，让人当作文章去读，就没有意义了。”

钱德洪拒绝认可王阳明的话，他说，口耳相传固好，但流传百世之后，恐有口误，失了《大学问》的宗旨。

王阳明沉思许久，终于点头允许《大学问》成为文字。

感谢王阳明，更感谢钱德洪，使我们在今日能看到《大学问》的文字，正是《大学问》开篇的一段文字，使我们知道了王阳明的世界观：“真君子，会把天地万物看成一个整体，把普天之下的人看成一家人，把全体中国人看作一个人。他们能把天地万物当作一个整体，并非有意为之，而是他们内心的良知使然。他们的良知和天地万物是一个整体的。”

这就是“万物一体”，或称为“万物一体之仁”，其实就用“仁”来贯通自己和万物。“仁”是儒家思想的重要概念，一般而言就是“爱”。中医把手脚麻痹的人称为“不仁”，由此我们可以知道，所谓“仁”就是具有痛痒的知觉，以生理的知觉，不断地觉悟道德性的东西，这就是仁！

在王阳明看来，这个世界应该是以我为中心，将天地作为躯干，把万物作为四肢百骸，然后用我的“仁”来对待我的躯干和四肢百骸，使躯干和四肢都得到我的仁，并最终成仁。

这岂止是理性的世界观，简直就是动人心魄的胸怀！

为何“万物一体”并非有意为之，而是我们内心的良知使然呢？王阳明举例说：“当我们看到一个小孩儿要掉进井里时，必会自然而然地生出害怕和同情之心，这就说明我们的良知跟孩子是一体的。或许有人说，小孩儿是人类，大家是同类，看到他面临危险，会有这种心态。但是，当我们看到飞禽和走兽发出悲哀的鸣叫或因恐惧而震颤不已时，也会产生不忍心听闻或观看的心情，这也说明我们的良知与飞禽走兽是一体的。同样的道理，当我们看到花草和树木被践踏和折断时，也会产生怜悯体恤的心情，当我们看到砖瓦石板被摔坏或砸碎时，也会产生惋惜的心情，这就是说我们的良知与花草树木、砖瓦石板是一体的。”

很容易想象，当每个人都把别人的冷暖悲喜当作自己的冷暖悲喜时，就会油然而生一种使命感，我要爱天地万物，因为它们是我的一部分，正如我爱我的四肢一样。而每个人也注定将如此，因为我们每个人都有良知。

王阳明提出万物一体，无非希望每个人都发自良知地去爱人，爱世界，爱天地万物。这就是儒家苦口婆心教导世人的“仁”，在王阳明看来，“仁”就是致良知。那么，我们用良知去爱天地万物，是一股脑地铺天盖地去爱，还是有步骤、有层次、有轻重呢？

有人问王阳明：既然万物一体，那《大学》为何会说仁爱应有“厚薄”呢？

王阳明做了很详细的回答：这是天理如此，也是良知的答案。近处说，我们的头和手足就有轻重之别，如果非要舍弃一面，那肯定是舍弃手足而保留头。倘若刻板地主张万物一体，不分主次轻重，那当你的亲人和路人都快要饿死时，你的食物只能解救一个人，你解救谁？自然是你的亲人。因为天理如此，良知的答案如此。

我们要真切笃实地拥有一颗万物一体的仁心，就必须从眼前事做起，从你最亲近的人做起。然后循序渐进，真诚恻怛地致良知，最终就会迈入真正的“万物一体”之境。

但天下芸芸众生，能做到这一点的人凤毛麟角，原因就是我们的良知被私欲隔断，不能视天地万物和我为一体，而形成了间隔，无法贯通自己和万物。

在王阳明看来，我们之所以拥有这个世界，就是因为每个人要行这“万物一体”之仁。倘若没有这个，所谓的世界也就不存在了。阳明心学的一切理论、概念都建立在“万物一体”之上，它是阳明学的世界观，也是阳明学的基石。

有弟子问王阳明：“人固然有良知，草木瓦石也有良知吗？”

王阳明回答：“人是万物的尺度，这个尺度就是良知。所以人的良知就是草木瓦石的良知。如果草木瓦石没有人的良知，不可以称为草木瓦石。岂止草木瓦石，倘若天地没有人的良知，也不可以称为天地。因为天地万物和人原本是一体的，其发生的最精微之处，就是人心的良知。风雨露雷，日月星辰，禽兽草木，山川土石，和人原本也是一体的。因此，五谷禽兽之类，都可以养育人，药石之类，都可以治疗疾病。只因同此一气，所以相通。”

因为万物一体，所以王阳明极力主张“和”。“和”是中华文明的精髓，王阳明之前的儒家世界观认为，世界浓缩成一个字，那就是“和”。

它符合宇宙法则（上应天理），符合伦理道德（下合人伦），符合一切事物的自然规律（贯穿于万事万物之中）。

实际上，万物一体就是“和”，如果你真能万物一体，把天地万物都当成自己的一部分，你就能做到“老吾老，以及人之老；幼吾幼，以及人之幼”的四海一家、亲密无间的和睦和祥、和乐融融；你就能深刻领悟到“万物并育而不相害，道并行而不相悖”的和衷共济；你就能真诚恻怛地秉承“君子莫大乎与人为善”的信条而与人和善。

你更能发自良知地明白一件事：宇宙浑然一体，你中有我，我中有你，斗则俱损，和则两利。站在“和”的视角就是站在万物一体的视角，把天地万物当作自己的一部分，也就是用一种全世界、全球的观念来思考问题。

它告诉我们，无论是人类社会，还是凡具生命之世界，甚至是瓦石世界，都是以共存为基础。人和天地万物都是平等的，小到细菌，大到海底神秘的庞然大物，都是生命世界的一分子。

谁都没有资格不分青红皂白地剥夺天地万物的生命，因为在圣贤看来，天地万物都是我身体的一部分，没有人不会爱自己的身体，正如每个人都会对自己身体的痛痒有感知一样。

李大钊先生有句名言，能为王阳明的世界观做一个恰如其分的眉批：（中华文明是）为与自然和解、与同类和解之文明。

清人马士琼清晰地看到这点，于是说出了下面这段话：“若能将阳明学施于一家，扩之四海，则大地皆红炉，而人心无歧路，谓为王氏（王阳明）之球图（国家）也，可谓为天下万世之振铎也。”

那么，在王阳明眼中，世界是如何来的呢？

这是个众说纷纭的问题。东方的盘古说：“起初，我住在一个大鸡蛋壳里，太憋屈。于是我挥出一斧，劈开鸡蛋，蛋清上升是为天，蛋黄下沉是为地。”这就叫开天辟地。天地有了，但死气沉沉。盘古咬咬牙，痛快地自戕，他的身体自动自发地变成万物。西方的上帝说：“创造个世界哪有这么难！我说，要有光，于是有了光；我说，要有万物，于是有了万物。”

朱熹对这两种创世论嗤之以鼻，他说世界生成的过程既不简单也不难。混沌时期，各处都充盈着“气”，这个气就如同煮饭锅里的气一样，是一种物质。气从下面滚到上面，又从上面滚到下面。这个气只做一件事：滚。

滚来滚去，万物形成了。

气永远处于由静止到运动再到静止的循环状态中，这就是所谓的“动静”。气处于“动”的状态时，我们称它为“阳”；处于“静”的状态时，我们称它为“阴”。

“阳”气凝集而成为木、火两个元素，“阴”气凝集而成为金、水两个元素。而土元素很有个性，它先天地而生，并且就藏在木、火、金、水四个元素之中，没有了土，其他四个元素也就不存在。这就是阴阳五行，阴阳五行生万物。

到此，朱熹的世界观明朗得很：作为物质的气创造了世界，这是典型的唯物主义，至少是朴素的唯物主义。但他头脑一热，扭身奔岔路去了。

他说，“气”能创造天地万物，是因为它遵循着个“理”。

“理”是理学的金字招牌，据说是程颐所创。朱熹说，它是宇宙、万物的根据，是使宇宙、万物自然而然那样存在的原理。譬如，做人要厚道，这是自然而然的原理。如果做人刻薄，那就是岂有此理?!

朱熹觉得，“理”在“气”先，有“理”才有“气”。

王阳明觉得朱熹在这个问题上跑偏了。他说：“理是气的条理；气是理的运用。没有理那就不是气，不存在没有理的气；没有气那就不会有理，没有无气而有理的。”

王阳明用这段话告诉我们，世界是由物质“气”构成的。无疑，这是货真价实的唯物论。

但他同时也认为，作为物质的“气”并非是随心所欲地创造了世界，它遵循着一定的原理——理。与此同时，原理不能凭空存在，必须依附于物质“气”。

比如在各个星体未形成前，万有引力是不存在的。万有引力的存在，必须要有各个星体的存在。

也就是说，“理”和“气”是共生共存的关系，可视作一体，谁都离不开谁，不可分割。

二、心即世界

1508年，王阳明因得罪太监刘瑾而被发配到贵州龙场（今贵阳市修文县）驿站担任站长。16世纪的贵州龙场等同于原始森林，有毒的瘴气和各种猛兽活跃其中。有一天夜里，一头熊晃晃悠悠走进王阳明居住的石洞，险些把王阳明做成夜宵。

除了残酷的大自然，当地还有一言不合、拔刀就上的野蛮土著。更要命的是，王阳明缺少食物。他先是做采集者，大自然的馈赠毕竟有限，而且有的野生植物有毒，王阳明毕竟不是神农氏，中毒一次后就再也不敢胡乱吃了。于是他又变成耕种者，对于过惯了公子哥儿生活的王阳明而言，这简直就是地狱般的生活。

就是在这种挑战人类生存极限的场所，王阳明并未丧失信心，他每天都静坐思索。静坐在当时有两个好处，一是可以思索，二就是减少活动量，从而减少食量。

经过头脑中的风起云涌，王阳明终于问出了一个好问题：倘若孔子身处这样的境地，他会怎样？倘若尧、舜、周文王、周公被赶到这个鬼地方，他们会如何应对？

他这是想从心外的古圣先贤那里寻找智慧而突破困局。

后来他又想到朱熹。按朱熹的思路，此时此刻，应该去向心外寻求生存智慧。

如果朱熹是王阳明，那他肯定去找狗熊，问它你是怎么生存下来的？狗熊会告诉他，能吃到小动物时就吃小动物，能吃到人就吃人。朱熹还会去问土著，你们为什么过得如此快乐？但他和土著言语不通，所以问了也是白问。朱熹更会问龙场的一草一木，尔等如此生机勃勃，有什么生存之道吗？一草一木会告诉他，啊呀，我们从来没有想过这个问题，我们能如此，自然而然的啊。

朱熹从狗熊、一草一木那里得到这些信息后，肯定会跑回山洞，得到“理”：自然而然地吃小动物和吃人。这就是朱熹的“格物致知”：去外在的万事万物（物）上探究（格），得到（致）知识、道理（知）。

可王阳明对此有极大的质疑：求索来的道理，真的适合自己吗？纵然格出“理”来，我心能接受吗？难道真要我去吃动物，甚至吃人，而且还自然而然？

王阳明摇头叹息，心力交瘁，几乎精神错乱。突然有一天，他在恍惚的睡梦中突然惊醒，如魔鬼附体一样尖叫起来：“啊，是了！是了！圣人之道，从我们自己的心中求取，完全满足。从前枝枝节节地去推求事物的原理，真是大误。实际上，‘格’就是‘正’的意思，正其不正，便归于正。心以外没有‘物’。浅近而言，人能‘为善去恶’就是‘格物功夫’。‘物格’而后‘知致’，‘知’是心的本体，心自然会‘知’。见父知孝；见兄知悌；见孺子入井，自然之恻隐。这便是‘良知’，不假外求。倘若‘良知’勃发，就没有了私意障碍，就可以充足他的恻隐之心，恻隐之心充足到极点，就是

‘仁’了。常人不能够没有私意障碍，所以要用‘致知格物’一段功夫去胜私复理，使得我们的‘良知’没有被遮蔽，能够充塞流行便是‘致知’。‘致知’就‘意诚’了，把心这样推上去，可以直到‘治国’‘平天下’。”

说完这段话，王阳明顿时觉得胸中异常畅快，如浩瀚的宇宙，无一丝尘埃。这就是心学史的开篇“龙场悟道”，归纳为八个字：吾性自足，不假外求。

这八个字如同神秘咒语，道破天机！

实际上，阳明心学是对朱熹理学的拨乱反正，它掀翻理学这座大山的第一步也是最根本的一步就是对“格物致知”的重新诠释。

“格物致知”是理学第一经典《大学》的“三纲”（明明德、亲民、止于至善）“八目”（格物、致知、诚意、正心、修身、齐家、治国、平天下）中“八目”的基石，是中华儒家哲学的起脚处，悟透它就等于找到了修齐治平的天梯。

王阳明觉得，朱熹对“格物致知”的理解大错特错。

他的理解是，“格”是“正”的意思，“物”就是事，就是意念所在处。

所谓“格物”，就是在事上正心之不正。比如我要吃饭，“要”是意念，“吃饭”就是一事。“格物”就是在吃饭这件事上矫正心之不正，其实就是要自己有个正确的吃饭念头！

王阳明在龙场的绝境中生存下来就是一事，“格物”就是在绝境中生存这件事上矫正心之不正。因为心上有良知，良知是无善无恶的，所以良知不可能不正，我们真正要“正”的是那个“意”，也就是“念头”。

面对绝境，王阳明有两种念头：一是悲观绝望要死要活，二是乐观勇敢积极面对。良知能知是非善恶，所以它会告诉你，第一个念头是错的，第二个念头是正确的，你要把第一个念头矫正过来，保持第二个念头。

那么“致知”呢？王阳明说，“致”是实现的意思，“知”则是良知。

如此一来，“格物致知”就是，在事上正念头而实现良知。回到王阳明身上则是，他在龙场绝境中生存这件事上正了念头，从而实现了良知。

这是个正循环：靠良知的指引在绝境生存这件事上正了念头，正确的念头反过来又实现、呼应、光明了良知。由于它是正循环，所以“格物致知”又可以称作“致知格物”，即

> 致吾心之良知于事事物物也。吾心之良知，即所谓天理也。致吾心之良知之天理于事事物物，则事事物物皆得其理也。所以，心即理。

由此可知，王阳明龙场悟道所悟出的道浓缩成三个字就是“心即理”，它同样也是王阳明的世界观之一。自龙场悟道后，王阳明走出低谷，意气风发，他所凭借的正是“心即理”这三个字。或许有人问，这三个字真有如此神奇功效，能让一个身处绝境、意志低迷的人瞬间就可脱胎换骨、旋乾转坤?!

按王阳明的解释，因为我心中有能知是非善恶的良知，所以天地万物之理都在我心中，不需外求。

当他在龙场驿站生不如死时，他没有到外界去请教土著如何生活，狗熊如何生活，他只是在心里求索：这种时候，我应该振奋精

神，而非半死不活。

这是他和朱熹对世界的看法与思维的截然不同之处：朱熹认为，解决问题的方法在别人那里；王阳明则认为，搞定困难的关键在自己，在自己的心中。天下间所有的道理都在我们心中，只看你求还是不求。只要你求，心能满足你所有的要求。

心，在物（物者，事也）为理。有此心即有此理，无此心即无此理。你有真心对待父母的心，就有孝的理；有真心对待君王的心，就有忠的理；有真心对待百姓的心，就有仁的理。如果你没有真心对待父母的心，就不可能有“孝”的理；没有真心对待君王的心，就不可能有“忠”的理……

心（也即良知）是手电筒，理就是手电筒的光，心要按下开关，理就没有任何借口地必须出现，心是理的主人翁。心不但是理的主人翁，还是“天地万物”的主人翁，它统一着世界万物，主宰着世界万物。

下面这段问答明白无误地道破了这点。

有弟子问：“为何说人心与物同体？例如，我的身体原本血气畅通。所以称同体。如果我和别人，就为异体了，与禽兽草木就差得更远了。但是，为何又称为同体呢？”

王阳明回答：“你只要在感应的征兆上看，岂止禽兽草木，即便天地也是与我同体的，鬼神也是与我同体的。”

弟子不明白。

王阳明问：“你看看在这个天地的中间，什么东西是天地的心？”

回答：“曾听说人是天地的心。”

王阳明又问：“人又把什么东西称为心？”

回答：“唯一个灵明。”

王阳明总结说：“由此可知，充盈天地之间的，唯有这个灵明。人只是因为这个躯体，从而把自己与其他一切隔离开了。我的灵明就是天地鬼神的主宰。天若没有我的灵明，谁去仰望它的高大？地若没有我的灵明，谁去俯视它的深厚？鬼神若没有我的灵明，谁去分辨它的吉凶福祸？天地鬼神万物，若离开了我的灵明，也就不存在天地鬼神万物了。我的灵明若离开了天地鬼神万物，也就不存在我的灵明了。如此这些，都是一气贯通的，岂能把它们隔离开来？”

弟子问：“天地鬼神万物是亘古不变的，为何认为没有我的灵明它们就不存在了？”

王阳明反问：“如今，看那些死去的人，他们的灵魂都游散了，他们的天地鬼神万物又在何处？”

王阳明的意思是这样的：由于万物一体，所以我们的心和世界万物是可以沟通的，正如你能沟通你的四肢百骸一样。人心对世界万物有所感，而世界万物就有所应。如果你的心不“感”，那世界万物就不“应”；只要你“感”，世界万物必须“应”。这就说明，心统一着世界万物，主宰着世界万物。

王阳明说，人是万物的尺度，这个尺度就是良知，没有良知就不成为人心，人也就不是人了。

确切地说，良知是人存在的根本依据，自然也是万物存在的根本依据，所以“草木瓦石没有人的良知，就不能为草木瓦石；天地若没有人的良知，也就不能为天地”。

也就是说，是我们用良知为草木瓦石、为天地命名的，我们“发现”“创造”了草木瓦石、天地。如果没有我的主观介入，它们就不能成为草木瓦石、天地。

换句话说，“心”不但是宇宙万物的主人翁，能超越时间和空间，同时还是一种强大的意志，能创造出整个人文世界。王阳明承认，世界是客观存在的，但这个世界应该什么样子，是由我心来决定的。有的人的世界黑暗无边，有的人的世界光明灿烂，这都是拜我们那个宇宙万物的主人翁的心一手所赐。

王阳明说“心即理”，实际上是号召人们以积极的人生态度、生命意识去面对世界、创造世界。同时又告诉人们，既然真的世界就在我心中，所以那个所谓的物质世界就是虚幻的，我们千万不可被它所遮蔽、所改造，而忘却、沦丧了人之所以为人的真谛。

心既然如此神通广大，是宇宙万物的主人翁，所有的一切都在它控制之下，那心外还能有什么呢？你不是不能去心外求索，而是根本就没有心外这个地方！

他的弟子徐爱对“心即理”很迷惑，问王阳明：“一切道理、规则只从心中寻求，大概不能穷尽天下所有的事理。”王阳明斩钉截铁道：“心即理。天下难道有心外之理乎？”

徐爱举了个简单的例子：“比如侍父的孝、事君的忠、交友的信、治理百姓的仁爱，其间有许多道理存在，恐怕应该通过读书和向高手请问，才能知道‘孝’‘忠’‘信’‘仁’这些道理吧。”

王阳明解释道：“侍父，不是从父亲那里求得孝的道理；事君，不是从君主那里求得忠的道理；交友、治理百姓，不是从朋友和百姓那里求得信和仁的道理。孝、忠、信、仁只在你心中。心即理！没有被私欲迷惑的心，就是天理，不用到心外强加一点一滴。用这颗真诚的心，表现在侍父上就是孝，表现在事君上就是忠，表现在交友和治理百姓上就是信和仁。只在自己心中下功夫去私欲、存天理就行了。如果按你所说，这些道理在外面，那你的父亲去世了，你还明白‘孝’的道理吗？”

徐爱点头：“明白。”

王阳明笑了：“那就对了，你父亲不在了，你却还知道‘孝’的道理，说明这个道理不在外部你父亲身上，而在你心里。”

你如果没有孝的心，你的父亲对你而言是不存在的，所谓心外的父亲只是良知被遮蔽的人的看法。

当你良知光明时，根本就没有心外之事、心外之物，因为你和客观事物发生感应后，它就成了你心内的一部分。你必能以“理”相待！

三、善恶只是一物

有弟子向王阳明请教善恶。王阳明道：“善恶只是一物。”

弟子大惑不解，问王阳明：“善恶两端，如冰炭相反，如何谓只一物？”

王阳明回答：“至善者，心之本体。本体上才过当些子，便是恶了。不是有一个善，却又有一个恶来相对也。所以，善恶只是一物。”西方哲学家罗素也说，善恶如同一条路的上坡下坡，本质仍是那条路，其实是一回事。

为何善会有“过”或“不及”呢？或者说，恶是怎样产生的呢？

王阳明的回答是这样的：“凡应物起念处，皆谓之意。意则有是有非，能知得意之是与非者，则谓之良知。”良知无有不善，这是毫无疑问的。但发出的“意”有是有非，所以“恶”是出现在“意”这个环节上的。

问题是，正如我们前面所谈到的，意由“心”发，而心之本体是良知。“意”本身也是出自良知，这样一说，“意”应该也是有善而无恶的。

可为什么会有“恶意”呢？

王阳明说，问题就在“应物起念处”。“应物”是“心”感于物而动，动时，稍不留意就会“动了气”，这个气是习气，是在社会中耳濡目染来的不良习惯和作风。比如我的心感于饥饿，但习气会让我想吃大鱼大肉，这就是私欲，和“饥饿吃饭”这天理已背道而驰。

这样看来，“恶”的出现是在应物之际，是私欲萌动之结果。有人问王阳明：“意有善恶，诚之将何稽？”（“意念有善有恶，这样该如何考查呢？”）

王阳明用四句教回答他：“无善无恶者心也，有善有恶者意也，知善知恶者良知也，为善去恶者格物也。”

人再问：“意固有善恶乎？”

王阳明回答：“意者心之发，本自有善而无恶。惟动于私欲而后有恶也，惟良知自知之。故学问之要曰致良知。”

意思已很明了：恶既不在于良知之“心体”，亦不在于无善无恶的“物体”。恶没有本体，只是由“心”而发之“意”。在应物起念时，才表现出善念、恶念的区别。

而所谓的“私欲”指的就是那些好色、好利、好名之心，这是毋庸置疑的。但王阳明同时也指出，“闲思杂虑”也属于私欲。

弟子陆澄就很不理解：“好色、好利、好名等心，固是私欲。如闲思杂虑，如何亦谓之私欲？”

王阳明笑道：“毕竟从好色、好利、好名等根上起，自寻其根便见。如汝心中，决知是无有做劫盗的思虑，何也？以汝原无是心也。汝若于货色名利等心，一切皆如不做劫盗之心一般，都消灭了，光光只是心之本体，看有甚闲思虑？此便是寂然不动，便是未发之中，便是廓然大公！自然感而遂通，自然发而中节，自然物来顺应。”

也就是说，我们平时的“闲思杂虑”并非是闲的、杂的，而是有所指。人在胡思乱想时可能会想好的，也可能会想坏的。人人都会想自己发财，人人也会想自己会碰上倒霉事。这些胡思乱想的背后，其实都是我们对名利的奢望和对我们怕失去的担忧，它们都属于非分之想。如果你看淡名利，如果你真看透生死，就不可能在平时胡思乱想。

当然，王阳明之所以说闲思杂念中也属于私欲，还因为闲思杂虑只存在于我们脑海中，还没有被实现。所以我们思虑的善恶、是非，并非如白昼和黑夜那样容易分辨。我们以为正在对未来憧憬，实际上却是贪欲。我们以为正在勾勒当一个伟大的人，实际上却是好名的私欲。在这些真假难辨的闲思杂虑中，很容易会让良知无法判断，最终会遮蔽良知。

所以王阳明说，一定要根除闲思杂虑，唯一的办法就是把那些影响闲思杂虑的私欲给克掉。

因为善恶本是一物，所以有弟子问他“心无恶念时，这个心就空空荡荡，是不是再需要存养一个善念”时，王阳明笑道：“既然除掉了恶念，就是善念，也就恢复了心的本体。例如，阳光被乌云遮挡，当乌云散去后，阳光又会重现。若恶念已经除掉，而又去存养一个善念，这岂不是在阳光下又添了一盏明灯？”

在阳光下添一盏灯就是有念头要存善，王阳明说过这样的话：“在心体上不能遗留一个念头，有如眼中不能吹进一丁点灰尘。一丁点能有多少呢？它能使人满眼天昏地暗了。这个念头不仅是指私念，即便美好的念头也不能有一点。例如，眼中放入一些金玉屑，眼睛就不能睁开。”

我们于此可以知道，无善无恶就是本心最自然的状态，它是心的本体。

由于心即理，心外无事、心外无物，心的本体是无善无恶，所以天地万物也应该无善无恶。这就是王阳明的世界观：天地万物无善无恶，我们对待天地万物的态度也应该是无善无恶。

下面这个故事极透彻地说明了这个观点。

王阳明的弟子薛侃有一天在花园中除草时，付出了许多汗水，所以哀叹道："为什么天地之间，善难培养，恶难铲除？"

王阳明当时就在花园赏花，听到薛侃的叹息，立即察觉到传播心学世界观的机会来了，于是接口道："你就没培养善，也没有铲除恶。"

薛侃莫名其妙，因为他劳碌了大半天，铲除了很多杂草，而且他经常浇灌花朵，这怎么能说是没有培养善，没有铲除恶呢！

王阳明发现了薛侃的疑惑，却没有继续深入这个话题，而是转到另外一个问题上去了："你呀，如此看待善恶，因为从形体上着眼，错误在所难免。"

薛侃这回如堕云里雾里，更不知王老师的话是什么意思了。

王阳明马上解释说："天生万物和花园里有花又有草一样。哪里有善恶之别？你想赏花，花就是善的，草就是恶的。可如有一天，你要在门前搞个草坪，草又是善的，草坪里的花就肯定被你当成恶的了。这种'善恶'都是由你的私意产生，所以就是错误的。"

薛侃吃惊地问："这不就是无善无恶了吗？"

王阳明正色道："天下任何事物本来就没有善恶，它之所以有善恶，全是你强加给它的。我问你，黄金是善还是恶？"

薛侃搓着手兴奋地说："黄金是大大的好东西，当然是善的。"

王阳明问："这要看黄金在什么地方。它在你手上，肯定是善的，可如果它在你胃里呢？”

薛侃摇头道：“那这就是恶的了。”

王阳明又问：“粪便是善的还是恶的？”

薛侃肯定地回答：“那玩意儿肯定是恶的。”

王阳明笑了：“粪便可以让庄稼生长，在老农心中，它就是善的。所以说，天下的万事万物哪里有善恶之分？都是人强行加到它上面的。同样是一座大山，旅游的人就认为它是善的，有急事要翻越它的人就认为是恶的。同样一个人，在朋友心中是善的，而到了他的敌人心中，他就是十恶不赦的。”

王阳明说，很多人都认为这个世界太残酷，因为我们总感觉自己常受到束缚，精神也不能自主，我们受到了客观条件的种种限制。实际上，我们之所以受到客观条件的限制，是因为我们和外物产生了对立。我们所以和外物产生对立，是因为我们总是以自己的标准来衡量外物，于是，就有了是非好恶之情。

当我们对外物有了是非好恶之情，就是给外物贴上是非善恶的标签，一旦你给它们贴上标签，它们就有了生命，反过来干扰你。也就是说，我们被客观条件限制，全是我们自己搞出来的。

薛侃万分地迷茫。

王阳明就举例子说，比如你刚才对野草发出的感叹，你就是给它贴上了“恶”的标签，对于“恶”的东西，人人都会动气，一动气，心情就受到干扰，你心情不好，这个世界就不会好！不仅仅是被你评价为“恶”的事物会对你产生干扰，就是被你评价为“善”的事物也会对你产生干扰。比如被你评价为“善”的黄金，表面上看是你喜欢它，你拥有它，实际上，当你喜欢上它时，它已经控制了你，时刻干扰你。它在你手里，你就过度兴奋，可当它遗失时，你必然过度忧伤，你已经成了它的木偶和奴隶。

或许有人会问，如果我们对任何事物都没有善恶之分，那岂不成了不必奋斗就可衣食无忧的和尚？薛侃就问王阳明："您说的无善无恶和佛家的无善无恶有什么区别吗？"

王阳明严肃地说道："当然有区别。佛教把'无善无恶'看得太重，总拿出来讲。而且他说完'无善无恶'后就什么都不管了。比如他说粪便没有善恶，哪怕床边就有一堆，他也不扫除。而我们心学说'无善无恶'，是不要刻意为善，更不可刻意为恶。"

薛侃好像有所领悟，点头说："既然草不是恶的，那么，我就不拔除了。"

王阳明吸了口气，说："我才说完这是和尚的意思，你怎么就来实践了？如果草有妨碍，你就应该把它除掉。"

薛侃被王阳明弄得晕头转向，说："这样不就是在有意为善、有意为恶了吗？"

王阳明说："我说不刻意为善去恶，并非说全无'好恶'，如果全无好恶，没有是非之心，那连和尚都不如，你就会成为一个麻木不仁之人。所谓'不刻意'，就是说'好恶'全凭天理，再别无他意。就是不要刻意地和事物对立。你现在是为了保持花园，花园里有草，这就妨碍你了，它妨碍你，你就该把它拔除。如果没有拔除干净，你也不要放在心上。比如你今天拔了一天草，可还没有拔完，那你也不要晚上想着草，一想草，就会想到它是恶的，如此，你就和草对立起来，它主导了你的情绪。你不能控制情绪，自然会被情绪所控制。"

薛侃这次好像真的明白了，说："看来，善恶全然与事物无关了。"

王阳明说：“当然。善恶在你心中，遵循天理即为善，为气所动即为恶。”

其实王阳明的意思只是想告诉我们，想有正确的世界观，就要取消我们和外物的对立。不以自己的好恶来评价外物，让外物按照它们自己的规律去发展。比如你被雨浇成了落汤鸡，不必恼火，因为雨就是要落到地上的，这是它的规律。比如你被别人诽谤，也不必愤怒，你不理它，它自然就按它的规律慢慢消亡。大风起的时候，要顺风走，不要逆风行，你要遵守风的规律，这就是顺应万物，不要和万物对立。

房子、车子、金钱各有它们的规律，它们也不过就是房子、车子、金钱，你不要给它们加上标签，让它们来指挥你，你不必把它们放在心上，只需要向前努力就是了。

当我们做到不以自己的私意来衡量外物时，我们就不会受到外物的限制和支配，我们就可以支配自己，使自己的心灵得以安放。由于心即是理，你的心灵安放了，这个世界也就好了。

第二章
有善有恶意之动——阳明心学的人生观

所谓人生观，直白而言就是，你的人生应该是什么样的，你应该成为一个什么样的人。

有人问理学鼻祖张载："你的人生观是什么？"张载当时正站在山坡上，清风吹来，白衣飘飘。他说："为天地立心，为生民请命，为往圣继绝学，为万世开太平。"

有人问未发迹时的东汉开国皇帝刘秀："你的人生观是什么？"刘秀垂涎欲滴道："当官要当执金吾（京城卫戍司令），娶妻当娶阴丽华（当时以美貌著称）。"

有人问东晋权臣桓温："你的人生观是什么？"桓温把长矛猛地插到地上，面向东方的红日，长啸一声："大丈夫不能流芳百世，亦当遗臭万年！"

如果你去路边问个乞丐："你的人生观是什么？"他会愣一下，然后拿出职业的微笑：“大爷，可怜可怜我吧。”

那么，在王阳明看来，我们每个人的人生观应该是什么样的呢？

一、人人皆可为尧舜

有一天，弟子王汝止外出归来。

王阳明问他：“一路上都见到了什么？”

王汝止平静地回答：“我看到满街的人都是圣人。”

王阳明笑笑，说：“你看满街人都是圣人，他们看你也是圣人。”

二人正在心照不宣地相视而笑，又一叫董萝石的弟子慌慌张张地从外面冲进来，神秘兮兮地对王阳明说：“我今天看到一件大奇事啊！”

王阳明问：“什么稀奇事？”

董萝石激动地直搓手：“我看到满街人都是圣人！”

王阳明笑笑，故作不屑：“这算什么稀奇事，再正常不过。”

“满街都是圣人”之典来自朱熹。朱熹当年在泉州看到当地浓郁的宗教文化氛围后，不禁大发感慨地说出“此地古称佛国，满街都是圣人”的赞语。

“圣人”这种稀世珍品很难得，如果不了解王阳明的心学精髓，肯定会认为他和两位弟子都精神错乱而说胡话呢。满街都是圣人，意为人人都是圣人，这种话语，王阳明说得很多。

他曾在一次讲学间隙对弟子们说：“人人胸中都有个圣人，只是不自信，又不肯努力，所以埋没了这位圣人。”

弟子们唯唯。

王阳明看着一位弟子说："你胸中有个圣人。"

这名弟子马上站起，慌张得很："不敢。"

王阳明叫他坐下，笑着说："众人皆有，你怎么就没有？天下万事都可谦虚，唯独这事不可谦虚。"

该弟子笑着接受。

王阳明扫视众弟子，先诵了自己的一首诗："个个人心有仲尼，自将闻见苦遮迷。而今指与真头面，只是良知更莫疑。"

然后他又语重心长地注解道："人皆有良知，圣人之学，就是致此良知。自然而致的是圣人，勉强而致的是贤人，不肯致的是愚人。虽是愚人，只要他肯致良知，就和圣人无异。此良知所以为圣愚之同具备，而皆可为尧舜者，以此也。"

这种论调是破天荒的。因为孔子和孟子都说，上智与下愚不移。意思是，上智就是上智，下愚就是下愚，大部分人无法成为圣人，所以大部分人是不平等的。但王阳明说：下愚不是不可移，而是不肯移；只要他移了，肯致内心固有的良知，那就是圣贤。

既然大家都是圣贤，或是潜在的圣贤，那人人就是平等的。这就是王阳明的人生观之一：要自信，人人都是平等的；不可自傲，因为人人都是平等的。你不比别人差，也不比别人高明。

1526年，王阳明的几个弟子去京城参加科举，回来的路上，他们向遇到的人讲授王阳明心学。让这些弟子大感意外的是，很少人相信，绝大多数人都持怀疑态度。他们大惑不解，问王阳明："老师的良知学，直指本心，一语道破，为何还有那么多人不相信？"

王阳明说："你们是怎么讲的呢？"

弟子们纷纷说了自己的讲授方法，这些方法都有个特点：居高临下，给别人灌输知识。

王阳明说："你们这是扛着个'圣人'去给俗人讲学，俗人一见'圣人'来了，都给吓跑了，还有谁能用心来听呢？"

众弟子大为惊骇。

"你们如果把自己当成圣人，那人家也是圣人，不可居高临下。你们如果把人家当成是愚夫笨妇，自己也要成为愚夫笨妇。如此才是真讲学。"

就是说，人不能有凌驾于他人无论是品格、还是能力之上的傲慢，因为人人都是平等的。

有弟子吹捧王阳明："先生如同泰山在眼前，若不知敬仰，就是没有眼珠的人。"

王阳明反问："泰山不及平地广阔，你在平地上又能看到什么？"

人要做广阔的平地，勿做突兀的泰山！

二、意志独立方有自尊

心学是让人自信的学问，自信的基石就是自尊。成为一个拥有自尊的人，起脚处就是要拥有独立意识、独立精神，人只有在思想上独立，才有自尊可言：

> 夫学贵得之心，求之于心而非也，虽其言之出于孔子，也不敢以为是也；求之于心而是也，虽其言之出于庸常，也不敢以为非也。

这就是“不以孔子之是非为是非”，深层含义则是，每个人应该有独立意识，不可活在权威和传统中。而独立意识的产生源于我们的良知，良知说是，即是；说非，即非。只以我良知之是非为是非。

拥有独立意志是王阳明心学的灵魂，这在心学入门课《大学问》中的开篇即已点出。

《大学》开篇为：“大学之道，在明明德，在亲民，在止于至善。”朱熹对这句话中的“亲”字有异议，他认为应该是“新”。

所以这句话用朱熹的口吻来解释就是，大学（相对于古代的小学）的宗旨就是弘扬光明正大的品德，让人弃旧图新，使人迈入完美无缺的人生境界。

王阳明则认为，就应该是“亲”：大学的宗旨就是弘扬光明正大的品德，爱天下人，让人迈入完美无缺的人生境界。

一个是让人弃旧图新，一个是爱天下人，这就是朱熹理学和王阳明心学的不同之处。

“新民”和“亲民”到底有何不同，我们可以用下面的历史事实来说明。

西周初期，周公把姜太公封到齐地为王，把周公的儿子伯禽封到鲁地为王。

姜太公五个月后就来报告政情。周公问：“这么快？”

姜太公答：“我简化了政府的组织，礼节都随着当地的风俗。”

三年后，伯禽姗姗而来报告政情。周公问：“如此慢？”

伯禽回答：“我改变他们的风俗，革新他们的礼节，搞得我精疲力竭，总算完成了。”

周公说：“如此看来，后代各国必将臣服于齐啊！处理政事不简易，民众就不能亲近他；平易近人的执政者，民众一定归顺他。”

后来，齐国成为东方强国，一度称霸诸侯；而鲁国渐渐衰弱，龟缩在山东泰山脚下，渐渐被遗忘。

姜太公和伯禽的治国方略就是“亲民”和“新民”的区别。姜太公用的是“亲民”，也就是顺着百姓的心而用心，不仅关怀他们的生计，更关怀他们的心灵，不违背他们的意志，使他们有独立精神；而伯禽用的是“新民”，用权力按自己的意志来教化、启蒙，改造民众，使他们成为自己希望的那种人。

从这一点而言，“新民”就是统一思想，不管别人的意志和感受，强行使他们进入自己设置的轨道，使人的独立意志和独立精神彻底丧失。

人类的发展史告诉我们，你爱一个人，就该给他自由，身体上的自由和思想上的自由。你不喜欢被人强迫自己的意志，就不要去强迫别人的意志。

当人有了自尊后，确切地说是确信了良知后，用王阳明的话说，人就成了狂者。

“狂”不是丧心病狂、精神错乱，或者是目空一切的人，孔子把人分为四等：中行、狂、狷、乡愿。

“中行”是符合中庸的人，这种人生境界很难达到。而“狂”呢，古典儒家解释说，处于这种人生境界的人是果敢扬言，一心一意立志于古圣人的理想主义者，却被世俗认为言行不一而招致诽谤。

如果你连这种人生境界都不敢追求，那只好求其次，不屑于不洁之事，这就是狷者。至于乡愿，孔子爆粗口道：“它是道德的贼！”孟子注解道：“同流俗一个步调、与浊世同呼吸，态度似忠信，行为似廉洁，人人都喜爱他，是个老好人，尤其要命的是，他也认为自己的方式是对的。”

对于“狂”者，王阳明深有体会。他在江西平定朱宸濠之乱后，不知什么原因，谩骂责难他的声音越来越多。王阳明问他的弟子们：“你们知道这是怎么回事吗？”

有弟子说，因为先生立下不世奇功，所以很多人都嫉妒先生，因妒生恨。还有弟子说，这是因为自先生的学说影响力已如泛滥的黄河一发不可收拾，而那些朱熹门徒自然要站出来反抗让他们耳目一新的学说。更有人说，先生建立了如此功勋，尊崇先生的人会越来越多，根据辩证法，那些排挤阻扰先生的人就越来越卖力。

王阳明摇头笑道：“诸位的话都有道理，但并不是根本。最根本的原因是，未发现良知妙用之前，我对人对事还有点乡愿的意思，可我确信良知的真是真非后，就发现只要我按照良知的指引去为人处世，心情非常愉快，头脑格外清晰，不装体面，不在乎别人怎么看，由此就养成了‘狂者’的胸襟。即便全天下人都讲我言行不符也毫无关系。古圣人说，狂者是一心一意立志于做圣人的理想主义者，我看应该是立志于我们固有的良知吧。”

这就是王阳明的人生观之一，狂者看上去实行起来难，但只要你不虚饰、不藏隐，照本心（良知）率直地行动就算成功。若犯了错误，只要改正即可，这是入圣的真大道！

这是自尊，那么无畏呢？

如果你信良知的真是真非，自然就有大无畏的精神气充盈你的心间，让你成为一个拥有独立意志、顶天立地的人。倘若有人强迫你的意志时，你该无所畏惧奋起反抗。王阳明说：“只因世上的人把性命看得太重，也不问是不是该死还是不该死，一定要委屈地保全性命，就是这种保全才丧失了天理。一个人可以伤害天理，还有什么事干不出来？如果违背了天理，那和禽兽就没有分别了。假使在世上苟且偷生成百上千年，也不过是做了成百上千年的禽兽。我们为学之人，必须在这些地方看清楚、弄明白。”

儒家开山鼻祖孔子说：“真可以称为人（志士仁人）的，向来是杀身以成仁，从来不求生以害仁。”这段话的意思是告诉我们，一个真正的人“不能为求生而损害人必须具备的要素——仁，应以牺牲自己来成全仁”。

王阳明的人生观之一即如此：心即理，违背良知指引而不奋起抗争，就是违背了天理。所以做人，应该在良知的指引下无所畏惧。遇到良知所认为的不公时要敢于抗争、善于抗争。因为万物一体，所以你为自己抗争时，就是在为别人抗争；为别人抗争，就是在为自己抗争。

波士顿犹太人屠杀纪念碑上有一段话，很能说明这点：他们接着来抓犹太人，我没有说话，因为我不是犹太人；他们又来抓工会会员，我没有说话，因为我不是工会会员；他们再来抓天主教徒，我没有说话，因为我是新教教徒；他们最后来抓我，这时已经没有人替我说话了。

三、内圣外王

王阳明认为，每个人的人生态度应该是自尊无畏，而人生目的则是内圣外王。

“内圣外王”是儒家门徒千年的理想，意为内有圣人之德，外施王者之政，即人格理想与政治理想的结合。连瞎子都看得出来，这不可能。所以最早提出“内圣外王”的不是拥有超强进取心的儒家，而是举着高调理想主义大旗的庄子。

所谓政治，就是人与人之间的关系，政治家就是处理这个关系的人。政治先天性的带有阴谋和血腥气质，它恰好和道德品质水火不容。儒家门徒千年以来，始终想把二者强扭到一起，可千年的历史证明：“内圣”的人肯定无法“外王”，比如孔子，他的功业就乏善可陈；而“外王”的人肯定不是“内圣”，比如诸多的开国皇帝，哪个不是靠阴谋阳谋取了天下？

儒家面对“内圣”和“外王”的割裂，只能做一件事：干瞪眼。

王阳明以为，每个人都可以轻而易举地做到“内圣外王”，只要你明白“内圣外王”是怎么回事。他说，所谓内圣的“圣”不是外在的道德准则，而是你内心的良知。你内心的良知告诉你的是非对错就是你的道德准则，这个道德准则是按你良知的指引随时变化的：

> 良知即是《易》，其为道也屡迁，变动不居，周流六虚，上下无常，刚柔相易，不可为典要。

良知就是《易》，易之道就是变化，根据不同时期、不同地点和条件，表现为不同的形式和作用。如果你把道看成是固定不变的，那就大错特错了。同样，你把道德规则看成是固定不变的，那就更大错特错了。

打人违背道德，但当有人正准备把孺子扔到井中时，为了解救孺子，你只能打他。这个时候，打人就是道德的。欺骗是不道德的，但当你在无恶不作的敌人身边卧底，你对敌人倘若真诚不欺，非但不道德，而且极不明智。

“内圣”是我们不被遮蔽的良知，“外王”并非可用外在标准衡量的“功业”，而是行我们那不被遮蔽的良知：

立志用功，如树使然。方其根芽，犹未有干；及其有干，尚未有枝。枝而后叶，叶而后花、实。初种根时，只管栽培灌溉，勿作枝想，勿作花想，勿作实想，悬想何益？但不忘栽培之功，怕没有枝叶花实？

说得已很明显：只要你能用心栽培树芽，就必有枝叶花实；只要你能行那不被遮蔽的良知，就必能产生外在标准衡量的功业！

良知“变动不居”“刚柔相易”，我们行它时自然也要“变动不居”“刚柔相易”。也就是，不要拘泥执著，凡事以适宜为唯一准则：

义（适宜）即是良知。如受人馈送，也有今日当受的，他日不当受的，也有今日不当受的，他日当受的。你若执著了今日当受的，便一切受去；执著了今日不当受的，便一切不受去，便不是良知的本体。

听命于君主是忠，忠是一种道德品质。但在1519年，江西南昌的宁王朱宸濠造反，王阳明正奉旨去福建的路上，得知这一消息后，他立即抗旨不遵，返回江西和朱宸濠开战。这只是因为王阳明的良知告诉他，如果不能迅速平定朱宸濠，那江南百姓将大遭涂炭。他只不过在行良知而已。而其平定朱宸濠后来也成了他的“外王”标志之一。

由此可知，“内圣外王”就是致良知。只要你能致良知，那在任何领域都能创建功业。有人问王阳明：如果在声色货利上行良知，算不算？

声色货利始终是被儒家排斥的，认为它们全是人欲，没有天理。而王阳明却回答："当然算！只要你能真切笃实地行良知，偶尔碰到声色货利，就不会成为负担，自然会去依循良知并对它做出反应。良知仅在声色货利上用功，若能致得良知精精明明，毫无一丝蒙蔽，那么，即便与声色货利交往，也全符合天理。"

心即理，符合天理，即符合吾心，"内圣外王"后的功业自然而然产生，简直就是水到渠成。君王能"内圣外王"，就能成为真正的圣君；读书人只要能"内圣外王"，就能成为真正的圣人；生意人只要能"内圣外王"，就会成为富可敌国的王者。甚至是环卫工人，只要能"内圣外王"，也能成为该领域的翘楚。

在王阳明看来，这就是我们每个人应该具有的人生观，也是人生的终极目标！

四、不过度，不执着

王阳明的弟子陆澄有一天忽然接到家信，信上说，他儿子病危。凡是个爹，听到亲儿子有危险，就不可能无动于衷。于是他的脸马上呈现了忧苦状，心里更是万分忧愁，不能自已。

王阳明听他说了这件事后，居然有点小欣喜："啊呀，这正是大好时机啊！"

陆澄有点生气："我儿子可能要病死了，你居然说这是大好时机，你为何不说苍天有眼呢？”

如你所知，陆澄误会了王阳明。王阳明说的“大好时机”其实是这样的：“你现在正是用功时，如果错过这个机会，平时讲学又有什么用处？人就是要在这时候练心。”

原来，这是练心的最好时机，怎么练呢？

王阳明说：“父亲爱儿子，感情至深，但天理有个‘中和’处，过分了就是私心。此时，人们往往认为按天理应该烦恼，就去一味忧苦而不能自拔，正是‘有所忧患不得其正’。一般说来，七情的表露，过分的多，不够的少。但稍有过分，就不是心的本体，必然要调停适中才算可以。譬如，父母双亲去世，做儿女的哪有不想一下子哭死心里才痛快呢？然而，《孝经》中说：‘毁不灭性。’并非圣人要求世人抑制情感，天理本身自有界限，不可超越。人只要认识了心体，自然分毫都不能增减。”

这个故事在《传习录》中相当有名气，它是阳明学方法论“事上练”最经典的案例解读。要通透了解这段话，首先应普及理学的基本概念。朱熹认为，人的心分为性和情两部分。性是天理，比如人心所固有的仁、义、礼、智、信。情则是欲，比如七情。朱熹说存天理去人欲，就是保存仁义礼智信，祛除七情。既然把人心所固有的七情祛除了，人心就不圆满，所以朱熹让人去万事万物上求索“理”来填补七情六欲的阵地。

这就是朱熹所谓的“性即理”，而王阳明则说“心即理”，就是性和情都是天理。

王阳明说：“喜怒哀惧爱恶欲，人称七情，七情都是人心固有的，从良知生发出来，需要良知去控制。七情好比浮云，良知好比太阳。太阳不会总停留在一处，但无论何处，只要有一线光明，就全是阳光所在处。天空即便布满云雾，只要太虚中还能分辨颜色和形式，便为阳光不灭处。

“不能仅因为云能遮日，就要求天不产生云。七情顺其自然地流露，也是良知在起作用。但是又不能太执着。执着、七情都称为欲，都是遮蔽良知的。当然，稍有执着，良知就会发觉。发觉了就会克除遮蔽，恢复本体了。”

把这段议论和陆澄的故事联系起来，我们就可知王阳明的人生观：每个人都有七情，但不能过度。陆澄半死不活的样子就是过度了，过度就是执着，死盯一点钻牛角尖。这就不是“和”，不是中庸。

不过度、不执著，不逆情、不立异，始终处于良知所指引的平衡状态，这就是贵和尚中。

怎样理解不立异、不逆情呢?

仅以陆澄的故事来说，陆澄在“哀”这个情感上过度了，所以是逆情，违背了良知所教导的人的情感。假设陆澄得知儿子病危的消息后，哭天抢地，绝食绝饮，奔走呼号，这就抵达了逆情的高境界：立异。

在王阳明看来，七情是人固有的情感，中和时是天理，过了就不是，太过就是立异，那简直就是丧良知的表现了。

什么是在人固有的情感上立异呢?

比如“守孝”，儒家认为，父母去世后，儿子应该守孝三年。王阳明也认可这种礼，因为这是良知的指引，它是我们对待父母情感的一种仪式和表露。但有人为了证明自己是世间独一无二的大孝子，竟然守孝六年，更有人守孝九年。还有人本来守孝三年，过了几年后，突然发神经又跑去守孝三年。这就是立异，因为它已不是中和，太过了。

用王阳明的说法，你做得这么过，安的是什么心?

当然，这种“立异”害不了别人，几乎成不了榜样。还有一种立异，可就是在良知上插刀了。

公元632年，是千古一帝李世民执掌大唐的第六个年头。春节前夕，李世民突然颁布一道动人心魂的圣旨：明年秋季斩首的三百余名重犯释放回家过节，可在明年秋天回来受死。

要知道，这些死刑犯可都是杀人越货的主儿，释放他们回家等于是放虎归山。令人万分惊愕的是，第二年秋天，三百余名重犯全部回到刑部大牢，无一人缺席！

李世民心花怒放，说："看看这些人，如此守信，这说明还有良心。"

众大臣说："是啊，应该好好奖赏他们的良心。"

李世民大手一挥："无罪释放！"

这就是史册上白纸黑字的"李世民纵囚"事件，当时的大臣们纷纷赞颂李世民的英明和仁德。他们认为，是李世民让他们回家过节的"仁爱"行为感动了囚徒们被遮蔽的良知，使他们纷纷致了良知，信守诺言，心甘情愿地回到大牢里等着被砍脑袋。

这件事真有如此简单？

如果你用阳明心学的角度来看待这件事，只需如王阳明那样问一个问题就可得到真相：李世民你释放囚徒，安的是什么心？

李世民明知那些囚犯都是死刑犯，却释放他们，这是视国家法度为儿戏。傻子都知道这是不对的，可李世民故意犯错，他安的心肯定不是公心，必是私心。这个私心就是粉饰太平，向天下人宣扬自己的教化。这就失去了"中和"，就不是良知的本体了。

另外，那些囚犯居然都回来受死。趋利避害是人之常情，尤其是这些死刑犯的心理。他们竟然不趁此逃避山林，反而回来引颈就戮，他们安的是什么心？

固然，他们安的也是私心。这个私心就是既然你要门面，我就给你门面，你好了，我也肯定好，我按你的程序去表演，你们的虚荣心得到满足，免除刑罚是肯定的！

北宋大学者欧阳修针对李世民的纵囚，写过一篇文章就叫《纵囚论》，他把李世民和囚徒们的非“中和”之心揭露得淋漓尽致：“李世民知道释放囚犯回去，他们一定会回来以希望被赦免，所以才释放他们！被释放的囚犯预料自动回来一定能获赦免，所以才会回来！料想囚犯一定会回来才释放他们，这是上面揣摩下面的心思；料想上面一定会赦免他们才自动回来，这是下面揣摩上面的心思。是上下互相揣摩造成这种声誉，哪里有什么教化作用！如果不是这样，那么李世民即位已经六年，天下却有这么多罪大恶极的死囚；然而释放一次就能使他们视死如归，保存信义，这哪里讲得通啊！”

他讽刺挖苦道：“释放了回来的就按国法杀掉，然后再释放一批，囚犯又回来了才证明是教化的作用，但他们一定不会回来了！如果屡次赦免，那么死刑犯就都不会死了，这能够作为天下的法度么？”

这就是立异，违背了良知的“中和”。在王阳明看来，人生在世，不可逆情和立异，因为他们都不是良知的本意。

“贵和尚中”的另一要求就是“不器”。

很多年以前，孔子和他几个著名弟子坐在郊外闲聊。当时草长莺飞，碧空湛蓝如洗，好不快活。孔子对几个弟子说：“不要认为我比你们年纪大，就不敢在我面前随便说话，你们平时总在说：‘没有人了解我呀！’如果有人了解你们，那么你们打算怎么办呢？现在，你们就畅所欲言，说说你们的人生志向。”

子路抢先说道：“一个拥有一千辆兵车的国家，夹在大国之间，常受外国军队的侵犯，加上内部又有饥荒，如果让我去治理，三年工夫，就可以使人人勇敢善战，而且还懂得做人的道理。”

孔子微微一笑。

又问冉求：“你呢？”

冉求思索一会儿，慢慢回答：“一个纵横六七十里、或者五六十里的国家，如果让我去治理，等到三年，就可以使老百姓富足起来。至于修明礼乐，那就只得另请高明了。”

孔子又转向公西赤，问：“你呢？”

公西赤很惶恐，说：“我不敢夸口说能够做到怎样怎样，只是愿意学习。在宗庙祭祀的工作中，或者在同别国的会盟中，我愿意穿着礼服，戴着礼帽，做一个小小的赞礼人。”

最后，孔子问一直在摆弄瑟的曾皙：“你小子说说吧。”

曾皙清了清嗓子，说：“我和他们三位的才能不一样呀！”

孔子说：“没说才能，只说人生志向。”

曾皙脸上呈现出腼腆的红光来：“我呀，我的志向有点不着调。我盼望的是，暮春时节，春天的衣服已经上身。我和五六位成年人，六七个青少年，到沂河里洗洗澡，在舞雩台上吹吹风，一路唱着歌儿回来。”

子路、冉求和公西赤都嗤之以鼻：“这哪里是志向，简直是游戏人生！”

想不到孔子高兴得大叫一声，道：“我是赞成曾皙呀！”

子路、冉有、公西赤三人脸色微变。

聚会散后，曾皙单独留下，问孔子：“他们三位的话怎么样？”

孔子回答：“也不过是各自谈谈自己的志向罢了。”

曾皙又问：“您为什么笑仲由（子路）呢？”

孔子回答：“治理国家要讲礼让，可是他说话一点也不谦让，所以我笑他。难道冉求所讲的就不是国家大事吗？哪里见得纵横六七十里或五六十里就不是国家呢？公西赤所讲的不是国家大事吗？有自己的宗庙，有同别国的盟会，不是诸侯国家又是什么呢？如果公西赤只能做个小小赞礼的人，那谁能去做大的赞礼人呢？”

针对这个故事，弟子问王阳明：“孔门弟子共聚一堂，畅谈志向。子路、冉求想主持政事，公西赤想主管礼乐，多多少少还有点实际用处。曾皙所说的，似乎是玩耍之类的事，却得到孔圣人的称许，这是怎么回事？”

王阳明回答：“子路、冉求、公西赤有凭空臆想和绝对肯定的意思，有了这两种倾向，就会向一边偏斜，顾此一定失彼。曾皙的志向比较实际，正合《中庸》中所谓的‘素其位而行，不愿乎其外’。前三个人是‘汝器也’的有用之才，而曾皙是‘君子不器’的仁德通达之人。但是前三个人各有独特才干，不似世上空谈不实的人，所以孔子也赞扬了他们。”

人生是不断变化的，是条不规则的波浪线，我们无法掌控这条波浪线。子路、冉求、公西赤就是想掌控这条波浪线，要在这条波浪线上定下一个点，向那个点前进。而曾皙则是随着波浪线前进，到哪里就做适合在那里做的事。

前三人先把自己确定为器皿，子路是大水缸、冉求是饭盆、公西赤是瓦罐，曾皙却没有，他把自己当成了水，流到什么样的地方就会成为什么样的器！

孔夫子教导人要“不器”。不要做器皿那样的人，比如你认为自己是个饭盆，突然遇到只有水缸能盛的东西，你就只能干瞪眼。

王阳明也教导人要“不器”，有弟子问他：“孟子说，持中庸态度而不变通，还是执着在一点上（执中无权犹执一），您怎么看？”

王阳明回答："'中'就是天理，就是'易'，随时变易，怎么能'执'呢？必须因时制宜，很难预先定一个规矩。有些人一定要将道理一一说得没有漏洞，要立一个固定的格式，这正是所谓的'执一'。"

王阳明不是说，我们不能有人生理想，而是应该因地制宜，不可把自己先限制死。

五、有善有恶是习气所染

人人皆有良知，为何有人会流芳千古，有人则遗臭万年？为何有人出类拔萃，有人却碌碌无为？为何有人是善人，而有人就成了恶人？

这些问题的答案很简单：他们的人生观出了问题。用王阳明的话讲就是他们的心，失去了本体。所谓失去本体，其实就是良知被遮蔽，不能正常工作了。所以王阳明说，有善有恶意之动。良知一旦被遮蔽，所发出的意（念头）就有了善恶，而有了善恶之后，又不肯为善去恶，所以人生观就有了善恶。

良知是如何被遮蔽的呢？

王阳明的结论：

> 习气所染。

习气就是我们身处的社会，王阳明不无遗憾地说，由于不是每个人都自动自发地去致良知，所以由众人组成的这个社会不是真诚恻怛的，而是充满了客套和虚伪。

很多人为了生存下去，只能客套和虚伪。诸多客套和虚伪的道理与闻见渐渐进入我们的心，久而久之，日日增多，不能真诚恻怛，良知于是被遮蔽。

心学巨子李贽发挥道：“良知既然被遮蔽，则若发而成为言语，其言语就不是出自衷心的东西；见而成为政事，政事就无根祗；著而成为文辞，文辞则不能达，欲求一句有德之言，终于不能得。缘由何在？因为童心（见后文）已经被障蔽，我们把由外而入的闻见、道理当成了我们的心。”

已经以世俗的闻见、道理为心，那么，所言者皆社会中的闻见、道理之言，不是出自良知之言；言虽巧，同真我（良知光明的我）有什么关系呢？这不恰恰是以假人说假话，而事是假事、文是假文吗？其人已经假，则实行起来则无不假。

于是，“以假言与假人言，则假人喜;以假事与假人道，则假人喜;以假文与假人谈，则假人喜”。因为无所不假，所以整个社会是大假一片。

王阳明说，在整个一片假的社会中：

> 卑者昏于嗜欲；高者蔽于见闻。

卑者诸如桓温，名利熏心（嗜欲），只要出名就可以；高者譬如刘秀，由于他当时所处的社会观点可能就是“做大官，娶美女”（见闻），所以他被见闻所蔽，才树立了这样不争气的人生观。十几年后，随着他的成就不断增强，他的人生观也就成为成就帝业，匡济百姓了。

还有一种高者，就是自视学识渊博，见多识广的人。王阳明曾对人说：“当初在龙场驿站时，听我讲心学的人都是蛮夷，和我聊天的人都是中土亡命之人，和他们聊良知，他们一听就懂，手舞足蹈。后来和一些知识分子聊，总是处处碰壁。这就是闻见越多，良知被遮蔽得越重。”

那么，是不是我们不进入社会，我们的良知就不会被遮蔽，而我们很容易就可成为圣人了呢？

王阳明大摇其头说：

> 良知不由见闻而有，而见闻莫非良知之用。故良知不滞于见闻，而亦不离于见闻。

如果我们的良知被习气所染而遮蔽了，那我们心发出的意就有了“善恶”，有了善恶，却不为善去恶，你的人生观也就有了善恶。解决它的方式很简单：就是光明我们的良知。

你的世界观正确了，才有正确的人生观。如果每个人的人生观都是正确的，那这个世界就很容易进入大同世界。

第三章
知善知恶是良知——阳明心学的价值观

中国儒家说，和为贵。有条件，就贡献才能给社会；没条件，就保全自己和家庭，等待和忍耐，这就是“达则兼济天下，穷则独善其身”。

王阳明心学的价值观也是建立在儒家之上的，只是他发挥得更精炼。他说：“我的价值观只是三个字：致良知。如果一个人能致良知，他必然成为一个诚信、干净、敬业的圣人；如果国家能致良知，必然富强、和谐；如果社会能致良知，整个天地间必然充盈着平等、公正的空气！”

有人问王阳明：“你除了良知还有别的吗？”

王阳明回答他：“除了良知还有别的吗？”

一个高尚的人，一个伟大的国家，一个健康向上的社会，除了良知还能有什么？

一、良知是道德与智慧的直觉

“良知”的源泉在孟子。孟子说，人类不虑而知的东西叫良知，比如恻隐之心、羞恶之心。王阳明提出良知的过程是怎样的呢?

龙场悟道时，他就已经悟得良知，但并未正式点出。此后的十余年里，他始终在“静坐”“存天理去人欲”“知行合一”的理论上打转。

1521年，王阳明在老家浙江闲居讲学，在经历了其人生路中最泥泞的“忠泰”之难（朱厚照身边的红人张忠、许泰对王阳明极尽所能地陷害）后，他对弟子们说:“最近心上总是有个词汇欲蹦跳而出，但又不出，它就在口边，我捉不出来它。”有一天，王阳明在静坐中慢慢醒来，微微而笑对弟子们说:“终于让我捉出它了。”

众弟子急忙询问。王阳明道:“良知！”见到弟子们先是茫然，后是毫无反应，最后喜上眉梢，王阳明明白，他的“良知”提对了。

他对弟子们说:“‘良知’之学是我从百死千难中得来，尔等万不可当作两个字轻易对待。”自此后，王阳明专以“良知”教人。1524年，王阳明又在“良知”二字前加了“致”字，阳明心学就此定型。

孟子谈“良知”只是把它当成人与生俱来的一种道德力，其实只是“仁”的一部分。而王阳明把“良知”抬高到无与伦比的地位，它认为良知是心的本体，简单而言就是，它是人类赖以生存的唯一支柱，自然也是人之为人的唯一尺度。

王阳明说，良知就是我们与生俱来的能知是非善恶的一个东西，人人皆有。

有弟子持保留意见:“恶人也有良知吗？”

“当然！”王阳明斩钉截铁。

弟子再问："朱宸濠呢？"

朱宸濠造反，不忠不义，这显然是没有良知的表现。

王阳明却说："他也有良知。"

弟子想笑："且不说他造反使生灵涂炭的后果吧，只说他被捉后，竟然还恬不知耻地跟您说：'这是我朱家的事，你姓王的如此忙碌做甚？'不知悔改，这是有良知的表现吗？"

王阳明笑笑："这是因为他的良知被遮蔽了，正如乌云遮蔽太阳，你怎能说太阳不在了？"

弟子哑然。

王阳明继续说道："朱宸濠这句问话的确是没有良知的痕迹，可他还有句话是良知在作用了。他被捉后，曾对我说，'娄妃是好人，请替我好好安葬她'。我问他原因。他说，'当初造反前，娄妃就苦苦相劝我不要造反。我那时利欲熏心，根本听不进她的忠言，如今想来，她是这个世界上对我最好的人'。"

弟子们略有所悟。王阳明说出答案："他能知娄妃是好人，这就是能分清善恶；他能知娄妃劝他的话是正确的，这就是能分清是非。你们说，他这样的大恶人是不是也有良知在？"

"是非"属于智慧、"善恶"属于道德，人能分清是非善恶，就能生存下去，同时也能证明，他是个人！

弟子们连连点头，是啊，连朱宸濠这样的恶人都有良知，何况其他！

王阳明又接着说："良知能知是非善恶，是自然而然的。没有人告诉朱宸濠，娄妃是好人、娄妃的话是对的，而是他自己感悟到的。在他被擒、面临生死之时，被遮蔽的良知终于冲破迷雾浓云，完全展现。良知作为一种本能、直觉告诉了他终极的答案。"

如果我们用现代心理学来描述“良知”，就是这样的：当我们面对一个情境时，它不会导致我们的直接反应，而会不由自主地产生一个快速评价思维，这个评价思维不是深思熟虑或理性推理的结果，而是自动闪现，迅如闪电，如你所知，这个评价思维就是良知。

比如得到一笔确凿的不义之财，我们最先出现的是对这份不义之财的是非评价，而不是行为、情绪和生理上的反应，这个是非评价就是良知。它先天而来，自动自发，不受你控制。

通俗而言就是，良知，是人与生俱来的道德与智慧的直觉（直观）力，或是直觉（直观）的道德力和智慧力。见父自然知孝是道德，何尝又不是智慧？见强凌弱所以义愤填膺，因为我们判断这是错的，这是智慧，何尝又不是道德？

王阳明对“良知”的推崇几乎无以复加，他说：“乾坤由我在，安用他求为？千圣皆过影，良知乃吾师。”他又说，“良知是造化的精灵。这些精灵，生天生地，成鬼成帝，皆从此出。”他还说，“良知学是千古圣贤相传的一点真骨血，譬之如行舟得舵，平澜浅滩无不如意，虽遇巅风逆浪，舵柄在手，可免没溺之患。”

这些对良知的赞美之词大有“良知在手，天下我有”的意味，良知真的无所不能吗？

王阳明的答案是，良知的确无所不能，但关键有一点就是：你能致它。天下万事万物皆不出是非善恶之外，良知轻而易举就可给你答案，你只需按良知的答案去行就可以了。

坚信你的直觉、本能、第一感，就是良知。致良知，就是行良知。如何行良知？王阳明给出了答案：

尔那一点良知，是尔自家底准则。尔意念着处，他是便知是，非便知非，更瞒他一些不得。尔只要不欺它，实实落落依着他做去，善便存，恶便去，他这里何等稳当快乐。

只要让你的直觉、本能、第一感付诸实践就是致良知。你见到父母，良知所发出的“意”（念头）就会告诉你“孝”是“是”，那你就去行孝；你对待领导，良知所发出的“意”就会告诉你“忠”是“是”，那你就去行忠诚；你路见不平事，良知所发出的“意”就会告诉你“拔刀相助”是“是”，那就立即去拔刀相助。

延展地说，如果你是一家之长，良知所发出的“意”就会告诉你“家和万事兴”，你就应该用“和”来治家；如果你是工作者，良知所发出的“意”就会告诉你“爱岗敬业”，你就应该用“敬”来工作；如果你是一国之君，良知所发出的“意”就会告诉你“以德治国”，你就应该用“仁”来治国。

倘若人人都能致良知，就会如王阳明所说的那样：

致吾良知于事事物物，则事事物物皆得天理。

我的良知是光明的，行我的良知于事事物物上，事事物物就得了我的良知。由于心即理，所以事事物物就得了天理，所谓得了天理，就是说，事事物物都是正的，是善的，是对的。你的良知对你说，为天下人谋福利，这就是对的，就是天理，将这一纯粹的动机行之于万事万物上，万事万物必是正的，是善的，是对的。如果整个世界的事事物物都是正的、善的、对的，那这个世界自然就是“和”的。所以说，致良知的效果并不仅限于个人修身，它还可以齐家、治国、平天下！

有弟子问王阳明，天下事物之理无穷，真的只要致吾良知就能万事大吉？

王阳明回答：

> 是理也，发之于亲则为孝，发之于君则为忠，发之于朋友则为信。千变万化，至不可穷竭，而莫非发于吾之一心。

良知就如同魔法棒，能按你面临的所有问题变幻出解决问题的钥匙来。它就是阿基米德说的那个支点，能撬动天下万物，能四两拨千斤。那个支点人人都有，从理论上而言，人人都能四两拨千斤，遗憾的是，很多人不用支点、不拨千斤，也就是不能致良知。

王阳明说，这种人的良知实际上被遮蔽了，他们的显著特点就是明知善恶是非而不为善去恶，甚至反其道而行之。虽然如此，但正如朱宸濠那种人一样，他们的良知还在，时机一到，自会显现。

不能致良知，有两种表现。第一种是懒得致，谁都知道言行不一是错的，但很多人仍然我行我素，而且也并不认为这有多恶。这也是良知被“习俗”遮蔽得太久，认为社会上流行的就是这个，大家都这样，我自然也这样。第二种是没有能力致，谁都知道发动战争必将生灵涂炭，是恶的，但朱宸濠偏偏违背良知造反，要命的是，他还认为这是正确的。这就是良知被“皇帝欲”遮蔽得严严实实，他已没了“致”的能力。

社会上不致良知的人绝大多数属于第一种，但这种不能致良知发展下去，就会顺势成为第二种。到那时，恐怕悔之晚矣。我们用王阳明下面这段恰如其分的比喻来结束：

> 良知犹主人翁，私欲犹豪奴悍婢。主人翁沉疴在床，奴

婢便敢擅作威福，家不可以言齐矣。若主人翁服药治病，渐渐痊可，略知检束，奴婢亦自渐听指挥。及沉疴脱体，起来摆布，谁敢有不受约束者哉？良知昏迷，众欲乱行；良知精明，众欲消化，亦犹是也。

二、知行合一是提高效率的法宝

1509年，也就是王阳明龙场悟道的第二年，其名气已大震于贵州。省会贵阳主管教育的行政长官席书慕名前来拜会王阳明，听了几句后，就问他："请问朱熹和陆九渊有什么不同？"

朱熹创建理学、陆九渊奠基心学，两个截然不同的人物。王阳明却戳了戳自己胸口说："都是一样的心。"

显然，席书问的不是这个，王阳明也没给他机会继续问别的，急转直下大谈特谈自己体悟的"格物致知"。席书渐渐听得入了港，热情邀请王阳明到贵阳讲学。

王阳明欣然同意。席书临行前问道："您讲课的主题是什么？"

"知行合一！"

席书一愣："知、行本是两件事，怎么能合一？"

王阳明摆出一副惊骇的样子："知行就是一回事，我说'合'都欠妥了。"

席书更是大惑，王阳明马上和他讲起"知行合一"的真谛来，这个真谛就记载于《传习录·卷上》中。

徐爱和席书一样，也不能理解"知行合一"，于是向王阳明请教。

王阳明说："空谈理论，你理解起来很麻烦，你举个例子吧。"

徐爱说："例子很多，比如大家明知对父母应该孝顺，对兄长应该尊敬，但往往不能孝、不能敬，可见知与行分明是两码事。"

王阳明道："这种人是被私欲遮蔽了，所以知行分为两截。《大学》中有两句话叫'如好好色''如恶恶臭'，说的就是知行合一的问题。"

徐爱眉头紧皱，表示不明白。

王阳明解释道："见好色是知，喜好色是行。在见到好色时马上就喜好它了，不是在见了好色之后才起一个念头去喜好。闻到恶臭是知，讨厌恶臭是行。闻到恶臭时就开始讨厌了，不是在闻到恶臭之后才起一个念头去讨厌。"

见到美色是"知"，喜欢上美色是"行"；闻到恶臭是"知"，厌恶恶臭是"行"。一见到美色就马上喜欢了，没有人见到美色后，还要思考一下"我是喜欢呢还是不喜欢呢"；一闻到恶臭就马上厌恶了，没有人闻到恶臭后，还要思考一下"我是厌恶它呢还是喜欢它呢"。

见到美色和喜欢上美色之间没有停顿，没有缓冲，它是一种本能、一种条件反射。正如水向下流，水知道向下流是"知"，向下流是"行"。一个人遭雷劈会立即倒地，遭雷劈是"知"，倒地是"行"。没有人遭雷劈后还会思考"我是倒地呢还是转个圈"，这就是知行合一。

由此可知，"知行合一"的"知"不是知道、知识，而是良知。也就是说，良知光明的人面对任何情境或是受到外界刺激时，在做出是非善恶判断后必能行。我们再以"如好好色""如恶恶臭"来证明这个论断：喜欢美色是人的本能，因为是良知告诉我们的"是"，所以我们自然而然地就"行"了——喜欢上美色；厌恶恶臭也是人的本能，因为是良知告诉我们的“非”，所以我们也自然而然地就“行”了——厌恶恶臭。

王阳明龙场悟道后第一次出山的讲学居然是知行合一，按事后追溯的思维来说，其中必有深意。果然是有深意的，有人问王阳明，为何提“知行合一”？

王阳明回答：“如今的人都把知行当两回事看，所以当产生了一个恶念后，虽未去做，也就不去禁止。我主张知行合一，正是要人明白，一有念头萌发就是行了。若产生了不善的念头，就把这不善的念头克去，并且需要完完全全地把它从胸中剔除。这就是我提‘知行合一’的主旨。”

“一念发动即是行”，发动念头的是良知，所以这句话就是：良知即行，于是知行合一。善念发动时，我们要保持它；恶念发动时，我们就要祛除它。王阳明提“知行合一”的终极目的还是让我们去人欲、存天理，不能有一丝恶念存留心中。

王阳明还说：“世上的人都外衣冠而内禽兽，心理不一、言行不一、我太恐惧这样的事，所以揭‘知行合一’之教。”

言行不一、表里不一、知行不一，正是王阳明深深忧虑的。知行不一不仅是种态度、行为，它还是种人格缺陷。我们不听从良知的命令去行，知和行由此分裂，当面一套背后一套，心里一套行为一套，这是典型的双面人，人格分裂。

倘若知和行是统一的、合一的，那就是知和行一样，两条直线为一条；倘若知行不统一、不合一，那就是并不重合的两条直线，其中一条直线是你的良知，但另外一条直线就是非良知。你需要你良知的那条线去照顾非良知的那条线，这岂不是特别浪费时间和精力的事？

为何不知行合一，把两条线合二为一？

良知感应神速，无需等待，本心之明即知，不欺本心之明即行，也就是说，我们面对任何一件事时都能快如闪电地得出正确答案，得到答案，知的同时毫不犹豫马上去行，就是知行合一。

从这点而言，“知行合一”是提高效率的法宝。在修心上，它能迅速提高为善去恶的效率；在社会中，它更能提高你的生活和工作效率。

这就是王阳明的核心价值观，它最应该成为人类的普世价值。

三、王阳明的普世价值观

很多人都认为阳明心学仅仅是伦理哲学，只能针对个人方面的修心，这是对王阳明最大的不敬和亵渎。阳明心学是用来治国平天下的，它在政治、经济、社会的一切问题上都有自己的判断和解决方法，这些判断和解决方法就是王阳明的普世价值观。

在王阳明看来，人人虽都有良知，但良知有大小的分别：“有如金的分量有轻重一样。尧、舜如同万金之镒，文王、孔子如同九千之镒，禹、汤、武王如同七八千之镒，伯夷、伊尹如同四五千之镒。虽才力各异，但纯为天理相同，都可称为圣人。仿佛金的分量不同，而只要在成色上相同，都可称为精金。”

也就是说，每个人的良知大小决定着你外在才能的不同：有的擅长礼乐，有的擅长政教，有的擅长治理水土和种植……有的擅长做皇帝，有的擅长做大臣子，有的擅长做百姓……

所以，每个人都应按良知的大小来确定自己在社会中的位置。

良知小的人，就安守从事农工商的本分，工作勤奋，彼此提供生活必需品，没有好高骛远的念头。良知大的人就出仕当官，以发挥自己的才能。有的经营衣食，有的互通有无，有的制造器物，大家团结合作、齐心协力，纷纷献计献策，为家庭和社会乃至天下做出自己的贡献。

整个社会都应该树立这种观念：不可凭地位的贵贱来分重轻，不凭职业种类来分优劣。所以那些从事繁重工作的人，也丝毫不感到辛苦，从事低贱琐碎工作的人也不认为卑下。倘若真能达到这种效果，那么就像王阳明所说的："稷（jì，周始祖）勤勉地种庄稼，不因为不明教化而感到羞耻，把契（xiè，五帝之一帝喾之子，尧称帝时做为司徒）的擅长教化，看成自己的擅长教化；夔（上古时的音乐家）主掌音乐，不因为不懂礼而感到羞耻，把伯夷通晓礼，看成自己能通晓礼。"

也就是说，每个人在社会上的价值都是宝贵的，由于万物是我的一部分，所以别人做的工作其实也就是我做的。别人做出了成就，我不但不会嫉妒，反而会非常兴奋。

所以王阳明说："例如人的身体，眼看、耳听、手拿、脚行，都是满足自身的需要，服务于自身的。眼睛不因没有耳朵的灵敏而感到可耻，但在耳朵听时，眼睛一定会辅助耳朵。脚不因没有手持的功能而感到可耻，但在手拿东西时，脚也必定向前进。由于人身元气周流充沛，血液畅通，即使小病和呼吸，感官也能感觉到，并有神奇的反应，其中有不可言喻之妙。"

这就是王阳明的普世价值，以万物一体的世界观为基座，以致良知为灵魂。它告诉我们每个人都该在良知的指引下各安其位，如此一来，那全天下的人就会高兴快乐，和睦相处，亲如一家！

可问题是，很少有人能心甘情愿地"安其位"，我是个农民，凭什么让我受苦受累为你们种庄稼？所以我要做读书人。我是读书人，凭什么让我寒窗苦读十年？所以我要一读书就做大官。做小官的想做大官、做小地主的想做大富豪，做诸侯的想做皇帝，人人都在拼命向上爬，追名逐利，整个社会都沉浸在欲望的惊涛骇浪中。

怀抱远大理想，向上奋进自然是一种积极的人生态度，但要先自问：你有这样的能力吗？用心学语境来问就是：你良知的大小和你想要的成就匹配吗？

如果你的良知只有米粒那么大，却去追求良知如金山那样大的事业，这就是不自量力。王阳明说：

> 凡谋其力之所不及而强其知之所不能者，皆不得为致良知。

那么，你如何确定自己的良知大小呢？王阳明给出的答案是，当你做一件事时，你持续不断地感觉到心累，就说明这件事不是你能做得了的，要么是你的良知不明了，要么则是你的追求超出了你良知的大小范围。所以，王阳明说：

> 心所安处，就是良知。

做任何一件事时，只要心安，就说明这件事在你良知大小范围内，反之亦然。

世界上绝大多数人的心都是被物奴役，而非奴役物。所以常常感觉物为大而心为小，于是常有不安之心。我们总是被外物牵引主导，心就常常不安。不能反省不安的缘由，非做那些力所不能及的事，这就是良知常常被困，而能力枯竭的原因。

我们要笃志这样一件事：顺天地万物之理则心安，不顺天地万物之理则心有不安，安与不安之际，其名曰“知”。心即理，顺天地万物之理就是顺应自己的良知。中国有句成语叫“心安理得”，它可以用阳明心学这样解释：你做事时心安，那件事的理自然会得出，一件事只要有了“理”，它肯定就是好事，这件事也就肯定能成！

第四章
为善去恶是格物——阳明心学的方法论

孔子说："这个世界应该是'仁'的世界，所以我的方法论就是'己所不欲勿施于人'。"

理学大师程颐临死前，弟子们跪在床边哀鸣："我们一定把老师的学说用到正地方。"程颐突地回光返照，睁圆眼睛说："你们居然说'用'？一说'用'就是错的。我的学说不是拿来用的，学我的学说就是目的。所以我的方法论就是'学理学'。"

王阳明说："这个世界应该是万物一体的世界，所以我的方法论就是'为善去恶'。"

实际上，方法论只是一种理论，它只是一种理想，譬如"己所不欲，勿施于人"，自己不喜欢的就别强加给别人。但有些东西，你不喜欢不代表别人不喜欢，比如骨头，你不喜欢，狗就喜欢。这其中有很多学问在，所以孔子又提出很多方法。和他一样，王阳明也提出了很多方法。这些方法既是为善去恶的理论，也是我们学习心学的工具，既是知也是行，既是良知，也是致良知。

一、四事规：阳明心学的四诫

四事规原名为《教条示龙场诸生》，是王阳明初创心学后在贵州龙场为弟子们立下的训诫，它包括四方面：立志、勤学、改过、责善。

立志，就是意之所向，它是王阳明心学的一大主题，也是王阳明人生初始的主题。据说，王阳明12岁时在北京长安街漫步。一大仙模样的人拽住他说："我为你看相，不收钱。记住我下面的话，你的胡子到领口时，进入圣境；胡子到胸口窝，结圣胎；胡子到小腹，圣果圆。"

这段话翻译成现在的话是这样的：你30岁时能在学问上登堂入室，40岁时可建立完善的思想体系，50岁左右，就能将思想体系运用到实践，由此人生圆满。

王阳明自从听了这段话后，就常常在课堂上走神，因为他在凝思。后来的某天，他一本正经地问老师："何谓第一等事？"这话的意思其实是问，人生的终极目标到底是什么？

他的老师吃了一惊，从未有学生问过他这样的问题，他看了看王阳明，笑笑，又思考了一会儿，才做出他自认为最完美的回答："当然是读书做大官啊。"这在当时的确是标准答案，正如今天大多数中国人发家致富的"第一等事"一样，大明王朝的知识分子们当然是以读朱熹理学通过八股考试进而做官为毕生理想的。

王阳明显然对这个答案不满意，他看着老师说："我认为不是这样的。”

老师不自然地“哦”了一声：“怎么？你还有不同的看法？”

王阳明夸张地点头，说：“我以为第一等事应是读书做圣贤。”

老师目瞪口呆，突然狂笑，然后对着王阳明摇头：“孩子，你这第一等事可是太高了，哈哈。”

学做圣贤，这就是王阳明在12岁那年立下的志向，从此，他的志向从未改变过。创建心学后，他对立志异常重视。《传习录》和《文录》中谈立志的地方不胜枚举。不过，正如你所知，阳明心学的立志和我们今天所熟知的立志有很大不同。王阳明在《教条示龙场诸生》中说：“志向不能立定，天下便没有可做得成功的事情。虽然各种工匠有技能才艺的人，没有不以立志为根本的。现在的读书人，旷废学业，堕落懒散，贪玩而荒费时日，因此百事无成，这都是由于志向未能立定罢了。”

志向未立定，就如同无舵的船，没有衔环的马，随水漂流，任意奔逃，连鬼都不知道你最后能到哪里！

谈到这里，我们可看出王阳明所谓的“立志”就是立下志愿、树定志向。它可以是具体的，诸如我想当个科学家、我想当个土豪、我想当个政治家等。

但他话锋一转，马上进入他对立志的看法：

“所以立志做圣人，就可以成为圣人了；立志做贤人，就可成为贤人了。古人所说，‘假使做好事可是父母厌恶他，兄弟怨恨他，族人乡亲轻视厌恶他，如像这样就不去做好事，是可以的；做好事就使父母疼爱他，兄弟喜欢他，族人乡亲尊敬信服他，何苦却不做好事、不做君子呢？假使做坏事，可是父母疼爱他，兄弟喜欢他，族人乡亲尊敬信服他，如像这样就做坏事，是可以的；做坏事就使父母愤怒他，兄弟怨恨也，族人乡亲轻视轻视厌恶他，何苦却一定要做坏事、做小人呢？”

最后他巧妙地来了句经典的结语：各位同学想到这点，也可以知道为君子应立定志向和什么样的志向了。

由此可知，王阳明所谓的“立志”其实是学做圣贤常行善事，“念念存此天理即是立志”，也就是致良知的志向。

或许有人问，这只是道德志向，和事功不搭边。可按王阳明的说法，只要你能存天理去欲望、良知光明，用这光明的良知去行走天下，何事不可成？

在王阳明看来，立志并非是易如反掌的事，它很有难度。所以他要求正人君子立下志向后，要眼里耳里只有自己的志向，内心永远只专注于自己的志向：

> 正目而视之，无他见也；倾耳而听之，无他闻也。如猫捕鼠，如鸡覆卵，精神心思凝聚融结，而不知有其他，然后此志常立，神气精明，义理昭著。

具体方法是：

> 一毫私欲之萌，只责此志不立，即私欲便退；听一毫客气之动，只责此志不立，即客气便消除。或怠心生，责此志，即不怠；忽心生，责此志，即不忽；燥心生，责此志，即不燥；妒心生，责此志，即不妒；忿心生，责此志，即不忿；贪心生，责此志，即不贪；傲心生，责此志，即不傲；吝心生，责此志，即不吝。盖无一息而非立志责志之时，无

一事而非立志责志之地。故责志之功，其于去人欲，有如烈火之燎毛，太阳一出，而魍魉潜消也。

在一次讲课间隙，王阳明对弟子们说：“诸公在此，务必要立个必为圣人之心，时时刻刻，须是一棒一条痕，一掴一掌血，方能听吾说话，句句得力。若茫茫荡荡度日，譬如一块死肉，打也不知痛痒，恐终不济事。”

这就是王阳明所谓的立志！

既然立下志向，接踵而来的事自然是勤学，勤学和立志息息相关：“凡是学得不够勤快的人，一定是因为它所立的志还不够深切。跟着我求学的人，我不会把天资聪明当作能力，我反而是把勤劳、谦虚当作难得的素质。”

按理，下一段应该是说如何勤学，勤学个什么。但王阳明说的是人对学的态度：“各位试着观察同学之中：如果有‘肚子里明明空空的，却假装很充盈；明明是没学问，却假装很有学问’，隐藏自己的短处、妒忌别人的长处，以自我为中心、自以为是，说大话来欺骗别人这样的人，就算那种人天资很高超，同学们不会讨厌他吗？不会轻视他吗？他就算用那种方式来欺骗别人，别人就真的会被他欺骗吗？会有人不在背后偷偷地嘲笑他吗？

“如果有人以谦虚缄默自我要求，以没有能力的态度自处；深切地立志又努力实践，勤奋向学又喜好提问；称赞他人的优点，责怪自己的缺点；跟从他人的长处，揭明自己的短处；忠诚信实、和乐平易，外在跟内在完全相同。就算那种人自居无能，而不求超越别人，别人就真的会以为他无能吗？会有人不敬重他吗？”

由此可知，王阳明所说的勤学，不仅是知识，还是一种为人处世的态度，一种光明良知的过程。为何要勤学？因为我们被习气所染，心灵上产生了诸多毒瘤，这些毒瘤就是过错。要全心全意地祛除这毒瘤，那就需要改过。

在王阳明看来，那些大圣大贤也难免有过，之所以还是圣贤，就因为他们能改过。所以做人不怕有过失，就怕不能改。那么，要改哪些过呢？

“各位同学自己想想，日常也有缺少廉耻忠信的行为吗？也有轻视于孝顺友爱的道理，陷入狡猾奸诈苟且刻薄的习气吗？各位同学恐怕不至于这样。万一有近似这样的行为，固然不可以不极力悔过，但是也不应当因此自卑，以至于没有了充分改过就善的心了。只要能有一天完全除掉旧有的恶习，即使从前做过强盗贼寇，今天仍不妨碍他成为一个君子啊。如果说我从前已经这样坏，今天虽能改过而向善，别人也将不会相信我，而且也无法补救以前的过失，反而怀抱着羞愧、疑惑、沮丧的心理，而甘愿在污秽中沉迷到死的话，那我也就绝望了。”

王阳明说，改过有两种境界，一种是放下屠刀立地成佛，一种是被逼放下屠刀立地成佛。所谓放下屠刀立地成佛，就是自己的良知认识到了过错，然后自动自发地改正，它是发自内心的省悟；所谓被逼放下屠刀立地成佛，就是自己的良知被遮蔽而没有认识到过错，是在外力的作用下使他认识到了错误进而改正，这种例子不胜枚举。

改过之后就是“责善”，立志、勤学和改过是针对自己，责善则是针对别人。所谓责善，就是要别人向善。别人有错，要尽心地劝告并且好好开导他，尽自己的忠诚爱护的心意，尽量用委婉曲折的态度，使对方听到它就能够接受，深思出道理后就能够改过，对我只有感激却没有恼怒，才是最好的方法啊。

最不好的方法，就是超越了限度的责善：

“如果首先揭发他的过失罪恶，极力地毁谤斥责，使他无地容身，他将产生惭愧羞耻或愤怒怨恨的心；虽然想要委屈自己来听从，可是在情势上已经不可能。这等于是激怒他使他做坏事了。

“凡是当面揭发他人的短处，攻击揭发他的隐私，用来换取正直的名声的人，都不能和他谈论要求规劝为善的道理。

“但即使这样，如果我遇到这种人，也是不可以恼羞成怒啊，凡是攻击我的过失的人，都是我的老师，怎么可以不乐意接受而且内心感激他呢?!”

四事规是一脉相承的，王阳明说：“吾辈今日用功，只要有真切为善的心，就必能勤学，必见善即迁、有过即改，见到不善，会不自觉地去劝其善。”倘若如此，便能“如种树然，自然日夜滋长，生气日完，枝叶日茂”。

二、静坐：独处时的自我管理

人类史上有两种哲学家，一种是不停奔走，向各种各样的人和物请教、传播自己的学说，比如柏拉图。另一种是不喜欢走远路，只是安静地坐着，从自己心坎上说起，比如中国理学的大师们，王阳明也是其中之一。

我们都知道，想让自己忙碌多年的心静下来其实很难。所以静坐有很多门道。

首先，要有个好环境，这个环境应该不受外界干扰，非常安静，如此才能比较容易静下来；其次，要将身体安放好，也就是静坐的姿势。坐姿可有很多种，盘坐、立坐皆可。佛家和道家喜欢用盘坐。立坐就是“正襟危坐”：双手平放膝上，背挺直，全身放松。王阳明心学用的是此法。最后，调整呼吸。不能张着嘴，应纯用鼻呼吸，一面呼吸，一面数呼吸的次数，最后让呼吸平稳。

做好这三件事后，王阳明说：

> 教人为学，不可执一偏。初学时心猿意马，拴缚不定，其所思虑，多是人欲一边。故且教之静坐，息思虑。久之，俟其心意稍定，只悬空静守，如枯木死灰，亦无用，须教他省察克治，……将好色、好货、好名等私，逐一搜寻出来，……才有一念萌动，即与克去，斩钉截铁，不可姑容与他方便。

王阳明要人静坐有两个步骤，第一步是“息思虑”，也就是让自己的心进入空寂境界。让心空，佛家和道家会念口诀，儒家没有口诀，但“天人合一”“阴阳变易”“贵和尚中”“知行合一”都是最好的口诀，念口诀时须念念相随连绵不断。如此可取得以一念代替万念的作用，时间一久，自然入静。

如果仅停留在此，那就是枯禅。所以有第二步“省察克治”，先省察哪些是私欲，良知会干脆地告诉你答案：好色、好货、好名都是私欲。然后是克治，以前有这些私欲不要紧，现在我就把它灭了，斩钉截铁，绝不姑息。当然，不能总盯着这些私欲不放，还要想天理。尧舜气象，仁、义、礼、智、良知，这都是天理。

在脑海中不停地过这些画面，时间一久，心胸自是廓然大公，必有浩然之气贯注其中。个中妙不可言，只能是实践者才能知道。

大部分讲心学“静坐”的人，都在此留步。他们认为静坐无非这两个步骤，王阳明则认为，这两个步骤中必须要有两件武器保驾护航，否则，静坐要么成为枯禅，要么不如不坐。这两件武器就是“诚意”和“谨独”。

诚意，就是正念头，诚实地践行良知给你的答案，一个念头出现，良知自然知道好坏，好的保留，坏的去掉，这就是诚意。王阳明说，诚意就是“如好好色，如恶恶臭”。喜欢善如喜欢美色，厌恶恶如厌恶恶臭一样！

听上去简单，做起来实在难。比如一念虽知好坏，然不知不觉就流走了。我们知道不义之财是坏的，可有时候会经不住诱惑去取。一旦取了，这就不是“好善恶恶”的心了。正是因为我们总不诚，所以王阳明才大力提倡“诚意”：

> 惟天下之大诚，能立天下之大本。

在静坐中，我们揪出一个私欲，马上就克掉它，这就是诚意；如果我们揪出一个私欲，却姑息它，甚至不想克掉它，这就不是诚意了。那我们的静坐也就失去了意义。

谨独就是慎独，原意是，即使自己一个人的时候也要注重自己的行为，严于自律，我们静坐时就是谨独时。在王阳明这里，谨独其实就是自我管理。

自我管理包含了诸多要素，王阳明说，静坐时只要把这些要素一一排列，就是谨独了。

第一是分析，我有什么私欲；第二是目标，我要通过什么手段克掉这些私欲；第三是信心，我要坚信自己能克掉这些私欲；第四是毅力，必须具备强大的意志力，一日不成就两日，两日不成就三日，不可半途而废；第五是心态，在克私欲的过程中保持良好的心态，不能为克而克，更不能想克掉私欲的目的，一旦有这种心态，就是新的私欲了；第六是学习，所谓学习只是通过各种手段光明自己的良知，以良知的巨大力量来帮助自己完成自我管理；第七是检验，当你确定自己把私欲克掉后，要去实践中检验；第八是反思，我为何会有这种私欲，这一私欲产生的基础是什么。你只有反思到位，才不会再犯同一错误。

如果在静坐过程中没有诚意和谨独，那不坐也罢。如果一个人不能通过静坐诚意和谨独，那他就无法光明良知，自然不能知行合一。这样的人就会失去自我，随波逐流，永不可能获取成功。

由上面的论述，我们可以确信学习阳明心学的关系链：立志—谨独—意诚—知行合一—良知。

意思是，我们先立个真切为善之志，专心致志于此，然后从谨独处下功夫，就是自我管理，久之自见意诚境界。只要你意诚了，自然会认识到知行合一的本意。认识到知行合一的本意，自然而然就悟到了自己的良知本体。悟到自己良知是怎么回事，天下事也就在我心中，在我股掌之间！

三、事上练就是练心

王阳明的弟子陆澄有个困惑，当然也是我们的困惑。他问："静坐用功，觉得此心异常强大，甚至想着如果我们遇到某某事，必能轻松解决。可一遇事就蒙了，真是烦躁。”

静坐作用巨大，但纯靠静坐还不能彻底根除私欲成为圣贤，而且静坐有可能引发弊端，走入枯禅之境。王阳明针对此症，提出第二个方法论，这就是事上磨炼。他对陆澄说：“人须在事上磨炼做功夫，乃有益。”

事上磨炼，通俗而言，就是要参与社会实践，在纷繁复杂的具体事务中锻造自己的心理素质，做到动静皆定，泰山崩于前而色不变，麋鹿兴于左而目不瞬，以此沉着冷静，正确应对，最后就进入“不动心”境界。

“事上练”是王阳明心学的顶级方法论，它不是阳明心学的补充，而是和阳明心学理论息息相关，浑然一体。为什么必须要到事上磨炼？王阳明说：

> 目无体，以万物之色为体；耳无体，以万物之声为体；鼻无体，以万物之臭为体；口无体，以万物之味为体；心无体，以天地万物感应之是非为体。

也就是说，如果我们的眼耳鼻口只是客观存在，那它只是个器官。眼睛之所以是眼睛，是因为它能看万物之色；耳朵之所以是耳朵，是因为它能听万物之声……

眼耳鼻口要证明它存在的价值，必须要和万物产生联系，而作为眼耳鼻口的主宰“心”存在的价值也是要和万物产生联系，否则它也不过是个器官。

那么，事上磨炼，炼的到底是什么？很简单，由于“心即理”、心外无物、心外无事，所以我们去事物上练的最终目的就是练心！

正如磨刀，你的目的是让刀锋利，而不是让磨刀石锋利。

如此看来，事上磨炼就是存天理、去人欲，就是让自己的喜怒哀乐恰到好处，不可过分，这就是“和”，就是良知本体。

我们事上磨炼，就是要到人情事变上去练心，喜怒哀乐是人情，富贵、贫贱、患难、生死是事变，事变也只是在人情里，只要能在人情事变上致良知，那就是最好的练心，自然是最好的事上练。

处富贵，自会喜，但不可大喜若狂；处贫贱患难，自然哀，但不可哀伤欲死；遇生死，自会恐，但不可吓得六神无主、失魂落魄。

你的良知自会告诉你应对人情事变的方法，把这些方法运用到人情事变中去努力地保持“和”，反过来，你在人情事变上的表现又进一步筑造了你的心，呼应了你良知给出的方法，让你的内心变得更为强大！

附图1：四句教图示

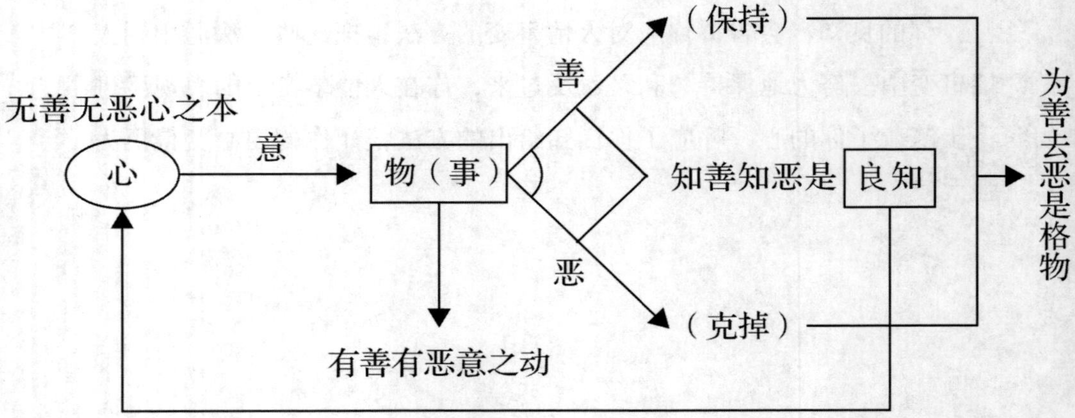

附图2：心学与三观

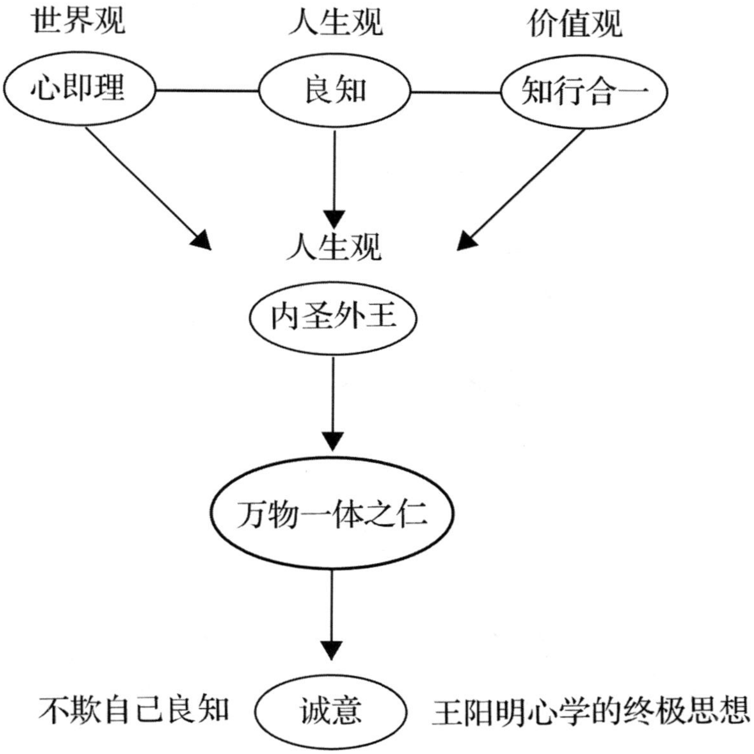

附图3：天理与人欲

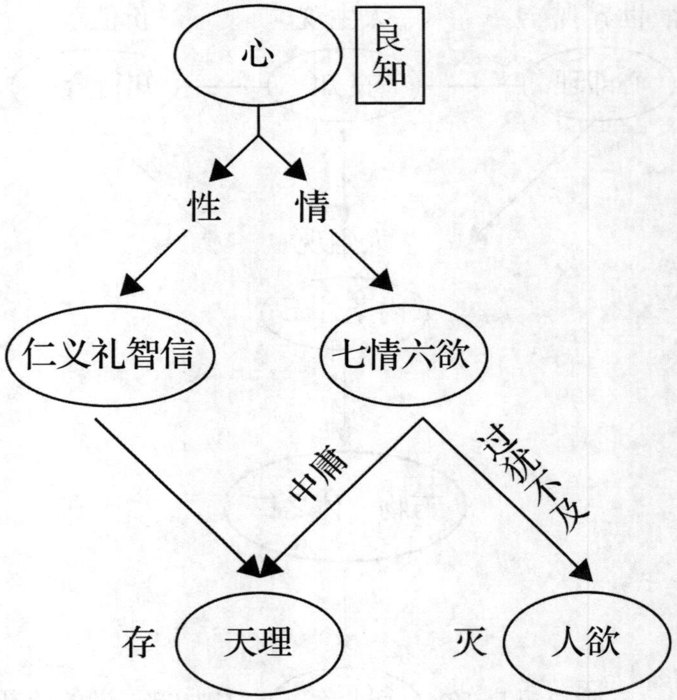

第五章
此心光明，内圣外王

一、工作即修行

有一位地方官常去听王阳明的心学讲座，每次都听得津津有味，偶尔会呈恍然大悟之态，眉飞色舞。月余后，他却深表起遗憾来：“您讲得真精彩，可是我不能每天都来听，身为官员，好多政事缠绕，不能抽出太多时间来修行啊。”

王阳明接口道：“我什么时候让你放弃工作来修行？”

该官员吃了一小惊：“难道在工作中也可以修行？”

“工作即修行！”王阳明斩钉截铁地回道。

“我愚昧得很，”该官员既迷惑又惊奇，“难道您让我一边工作一边温习您的学说？”

王阳明说：“心学不是悬空的，只有把它和实践相结合，才是它最好的归宿。我常说去事上磨炼就是因此。你要断案，就从断案这件事上学习心学。例如，当你判案时，要有一颗无善无恶的心，不能因为对方的无礼而恼怒；不能因为对方言语婉转而高兴；不能因为厌恶对方的请托而存心整治他；不能因为同情对方的哀求而屈意宽容他；不能因为自己的事务烦冗而随意草率结案；不能因为别人的诋毁和陷害而随别人的意愿去处理。这里所讲的一切情况都是私，唯有你自己清楚。这就是良知，良知就是自己知道而别人不知道。你必须认真省察克治，心中万不可有丝毫偏离而枉人是非，这就是致良知了。如果抛开事物去修行，反而处处落空，得不到心学的真谛。”

该官员恍然大悟，心灵满载而归。

凡人眼中，工作是工作，修行是修行。工作是为了糊口，与其有关的词汇是“乏味”“机械”“劳累”等，充满了俗世气味；而修行是“高大上”的，与其有关的词汇是“心灵”“修道”“正果”等，“修行”两个字本身就给人远离尘世的超脱之感。俗人眼中，修行应是找个深山老林，最好是有古庙静寺的深山老林，静坐，练练瑜伽，读读佛经，深呼吸。

这种修行方式在王阳明看来就是“着相”了，矫揉造作，为修行而修行。他认为，工作就是修行，工作情境则是标榜进取精神的儒家最好的修行之地。

1509年，王阳明被任命为庐陵县令。几个月后，他给弟子们写信谈心学，最后说道：

> 政事虽剧，亦是学问之地。

庐陵县的政事的确很“剧”，恰因为很“剧”，才成了王阳明心中修行的宝地。

庐陵县受江西吉安府管辖，在历任县令眼中，这是个刁民泛滥之地。当地百姓特别喜欢告状，县官每天的工作就是审案。这些案子就如人的欲望，层出不穷。

王阳明到庐陵县衙门的第一天，县衙的工作人员就提醒他，这些刁民特别喜欢告状，更喜欢上访，对付他们，只能采用高压手段。

王阳明开始修行，他说："高压手段不是良知的指引，我们身为父母官，就要和百姓'和'，高压手段只能破坏我们和百姓的'和'。自古以来，没有百姓喜欢和官府为难，我们应试着站在他们的角度考虑问题，是不是有非告状不可的原因呢？找到这个原因，解决它，这才是我们父母官应该做的。"

有此心必有此理，王阳明用心找庐陵百姓喜欢告状的原因，很快就找到了。庐陵是四省交通之地，人员流动性大，鱼龙混杂，是非极多。受习俗所染，庐陵人大都不是省油的灯。

如果用心至此，那王阳明得出整治庐陵百姓的真理就是高压政策。但王阳明觉得，还是没有得到最全面的真理。于是他又深入调查，这是内心良知的指引。很快，他又得出了另外的原因：庐陵的赋税比其他县要高出一大截，百姓经常告状就是因为不堪重赋。这是个恶性循环，赋税重就告状，告状久了就把告状当成行为艺术。

这个问题很棘手，要让百姓不告状就需减轻赋税，但赋税是上级指派下来的，减轻赋税就是违抗上级。王阳明没有多想，或许他的良知已告诉他答案：重赋是因，百姓告状是果，要从"因"上下手。

要和上级谈判取消重赋，这需要良心和勇气，更需要智慧，他不会逃避，自然也不会直来直去，在给上级的信中，他说："我在看庐陵的税收记录时大为惊异地发现，三年前庐陵的赋税总额是四千两，这三年来却达到万余两。我先是兴奋得手舞足蹈，因为其他地方的赋税都在负增长，庐陵县却直线正增长。可我错了，因为从赋税名录上我发现，有些东西在庐陵根本不产，却要收税。我现在的疑惑是，这是中央政府规定的吗？如今马上又要交税，可最近庐陵发生旱灾，瘟疫又起。如果强行收税，我担心会激起民变。俗话说，饥人就是恶人。一旦有民变，后果不堪设想。

“站在民意的角度，这样做是逆情悖理，站在官方立场，我也是为你们着想，民变可不是闹着玩的。对于强行征税这件事，我于心不忍，客观条件也不允许。如果你们认为我无法胜任这份工作，我可以辞职。”

这番话有理有据，他的上级悚然，立即同意王阳明的主张，减轻赋税。

庐陵百姓向王阳明献上鲜花和掌声，王阳明随机而动道：“你们打官司，我不反对。自己的权益受到侵害，理应奋起反抗。但你们的状纸太职业化了，你们问自己的良知，打官司的目的是什么？不是炫耀文采，不是哗众取宠，而是为自己争取应得的权益。古人云，‘辞达而已’。三言两语能说清的事就别长篇大论。今后你们告状，要遵守以下几点：首先，一次只能上诉一件事；其次，内容不得超过两行，每行不得超过三十字；最后，你认为和对方可以解决的事，就不要来告状。如果有违反这三条的，我不但不受理，还要给予相应的罚款。”

百姓们唏嘘不已，王阳明趁热打铁，唤醒他们的良知。针对当时瘟疫横行的现实，王阳明写了篇感人肺腑的布告。他说：“虽然是天灾，不可避免，也不能违抗，所以我们要适应它，并且在适应它时懂得点人生大道理。你们怕传染，所以就把得了病的亲人抛弃，表面上看，他们是因瘟疫而死，实际上是因为你们的抛弃而死。瘟疫并不可怕，通过正确的方法可以控制，可怕的是人心，一旦你们的心被恐惧侵袭，就会让你们做出没有天理的事来，这是逆天啊！我现在为你们指明一条消灭瘟疫的道路，那就是用你们的心。你们心中本就有孝心、仁心，不必去外面寻求任何东西，只要让你心中的孝心和仁心自然流露就万事大吉。”

不过，王阳明也承认，道德虽然是每个人自己的问题，可有些人的道德被多年的俗气污染，已不能自动自发地流露，所以必须要树立道德楷模，让道德楷模唤醒他们内心正要睡死过去的善良。

他的办法是老办法，但能解决新问题的办法大都是老办法。他恢复了朱元璋时代的早已名存实亡的申明亭和旌善亭的“两亭”制度，要求庐陵县所管辖的各乡村都要设立这“两亭”。旌善亭是光荣榜：凡是热心于公益事业和乐于助人者，为国家和地方做了贡献的人，在该亭张榜表彰，树立榜样——这是存天理；申明亭是黑榜：凡是当地的偷盗者、斗殴者或被官府定罪的，名字都在此亭中公布，目的是警戒他人——这是去人欲。

工作即修行，在王阳明看来就是在工作中致良知，尽量进入“四和”境界。所谓“四和”就是与天和、与地和、与人和、与己和。

与天地和，就是万物一体之仁，做官时，要把百姓当作自己的一部分；与人和，则是处理好自己与上级、下级的关系；与己和，就是听从良知的命令来行事。

岂止是官场，但凡是工作场所，都是修行之地，工作越繁重，修行的时机越好。号称吃透阳明心学的日本经营大师稻盛和夫说，在工作中修行，就是努力工作，心无旁骛地投入眼前的工作。王阳明对“工作中修行”的解释是：在工作中自然而然地按照良知要求去行事，除了良知的指示，心无旁骛。

你在工作中的表现如何，良知轻而易举就能知道。不欺良知，才是真修行。

有个叫南大吉的官员对王阳明说：“我为政总有过失，先生为何没有说法？”

王阳明反问：“你有什么过失？”

南大吉就把自己为政的过失一一说给王阳明听。

王阳明听完后，意味深长地道：“你这些过失，我都指点过你。”

南大吉一愣：“您好像没说过。”

王阳明见他上套，“嘿嘿”一笑：“如果我没有说过，你是如何知道这些过失的？”

南大吉福至心灵，惊叫：“良知！”

王阳明点头，南大吉兴奋地大笑。

几天后，南大吉又来见王阳明，叹息说：“如果身边有个能人经常提醒我，我在工作上犯的过失可能会少点。”

王阳明说：“你身边就是有个无所不能的人在时刻提醒你啊。”

南大吉略家思索，尖叫道：“良知！”

又几天后，南大吉又来问王阳明：“行为上有了过失可以改变，心上有了过失可如何是好？”

王阳明看了他一眼，说：“你现在良知已现，心上不可能有过失。心上没有过失，行为上也就不可能有过失。我从未见过心上有过失的人会用心工作，也从未见过用心工作的人心上还会有什么过失。”

在王阳明看来，工作和修行是一体的，正如知行合一一样，也正如事上磨炼的心学基础一样，修行无体，以工作为体，以生活为体。离了工作和生活，修行就变得毫无意义。

有个叫朱廷立的官员向王阳明请教在工作中致良知的问题，王阳明答非所问地和他谈起了修身。朱廷立上班后，按照王阳明的教导进行一系列的修身之术。从中知道了自己心中厌恶的事情，而百姓厌恶的事情也知道了；知道了自己的欲望，也就知道百姓喜欢什么了；舍弃自己的私利，也就知道百姓的利益是什么了；提醒自己要遵守道德规范，也就知道了百姓应该遵守什么了；祛除了心中的魔鬼，也就知道百姓心中每天都想什么了。明白了这一切，而主动去做，就是致良知了。三个月后，他发现，他不但了解了百姓的好恶，还得到了百姓的真心，百姓纷纷在背后说他是好父母官。

朱廷立感叹说："我今天才知道，原来修身不但可以养性，还能提高工作质量。"但他突然懊悔，"工作质量是有了，可我的心学造诣没有提高啊。"于是，他又去问王阳明如何学习心学的问题。

让他莫名其妙的是，王阳明这次没有跟他谈一句学习心学，却跟他谈上了工作。朱廷立回到工作岗位上，认真工作。三个月后，他恍然大悟，原来，百姓所以亲近他，就是因为他之前按照王阳明的修身要求主动在修身啊。比如，把百姓厌恶的事情祛除，我就有了惩恶的快感；让百姓得到了很多好处，我也就有了能遏制欲望的能力；顺应了百姓的心声，我也就舍弃了自己的私利；经常告诫他们要遵守法律，我也就有了时常警惕自己的心；解救了他们的苦难，我心情很好，也就祛除了心病。看到百姓人人都圣人了，我其实也就是圣人了。

于是，朱廷立二度感叹说："我今天才知道，原来提高工作质量的诀窍就是先修身啊。"

后来，他又去见王阳明，问王阳明，工作和修行的关系。王阳明说："修身和工作，其实是一回事。修身是为了工作质量提高，提高工作质量来自于修身。修身是体，工作是用，致良知就是其中诀窍。"

朱同志最后得出结论："修身和工作是一回事，用良知去修身，就是工作。用良知去工作，就是修身！"

这也正如稻盛和夫所说的，工作中修行是帮助我们提升心性和培养人格的最重要、也是最有效的方法。我们去用心工作，就是用工作来磨炼我们的心，提升了我们的灵魂层次，光明了我们的良知。

工作中修行，就如同走路，应边走边认，边问边走，在路上体认良知，最后必能抵达目的地——良知的光明。一个人最大的无良就是不能履职，因为它是对你良知的背叛，同样也会把你的人生带入深渊。

二、放下"我"

一个暴风雨之夜，你开着车经过公交站，站台上有三个人正在焦急等车：一个是浑身发抖的老人，必须尽快去医院；一个是医生，他曾救过你的命；最后一个则是你的梦中情人。你的车里只能坐下一个人，现在，你要做出选择，带上谁?

选择至少有三种，理由都充分。带上老人，因为人都有恻隐之心；带上医生，因为人都有知恩图报之心；带上梦中情人，因为人都有为自己谋取幸福的心。

其实无论你做出哪种选择，都会留下遗憾。但在王阳明看来，倘若良知光明，你做任何事时都不会留下遗憾。那么，为什么这三种选择都不完美呢?

原因就在我们自己身上。无论做哪种选择，车里永远都有一个"我"，我不会下车。因为有"我"，所以我们只能再带一个。

如果我们无“我”呢？也就是说，为何不是我下车，让医生带老人去医院，我陪伴梦中情人一起等公交车？

显然，这是个绝妙的办法，办法的玄机只是“有我”转换成“无我”而已。所谓“有我”就是一切以自己为中心，以自己为出发点，不肯放下“我”。正如你不肯下车，就不可能有完美答案一样。

在王阳明看来，“有我”最突出也是最可怕的表现就是“傲”。他说，人生千罪百恶皆从“傲”来：身为子女如果傲慢，必然不孝顺；身为人臣如果傲慢，必然不忠诚；身为父母如果傲慢，必然不慈爱；身为朋友如果傲慢，必然不守信。

所以他语重心长地对弟子们说：

> 人心是天然的理，天然的理精明纯净，没有纤毫污染，只是有一个“无我”罢了。胸中千万不可“有我”，“有我”就是傲慢。古代圣贤的诸多优点，也只是“无我”罢了。“无我”自然会谦谨。谦谨是一切善的基础，傲慢是一切恶的源泉。

他有位叫孟源的弟子就很傲慢，特别自以为是、贪求虚名。有一天，王阳明才教训过他，恰好有位朋友谈了自己近来的功夫，请王阳明指正。孟源在椅子上向后一仰道：“这正好找到了我过去的家当。”（意思是，“你犯了我以前犯过的毛病”。）

王阳明板起面孔，看向他：“你的老毛病又犯了。”

孟源闹了个大红脸，正想为自己辩解。

王阳明看定他：“你的老毛病又犯了！”接着开导他，“这正是你人生中最大的缺点，打个比方吧。在一块一丈见方的地里种了一棵大树，雨露的滋润，土地的肥沃，只能对这棵树的根供给营养。若想在树的周围栽种一些优良的谷物，可上有树叶遮住阳光，下被树根盘结，缺乏营养，它又怎能生长成熟？所以只有砍掉这棵树，连须根也不留，才能种植优良谷物。否则，任你如何耕耘栽培，也只是滋养大树的根。”

孟源的表现就是一种“有我”，时刻想彰显自己，时刻想让自己在任何场合都崭露头角。

在王阳明的学生里，有一位比孟源要“有我”十倍！他就是王艮，我们前面提到“满大街都是圣人”的话语的主人公王艮。

王艮原名王银，出生于儒家大本营山东泰州，父亲靠煮盐维持全家生计。王艮7岁开始学习理学，4年后辍学继承父业，25岁时成为当地富翁。由于经济条件许可，王艮重新回归理学，他的天分和刻苦成就了他，29岁的某天夜里，他从梦中惊醒，浑身大汗如雨，突然感觉心体洞彻，万物都成一体，确切地说，他悟道了。

其实，即使朱熹本人诈尸，也不可能在四年时间里悟透理学之道，王艮的悟道只是他没有深厚的理学基础，没有基础就没有思想负担，一番胡思乱想后就很容易让自己误以为悟道了。王艮自悟道后，就四处讲学，他的讲学有个特点：不拘泥陈说旧注，而是根据自己的心理，以经证心、以悟释经，说白了，就是望文生义，但因为可以言之成理，所以他的听众越来越多。37岁时，王艮已在泰州名声大振，他把自己塑造成当地的一朵“奇葩”：按古礼定制了一套冠服，帽子叫“五常冠”，取儒家仁义礼智信五常之义，衣服是古代人穿的连衣裙“深衣”。穿戴完毕，他捧着笏板，行走时迈的步子经过精致的测量，坐时一动不动，和死人唯一的区别就是还有气息。

王艮还有一特立独行之处，就是嗜酒如命、嗜赌如命。1520年，他到江西挑战各路理学大家并且百战百胜，他最后狂傲地宣称，天下没有人可以当他的对手。当有人告诉他，江西有个叫王阳明的在学术上很厉害时，他冷笑。

王阳明听说有这样一个人后，派人隆重地去邀请。王艮没有时间，他正在喝酒赌博。王阳明不停地去请，王艮不停地在喝酒、赌博。

王阳明的弟子劝王阳明："这种人还是算了，他既然不想来，强求不得。"

王阳明说："据说这人很有'狂'气，我非要他来见我不可。"

弟子们问："难不成去绑架他？"

王阳明笑了笑，找出几个学习力强的人专门学习喝酒、赌博。这几名弟子学成后就跑到王艮面前，先是喝酒，把王艮喝得大醉三天，又和王艮赌博，王艮输得一塌糊涂。王艮深深佩服对方，对方却告诉他，他们不是自学成才，而是有名师指导。王艮问是何人，他们就把王阳明的名字告诉了王艮。

王艮大吃一惊，说："想不到王阳明这老儒还会这些东西！"

这些赢家就说："我们老师非腐儒，而是能灵活变通的圣人。"

王艮打了几个酒嗝，推开牌局，说："那我要去见见他。"

王艮戴上了他的复古帽，穿上了他的非主流衣服，捧着笏板来见王阳明。二人开始了一段有趣的对话。

王阳明："你戴的是什么帽子？"

王艮："舜帝的帽子。"

王阳明："穿的什么衣服？"

王艮："春秋时道家代表人物老莱子的衣服。"

王阳明："为什么穿这样的衣服？"

王艮："表示对父母的孝心（舜和老莱子都以孝著称）。"

王阳明："你的孝道贯通昼夜吗？"

王艮："当然。"

王阳明："如果你认为穿这套衣服就是孝，那你脱掉衣服就寝时，你的孝还在吗？"

王艮："我的孝在心，哪里在衣服上！"

王阳明："既然不在衣服上，何必把衣服穿的如此古怪？你是想把孝做给别人看？"

王艮："……"

就这样，王艮做了王阳明的弟子。王阳明觉得"银"有金字旁，金乃狂躁流动之物，于是把它去掉，名为王艮，字"汝止"。这是提醒王艮：别飘，懂得止于"无我"之境。

但王艮虽然拜了王阳明为师，仍然是个"有我"的极品。

有一天，他出游归来，王阳明问他："都见到了什么？"

王艮以一副异常惊讶的声调说："我看到满街都是圣人。"

我们应该注意，王艮这句话别有深意。王艮来拜王阳明为师前就是狂傲不羁的人，拜王阳明为师后，也未改变"傲"的气质，王阳明多次说："人人都可以成为圣人。"王艮不相信。他始终认为圣人是遥不可及的。

所以他说的"我看满街都是圣人"这句话，是在讥笑王阳明的言论："你瞧，那些在大街上的凡夫俗子都是圣人，我怎么都不相信，天下会有这样多圣人啊。"

王阳明大概是猜透了王艮的心意，于是就借力打力："你看到满大街都是圣人，满大街的人看你也是圣人。"

王艮尴尬地一笑："都是圣人。"

王阳明点头说："对！人人都是圣人，谁也不比任何人差。"

他还应该再加一句："谁也不比任何人高明！"

"有我"是恶，"无我"是善，"有我"是良知不明，"无我"就是致良知。一旦我们放下"有我"，不要以自我为中心、为出发点，就会发现无论是在精神上还是在物质上，你都会得到更多。正如开篇的那个测试题，可谓一箭三雕。

三、责人与责己

有一天，大街上两个人起了争执。甲骂乙："你真是丧尽天理！"乙反击："你才是丧尽天理！"甲又说："你的良心让狗吃了！"乙跳着脚："你的良心才让狗吃了呢！"

王阳明的讲课被这闹哄哄的场面打断，有弟子站起来就要出去。王阳明拦住他："别去，你听，他们在讲我的心学呢。"

弟子们以为王老师的耳朵出了问题："他们是在互相诟骂呢！"

王阳明摇头道："你们没有听到吗？'天理''良心'，这不就是在讲心学。"

弟子们仍有疑问："既然是讲学，为何不好好讲，干吗互相诟骂？"

王阳明叹息道："这种人很多，只知道责人，不知反省自己。倘若他们真以责人的心来省己，那就是致良知了。"

责人与责己，是中国传统道德的老话题。在古人看来，圣贤和普通人的重要一点区别就是以责人之心责己、以恕己之心恕人。其实就是对自己狠，对别人柔。

中国古人给责己和责人订立了两个标准，责己以"义"，责人以

“仁”。《吕氏春秋》说，批评自己以“义”为标准，就很难做出不善的事，自己的行为举止就会非常谨饬、慎重；而批评别人以“仁”为胸怀，别人就会很满意，而取得别人的满意也就能赢得人心。

王阳明认为，“义”是适宜，“仁”是爱。良知就是“义”，就是“仁”，所以我们责人和责己的标准只是一个：良知。良知知道什么是适宜的，什么是爱，按照良知的指引去责人和责己就能赢得人心，就能使自己的行为举止中规中矩。

所谓责己，就是不断地反省与自检。看到别人的优点，应该努力学习；看到别人的缺陷，则应该反思自己身上是否也存在同样的毛病。倘若有人对我蛮横无礼，我也应该反思自己：他为何会用这种态度对待我呢？是不是我哪里做得不好呢？

特别是当我们高兴、愤怒、心志松懈、行为放肆时，更应该自检：我的言行举止是否已出离了不偏不倚的轨道呢？

倘若每个人都能够自我督察，反思内省，那么天下将没有纷争，宇宙则充满和顺气息。可和顺气息的出现是相当有难度的，因为我们责人时，什么道理都懂；而责己时就什么道理都不懂了。王阳明说，其实这也符合人性：人虽至愚，责人则明；虽有聪明，责己则昏。

所以王阳明告诫众人：

> 学须反己。若徒责人，只见得人不是，不见自己非；若能反己，方见自己有许多未尽处，奚暇责人？

一味地去责人，有两个坏处：第一，看不到自己的错；第二，由于你本身还有过错，用并不光明的良知去责备别人，别人不会服气，到头来弄巧成拙，自己惹了一肚子气不算，还得罪了人。

王阳明举例说："舜把总想害他的弟弟象感化成善人，诀窍就在于，舜总责己。象对他做一件坏事，舜就反省，是不是我的错？这就是只见自己的不是。如果舜总责人，那必去纠正象的奸恶，象肯定不会被感化。因为你去纠正恶人的恶行时，等于是揭发了他的丑恶。由于人人都有良知，恶人会发现你说的是对的，会尽力掩盖，他会更怒不可遏，而变得更恶。"

所以当我们要责人时，王阳明出主意说："你就把责人当成一大私欲，立即去克。"

运用"责己"，有时候还是绝妙的招数，来化解矛盾。

有父子二人来告状，请王阳明判案。随从欲阻挡他们。王阳明却主动听了他们说的情况，然后说了一句话，父子二人就抱头痛哭，最后和好离去了。

王阳明的弟子们大为惊讶，问王阳明："您说了什么就使父子二人很快地悔悟了呢？"王阳明平静地回答："我对他们说，虞舜是世上最不孝顺的儿子，他的父亲瞽叟是世上最慈祥的父亲。"

稍懂历史的人都知道，王阳明说反了。舜的老爹瞽叟总想害舜，舜却一直对他老爹好。

面对弟子们的惊异神色，王阳明缓缓道："舜常常自以为是最不孝的，因此他能孝；瞽叟常常自以为是最慈祥的，因此，他不能慈爱。瞽叟只记着舜是他拉扯养大的，心想如今舜为什么不让他快乐，他不清楚他的心已被后妻迷惑而改变了，还自以为能慈爱，因此，他就更不能慈爱；舜总是记着小时候父亲是多么地爱他，而如今之所以不爱了，只因为自己不能尽孝，每天想着自己不能尽孝之处，因此，他就更加孝顺。等到瞽叟高兴时，他只不过是恢复了心中原本就有的慈爱的本体。所以，后世之人都称舜是一个古往今来的大孝子，瞽叟也就变成了一个慈祥的父亲。”

是不是只责己就万事大吉呢？不是！

王阳明说：“不是不能责人，而是责人要讲究方法。我们责人，不是为了显示自己，不是为了责人而责人，主要还是要帮助别人改正缺点。”

阳明心学“责人”的最高境界是“不责而责”。如果真心实意恳求对方改过向善，怀着爱人之心对人进行批评和指正而取不得任何效果后，那就必须“不责而责”了。

所谓“不责而责”，就是把全部精力都用在“责己”上，把自己锻造成一个道德高尚、心胸开阔的人，然后再通过自己的行动去感化别人：以宽让、温和的态度，原谅别人的能力不足，容忍别人还未达到道德的要求，宽恕别人的无知，理解别人不愿意做的事情。

这就是阳明心学的责人和责己的辩证关系，它符合阳明心学思想：良知有大小，人人都有错。只需专心光明自己的良知，当我良知光明后、致良知于人人时，则人人都能得到我的良知（理），而这个良知（理）其实也是他们的良知。

四、此心不动，随机而动

1493年，王阳明参加会试，名落孙山。他的朋友们都心急火燎地来安慰他，却发现他面色如常，毫无落第的悲伤。王阳明笑着对他们说：“我落第，你们却动心。”朋友们大为尴尬。

三年后，王阳明在会试中二度落榜，朋友们发了羊癫疯似的跑来安慰他。这一次，他们势在必得，非要看到王阳明痛哭流涕。为了计划顺利，他们还特意找了几个落第的朋友，悲伤号啕，烘托气氛，勾引出王阳明的伤心来。

但这一次，他们又大失所望。王阳明不动声色地看着啜泣的落第举子，平静地说道：“你们都以落第为耻，我却以落第动心为耻。”

落第无所谓，动心才是个问题。此心不动，是阳明心学的目标之一，也是一种人生境界。此心不动，方能在面对各种情境时方寸不乱，应对自如。就如阿基米德“给我一个支点，我能撬动地球”的那个“支点”，岂止是能撬动地球，它能撬动天地万物。

但是，要养成此心不动，殊非易事。我们常常会受到外界的各种刺激，比如无人不曾经历过的“毁谤”。

有人问王阳明：“孔子那样的圣人，怎么也会受到别人的毁谤，而且还那么多？”

孔子受人毁谤的确很多，时人对他泼了太多冷水和脏水，最有名的脏水就是“丧家犬”。按一般的见解，如孔子这样的圣人应该是万民敬仰，天下俯首的，为他歌功颂德还来不及，怎么会毁谤他呢？

王阳明解释道：“毁谤是从外面来的，圣人也避免不了。”

弟子大惑：“您不是说心外无事吗？毁谤就是一事，怎么是从外面来的？”

王阳明正色道：“我说心外无事，是天下本无事，庸人自扰之。你别去当庸人，没有说别人不是庸人。管好你自己的心和嘴，你怎能管住别人的心和嘴？”

众弟子大为惊悚。王阳明缓和了语气接着说道：“人只应注重自身修养，若自己的的确确是一个圣贤，纵然世人都毁谤他，也不能说倒他。这就如同浮云遮日，如何能损毁太阳的光芒？如果自己是个外貌恭敬庄重，内心却空虚无德的人，纵然无人说他坏话，他隐藏的恶也会在不久的将来暴露。因此，孟子说：‘有求全之毁，有不虞之誉。’毁誉来自外界，岂能躲避？只要能加强自身修养，把自己的心锻造得强大，外来的毁誉能把我怎样？”

民谚说，唾沫星子淹死人，但淹死的都是内心脆弱的人。王阳明说：

> 毁誉荣辱之来，非独不以动其心，且资之以为切磋砥砺之地。故君子无入而不自得，正以其无入而非学也。

王阳明说，人若能实实在在地用功，不论别人如何诽谤和侮辱，依然会处处受益，处处都能培养道理；若不用功，别人的诽谤和侮辱就如魔鬼，最终会被它击垮。

如何用功？诀窍就是两个字：自信。

王阳明在平定朱宸濠叛乱后，皇帝朱厚照御驾来南方。他身边一群小人以妖言蛊惑朱厚照，殚精竭虑地找王阳明的麻烦。当时有很多人劝王阳明，赶紧想办法去找皇上，向他吐露您的真心。王阳明一本正经地说：“君子不求天下人相信自己，自己相信自己而已。我现在相信自己还没有时间，哪里还有心思去让别人相信我？”

如果你连自己都不相信，岂能让别人相信你？

这就是“自信”，它需要你锻造自己的良知，只要良知光明，外界的怀疑、侮辱终有真相大白于天下之时。王阳明是这么说的：“各位只要根据这良知耐心地做下去，不在乎别人的嘲笑、诽谤、称誉、侮辱，任他功夫有进有退，我只要这致良知没有片刻停息，时间久了，自会感到有力，也自然不会被外面的任何事情动摇。”

王阳明举例说：“从前有人到朋友家做客，他的仆人偷了朋友的一双鞋。回家后，他让仆人去买鞋，仆人就把偷来的鞋当作是买的给了他。他很高兴地穿到脚上，恰好朋友来访，一见他的鞋，暴跳如雷，‘我早就怀疑是你偷的，想不到真是！’于是二人绝交。若干时日后，仆人承认了自己是偷窃者，真相大白。朋友慌忙跑来说，‘我竟然怀疑你，真是大罪’。又问，‘你当时为何不解释？’”

这人回答：“我没有偷你的鞋，这是自信。你误会我也并未伤我分毫，如今你来向我道歉，我也未得分毫。反而是你，先是发怒，现在又是愧疚，心真是忙乱得很啊！”

王阳明用这个故事告诉我们，无论遇到外界多么大的侮辱与毁谤，都要自信。只要你没做，侮辱和毁谤伤不了你，而且既是无中生有，终会真相大白，水落石出。

下面这个故事虽是笑话，背后的道理却非常严肃：一对父子赶着驴去集市。有路人看到说：“这父子二人真傻，这么好的驴子，居然不骑。”

老爹想想也是，就让儿子骑上了驴。

走了一段路，又有路人说：“这孩子真不像话，让父亲走路，自己骑驴。”

儿子听到后赶紧跳下驴来，把父亲扶上驴。

老爹还未坐稳，就听到一个路人说：“这做爹的心太狠，让孩子走路，自己却骑驴。”

听到这话，老爹赶紧把儿子也抱到驴背上。

走出步远，又一路人说：“这二人真狠毒，两个人都骑到驴上！”

父子二人听了这样的话后，惶惶然。

最后，两人终于想到一个办法：抬起那头驴走路。

我们常常对物欲动心外，还会对别人的评价动心。所以动心，是因为我们并不自信，就像一个空碗，需要外在的东西来填充，别人的评价就是这种填充物。王阳明说：“有此心就有此理，你有一颗不自信的心，自然就会产生不自信的理。所以你的心在外物的干扰下不停地动，永不停息。”

所谓“自信”不是被动地坚信自己“问心无愧”，而是要把遇到的坎坷、磨难当作正面的东西，要把它当成是砥砺人、磨炼人的东西。而且你应该感谢它，荣誉是从正面磨砺你，诽谤和侮辱是从反面磨砺你。无论是哪种磨砺，它都是你练心的大好时机。

这样一来，无论顺境还是逆境，你都能有所得；无论荣誉还是侮辱，你都能把它当成一门学问。

1519年，宁王朱宸濠在江西南昌发动叛乱，王阳明以临时拼凑的部队仅用了四十三天就摧毁了朱宸濠的二十万大军。庆功宴上，有弟子问王阳明：“用兵有术否？”

王阳明回答：“用兵能有什么术？只是学问纯笃，养得此心不动罢了。”

一弟子沾沾自喜道：“那我也能用兵。”

王阳明看向他，他脸上充盈着自信的光：“只要临战时让此心不动，不就如您一样谈笑间击败敌人了？”

王阳明笑问：“你怎样让自己的心不动？”

“我用心控制它啊。”

“你的心全力控制你不动，那你运筹帷幄用什么？”

该弟子哑然。

王阳明这位自作聪明的弟子的想法并非空穴来风，而是源于战国的告子。告子就是说出“食色性也”的人，他也说此心不动，却是强行死扣这颗心，强制它纹丝不动。此时，你的心的功用就是不停地告诉自己：不要心动，不要心动。

心用在了这方面，一旦有事来，你该用什么去迎战事呢？一心是不可二用的。

王阳明说的此心不动，是致良知到自然不动。

心之本体，原本不动。心之本体即为性，性即理。性原本不动，理原本不动。

即是说，我们的心是命中注定不该动的，如果心不动，由于心即理，那理也不会动。我们的心主宰着理，所以有什么样的心就会产生什么样的理。有克敌制胜的心，就有克敌制胜的一番道理、技巧出来。但由于习俗所染，我们的心常常躁动、骚动、欲动，要想恢复其本体，就要致良知，用孟子的说法就是“集义”：在现实生活中做符合道义的事。积累善行和善念，心胸坦荡，临事时自然能不动心。

平定朱宸濠后，皇帝朱厚照南巡。朱厚照身边的一群小人千方百计想搞掉王阳明，于是在朱厚照耳边诋毁王阳明，说他要谋反。

朱厚照怀疑王阳明的消息层出不穷，王阳明的很多朋友都劝他赶紧离开南昌，逃离这个危险之地。王阳明的弟子们也苦苦劝说。王阳明泰然不动，心无旁骛地和弟子们探讨心学。但弟子们都面有忧色，王阳明实在看不下去弟子们布满乌云的脸，就对他们说出心声：“你们为我的担心是多余的。我早已交出兵权，说我谋反简直愚蠢之极，这就是自信。皇帝若不傻，他也会明白。如果我此时上蹿下跳，到处打探消息，打点关系，岂不是正中了那些人的诡计，说我做贼心虚？我在此泰然自若，也是有深意在。”

这番道理深入众弟子的心，王阳明又急转直下道：“即使皇上听信谣言，真要惩治我，我也无法回避躲闪。雷要打，就随它打来，忧惧有什么用？你怕雷打来，就产生忧惧心，忧惧心一起，就会乱了方寸，到时雷不打来，你自己也吓破胆了。未发生的事，何必忧惧，事情要发生，你忧惧有何用？”

这就是阳明学的此心不动，此心不动并非是消极地听天由命，而是抱定问心无愧的心来应对到来和即将到来的危险。危险和困境未来，没必要动心；危险和困境来了，动心又有什么意义？随遇而安罢了。

此心不动是永恒的吗？

王阳明的父亲王华去世后，王阳明哭得死去活来，恨不得和王华一同去了。有弟子说：“您这是人欲了，心动了。”

王阳明哀伤道：“这的确是人欲，但面对亲情，心不得不动，而且必须要动。”

弟子们大惑不解，忘记了老师正在哀伤欲绝中，急忙若渴地求知。

王阳明继续哀痛欲绝，但第二天，他恢复了本体，哀而不伤地说了八个字：“此心不动，随机而动。”

注意王阳明这八个字，他在平定朱宸濠叛乱时也说过这八个字，而这八个字并不仅仅指的是让自己的心不动，抓住敌人心动露出破绽的机会，快速击之。

它还另有玄机。所谓“机”就是合理地表露自己人欲（七情）的机会。理学家认为，七情是人欲，必须要祛除和压制。这样就形成一个问题：人是有感情的动物，情感与生俱来，不可能消失，所以许多感情倘若长久淤积在心后就会潜藏在潜意识中，当有外界的刺激击入潜意识中时，它们就会被激活，如果病毒突变一样无限放大，我们就会失控，心理所当然地大动起来。

比如那些落第的举子，所以对落第动心，就是因为他们太把中举当回事，而碍于读书人的尊严，他们在平时又不敢太表露这种感情，积压在心，突然未中举，心上大动，立即失控，死去活来。王阳明则大不同，他没把中举当回事，也就没有这种感情的积压，所以当落第这一刺激击过来时，等于是在沙漠中扔了一桶水，而那些人则如同在雷区扔了一把火。

王阳明认为，七情唯有适当地表露出来，才能让你的心更为强大，由此不动心。七情就是雷区，只有把雷在平时排除干净，当火来时才不会大爆炸。做到这点，也就恢复了活泼泼的心的本体。

就此我们可以下定结论：欲养得此心不动，除了自信、学养深厚，还有个重要前提就是，必须随机而动。

五、心学养生法

中国传统文化中有一种文化叫“养生”，儒、释、道三教针对“养生”发过的论述浩若烟海。三教还算殊途同归，认为“养”即保养、调养之意，“生”即生命、生存之意，养生的目的是让我们拥有一个好身体和健康的心灵——归根结底，养生就是养心。

《吕氏春秋·贵生》中说：“圣人认为天下所有事中，没有比生命更宝贵的。如何保护我们的生命呢？这就需要去我们生命主宰的耳朵、眼睛、鼻子和嘴上用功。耳朵虽然想听悦耳的声音，眼睛虽然想看好看的东西，鼻子虽然想闻芬芳的香气，嘴巴虽然想吃美味的食物，但如果对于生命有害就该用心制止。对于这四种器官来说不愿接受的事物，但只要对生命有利，就该去做。由此看来，耳朵、眼睛、鼻子和嘴，不能擅自行动，必须有所制约。这就像担任官职一样，不允许随意行事，必须有所制约。这是珍重生命的方法。”

这个“制约”就是克己。王阳明说：“人需要有为自己着想的心方能克己，能够克己，就能成就自己。”

有个叫萧惠的弟子问：“自私很难克去，该怎么办呢？”

王阳明说：“让我替你克去自私。”

萧惠很沮丧也很疑惑：“我的确有为自己着想的心，可就是不能克己！”

王阳明循序渐进道：“你不妨先谈谈你为自己的心是怎样的。”

萧惠被问住了，许久才说：“我也一心要做个身心健康的人，便自我感觉很有一些为自己的心。如今想来，也只是一个空有躯壳的我，并非真实的自我。”

王阳明说：“真正的我怎能离开身体？只是你也不曾为那空有躯壳的我，你所说的躯壳的我，岂不是指耳、目、口、鼻、四肢吗？”

萧惠说：“正是为了这些。眼睛爱看美色，耳朵爱听美声，嘴巴爱吃美味，四肢爱享受安逸，我无法制约他们，自然不能克己。”

王阳明说：“美色使人目盲，美声使人耳聋，美味使人口伤，放纵令人发狂，所有这些，对你的耳目口鼻和四肢都有损害，怎么会有益于你的耳目口鼻和四肢呢？如果真的是为了耳目口鼻和四肢，就要考虑耳朵当听什么，眼睛当看什么，嘴巴当说什么，四肢当做什么。只有做到‘非礼勿视，非礼勿听，非礼勿言，非礼勿动’，才能实现耳目口鼻和四肢的功能，这才真正是为了自己的耳目口鼻和四肢。此时，并非你的耳目口鼻和四肢自动不看、不听、不说、不动，这必须是你的心在起作用。其中视、听、言、动就是你的心。你心的视、听、言、动通过你的眼、耳、口、四肢来实现。如果你的心不存在，就没有你的耳目口鼻。所谓的心，并非专指那一团血肉。如果心专指那团血肉，现在有个人死去了，那团血肉仍在，但为什么不能视、听、言、动呢?

“所谓的真正的心，是那能使你视、听、言、动的‘性’，亦即天理。有了这个性，才有了这性的生生不息之理，也就是仁。性的生生之理，显现在眼时便能看，显现在耳时便能听，显现在口时便能说，显现在四肢便能动，这些都是天理在起作用。因为天理主宰着人的身体，所以又叫心。这心的本体，本来只是一个天理，原本无非礼存在。这就是你真实的自我，它是人的肉体的主宰。如果没有真我，也就没有肉体。确属有了它就生，没有它就死。你若真为了那个肉体的自我，必须依靠这个真我，就需要常存这个真我的本体。做到戒慎于不视，恐惧于不闻，害怕对这个真我的本体有一丝损伤。稍有丝毫的非礼萌生，有如刀剜针刺，不堪忍受，必须扔了刀、拔掉针。如此方是有为己之心，方能克己。你现在正是认贼为子，反而说什么有为自己的心，但为何不能克己呢？”

萧惠至为感动。

恰巧有位弟子捂着一只眼来找王阳明。他忧伤地对王阳明说：“我的眼睛坏了，现在心情异常糟糕，这可怎么办？”

王阳明脱口而出：“你呀，真是贵目贱心。”

这个回答就不仅是养生问题了，它是心学的精髓：关注心，如果心正了，良知光明，那外在的一切困难就都不是困难。

六、心学之勇

有个弟子叫陈九川的生了病，卧病在床，痛苦万分。

王阳明来看望他，嘘寒问暖一番后，问他：“关于病这个东西，‘格’起来有点困难，你觉得呢？”

陈九川苦笑道：“的确难！我觉得它比‘正心’难多了。它的难受，肉体的疼痛，非是心能控制得了的。”

王阳明不这样看，说：“你的肉体也是受你心控制的，它疼时，你若能快乐、常快乐，就是功夫。”

这是大有难度的事，陈九川不想在这问题上纠结，而是和王阳明探讨起了学问：“我常反省自己的念头思虑，有时觉得邪妄歪曲，有时想去治理天下大事。思考到终极时，也津津有味，达到难分难舍的地步而无法祛除。这种情况发觉得早还容易去掉，发觉迟了就难以排除。用力抑制，更觉格格不入。唯有将念头转移，方能把这种现象全部清理出去。如此清净思虑，似乎也无妨害。”

王阳明说：“说来说去，你还是不懂得良知，只要在良知上下功夫即可。你一有念头，良知就知是非，只就在‘是非’上用功，‘是’的保持，‘非’的祛除。”

陈九川很沮丧：“我说的这些情况，正是良知未知时。”

王阳明笑了：“良知怎么可能有不知的时候？只是你的良知被遮蔽了，它告诉你答案，你感觉到了却不肯去做。”

陈九川若有所思：“大概是这样吧，这真是一场恶战，虽然明白，却不能扔掉。”

王阳明严肃地说道：“必须要有勇气！”

陈九川茫然：“勇气？”

“对！你用功久了，自会有勇。”

陈九川越发茫然。

王阳明解释道：“孟子说勇气是‘集义所生’，你行事合乎道义，这就是致良知。肯致良知，自然就会产生勇气。勇气反过来会光明你的良知，你在这场恶战中就很容易取胜了。”

王阳明所谓的“勇”到底是什么意思呢？

我们可以用《孔子集语·杂事》记载的一则故事来解说：孔子的弟子子路自诩很勇敢，但孔子始终认为子路是个容易冲动的勇夫，并未得孔门儒学“勇”的真谛。

某次，孔子游山，子路随行。孔子口渴，让子路去打水。子路在水边遇到一只老虎，兴奋得发狂，扔了水瓢就和老虎搏斗起来。几个回合，子路把老虎揍死，并把虎尾巴扯下揣在怀里，回来问孔子：“上士打虎如何？”

孔子发现子路的水瓢不见了，怀里露出一条毛茸茸的东西，马上就明白了，于是回答：“持虎头。”

子路又问：“中士打虎如何？”

孔子回答：“持虎耳。”

子路急了，再问：“下士打虎如何？”

孔子回答：“持虎尾。”

子路忿懑不已，自己徒手和老虎搏斗险些搭上性命，才落了个“下士”。他跑到一边，把老虎尾巴扔掉，揣了个石头回来。恶狠狠地问孔子：“上士杀人用什么？”

孔子脸色不变：“用笔。”

“中士杀人用什么？”

“用语言。”

“下士杀人用什么？”

“用石头。”

子路垂头丧气，心服口服，扔了石头，不言语。

孔子微笑道：“你已接近勇士的标准了，因为‘知耻近乎勇’。”

把孔子的话和王阳明的话结合起来，我们就可得出王阳明对“勇”的定义：知道是非、善恶、羞耻是良知，只是接近“勇”，而肯矫正和改正，就是真的勇，也就是致良知！

七、知行合一就是杠杆原理：撬动天地万物

1508年，王阳明在贵州龙场驿站发现了“良知”的神奇威力。公元前250年左右，古希腊物理学家阿基米德发现了“杠杆原理”，于是发出豪言壮语：“给我一个支点和一根足够长的杠杆，我就能撬动地球。”

那个支点，倘若用王阳明的话来说，就是良知，而那根足够长的杠杆就是“行”。不必给我一个支点，因为这个支点与生俱来，剩下的事只是找一根足够长的杠杆，用力压下去就可以撬动天地万物和人情事变。所以，阿基米德的“杠杆原理”与王阳明的“知行合一”在某种程度上是相通的。

王阳明运用杠杆原理的实例不胜枚举，其创建心学不久后，在贵州龙场就牛刀小试了两次。第一次是撬动了贵州巡抚王质，第二次是撬动了贵州宣慰司宣慰使安贵荣。

贵州巡抚王质属于后反劲儿型，王阳明来龙场小半年了，他没有

动静。可当王阳明在龙场讲起心学，他有了动静。动静是很大的，一批受他指使的亦官亦匪的城管人物来到龙场驿站，作威作势要揍王阳明。王阳明岿然不动，听课的土著们暴跳如雷，情绪转化为行动，把这群人揍了个半死。

王质闻听此事后，七窍生烟，他想调动军队对付王阳明，但又改变了主意。他要亲自去找王阳明，但又改变了主意。最后，他下令给贵州司法部长官毛应奎，要他通知王阳明，这件事的影响极端恶劣，王阳明必须要在诚惶诚恐、毕恭毕敬的姿态下向他道歉，然后他才可以考虑是否赦免王阳明的罪。

毛应奎了解王质，知道这是廉价自尊下的无理取闹。虽然如此，他权衡了一下，认为王阳明比王质更容易摆平。于是他给王阳明写信，要他对王质走狗被群殴的事向王质道歉，哪怕就是一封道歉信也好。

王阳明让他大失所望。毛应奎接到王阳明的回信，信上说，殴打那群流氓的是当地土著，土著不会无缘故打人，是那群流氓先动手的。即使那群流氓是王质派来的，我没有打他们，所以我和王质之间未产生任何关系。我为何要向他道歉？如果他非揪住这件事不放，那你替我转告他，我在恶劣的龙场什么没有遇到过，几乎一日三死，再大的风暴对我而言也不过是虫豸。他最后说，我虽然是流放官员，不过也应该得到尊重。

据说，王质收到这封并非是给他的信后大为震惊，只好接受了尊严被侵犯的现实。我们可以仔细分析这件事，撬动王质的支点不在王质身上，而在王阳明心中。按他的意思，支点就是人人具有的自尊，王质有错在先，本应该王质向他道歉，但他大人不计小人过。有了这样一个支点，其他的问题，诸如“打人者非我”“我什么没经历过”也就顺理而来。

王质事件不久，安贵荣事件再来。安贵荣在贵州并非等闲之辈，贵州的驿站就是他祖上奢香夫人为明帝国免费开凿的，所以他的神态里有一种无上荣耀的傲慢。他来见王阳明并不是听心学，按他的思维，王阳明学识渊博，声名远播，肯定有非凡的智慧。他希望王阳明能为他解惑，这个惑就是：他想减少贵州通往中原的驿站数量。

王阳明劝他别胡思乱想："驿站，尤其贵州境内的驿站是中央政府控制贵州的烽火台，你撤驿站，会给中央政府'弱化中央政府对贵州控制能力'的印象。后果如何，不必我说。"

安贵荣急忙派人送来酒肉，说："想不到这深山老林里有如您这样见识非凡的人，让人钦佩，关于裁撤驿站的事，我以后想都不想。"

王阳明回答他："我没有这样的力量，我说的这个道理，你心中早已有之。"

对于祛除安贵荣欲望的支点，王阳明选择的是为其做利害分析，为何会把支点放在这里，是因为安贵荣要减少驿站数量的目的是少受中央政府的管辖，间接为自己谋取利益。谋取利益的人最怕失去利益，所以只要把支点放在利害关系上就万事大吉了。

在《传习录》中，王阳明曾谈到苏秦和张仪：

> 苏秦、张仪之智也，是圣人之资……仪、秦学术，善揣摸人情，无一些不中人肯綮，故其说不能穷。仪、秦亦是窥见得良知妙用处。

苏秦和张仪是战国时期的超级说客，靠纵横术发迹，名垂千古。王阳明为何要说苏秦和张仪"窥见良知妙用处"呢？原因就是"善揣摸人情，言语上都能切中对方的要害和关键"。这个"要害和关键"

就是肯綮，就是阿基米德支点的位置，就是良知所在。

苏秦原本是去说服秦王灭六国的，结果秦王对他嗤之以鼻，这让他深感耻辱。他发下重誓：“你秦国不灭六国，我就让六国来灭你！”于是蜗居在家，头悬梁锥刺股，发愤图强研究六国情况，出山后去说服六国联合起来抵抗强秦。

苏秦游说六国的模式被后人总结为“利导法”，这种方法的层次如下：肯定优势—指出危机—出谋划策—分析利弊—以利导之。其实也就是分析利害，划出远景，以利导之，让被说服方乐于接受自己的主张。

说服六国任何一国时，苏秦第一步就分析对方的地理条件、兵力情况、军需物资、国力强弱、周边关系等客观优势，结合君主贤能、士卒英勇等主观因素，充分肯定其有利条件。并且注意结合每一个诸侯国的具体情况做出分析，有针对性地强调该国特色。总之，不论对于哪个国家，都首先强调其优势，以解除他们惧怕强秦的心理压力。然后指出其危机所在，分析危机产生的原因，为合纵战略做好铺垫。再然后替对方谋划，并给出主意，设计摆脱危机的方案(合纵战略)。最后分析利害，以利诱之，以理导之。

实际上，这个“利导法”最关键的地方就是利害，就是阿基米德支点。苏秦知道六国任何一国的利害所在，这就是良知的效用。也就是说，苏秦后来成为六国宰相，他其实只做了两件事：第一，找到撬动六国的那个支点（利害）；第二，压下杠杆（说话）。

苏秦撬动六国联合起来的支点是利害，他对各个国王说的一句话就是，如果六家联合，即使不能灭掉秦国，至少不会被秦国灭掉。倘若不联合，那肯定会被秦国一一灭掉。

张仪撬动六国分解的支点同样是“利害”，但比苏秦的支点放得更精致。我们可以欣赏他说服魏国投靠秦国的精彩话语："魏国土地纵横不到千里，士兵不超过三十万。四周地势平坦，各国从四面八方都可以进攻，没有大山大河的阻隔。从新郑（韩国都城）到大梁（魏国都城）只有两百余里，战车驰骋，士兵奔走，不费多大力气就到。魏国南边跟楚国接境，西边跟韩国接境，北边跟赵国接境，东边跟齐国接境，士兵驻守四面，守卫边防堡垒的不少于十万人。魏国的地势，原本就是战场。如果魏国向南亲附楚国而不亲附齐国，那么齐国就会来攻打它的东面；向东亲附齐国而不亲附赵国，那么赵国就会来攻打它的北面；不和韩国合作，那么韩国就会来攻打它的西面；不和楚国亲近，那么楚国就会攻打它的南面。这就是所谓四分五裂的地理位置。

"大王如果不事秦国，秦国出兵攻打黄河以南，占据卷地、衍地、燕地、酸枣，胁迫卫国，夺取阳晋，那么赵国不能向南支援魏国，魏国就不能向北联系赵国。魏国不能向北联系赵国，合纵联盟的通路就断了。合纵联盟的通路一断绝，那么大王的国家要不危险就不可能了。如果秦国说服韩国攻打魏国，魏国害怕秦国，秦、韩两国一致对付魏国，魏国的灭亡就可以跷起脚来等待了。这是我替大王担忧的问题。

"我替大王着想，不如归顺秦国。归顺了秦国，楚国、韩国一定不敢乱动；没有楚国、韩国的危害，大王就可以高枕无忧，国家一定没有忧患了。秦国所想要削弱的莫过于楚国，而能削弱楚国的莫过于魏国。楚国虽有富足强大的名声，但实际空虚；它的士兵虽多，却容易败逃溃散，不能坚持战斗。如果全部出动魏国的军队，向南攻打楚国，胜利是肯定的。割裂楚国而加强魏国，亏损楚国而满足秦国，转嫁灾祸，安定国家，这是大好事呢。大王如果不听取我的意见，秦国将派精兵向东进攻，那时即使想归顺秦国，也不可能了。”

魏王被这番话折磨得寝食难安，最后同意了张仪的观点，做了秦国的卫星国。

这就是苏秦、张仪的利害杠杆原理。王阳明创建心学后的一切事迹中，都有这种杠杆原理充盈其中，尤其是在对付太监张忠时，发挥得淋漓尽致，让人目瞪口呆。

1519年，江西南昌宁王朱宸濠造反，王阳明只用月余就平定这场叛乱，并活捉朱宸濠。皇帝朱厚照御驾亲征，实际上是想到南方玩耍。但王阳明已活捉朱宸濠，朱厚照亲征玩耍的理由变得很不充分。其身边的太监张忠出主意：可将朱宸濠放了，皇上到江西重新捉他一回。

朱厚照狂喜，张忠立即派了锦衣卫拿着一面威武大将军的手牌去见王阳明。锦衣卫狂奔起来的速度至为可惊，1519年九月初，锦衣卫到达南昌城，并向王阳明呈上威武大将军的手牌，命令王阳明和他见面。王阳明确信，朱厚照真的来南方了。

弟子们说：“明显得很，威武大将军，就是皇上。他的手牌到和圣旨到没有区别，应该赶紧相见。”

王阳明拿出他的支点：“圣旨是圣旨，手牌是手牌，怎可同日而语？大将军的品级不过一品，况且我是文官，他是武官，文武不相统属。我为什么要迎他？”

王阳明的弟子们大骇：“他明明就是皇上，老师您这是想瞒天过海，恐怕要得罪皇上。”

王阳明叹息道：“做儿子的对于父母错误的言行无法指责时，最好的办法就是哭泣，怎么可以奉迎他的错误呢！”

他的属下苦苦相劝，王阳明只好让一名属下代替自己去见那名锦衣卫。锦衣卫发了一通火，更让他火大的是，按规矩，王阳明需要孝敬锦衣卫一大笔钱，可王阳明只给了五两金子。锦衣卫七窍生烟，决定第二天返回张忠处，让王阳明为其不恭付出代价。

第二天，王阳明适时出现了，他要撬动锦衣卫的良知。他说："我亲自来送您。"说完就拉起锦衣卫的手，满怀深情地说，"下官在正德初年下锦衣狱很久，和贵衙门的诸多官员都有交情，但您是我见过的第一个轻财重义的锦衣卫。昨天给您的黄金只是礼节性往来，想不到就这么点钱您都不要，我真是惭愧得要死。我没有其他长处，只是会做点歌颂文章，他日当为您表彰此事，把您树立成典型，让天下人膜拜。"

锦衣卫的良知被他撬活了，因为这个支点选得非常好，正是绝大多数人最渴望的名声！锦衣卫先是错愕，接着就是感动。他让王阳明握着手，说："本来这次来是让您交出朱宸濠的，可看您也没有这个意思，虽然我没有完成任务，但您的一番话让我心弦大动。我提醒王大人，还会有人来。"

王阳明装出一副惊异的样子，问："为何要朱宸濠？朱宸濠既被我捉，本该我献俘才对啊。"

锦衣卫不语，转身跳上马背，一溜烟尘跑了。

王阳明不交出朱宸濠，朱厚照就不能来。朱厚照若来可不是一个人，他是带着十几万大军来，这群蝗虫所过之处人民必定遭殃。他们仅以搜索朱宸濠余党这一堂而皇之的理由就能让无数百姓家灰飞烟灭。

此时的王阳明只有一个支点：押着朱宸濠急速北上，在半路堵住朱厚照，让他没有理由再来南方。1519年阴历九月十一，王阳明把朱宸濠一干俘虏装进囚车，从水路出发去堵朱厚照。

王阳明走到广信，张忠派来的两位高级宦官来见王阳明，声称是奉了皇上朱厚照的圣旨，要王阳明把朱宸濠交给他们。

王阳明这次面对的不是锦衣卫，而是东厂太监。锦衣卫还有点人性，东厂全是兽性，王阳明用对付锦衣卫那套办法对付东厂太监，显然是胶柱鼓瑟。他的支点是对付恶人，千万别激发他的恶性，你不能和恶人直来直去地对着干，要懂得斗争的技巧。恶人也不是天不怕地不怕，他们最怕的就是利益的丧失。对付他们，只需要给他们摆清利害关系，他们就会知难而退。

王阳明热情地接待了两位高级宦官，两位高级宦官请王阳明不要废话，立刻交出朱宸濠。王阳明慢条斯理地问："这是皇帝的意思还是张忠的意思？"

两宦官冷笑："当然是皇上的意思。"

王阳明又问："皇上如此急着要朱宸濠，想要干什么？"

两宦官再度冷笑："我们做下人的，怎敢去擅自揣摩圣意？"

王阳明就讳莫如深地说："我大概知道皇上如此急迫想要干什么了。"

两宦官以为王阳明发现了他们的阴谋，脸色一变，不过很快就恢复平静，问王阳明："王大人难道是皇上肚里的蛔虫吗？"

王阳明说："我能猜出个一二。宁王造反前在宫中府中朋友无数，天下人谁不知道，宁王交朋友靠的就是金钱。本来，这是宁王人际交往的一个方式，可他现在既然造反，就是叛逆，用金钱交朋友那就是贿赂，我进南昌城后在宁王府中搜到了一箱子账本，上面详细地记载了他给了什么人，给了多少钱，这人又为他谋取了多少好处。"

说到这里，两位宦官早已面无人色，因为朱宸濠的朋友里就有他二人。王阳明见二人已没有了刚见面时的冷傲，马上就清退身边的所有人，然后从袖子里掏出两本册子，一本是账簿，另外一本则夹着二人和朱宸濠来往信件，这些信件完全可以证明二人和朱宸濠的关系非同一般，而且在朱宸濠造反的准备工作中给予了很大帮助。王阳明把来那个本册子都递给二人说："我仔细搜检了一番，只有这两本册子和二位有关，所以就都拿来，你们早做处理，以免后患。"

两人又惊又喜，对王阳明感激不尽。王阳明借势说："我准备北上亲自献俘，二位可跟随？"

两位宦官急忙说："不必，我等回张公公处报告，王大人放心，我等绝不会在您面前出现第二次。"

两人装出一副沮丧的表情回报张忠，说王阳明的确不好对付，取不到朱宸濠。张忠两次失败，发誓事不过三。他再派出东厂太监，要他无论如何都要拿到朱宸濠。

这一次，连王阳明的弟子们也认为，张忠第三次来取朱宸濠，势在必得，恐怕再用什么计谋也无济于事。王阳明平静如古井之水，特意在广信多留一天，等待张忠的奴才到来。

这位东厂宦官抱定一个信念："不和王阳明说任何废话，必须交人，否则就把王阳明当场法办。"在东厂眼中，王阳明不过是个都御史，他们的祖宗刘瑾连内阁首辅都办过，何况区区王阳明！

让他意外的是，当他提出要取朱宸濠时，王阳明没有和他针锋相对，而是马上同意。这位宦官正在沾沾自喜时，王阳明突然让人摆出笔墨纸砚，然后指着窗外说："朱宸濠的囚车就在外面，只要您写下下面的话：今某某带走朱宸濠，一切后果由我某某承担。然后签字画押，马上就可以领走朱宸濠。"

这位宦官呆若木鸡，他不敢签字画押。他和张忠都知道这样一件事：朱宸濠绝不能出意外，但意外很可能会发生。朱宸濠余党隐藏在江西各处，如果这些人头脑一热，劫了囚车，就是有十个脑袋也不够朱厚照砍的。

他试图让王阳明明白这样一个道理：张公公无论取什么，都不需要签字画押。

王阳明说：“那就请张公公亲自来！”

张忠不能来，不然他早就来了。

就这样，王阳明轻而易举地化解了张忠的三次所设的障碍。其所用的方法也不过就是寻找到解决问题的支点，然后行动，撬动它罢了。

在王阳明看来，良知无所不知，无所不能。面对父母，我们就会把支点放到孝顺的位置；面对君王，我们会把支点放到忠诚的位置；面对同志，我们会把支点放到真诚的位置；面对敌人，我们会把支点放到利害的位置。剩下的事，只是压下杠杆（行），省时省力，一步到位。

所以，当我们的良知光明时，我们就能撬动世界，驾驭天地，统治万物。面对纷繁复杂的人情事变，我们能快速地找到处理它的最简捷有效的方式。

如果你的良知不明，就会出现支点位置有偏差。比如你面对父母时，支点会“过”或“不及”：过了就是把孝当作行为艺术，不及就是根本不会孝。二者在王阳明看来，都是恶。当支点不明时，你就无法撬动你要撬动的事物，知行就不可能合一，这就是阿基米德告诉我们的，更是王阳明告诉我们的！

八、所以恐惧，良知不明

有弟子问王阳明：“晚上怕鬼，怎么办？”

王阳明回答：“做了亏心事吧。人做了亏心事，良知会折磨他，使其提心吊胆。如果按良知去做事，积累善行（集义），光明磊落，怎么会怕鬼。”

旁边一个弟子说：“您说的那些是正直的鬼，谁做了坏事，它们自然会去找当事人。可世界上有种鬼，不分青红皂白，找到谁算谁，这种鬼，怎能不怕啊？”

王阳明说：“我从未听邪恶的鬼能被致良知的人撞上。如果真有人怕这种鬼，那是心邪，良知未明，和鬼无关。”

现代心理学认为，所谓恐惧，是我们对于危险的想象。和这种想象同时而来的是惊慌、警觉、肾上腺素分泌、盗汗、颤抖、心跳加快等心理和生理反应。

人为何会有恐惧？现代心理学家给出的解释是：当我们面对“自认为”无法克服、无法掌控、无法知晓的事物或环境时就会产生恐惧。

我们恐惧黑暗，是因为不清楚黑暗里隐藏着什么；我们恐高，是因为无法克服地心引力；我们恐惧鬼，是因为无法控制“行踪不定”的鬼；我们害怕地震、海啸等自然灾害，因为我们无法预知、掌控它们。

如果从王阳明心学角度来说，就是这样的：我们所以恐惧一些事物，是因为良知不明，当良知不明时，我们的认知程度就会降低，比如我们无法证明人们传说中的那些鬼怪是否存在，我们无法保证一旦遭遇危险是否可以自救，我们更无法得知未来所遇到的种种危险。当良知不明时，意味着我们的“意”所在事物上就会产生恐惧。比如

“意”在黑暗，就会恐惧黑暗，“意”在高处，就会恐高，“意”在虚无缥缈的“鬼”上，就会怕鬼。

由于意是从心所发出，所以王阳明断定：我们恐惧源于内心，而非外部。比如你心好色，就会撞到色鬼；你心贪财，就会撞到财鬼；你心发怒，就会撞到怒鬼；你心恐惧，就会处处撞到鬼。

我们该如何战胜恐惧？光明良知而已。确切地说，就是用王阳明心学的方法论。一是静坐，不要胡思乱想；二是事上磨炼，怕黑夜里见鬼，那就去黑夜里找鬼；还有一种方式就是集义，多做善良之事，在做善良之事时，你能得到心理慰藉，也能转移恐惧的注意力。

最后，请相信这一点，我们所恐惧的黑暗、鬼是无善无恶的，它们和人类不同，只要你与它坦诚相对，它就不会伤害你！

九、阳明心学与情绪控制

有对夫妇花了11年时间，看遍天下所有不孕不育医院，才生育了个孩子。夫妇二人恨不得把心掏出来对待孩子。孩子两岁那年的一个清晨，丈夫着急上班，出门前看到一瓶没有盖子的药水。他嘱咐妻子，记得把药瓶收好。

妻子在厨房忙得团团转，忘记了收起药瓶。结果就是，她的孩子被药水的颜色吸引，一口气喝光了。这种药水，少喝可以治病，多喝可以要命。男孩被紧急送往医院，但仍没有活下来。

妻子悲恸欲绝，她更不知该如何向丈夫交代。

很快，丈夫气喘吁吁地跑来，得知孩子已没了，发出根本不是人类的叫声。可当他看到一旁精神极度萎靡的妻子时，他拉起妻子的手，低声说道："I love you, dear!"（亲爱的，我爱你！）

我们已无从知道他妻子到底什么反应，因为故事就此结束了。

这个故事很可能是胡编的，我敢肯定，很少人在面对故事中男主人公的境地时会说出那句话！

为什么有人胡编这个故事呢？因为它要证明一个概念：Preset behavior，翻译成中文就是"前摄行为"。所谓"前摄行为"，就是要人反过来控制局面，而不被局面牵制！

胡编故事的人解释说：做丈夫的因为儿子死亡已成事实，再多的责骂也不能改变现况，只会惹来更多的伤心，而且不只自己失去儿子，妻子也同样失去了儿子。所以，就该反过来控制局面，而不被局面所牵制！

王阳明说：

> 凡人言语正到快意时，便截然能忍默得；意气正到发扬时，便翕然能收敛得；愤怒嗜欲正到腾沸时，便廓然能消化得：此非天下之大勇者不能也。

这是王阳明的"前摄行为"。它告诉我们，控制局面的最好方式就是止于至善，也就是良知所指定的那个关键点。唾沫横飞时，看到别人露出厌烦，能马上收嘴，这就是致良知；意气风发，恨不得把尾巴翘到天上时，能快速不露痕迹地收敛，这就是致良知；愤怒得如同炸药被点燃时，能春风化雨般将怒气化解于无形，这更是致良知。

可要做到这些，必须要有天下之大勇。这个"勇"在王阳明看来就是真诚恻怛地致良知。唯此而已，别无他勇！

当你拥有这种勇气并付诸行动时，就能掌控反客为主，掌控局面，掌控一切人情事变！

这不是王阳明谈高调，而是有他的亲身经历为证。

1519年阴历十一月末，皇帝朱厚照的亲信张忠、许泰和江彬带领二万中央军进入南昌城，南昌城是之前造反的宁王朱宸濠的老巢，张、许等人来到这里以搜捕宁王“余孽”为由，大肆侵夺南昌百姓的财产和生命。

王阳明告诉自己，一定要拯救南昌城的百姓。他的第一步计划是不给张忠团伙捕捉宁王“余孽”的机会，他命人悄悄通知南昌百姓，年轻人抓紧时间离开南昌城到乡下去躲藏，只留下老人小孩守护家园。如此一来，张忠团伙对南昌城百姓的伤害就会降到最低——没有人相信颤颤巍巍的老人和手无缚鸡之力的孩子会是乱党。

张忠团伙对王阳明恨之入骨，但他们还不敢明目张胆地对王阳明下手，于是他们思索出的招数是把王阳明活活骂死。他们挑选一批口齿伶俐、善于骂人的士兵组成一支特种部队。这支部队的主要工作就是坐在巡抚衙门口向门里破口大骂，这些脏话可以把死人骂活。

按常人思路，摆脱这种局面的方法有两种：一是针锋相对，找一批嘴皮子更厉害的人对骂；二是捂上耳朵不听。第一种方式肯定无法控制局面，第二种方式可能会起效果，但有些消极。王阳明控制局面的方式是：和弟子们专心致志地探讨心学。这就是“前摄行为”，反过来不动声色地控制局面，而不被局面牵制。

如此，局面完全掌控在王阳明手中，他一旦掌控局面，就开始反击。1520年春节将至，南昌城开始了祭祀祖先的活动。哭声一片，王阳明趁势发布告示，要南昌城百姓在祭祀祖先的同时也不要忽略下面的事实：南昌城中的中央军可是孤独一人来南昌的，他们出来多日肯定也思念家人，应该体谅他们。

这是攻心，而且毫无悬念地击中了对手。当张忠团伙派人去军营巡视时，探听到士兵们已经在开始诉说王阳明的好。他们很是吃了一惊，因为他们那颗烂污的心永远无法想明白，王阳明只是发了一道告示何以就产生了如此重大的效用。

他们想不到的事还有很多。紧接着，王阳明又发布告示说："值此新春来临之际，中央军的兄弟们不远万里从北京来到南昌，辛苦万分，我代表皇上犒师。"

张忠团伙失声叫了出来，王阳明这是要收买人心啊。不过江彬智慧略高一筹，说："要他犒师，如果他铺张浪费，我们就报告给皇上；如果他抠门，我们正好煽动士兵骂他。"

江彬的确是个有智慧的人，当时南昌城百废待兴，王阳明根本没有实力犒师，所以他的犒师只是精神上的：要南昌城的百姓端着粗茶淡饭在大街小巷等着，只要看到中央军士兵就上前关怀，搞得中央军心潮澎湃。王阳明也亲自上阵，每当在街道上遇到中央军受伤的士兵时，必会停下真心实意地抚慰一番，这是典型的以情动人，已不仅是反过来控制局面，而且还是主动攻击对手，毫无悬念，这种方式会产生奇效。

谈了这么多，前摄效应的关键点在哪里？王阳明说，实际上就是控制住我们的情绪。坏情绪是我们人生的杀手，一定要学会操纵情绪，才能控制住我们所面对的一切局面！

十、人生规划只能“致良知”

在社会上，有一种人看上去很与众不同。他们整日踌躇满志，无时无刻不在算计和规划他的人生。据说，他们一出生便树立起伟大理想，并用尽浑身力气向这个理想前进。当他们功成名就后，就站到布满鲜花的讲台上，对芸芸众生喷道：“我今天能站在这个位置，因为很久以前我就树立了这个理想！”

有人问王阳明：“那些圣人应变无穷，做出惊天动地的大事业，是否之前有过规划（讲究）？”

王阳明回答：“如何讲究得许多？圣人之心如明镜，只是一个明，则随感而应，无物不照。”

人生就是一道变幻莫测的波浪线，谁都不知道下一步会走向哪里，会发生什么，所以人生不可能有完美的规划，如果一定要说有，也就是时刻光明自己的良知。

每个人的命运，都是不确定、不可靠的。之所以成为现在的这个样子，实际上都是许多个说不准的意外和偶然。在这意外和偶然之外，我们唯一可以做的就是致良知，良知之镜越明，当事物来时就照彻得越净。这也就是“机会永远给那些有准备的人”的话的意思。

有这样一个故事，它的本意是灌输给人们，对无常世事要有耐心和信心。但从另一角度看，它正是“人生不可规划”这法则的经典案例。

有位名叫桑巴的登山运动员，在一次登山时出了意外，陷入深谷，凭借毅力，他坚持了10天，最终获救。有记者问这位死里逃生的登山运动员：“10天时间里，你都想了些什么？”

桑巴回答：“两个字——生死。”

他说：“这10天，我把自己的一生都细细地想了一遍，却兴奋地发现了一个人生的秘密：自己的命运，或者说所有人的命运，原来都是不确定，不可靠的。”

桑巴首先想到的是自己的婚姻。20岁那年，他差点与另一个女人结婚，只是因为结婚前，那个女人向桑巴的家人多要了一张牛皮（当时的财礼）。桑巴的家人不同意多给一张牛皮，婚姻由此告吹。之后桑巴便娶了别家的女人。也就是说，一张牛皮，改变了桑巴的生命轨迹。

两段姻缘之间，桑巴还和别的女人有过交往，不过，没有一个和他走到一起，用他的话说：“就差了一点点。”

桑巴的婚姻后来迎来了七年之痒，差一点离了婚。他和女人合不来，于是两人写好了离婚协议书，准备去办离婚。但那几天突降风雪，无法出门。风雪停了的时候，两人似乎已经过了非离不可的阶段，就这么又过到今天。要不是那一场暴风雪，桑巴该是和别的女人生活在一起。如果是和别的女人生活在一起，一切就都不是眼下的这个样子了：时间、地点、工作、环境都会不同，他现在肯定不是现在这样子。

桑巴最后又说到死亡，其实，这不是第一次面临死神的召唤。死神经常闻着他的踪迹追踪他。他3岁那年，患急性病，昏迷半月。医生查不出他是得了哪种病，无奈中宣布了他的死期。家人开始为他准备后事。谁想，这时正赶上一名同样病的人来就诊，而这名病人的病情更加显著，是细菌感染。大夫们恍然大悟，桑巴原来也是同样的病症。医生给他重新治疗……他活了。要不是赶上这么一个同病相怜的人，桑巴3岁那年便结束了生命。一生只活到3岁。

桑巴刚会游泳那年，也就七八岁的样子，他在河里脚抽筋，沉入河底。岸上空无一人，桑巴以为这次必死无疑。但就在这时，岸边突然出现了一位村民，偏偏还是一位水性很好的村民，救了桑巴。事后这位村民说，那天他是因为和自己的女人生了气，才跑出来。如果那天这位村民的生活一切正常，该是在家里吃午饭，那样桑巴也就没命了。桑巴活着，是因为一个人与另一个人的赌气，是因为别人家的一件意外。

20多岁时的某一天，桑巴乘火车外出，却赶上了火车出轨。桑巴坐的那节车厢，人员死伤最多，17人死，34人伤。列车在出轨前的5分钟，桑巴去上厕所，厕所正被使用。桑巴无奈，只好到别的车厢去找厕所。事后桑巴得知，那位使用厕所的人，正是死者中的一个。桑巴冒出一身冷汗。他想，如果当时他先进的厕所，那么他该是17名死者中的一个。

就在那生死的10天中，桑巴还想了很多很多。他发现人生原本是没有规律的，你可能是这样，也可能是那样。你可能差一点变成有钱的富人，你也可能差一点沦为衣食无着的艰辛者。也许你本该活到70岁，但有可能你在10岁、20岁时便突然故去，可也没准你活过了80岁，而且依然健康。这都可能，什么都有可能。

既然任何事情都有可能，那你的人生还需要算计什么呢?

美国心理专家威廉通过多年的研究，以铁的事实证明，凡是对名利太能算计的人，实际上都是很不幸的人，甚至是多病和短命的。威廉说，太能算计的人，心率跳动都较快，常有失眠症。消化系统遭到破坏，气血不调，免疫力下降；容易患神经性、皮肤性疾病。

一个太能算计的人，通常也是一个事事计较的人。无论他表面上多么大方，内心深处都不会坦然。而一个经常失去平静的人，一般都会引起较严重的焦虑症。一个常处在焦虑状态中的人，不但谈不上快乐，甚至是痛苦的。

国学大师冯友兰对那些经常算计人生的人告诫说："你最好不要操心。你的根本错误就在于找个道理打量计算着去走。若是打量计算着去走，就调和也不对，不调和也不对，无论怎样都不对；你不打量计算着去走，就全对了。人自然会走对的路，原不需你操心打量的。遇事他便当下随感而应，这随感而应，通是对的。要于此外求对，是没有的。"

王阳明说："周公制礼作乐，并非他算计得来的，而是当时有这样迫切的要求和机会，尧、舜那样伟大的人物难道不能制礼作乐吗？当然可以，只是他们没有遇到如周公遇到的迫切要求和机会。"

所以，人生规划无他，只是个良知光明后的随感而应，无物不照！

十一、解决囚徒困境的"诚"

心即理、知行合一、致良知，这些概念和理论如果你还未完全透彻明白，那我告诉你，只需要记住两个字就可以彻底读懂王阳明，这两个字就是——诚意！

所谓诚意，就是不欺骗自己良知做出的判断而去行动。王阳明说，惟天下至诚，然后能立天下之大本。只要你信守并践履"诚"，那就能成就一片属于自己的天地。我们生活在天地之间、社会之中，要想过得美满如意，诚是唯一的武器！

王阳明说，诚就是不欺自己，相信别人，坚信自己发自良知所做出的判断也是别人能做出的！在社会生活中，我们每天都在做选择，甚至是抉择。而做出正确的选择或抉择对我们至关重要，那么，我们用什么来做出选择或抉择呢？

诚！

先来看个很有意思的“囚徒困境”：a、b两个囚徒，a坦白b抵赖，b判10年，a判1年；若两人均坦白则各判5年；若两人均抵赖则都判2年。a、b面临抉择。显然最好的策略是双方都抵赖，结果是大家都只被判2年。

但由于两人处于隔离的情况下无法串供，按照亚当·斯密的理论，每一个人都是一个“理性的经济人”，都会从利己的目的出发进行选择。

这两个人都会有这样一个盘算过程：假如他招了，我不招，得坐10年牢狱，招了才5年，所以招了划算；假如我招了，他也招，得坐5年，他要是不招，我就只坐1年，而他会坐10年牢，也是招了划算。综合以上几种情况考虑，不管他招不招，对我而言都是招了划算。

两个人都会动这样的脑筋，最终，两个人都选择了招，结果都被判5年刑期。

原本对双方都有利的策略（抵赖）和结局（被判2年刑）就不会出现。这就是著名的“囚徒困境”。它实际上告诉我们的是“纳什均衡”：每个博弈参与人都确信，在给定其他参与人战略决定的情况下，他选择了最优战略以回应对手的战略。也就是说，所有人的战略都是最优的。

我们很容易就注意到，无论是囚徒困境还是纳什均衡，双方都没有站在“诚”的基石上考虑问题。抛掉法律和道德观念，囚徒困境中，倘若两个人都以“诚”为出发点，相信自己做出“沉默”的判断是正确的，相信对方也会做出这样的判断，那最终的结果必是皆大欢喜的。

两人之所以得不到这样皆大欢喜的结果，就是因为没有“诚意”。没有“诚意”的人常会把别人想得毫无诚意，当他们以这种思维去试探别人的诚意时，得到的结果必如他所料。

有这样一个故事：丹麦著名医学家、诺贝尔得主芬森晚年要找个接班人，在众多候选者中，芬森选中年轻的哈里医生。但芬森担心这个年轻人不能在枯燥的医学研究中坚守到底。这个担忧被其助理得知，于是提出建议：让芬森的一个朋友假意出高薪聘请哈里，看他是否会动心。

芬森拒绝了乔治的建议。他说：“千万别站在道德制高点上俯瞰别人，也永远别去考验别人的诚意。哈里贫民出身，怎么会不对金钱有所渴望？如果我们一定要设置难题考验他，一方面要给他一个轻松的高薪工作，另一方面希望他选择拒绝，这就要求他必须是一个圣人……”

最终，哈里成了芬森的弟子。若干年后，哈里成为丹麦著名的医学家，当他听说了芬森当年拒绝考验自己人性的事时，老泪纵横：“假如当年恩师用巨大的利益做诱饵，来评估我的诚意，我肯定会掉进那个陷阱。因为当时我母亲患病在床需要医治，而我的弟妹们也等着我供他们上学，如果真的那样，就没有现在的我了……”

芬森的选择是对的，不相信别人的诚意、考验别人的诚意本身就证明你是没有诚意的人。曾有人问王阳明：“人事复杂，世间狡诈。我若以良知待人接物，别人若无良知，我岂不吃亏？”

王阳明回答：“你这样一想，其实就是良知被遮蔽了。别管别人如何，先管好自己。只要自己诚意，就必然会得到别人的诚意，这就是感应。”

附图4：良知是撬动一切的支点

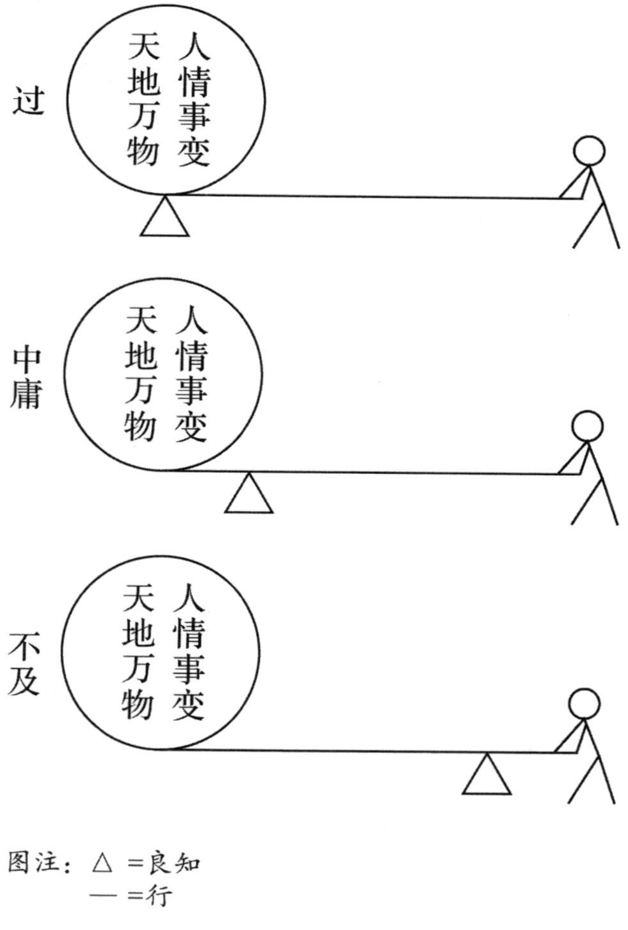

图注：△ =良知
— =行

附图5：王阳明生平（1472—1529）

一、事略

1. 名号——名守仁，字伯安，浙江余姚人，谥号文成，世称阳明先生。
2. 先世——父王华，南京吏部尚书，母郑氏，怀孕14个月生王阳明。
3. 经历
   （1）第一期：30岁以前——浮夸时代——任侠、骑射、词章。
   （2）第二期：30至39岁——苦闷时代——外生活：痛苦、发配；内生活：仙佛、圣贤。
   （3）第三期：40至57岁——匡济时代——文治、武功、圣学。

二、学说

1. 世界观：万物一体、心即理。
2. 人生观：自尊无畏、内圣外王。
3. 价值观：知行合一、致良知。
4. 方法论：第一静坐，第二事上练。

三、事功

1. 平定南赣土匪。
2. 平定宁王朱宸濠之乱。
3. 平思州、田州及断藤峡土匪。

四、轶事

1. 十一岁时，金山寺赋诗："金山一点大如拳，打破维扬水底天。醉倚妙高台上月，玉箫吹彻洞龙眠"。座客大惊。
2. 十五岁时，出游居庸关，慨然有经略四方之志，追击蒙古健儿。
3. 十七岁时，在南昌结婚，洞房之日，偶入铁柱宫，遇道士谈养生术，相对忘归。
4. 三十七岁时，被贬贵州龙场驿站，忽半夜从梦中惊醒，大悟格物致知之旨，心学诞生。

五、著作

《王阳明全集》《大学问》《传习录》。

第六章
王阳明心学的命运

一、王阳明心学的分裂——左派心学洪流

1529年，王阳明在回归浙江的船上去世，享年57岁。王阳明的离世，注定使他历经千难万险创建的心学四分五裂。

王阳明提倡的“致良知”，实际上是刹那间对是非对错的判定，这和禅宗提倡的“顿悟”没有本质区别。他后来虽然补充了“事上磨炼”这一心学必不可少的环节，但因为是“补充”，而不是他心学思想的核心，所以很容易被人忽视和刻意地忽略。王阳明本人凭借高绝的天赋和所遭遇的艰险，可以随心所欲地阐述和实践他的心学，但不能指望别人也能做到这点。他的弟子虽然遍布天下，但真能和他的天分与悟性相提并论的人屈指可数，而这屈指可数的弟子又没有他经历过的那些苦难，理论有余而实践不足。尤为遗憾的是，王阳明有生之

年对心学并未有深入的阐述和定型，这就使得他的弟子们在理解王阳明心学时有很大的发挥余地，所以，王阳明心学的分裂不可避免。

王阳明心学的分裂的直接现场应该是1528年阴历九月发生在浙江绍兴新建伯爵府里的“天泉证道”，也就是围绕着王阳明“四句教”（无善无恶心之体，有善有恶意之动，知善知恶是良知，为善去恶是格物）的争论。

王阳明的弟子钱德洪认为：“这是王老师说的根本定理，丝毫都不能改变，必须要按照四句教的字面意思去理解并奉行：心之体本来是无善无恶的，但因为人有习心，心发动的意中明显地存在善恶，所以必须要用能知是非善恶的良知去辨析，达到为善去恶。”

另一位王门高足王汝中不同意：“如果心的本体是无善无恶的，它所发出的意也应该是无善无恶的，良知也是无善无恶的，你所做的任何事（物）就应该也是无善无恶的。”

钱德洪反对说：“如果都是无善无恶的，那就没有事上练的必要，但‘事上练’可是王阳明心学最强调的。”

王汝中说：“那老师这个命题就含有矛盾。如果说意里有善恶，那主导它发出的心就有善恶，可老师明明说，无善无恶心之体。”

王汝中的意思是这样的：王老师的心学本来就是灵动的，而且王老师经常因材施教，同一个问题面对不同的弟子时，给出的答案也不同。王老师说的“四句教”可能是权宜之说，并非定型的真理。学问应该靠自身去领悟，而不应该跟在别人屁股后面。

钱德洪坚持的是“四有说”，王汝中的主张是“四无说”。

王阳明后来给出的解释是，两者是相辅相成的，王汝中是单刀直入，适合禀赋上等的人。钱德洪是循序渐进，适合禀赋中下等的人。

这就是著名的“天泉证道”。可惜，王阳明的这次证道，实际上是调和没有起到任何效果，钱德洪和王汝中依然坚持自己的看法，并且终其一生，都在努力传播他们的思想。

钱德洪一派尤其重视“事上练”，被称为王阳明心学右派，而王汝中则成为左派，认为人只要有良知，一切言谈举止就都是对的。他把王阳明处心积虑“要到事上去磨炼良知”的教导抛到脑后，把本来就和禅宗相近的王阳明心学中存留的儒家思想全部剔除。如果说，王阳明本人还要为他的心学披上一件儒家外衣的话，那么王汝中连这件衣服都懒得披了。但他和王阳明一样，拒不承认自己思想中多少有一些禅宗意味，他固执地认为被自己曲解了的王阳明心学才是真正的王阳明心学。

王阳明说：“良知光明的心才能产生一切道理。”王汝中则说：“只要你有良知，心上就能产生道理。”王阳明说：“人须到事上去磨炼内心，使得良知光明。”王汝中则说：“我内心有良知，本就很强大，不必去事上磨炼。”王阳明说：“所谓‘致良知’有两方面，一方面是向内光明自己的良知，一方面是向外发挥你的良知。”王汝中则说：“良知就是现成的，只要向外发挥它就是了，不必向内光明它。”

王汝中对王阳明心学既然有这样的理解，就很容易产生下面的深刻印象：由于能分出是非善恶的良知是现成的，天理就在我心中，外在的一切规矩和束缚，尤其是作为意识形态的朱熹理学给人们订立的种种规矩都是扯淡，它们或者不存在，或者是错误的。人生在世，只凭自己的好恶（良知就是个好恶心）去生活就可以了。

王汝中为王阳明心学的左派点起了灯，那位怪诞不羁、理学底子单薄的王艮则把左派王阳明心学推向高潮。

众所周知，王阳明心学虽然简易直接，却是从千难万险曲折中来。以良知为例，人人都知道良知是怎么回事，但很少有人明白王阳明运用良知时为什么那么出神入化。原因很简单，王阳明三十多年各种知识的积累和身临绝境后的体悟共同制造了使用良知的奇迹，这是其他人无法复制的。正因此，很多人在注意王阳明心学时，知道良知是怎么回事，却不能恰到好处地使用。我们对一个看上去简单的事物有两种态度，一种是不屑一顾，一种是把它看得太简单，从而只是流于表面，没有深刻理解。

王艮就是这样的人。曾有人问王艮："你如何看待伊尹、傅说（二人都遇到了明主，功成名就）？"

王艮回答："这两人的功勋，我做不到，但两人的思想，我不屑。"

这人问原因。王艮回答："这两个家伙运气太好，伊尹遇到了商汤，傅说遇到了武丁，简直就是奇迹。可如果两人都认为，如果没有遇到他们的贵人，就要独善其身一辈子。孔子和我就绝不会这样。"

这段话传递出了王艮的思想：天地万物要依我，不是我要依天地万物。表面看，这和王阳明的"没有我的心，天地万物就不存在"是一个意思。实际上，王艮把王阳明这一思想极端化了：一个人注定能改变客观世界，如果适应客观世界，那就是"妾妇之道"。

王艮的这种思想，直白而言就是唯我独尊，在良知的指引下不惜一切代价创造新世界。最能体现他这种使命感和传道观的是他的一篇文章《鳅鳝说》：

有道人在市场散步，看见一家店铺门前缸中养育的鳝。鳝鱼非常多，互相重叠，互相纠缠，互相挤压，奄奄一息的样子。忽然，一条泥鳅从鳝鱼群中穿出，忽上忽下，忽左忽右，或前或后，周流不息，变动不居，如同一条神龙。鳝鱼由于泥鳅的活动而可以转身通气，恢复了生气。能让鳝鱼转身、通气、存活，这都是泥鳅的功劳。不过，泥鳅是因为怜悯要死的鳝鱼才这样做的吗？泥鳅是因为想要鳝鱼报答它的救命之恩才这样做的吗？都不是，这是因为泥鳅的“率性”。道人为此感叹道：“我和同类并存于天地之间，不是如同泥鳅和鳝鱼一同在那缸里吗？我听说士大夫以天地万物为一体，为天地立心，为生民立命，不就应该像泥鳅那样吗？”于是准备车马，整理服装，慨然抱周游四方之志。突然一声霹雳，风雨雷电并作，泥鳅乘势跃上天空，化而为龙，腾入天河，投入大海，悠然而往，纵横自在，无限快乐。回首见缸中鳝鱼，仍然苟延残喘，于是复作雷雨，倾满大缸，鳝鱼因为得到了水，欣欣然得生意，而且很快就苏醒，一同游归长江大海。

王艮用这个寓言告诉人们：每个人都应该像那条泥鳅一样，凭借现成的良知去做一番惊天动地的大事业，而这个大事业就是爱一切人和一切物（民胞物与），拯救一切人和一切物，普度一切人和一切物。王艮说，真正的圣人就是那些率性（按良知指引）去做事，“即使不被世免，但亦前进于道”的“志士”。

实际上，王艮思想和王阳明思想在大方向上没有出入。王阳明始终教导他的弟子们，人人都能成为尧舜那样的圣人；王艮也说，天下苍生都是圣人。但王阳明承认一点，虽然人人都能成为尧舜那样的圣人，可必须下功夫致良知，只有把良知光明了，才能成为尧舜那样的圣人。因为在王阳明看来，只有良知在不被遮蔽下才有可能分清是非善恶，才能按良知的标准去做事。王艮拒绝承认光明良知的必要性，他认为不必光明良知，良知是无善无恶的，只要按良知去做就是了。

如你所知，这种“现成良知”的思想很容易被那些愚夫愚妇接受，因为不必刻苦修行和苦心思辨就能得到真理。所以王艮的弟子都是社会下层人士，上层人士很少信奉他。实际上，我们前面提到过，王阳明在江西的很多徒子徒孙都是贩夫走卒，王艮只不过是登峰造极而已。

王艮把心学思想全力地向社会下层传播，声称“百姓日用即是道”，无论他是有意还是无意都产生了下面的影响：中国古代，知识、思想是牢牢控制在知识分子手中的，知识和思想就是他们身份和展现权威的武器。可王艮把思想传播到下层人士手中，这一武器就从知识分子手中滑到了普通大众手里。知识分子，尤其是在官场中的士大夫们当然七窍生烟，攻击和围剿王阳明心学势所难免。另外，王艮的心学思想激进到这一步，一个社会问题注定要产生。比如，一个社会闲散人员如果听过王艮的这套言论，他就会自信心大增，认为自己是不世出的人物。但没有平台给他施展“民胞物与”，可他觉得自己的良知告诉他，自己可以创造平台，于是，他想到了造反。

本来，作为国家意识形态的朱熹理学在道德教化上有着举足轻重的作用，它在国家的支持下建立了一系列道德法规，旨在让人安分守己，不要做刁民。可王艮的思想告诉人们，外在的一切规矩和法律都是扯淡，真正的规矩在我们心中。所以，你想到什么就去做，只要是你良知认为对的，就是你良知的旨意，那就符合天理。

这是一种侠客的“快意恩仇”，是一种最容易被统治者厌恶的“我行我素”，王艮开了这一先河，近一个世纪里，王阳明心学左派的门徒如滚雪球般增长，其中多有徒手能缚龙蛇之辈。这恐怕是王阳明永远都不曾想到的。

王艮之后的王阳明心学左派门徒们变本加厉地升级“现成良知”。王栋是王艮的堂弟，继承了家传绝学，王艮的儿子王襞，颇有乃父遗风，二人在继承和发展王艮思想方面起了相当重要的作用。那个曾在王阳明去广西剿匪的路上从贵州长途跋涉来见王阳明的徐樾，王阳明去世后，跟随王艮修行，对王艮的思想忠贞不贰。王艮曾对老婆说：“那五个儿子（王艮的五个儿子）是你生的，这个（徐樾）是我生的。”这说明徐樾得到了王艮的真传。

徐樾的弟子颜钧是个轰轰烈烈的传道者。颜钧完全符合王艮提倡的圣人标志：狂傲不羁，我行我素，不管不顾。他曾在家乡聚集全族人口，向他们传授王艮心学，把家族的人心搞得颠倒沸腾。后来他跑到南昌，对正在准备进行乡试的士子们大谈王艮心学，他指出，天下国家是末，身才是本。所以他劝告那些读书人，不要把天下国家看得那么重，人生在世最应该重视的就是自己。他还说，百姓受苦受难，就是因为有些心存不良的人搞的，这些人当然指的是帝国的皇帝和政府官员。他对士子们说，朱熹理学束缚天赋予我们的人性和权力，应该把它扫进垃圾里，那些礼制只能把人变成木偶，不能让人成为真正的人。至于皇帝和其政府，颜钧大呼：你们不能什么都管，让百姓自己管理自己，你们越管就会越乱。

颜钧这种激进的思想，即使是智商最低的统治者也不爱听，所以，政府注意上了他。但当时掌管政府的人是信奉王阳明心学的徐阶，徐阶对颜钧的思想大为称赞，还曾两次邀请他到北京讲学。

颜钧不仅是个思想家，和王阳明一样，他还是个军事家。正如后来梁启超说的那样，言心学者必能成大事。1556年，正在浙江对付倭寇的总督胡宗宪邀请他到前线，颜钧欣然前往。不久，颜钧担任一支剿匪部队的指挥官，在舟山之役中杀死一千多名倭寇，创造了当时中国军队消灭倭寇数量的最高纪录。

十年后，颜钧已成为王阳明心学左派最光辉的人物，他的言论风行天下，已势不可挡。政府终于决心对付他。一个在南京主管教育的叫耿定向的人假装派人去请他到安徽马鞍山讲学，颜钧带上干粮就上路，想不到他在马鞍山才讲学一天，就被逮捕。

在南京监狱，他受到严刑拷打，要他承认自己有大逆行为，颜钧拒不承认，但他还是被关押起来，直到三年后，才在众弟子用钱财的营救下被释放。才出狱，颜钧就跑到当时两广总兵俞大猷帐下担任军师。五个月后，俞大猷用他的计策在海上把倭寇打得屁滚尿流。后来俞大猷又在广西古田剿匪，颜钧屡出奇计，俞大猷第一次感觉剿匪原来这么容易。

在军营，曾有人问颜钧："你一介书生，怎么会有这么多军事奇计，从何而来？"

颜钧回答："王阳明也是书生，创建的功勋光照日月。我的奇计全从良知而来。"

颜钧94岁临终时，给他的弟子们留下遗言：凭良知去做事，不要怕。

颜钧的弟子罗汝芳更是个传奇人物，据说他年轻时刻苦攻读朱熹理学，无论如何都搞不通，最后病倒在床，家里请了无数名医，都无法使他痊愈。后来他老爹给了他一本《传习录》，结果他看了几页，马上生龙活虎。但他已不可能去向死了的王阳明学习，只好寻找王阳明心学的真正传人，于是他找到了颜钧。

颜钧把自己对王阳明心学的认识告诉他：人的天赋道德观念是永生不灭的，人只要发扬这种道德观念就可以了。所以，人们的道德修养根本不必从"去人欲"入手，这就是致良知。

罗汝芳听后，欢喜得手舞足蹈，在长期的修行和参悟中，他渐渐得出了自己的心学思想：人的目视、耳听、饮茶、吃饭、早起、夜寐、相对、问答，以至于眼珠的转动、肌肤的痛感，无一不是"良知"的作用和表现。由于人人都有良知，只要具备了一个肉体的形躯，就有了做圣人的条件。不用学不用虑，就可以造就“良知良能”。

这也就是说，朱熹规定的，甚至是王阳明规定那些“省、察、克、治”的“去人欲”的手法实属多余，再向大了说，朝廷那些控制人思想和行为的一些毫无人性的法律也是多余的，甚至大错特错，应该取消。

罗汝芳鼓吹这些思想时，恰好是张居正初当首辅准备进行改革之时。显然，罗汝芳的思想不适合张居正的改革大业，自然触怒了张居正，他被迫辞官归里。张居正虽然能让罗汝芳闭嘴，却不能让王阳明心学左派消失。几十年的时间里，王阳明心学左派在王艮门徒和其传人矢志不移的努力下，于社会上掀起了一股汹涌的洪流，尤其是社会底层人士，每个人都在追求自尊，挑战权威，向往自由。由此引起了被称为“阳明学洪流”“心学横流”的现象。这种现象到了心学左派门徒何心隐和李贽时，更成惊涛骇浪，神鬼皆惊。

二、光辉的断头台——何心隐

何心隐本不叫何心隐，而叫梁汝元，江西吉安人。何心隐早慧，十几岁就把儒释道三家经典烂熟于胸。然而他不肯专注八股文，所以直到三十岁才中乡试。也就是在这一年，他和颜钧见面，二人促膝相谈，何心隐扔掉朱熹理学，虔诚修行王阳明心学。此后的十二年里，何心隐在家乡践履心学思想，成为名震一方的心学大师。他最有力地实践心学的一件事就是在家乡组织了集约合作化的共同体“聚合堂”。这是一个王阳明心学的理想世界，王阳明只把它停留在《拔本塞源论》中，王艮、颜钧都是如此，只有何心隐把它落到了实处。

实际上，“聚合堂”是一个社会改造计划。政治上，何心隐把分散从事经营生产的小农户组合起来，由“聚合堂”出面统一与地方政府打交道、交纳赋税钱粮，统一协调对付各级官员剥削农民的种种不法行为，统一保护农民的集体利益。经济上，何心隐在“聚合堂”中设立征粮、催粮、管粮、分粮的管理干部，实行精细分工、严密组织、公平分配的管理制度，这是一个惊雷，因为他把千百年来分散的个体小农经济第一次通过合作化的方式组织了起来，初步实现了农村的合作化生产经营模式。教育上，何心隐主张人人平等，无论你是穷人还是贵族，都有享受教育的权利，他创办学院，集中所有的学生食宿在校，搞军事化管理。课程的设置可谓五花八门，除了王阳明心学，还有农业、经济、原始物理、原始化学，甚至是烹饪。经过一系列的改造，何心隐把他的家乡变成了一个“人人平等”的乐园。

依何心隐的见解，“聚合堂”不过是对农村改造、改革、改良的试验室，可君主专制的明帝国政府注意到，即使生活在今天的我们也能注意到，“聚合堂”正在搞自治。“自治”就是分裂，就是要独立自主，就是要游离到政府之外，不承认政府的存在，这是任何一个独裁者都不允许的。

首先，是地方官找麻烦，加重赋税。何心隐不可能和官府明目张胆地对抗，虽然他有一张能把死人说活的嘴，也有心学的强大力量作为心理支撑，但在拥有权力的政府面前，他只能认栽。其次，是地方乡绅的反对，如果人人都平等，人人都能享受教育，那乡绅在地方的影响力就会大打折扣，他们千方百计阻挠何心隐乐园的前进。最后的结果则是，在各方势力的围剿下，何心隐的财政发生困难，“聚合堂”在敲锣打鼓中开张，很快就偃旗息鼓了。

这一剧烈的打击并未让何心隐心灰意懒，相反，困难和逆境让他快速地成长。他谨遵王阳明早期提倡的“知行合一”，把心学思想毫无保留地投入现实中去。

42岁时，何心隐家乡的地方官强征“皇木”税，何心隐认为地方官是在滥收税，于是写信不阴不阳地臭骂了地方官一顿。地方官暴跳如雷，把何心隐捉到监狱，准备判他一个无期徒刑，幸好他一位同道认识当时在浙江大权在握的总督胡宗宪。在胡宗宪的帮助下，何心隐才重见青天。

在政府官员们的认识中，何心隐独来独往，我行我素，永不安分。政府说“是”，他绝对说“非”；政府说“非”，他肯定说“是”。他在家乡受到严厉的监视，行动受阻，出狱两年后，他北上到达北京。

在北京，他以心学家的身份受到了北京底层民众的热烈欢迎。有那么一段时间，在心学信奉者御史耿定向的帮助下，何心隐讲学、著书、辩论，忙了个四脚朝天。就在这万般忙碌中，有一天他见到了未来的首辅、手腕强硬的张居正。当时张居正正在国立大学（国子监）担任二把手，没有政治权力，却有文化权力。

那天二人相会的情况是这样的：何心隐正在耿定向家和其聊天，忽然张居正来了。何心隐马上躲了起来。张居正早就听说大名鼎鼎的何心隐在这里，于是要求见一面。耿定向按何心隐的叮嘱说何心隐病了，不能见客。张居正走后，耿定向问何心隐，为何不肯见他？

何心隐神秘地说：“这个人将来会掌握天下权柄。”

耿定向半信半疑，说：“如果真是如此，你更应该见他，如果能和他搭上关系，将来王阳明心学可能会成为显学。”

何心隐叹息道：“严嵩（当时的首辅）想消灭道学而办不到，徐阶（大学士）想扶持道学也不成，能兴灭道学的只有这个人。你记住：

这个人一定会杀我！”

耿定向仍然不太相信，因为他不太了解何心隐，正如他不了解张居正一样。

张居正在那时就已抱定了一有机会必要对国家实行改革的决心。但他的改革手法是自上而下的，通过掌握国家权力对体制进行改革。而何心隐的改革思路则是从下到上，也就是说，先从普通民众的觉醒、自治、独立、自主开始。二人都想把国家拉到繁荣富强的轨道上，可在张居正看来，何心隐的思路大逆不道，从底层开始的改革即使侥幸成功，江山社稷也必会受到动摇，因为底层一旦成功了，力量就会壮大，动摇上层是水到渠成的事。

何心隐说张居正将来必杀他，不仅仅是杀他本人，还要杀掉蛊惑人心的王阳明心学。

这件事告诉我们，何心隐和张居正没有见面。而另外一个故事则告诉我们，两人见面了，而且有一段充满杀机的对话。

何心隐问张居正：“您可知道王阳明心学吗？”

张居正点头说：“知道一点，本来是好东西，却被一些烂人给弄坏了。”

何心隐说：“恐怕是被一些顽梗分子给误解了。”

张居正阴冷地看向何心隐说：“你们总想着要飞起来，我看你们永远都飞不起来！”（“尔时时欲飞，欲飞不起也！”）

何心隐方寸乱了，后来他对耿定向说：“张居正这小子肯定要杀我。”

“尔时时欲飞”大概是心学家们给张居正的深刻印象，这些人总是一副救世主的模样上蹿下跳，永不安分。

张居正对那些心学家何以有这样的印象？黄宗羲的分析一针见

血：心学家们坐在利欲胶漆盆中，时常向人推销“人人平等”的思想，所以能获取民心；心学家们大多是聪明极致的人，是出色的实用心理学家，而且王阳明心学本身就是让人顿时可以“明心见性”的学说，经过他们些许的努力，就会获得很多人的亲睐；尤其重要的是，心学家们永不言败，认准了目标矢志不移，从没有一时一刻“放下”的时候；最后，王阳明心学本身就有打破传统、挑战权威的思想。黄宗羲说，这些人随时会把传统和政府尊崇的圣人与礼仪掀翻在地，从不客气，从不愧疚。

何心隐和张居正见面后的第二年，又做了件让人瞠目结舌的事，即谋划除去严嵩。

严嵩当时以内阁首辅的身份臭名远扬，何心隐和耿定向一直想把他除掉。耿定向认为应该联合政府官员们的力量共同对严嵩进行弹劾，何心隐冷笑，说耿定向对王阳明心学的造诣太浅。他说：“你那种办法是以卵击石，事倍功半。当今天下谁不知严嵩最受皇帝宠爱？向皇帝控诉严嵩和向老虎申诉小老虎的恶迹有什么区别？”耿定向问何心隐有何妙计，何心隐说：“不能靠常规方法，该用阴招时就必须要用。王阳明在江西剿匪全用阴谋，何曾用过阳谋？”

何心隐的阴招就是积极拉拢朱厚熜最信任的道士蓝道行，并且获得成功。有一天，何心隐得知严嵩有奏疏奉上，立即让蓝道行在朱厚熜面前占卜，得了一卦：今日当有一奸臣言事。

朱厚熜正在纳闷，严嵩乐颠颠地来了，说有事上告。朱厚熜为此开始警觉严嵩，据说，正是因此，严嵩后来迅速垮台。

不过那是以后的事，当严嵩得知自己中了何心隐的奸计后，马上准备对何心隐下手。何心隐没有力量和严嵩对抗，于是将梁汝元的本名改为何心隐，逃之夭夭。

王阳明心学训导出的心学家大多有何心隐的特质：从不与对手正面对抗，也从不做不必要的牺牲。一切在良知的指引下，该出手就出手，该逃跑就逃跑。

何心隐后来的岁月可谓东跑西颠，李贽后来评价他“独来独往”大概是迫不得已。他在福建大概待了十年，直到严嵩垮台后，他的危机才有所缓和，跑到重庆做了重庆知府程学博的参谋。前面我们说过，心学家大多是出色的军事家，何心隐发挥了这一长处，在他的帮助下，程学博把重庆的白莲教起义轻而易举地镇压了下去。史书说，何心隐每出奇计，计计得逞，白莲教徒众成了何心隐手中的木偶。

心学家何心隐的军事才能并未仅仅体现在重庆，他在流亡福建的十年中，曾到当地少数民族地区传授神乎其神的军事常识，后来，这些少数民族兵团靠着何心隐的军事思想和政府作对，搞得政府头痛不已。

1573年，朱翊钧（明神宗）继位，张居正独揽大权，发动改革。改革的其中一条则是毁掉天下书院，何心隐气得七窍生烟，宣称要极尽所有手段把张居正搞掉。张居正也大发雷霆，把“妖人”“逆犯”“盗犯”“奸犯”的帽子统统扣到了何心隐的脑袋上，命令各地政府全力缉拿他。何心隐没有别的办法，只好东躲西藏。

1579年，62岁的何心隐被捕，在被逮捕他的地方官处决之前，何心隐说：“就凭你能杀得了我吗？杀我的不是你，而是某人。”

这个“某人”就是张居正。

何心隐在武昌被处决时，武昌底层人民号啕大哭，对何心隐所受到的不公正待遇悲痛不已，这足以说明，心学家在当时有多得人心。

何心隐对王阳明心学左派理论上并没有突破性的贡献，与其称他为心学理论家，不如称他为心学实践家。终其一生，他始终在努力实践心学思想勾画出的理想蓝图，屡败屡战，直到最后彻底失败。

他对心学的实践更能让社会底层快速而彻底地觉醒，他反对君主专制，认为人们应该拥有自己的自由空间，他反对政府打着为民谋福利的幌子横征暴敛，他认为应该在地方，尤其是行政单位最小的乡村实行完全的自治，让所有人都受到最完美的教育（这个教育当然是心学教育）。显然，这在君主独裁国家必然行不通。所以，何心隐心学的处境非常尴尬：他口口声声宣传的世界上最美好的心学却没有实践的机会！

和大多数心学家一样，何心隐同样强调作为单个人的重要性。他说，人是天地的心，如果一个人不能支配自己，那天地就不存在。天地不存在，天下国家从何而来？所以，想要天下国家在正轨上，首先要做的就是每个人可以支配自己。但这在明代，几乎是痴心妄想。

何心隐之后的王阳明心学左派宗师级人物除了李贽，还有一个人必须要说。此人就是焦竑，中国历史上少有的全才人物。焦竑是出色的史学家、金石文字学家、考据学家、文献目录学家、印刷出版家、哲学家、佛学家，其最引人注目的就是藏书，他的家就是个中型图书馆，几乎在国家图书馆找不到的书，在他这里总能如愿以偿。

焦竑师从何心隐，不过何心隐并未在理论上为心学做出贡献，所以焦竑也只是学到了心学“挑战权威”的精髓。他最有名的一句话就是：“学道者当扫尽古人刍狗（刍狗指木偶，暗指那些被理学家所恭维的死圣人），从自己胸中辟出一片天地。”

焦竑大概是才华横溢到极致的缘故，所以想引佛入儒，把王阳明心学左派变成彻底的禅宗。虽然这件事已被他们的鼻祖王汝中在理论上完成了，可很多心学家还是认为王阳明心学是儒学，而不是佛学。焦竑不得不失败，后来，他大致对王阳明心学左派思想做了一个总结，这个总结是王阳明心学左派的思想主旨。

第一，现成良知："致良知"不是应当实现的未来的课题，而是现实具备于自己心中原理的实行，也就是说，人人都不必去向内致良知，只向外发散良知，而且这种发散不是你有意为之，而是良知的自我运行。

第二，"四无"说：心的本体是无善无恶，心的活动也是无善无恶的。

第三，"童心"说：所有人都具备了赤子之心，这一赤子之心是天理至纯的典型。

第四，"满街圣人"：所有人都原封不动地是圣人。

第五，摆脱思想束缚：轻视经书和圣人，将客观的社会性课题直接作为主观的自己内心的课题。一切外在规范的评判标注都在我心上，我心就是上帝，我自然就是上帝。

如果把这些思想和王阳明心学思想相对照，则会发现，二者恐怕没有本质上的不同。王阳明虽然没有说"现成良知"，可他始终承认人人的确有良知，一些人看上去没有良知，只是因为他们不能知行合一。至于"四无说"，王阳明没有否认过。而童心说，则是王阳明经常提到的人应该拥有一颗赤子之心。赤子之心就是童心，心学家并不是让你像小孩子那样不懂事，而是希望你应该像孩子那样什么私欲都不想，长此以往，就能锻造出良知的威力。

至于"满街圣人"说，在王阳明的《传习录》中有此论述。而摆脱思想束缚，是王阳明一直提倡的，不要被任何的经典和圣人吓倒，一个人如果成为思想和圣人的奴隶，那就不可能独立自主，拥有自尊。

焦竑不过是王阳明心学左派的一个帐幕，拉起它，是为了帐幕后的顶级光辉人物——李贽。

三、心学巨子李贽

王阳明“天泉证道”的1527年，李贽在福建泉州出生。这位多年以后的心学巨子从一出生就注定了他的前途。

李贽曾有段自我评价，非常真实：“我从小性格倔强，难以驯化。不信道家学说，不信儒家学说，不信神仙鬼怪，讨厌道士，特别讨厌的是只知一心读八股文、考科举的书呆子。”他甚至是咬牙切齿道：“平生最不爱被人管。”

李贽的传记作者指出，李贽是个性格急躁，不讲情面，常常当面指责别人过错的人。而且直率任性，说话办事不计后果。他不是个随和的人，喜欢争辩。但这种争辩只是和特别投机的朋友，对于他不喜欢的人，他连一句话都不肯说。

李贽小时候的性格就异常叛逆，喜欢标新立异，有这样一件事可作证明。

《论语》中，孔子的学生樊迟问孔子如何种菜种粮。孔子回答：“种粮，我不如粮农；种菜，我不如菜农。”孔子后来对人说：“樊迟真是个小人。”

李贽的父亲要他以此主题写一篇文章。李贽这样写道：“樊迟问孔子怎样种粮种菜，孔子不能回答，说自己在这方面不如农民。而孔子之所以要在背后骂樊迟为‘小人’，就是因为樊迟明知孔子对种粮种菜一窍不通，还要提问，孔老头大跌面子，怎能容忍？”

这种议论简直是惊天之语，自孔子被尊为圣人后，没有人敢说孔子的坏话，而李贽把孔子说成了一个虚荣心十足的老头，这种胆量和这种分析能力在那个时代实在是少有。

由此可知，他后来成为道学家们眼中十恶不赦的“异端”，也就不足为奇了。

李贽能有后来的名声，全拜劫难所赐。26岁时，他参加乡试。别人都对这件事诚惶诚恐，兢兢业业地学习，而他则报以玩世不恭的态度。临考前，才找来前辈们做的八股文几十篇，背诵一遍，后来居然过关。李贽仰天狂笑："这就是游戏，东拼西凑就能过关，看来，那些考官对圣学也是狗屁不通。"

按理，李贽中乡试后应该到北京参加会试。可他没有去，理由是北京太远。他只想在老家附近找个小官做，可他的性格使他处处碰壁。直到三年后，他才被任命为河南共城县的儒学教师。这是个尴尬的职务，地位低，收入少，只能维持自己不被饿死。

在河南共城做了三年儒学教师后，李贽又获得了另外一个职务：南京国子监教官。正当他要贡献能力时，他的父亲去世，按儒家传统，他必须回家守孝。1562年，36岁的李贽守孝完毕，全家搬迁到北京，希望能在北京找到晋身的阶梯。遗憾的是，在北京谋一份官职更难，而且李贽的性格又要求他不许主动求人，所以他只好以开馆教学为生。1565年，李贽获得了北京国子监教官的职务，他还没有来得及庆祝，二儿子就夭折，任职三个月后，祖父又去世，李贽不得不离开北京，回家守孝。

到此为止，李贽的运气太差了，但离尽头还远着呢。

他回家没有太多的钱埋葬祖父和之前死掉的父亲，还有停棺多年的曾祖父。他只好把妻子和三个女儿留在共城，买了一块地，让她们维持生计。而一年后，河南大旱，他的两个女儿没有撑下去，活活饿死。三年后，李贽从老家回到共城，只见到了精神已不大正常的妻子和唯一的骨瘦如柴的女儿。李贽悲恸万分，要死要活。

他不相信命运对他如此不公，1566年他回到北京，被分派到礼部担任小官职，这也是个只能吃饱肚子的工作。1571年，他又被调到南京刑部担任下级官员，这仍然是个只能吃饱肚子的工作。这一年，李贽已经44岁，几乎很少有人像他命运多舛到这个地步。在南京刑部工作的六年后，李贽的春天看似来了。张居正推行改革，破格用人，李贽很赞同张居正的改革方案，于是被任命为云南姚安知府。可是这迟来的春天已经温暖不了李贽多年来坎坷冷冻的心，勉强任职三年后，李贽挥一挥衣袖，离开姚安，来到了他朋友耿定理家中。耿定理的兄弟正是那位用诡计捉拿颜钧的耿定向，这位忠实的朱熹理学卫道士当然不会允许兄弟引狼入室。李贽当时虽然没有彻底地成为心学门徒，但他的种种思想已和王阳明心学的提倡不谋而合。耿定理是心学家，当然和李贽谈得来，而且还让李贽做了家族少年们的老师。可耿定理不久就去世了，耿定向驱逐了李贽，理由是怕他教坏了小孩。

李贽留下一封信，强烈反驳耿定向。李贽说，他教不坏小孩，教坏小孩的是现行教育。耿定向懒得理他，李贽放眼四望，已没有地方可以容身，除了老家。

1585年，李贽回到泉州老家，他的家族所有人都询问他的成就。如你所知，李贽拿不出来。他越是不回答，家族的追问就越激烈。他的妻子得了精神病，每天都折磨他，李贽一气之下，跑到湖北省东北部的麻城，住进了他朋友主持的维摩庵。李贽和家人彻底决裂，三年后，他和尘世决裂：到麻城三十里的龙潭芝佛院落发为僧。这一年，李贽62岁，身体虽然衰老，但心却依然年轻。他开始参悟王阳明心学，并且心有灵犀地一看就懂，他的“异类”和“异端”形象逐渐树立起来了。

李贽先在举止上疯狂：他经常下馆子吃肉喝酒，每次都把自己喝得醉醺醺，满脸通红，连光光的头皮也泛着红光，走在街上摇摇晃晃，嘴里时常说出疯疯癫癫的酒话。他声名大振，很多人慕名而来向他请教道学。在这时，李贽就故意把眉头一皱，袖子一甩，训斥道：“大好时光，在这里读死书，还不如找几个歌女、喝点小酒、唱个小曲有意思！”几个调皮的读书人就真的找来几个歌女，李贽大笑，称赞道：“这样好！这样好！比和道学（理学）先生在一起强多了！”

举止上的疯狂只是骨肉，必须要有灵魂作伴，这个灵魂就是李贽在思想上的“大逆不道”。

道学家们说：“天不生仲尼（孔子），万古如长夜。”

李贽说：“我呸！难道孔子没有出世之前，人们一天到晚点着蜡烛走路？”

道学家们还说：“孔子乃万世师表。”

李贽说：“我还呸！一个人来到人间，自有他发挥作用的地方，不可能等着从孔子那里得到传授，然后才有谋生的本领。假如一定要等着从孔子那里学得点什么才能生存，那么，孔子没有降生之前的几千年，人们就不过日子了吗？”

我们今天来看这两个反驳，不足为奇。但在明代，这可是极端的思想反动。孔子是所有读书人心目中的上帝，即使是皇帝，也要对孔子毕恭毕敬。道学家们说，凡是孔子说的都是对的，凡是说孔子不对的都是异端。孔子的是非就是我们每个人的是非，可李贽怀疑孔子，不以孔子之是非为是非，这是王阳明心学中典型的“轻视权威”思想，“心即理”的直观展现。李贽对这个国家崇拜孔子有自己的独到见解，他说：“我从小就读孔子的书，却不了解儒家学说。从小尊崇孔子却也不知道他为什么值得尊敬。我觉得自己像一个站在人丛中看戏的小矮人，除了前面人的后背，什么都看不见。人家说戏唱得好，我也跟着说好，随声附和。在未学王阳明心学前，我就像一条哈巴狗。

前面狗看见生人叫起来，后面的狗听见叫声也跟着叫，其实连半个人影也没有看见。”

李贽的意思是说，那些尊崇孔子的人只是人丛中的“矮子”，是“哈巴狗”。他说，他决定不再做哈巴狗，而做一个人，一个完全按内心良知去做事的人。

对于孔子，李贽颇多微词。他说：“《论语》记载孔子吃东西非常挑剔，颜色不好的不吃，味道不香的不吃，做得不好不吃，菜不新鲜不吃。这种人，简直就是矫情，哪里有圣人的一点模样？”

对于《论语》中记载的孔子对一位老者又打又骂“老而不死是为贼”的情景，李贽戏谑道：“孔子真是大慈大悲。”

我们由此可以看出，在李贽的思想中，根本就没有什么圣人：尧、舜和路人甲是一样的，因为王阳明说过，我们拥有良知的心是评价一切客观事物的最后依据，所以，李贽说，世界上根本就不存在什么圣人，如果真有圣人，那大家都是圣人，如果没有，那大家全是俗人。

李贽的第二个“大逆不道”就是肯定正当的人欲，反对理学家们虚伪的禁欲主义。他把天理和百姓的生活紧密地联系在一起，他说：“穿衣吃饭，就是人伦物理；除了穿衣吃饭，还有什么人伦物理？世上一切都是衣和饭而已，所以只要是与衣和饭有关的，就是天理。一切与衣和饭没有关系的，就不是天理。”

理学家说要灭掉人的私心，彰显公心。李贽反驳说：“私心就是人心。人必有私，而后才能见心。如果没有私心，那就没有心了。比如种地的，肯定有个秋天收获的私心，才肯下功夫努力种田。读书人肯定有个进取的私心，然后才肯下功夫学习。所以说，你要是不给别人报酬，没有人会为你工作。那些血战沙场的将士必有封爵的心，才肯奋力杀敌。”李贽重点指出，大家都说孔子是圣人，其实孔子私心更重，他为什么那么卖力地推销自己的思想，还不是因为有“沽名钓誉”的私心？

这种把人的行为动力归根到个人利益、个人欲望的行为，恰好和理学家们提出的“人必须要忽视个人利益，祛除欲望”的思想针锋相对，李贽可谓是吃了熊心豹子胆。

在那些礼教维护者看来，李贽对圣人的怀疑和对他们的攻击只是隔靴搔痒，但李贽第三个“大逆不道”的行径就让他们无法忍受了，这就是李贽对道学家们的直接攻击。

他说：“道学家全是伪君子。当有利可图时，他们就说，为天地立心，为万民请命，削尖脑袋向上爬；当国家和民族遭遇危机时，他们躲藏起来说，圣人教导我们要明哲保身。”李贽评价说：“这些家伙可真是机灵鬼。”

对于这些机灵鬼，李贽有着超绝的看法：他们为什么要学理学呢？很简单，因为他们要靠理学发家致富。很多人不学理学而能发家致富，是因为他们有才华。而理学家一点才华都没有，所以必须要学习理学，理学是国家意识形态，所以谁学了它谁就容易获取荣华富贵。他们只是把理学当成发家致富的踏脚板，一旦得偿所愿，就不可能再深究，于是，我们见到的很多理学家都是无能之辈。平居无事，只知道打躬作揖，终日正襟危坐，和泥塑差不多，以为杂念不起，超凡入圣。可一旦有警，则面面相觑，绝无人色，甚至互相推诿，以为是明哲保身。国家所以总是缺乏人才，就是因为这样的人充斥着政府。理学家们不但能力差劲，道德素质也成问题。所以李贽说，这些家伙是满口仁义道德，肚里却是男盗女娼。

李贽最引人注目的“大逆不道”应该是对儒家规定的五伦（君臣、父子、兄弟、夫妇、朋友）的颠倒，他说，只有朋友伦理才是真伦理，其他都是扯淡。李贽一生中朋友很少，但都是知心朋友，他一生颠沛流离，都是朋友帮他渡过的难关，这大概是他的感同身受。李贽一生仕途波折，所以没有君臣伦理的概念，他父亲、祖父、曾祖父的去世为他增添了仕途的阻碍（他要回家守孝）和金钱（他要花钱）上的麻烦，所以很厌恶父子伦理。至于兄弟和夫妇，更为李贽所反对。他质问，做弟弟的凭什么就要对哥哥毕恭毕敬，做妻子的凭什么就要对丈夫举案齐眉？所以他认为，五伦中只有“朋友”的诚信之理才是真正的伦理。

李贽似乎和道学有不共戴天之仇，道学赞同的他必然反对，而道学反对的他肯定赞同。秦始皇在儒家知识分子那里从来就没有好印象，李贽却称秦始皇为“千古一帝”；司马相如和卓文君私奔被理学家称为淫荡之举，李贽却说，司马相如和卓文君都是善择佳偶的人，应该赞颂；理学家说武则天是个恶女人，李贽却说，武则天有爱人才之心，是千古帝王群中难得的一位，尤其她还是个女人，就更可贵了；陈胜是个造反家，李贽却说他是千古第一人。

恐怕只有一种主张，李贽才和士大夫们极不情愿地站在了一起，那就是对民变的看法。李贽认为，民变就是百姓良知丧失的后果，所以对于民变，李贽深恶痛绝。

但在这一点上，李贽又是矛盾的。这从他评点《水浒传》上就能看得出来。一方面，他赞赏宋江投降后征讨方腊的大义，可另一方面，他对一百单八条好汉又倾注了浓重的感情。他认为，官逼民反，民如果还不反，那也是良知丧失的标志。也就是说，他认可农民的造反，正如他认可陈胜造反一样，可有个前提，必须是官逼了，民才反。

理学家们只记住了他认可《水浒传》中的造反，却刻意忘记了他对现实中民变的攻击，因为所有的理学家都知道，如果不铲除这个

“异端”，那他们就对不起天上的圣人们。

1602年，礼部的一位官员向当时的万历皇帝朱翊钧控诉李贽，首先是他大逆不道的言论，然后就是李贽不检点的私生活。据这位官员说，李贽在寺庙中招收女弟子，经常和这些女弟子裸泳。

李贽有女弟子不假，可真不至于达到裸泳的地步。朱翊钧暴怒，下令缉拿李贽。李贽意料之中地被捕，下锦衣卫狱。审讯官要他交代大逆不道的罪行。李贽冷笑道：“我写的书很多，而且在民间流传，这些书的内容对国家，对真正的儒教有益无损，你们可去查。”

审讯官也冷笑，说：“和尚，你还不知你已大难临头？”

李贽望着阴森森的监狱，笑了笑，说：“今年不死，明年不死，年年等死。”

审讯官发现了他的顽固，以后就拒绝审问了。而李贽在监狱中有足够的时间开始思考他的“天下第一好死”。

在狱中三月后的某一天，李贽要守卫给他拿来剃刀，他要剃头。剃刀拿来，李贽趁看守不防备，一把夺过其手中的剃刀，用尽浑身力气向喉管上切了进去，然后猛地拔出，一股鲜血喷射而出，黑暗的监狱中出现一道鲜红的彩虹。

李贽倚着墙慢慢地坐了下去，鲜血染红了他的前胸，开始向牢房的低洼处缓缓地流淌。看守目瞪口呆许久才反应过来，要跑出去找医生，李贽拉住他，艰难地摇了摇头。

看守小声问：“和尚，痛不痛？”

李贽用手指蘸血写了两个字：“不痛。”

看守再问：“为何要自杀？”

李贽再蘸血艰难地写道：“七十老翁何所求？”

此后，牢房里再无声息，只有血水在地上流淌。李贽去世，享年

75岁。

李贽的去世，使生机勃勃的王阳明心学左派戛然而止。李贽之后虽有“东林党”党徒信奉心学，但在李贽和他前辈们创造的辉煌面前，微若萤火，不值一提。我们注意到一个很明显的事实：自王阳明去世后，心学左派从迅速崛起到李贽之死的销声匿迹，明王朝对心学左派的态度并不强硬。心学左派唯一遭受的打击就是张居正废天下书院，但随着张居正的去世，书院重开，左派心学家们重新回归。何心隐的死和李贽的死只是政府处理的个案，政府从来未对心学左派进行过全面打击。

李贽是把王阳明心学推到极致的第一人，也是最后一人。他对当时的道学家掌管天下思想的肮脏丑态进行了激烈的批驳，他希望国家和政府应该像大海一样“不留死尸”，像龙门一样“不点破额”（皆为裁汰冗员之意），如此，才能“一代比一代高”。王阳明在发现个人价值时主张“我”时还有些扭扭捏捏，但李贽主张“我”时就是毫无顾忌的赤裸裸，他就是上帝，就是人类的最终裁判，“颠倒了千万世之是非”。

李贽让平民阶层觉醒的速度加快，质量提高，甚至影响到了高级知识分子阶层。最被我们所知的明末“东林党”已过分地强调自己，而和国家针锋相对。这正是心学左派的思想：身为本，天下国家为末。万历中期的首辅王锡爵曾质问过东林党领导人顾宪成：“为什么朝廷说是，民间（在野的东林党）就必说非。”顾宪成反问：“为什么民间说是，朝廷就必说非？”

朝廷和民间在思想上已形成尖锐的对立，明王朝的覆亡指日可待了。

从王阳明去世的1529年到李贽去世的1602年，73年时间是王阳明心学左派的璀璨时代，之后，随着明王朝的灭亡，清政府统治中国，王阳明心学被彻底扫荡和镇压，从此销声匿迹了好久好久。

然而，人人都知道，王阳明心学思想是压制不住的，它必然卷土重来。

四、心学在清朝

1644年，清王朝继承了明王朝的遗产，统治中国。有些人在总结明朝灭亡的教训时发现，明政府在统一思想上做得很差劲，对百姓的思想控制太宽松。所以明朝后期层出不穷的民变，除了天灾，一个最重要的原因就是，王阳明心学的泛滥，也就是心学洪流让底层民众过分觉醒，让他们有理由去争取独立和平等。清朝统治者认为，王阳明心学是洪水猛兽，必须严厉禁止；朱熹理学最适合治国，必须高调提倡。

当然，清朝统治者们禁止的是王阳明心学左派，对于已经趋向于朱熹理学的右派，他们不太禁止，但也不支持。这似乎给了王阳明心学满血复活的机会，一批心学大师站到了清朝思想圣坛上。他们是孙奇逢、李颙、毛奇龄。确切地说，他们是王阳明心学的修正主义者。

孙奇逢在明帝国就是名声大振的人物，他曾营救过被权监魏忠贤陷害的忠义之士，也曾带领全族抵抗过清军，明亡后，他带领弟子隐居深山，讲学不辍。清政府多次请他出山，都被他以“逃跑”的形式拒绝，后来在河南辉县的苏门山终老，他活得几乎过了头，享年92岁。

孙奇逢原本是王阳明心学忠实门徒，认为“天理”两个字是自己体贴出来的，不是那些好为人师的人制定出来的。他说，王阳明的“良知”说，是王阳明自得而来，和孟子的良知无关。他认为王阳明提出的“心即理”很有道理，不过，王阳明心学中禅的成分太大，导致了心学左派的洪流在民间沸腾，人人都能成为圣人，人人就都可以自以为是，我行我素。而在庙堂上，心学左派产生的畸形“东林党”，往往空谈，意气用事，才导致了国家的覆灭。他认为这样很不好，于是倾向于朱熹理学的“慎独”，也就是说，还是需要通过外在的种种规矩来修行才可以真切地体贴到“良知”的效用。

不过，虽然用朱熹理学来矫正王阳明心学，可孙奇逢还是坚持王阳明心学中的“知行合一”。他说，必须要付诸实践，从眼前一言一行做起，不要浪费掉一天甚至一时。

我们都知道，王阳明提倡“知行合一”的根本目的是让人矫正自己的意识，孙奇逢提“知行合一”就特别重视“行”，这是王阳明心学的一个悄悄的转变：王阳明心学变成了崇实经世的思想。

这其实也是王阳明最大的心愿，心学本来就是要拿来用的，而不是用来讲的。孙奇逢被后人称为学术界的“泰山北斗”，可能正是他把王阳明心学和朱熹理学做了调和，虽然成绩微小，但他毕竟做了努力，而且开了修正王阳明心学的先河。

李颙在单亲家庭中长大，性格孤僻，但好学，全靠自学读通了经史诸子以及佛、道典籍。成年后，明朝灭亡，他南下讲学，影响极大。清政府要他出来做官，他宁死不为。有一次，地方官亲自到他家中，他躺在床上六天六夜，绝食六天六夜，最后，他居然要拔刀自杀，地方官见这人简直变态，急忙逃走，再也没有来请过他。李颙晚年反锁房门，过起了置身坟墓般的生活，直到1705年去世，他活的时间也很长，享年78岁。

李颙虽然博学，学术思想的源泉却是王阳明心学。他指导弟子们说："做学术先要看陆九渊、杨简（陆九渊心学慈湖学派创始人）、陈白沙，尤其是王阳明，阐明心性，直指本源。把他们的思想搞通了，就能见到大道。"

他也强调"知行合一"，认为"上口不上身"的口耳记诵之学不值一提。在他晚年，他提出了"明体适用"的思想。所谓"体"就是王阳明心学，而"用"则指的是经世致用的一类实学。这是他对王阳明心学的修正，王阳明心学发展到后来，逐渐流入枯禅虚空中，李颙希望用"实学"来补充它，从而矫正它。

我们可以从李颙开的一个书单中明白他这一思想。在"明体"类的书籍中，他选了陆九渊、王阳明、王汝中、王艮、陈白沙等心学大师的著作，还有朱熹、二程、吴与弼、薛瑄等理学大师的著作。

在"适用"类书籍中，他选了诸如《武备志》《资治通鉴纲目大全》《大明会典》《历代名臣奏议》《水利全书》《地理险要》等有关国计民生的政治、经济、军事方面的书籍作为弟子们的必读书。

李颙和从前的心学家们一样，激烈反对八股文。他说："八股文就是洪水猛兽，是束缚人心的最大枷锁。洪水猛兽虽然危害人类，但只造成对人身体的侵害。而八股文的泛滥，使一代学人醉生梦死，浑然不觉，祸患无穷。最终导致的结果是可怕的：人心陷溺之深，终会昏死过去。"

他主张应该自由讲学，自由讲学应该讲实学，人人都可以成为某个领域才华横溢的人，如此才能让国家的人才越来越多，而清初的八股取士，只能取到如李贽所谓的白痴人才。

孙奇逢和李颙对王阳明心学的理解和修正还停留在王阳明心学本身的思想洞窟中，毛奇龄已经开始观察和修正王阳明心学中的“事功”思想。

明帝国灭亡的前一年（1643年），毛奇龄出生于浙江萧山，成年后，他曾参加过抗击清政府的义军，失败后在江淮东躲西藏达三十年之久。这三十年他并未浪费，全身心地钻研王阳明心学，成绩不俗。

与孙奇逢和李颙不同的是，毛奇龄做过清朝的官，而且还是国家人才储备库翰林院的学士。这大概缘于两点：第一，毛奇龄出生在明王朝灭亡前夕，对明王朝的感情并不深；第二，受到王阳明心学提倡建立“事功”的思想，他认为应该到政府的大平台中去寻找机会创建事功。

毛奇龄在钻研王阳明心学的同时也探究朱熹理学。朱熹理学把“圣学”和“圣功”割裂开来，王阳明心学则把二者合二为一，毛奇龄认为王阳明说得对，并且侧重于“圣功”。他说，一个人修身的目的就是为了治国平天下，“事功”应该成为每个人人生中唯一要追寻的东西。他反对空言说经，认为讲学固然重要，但更重要的是讲实学，学生听完后就可以去实践中用的。

毛奇龄还有个突破性的思想，就是认为中国传统政治中“重农抑商”的思想是大错特错，因为商人创造的“事功”更显眼，更有分量，国家应该支持，而不应该打压。

无论是孙奇逢、李颙，还是毛奇龄，他们和清初的那些心学家诸如黄宗羲、张履祥、颜元一样，给人的感觉是，他们在心学圣坛上的身份模模糊糊。一方面，他们声称自己的思想来源于王阳明，而另一方面，他们又用理学给王阳明心学增加了许多成分，在他们身上，我们发现王阳明心学有点四不像了。甚至张履祥和颜元，从伏首王阳明掉头又批判王阳明，可他们批判的武器中，仍然有王阳明心学的思想。

这种遮遮掩掩，甚至是反戈相击大概是迫不得已。清朝统治者对王阳明心学一点好感都没有，作为生存在极权下的思想家们，也只能遮遮掩掩。虽然如此，王阳明心学在清朝却不绝如缕，一遇国家民族危急时刻，王阳明心学就如沉寂待发的火山一样，冲天而起，火光骇人。

1840年，清政府和英国政府的军队正式在海上面对面，第一次鸦片战争爆发，清政府惨败，从此开始了它屈辱悲惨的晚清史。实际上就在鸦片战争的很多年前，清王朝的社会危机和政治危机乃至思想危机已露苗头。政治腐败是罪魁祸首，直接导致官员道德素质的下滑，社会风气的颓废，思想世界的单调乏味更加重了这些危机。

江苏扬州人焦循首倡王阳明的“致良知”，他提出最应该先致良知的就是皇帝，皇帝治理天下应该用良知来让百姓富裕起来，不能总是对百姓空讲义而不讲利。他巧妙地将“义利”结合起来，要人摒弃理学家的义利水火不容的观点。他说，一个政府的良知就是要满足人们正当的欲望。和王阳明以及门徒一样，焦循试图创造一个乌托邦，这个乌托邦和王阳明“拔本塞源论”的思想一模一样。

不过，焦循并非傻呵呵的乐观主义者，他看到了当时社会的重重矛盾，所以提出了“变通”。“变通”是王阳明心学的一个大题目，王阳明曾说过，《易》就是变，变则通，心学就是一门随时变通的学问。焦循对这一思想变本加厉：一切政令措施，应该审时度势，因时制宜，社会变革势在必行，谁都阻挡不住！

焦循所谓的“变通”可不是让农民起义，他是站在统治者立场来说话的。“暴力革命”是焦循强烈反对的，他说这些人只有破坏性根本没有建设性。他警告统治者，如果你不主动变革，那自有些“小人”先变革，到那时，天下大乱，就很难收拾了。他焦虑地问统治者：你能做到的事为何要等别人拿着刀来逼你做呢？

焦循的心学思想也只能是口号，没有统治者意识到和有能力做变革，哪怕是“致”那么一点点良知，满足百姓的欲望，都无法做到。

焦循是江湖心学者，林则徐则是庙堂心学家。

林则徐最让人印象深刻的就是“虎门销烟”，他从低级官员一直做到总督，可谓仕途畅通。他的为政总结就是尽心。

林则徐是不折不扣的王阳明门徒，王阳明心学思想深入骨髓。林则徐所处的中国，闭关锁国，死气沉沉，而世界风暴已经开始刮起，林则徐发挥王阳明提倡的人的主体精神，要人睁眼看世界，认为人只有面对现实，勇敢地学习先进技术和思想，才能抵抗强敌的挑战。

林则徐有一股王阳明的劲头：遇事必尽心尽力，哪怕是不可为的事，但良知认为应该去做，他就义无反顾地去做。在广东虎门焚烧西洋人的鸦片烟时，所有人都反对，因为这样会给他本人引来麻烦，但林则徐说：“苟利国家生死以，岂因祸福避趋之。”坚决销毁鸦片。后来的事情正如别人所预料的那样，英国人把军舰开到中国大门口，中国政府打不过人家，只好把林则徐当成替罪羊，发配边疆。

林则徐是那个时代最合格的官员，官事无巨细，必亲自参与谋划，待人温和、诚恳，严以律己，用良知来对待一切人和事。

他是心学践履者，他最后的命运却告诉我们，王阳明心学在那时显然已无法再在中国成长。

和林则徐同岁的嘉庆年间的进士姚莹同样是心学践履者，崇拜王阳明达到难以理解的程度。当有人质疑王阳明时，他愤怒地说：“王阳明岂是你这样的人可以评说的，给我闭嘴！”

和林则徐一样，姚莹同样强调王阳明所强调的人的主观能动性，和心力的巨大作用。姚莹说：“人就应该有一股无所畏惧的精神，认准了是良知许可的，就去做，这才是阳明的忠实弟子。”

同时，姚莹也主张要变通，不能死守着传统不放，祖宗那点东西如果有用当然好，如果没有用，留着只能是累赘。

鸦片战争期间，他曾提出仿造外国军舰和大炮的主张，后来他激进的思想害了他，他被贬到西藏，却毫不消沉，收集当时出版的关于“外夷”的书籍，制定了“制驭”的方略。他说：“应该派人到夷人那里，探查其虚实，学其长处，反过来再以其人之道还治其身，固我国家。”

姚莹的这种心学思想也只能停留在理论上，终其一生，他都没有机会让自己的理想变成现实。其实，从清朝开国到第一次鸦片战争的两百年间，心学家们所创建的“事功”寥寥无几。他们只能偶尔迸发出思想的星星火光，但这就足够了，因为星星之火可以燎原。

五、心学改变中国

使一个国家改变，无外乎两个思路，一是自上而下的和平改良，一是自下而上的暴力革命。前面我们说过，王阳明心学在这两方面都是一把锋利的武器。

满清政府统治的中国自鸦片战争后开始向下坡路飞奔，太平天国运动险些撬开了它灭亡的坟墓，它虽然侥幸躲过这一劫，但也是奄奄一息，再加上西方列强和东方日本持续的攻击，清政府下的中国已是危如累卵。人人都知道必须改变，但人人都不知道该怎么变，心学门徒们因此挺身而出。

晚清三杰中的曾国藩和左宗棠是王阳明心学的推重者，曾国藩后来虽然头脑发热反驳王阳明，但连他自己都无法否认，他在平定太平天国叛乱中执行的团练政策是从王阳明那里偷来的，他在给他家人的书信中，屡次提到要以良知为人生信条，不能越雷池半步。如果说曾国藩属于三心二意的心学门徒，那左宗棠则把王阳明当成一生的偶像，推崇之，效仿之。左宗棠“师夷长技以制夷”的业绩和他从王阳明心学中吸取的精神力量关系密切。

左宗棠虽然年轻时受到的是朱熹理学教育，但侧重于“经世致用”，而朱熹理学对这一块的涉及非常少，所以左宗棠就抛开朱熹理学去读实用类的书籍。他后来始终不能考中进士，和他对朱熹理学的漠然有直接关系。虽然不是进士，但左宗棠凭借聪明的头脑始终充当当时许多顶级大员的参谋。太平天国之乱时，左宗棠担任曾国藩的参谋，曾国藩大为赏识，命他自行组织军队直接和太平军作战。从此，左宗棠如蛟龙入海，平定太平天国之乱，搞定陕、甘回民的叛乱，收复了此前失去的新疆，毫无疑问地成为晚清的三根巨柱之一。

他对王阳明的崇敬几乎到了痴醉的程度，王阳明曾说“去山中贼易，去心中贼难”，他几乎是生吞活剥了这句话：天下之盗贼易去，人心之盗贼难除。

他认为，只要祛除私欲物欲，把个人生死利害荣辱抛到脑后，只问是否利于天下国家，这就是致良知，就可以做到“修齐治平”。

左宗棠把王阳明提倡的人的主体精神大加发挥，他说，一个人只要能够克制自己，就必能克制敌人。一个人必须先自强，才能战胜敌人。自强的方法不必拘泥传统，应该向西方列强学习，毕竟他们比我们强。而我们向他们学习的目的是战胜他们。他到处兴办近代工业企业，把全部精力都投入“自强”运动中去，直到他的暮年，他还坚信一点：只要人人都坚持本心（良知），自强自立，就必能让国家强大，战胜外敌。

左宗棠属于掌握权力的王阳明心学门徒，而康有为与他的战友梁启超先是属于没有掌握权力的心学门徒，后来则成了掌握权力的心学门徒，所以他们的故事就异常精彩。

康有为1858年生于广东南海，自幼读书就很有主见，而且从古典理学中找不到乐趣，所以搜索百家，如饥似渴地大量阅读。这产生了一个弊端：样样通则样样松。所以后来有些严肃的学者评价康有为的思想理论时，说他是野路子出生。康有为学习王阳明心学不知是什么时候的事，1888年，他就无所畏惧地向皇帝上书请求变法图强，但当时慈禧太后掌握权力，所以他的上书石沉大海。1895年，中日甲午海战，中国惨败，康有为恰好在北京准备进行会试，他倡导举子们联合起来反对中国和日本签订丧权辱国的《马关条约》，并同时要求政府能进行变法。年轻的皇帝被康有为一干人等的热血所激励，突破慈禧太后的重重阻挠，终于在1898年开始变法，这场变法进行了三个多月就以流血收场，史称“百日维新”。

康有为非常赞赏王阳明心学，排斥朱熹理学，他说只要真切地致良知，就能使人具有确乎不拔、独立不惧的精神，做到大难临头时“不动心”，不退缩。

他还提到了王阳明的“万物一体”，说他目睹天下残破如此，实在不忍心，必须站出来为天下为国家为百姓贡献精力和智慧。

我们注意到，作为当时还未进入仕途掌握权力的康有为，他没有使用暴力手段推翻国家，而是采用了相对温和的改良主义，一部分原因是康有为毕竟还是个知识分子，长期受儒家忠君爱国的教育，另一方面则是他对王阳明保卫国家的钦慕，使他不可能做出违背王阳明心愿的事情来。

不过，当百日维新开始后，康有为的思想开始变化了。他教唆光绪皇帝向慈禧太后夺权，结果计划失败，康有为走上了流亡的道路。从开始的温和改良思想到后来的动用暴力手段铲除慈禧太后，康有为恰好符合了心学家的一贯思路：一旦手中有权，必走上集权道路。正如王阳明在江西剿匪时，向王琼要到了所有大权一样。因为只有这样，才能畅通无阻地推行他们的理想，这是良知告诉他们的，并非野心家所能感悟到的。

康有为的失败，不是王阳明心学的失败，而是那个时代形势所造成的，因为当时没有人可以撼动慈禧太后的力量，当然，这是历史的问题，在此不须深究。

维新派的二号人物梁启超是康有为的得意弟子，同样也是王阳明心学最忠实的门徒。不过，在对待心学的态度上，梁启超要远比康有为简易明快。

梁启超拥有超人的智慧，四岁即能读《四书》，特别喜欢谈豪杰哲人的嘉言懿行，七岁读透中国历史，九岁可以写出千字的文章，十七岁中举人后开始跟随康有为。虽然他被称为康有为的助手和弟子，但在思想上，尤其是王阳明心学思想上，他远胜于老师。

梁启超热情维护王阳明心学，有人说王阳明心学是枯禅，梁启超反驳说：“孔子自得之学在从心所欲，孟子自得之学在不动心。后人一谈到王阳明心学，就诬为逃禅，实在是不懂装懂。”梁启超解释说，王阳明心学是孔子之学和孟子之学的结晶，既能让我们不动心，又能让我们可以从心所欲，达到这一境界的就是王阳明所提倡的“练心”“养心”。

养心到底有多重要，梁启超危言道：“每个人眼前都有富贵利益、耳目声色、游玩嗜好来夺我们的志向。这正如八十岁的老头过危桥，稍不小心，一落千丈，粉身碎骨。还有利害毁誉、苦乐生死来侵袭我们，如果没有坚定的心力，一经小胜就骄傲，一经挫折就气馁，临事失措，身败名裂，这就是古今能成大事的人少之又少的缘故。”

如何养心呢？梁启超的方法仍然是王阳明的：静坐。先消除杂虑，然后到事上去磨炼内心。他说：“静坐养心于是分两种，一种是收敛其心（静坐），收视返听，万念不起，使清明在身，志气如神；另外一种是纵心（事上磨炼），遍览天地之大，万物之理，或者可以模拟一件困难在眼前，如何来克服它，最好想象一下当你面对生死存亡关头时该如何行事，日日思之，熟能生巧，将来有事就可以把模拟放到现实，必能渡过难关。”

这两种练心的方式是王阳明心学独有的，它不是让我们胡思乱想，而是要把胡思乱想先祛除，然后严肃地模拟困难的来临和解决困难的方法，这些方法当然很简单，那就致良知。

梁启超谨遵王阳明的教诲，用王阳明的“万物一体之仁”、以天下为己任的精神，树立为天下国家献身的志向。他激烈地斥责数千年来充斥着中国每一个角落的“看客”们，他大骂这些人是没有责任心和恻隐之心的无脑动物。这些人只计较自己的利害，对于群体的利害和国家的危亡始终采取看客的态度。

不做看客，就必须要做到“至诚”，只要人人都做到“至诚”——对自己的心中贼诚实地祛除，对客观世界的现状真诚地对待——这个国家就会有希望。

王阳明心学始终提倡豪杰主义，梁启超也说，每个人都应该学习王阳明心学中无所畏惧的圣人、超人的精神。如何做超人，梁启超给出了答案，那就是祛除心中的奴隶。

第一，不要做古人的奴隶，特别是那些死掉的圣人的奴隶，不能以孔子的是非为是非。他激烈地发挥王阳明“学贵自得”的观点说，心是我的，听一句话，受一句教，只有我用心，才能有这句话，有这句教。可我思考后有两个结果：一是，那句话是错的；二是，那句话是对的，我该如何？尤其是当那句话是古圣人说的时。梁启超的答案是：相信自己心的判断！

第二，不可做世俗的奴隶。也就是说，要有独立思想和独立意识，不可人云亦云，尤其是那些俯仰随人、随波逐流的人，正是王阳明最鄙视的人。梁启超认为，任何人来到世上就必有用处，人人都有当顶天立地大丈夫的潜质，所以不必借助他人的扶助和庇护。

第三，不可做境遇的奴隶。人生在世，有顺境就必有逆境，顺境时，不可消磨志气，逆境时不能放弃心中的梦想，每个人应该发挥自信、自尊的固有价值，和逆境做生死斗争，才有机会成为胜利者，屹立于世。如果不敢斗争，那就会成为境遇的奴隶。他扩大到国家说，一个国家如果安于现状，跟着境遇走，那不但会成为境遇的奴隶，还会成为别国的奴隶。他认为中国人应该抛掉传统中的保守思想，要做个冒险家。他强烈批判老子思想，认为“知足不辱，知止不殆”是懦弱无能的表现，正是这种思想的深入人心，所以才消灭了中国人本应该具有的冒险精神，随遇而安，必将失败。人们必须要自信、敢想敢干，要像初生的牛犊一样敢冲敢闯，以绝大的气魄和绝大的胆量，为改造中国而拼尽全力。

第四，无论何时，都不要丧失信心。《庄子》里说，哀莫大于心死，一个人如果心死了，那就成了行尸走肉。所以必须要“正本”“养心”“致良知”。他说，世界上那些能够做出惊天动地事业的人都是内心强大、自信满满的人。没有一颗自信的心，就不可能有未来。

梁启超博学百家思想，其核心思想却是王阳明心学的“独立自主”，过度强调人的主观能动性。比如他非常强调自信心，并武断地说，人只要有自信心，就能战胜逆境，就能创建大功。与其说他的思想是心学思想，不如说是心灵鸡汤。他的《少年中国说》处处充斥着这种鸡汤味，的确能鼓舞人心，除了这些，就没有别的了。

康有为和梁启超用王阳明心学作为武器发动的“百日维新”最终以慈禧太后的反击而失败，不过他们让当时已成古老僵尸的中国闻到了一股新气息，实际上这一气息还是王阳明心学的气息。人人都认为，康有为和梁启超试图改造中国的失败不是王阳明心学的失败，而是他们本身的问题，比如先是把所有希望都寄托在没有权力的光绪皇帝身上，后来又头脑发热准备向慈禧太后夺权。

于是，另外一批王阳明心学的斗士们登上了历史舞台，这一次，王阳明心学好像可以呼风唤雨了。

康有为和梁启超是温和的改良，孙中山、宋教仁、章炳麟则主张暴力革命。先来看伟大人物、王阳明的门徒孙中山先生。

孙中山年轻时受的是西方式的近代教育，后来主攻医学，但他从小就崇拜太平天国的革命思想，眼见中国残破，于是弃医从武，决定反清。他秘密组织了兴中会，以“驱除鞑虏，恢复中国，创立合众政府”为会旨，开始踏上了他反清革命的征途。他在南中国各地发动小规模的“起义”，这种“起义”有个很大的特点：直接针对当地政府高级官员进行恐怖袭击。他屡败屡战，从不言退。他四处流亡，那颗反清的心却从未黯淡过。1911年，武昌起义爆发，中华民国成立，孙中山被选为中华民国临时大总统，他的革命事业获得的丰厚的回报。王阳明心学在他的革命人生中到底起了什么作用呢？

首先，是对王阳明“知行合一”的加强，他提出了“知难行易”论，但他的目的是强调人的信仰，也就是强调“知”，认为只要将信仰问题解决了，一切事情就都好办了。也就是说，只要那些抱着炸药包向清政府官员猛冲的革命党人接受他的思想，统一认识，协调斗争，就能“驱除鞑虏”，在日后的南北混战中，他也成功地让他的人接受了他的思想，统一认识，打垮北方军阀，建立一个真正的资产阶级民主共和国。

其次，是对王阳明注重“心”的重申上，孙中山提出“心为万事之本”的理论。反清时期，虽然有很多人把自己当成人肉炸弹，但孙中山还是认为这样的人太少，为什么少？就是因为人们的心里存在不能坦然面对死亡的障碍。孙中山力图唤起所有的民众，要他们都以一种无所畏惧的精神扫清革命与建设的路障。这一思想贯穿于孙中山的后半生，在他晚年改组国民党时，仍坚持“心为万事之本源”的思想。

最后，孙中山受王阳明心学左派，尤其是何心隐的“知行”影响极大。孙中山开始革命时，和民间秘密教会的关系非比寻常，而且他本人就是上海青帮的弟子。何心隐当初也和白莲教来往密切，并且还制订了不可告人的计划，只是因为后来突然被杀，计划未见天日而已。孙中山让他的人进行暗杀这一行为本身就是王阳明心学左派那些徒手能缚龙蛇的人的最爱，“侠客”“壮士”都是明朝后期王阳明心学左派的门徒。

孙中山是暴力革命的实践者，而宋教仁则是暴力革命的理论家。

宋教仁是中华民国的主要缔造者之一，是国民党的元老级人物。幼年接受儒家教育，但考中秀才后，眼见国家残破，就放弃科举，和革命党人走到了一起。

宋教仁是彻头彻尾的王阳明心学研究者，投身革命运动后，几乎每天晚上都在读王阳明的著作和王阳明年谱，他的王阳明心学笔记可以成为几本书。宋教仁最后得出结论说，王阳明对于当时的世道人心、改造中国、对中国革命大有益处，比如“致良知”“知行合一”“事上练”都是当时治疗中国的一剂良药。

在他的王阳明心学笔记中，有这样一段话，对王阳明心学精粹有着相当深刻的辨析解读：

> 观《王阳明年谱》，记先生龙场忽中夜悟格物致知之旨，始知圣人之道，吾性自足，向之求理于事物者误也。余以为此言诚是，但案之于心的圣人之道一方面则固不错，然圣人之道，格物致知之学，原是混圆一团之象，举天下万事万物皆包含在内焉，所谓一以贯之者是也。若分别之，则固有二方面，一心的，一物的。心的即精神上之学问，物的即物质上之学问，所谓格焉者，格此者也，所谓致焉者，致此者也。若尽用力于一方面，而遗其一方面焉，则所谓道也，所谓学问也，皆不完全矣。吾尝谓中国自三代以下，学者无论如何纯粹，皆得圣人之道之半部分，误认半部为总体，使天地间真理与人道皆不现出浑圆之象，与在哥伦布未发现新大陆以前之地球相似。盖人类进化未达极点，亦不能怪其然也。阳明先生之此说，亦如是而已矣。虽然，吾人可以圣人之道一贯之旨为前提，而先从心的方面下手焉，则阳明先生之说，正吾人当服膺之不暇者矣。

宋教仁通过对王阳明的著作和年谱的研读，将王阳明的思想和学说贯穿于其对革命理论的宣传中去。比如，关于树立革命志向的问题，王阳明关于立志的言论就给了他很大的启发。他说，要确立革命的志向，首先必须除去自己的私欲："言我辈初立志时，千罪万过，洗涤不胜，每遇事，心亦知其当如何方好，然而不能实践者常多，则人欲蔽之也，故现惟以克欲为第一工夫。"而对于王阳明的"知行合一""在事上磨炼"的思想，宋教仁说："有良知而不致与无良知同也。"

实际上，宋教仁只是想说，仅有革命的理想，但不踊跃投入具体的革命实践活动当中去，那么，革命的理想就不可能实现。

宋教仁31岁时死于谋杀，有人说是袁世凯，也有人说是孙中山。当人们在整理他的遗物时，发现了他留下的王阳明心学笔记，人们断定，若能假以数年，他必成为心学巨子。

另外一名民国先驱人物章太炎和上述几位都不同，他是李贽型的人物，意志坚强，认准革命事业，曾七被追捕，三入牢狱，而革命之志终不屈挠。他蔑视权威，只伏首真理，纵然是孙中山，他也会毫不客气地提出批评，说孙中山的革命计划短浅，所以总是自败，还说孙中山"天性褊狭，为人鲁莽轻听，又嫉贤妒能"。最后，他和李贽一样行为怪诞，语出惊人，人们于是给他起了个绰号叫"章疯子"。曾有人说，有幸得到章太炎提点之人，要么声望大增，要么身价暴跌，屡试不爽。每遇章太炎有话要说，报纸便竞相转载，其中不乏断章取义，牵强附会之说，并经常辅以标题"章疯子大发其疯"，如果章太炎的言论一时合了他们的胃口，报纸头条就会写上"章疯子居然不疯"。

袁世凯要恢复帝制前，章太炎臭骂袁世凯，袁世凯把他软禁后，不敢动这位名动天下的大人物，只能好吃好喝伺候着他。并且规定章的每月生活费五百大洋。一切生活开销及损毁器物都由公家支付，还特意找来官差扮作厨子和仆人，监视章太炎的饮食起居。章太炎则要求他们每天早晚向自己磕头请安，言必称“老爷大人”，以此讥讽奚落袁世凯。袁世凯称帝后，章太炎每天都要写两个大字：“袁贼。”他大量饮酒，每次必以花生米为下酒菜，吃时去其蒂，说：“杀了‘袁皇帝’的头！”

章太炎同时还是个民族主义者。1936年6月14日，章太炎因病去世，缪篆先生在《吊余杭先生文》中说，他的遗嘱只有一句话：“设有异族入主中夏，世世子孙毋食其官禄。”

章太炎曾有过一段对王阳明心学的真知灼见：“所谓我见者，是自信，而非利己。犹有厚自尊贵之风。尼采所谓超人，庶几相近。排除生死，旁若无人，布衣麻鞋，径行独往，上无政党猥贱之操，下作懦夫奋矜之气，以此揭橥，庶于中国前途有益。”

而章太炎对于读书的见解，完全是王阳明的看法：博学要有自己的心得，有自己的创见；否则就是读尽了天下书，也只是书笥，装了些别人的东西，而不是自己独有的东西。

或许正是王阳明心学为他注入的强悍血液，才让他在革命的道路上走了一生。我们与其说章太炎是个心学理论家和实践者，不如说他是王阳明心学左派完全塑造出来的人，他的言谈举止都有心学家左派人士的风韵。

康有为、梁启超等受心学影响的人在19世纪末的中国成功推动了改良主义，虽然只有短短的百余天，但毕竟证明了，心学可以在那个颓废不堪的时代为人们带来一丝光。而孙中山等革命党人前仆后继充当恐怖分子的暴力革命正是在王阳明心学鼓动下才会发生，无可否认，辛亥革命和日后中华民国的诞生，主要功勋并非王阳明心学，可我们从上面的论述中已经看到，心学在他们每个人身上都留下了不可磨灭的痕迹。说王阳明心学改变了中国，尤其是终止帝制的功劳，已不容置疑。

王阳明心学能创造奇迹，人人皆知。但更大的奇迹不是在中国，而是在日本。

六、心学在日本有何影响

日本人和中国人对待王阳明心学的态度不可同日而语。章太炎为此说：“日本维新，亦由王学为其先导。王学岂有他长？亦曰自尊无畏而已。”民国时期的大部分传统知识分子都曾大声疾呼要把一件宝贝从日本拿回来，这个宝贝正是王阳明心学。

王阳明心学是如何在日本落地生根茁壮成长起来的呢？

有两个人的名字被记入史册，第一个叫了庵桂梧，是个日本和尚，另外一个就是日本阳明学的创建者和传播人，大名鼎鼎的中江藤树。

了庵桂梧和王阳明相识的具体时间不详，不过从1513年二人在宁波会晤，王阳明为他写了篇感人的送行文章足以证明，二人交情不浅。1513年，王阳明创建心学已五年，了庵桂梧肯定了解了这门不同于朱熹理学的新学说。了庵桂梧回到日本后，把王阳明心学传播开来。稍有遗憾的是，他把王阳明心学仍然看作朱熹理学的分支，而且当时的日本思想界是朱熹理学一家独大，王阳明心学在墙缝中苟活着。

中江藤树（1608—1648年）独具慧眼，发现了王阳明心学的无上价值，在把王阳明心学摆到台面上的同时也成就了他自己。

中江藤树家境一般，只是能读得起书而已，从小接受了规范的朱熹理学教育。他11岁读《大学》，16岁学《论语》，后又钻研《四书大全》，有独到见解，这使他在日本思想界拥有了一席之地。他在自信之余，开始把目光对准当时风行日本的“武士道”精神。

日本“武士道”出现于公元7世纪，是中国儒道的加强版：臣为君死，天经地义。“忠诚”和“勇气”是日本武士讲究的最高天理（道）。

中江藤树发现，武士道发展了几百年，坚持的最高天理不过是些准则，而准则背后没有思想支撑，很容易受到质疑。比如，武士必须对他的主人忠诚，但如果主人不停地凌辱武士，武士该怎么办，还要忠诚吗？

中江藤树对这件事耿耿于怀，他在中国儒学，特别是朱熹理学中找不到理论，更要命的是找不到实际例子。如果稍对中国历史有所了解就知道，理学家们都是伪道学，李贽对他们的抨击可谓入木三分。理学家们平时提倡杀身成仁，危机来时，全都明哲保身。

中江藤树面临困惑，直到他37岁时接触了《王阳明全书》，了解了王阳明心学，他的困惑才得以冰释。

中江藤树从王阳明心学中看到了哪些宝贵的思想呢？他说，阳明心学告诉我们，道德秩序的最高范畴存在于每个人的心中。只要“明德”“慎独”“格物”，每个人都能成为圣贤。而真正的学问（圣人之学）就是“以心读心”的“心学”。他重新回到“武士道”精神上来说，武士遵循的那些准则都是外在的，是盲目的遵从。真正的武士应该问自己的心，只要和自己的心契合，才能达到武士道的最高境界：毫不留恋地死，毫不顾忌地死，毫不犹豫地死。

武士不应该为主君毫无保留地舍弃性命，真正的武士应该为自己的良知毫无保留地奉献生命。无论是武士还是普通人，都应有这样的觉悟：只向心中的真理称臣！

在中江藤树的后半生，他把所有精力都放在了阳明学的修行和传播上，他捻出了王阳明心学的精髓“练心”作为自己和弟子们的终生课。王阳明心学虽然缓慢，但扎实地开始在日本落地生根，在中江藤树的众多弟子中，最引人注目的就是后来明治维新的豪杰。当然，还有一位更加惹人注意，甚至是光芒万丈的，此人就是大盐平八郎。

大盐平八郎出生（1793年）时正是德川幕府统治日本的江户时代后期，他的家庭在日本属于武士阶层，享有并不让人惊喜的一些特权，比如他在14岁时就按传统继承了爷爷的大阪东町奉行所的“与力”（警察局候补局长）。当他回想自己的少年时代时，鼻子是酸酸的，大盐平八郎吃了不少苦，7岁丧父，8岁丧母，爷爷的薪水勉强能让他吃饱。

在这种环境下成长起来的大盐平八郎个性内向孤僻，死抱着一种倔强的孤独不放，所以他在工作中得罪了不少人。有一天，一位同僚挑战他的权威：你的学识无法支撑你坐在这个位置。

大盐平八郎的自尊被激了起来，他发誓要出人头地，开始积极地学习朱熹理学，又学习骑射和枪炮技术，准备“学成文武艺，货与帝王家”。

然而他很快发现这是难以实现的梦想，当时由幕府统治下的日本腐败透顶，不可能给大盐平八郎一个晋身之梯。大盐平八郎因为有志难酬，而在朱熹理学中又找不到解决的方法开始消沉，不过一段时间后，他就突然生龙活虎起来，因为他接触到了王阳明心学。

据说，大盐平八郎是从中国明朝人吕坤的著作《呻吟语》上看到的阳明心学的片段，后来找到王阳明全集，如饥似渴地阅读。他被王阳明心学思想彻底征服，感动得一塌糊涂。大盐平八郎对王阳明心学的理解很简洁：人一到世上来就有一颗明辨善恶是非的心，不必向任何人请教。可是，很多人在日常生活中总对欲望迁就，于是就遮蔽了这颗明辨是非善恶的心。如何才能让这颗心重焕光彩呢？大盐平八郎的方法和王阳明一样：练心，知行合一，事上磨炼。

王阳明心学带给大盐平八郎的不仅是“心即理”的洗礼，还有王阳明心学主张的人人平等（满街都是圣人）的思想。大盐平八郎眼见当时日本下层民众倒悬于水火之中，断定这是极不公平的。他在笔记中说：“贫农也是自天而降生的人……一切人都应受到宽宏大度的待遇。”他质问，“既然人人都是圣人，那么人人都是平等的，我没有权力命令你，你也没有权力命令我，可为什么那些官老爷会放肆地摧残我们？”

他说：“我必须要让百姓懂得这点，为自己争取权利。”1830年，大盐平八郎抛弃官职，开办“洗心洞”学堂，传播王阳明心学。

这是王阳明当年在中国的重演，大盐平八郎的弟子几乎都是贫苦农民，民众对“自由”和“平等”的觉醒是后来明治维新的基石。

“自尊”的意思有了，但生活在当时幕府暴力统治的日本，“自尊”不可能是坐等来的，必须要主动去争取“自尊”，向摧残自尊的人索要自尊，必然面对的是血腥和暴力，所以大盐平八郎用王阳明心学教导群众：不恨身死恨心死；心若不死，乃与天地人做无穷之斗，要无所畏惧。

1836年，大盐平八郎对王阳明心学的实践机会到来。本年，日本气候异常，稻子收成只有往年的一半，所以粮食价格大涨，贫民无钱购买，饿殍遍地。大盐平八郎要求日本幕府赈济，得到的回应却是日本幕府的冷漠。

大盐平八郎进一步指出，幕府的粮库里明明有很多粮食，可被倒卖给有关系的商人，商人加倍售卖。大盐平八郎对他的徒众们说：“如今只有一条路：用我们的血肉之躯去争取属于我们的权力。”他的徒众们被激励得义愤填膺，开始制造火器，筹备枪炮，准备同幕府大干一场。

起义之前，大盐平八郎的弟子见肯为自尊献身的人只有一百多人，就问大盐平八郎：“这会有什么用？”

大盐平八郎平静地回答：“感觉到了长久以来都很排斥的寂寞空虚（因什么也没做过而感到的空虚）。”这是王阳明心学“必有事焉”的革命版，也是大盐平八郎对王阳明心学最深刻的感悟：人为了争取自尊和自主，必须要做点什么，哪怕是明知不可为的事，也要杀身成仁。

1837年2月19日，大盐平八郎带领他的一百多名争取自尊的革命者拿着自制的火药和枪炮，冲上大街，攻击政府粮仓。正如孙中山多次主持的刺杀革命一样，大盐平八郎的这次革命瞬间被镇压，大盐平八郎在失败后逃到一个村庄躲避，后被幕府追击，大盐平八郎自杀。

大盐平八郎的革命虽然转瞬即逝，但这次革命的火花照亮了民众幽暗的心智，因为这是一次建立在“人人都应该平等”的神圣立场上的革命，它让人们渐渐地明白，人不受压迫，无论是国内还是国外的，是天经地义。如果有这种情况存在，那就要奋起反抗，绝不能苟活在世，千万不要有“因什么也没做过而感到空虚”的感觉。

大盐平八郎和他的一百多名心学战士倒下了，王阳明心学又重新寻找可塑之才，这些可塑之才是明治维新前三杰：吉田松阴、高杉晋作、坂本龙马；明治维新后三杰中的大久保利通和西乡隆盛。

明治维新是一场震动天地的国家改革，内容涉及政治、经济、军事、文化等诸多方面，明治维新后，日本彻底摆脱了西方殖民者的占领和侵略，它比改革前要强大百倍千倍。而正是这些明治维新的斗士们运用王阳明心学的力量才使这种奇迹发生。现在我们一一陈述，看看王阳明心学到底让他们拥有了什么。

明治维新前三杰的首杰吉田松阴（1830—1859年）从小就特别关心日本国防，22岁时，他违反幕府规定私自出境考察日本地形被当局判有罪，没收了他的一切荣誉和财产，他就此成为一个浪人。两年后，吉田松阴又跑到日本沿海，幕府把他投入监狱。不久后，他接触到了王阳明心学左派巨子李贽的著作，他欣喜若狂，再后来，他又读到了大盐平八郎的心学笔记。松阴回忆说："吾曾读王阳明《传习录》，颇觉有味。顷得《李氏焚书》（李贽作品集）亦阳明派，言言当心，向借日孜以《洗心洞札记》，大盐亦阳明派，取观为可。"

吉田松阴是有感而发，当时的日本被西方国家强行撞开国门，已沦陷为任人宰割的境地。吉田松阴三番两次到海上考察海防，就是希望能为祖国贡献力量，可他的一片苦心被日本幕府视为大逆不道。当他看到王阳明、李贽，乃至大盐平八郎的思想和生平事迹时，不禁动容。这些人都曾经历艰难困苦，但最后都成了名动天下的人物，他们这种顽强的精神不正是他们信奉的心学提供的营养吗？

吉田松阴从王阳明心学中得到了这样的启示：必须立下大志向，一旦立下大志向，就要知行合一，为了这个志向的实现，要奋不顾身，无惧死亡："生死离合，人世倏忽，但不可夺者志，不灭者业，天地之间，可恃者独此而已。"他在给弟子高杉晋作的信中激情四射地写道："贵问丈夫所可死如何？仆去冬以来，死之一字，大有发明。李贽之功为多，其说甚长，约言之，死非可好，亦非可恶，道尽心安，便是死所。世有身死而心死者，有身亡而魂存者，心死、生无益也，魂存、亡无损也。"这是为了心中的真理，奋勇向前，永无畏惧。

吉田松阴的大志很简单：尊天皇攘夷狄（西方列强）。但他有生之年没有实现这样的志向，也没有看到日本的崛起，1859年，吉田松阴因放肆地宣传王阳明心学的“无畏”思想而被幕府处以斩刑，离开人间前，他留下浪漫的遗诗：“肉躯纵曝武藏野，白骨犹唱大和魂。”

明治维新的第二杰是被称为日军之父的武士出身的高杉晋作（1839—1867年），他是吉田松阴最得意的弟子，不过从他一贯作风来看，他并未领会王阳明心学“人人平等”的概念，据说他临死前曾对老婆说：“武士之妻与町人百姓之妻身分有别。”他叮嘱妻子，我死后，你坚决不能接受伊藤、山县等的接济（高杉晋作出身于俸禄150石的中级武士家，而伊藤、山县均属于最下级武士家）。另外，高杉晋作还有一种王阳明提倡的变了味道的“狂放不羁”：他把嫖妓当成生活的主要部分，上马指挥杀贼，下马就嚷着要去艺妓馆。同时，他亲手创建的奇兵队虽然不讲出身地位，唯才是举，可他本人总保持着日本武士那种昂首阔步，不可一世的派头，他常常在前呼后拥的侍从保护下携艺妓张羽伞，悠然醉步徜徉在街头。

不过，他能成为维新前三杰的一员，必有原因。这就是他在日军上的独特创建，而这一创建思路正来源于王阳明。高杉晋作24岁时曾到中国的上海搞过贸易，当时正好是中国太平天国之乱，他亲眼见到清朝军队的不堪一击和太平军的残酷杀戮，这让他毛骨悚然。他清醒地意识到，政府腐败必遭战乱，不是内部就是外部。

回到日本后，他开始为倒幕和攘夷而大声疾呼，并且在吉田松阴门下学习，小有所成后，他写下这样的读后感：“王学振兴圣学新，古今杂说遂沉湮。唯能信得良知字，即是义皇以上人。”

高杉晋作要做“义皇以上人”，必须要听从良知的指引。而良知告诉他，要把停泊在日本沿海的西方列强船只统统赶走。为此，他仿效王阳明在江西时组织的团练而组织了一支“奇兵队”。奇兵队成员都来自社会底层，为了让这些人死心塌地地为国家卖命，他宣传“四民（士农工商）平等”的思想：无论你是农民、商人，还是武士、小工业者，你们和那群幕府大家伙都是平等的，你们为了祖国而战斗是光荣的，历史必将记住你们。

在高杉晋作的鼓吹下，这支民团式的军队迅速成长，很快就成为日本国内一支不可低估的军力，在后来攘夷和与幕府的军事斗争中，这支军队屡立奇功，也正是这支受到王阳明心学教育的军队后来结束了幕府在日本的统治。

高杉晋作被称为日本陆军之父，而另一位维新豪杰坂本龙马（1836—1867年）则被称为日本海军之父。

坂本龙马是日本海军现代化的奠基人，也是现代航海、贸易、股份公司的先驱者，更是自由、平等、民权、宪政体制的倡导者。他的“船中八条”①是明治维新的理论基础。

坂本龙马受教于日本心学大师胜海舟。胜海舟把心学的精髓传授给了他，那就是：行动在于我，评价在于他人，与我无关。坂本龙马则自己悟出了王阳明心学的真谛之一：不能执，不要拘泥，永远要与时俱进，走在别人前面。

有这样一个小例子很能说明坂本龙马的不执与变通：他曾经对一位朋友说：“今后在室内乱打乱斗的情况会多起来。我喜欢小太刀，小太刀灵活，比太刀实用（当时流行太刀）。”不久，这位朋友带了小太刀来见他，他却掏出来一把手枪说：“这个比小太刀更具威力。”这位朋友第三次来见他时就带了手枪，让他大为懊丧的是，坂本龙马居然掏出了一部《万国公法》（一本国际法方面的书），说：“手枪只能

---

① 船中八条：大政奉还——让幕府把政权奉还天皇，政令出于朝廷；设立议会；招揽天下才俊，祛除从前有名无实的官员；通过广泛的公议订立和外国的交际；折中过去的法律，制定新的大典；扩张海军；建立亲兵拱卫京师；与外国订立平衡金银物价的法律。

杀伤敌人，此书可以振兴日本！”

明治维新后三杰之一的西乡隆盛和坂本龙马关系密切，他不太喜欢坂本龙马的信口开河：“你前天所说的和今天所说的不一样，这样你怎么能取信于我呢？你作为天下名士必须有坚定的信念！”坂本龙马却一本正经地说：“不是这样的。圣人曾说，君子从时。时间在推移，社会形势在天天变化。因此，顺应时代潮流才是君子之道！你呀，一旦决定一件事之后，就想贯彻始终。但这么做，将来你会落后于时代的。”

这就是坂本龙马，他从王阳明心学中汲取了最高的智慧之一，敲开了明治维新的大门。

明治维新后三杰全是王阳明心学的理论家和实干家。西乡隆盛认为王阳明的“自得于心”的思想最符合他本人，他曾说：“空读圣贤之书，如同观人剑术，无丝毫自得于心。若不自得于心，一旦较量格斗，则唯败逃而已。”为了和内心相契合，西乡隆盛两次和上级发生冲突，被流放荒岛。在两次流放中，他随身携带的唯一书籍就是王阳明心学著作，他后来回忆说，是王阳明心学给了他力量：“即使在贫瘠的荒岛上遭受牢狱之灾时，我也没有荒废提高完善自我。”

大久保利通拥有的是王阳明提倡的为了理想而大无畏的精神，他号称明治维新第一政治家，他凭借自己的良知，兢兢业业，克服万难，为推行明治维新的改革贡献了苍天可鉴的力量。

于此证明，王阳明心学思想强调的是人人为了心目中的理想都需要自尊无畏的精神，而且要力行实功，在王阳明心学中，日本人挖掘出了尊重个人、强调个性、不惧外物、不畏权势的精华思想。这些思想被日本维新豪杰们牢牢地抓在手中，并与时俱进地和当时的现实接轨。

日本心学大师井上哲次郎曾有这样的评论：“阳明学派中人物，

多有建树者，而固陋迂腐之人几乎没有。可见，阳明学果有陶冶人物之功无疑。”正是这些非“固陋迂腐”的人先是无畏地进行了倒幕运动，然后又开创了让日本崛起的明治维新改革。

这让我们既欢喜又懊丧，欢喜的是，王阳明心学令人惊异的神奇力量；懊丧的是，为什么这种力量在当年的中国没有展现。也许，日本心学大师高濑武次郎的话会是一个不错的答案：“大凡阳明学含有二元素，一曰事业的，二曰枯禅的。得枯禅之元素者可以亡国，得事业之元素者可以兴国。中日两国各得其一。”

有一点补充：王阳明心学左派除了我们上面介绍的那几位是真正的知行合一者，其他都是穷嚼蛆分子，尤以东林党为标杆。明末清初的很多思想家都说，明亡就灭在党争，而东林党是罪魁祸首。穷嚼蛆的主要表现之一就是，说起话来大言不惭，一遇到事就浑身战栗。喜欢辩论，别人说是，他必说非，别人说非，他必说是。

另外，清人入关后对王阳明心学的激烈扼杀，也是中国人不能获得王阳明心学大能量的主要原因。

想到此，不由一声叹息！

七、王阳明心学在其他领域的应用

王阳明心学不仅是思想领域和政治领域的一道强光，它的光芒能普照各个人类的领域，比如军事领域和管理领域。

在军事领域中，被普照的人的代表人物是日本“军神”东乡平八郎。

和那个时代的很多出色的日本人一样，东乡平八郎出身武士家庭，父亲热衷于海军，东乡平八郎受到的是朴实无华的家庭教育，痴迷于军事。18岁时，东乡平八郎参加了日本海军局，开始了他向“军神”圣坛迈进的长征。

23岁时，东乡平八郎以日本海军军官的身份到英国学习先进的军事。他生性好动，有着让人发火的好奇心，他曾乘帆船从英国泰晤士河口出发，历时七个月，航行三万里。他曾对各种问题请教他的同学和导师，给这些人留下了深刻的印象。八年后，东乡平八郎学成回国，成为日本海军界举足轻重的人物。中日甲午海战爆发的前二年（1892年），东乡平八郎凭借高超的军事才能成了日本主力战舰“浪速号”的舰长。1894年年初，朝鲜南部爆发叛乱，朝鲜国王向清政府请求派兵镇压，日本陆军也在朝鲜仁川登陆，声称联合镇压。

那个时候，朝鲜是中国的附属国，中国有权力进入朝鲜，而且中国军队进入朝鲜是被邀请的，可日本进朝鲜，就已是赤裸裸的侵略了。

但当时，清政府不希望和日本开战，于是派遣当时号称世界一流的巡洋舰“平远”号以访问的名义到日本，希望可以威慑日本，让他们不要轻举妄动。

“平远”号到达日本后，的确震慑住了很多日本海军军官，可东乡平八郎却冷静观察，发现了这个庞然大物背后的真相。他向上级指出，纯从军事角度来看，“平远”号的确是势不可挡，但它的政治已腐烂，上面的中国士兵毫无生气，尤其要命的是主炮炮塔的炮管上居然还晾着衣服，东乡平八郎说：“舰艇上一定有人养宠物，因为我在舰艇上散步时踩到了一堆狗屎。这样一艘军纪懒散的军舰只能是废铁一块，一旦开战，我大日本国必然胜利。”

东乡平八郎果然未卜先知，1894年7月，中日甲午战争爆发，最终中国战败。

中日甲午战争后，日本决心夺取中国东北地区，不过这一次要实现目标，他们面对的不是残弱不堪的中国，而是身强体壮的俄国。俄国人那时控制着中国东北，想要夺取中国东北，必须打败俄国人。

1900年，慈禧太后认为义和团有神功护体，所以“邀请”八国到中国来一决生死，这就是后来发生的八国联军进北京。当时，八国联军的军舰集结在中国天津大沽口，随时准备登陆。东乡平八郎每天做的一件事就是目不转睛地观察俄国海军的情况。他后来向日本天皇递交了一份可以和俄国开战的报告。报告称：“俄国海军是金玉其外，败絮其中，他们军纪涣散，而且用军舰运送步兵和军需品。也就是说，一旦发生战斗，始终充当运输船角色的军舰的战斗力肯定大打折扣，重要的是他们用军舰做运输船说明，他们的运输能力不足。”

最后，他认为，和俄国开战，只要把战场控制在日本周围海域，俄国必败，因为他们长途跋涉，在运输跟不上的情况下必败无疑。

日本政府经过慎重考虑，同意和俄国开战，而东乡平八郎则被任命为此次战争的最高指挥官。1904年2月，日本突然和俄国断交，断交的第二天，东乡平八郎率领他的舰队无声无息地从国内出发，取道朝鲜半岛，直奔中国东北部渤海出海口的俄国海军。

在大多数平庸的军人看来，这是一场不用打就可以分出胜负的战争，俄国海军拥有252艘舰艇，共计80余万吨，其中太平洋舰队拥有60余艘舰艇共计19万吨。而日本海军仅有138艘舰艇，勉强超过26万吨。开战的结果当然是俄国轻而易举的胜利。

俄国舰队最高指挥官马卡罗夫是当时人类海军的一面旗帜，他所著的《海战论》被译成多国文字，成了所有海军军官们的必读书，当时流行一种说法：谁想成为海军司令，就必须读这部经典著作。

马卡罗夫根本没有把东乡平八郎放在眼里，东乡平八郎给他的印象是：小矮个，说话有气无力，走路只看自己脚尖，和日本艺伎差不多。这样一个人，怎么可能指挥一支舰队？

所以当1904年2月8日，东乡平八郎的舰队突然出现在旅顺口外并向停泊在旅顺港内的俄军太平洋分舰队发射鱼雷时，马卡罗夫冷笑。9日上午，东乡平八郎命令重型军舰向旅顺港口发动猛烈的攻击，马卡罗夫命令还击，他的部队凭着大口径舰炮和炮台上的重炮轻易地击退了东乡平八郎的军舰。

进攻的军舰指挥官向东乡平八郎请罪，东乡平八郎说："才刚开始，不必请罪。"

那天晚上，俄国人在庆祝击退日本人时，东乡平八郎小心翼翼地布置战场：在中国旅顺港外围布满了水雷。第二天拂晓，东乡平八郎命令一艘战斗力弱小的舰艇直冲旅顺港。马卡罗夫莫名其妙，认为东乡平八郎是在搞自杀袭击，他不想再缩在旅顺港中，认为进攻就是最好的防守。他命令所有军舰大张旗鼓地出港，深信能把日本的那些小破船统统炸进黄海。

他的部下试图劝阻这种鲁莽，说："日本人在港口外围布置了许多水雷，需要先派扫雷舰扫清水雷。"

马卡罗夫展现了他性格中最鲜明的一面："我们的军舰就是扫雷艇，时不我待，出洞！"

东乡平八郎对他那本《海战论》曾详细解读过，已经了解这位作者的性格和作战方式，所以他坚信第一艘军舰必然是对手的指挥舰。

东乡平八郎命令全军后撤，他这一撤，更让马卡罗夫坚信东乡平八郎这个矮子不过是个女人，所以他要树起榜样作用，冲在最前，一直领着他的舰队冲进了雷区。

显然，马卡罗夫是个急性子，当他冲进雷区时，他才发现这种性格的害处，水雷四处爆炸，把他炸得眼花缭乱。而且东乡平八郎已知道了他所在的军舰，所以集中火力对准他猛轰。在他手足无措时，突然一声巨响，海面上升起一道冲天的水柱，马卡罗夫的指挥舰起火，并且很快爆炸，他本人被炸弹的冲击波掀到了海里，葬身海底。

马卡罗夫的死使得他的舰队立即慌作一团，在慌乱中只想逃命，东乡平八郎不可能允许这种情况发生，他下令他所有的军舰分成几波，集中力量先打对手的大军舰，然后再对付小的。这已不是战争，而是屠杀，俄国只有几艘小军舰狼狈地逃回了旅顺港，他们等待援兵。

东乡平八郎开始他的第二步战略，也是最重要的一步：和俄海军主力一决生死。

在制定和俄国海军主力的作战计划时，东乡平八郎的部下们分成两派：一派认为围城打援，围困旅顺口，到半路上去迎击俄国海军主力；一派则认为应迅速夺下旅顺港口，然后坚守，俄国海军长途而来，后勤无法保障，时间一长，自会撤退。

东乡平八郎说："我们和俄国人还有差距，围城打援不适合，而占据旅顺港口坚守，只是暂时赢得胜利，俄国海军主力一天不灭，危险就一天存在。必须要全歼俄海军主力，才能稳固地占领中国东北。"

东乡平八郎首先放弃旅顺口，把舰队的主力集结在对马海峡北岸的朝鲜镇南湾，进行秘密、紧张的应急训练。然后制订战略计划：在俄国援军抵达海参崴港之前，自己的战舰趁其长途航行、人困马乏而造成战斗力低下时，以逸待劳地痛击之。只要击败了俄国的援军，旅顺口的俄国海军会因为没有救援而投降。

这正是他当年给日本天皇的报告书，那就是，一旦和俄国海军开战，必须要把战场限制在日本海域附近。

不过要俄国人主动来对马海峡，显然不可能。俄国人根本不用权衡就知道救援旅顺港口可以走中国台湾以北的海域，这条路根本不必经过对马海峡。东乡平八郎乞灵于诡计：他把主力隐蔽于对马海峡，派出一些商船伪装成军舰，在中国台湾以北海域大张旗鼓地游弋。这招是故布疑阵，声东击西。

俄国人中计了。

俄国人的38艘军舰和13艘辅助船组成庞大舰队，经过8个月的海上颠沛才到达日本海域。他们已身心俱疲，而且草木皆兵，当他们听说日本主力在中国台湾海域时，马上做出决定：走对马海峡。

1904年5月27日凌晨，突然海面出现了一支庞大的舰队。

显然，这是等了他们8个月的东乡平八郎的海军。双方开战，让罗热斯特文斯目瞪口呆的是，他的对手东乡平八郎突然用违反常规的“敌前大回头”的战术部署，先用一些伤亡代价使日本舰队首先抢占了“T”字横头对舰攻击的有利阵位，然后逼近到一海里内用舰炮的优势猛轰俄国舰队。“敌前大回头”的战术在任何军事教材中都被禁止使用，因为它是自杀式战术，东乡平八郎却正是用了其他军事家想都不敢想的这种自杀战术很快赢得了战场上的主动权。5个小时后，东乡平八郎的海军彻底击溃了罗热斯特文斯的支援舰队，俄国海军从此丧失了他保持多年的地位，旅顺港口的俄国人很快投降，日本人彻底战胜了俄国人，当然很快也就占据了中国东北。

当东乡平八郎在战胜俄国海军回国参加庆功会时，有人问他打仗的秘诀是什么时，他默不作声地掏出一块腰牌，上面写着七个字：一生伏首拜阳明。

已经没有资料证明东乡平八郎是何时学习的王阳明心学，但仅靠这个腰牌就能证明，东乡平八郎对王阳明心学必是下过苦功，而且成绩斐然。

前面我们说过，王阳明心学中的“良知”很适合用兵，“良知”本身就具备“智慧”的成分，所以它能做出正确判断。一旦以良知做下战略部署，就不会更改，始终围绕其而进行。王阳明心学中的“不执”和“打破传统”也是用兵成功的奥妙，东乡平八郎用违反常规的“敌前大回头”战术就是这种思想的最高展示。

东乡平八郎可谓一战成名的名将，有人说他运气好，即使是当时推荐他担任日俄海战的人也说，这个闷葫芦矮冬瓜运气好。恐怕只有东乡平八郎知道，战场上哪里来的运气，他的运气是来自平时对王阳明心学的刻苦钻研和与实践的正确对接。如果非说他是个有运气的人，这个运气就是王阳明心学。

王阳明心学在军事上的价值已被东乡平八郎有力地证明，而在经济管理领域，则被另一位日本人稻盛和夫用令人艳羡的成绩更大程度地验证了。

1959年，27岁的稻盛和夫和8位员工成立了“京都陶瓷”公司（“京瓷”）。他37岁那年，“京瓷”在日本的股票市场上市交易，进入世界500强企业。1984年，稻盛和夫设立电信公司“第二电电”（Daini Denden Inc.，简称DDI，日本大电信公司KDDI株式会社的前身之一）。几年后，DDI微笑着跻身世界500强。这就是稻盛和夫让人惊异的地方，他能把两个公司带入世界500强，而且看上去毫不费力。

实际上，稻盛和夫并不是个聪明人，他应该属于中国儒家所谓的“困知勉行”的人，他在初中、高中、大学考试总是不及格。他一直梦想做医生，但成绩太差，只能到陶瓷厂当个工人。

这样一个人，无论如何都看不出他创造那么大的奇迹，能温饱无忧，就是老天爷保佑了。

那么，到底是什么力量让他有了这样的成绩呢？

答案是：王阳明心学。

稻盛和夫多次声称，他人生中最大的偶像就是中国的王阳明。他说，他是王阳明忠实的信徒，而且正是用王阳明心学这一武器，才让他站到了经营管理的圣坛上。稻盛和夫的心学思想来源于维新豪杰西乡隆盛。稻盛和夫对这位人杰非常推崇，自然而然就爱屋及乌，喜欢上了西乡隆盛的心学笔记《南洲翁遗训》，他常把这本书放在床头：“时时翻阅。每每能从中汲取生活道路上的珍贵启示。年纪愈长，经历愈多，从此书获取的教诲愈加铭刻于心。”

他到底汲取到了王阳明心学的哪些能量呢？

答案是两个字：良知。“良知”在西乡隆盛那里被演绎成敬天爱人，稻盛和夫做了如下解释：“敬天爱人：敬畏上天，关爱众人。所谓‘敬天’，就是依循自然之理、人间之正道——亦即天道，与人为善，换言之，就是坚持正确的做人之道；所谓‘爱人’，就是摈弃一己私欲，体恤他人，持利他之心。”

也就是说，要坚持正确的做人之道，摈弃一己私欲，体恤他人。或者说，做一件事应该问良知，做这件事是否有私欲。

稻盛和夫在创建DDI之前，日本开放电讯业，他敏锐地意识到这是千载难逢的机会。不过他马上克制住了自己，仔细审视自己的动机：自己为什么要进入这个行业，是为了赚钱还是为了祖国崛起？是为了扬名立万还是为了解决当时大多数人的失业？

稻盛和夫后来说，经过半年的这种扪心自问，他断定自己没有私心邪念，于是，他洒脱地创建了DDI公司。

几年后，DDI大获成功。有人问DDI成功的奥秘，稻盛和夫回答：“是希望有益于国民的、无私的动机才带来这样的成功。”他后来又详细总结道：“你做的什么是正确的，你的良知一目了然，因为人有本能、有欲望，妨碍着你不能正确判断事物，用私心来判断，你肯定不能得出正确的判断，即使成功也是一时的成功。你要有宽阔的视野，摆脱束缚。你办企业，不仅要考虑自己的利益，也要考虑员工的利益、客户的利益、社会的利益，那么员工就会认同你，你对员工严格要求他也能接受。”

出于对良知的领悟，稻盛和夫曾提出这样一个经营管理哲学观点：作为人，何谓正确？

很多专家都对稻盛和夫创建的两家公司的成功做过总结，认为京瓷公司的成功是靠了先进的技术，赶上了经济大潮，而稻盛和夫说：“不是这样的。我认为京瓷之所以成功，是因为京瓷经营判断的基准，不是‘作为京瓷，何谓正确’，更不是‘作为经营者的我个人，何谓正确’，而是‘作为人，何谓正确’。因为它具有了普遍性，就可以与全体员工所共有。我认为京瓷成功的原因就在这里，除此之外，没有别的原因。”

他对两家公司成功的总结最具王阳明心学特点的是下面这段话：“当初尚未意识到‘灵魂’的存在，只是觉得仅仅依靠出自‘本能’的损益算计，或仅凭‘感觉’‘感情’，乃至‘理性’，来判断事物，做出决定，仍是不够的。最终必须以藏在‘灵魂’深处的‘是非对错、好坏善恶’作判断基准，这就是原理原则。京瓷和DDI有今天的局面，说到底，就凭这一点，并不复杂，更无高深莫测的东西。”

最后，也是最重要的，稻盛和夫从王阳明那里得到的知行合一的经营管理思想：“无论你读过、听过多么好的道理，不亲身实践就毫无意义。为提高心性，到圣贤们的著作中寻求真理，乍一看，尽是理所当然的、太简单的道理，很多人往往用头脑理解后，就自以为已经掌握了，已成了自己的东西了，其实不然，他们并没有真懂，因为他们不想将这些真理付诸实践。”

王阳明和他的心学以及他日后的那些门徒，在人类历史上注定要被永远铭记，即使这门学说不会成为显学，也不会广泛流传，它仍然会比人类的历史长远。因为它本身就是一个拥有五花八门秘密武器的巨大宝库，各种各样的人都能在这里找到他获得成功的武器。

更重要的一点是，王阳明心学的终极思想“良知”本身就在我们身上，所以，王阳明心学的命运就是我们每个人的命运，只要我们存在，王阳明心学就存在。因为但凡是个人，就不可能抛弃他的良知！

附　录
《大学》——阳明心学的源泉

你可以不读儒家经典四书（《大学》《中庸》《论语》《孟子》）之首的《大学》，但如果你想无死角地了解阳明心学，那么王阳明注解、诠释的《大学》就非读不可。原因很简单，《大学》是阳明心学的源泉，所有心学理论和心学最重要的思想都在王阳明注解、诠释的《大学》中。

它并不好读，可你必须要读，正如我们学习造句，要先学字、词一样。它是阳明心学的基石，没有这块石头，你永不可能站得高，从而登堂入室。

首先，《大学古本傍释》是王阳明对大学的注释，虽未逐句注释，但若能明白阳明心学"良知"主旨，便可一以贯之。我们现在进入正题。

《大学》原文

大学之道，在明明德，在亲民，在止于至善。知止而后有定，定而后能静，静而后能安，安而后能虑，虑而后能得。物有本末，事有终始，知所先后，则近道矣。

译文

大学的宗旨，是彰显、输出最有效力的道德，真心实意地亲近自己的百姓，止于良知所指引的中庸之点。知道中庸之点后，就明白追求万事万物只在我心，这就是定向；定向坚定不移后，就能安静冷静平静；三静之后则能有强大的安全感；有了安全感才可心无旁骛地思虑；在这种思虑下，没有不能收获的理由。天地万物都有根本有枝末，任何一件事都有开始有终结。若能明白这本末始终之理，就和“道”非常接近了。

王阳明在这段话后面注释道：“明明德、亲民，犹修己安百姓。明德、亲民无他，惟在止于至善，尽其心之本体，谓之止至善。至善者，心之本体；知至善，惟在于吾心，则求之有定向。”

意思是，彰显道德其实就是向百姓输出了道德，真心实意亲近自己的百姓，其实就是修身安百姓。修身安百姓的前提就是按良知的指引止于不偏不倚的位置，良知是我们心的本体，要找到修身安百姓不偏不倚的位置，不必外求，只求于我心，这就是有定向。

注意这个“知止而后有定”的“定”，一般解释是志向，做厨子、做杀手也是志向。而王阳明认为，这个“定”实际上指的就是定向，唯一的方向：吾心之良知。

《大学》原文

古之欲明明德于天下者，先治其国；欲治其国者，先齐其家；欲齐其家者，先修其身；欲修其身者，先正其心；欲正其心者，先诚其意；欲诚其意者，先致其知；致知在格物。

物格而后知至，知至而后意诚，意诚而后心正，心正而后身修，身修而后家齐，家齐而后国治，国治而后天下平。

译文

古代那些要想在天下彰显、输出光明正大品德的人，首先是治理好自己的国家；要想治理好自己的国家，先要管理好自己的家庭和家族；要想管理好自己的家庭和家族，先要修养自身的品性；要想修养自身的品性，先要端正自己的心思；要想端正自己的心思，先要使自己的念头真诚；要想使自己的念头真诚，先要使自己的良知光明；光明良知的途径就是到事物上去正念头。

在事物上正了念头，才能光明良知；光明良知念头才能真诚；念头真诚后心思才可端正；心思端正后才能修养品性；品性修养后才能管理好家庭和家族；管理好家庭和家族后才能治理好国家；治理好国家后天下就可太平。

王阳明的注释如下："明明德天下，犹尧典'克明俊德，以亲九族'，至'协和万邦'。心者身之主，意者心之发，知者意之体，物者意之用。如意用于事亲，即事亲之事格之，必尽夫天理，则吾事亲之良知无私与之间而得以致其极。知致，则意无所欺而诚矣；意诚，则心无所放而可正矣。格物如格君之格，是正其不正以归于正。"

意思是，《大学》中的"明明德"，就是《尧典》中的"光明、输出自己的良知，让整个家族都亲睦融合”，最后到达“各国团结，天下太平”。心，是身体的主人，意由心发，良知掌控着意的善恶，事则是意的用武之地。比如意用于事亲，那事亲就是一事，只须在事亲这件事上正意，如此，则必会达到天理境界。因为我们是用良知（心）在正意，心即理。用了良知，则意必真诚无伪；意真诚无伪，良知就光明了。格物的“格”是正的意思，正其不正以归于正。

注意，良知知意之善恶，而唯有光明者才会去正意之善恶，然后行动。良知昏暗者，虽能知意之善恶，却不行，毫无意义。

《大学》原文

自天子以至于庶人，一是皆以修身为本。其本乱而末治者，否矣；其所厚者薄，而其所薄者厚，未之有也。此谓知本，此谓知之至也。

译文

上到天子，下至平民百姓，都要以修身为本。若这个根本被扰乱，家庭、家族、国家、天下要治理好是绝无可能的。不分轻重缓急、本末倒置却想做好事情，更是天方夜谭。这就是人间大道，也是良知告诉我们的。

王阳明注释道：“其本则在修身。知修身为本，斯谓知本，斯谓知之至。然非实能修其身者，未可谓之修身也。”

意思是，做人之根本就在于修身。知道修身为本，才是真的知本，才是真的知良知。但不是知道修身为本就是修身了，必须要去行，才可谓修身。

《大学》原文

所谓“诚其意”者，毋自欺也。如恶恶臭，如好好色，此之谓自谦。故君子必慎其独也。小人闲居为不善，无所不至；见君子而后厌然，掩其不善而善其善；人之视己，如见其肝肺然，则何益矣？

译文

诚意是什么意思呢？就是不要欺骗自己。正如厌恶恶臭一样，如喜欢美色一样，只有这样才能说自己的意念诚实、心安理得。所以君子修身第一要务就是独处时小心谨慎自己的念头。至于那些没有道德修养的小人，（他们）在闲居独处时，什么坏事都做。当他们见到那些有道德修养的人，却又躲躲藏藏企图掩盖所做的坏事，装出一副似乎做过好事的模样，设法显示自己的美德。其实大家都有良知，所以眼睛是雪亮的，早就看透这些坏人坏事，如同见到他们的五脏六腑一样，那么这种隐恶扬善的做法，又有什么益处？

王阳明注释道：“诚意只是慎独工夫，在格物上用，犹《中庸》之‘戒惧’也。君子小人之分，只是能诚意与不能诚意。”

意思一目了然：独处时谨慎自己念头的方法就是诚意，在事情上用诚意时，则是《中庸》所说的“时刻警惧不可欺骗自己”的意思。君子和小人的分别无他，只是不欺骗自己和欺骗自己而已。

《大学》原文

此谓诚于中，形于外。故君子必慎其独也。

译文

人的心里有什么样的实际德性，外表就必然会有什么样的言行表现。所以有道德修养的人都在独处时诚意。

王阳明注释道：此犹《中庸》之“莫见莫显”。

“莫见莫显”全文是：“莫见乎隐，莫显乎微。”意为，幽暗之中，细微之事，迹虽未形而几则动，人虽不知而己独知，遏人欲于将萌，而不使其滋长于隐微只中，谨言慎行，追求良知。

《大学》原文

曾子曰：“十目所视，十指所指，其严乎！”

译文

曾子说：“一个人若被许多双眼睛注视着，被许多只手指点着，这难道不是极端可怕的事吗！”

王阳明的注释是：“言此未足为严，以见独之严也。”

意思是，一个人混到这种地步，真是极端可怕，这也足见独处时诚意是件非常严肃的事。如果不能做到独处时诚意，那就会肆无忌惮，而被无数双眼睛注视，被无数只手指指点点，最终将会达到“千夫所指，无疾而终”的境界。

《大学》原文

富润屋，德润身，心广体胖。故君子必诚其意。

译文

财富可以把房屋精装修，让人赏心悦目；美好的道德可以把身心精装修，让人思想高尚；心胸坦荡，身体自然安适。若想达到这一境界，非要诚意不可。

王阳明的注释是：“诚意工夫实下手处惟格物，此下言格致。”

意思是，诚意非去事上磨炼不可，《大学》下面的内容开始说“格物致知”之事。

《大学》原文

《诗》云：“瞻彼淇澳，绿竹猗猗；有匪君子，如切如磋，如琢如磨；瑟兮僩（xiàn）兮，赫兮喧（xuān）兮；有匪君子，终不可諠（xuān）兮。”

译文

《诗经》说：“看那淇水蜿蜒之岸边，嫩绿竹子郁郁葱葱。一位文质彬彬君子，研究学问如加工骨器不断切磋；修炼自己像打磨美玉反复琢磨。他庄重不失开朗，仪表堂堂。这样一个文质彬彬君子，让人终生难忘。”

“像加工骨器，不断切磋”，是指做学问的热忱态度；“像打磨美玉，反复琢磨”，是指自我修炼的精神；说他“庄重而开朗”，是指他内心谨慎而有所戒惧；说他“仪表堂堂”，是指他非常庄重；说“这样一个文质彬彬的君子，让人无法忘记”是指由于他品德非常高尚，达到了最完善的境界，所以使人难以忘怀。这样一段话，王阳明如何注释的呢？

王阳明注释道：“惟以诚意为主，而用格物之工。”

这句注释让人乍看琢磨不透，王阳明的本意是，无论是做学问的态度还是自我修炼的精神，或者是内心的谨慎以及外表的庄重，都是以诚意为灵魂修炼的结果。没有诚意，这些就不可能存在。

《大学》原文

如切如磋者，道学也；如琢如磨者，自修也；瑟兮僴兮者，恂栗也。

译文

如切如磋，学问；如琢如磨，道德；庄重、仪表堂堂则让人望而生敬。

王阳明注释道：正是《中庸》所谓的“道问学”“尊德性”。

《大学》原文

赫兮喧兮者，威仪也；

译文

威仪让人敬畏。

王阳明注释道：就是《中庸》所说的“齐明盛服”。祭祀前斋戒沐浴，以清洁身心。

《大学》原文

“有匪君子，终不可谖兮者”，道盛德至善，民之不能忘也。

译文

这样的君子道德至上，良知光明，百姓永不会忘记他。

王阳明注释道：“格致以诚其意，则明德止于至善，而亲民之功亦在其中矣。”

意思是，良知光明了，以良知去亲民，则功业唾手可得，良知就在亲民中流动。

《大学》原文

《诗》云：“于戏！前王不忘。”君子贤其贤而亲其亲，小人乐其乐而利其利，此以没世不忘也。

译文

《诗经》说：“啊呀，前代的君王真使人难忘啊！”这是因为君主贵族们能以前代的君王为榜样，尊重贤人，亲近亲族，一般平民百姓也都蒙受恩泽，享受安乐，获得利益。所以，虽然前代君王已经去世，但人们还是怀念他们。

王阳明注释道：“明德、亲民只是一事。亲民之功至于如此，亦不过自用其明德而已。”

意思是，良知和亲近百姓只是一事，亲近百姓就是良知，良知必然可亲近百姓。建立了亲民之功的人，不过是致良知而已。

《大学》原文

《康诰》曰："克明德。"大甲曰："顾諟天之明命。"《帝典》曰："克明峻德。"皆自明也。

译文

《康诰》说："能够弘扬、输出光明的良知。"《太甲》说："念念不忘这上天赋予的良知。"《尧典》说："能够弘扬美好的良知。"这些都是说要自己弘扬、输出良知。

王阳明注释道："又说归身上。自明不已，即所以为亲民。"

意思是，亲民实际上还是从自己身上着手，着手的诀窍就是致良知。

《大学》原文

汤之盘铭曰："苟日新，日日新，又日新。"《康诰》曰："作新民。"《诗》曰："周虽旧邦，其命维新。"是故，君子无所不用其极。

译文

商汤王刻在洗澡盆上的箴言说："如果能够做到一天自新，就应保持天天自新，并且坚持下去。"《康诰》说："激励人弃旧图新。"《诗经》说："周朝虽然是旧的国家，却禀受了新的天命。"所以，品德高尚的人无处不致良知。

王阳明注释道："孟子告滕文公养民之政，引此诗云：'子力行之，亦以新子之国。'君子之明德亲民岂有他哉？一皆求止于至善而已。”

亲民无非就是致良知。

《大学》原文

《诗》云：“邦畿千里，惟民所止。”诗云：“缗蛮黄鸟，止于丘隅。”子曰：“于止，知其所止，可以人而不如鸟乎？”

译文

《诗经》说：“京城及其周围，都是老百姓向往的地方。”《诗经》又说：“鸣叫着的黄鸟，栖息在山冈上。”孔子说：“连黄鸟都知道它该栖息在什么地方，难道人还不如一只鸟儿吗？”

王阳明注释道：“止于至善岂外求哉？惟求之吾身而已。求之吾身而已。”

黄鸟知道它应该栖息在山冈，是黄鸟“致良知”，人不致良知，不知进止，岂非不如一只鸟？

《大学》原文

《诗》云：“穆穆文王，于缉熙敬止。”为人君，止于仁；为人臣，止于敬；为人子，止于孝；为人父，止于慈；与国人交，止于信。

译文

《诗经》说：“品德高尚的文王啊，为人光明磊落，做事始终庄重谨慎。”做国君的，要做到仁爱；做臣子的，要做到恭敬；做子女的，要做到孝顺；做父亲的，要做到慈爱；与他人交往，要做到讲信用。

王阳明注释道："又说回在自己身上用功。"

《大学》原文

子曰："听讼，吾犹人也。必也使无讼乎！"无情者不得尽其辞，大畏民志：此谓知本。

译文

孔子说："听诉讼审理案子，我也和别人一样，目的在于使诉讼不再发生。"使隐瞒真实情况的人不敢花言巧语，使人心畏服，这就叫作抓住了根本。

王阳明注释道："又即亲民中听讼一事，要其极，亦皆本于明德，则信乎以修身为本矣。又说归身上。"

意思是，诉讼一事也出于良知，归根结底还是说的修身。

《大学》原文

所谓"修身在正其心"者，身有所忿懥（zhì），则不得其正；有所恐惧，则不得其正；有所好乐，则不得其正；有所忧患，则不得其正。心不在焉：视而不见，听而不闻，食而不知其味。此谓"修身在正其心"。

译文

所谓"修养自身在于端正心智"的意思是这样的：如果心中有怨恨，就得不到中正；有所恐惧，就得不到中正；有所喜好，就得不到中正；有所忧患，就得不到中正。如果心思不在应在的地方，那么虽然眼睛在看，却什么也看不见；虽然耳朵在听，却什么也听不见；虽然在吃东西，却品尝不出什么滋味。这就是所谓的修养品德首先在于端正思想。

王阳明注释道："修身工夫只是诚意。就诚意中体当自己心体，常令廓然大公，便是正心。此犹《中庸》'未发之中'。正心之功，既不可滞于有，又不可堕于无。"

王阳明的意思是，修身在正心，而心有良知，无有不正，所以我们正的其实是意，也就是不要欺骗自己，让我们自己的意念（念头）变得真诚。正心之功，就是诚意之功。

《大学》原文

所谓"齐其家在修其身"者，人之其所亲爱而辟焉，之其所贱恶而辟焉，之其所畏敬而辟焉，之其所哀矜而辟焉，之其所傲惰而辟焉。故好而知其恶，恶而知其美者，天下鲜矣。故谚有之曰："人莫知其子之恶，莫知其苗之硕。"此谓身不修，不可以齐其家。

译文

所谓"管理好家族在于修养自身品德"的意思是这样的：人们对于自己所亲爱的人往往会偏爱，人们对于自己所厌恶的人往往会偏恶，人们对于自己所敬畏的人往往会偏敬，人们对于自己所同情的人往往会偏护，人们对于自己所轻视的人往往会偏轻。因此，喜欢一个人而知道他的缺点，讨厌一个人而了解他的长处，这样的人天下少有。所以有句俗语这么说："人们没有知道自己孩子的缺点的，没有觉得自己禾苗的丰美的。"这就是说不修养自身品德，就不能够整治好家族。

王阳明注释道："人之心体惟不能廓然大公，是以随其情之所发而碎焉。此犹'中节之和'。能廓然大公而随物顺应者，鲜矣。"

意思是，一个人一旦良知被遮蔽，其所发出的意就有了善恶之分，就不是良知本体，真能良知光明，能无善无恶的人少之又少。这就要求我们在做事，比如齐家之前，必须先修身，而修身就是诚意。

《大学》原文

所谓"治国必先齐家"者，其家不可教，而能教人者，无之。故君子不出家，而成教于国。

译文

所谓"治好国家必先处理好家族关系"的意思是，如果连自己的家族关系都处理不好，而想去管教好别人，这是不可能的。所以，有道德修养的君子，在家里也能够实行治理邦国教化的成效。

王阳明的注释是："又说归自己身上。亲民只是诚意。"

意思是，治国的方法无他，只是亲民，而亲民只是诚意。

《大学》原文

孝者，所以事君也；弟者，所以事长也；慈者，所以使众也。《康诰》曰："如保赤子。"心诚求之，虽不中，不远矣。未有学养子而后嫁者也。一家仁，一国兴仁；一家让，一国兴让；一人贪戾，一国作乱。其机如此。此谓一言偾事，一人定国。

尧舜率天下以仁，而民从之；桀纣率天下以暴，而民从之。其所令，反其所好，而民不从。是故君子有诸己，而后求诸人；无诸己，而后非诸人。所藏乎身不恕，而能喻诸人者，未之有也。故治国在齐其家。

《诗》云：“桃之夭夭，其叶蓁蓁，之子于归，宜其家人。”宜其家人，而后可以教国人。《诗》云：“宜兄宜弟。”宜兄宜弟，而后可以教国人。《诗》云：“其仪不忒，正是四国。”其为父子兄弟足法，而后民法之也。此谓治国在齐其家。

译文

对父母的孝顺可以用于侍奉君主；对兄长的恭敬可以用于侍奉官长；对子女的慈爱可以用于统治民众。《康诰》说：“如同爱护婴儿一样。”内心真诚地去追求，即使达不到目标，也不会相差太远。要知道，没有先学会了养孩子再去出嫁的人啊！一家仁爱，一国也会兴起仁爱；一家礼让，一国也会兴起礼让；一人贪婪暴戾，一国就会犯上作乱。其联系就是这样紧密。这就叫作：一句话就会坏事，一个人就能安定国家。

尧舜用仁爱统治天下，老百姓就跟随着仁爱；桀纣用凶暴统治天下，老百姓就跟随着凶暴。统治者的命令与自己的实际做法相反，老百姓是不会服从的。所以，品德高尚的人，总是自己先做到，然后才要求别人做到；自己先不这样做，然后才要求别人不这样做。不采取这种推己及人的恕道而想让别人按自己的意思去做，那是不可能的。所以，要治理国家必须先管理好自己的家庭和家族。

《诗经》说：“桃花鲜美，树叶茂密，这个姑娘出嫁了，让全家人都和睦。”让全家人都和睦，然后才能够让一国的人都和睦。《诗经》说：“兄弟和睦。”兄弟和睦了，然后才能够让一国的人都和睦。《诗经》说：“容貌举止庄重严肃，成为四方国家的表率。”只有当一个人无论是作为父亲、儿子还是兄弟时都值得人效法时，老百姓才会去效法他。这就是要治理国家必须先管理好家庭和家族的道理。

王阳明对这段话没有注释。

以阳明学理论来看，这一大段话的意思是，治理国家的基础是先管理好家庭，管理好家庭的基础是修身，最终又归结到诚意上。只要你诚意，天下则诚意，最终达到人人可致良知的境界。

《大学》原文

所谓平天下在治其国者，上老老，而民兴孝；上长长，而民兴弟；上恤孤，而民不倍。是以君子有絜矩之道也。所恶于上，毋以使下；所恶于下，毋以事上。所恶于前，毋以先后；所恶于后，毋以从前。所恶于右，毋以交于左；所恶于左，毋以交于右。此之谓絜矩之道。

译文

之所以说平定天下要治理好自己的国家，是因为，在上位的人尊敬老人，老百姓就会孝顺自己的父母；在上位的人尊重长辈，老百姓就会尊重自己的兄长；在上位的人体恤救济孤儿，老百姓也会同样跟着去做。所以，品德高尚的人总是实行以身作则，推己及人的“絜矩之道”。如果厌恶上司对你的某种行为，就不要用这种行为去对待你的下属；如果厌恶下属对你的某种行为，就不要用这种行为去对待你的上司。如果厌恶在你前面的人对你的某种行为，就不要用这种行为去对待在你后面的人；如果厌恶在你后面的人对你的某种行为，就不要用这种行为去对待在你前面的人。如果厌恶在你右边的人对你的某种行为，就不要用这种行为去对待在你左边的人；如果厌恶在你左边的人对你的某种行为，就不要用这种行为去对待在你右边的人。这就叫作“絜矩之道”。

王阳明注释曰：“又说归身上。工夫只是诚意。”

连平天下这样的伟大事业，其实只需要诚意就可以。这说明两个问题：平天下没有那么难；诚意没有那么简单。

《大学》原文

《诗》云：“乐只君子，民之父母。”民之所好好之，民之所恶恶之，此之谓民之父母。《诗》云：“节彼南山，维石岩岩；赫赫师尹，民具尔瞻。”

有国者不可以不慎，辟则为天下僇矣！

译文

《诗经》说：“使人心悦诚服的国君啊，是老百姓的父母。”老百姓喜欢的他也喜欢，老百姓厌恶的他也厌恶，这样的国君就可以说是老百姓的父母了。《诗经》说：“巍峨的南山啊，岩石耸立。显赫的尹太师啊，百姓都仰重着你。”统治国家的人不可不谨慎，稍有偏颇，就会被天下人推翻。

王阳明注释道：“惟系一人之身。”

一个人做出丰功伟业或是成为道德圣人，决定点不在天时地利人和，也不在兵强马壮，只在我们一身，只在我们心上。

《大学》原文

《诗》云："殷之未丧师，克配上帝；仪监于殷，峻命不易。"道得众，则得国；失众，则失国。是故君子先慎乎德。

译文

《诗经》说："殷朝没有丧失民心的时候，还是能够与上天的要求相符的。请用殷朝作个借鉴吧，守住天命并不是一件容易的事。"这就是说，得到民心就能得到国家，失去民心就会失去国家。所以，品德高尚的人首先注重修养德行。

王阳明注释道："身修则能得众。又说归身上，修身为本。"

意思是，只要你诚意，以修身为本，那你就是块力量巨大的磁场，能吸引天地万物前来。

《大学》原文

有德此有人，有人此有土，有土此有财，有财此有用。德者，本也；财者，末也。外本内末，争民施夺。是故财聚则民散，财散则民聚。是故言悖而出者，亦悖而入；货悖而入者，亦悖而出。

译文

有德行才会有人拥护，有人拥护才能保有土地，有土地才会有财富，有财富才能供给使用。德是根本，财是枝末。假如把根本当成了外在的东西，却把枝末当成了内在的根本，那就会和老百姓争夺利益。所以，君王聚财敛货，民心就会失散；君王散财于民，民心就会聚在一起。这正如你说话不讲道理，人家也会用不讲道理的话来回答你；财货来路不明不白，总有一天也会不明不白地失去。

王阳明没有注释。

从阳明学理论看，德是根本，财是枝叶。根本的德就是良知，光明良知就是诚意。

《大学》原文

《康诰》曰："惟命不于常。"道善则得之，不善则失之矣。

译文

《康诰》说："天道命运是不会始终如一的。"这就是说，行善道便会得到天命，不行善便会失去天命。

王阳明注释曰："惟在此心之善否。善人只是全其心之本体者。"

意思是，光明良知不可能一劳永逸，要时刻光明良知，今日行一善，就是致良知，明日行一恶，就是不能致良知。

《大学》原文

《楚书》曰："楚国无以为宝，惟善以为宝。"舅犯曰："亡人无以为宝，仁亲以为宝。"

《秦誓》曰："若有一个臣，断断兮，无他技；其心休休焉，其如有容焉。人之有技，若己有之；人之彦圣，其心好之，不啻若自其口出。能容之，以能保我子孙黎民，尚亦有利哉！"

译文

《楚书》说："楚国没什么宝贝，只是把善当作宝。"舅犯说："流亡在外的人没什么宝贝，只是把仁爱当作宝。"

《秦誓》说："如果有这样一位大臣，忠诚老实，虽然没有什么特别的本领，但他心胸宽广，有容人的肚量。别人有本领，就如同他自己有一样；别人德才兼备，他心悦诚服，不只是在口头上表示，而是打心眼里赞赏。用这种人，是可以保护我的子孙和百姓的，是可以为他们造福的啊！"

王阳明注释曰："此是能诚意者。"

怎样才算是个能诚意的人呢？忠诚老实、心胸宽广，有容人的度量，最关键的是能以天地万物为一体：别人有本领，就如同他自己有一样；别人德才兼备，他心悦诚服，不只是在口头上表示，而是打心眼里赞赏。

《大学》原文

"人之有技，媢（mào）疾以恶之；人之彦圣，而违之俾不通。寔不能容，以不能保我子孙黎民，亦曰殆哉！"

译文

"相反，如果别人有本领，他就妒忌、厌恶；别人德才兼备，他便想方设法压制、排挤，无论如何容忍不得。用这种人，不仅不能保护我的子孙和百姓，而且可以说是危险得很！"

王阳明注释道："是不能诚意者。"

知道什么是诚意，它的反面就是不诚意了。

《大学》原文

唯仁人放流之。

译文

因此，有仁德的人会把这种容不得人的人流放。

王阳明注释曰：“是不能诚意者。”

对于那些不能诚意的人，坚决要惩罚：流放。

《大学》原文

“迸诸四夷，不与同中国。”此谓惟仁人为能爱人，能恶人。见贤而不能举，举而不能先，命也；见不善而不能退，退而不能远，过也。好人之所恶，恶人之所好，是谓拂人之性，必逮夫身。是故君子有大道：必忠信以得之，骄泰以失之。

译文

“把他们驱逐到蛮荒的四夷之地，不让他们同住在国中。”这说明，有德的人爱憎分明。发现贤才而不能选拔，选拔了而不能重用，这是轻慢；发现恶人而不能驱逐，驱逐而不能把他驱逐得远远的，这是过错。喜欢众人所厌恶的，厌恶众人所喜欢的，这是违背人的本性，灾难必定要落到自己身上。所以，仁人君子有着为政的基本准则可以遵循：必定要依靠忠信获得天下；必定是由于骄横傲慢失去一切。

王阳明对这段没有注解。

王阳明曾说，良知是有发源，有层次，有阶段性的。你的亲人和一个陌生人掉进水里，按良知的意思，你先救的应该是亲人，而不是陌生人。爱憎分明就是致良知，对善要有春天般的温暖，对恶要有秋风扫落叶般的冷酷无情。

《大学》原文

生财有大道：生之者众，食之者寡；为之者疾，用之者舒，则财恒足矣。仁者以财发身，不仁者以身发财。未有上仁，而下不好义者也；未有好义，其事不终者也；未有府库财，非其财者也。孟献子曰："畜马乘，不察于鸡豚；伐冰之家，不畜牛羊；百乘之家，不畜聚敛之臣；与其有聚敛之臣，宁有盗臣。"此谓国不以利为利，以义为利也。长国家务财用者，必自小人矣；彼为善之，小人之使为国家，菑害并至，虽有善者，亦无如之何矣。此谓"国不以利为利，以义为利"也。

译文

财富之道应是这样的：生产的人多，消费的人少；生产的人勤奋，消费的人节省。这样，财富便会经常充足。仁爱的人仗义疏财以修养自身的德行，不仁的人不惜以生命为代价去敛钱发财。没有在上位的人喜爱仁德，而在下位的人不喜爱忠义的；没有喜爱忠义而做事却半途而废的；没有国库里的财物不是属于国君的。孟献子说："能以四匹马拉车的士大夫之家，就不需再去养鸡养猪；祭祀能享用冰的卿大夫家，就不要再去养牛养羊；拥有一百辆兵车的诸侯之家，就不要去收养搜刮民财的家臣。与其有搜刮民财的家臣，不如有偷盗东西的家臣。”这意思是说，一个国家不应该以财货为利益，而应该以仁义为利益。做了国君却还一心想着聚敛财货，这必然是有小人在诱导；而那国君还以为这些小人是好人，让他们去处理国家大事，结果是天灾人祸一齐降临。这时虽有贤能的人，却也没有办法挽救了。所以，一个国家不应该以财货为利益，而应该以仁义为利益。

这就是王阳明著作的《大学古本傍释》，最值得我们注意的是，“诚意”在这里多次被提及。而实际上，王阳明心学归根结底不过就这两个字——诚意！

最值得我们注意的是，诚意是诚自家心意，而不是他家的。也就是说，我们首先和关键要做到的是诚自己的意，思想、做事先要对自己的念头真诚无欺，如此才能问心无愧，才能以此心去对待别人。而这个对待别人里，未必非要诚意。王阳明告诉我们，倘若我们对任何人都讲诚意、诚信，那就不是致良知，而是爱憎不分。如果真是这样，那王阳明那些剿匪功绩从何谈起？

再来看《大学问》，前面我们提到过，王阳明本不想将《大学问》以书面形式流传下来，架不住弟子们的委婉劝说，终于留下这一心学入门课。

首先将和我们有关的《大学》的内容放在这里：

> 《大学》之道，在明明德，在亲民，在止于至善。知止而后有定，定而后能静，静而后能安，安而后能虑，虑而后能得。物有本末，事有终始，知所先后，则近道矣。古之欲明明德于天下者，先治其国；欲治其国者，先齐其家；欲齐

其家者，先修其身；欲修其身者，先正其心；欲正其心者，先诚其意；欲诚其意者，先致其知。致知在格物，物格而后知至，知至而后意诚，意诚而后心正，心正而后身修，身修而后家齐，家齐而后国治，国治而后天下平。

有弟子问王阳明："《大学》一书，过去的儒家学者认为是有关'大人'的学问。我冒昧地向您请教，'大人'学问的重点为什么在于'明明德'呢？"

这段话的意思是，《大学》是论述士大夫通过广泛学习，获取可以用来从政做官的学识和本领的一篇文章。学的目的就是为治理国家，并显示自己光明品德。古典儒家和朱熹认为，"大人"就是获得治理国家能力和光明自己品德的人。

王阳明的回答是："所谓'大人'，就是以天地万物为一体的那种人。他们把天下人看成是一家人，把所有中国人看作一个人。倘若有人按照形体来区分你和我，这类人就是与'大人'相对的'小人'。'大人'能够把天地万物当作一个整体，并非是他们有意这样认为的，实在是他们心中的仁德本来就是这样，这种仁德跟天地万物是一个整体。实际上，不仅仅是'大人'会如此，就是'小人'的心也是这样的，问题就在于，他们自己把自己当作'小人'罢了。为什么这样说呢？任何一个人看到一个小孩儿要掉进井里时，必会自然而然地升起害怕和同情之心，这说明，他的仁德跟孩子是一体的。或许有人会说，哎哟，那孩子是人类，所以才有害怕和同情的心。可是当他看到飞禽和走兽发出悲哀的鸣叫或因恐惧而颤抖时，也肯定会产生不忍心听闻或看下去的心情，飞禽走兽不是人类，他仍有这样的心情，这说明他的仁德跟飞禽和走兽是一体的。或许有人又要问：飞禽和走兽是有灵性的动物，如果他看到花草和树木被践踏和折断时呢？我确信，他也必然会产生怜悯体恤的心情，这就是说他的仁德跟花草树木是一体的。又有人说，花草树木是有生机的植物，如果当他看到砖瓦石板被摔坏或砸碎时呢？我仍然确信，他也肯定会产生惋惜的心情，这就足以说明他的仁德跟砖瓦石板也是一体的。这就是万物一体的那种性德，即使在'小人'的心中，这种性德也是存在的。那么，这种性德是怎么来的呢？这个问题无须证明，它与生俱来，自然光明而不暗昧，所以被称做'明德'。只不过'小人'的心已经被分隔而变得狭隘卑陋了，然而他那万物一体的仁德还能像这样正常显露而不是黯然失色，这是因为他的心处于没有被欲望驱使、没有被私利蒙蔽的时候。待到他的心被欲望驱使、被私利蒙蔽、利害产生了冲突、愤怒溢于言表时，他就会损物害人、无所不用其极，甚至连自己的亲人也会残害，在这种时候，他那内心本具的万物一体仁德就彻底被遮蔽。

"所以说在没有私欲障蔽的时候，虽然是'小人'的心，它那万物一体的仁德跟'大人'也是一样的；一旦有了私欲的障蔽，虽然是'大人'的心，也会像'小人'之心那样被分隔而变得狭隘卑陋。所以说致力于'大人'学养的人，也只是做祛除私欲的障蔽、彰显光明的德性、恢复那天地万物一体的本然仁德功夫而已。根本不必在本体的外面去增加或减少任何东西。"

这段话的意思是，人人都有良知，与生俱来，不必外求。一个有良知的人不会去杀戮同类，也不会去残害飞禽走兽，更不会践踏草木瓦石，因为有良知的人把天地万物都当成自己的一部分。而那些杀戮同类、残害飞禽走兽、践踏草木瓦石的人不是没有良知，而是良知被遮蔽了。于是，每个人最迫切要做的事就是不要让自己的良知被遮蔽，所以说“光明自己的良知”（明明德）很重要。

弟子接着又问：“‘明明德’确实很重要，可是为什么又强调‘亲民’呢？”

王阳明的回答是：“‘明明德’是要倡立天地万物一体的本体；‘亲民’（关怀爱护民众）是天地万物一体原则的自然运用。所以，‘明明德’必然体现在亲爱民众上，而只有亲民才能彰显出光明的德性。所以爱我自己父亲的同时也兼爱他人的父亲，以及天下所有人的父亲。做到这一点后，我心中的仁德才能真实地同我父亲、别人的父亲以及天下所有人的父亲成为一体。真实地成为一体后，孝敬父母（孝）的光明德性才开始彰显出来。爱我的兄弟，也爱别人的兄弟，以及天下所有人的兄弟，做到这一点后，我心中的仁德才能真实地同我兄弟、他兄弟以及天下所有人的兄弟成为一体。真实地成为一体后，尊兄爱弟（悌）的光明德性才开始彰显出来。对于君臣、夫妇、朋友以至于山川鬼神、鸟兽草木也是一样，若没有不去真实地爱他们，以此来达到我的万物一体的仁德，那么我的光明德性就不会不显明，这样才真正与天地万物合为一体。这就是《大学》所说的使光明的德性在普天之下彰显出来，也就是《大学》进一步所说的家庭和睦、国家安定和天下太平，也就是《中庸》所说的充分发挥人类和万物的本性（尽性）。”

这段话的意思是，良知的有无不是你说有就有，必须要知行合一，要到事上磨炼。要致良知，也就是说，要光明你的良知（明明德），必须到在万事万物上（亲民）。不然的话，那就成了禅宗，只说不做。

弟子问："既然如此，做到'止于至善'为什么又那么重要呢？"

王阳明回答："所谓'至善'，是'明德''亲民'的终极法则。天命的性质是精纯的至善，它那灵明而不暗昧的特质，就是至善的显现，就是明德的本体，也就是我们所说的'良知'。'至善'的显现，表现在肯定对的、否定错的，轻的、重、厚的、薄的，都能根据当时的感觉而展现出来，它富于变化却没有固定的形式，然而也都是浑然天成地处于中道的事物，所以它是人的规矩与物的法度的最高形式，其中不容许有些微的设计筹划、增益减损存在。其中若稍微有一点设计筹划、增益减损，那就是出于私心的意念和可笑的智慧，而并不是真正意义上的'至善'。只有将'慎独'（自己独处时也非常谨慎，时刻检点自己的言行）做到精益求精、一以贯之境界的人才能达到如此境界。后人因为不知道'达到至善'的关键在于我们自己的心，而是用自己掺杂私欲的智慧从外面去揣摩测度，以为天下的事事物物各有它自己的道理，因此掩盖了评判是非的标准，使'心为统帅'的简单道理变得支离破碎、四分五裂，人们的私欲泛滥而公正的天理灭亡，明德亲民的学养由此在世界上变得混乱不堪。在古代就有想使明德昭明于天下的人，然而因为他们不知道止于至善，所以使得自己夹杂私欲的心过于膨胀、拔高，最后流于虚妄空寂，而对齐家、治国、平天下的真实内容无所帮助，佛家和道家两种流派就是这样的。古来就有希望亲民的人，然而由于他们不知道止于至善，使自己的私心陷于卑微的琐事中，因此将精力消耗在玩弄权谋智术上，从而没有了真诚的仁爱恻隐之心，春秋五霸这些功利之徒就是这样的。这都是由于不知道止于至善的过失啊。所以止于至善对于明德和亲民来说，就像用规矩画方圆一样，就像用尺度量长短一样，就像用权衡称轻重一样。所以说方圆如果不止于规矩，就失去了准则；如果长短不止于尺度，丈量就会出错；如果轻重不止于权衡，重量就不准确。而明明德、亲民不止于至善，其基础就不复存在。所以用止于至善来亲民，并使其明德更加光明，这就是所说的大人的学养。”

止于至善，说的就是按良知的指引做事。

弟子问：“‘知道要止于至善的道理，然后自己的志向才得以确定；志向确定，然后身心才能安静；身心安静，然后才能安于目前的处境；安于目前的处境，然后才能虑事精详；虑事精详，然后才能得到至善的境界。’这是什么意思呢？”

王阳明回答：“人们只是不知道‘至善’就在自己心中，所以总是向外面事物上寻求，以为事事物物都有自己的定理，从而在事事物物中去寻求‘至善’，所以使得求取至善的方式、方法变得支离决裂、错杂纷纭，而不知道求取至善有一个确定的方向。如果你知道至善就在自己心中，而不用向外面去寻求，这样意志就有了确定的方向，从而就没有支离决裂、错杂纷纭的弊病了。没有支离决裂、错杂纷纭的困扰，那么心就不会妄动而能处于安静。心不妄动而能安静，那么在日常生活中，就能从容不迫、闲暇安适从而安于目前的处境。能够安于目前的处境，那么只要有一个念头产生，只要有对某事的感受出现：它是属于至善的呢？还是非至善呢？我心中的良知自然会以详细审视的本能对它进行精细的观察，因而能够达到虑事精详。能够虑事精详，那么我的分辨就没有不精确的，我的处事就没有不恰当的，从而至善就能够得到了。”

只有让自己的良知正常工作，那就能做到定、静、安、虑、得。由此可知，良知并不仅是一种美德，还能助你做成一切事。

弟子问：“任何事物都有根本和末梢，从前的理学家把彰显德性当作根本，把使民众涤除污垢永做新人当作末梢，这两者是从内心修养和外部用功的相互对应的两个部分。事情有开始和结束，从前的理学家把知道止于至善作为开始，把行为达到至善作为结束，这也是一件事情的首尾相顾、因果相承。像您这种把新民作为亲民的说法，是否跟儒家学者有关本末终始的说法有些不一致呢？”

王阳明回答：“有关事情开始与结束的说法，大致上是这样的。就是把新民作为亲民，而说显明德性为本，亲爱民众为末，这种说法也不是不可以。但是不应当将本末分成两种事物。树的根干称为本，树的枝梢称为末，它们只是一个物，因此才称为本与末。如果说是两种物，那么既然是截然分开的两种物，又怎么能说是相互关联的本和末呢？使民众自新的意思既然与亲爱人民不同，那么显明德性的功夫自然与使民众自新为两件事了。如果明白彰显光明的德性是为了亲爱民众，而亲爱民众才能彰显光明的德性，那么彰显德性和亲爱民众怎么能截然分开为两件事呢？理学家的说法，是因为不明白明德与亲民本来是一件事，反而认为是两件事，因此虽然知道根本和末梢应当是一体的，却也不得不把它们区分为两种事物了。”

朱熹解释《大学》，认为是新民，而不是亲民，王阳明认为是亲民。再次阐释“知行合一”。

弟子问："从'古代想使天下人都能发扬自己本身具有的光明德性的人'，直到'首先要修正本身的行为'，按照先生您'明德亲民'的说法去贯通，也能得到正确、圆满的理解。现在我斗胆请教您，从'要想修正本身的行为'，直到'增进自己的知识，在于能够析物穷理'，在这些修为的用功次第上又该如何具体地下功夫呢？"

王阳明回答："此处正是在详细说明明德、亲民、止于至善的功夫。人们所说的身体、心灵、意念、知觉、事物，就是修身用功的条理之所在，虽然它们各有自己的内涵，实际上说的只是一种东西。而格物、致知、诚意、正心、修身，就是在现实中运用条理的功夫，虽然它们各有自己的名称，而实际上说的只是一件事情。什么叫作身心的形体呢？这是指身心起作用的功能而说的。什么叫作身心的灵明呢？这是指身心能做主宰的作用而说的。什么叫作修身呢？这里指的是要为善去恶的行为。我们的身体能自动地去为善去恶吗？必然是起主宰作用的灵明想为善去恶，然后起具体作用的形体才能够为善去恶。所以希望修身的人，必须首先要摆正他的心。然而心的本体就是性，性天生来都是善的，因此心的本体本来没有不正的。那怎么用得着去作正心的功夫呢？因为心的本体本来没有不正的，但是自从有意念产生之后，心中才有了不正的成分，所以凡是希望正心的人，必须在意念产生时去加以校正。若是产生一个善念，就像喜爱美色那样去真正喜欢它，若是产生一个恶念，就像厌恶极臭的东西那样去真正讨厌它，这样意念就没有不诚正的，而心也就可以得正了。然而意念一经发动、产生，有的是善的，有的是恶的，若不及时明白区分它的善恶，就会将真假对错混淆起来，这样的话，虽然想使意念变得真实无妄，实际上也是不可能的，所以必须在致知上下功夫。

"'致'就是达到的意思，就像常说的'丧致乎哀'的'致'

字，《易经》中说到‘知至至之’，‘知至’就是知道了，‘至之’就是要达到。所谓的‘致知’，并不是后来的儒家学者所说的扩充知识的意思，而是指的达到我心本具的良知。这种良知，就是孟子说的‘是非之心，人皆有之’的那种知性。这种知是知非的知性，不需要思考，它就知道，不需要学习，它就能做到，因此我们称它为良知。这是天命赋予的属性，这是我们心灵的本体，它就是自自然然灵昭明觉的那个主体。凡是有意念产生的时候，我们心中的良知就没有不知道的。它若是善念，唯有我们心中的良知自然知道，它若是不善之念，也唯有我们心中的良知自然知道。这是谁也无法给予他人的那种性体。

“所以说，虽然小人多行不善，甚至达到无恶不作的地步，但当他见到君子时，也会不自在地掩盖自己的恶行，并极力地辩称自己做的是善事，由此可以看到，就是小人的良知也具有不容许他埋没的特质。今日若想辨别善恶以使意念变得真诚无妄，其关键只在于按照良知的判断去行事而已。为什么呢？因为当一个善念产生时，人们心中的良知就知道它是善的，如果此时不能真心诚意地去喜欢它，甚至反而背道而驰地去远离它，那么这就是把善当作恶，从而故意隐藏自己知善的良知了。而当一个恶念产生时，人们心中的良知就知道它是不善的，如果此时不能真心诚意地去讨厌它，甚或反而把它落实到实际行动上，那么这就是把恶当作善，从而故意隐藏自己知恶的良知了。像这样的话，那虽然说心里知道，但实际上跟不知道是一样的，那还怎么能够使意念变得真实无妄呢？

“现在对于良知所知的善意，没有不真诚地去喜欢的，对于良知所知的恶意，没有不真诚地去讨厌的，这样由于不欺骗自己的良知，那么他的意念就可以变得真实无妄了。然而要想正确运用自己的良知，这怎能是含糊不清而空洞无物的说辞呢？必然是有其实在内容的。所以说要想致知的话，必然要在格物上下功夫。‘物’就是事的意思，凡有意念产生时，必然有一件事情，意念所系缚的事情称做‘物’。‘格’就是正的意思，指的是把不正的校正过来使它变成正的这个意思。校正不正的，就是说要祛除恶的意念和言行。变成正的，就是说要发善意、讲善言、做善行，这才是格字的内涵。《尚书》中有‘格于上下’‘格于文祖’‘格其非心’的说法，格物的‘格’字实际上兼有它们的意思。

“良知所知道的善，虽然人们真诚地想去喜欢它，但若不在善的意念所在的事情上去实实在在地践履善的价值，那么具体的事情就有未被完全校正的地方，从而可以说那喜欢善的愿望还有不诚恳的成分。良知所知道的恶，虽然人们真诚地想去讨厌它，但若不在恶的意念所在的事情上实实在在地去铲除恶的表现，那么具体的事情就有未被完全校正的地方，从而可以说那讨厌恶的愿望还有不诚恳的成分。如今在良知所知道的善事上，也就是善意所在的事情上实实在在地去为善，使善的言行没有不尽善尽美的。在良知所知道的恶事上，也就是恶意所在的事情上实实在在地祛除恶，使恶的言行没有不被祛除干净的。在这之后具体的事情就没有不被校正的成分存在，我的良知所知道的内容就没有亏缺、覆盖的地方，从而它就得以达到纯洁至善的极点了。

“此后，我们的心才会愉快坦然，再也没有其他的遗憾，从而真正做到为人谦虚。然后心中产生的意念才没有自欺的成分，才可以说我们的意念真正诚实无妄了。所以《大学》中说道：‘系于事上的心念端正后，知识自然就能丰富；知识得以丰富，意念也就变得真诚；意念能够真诚，心情就会保持平正；心情能够平正，本身的行为就会合乎规范。’虽然修身的功夫和条理有先后次序之分，然而其心行的本体却是始终如一的，确实没有先后次序的分别。虽然正心的功夫和条理没有先后次序之分，但在生活中保持心念的精诚纯一，在这一点上是不能有一丝一毫欠缺的。由此可见，格物、致知、诚意、正心这一学说，阐述了尧舜传承的真正精神，也是孔子学说的心印之所在。”

良知是件法宝，使用它不需要任何繁琐的程序，也不需要任何咒语，只要你按它的意思去行事，就是最好的使用方式。

这就是王阳明《大学问》告诉我们的一个终极真理，用王阳明的话说：这个道理不是我告诉你的，这个道理其实就在你心中：天下一切事，都是你良知的事。

后　记

当王阳明和你谈“心即理”时，他其实想谈的是“知行合一”。当他和你谈“知行合一”时，他其实想谈的是“致良知”。当他和你谈“致良知”时，他其实想谈的只是“诚意”。所以归根结底，阳明心学的落脚点就是一个“诚”字。

如果这样理解阳明学，显然有偷懒之嫌。阳明学虽然是伦理哲学，但毕竟是一门哲学。哲学就必有它的构成要素，诸如世界观、人生观、方法论等，这既是阳明心学的骨架，也是阳明心学的灵魂。

只有深刻理解王阳明的世界观，你才能知道他为何苦口婆心地要人致良知和致良知背后的生命智慧。只有真正明白王阳明的人生观，你才能悟透为什么杜维明说21世纪是王阳明的世纪。

乍一看，是我为王阳明心学构建了这个体系，其实，王阳明本人已经用四句教暗示了众生。这不是一本原创的著作，因为所有的内容都来自王阳明，这也是一本原创著作，因为王阳明从未明示过的心学体系，我将它昭示了天下。

在此感谢天下和书院诸位同仁，这是一所虽然年轻，却以王阳明为代言人的书院，正合我意。当然，还要感谢的是读客图书的盛亮，他永远是激励我向上的源泉。

度阴山

2015年6月13日

读客®

读客中国史入门文库

顺着文库编号读历史，中国史来龙去脉无比清晰！

知行合一
王阳明3
王阳明家训

王阳明写给家人的心学课

于修身、持家、教子、读书、立业中，
娓娓讲述日常生活中的知行合一要诀。

度阴山 著

江苏凤凰文艺出版社
JIANGSU PHOENIX LITERATURE AND
ART PUBLISHING

图书在版编目（CIP）数据

知行合一王阳明. 3, 王阳明家训 / 度阴山著. -- 南
京：江苏凤凰文艺出版社, 2018.1（2025.11重印）
（知行合一王阳明大全集）
ISBN 978-7-5594-0203-5

Ⅰ. ①知… Ⅱ. ①度… Ⅲ. ①王守仁（1472-1528）
－哲学思想②家庭道德－中国－明代 Ⅳ. ①B248.2
②B823.1

中国版本图书馆CIP数据核字 (2017) 第317669号

知行合一王阳明．3，王阳明家训

度阴山 著

责任编辑　丁小卉
特约编辑　盛　亮　沈　骏
装帧设计　读客文化　021-33608320
责任印制　刘　巍
出版发行　江苏凤凰文艺出版社
　　　　　南京市中央路165号，邮编：210009
网　　址　http://www.jswenyi.com
印　　刷　三河市龙大印装有限公司
开　　本　1000毫米×710毫米 1/16
印　　张　14.75
字　　数　170千字
版　　次　2018年3月第1版
印　　次　2025年11月第33次印刷
书　　号　ISBN 978-7-5594-0203-5
定　　价　118.00元（共三册）

目　录

不算序的序

王阳明家训vs曾国藩家训：中国古代家训的两种念头

家训，各个民族都有，但其他民族的家训只言片语，不成气候。唯独中华民族，家训自成体系，独当一面，几乎能与任何传统文化分庭抗礼。

提起中国古代家训，第一个想到的就是曾国藩家训。此人除了会做大官会打硬仗，还特别擅写家训。曾国藩家训大都以家信形式出现，大多数信件是在他和太平天国厮杀时期写就的，数量惊人。我们很奇怪的是，战场即生死场，险象环生，间不容发，他竟然有时间、精力和心情写这么多家信。如果你把他的全部家信认真读一遍，再深入思考后就会有种感觉，这些家信好像不完全是写给家人的，若隐若现中，封封家信的收信人似乎都有坐在北京城龙椅上的皇帝和慈禧老女人的味道。

曾国藩虽然天资不高，但憨实的容貌下，透露着一股子机灵。他以家信的形式时刻向最高统治者表述着自己的心迹：我是个忠诚的奴才，虽然拥兵数万，但绝无革命的想法。

简单说完曾国藩后，我们再提另外一个光辉人物，他就是本书的主人公——王阳明。

王阳明先生留下来的文字不比曾国藩少，但若论关于家训的文字，曾国藩足可以把王阳明甩出几千条街。和曾国藩指东打西的家训内容不同，王阳明家训的内容一字一句一板一眼，全出于诚。用王阳明的说法就是，写家训的念头就是教育家人致良知，致良知的目的是让你做个快乐的人，常快乐便是功夫。他最希望的就是家人有社会担当精神，有独立的意志和灵魂。

这是曾国藩家训和王阳明家训的根本区别：念头不同。

念头不同，所走的路肯定不同。但你不能说曾国藩家训是错的，因为读书做大官也是人生的最高理想之一。你也不能说王阳明家训就是对的，很多望子成龙的家长，根本不希望自己的孩子快乐，更不希望自己的孩子拥有社会担当精神和独立的意志与灵魂。

所以王阳明家训是这样一种家训：任何人都别指望从其家训中得到迅速成功的密码，因为它根本就没有。不过，如果你想让你或你的家人拥有快乐的源泉和独立的灵魂，无疑，你选对了这本书。

王阳明本人并未将他的家训如别人那样形成一个严密的体系。严格意义而言，他的家训只有《示宪儿》一篇文章。但是，他的家信和一些充满教育味道的布告以及条规等内容，也是家训的重要篇章。

正如他所说，吾平生讲学，只是“致良知”三字。这句话却出现在了写给儿子的家信中，讲学和家训，或许在王阳明看来，本就是一回事。

本书将王阳明家训大体分为三部分，用这三部分全方位讲解阳明家训，让我们从王阳明的家长身份的角度来了解心学。

第一部分，是对《示宪儿》的精细解读；第二部分，是王阳明写给家人的书信；第三部分，是王阳明对家族、家庭，乃至“中国为一家”的高瞻式的致良知的解读。

有家训、有家书、有家规，以良知流行其中，这就是王阳明家训的全部内容。

以上可以称为不算序的序。

第一编　王阳明家训

王阳明家训：《示宪儿》

原文

幼儿曹，听教诲：勤读书，要孝悌；学谦恭，循礼义；节饮食，戒游戏。毋说谎，毋贪利；毋任情，毋斗气；毋责人，但自治。能下人，是有志；能容人，是大器。凡做人，在心地：心地好，是良士；心地恶，是凶类。譬树果，心是蒂；蒂若坏，果必坠。吾教汝，全在是。汝谛听，勿轻弃。

译文

孩子们啊，听我的教诲：你们要勤奋读书，孝顺父母，敬爱兄长；要学习谦恭待人，一切要适宜和遵循礼节；要节制饮食，少玩游戏。不要说谎，不能贪利；不要任情耍性，不要与人斗气；不要责备他人，要懂得自我管理。能放低自己身份，是有志气的表现；能容纳别人，是有度量的表现。做人的尺度就是心地的好坏：心地好，就是好人；心地恶，就是恶人。这就如同树上的果子，它的心是蒂；如果蒂先败坏了，果子必然坠落。我现在教诲你们的，全都在这里。你们应好好听从，不可丢弃。

评析

这篇《示宪儿》就是后世所谓的《王阳明家训》，诞生于1518年，正是王阳明担任南赣巡抚的尾声。家训第一句“幼儿曹”中的“曹”字是“等、辈”之意，整句意为：孩子们。后面的话语，通俗易懂，完全就是向孩儿们说话的口气。诉说的对象正是他的儿子宪儿，即王正宪。

王正宪并非王阳明亲生儿。1515年，王阳明年已四十四岁，但王阳明及胞弟守俭、守文、守章都没有儿子，王阳明的父亲王华只好选择将他三弟王兖的儿子王守信的第五子正宪过继给王阳明。是年，王正宪八岁。

1518年，王正宪十一岁，正是亟待教训之时，于是就有了这道王阳明家训。

家训开篇就是让人勤读书，这是教人应有学问；要人孝悌、谦恭，遵循礼义，这是让人应学会礼仪；要人能下人，能容人，这是智慧的表现；心地好，是良士，这是德行的表现。

学问、礼仪、智慧、德行，是《王阳明家训》的核心思想，也是其心学的灵魂，更是一个绅士所必须具备的素质。

四个方面你中有我，我中有你，密不可分。套用王阳明的话头就是，有学问的人，必知礼仪，必有智慧，必懂德行，否则就不能称他为有学问的人。

不过在王阳明看来，德行是第一位的，做一个好人比任何事都重要。一个人若缺少了德行，那就和“人”这个物种诀别了。

鲜花的蒂（心）如果是坏的，鲜花永不可能绽放，也就不能称为鲜花；正如人的心地是坏的，人就不能称为人。

“凡做人，在心地”是王阳明家族的信仰和家法，它不专属王阳明家族，正如良知之学不是王阳明的专属一样，人人皆有良知，只看致或不致。人人都可把“凡做人，在心地”当作自己的家训和信仰。

现在，就让我们走进王阳明家训，看看这些通俗的家训背后，到底隐藏着何等玄机。它既是亘古不灭的教育法门，也是另一个角度的阳明心学。

家训一：勤读书

王阳明家训的第一条就是勤读书。

中国古人始终坚信："诗书继世长。"在古代，如果有人说你出身书香门第，那就明示了你家族的光辉和你本人的品行。所以，若想成为彬彬君子，第一要务就是勤读书。

一般人眼中，读书是人获取知识的最关键途径。但在王阳明看来，我们心中有良知，良知无所不能，无所不知。所以读书不是为了获取知识，只是验证、呼唤我们良知所已有的知识。比如你良知内没有烹饪的知识，当你读烹饪书籍时，就毫无兴趣，所以你学不到烹饪的知识。纵然学到，心意不在这方面，你也不会出类拔萃。

由此可知，王阳明让人勤读书，和其他"要你勤读书"的古人有很大的不同。

首先就是读什么书。王阳明创建心学前有"五溺"，意思是沉湎于五个方面。这五个方面是任侠、骑射、词章、神仙、佛氏。

这五方面的知识其实都是从书本中获得的。要培养“任侠”情怀，应多读英雄人物传记；若想具备精良的“骑射”技能，不仅要实地多练，更要看搏击和兵法方面的书籍，才能稳固基础；辞章更不必说，卓越的文学家都是从读和模仿别人的文章开始的；而若要深切领悟佛道思想，非读取有关的佛道经文不可。

可以说，王阳明读的书汗牛充栋，其读书之勤奋，可用惨烈来形容。其年谱记载，1493年会试败北后，他精研辞章之学，到了不舍昼夜的地步，以至于累得吐血。搞得他父亲王华每天半夜三更都要跑到他房间敲门，强迫他熄灯睡觉。

不过，创建心学后的王阳明对年轻时代引人注目的读书生活并不满意，甚至是痛悔。

他的弟子萧惠特别喜欢佛道，大概是功夫未到，所以到处胡诌。王阳明就提醒他：“我年轻时也特别迷恋道佛，读遍了二家的经书，自以为有所得，又自以为儒学不足学。后来在蛮荒的贵州龙场驿站待了三年，终于大彻大悟，发现了儒学的简易广大。我当时懊悔得泪流满面，错用了三十余年的力气。你既然来我门下，就专心学儒学，万不可步我的后尘。”

这段话可看作王阳明的忏悔，诚意十足。他懊悔的无非笃志道佛，而笃志道佛必从读书开始，一言以蔽之，他觉得道佛的经书不该读。

有弟子问他：“王老师诗词歌赋样样神通，能否推荐个书单？”

王阳明正色道：“辞章之学，纯是簸弄精神，一无是处。孔子说‘辞达而已’，只要能把一件事说清楚，何必在遣词造句上浪费功夫？所谓有德者必有言，德是根，言是枝叶，不培养根哪能有枝叶？一味地重视枝叶，你的根岂不是烂得更快？”

又有弟子问：“王老师您用兵如神，到底用的是哪家兵法？”

王阳明一笑道："兵法，我倒是读了很多。不过，我哪家兵法也没用，我只是学问纯粹，养得此心不动而已。此心不动，就可随机而动，在战场情况朦胧不明时，瞬间能发现问题所在。能做到这点，就可百战百胜。"

有弟子不怀好意地问道："照您这么说，没必要读书了？"

王阳明看了他一眼，把这名弟子看得毛骨悚然。直到这名弟子在心上承认不该开这种玩笑了，王阳明才慢悠悠地说："书，必须要读，但要读好书。"

所谓好书，就是那些原汁原味的经典。王阳明认为，随着时代的发展，书越来越多，但经典少之又少，只有最原始的那几本。后人纷繁的著述，内容过于庞杂，思想毫无突破性，只是在圣贤的那几本经典中打转转。

所以王阳明认为，秦始皇烧书在这种意义上有其合理性，因为战国末期的书太多了，内容驳杂不堪，说什么的都有，看多了这种书，只能增长过多的人欲，减少了心中已有的天理。

为什么要读圣贤经典？下面这段他和徐爱的对答给出了明白无误的答案。

徐爱说："有时著述是不能缺少的。比如《春秋》这本书，如果没有《左传》作解，人们大概很难读懂。"

《春秋》记事，一个标题就是一件事，然后就没有了。《左传》记言，你说我说大家说，但内容大都紧扣春秋里的标题。徐爱就认为，《左传》是《春秋》的扩编和注释版。

我们今天所见的《春秋》是经过孔子删定的，王阳明认为孔子删定《春秋》就是圣人作经的典范："比如写'弑君'，弑君是罪过，为什么还要问弑君的经过呢？讨伐的命令该由天子发布，写'伐国'，就是说擅自讨伐某国便是罪过，为什么还要问伐国的经过呢？圣人传述六经，只是为了端正人心。

“孔子常依据人们的问题，对各自的程度与性质作不同的回答。他也不愿多讲，只怕人们在语言上挑剔，所以他才说：‘予欲无言。’如果是些灭天理纵人欲的事，又怎能详细作解呢？详细地告诉人们等于是让人知道了如何去行不仁不义之事呀！因此，《孟子·梁惠王上》中讲道：‘仲尼之门，无道桓文之事者。’（‘桓’是齐桓公，‘文’是晋文公，二人都是凌驾于西周天子之上的霸主，孔子认为他们的所作所为有悖礼法，所以关于他们的事从不说）这就是孔门家法。世俗的儒者只讲霸道的学问，因而他们要精通许多阴谋诡计。这完全是一种功利心态，与圣人作经的宗旨南辕北辙，他们怎么想得通呢？”

说完这通话，王阳明不禁感慨起来：“一般人，我不会和他说这些。孟子说：‘尽信书，不如无书。’其实他的意思是，很多书津津乐道于杀戮的记载，毫无天理，极容易引起读者对暴力和人欲的联想。人知道太多恶事，就会激发他内心的恶。所以你看，在《尚书》中，即使是尧、舜、禹年间的历史，不过只有数篇。除此之外，难道再没有值得称道的事吗？当然有，可大概和天理不符，就都被孔子删掉了。由此可知圣人的意图，是剔除繁文，后儒则要狗尾续貂。”

这就是王阳明对“勤读书”开出的书单：它必须是原汁原味的经典，也就是当时流行于世的四书（《大学》《中庸》《论语》《孟子》）五经（《诗经》《尚书》《礼记》《周易》《春秋》）。这些书的内容都是激发人内心中固有的善意和智慧的，用今天流行的话来说，充盈着满满的正能量。

无论哪个时代，人们都倾向于名著经典。所谓名著经典，并非章法奇特，文采纷呈，也不是流传深远，有某些伟人的推荐。它只是符合下面这个特征：无论是什么形式，它们都在宣扬着人类最纯粹的善，摈弃人类最卑鄙的恶。

知道读什么书，只是选对了路，如何把路走对，还需要功夫。也就是说，该如何读书。

人类的读书法则异曲同工，须经历三个阶段：苦读背诵，用心揣摩，自得于心。

中国古代知识分子是把第一阶段的苦读背诵当成必修课的，因为要科举。

有人曾问王阳明："读书却记不住，如何是好？"

王阳明的回答是："只要理解了就行，为什么非要记住？其实，理解已是次要的了，重要的是使自己的心本体光明。如果只是求记住，就不能理解；如果只是求理解，就不能使自心的本体光明了。"

王阳明从不反对科举，并且说过科举无妨圣（心）学。但是，如果你的记忆力一塌糊涂，几十字的文章要背诵一百遍，还磕磕巴巴，那科举之路也就不必走了。

大千世界，路有千条，读书人不必非科举之路不走。

圣学就是一条光明大路。而圣学的读书法则就是，不需要你记住，也不需要你全部理解，圣贤所要求的是让你通过读书而使自己心体光明。

如何让心体光明呢，这就是下两个阶段所要做的。第二个阶段就是用心揣摩，争取将看到的内容全部理解；第三个阶段就是自得于心，"夫学贵得之心，求之于心而非也，虽其言之出于孔子，不敢以为是也"。你所理解的知识只要和你的心相契合，它才是真知识；如果不能和你的心相契合，那纵然是孔圣人的言语，也不是真知识。

众所周知，王阳明是主张心外什么都没有的。所以只有进入你心而被你心认可的，才是真理；如果不被你心认可，那它就什么也不是。

那么，是不是我心认为错的，就一棍子打死呢？王阳明说：“不对！读书的目的是培养自家心体。他说得不好处，我这里用得着，就是益。只要此志真切。有人曾写信给燕国国王，误写了‘举烛’二字。燕国国王误会了：烛光明亮，是教我举贤明其理啊。其国后来大治。故此志真切，因错致真，无非得益。今学者看书，只要归到自己身心上用。”

有一笑话说，某人去某寺，看一横匾，上书“心中业物”，再三思索，大为感叹：业障物碍，肇源心中，佛力清净，一切都消。于是下定决心依此路走去，并跟身边的人认真诉说，俨然要成佛作祖。但身边的人却说：“您看反了……”

谈到这里，我们已能下结论了。王阳明要人勤读书的目的是培养自家心体，自得于心，以其心学语境而言，就是光明良知。

所以，套用孟子的话头就是，万书（物）皆备于我——天地之间的一切书籍，都是为我光明良知而存在的。

家训二：要孝悌

世界上恐怕没有比“家和万事兴”更走心的格言了，这五个字是每个中国人最热切的期盼，从最远古的中国人身上代代遗传至今。家如何“和”，两个字：孝悌。孝乃儒家美德的基石，是孝顺父母之意；悌是友爱兄弟姐妹，成家的自然还包括妻子。

怎样才算孝顺父母？王阳明和弟子们谈论过很多次。在《传习录》第一篇的《徐爱录》中，就多次谈到对待父母的礼节是在心内还是心外的问题。王阳明的主张是，“心即理”，有孝顺父母的心就必能产生孝顺父母的道理和礼节，这些东西根本不必去外部寻求，只在自己心上。

关于孝顺的心学内涵，王阳明特别提到两个案例，一个是傅凤的故事，另一个是舜和他父母的故事。

先来看傅凤的故事。

傅凤是安徽祁门人，以孝顺父母为终生志向。但因为没有像样的工作而赚不到钱，所以志向无法实现。他为此很苦恼，有人指示他，去见见王阳明，让他给你出个主意。

傅凤就来见王阳明，王阳明和他谈心学。傅凤天资聪颖，情不自禁地眉飞色舞。他对王阳明说：“我要拜您门下修行。”

话音才落，王阳明就见他眉宇之间升腾起一股忧色，于是询问。傅凤长吁短叹道：“我若在此修行，我年迈的父母该怎么办啊？”

王阳明不语。

傅凤叹息着离开了。回到家中，一如既往地苦读诗书，希望能考个功名，让父母过上幸福日子。由于吃不饱，穿不暖，再加上日夜不分地苦读，傅凤终于累倒，一病不起。

他父母每日以泪洗面，傅凤看到后，越发肝郁气滞。有人指点他：“去找王阳明先生吧，看他有什么好办法。”

傅凤抱病去见王阳明，把大致情况一说，王阳明就长叹一声道：“你呀，虽志在孝亲，可已陷入不孝深渊了。”

傅凤莫名其妙，问：“难道我不想去做官赚钱养活父母，就是孝了吗？”

王阳明道：“你为了做官赚钱而养活父母，却把自己搞成病夫，这是孝吗？”

傅凤仍在疑惑。

王阳明又说：“就看你现在的病夫样子，能考上进士吗？”

傅凤很坦诚地说：“不能！”

王阳明说：“你把自己的身体搞垮了，却没有中举入仕，而因为你身体不佳，不但无法照顾父母，还要让他们来照顾你。你说，你这不是大不孝，还能是什么？”

傅凤万分惊骇，潸然泪下，恳请王阳明指点迷津。

王阳明说："天地间的孝道，无非莫让父母担心。明白此理，你就知道怎么去孝顺父母了。"

傅凤的脑子豁然开朗。原来如此，阳明心学所倡导的孝，就是不让父母担心。

良知会告诉天下的孝子们，孝顺父母就是让他们心上安宁，物质条件倒在其次。这其实就是感应，人世间所有父母都希望儿女的平安，锦衣玉食还是其次。那么，将心比心，做儿子的所希望的自然是父母的平安，心平安，身平安。而要做到这一点，必须是你的身心要平安，否则，一切都是毫无意义的。

想要真孝顺，做到五个字就可以了：**让父母心安**。

让父母心安之外，就是第二个故事——舜和他父母联合主演的灵异剧要提到的。

某日，有父子二人来找王阳明评理。二人情绪激动，面红耳赤，几乎就要动手。王阳明喝令他们肃静，声色俱厉地训道："你二人如此吵闹，我怎么判？等心平气和了再来！"

第二天，父子二人又来了。虽然还是互不理睬，但已看出，关系有所缓和。二人正要诉说案情，王阳明用手势制止了他们："你们心平气和了？"

二人异口同声："是！"

"既然心平气和了，就说明没有了争执，没有了争执，还来这里做甚？走开！"

二人面面相觑，半天才醒悟过来，中了王阳明的心学诡计。可能是他们的矛盾太深了，非要让王阳明判出个是非来。

于是，王阳明对父子二人说了一句话。片刻，有人就在后堂听到这对父子抱头痛哭而去。

王阳明回到后堂，弟子们围上来，问："您说了什么话，让那对父子如此？"

王阳明神秘地一笑："我说舜是世间大不孝的儿子，瞽叟是世间大慈爱的父亲。"

舜和瞽叟的故事需要做简单补充。

无疑，舜的家庭是一部灵异荒诞剧。父亲是个恶毒的瞎子，居然还能娶到老婆。瞎子和老婆还有老婆的儿子莫名其妙地总想搞死舜，舜也莫名其妙地总原谅他们。有一次，瞎子让舜到房顶去修理房子，舜一上去，瞎子就把梯子拿开，目的是把舜饿死。舜真就听话，愣是不肯从两人高的房上跳下来。直到几个月后，尧把两个女儿送到舜家里给他当妻子的时候，舜还在上面待着，灵异的是，居然没有饿死。

舜有了两个妻子，这更让他弟弟、瞎子和他后妈恼怒。灵异事件再次上演。三人挖了口井，让舜下去。连瞎子都看出来井有玄机，但舜坦然而入。舜一进入，三人就把井堵死。他那个弟弟还跑到他房间，准备把两位嫂嫂变成自己的老婆。正当他弹着舜的琴，手舞足蹈时，舜出现在了门口。他弟弟被吓得魂飞魄散。但舜告诉他，他没有死。

后来的事就是一部家庭温馨片。瞎子改邪归正，他的老婆爱舜比爱她自己还深，至于舜那个弟弟，对哥哥的永远不死惊恐不已，彻底绝望了杀兄的想法。

由此可知，舜绝对是孝顺的，瞽叟绝对不慈祥。所以他的弟子大为惊讶，王阳明就解释道："舜常自以为大不孝，所以能孝；瞽叟常自以为大慈，所以不能慈。瞽叟记得舜是我提孩长（被我养大）的，现今为何不曾豫悦我（让我感到愉快）？不知自心已为后妻所移了，尚谓自家能慈，所以愈不能慈。舜只思父提孩我时如何爱我，今日不爱，只是我不能尽孝，日思所以不能尽孝处，所以愈能孝。及至瞽叟底豫（得以重新疼爱舜）时，又不过复得此心原慈的本体。所以后世称舜是个古今大孝的子，瞽叟亦做成个慈父。”

这个故事告诉我们，心学语境下所谓的孝不是孤独存在的，它必须有被孝的对象——父母的参与。也就是父慈子孝，无论是儿子还是父亲，都须发自肺腑地反躬自省，直白而言就是，都要致良知！

至于“悌”，同样如此。这不是做弟弟的单方面可以完成的，它需要被悌的对象的配合与感应。唯有建立起感应，孝悌才能踏踏实实地存在。

王阳明家族中关于“孝悌”的故事也是一箩筐，而且极具代表性。王阳明祖先最早可追溯到晋朝一个叫王览的人身上，据各种史料记载说，此人大概是菩萨转世，良知光明得一塌糊涂。

王览和他的同父异母哥哥王祥生活在他亲母的管教下，王览亲生母亲对王祥怀有不可名状的仇恨，这种仇恨后来竟然到了“除之而后快”的程度。

某次，王览的亲母准备好毒药，准备毒死王祥。消息走漏，王览就放下书本，每天都跟在母亲身后，以防惨剧发生。可他的母亲仍然下定决心要铲除王祥。她把一杯毒酒假惺惺地端给王祥喝，并向王祥保证喝了这杯酒后再也不会有体罚的事发生。

王祥伤心欲绝地端起酒杯，想了却他悲惨的人生。

就在间不容发时，王览抢过哥哥的酒杯流着泪水要一饮而尽。他的亲娘惊恐万状，抢过酒杯倒在地上。但这位诡异的母亲发现了儿子的孝悌之心后，痛改前非，从此成了一个世人敬仰的慈母。

其实，无论是王阳明对那对父子说的话，还是他家族史上这个孝顺的故事，都包含了同一个主题：做符合自己身份（儿子）的事（孝顺），无论遇到多么十恶不赦的人（父母），必能使其回心转意。

家训三：学谦恭

某日，弟子们看到王阳明先生送几位老儒生出门，回到堂屋坐定后，面带忧色。

有弟子就问缘故。

王阳明叹息道："刚才和几位老儒生谈论致良知，他们可真是油盐不进。本来这门学问就如平坦大路一样，可他们死活不承认，终身陷在荆棘丛里不后悔，我真不知该怎么说服他们。"

弟子们说，这些人真是迂腐透顶。

王阳明若有所思道："人心最恐惧的就是有所恃。他们读了一辈子朱子理学，这已成了他们心中的'执念'，如同一堵墙，其他学说很难翻过。"

过了一会儿，王阳明语重心长地说，这"执念"就是不谦，"谦，是一切善的根基"。

"谦"，就是谦下。《易经》谦卦的卦形，是高山在地下，象征着内心高耸如山，外表却谦和如平地，锋芒不露，谦虚谨慎。王阳明对《易经》了如指掌，当然知道谦的力量，所以他告诉家人和弟子们，要谦恭。特别是那些享有大权、大富、大名的人而言，处事要谦下，待人要谦恭。

王阳明之所以把“谦”提到世无其匹的高度，断定它是一切善的根基，是因为它来自阳明心学的世界观。

阳明心学世界观之一是“万物一体之仁”，即我们应将天地万物当作自己身体、心灵的一部分。既然天地万物是我们的一部分，我们就没有道理对它们傲慢轻视，我们对待自己的身体和心灵，应该是谦卑、谦和、谦恭的。因为没有我们身体和心灵的保驾护航，“我们”就不可能存在。

同时，王阳明还认为，人皆有良知，只要肯致良知，人人皆可成圣。既然大家都是圣人，都处于同一层面，任何人就没有资格轻视别人，所以，“谦”是我们良知的命令，也是我们对待天地万物的基本的、正确的态度。

遗憾的是，这种基本、正确的态度往往被人扭曲。王阳明有个叫孟源的弟子就把这种态度当作脚底泥，常常自以为是，绝少谦下于人。这种毛病被王阳明教训过多次，但如你所知，他仍不知悔改。

一天，王阳明刚刚教训了他，他正在低头假装改过。有个弟子谈了自己近来的功夫，请王阳明指正。孟源抬头冷笑，傲慢地说：“你才走到这一步啊？”

王阳明看准了他道：“你的老毛病又犯了。”

孟源闹了个大红脸，正想为自己辩解。

王阳明用手势制止他：“你的老毛病又犯了。”接着开导他，“这正是你人生中最大的缺点。打个比方吧。在一块一丈见方的地里种一棵大树，雨露的滋润，土地的肥沃，只能对这棵树的根供给营养。若要在树的周围栽种一些优良的谷物，可上有树叶遮住阳光，下被树根盘结，缺乏营养，它又怎能生长成熟？所以只有砍掉这棵树，连须根也不留，才能种植优良谷物。否则，任你如何耕耘栽培，也只是滋养大树的根。”

这话一目了然，**人如果有不谦之心，无论做什么，都会徒劳无功。**

“谦虚之功与胜心正相反，”王阳明说，“人有胜心，为子则不孝，为臣则不敬，为弟则不能恭，与朋友则不能相信相下。至于为君亦未仁，为父亦未慈，为兄亦不能友。人之恶行，虽有大小，皆由胜心出，胜心一坚，则不复有改过徙义之功矣。”

在《书石川卷·甲戌》中，王阳明把“谦”发挥到学问中去，他说：“从前的学者学问有浅深之别，所以许多人的思想都不会相同。我们今天学习古圣先贤的教训，应该反之于心，不必刻意求和他们的思想同，更不必求和他们的思想异，只须求‘是’。倘若你的想法和古圣先贤的说法有冲突，不妨深思。深思许久后仍觉得古圣先贤的话不对，也没有什么大害，但绝不能对古圣先贤妄加诋毁。程颐说得很好，‘要学别人对的地方，不必揪着他不对的地方狂呼乱叫’。”

这就是谦，谦的反面自然是傲。“今天的学者就如管中窥天，稍有所得，即自满、自以为是，狂妄不已。和别人谈话时，别人还未说完，他就露出自命不凡、轻视讥笑的嘴脸，大有拒人于千里之外之意。他们却不知道，真懂得‘谦’的人在旁边观看，不禁为他捏了一大把汗，而且自己也为他感到羞愧得无地自容。而他还不知晓，仍摆出令人生厌的嘴脸。真是悲哀！”

不谦之人，自以为是，自高自大，永不可能做到良知所提醒的“仁恕”。什么是仁恕？人人都喜欢凤凰麒麟，人人都厌恶毒蛇猛兽。仁恕就是，不能把毒蛇猛兽放到别人怀里，也不要强迫别人远离凤凰麒麟。用孔子的话讲就是“己所不欲，勿施于人”，自己不喜欢的，不要强让别人喜欢。这是良知的本然，良知之所以能辨别是非，就是因为有好恶。你不喜欢吃狗屎，就不能强让别人吃；你特别喜欢获得金钱，你就不能让别人失去金钱。

有一天，你发现很多人都讨厌你，也许并非你具备了毒蛇猛兽的心，但肯定是具备了毒蛇猛兽的形。这种形就是“己所不欲，强施于人”。你明明不喜欢痛苦，可听说了别人痛苦的往事后，当成笑料，毫无悲悯之心，这就是自己不想要的，却希望发生在别人身上。

王阳明在给弟子王嘉秀的作业上批注说，做人其实就是不断光复自己良知的过程。想要光复自己的良知就必须克制自己的种种私欲，在人际交往中，最要不得的就是不能仁恕。

我们常说，要站在对方的角度考虑问题，然而其实这并不难，因为良知知道什么是美好的、什么是丑恶的。你遵循你的良知指引，知道了什么是美好什么是丑恶，你固然就知道了对方心目中的美好和丑恶。你知道了对方心中的好恶，那就明白该怎么去为善去恶。我心就是天理，世间种种问题，都是我心能考虑出来的，那何必去心外站在对方的角度考虑问题呢?

在人际交往中，“恕”的心必不可少。你没有“恕”的心自然就做不到体谅、理解和尊重别人。不能体谅、理解和尊重别人，由于天下一切事物都是感应的，所以，不被别人体谅、理解和尊重马上就会绕回来兜头罩在你头上。而当你去体谅、理解和尊重别人时，感应也会发生作用，你就会被别人体谅、理解和尊重。

“为己必要克己，克己才无己。无己者，无我也。”“无我”通俗的理解，就是以良知得出好恶后，按这“好恶”去待人接物，千万不要以私意的好恶去待人接物。“私意”，就是把自己的幸福建立在别人痛苦之上的变态的快乐。“仁恕”就是“无我”。不能“仁恕”就是“有我”。

“器虚则受，实则不受，物之恒也。”王阳明如是说。意为，谦虚就是要把自己当成空的器皿，而不是实在的一块铁墩子。

器皿的价值在于它的空。有个佛教故事说，一个自以为才高八斗的人听说有位老禅师很不得了，于是登门拜访。和老禅师见面后，谈了几句，此人就颇不以为然起来，并屡屡打断禅师的话，唾沫横飞地表达自己的观点。

禅师微笑着，静静地倾听。直到此人口干舌燥，鼻孔冒烟。老禅师说：“我给你倒点水，你接着说。”

此人兴奋地道：“正有此意。”

禅师拿来杯子，此人抢到手中，禅师就向里面注水，滚烫的水在杯中卷起波浪，已经要注满，但禅师丝毫没有停止的意思。

“好，好，好了，哎哟！”来人被溢出杯子的水烫得龇牙咧嘴，气急败坏地把杯子顿到桌上，“你看不到杯子满了吗？”

禅师微微笑着：“是啊，既然已满，为何还要倒呢？”

“那你还倒！”

禅师仍然保持着佛祖似的微笑。此人悟性颇高，马上恍然大悟。禅师大概是说：“既然你已很有学问了，为何还要到我这里来？既然来了，就不要傲慢，清空你的杯子。太满了，不但倒不进去东西，反而会伤到自己。”

家训四：循礼义

礼义，即礼法道义。王阳明要家人遵循礼法道义。或许有人问，礼法外在，王阳明主张心即理，为何还要人遵循外在礼法？

首先，应知“心即理（礼）”这一概念的基本解释。王阳明解释“心即理”是简易直接的：心，在物（事）为理，有此心即有此理，无此心即无此理。

孝顺父母是一事，你真有孝顺父母的心，就必有孝顺父母的理产生；忠诚君主是一事，你真有忠诚君主的心，就必有忠诚君主的理产生，不须去外面学习。如果你没有孝顺父母、忠诚君主的心，就不可能产生孝顺父母、忠诚君主的理，纵然你去外面学了很多套路来，也只是如戏子演戏。戏子演得再逼真，也是假的。

由此可知，心即礼。你真有尊敬长者的心，就必能产生尊敬长者的礼；你真有关爱一个人的心，就必能产生关爱一个人的礼。这些礼数，不需去外面学习，有心就有礼。

有弟子不明白，问道：“祭祀天地的礼节多如牛毛，觐见皇帝的礼节也繁杂而有板有眼，这些礼节应该都要学习吧，否则如何知道？”

王阳明回答：“这些礼节的具体步骤固然要学，可先要问问自己是否真有虔敬祭祀天地的心，是否真有膜拜皇帝的心，否则纵然学了那些礼节，也只是表面好看，和心有何干？”

又有弟子恍然道：“明白了，比如孔子进太庙，问这问那的，并非说他谦虚，而是说他有那分虔敬的心，所以才问这问那，最后就得知了进太庙的所有礼节。”

王阳明高兴地点头，说：“你说得很好。世人却不知这道理，误把外面做得好看当作理和礼。比如春秋五霸，特别是齐桓公尊敬周王、帮助弱小诸侯国对付夷狄，世人都认为齐桓公是圣人，其实他的本心只是为了称霸，耀武扬威罢了。所以他拜见周王的种种礼节、向世人宣传的种种大道理都和心脱节，也就不是礼，更不是天理了。”

据说，王阳明的父亲王华去世那天，朝廷有使者前来，宣布王阳明的爵位。当时王家上下已忙得四脚朝天，对王华的即将离世心急如焚，根本无暇顾及朝廷使者。

可王华奄奄一息地教训家人说：“我的情况虽不容乐观，但怎能视礼法而不顾？我大半生为官，为官者不遵礼法，哪里配做官？你等必须出迎！”王阳明虽处于悲痛中，但认同老爹的话，于是带领王家人出迎。这是一副凄凉的场面，王家上下在外跪听圣旨，王华在房间里等待死神的降临。礼毕，王华瞑目而逝。

也许对王华这位一生都遵循朝廷礼节的人来说，无论何种情况下，礼法绝不能少，规矩不能改。

王阳明也是如此。

1519年，宁王朱宸濠被擒后，朱厚照要两个心腹张忠和许泰到朱宸濠的老巢南昌处理善后工作。王阳明当时也在南昌，张忠和许泰存心要给王阳明难堪，处处和他作对。有一天，张忠要王阳明去江西督察院找他。王阳明欣然而去，一进衙门，直奔督察院院长的椅子，并且在一屁股坐到上面后，就夸张地示意张忠等人也坐。张忠火了，说："你王阳明凭什么坐主位？"

王阳明严肃地给他们普及常识："我是江西巡抚，是江西省最高军政长官。由于宁王之乱，都察院没有院长，所以我就是都察院代理院长，这个主位就应该是我的。诸位虽然是皇帝身边的红人，炙手可热，但我是巡抚，从二品，比诸位要高，所以无论从哪一方面讲，都应该我是老大。"

张忠的同伙跳起来，说："我们是皇上特别委派的专员，是代表皇帝来的，你怎么敢如此放肆用品级压我们！"

王阳明说："你们是特派员不假，不过你们应好好了解下特派员的权力和义务。我虽然有协助你们办事的职责，但我这个巡抚的权力不容侵犯。"

张忠团伙一时之间不知如何是好，都愣在当场。事后，王阳明对弟子说："我并不是想夺那个位子，但若守不住礼法，就违背了我的良知，将来必受制于人。"

可是，对于内心不认可的礼法，王阳明的态度又是如何呢？

还是在1519年，七月末，王阳明在鄱阳湖上活捉了造反四十余天的宁王朱宸濠。九月初，皇帝朱厚照派出的锦衣卫抵达王阳明所在的南昌城。锦衣卫带了威武大将军的手牌，命令王阳明来见。

威武大将军其实就是朱厚照，此人特喜欢玩耍，几年前，就曾扮演威武大将军出塞外，和蒙古人打了一架。

人人都知道威武大将军就是皇上，皇上就是威武大将军，所以威武大将军的手牌就是圣旨。也就是说，面对威武大将军的手牌和面对圣旨一样，都需要做臣子的王阳明迎接、叩拜，行臣子之礼。

但王阳明偏不，他对劝他去行礼的弟子们说："圣旨就是圣旨，手牌就是手牌，不是一回事。大将军的品级不过一品，况且我是文官，他是武官，文武不相统属。我为什么要迎他？"

弟子们大为惊骇。王阳明说，随便派个人去迎他就是了。

锦衣卫对王阳明不懂礼数火冒三丈，但他无计可施。王阳明不见他，他只能生闷气。更让他七窍生烟的是，按规矩，王阳明要孝敬他一点钱，可王阳明如打发乞丐似的只给了他五两金子，他气得把金子摔到地上。第二天，他让人通知王阳明："我走了。"

"我走了"这三个字具有雷霆之力，它背后的意思是："我去皇上那里告状，你死路一条。"

王阳明施施然出来，未等锦衣卫鼻孔冒火，就拉起锦衣卫的手，动情地说："下官在正德初年下锦衣狱很久，和贵衙门的很多官员都有交情，但您是我见过的第一个轻财重义的锦衣卫。昨天给您的黄金只是出于礼节，想不到就这么点钱您都不要，我真是惭愧得要死。我没有其他长处，只是会做点歌颂文章，他日当为您表彰此事，把您树立成典型，让天下人膜拜。"

这番话说得很有水平，它直指人的良知。人皆有虚荣心，喜欢受人吹捧，如果能被王阳明歌颂，那真是莫大的荣幸。所以锦衣卫怒气顿消，大为感动起来。他让王阳明握着手，说："本来这次来是让您交出朱宸濠的，可我看您也没有这个意思，虽然我没有完成任务，但您的一番话让我心弦大动。我告辞。"

由此可知，王阳明教家人遵循的礼法，必须是和我们内心相应的，**首先是我们内心认可外在的礼法，然后才是去遵循它。**除此而外，一些伪礼法都应该被轻视，甚至是鄙视。

王阳明除了要家人应遵循内心认可的礼法，还要家人遵循道义。什么是道义？王阳明的解释是："心得其宜为义，致良知则心得其义也。"意思是，心安就是义，而让心安的办法则是致良知。

如何致良知呢？

第一，听命于良知。如王阳明所说："尔那一点良知，是尔自家的准则。尔意念着处，他是便知是，非便知非，更瞒他一些不得。尔只要不欺他，实实落落依着他做去，善便存，恶便去，他这里何等稳当快乐。"

第二，集义。就是集善，做事符合道义。

第三，量知而行。"凡谋其力之所不及，而强其知之所不能者，皆不得为致良知。"

最后第四点，极符合"义"的内涵："当弃富贵即弃富贵，只是致良知；当从父兄之命即从父兄之命，亦只是致良知。其间权量轻重，稍有私意于良知，便自不安。"

这就是王阳明所谓的循礼义。归根结底，王阳明还是要家人能致良知。

家训五：节饮食，戒游戏

“饥来吃饭倦来眠，只此修元元更元。说与世人浑不解，却于身外觅神仙。”这是王阳明的诗歌《养生歌》，通俗易懂，意义却极为深远。依王阳明之见，养生要由修身来体现，它贯穿于饮食起居等日常生活中。饿了就吃，困了就睡，只有顺着天性，才能做到正心修身，这比道家追求的最高境界“元”要“元”多了！

饿了就吃，和饮食有关。王阳明告诉家人要“节饮食”，分为三个层次。

首先，饿了就吃，但不能吃太多，只要保证我们身体的能量即可。不但不能吃太多，而且要量力，这个“力”是经济基础。饿了吃饭是天理，但如果超出你经济基础的大鱼大肉，这就是人欲。

其次，饮食不可断，不能如道家那样经常搞“辟谷术”。这是用外力阻止人的身体需求，对身体百害而无一利。

最后，你要把食物彻底消化吸收，否则不如不吃。他曾在一次饭局上对弟子们说，学问也如吃饭一样：吃饭无法消化，身体就会得病；学问无法消化，心理也会得病。

据此，王阳明要家人节饮食，是从修身角度出发的。也就是说，节饮食是修身的一部分，不能不重视。

再来看“戒游戏”，这个话题就非常有意思了。

王阳明年幼时，最喜欢游戏。他喜欢各种孩童玩的游戏，尤其是军事游戏和象棋。当他沉溺于象棋中，两耳不闻世间事时，父亲王华教训他道：“你整天鼓捣这种‘小技’，是违背圣人的教诲。”

王阳明却一本正经地说：“我正是在遵循圣人的教诲啊。”

王华冷笑：“你老子我是秀才，圣人说过的每句话我都背得滚瓜烂熟，我怎么从来没有听过圣人让人钻研象棋的话？”

王阳明摇头晃脑地说：“您说象棋是‘小技’，孔夫子说过，即使是小的技艺，也一定有可取之处（虽小技，必有可观者焉）。这不是告诉人们，可以钻研象棋这种小技吗？”

王华被气得胡子抖了两下，说：“你断章取义的功夫还真不错。孔夫子这句话下面还有句话，你可记得？”

王阳明当然记得，但他摇头。

王华冷笑：“真是学艺不精。孔夫子下面的话是，但对远大的事业恐怕有影响，所以君子不从事这些小技艺（致远恐泥，是以君子不为也）。”

王阳明假装恍然大悟：“孔夫子是个性情活泼的人，他肯定支持人钻研小技。后面那句话大概是后人加上去的，应该不是孔子的话。”

王华的胡子又抖了起来。

可若干年后，他竟然让家人特别是小孩戒游戏，其中大概有他千回百转之后的大悟，恐怕还有一点就是：他把圣学（心学）之外的一切技巧、学问都看作游戏了。

下面的故事可以印证这个答案。

王阳明的一位朋友来找王阳明论学。王阳明告诉他："学贵在专心。"

朋友说："对，和你少年时一样，我少年时也喜欢下棋，食不知味，睡不安稳，眼睛不看别的，耳朵不听别的，于是在一年内我战胜了全城的象棋高手，三年后，中国内已没有可以和我对抗的，学果真是贵在专心啊！"

王阳明又说："学贵在精益求精。"

朋友激动道："太对了！我后来又迷上辞章，于是字字推敲，句句搜求，研究各种史传，考核诸子百家，由此而始则追踪于唐宋，终又深入于汉魏，学真是贵在精益求精啊！"

王阳明笑了，说："学贵在学正了。"

朋友更加激动，"是啊是啊。我中年后就迷上了圣贤之道，对下棋后悔了，对词章惭愧了，我对它们都不再上心了，您以为怎样？"

王阳明道："很好！其实学下棋也叫做学，学词章也叫做学，学圣贤之道也叫做学，结果却大不一样。道就如同大路，道之外的一切就是荆棘丛生的小路，它们是很难到达大路的。所以说，专于道才算得了专，精于道才算得了精。"

朋友不太明白。

王阳明就解释道："如果只是专于下棋而不专于道，这种专便成为沉湎；精于辞章而不精于道，这种精便成为癖好。讲到道可是又广又大，辞章和技能虽也从道中来，但若只以辞章和技能卖弄，那离道可就十万八千里了。

"非专便不能精，非精便不能明，非明便不能诚，所以《尚书·大禹谟》说‘惟精惟一’。精，是精粹的意思；专，是专一的意思。精然后明，明然后诚，所以明是精的体现，诚是一的基础。一，是天下最大的本源；精，是天下最大的功用。连天地万物生成发育的大道都明白了，何况是词章技能那些无关轻重的事情呢？”

这就是王阳明所谓的“戒游戏”，不是让你彻底和那些游戏断绝往来，而是要以道贯穿游戏。这个道就是良知。

“虽小道必有可观，”王阳明说，“如虚无、权谋、术数、技能之学，非不可超脱世情。若能在本体上得所悟入，都可通入精妙。但其念头若专注于此，想若治国平天下，便不能通，故君子不用。”

家训六：毋说谎

在人犯的诸多错误中，说谎是最不能原谅的错误。因为它歪曲了事实，用遁词掩饰着自己的过失。以阳明心学语境讲则是，说谎的人自我创造了一个虚空世界，这个世界里的一切都是假的。倘若对其放纵下去，他们终会沉沦在这个世界，永难再见真实光明的世界。

不说谎就是诚。王阳明说："惟天下至诚，然后能立天下之大本。"按今天的解释，这里的"诚"是真心实意对待每一件事、每一个人，也就是不撒谎、不欺瞒。

朱熹说，"诚"就是不自欺不妄，王阳明按这一思路继续发挥道：诚，就是"诚意"，真诚恻怛地对待自己的念头；只要不自欺，自然不会妄言，也就远离了说谎。

王阳明训导家人"毋说谎"，因为说谎意味着欺骗良知，非致良知。良知说"是"，你偏说"非"，良知说"非"，你偏说"是"。长此以往，形成惯性，你就成了个口是心非的人，成了个虚伪的人。

不但别人鄙视你，纵是你本人，因常和良知作对，也会受到良知的谴责。如此，有何修身养性可谈？

所以，王阳明要你“毋说谎”，只是要你依良知而行，要诚意。

阳明心学认为，良知无善无恶，但良知所发出的“意”有善恶，这个“意”就是念头，我们要在事情上依良知的指引正我们的念头，这就是诚意。

有弟子恍然大悟道：“这个嘛，我明白了。比如我要去西天，这是件事，我在这件事上正我的念头。念头就是‘不辞险阻，决意向前’，这就是诚意了吧。”

王阳明摇头：“不对！”

弟子蒙了：“对啊，怎么不对？您说的要在事上正念头啊。”

王阳明道：“南辕北辙的那位，也是不辞险阻，决意向前，你觉得他能到目的地吗？”

“不能。”

“这就对了，你说的‘不辞险阻，决意向前’只是‘意’，是念头。但前面还有个‘诚’字，我理解的‘诚’就是正。所谓‘正’就是为这件事做好充足的准备。这里有‘智’的层面。比如你要去西天，首先该知道西天在哪里，你要准备馒头和盘缠，还要准备交通工具，然后再‘不辞险阻，决意向前’，这才是真的诚意。”

我们由此可知，“诚意”的内涵竟然如此曲折，但明白后，又如此简易明快。

由此逻辑转进“说谎”来，就可以得出这样的结论：我们屡屡告诫自己，不要说谎，要对自己不喜欢的东西勇敢说“不”，却在平时没有准备，一遇事时重蹈覆辙，仍然说谎，仍然无法拒绝别人，违心地说着谎言。

缺少了“诚”这一环节，纵然意（念头）无比正确，又有何用?

王阳明主张知行合一，必有事焉（心上无时无刻不存天理、去人欲），正是因为很多人缺少“诚”这一环节。倘若缺少了“诚”，“诚意”这一重大的心学概念也就无存在的必要。

所以“毋说谎”，只是个具体要求，王阳明希望家人真正做到的是“诚意”！

家训七：毋贪利

人人必须要有“利”才可生存，但须有个正确的态度。在心安之下所获取的利才是正确的利；**心不安所获取的利，就是贪利。**

王阳明的一生，就是不贪利的典范。

1517年正月，王阳明到江西剿匪。1518年阴历三月，王阳明彻底剿平了江西、福建、广西等几十处土匪。这一地区的匪患曾让中央政府浪费钱粮无数却总是无寸尺之功，而王阳明只用了一年零三个月时间就大功告成。这种成绩可谓光耀千古，但王阳明在平定匪患之后，非但没有邀功请赏，反而要辞职回家。

跟随他的弟子们大惑不解。王阳明说：“我已把报捷书送上去三个月，朝廷始终没有奖赏的文件下来，这就说明他们没有奖赏的心，我又何必贪恋这功名呢？”

弟子们哄堂大叫：“王老师您立下如此大功，朝廷不奖赏是不对的。我们应继续上疏，请朝廷封赏。”

王阳明摆手道："这不可。"

"有何不可？王老师是怕别人非议您贪功贪利吗？"

王阳明无可奈何地笑道："我什么时候在乎过别人的非议？我来江西的念头是剿匪，并非贪功贪利。如果我的念头是功利，那就是真的贪了。一门心思在功利上，心浮气躁，恐怕也无法在这么短时间里平定匪患。所以我要感谢没有'贪利'的念头，朝廷不奖赏我，我也不会动心，因为我的心根本就不在这上面。你等也须记住这些！"

1519年阴历七月，王阳明用四十余天击败了造反的朱宸濠，并将其活捉。朱宸濠在南昌运筹帷幄十余年，精兵强将二十万，倘若没有王阳明，他非把长江两岸变成地狱不可。

这可是能与天地同寿的巨功，王阳明接下来做的事却让人目瞪口呆，他把朱宸濠这块能带来无限利益的宝贝拱手让人。

为什么会有如此狗血的剧情？

真相如下。皇帝朱厚照听说朱宸濠造反后，永不安分的心立即大动，他带领人马南下，想和朱宸濠较量一番，这叫御驾亲征。想不到他才走到河北，王阳明的捷报已到。朱厚照大为恼火王阳明抢了他的功，于是三番五次派人去见王阳明，命令王阳明交出朱宸濠。

皇帝要大臣交出逆贼，情理之中。但朱厚照的念头是破天荒的，他想把朱宸濠释放到鄱阳湖上，由他自己亲自捉拿一回。

这种情况下，王阳明身为臣子，必须交出朱宸濠。但他不交，而是把朱宸濠交给了朱厚照最信任的太监——良知较为光明的张永。

张永问王阳明："你这是扔了烫手的山芋？"

王阳明正色道："我并非为自己考虑，而是为了南方的百姓。一旦把朱宸濠释放，战争必起，纵然皇上把朱宸濠活捉，百姓总会受到一点战争的伤害。"

张永沉思，不相信王阳明的诚实：“擒拿朱宸濠可是大功一件，你把他交给我，功劳全无，你不可惜？”

王阳明郑重其事地重复了自己的良知：“我并非为自己考虑，而是为了南方的百姓！”

张永被感动，接收了朱宸濠。王阳明轻松地置身事外，而他能置身事外，就是他秉承了在家训中说的那三个字：毋贪利。

1529年，王阳明人生的最后一年，他奉命到广西剿匪，大获成功。中央政府非但不赏，而且还要罚他，王阳明听到种种消息时心如止水，不露声色。

有太多的人为他打抱不平。他问这些人：“你们为何觉得我冤？”

这些人说：“您建立了如此大功，功名利禄本该滚滚而来，如今这些非但不来，还引来了雷霆之怒，这岂不是天下大冤？”

王阳明笑道：“你们忘了我来广西的目的。我来广西是剿匪，并非贪功恋利。剿匪已成，此行就无憾，有何大冤？”

这就是王阳明，一生都在秉承毋贪利的人生信条。这种信条曾让他的心获得泰山般的安宁，也曾救过他的命。

不过，他也有例外的时候。

有一次，一老农来见他。老农说，最近家里财政状况堪忧，很多地方需要现金。可悲的是，他没有现金，所以决定将自己的一块田地卖给王阳明。王阳明当即拒绝，他说：“君子应成人之美，不可趁火打劫。你是农夫，田地是你的生存源泉，我若买了你的地，你是能解了近忧，可将来怎么办？”

王阳明决定，借给老农所需要的现金，还款日期不限。老农感激涕零，拿着钱千恩万谢地走了。

故事倘若到此为止，那就成了道德版的小故事大道理，这不是阳明心学的风范，所以必有下文。几日后，王阳明和弟子们到山水间游玩。在一处风景如画之地，王阳明看向山凹处一块田地，不禁赞叹道：“你们看，那里面山背水，远看如菩萨莲花宝座，实在是风水宝地啊。”

有弟子试探性地问道：“老师喜欢这块田地？”

王阳明眉飞色舞：“怎能不喜欢？良知能知善恶，它告诉我这就是‘善’的，我真是如喜欢美色（如好好色）一样喜欢这块田地。”随即，王阳明脸色呈现遗憾的神情，“可惜它不是我的。”

该弟子笑道：“它理应是您的，只是您舍了。”

王阳明迷惑地看着该弟子。

该弟子解释道：“这块田地就是几日前那个来和您做买卖的老农的。他当初要卖给您的地就是这块地。”

王阳明“哎哟”了一声。人人都能听出他语气里的懊悔。

可语音未落，王阳明马上顿足扼腕，说道：“我怎么会有这种想法?!”

众弟子茫然。

王阳明找了个地方坐下来，紧闭双眼，静如枯木，许久才睁开眼，看到弟子们丈二和尚摸不着头脑的神态，缓缓说道：“我刚才的那想法就是私欲，归根结底是贪利。欣喜的是，总算被我克掉了。”

众弟子这才恍然大悟。

这个故事告诉我们，人突生贪利之心不可怕，只要能及时改正。

我们如何改正呢？自然是省察克治，发现贪利这种私欲，然后克掉它。

如去盗贼，须有个扫除廓清之意。无事时将好色好货好名等私逐一追究，搜寻出来，定要拔去病根，永不复起，方始为快。常如猫之捕鼠，一眼看着，一耳听着，才有一念萌动，即与克去，斩钉截铁，不可姑容与他方便，不可窝藏，不可放他出路，方是真实用功，方能扫除廓清。

是不是没有了特定的贪利之心，就是全无私欲都是天理了呢？

未必，纵然没有贪利之心，闲思杂虑也是私欲。

王阳明说："闲思杂念，到底是从好色、贪财、慕名这些病根上滋生的，自己寻求本源定会发现。例如，你自信绝对没有做贼之想，什么原因？因为你根本就没有这分心思。你如果对色、财、名、利等想法，似不做贼的心一样都铲除了，完完全全只是心之本体，还哪里有闲思杂念？这便是'寂然不动'，便是'未发之中'，自然可以'发而中节'，自然可以'物来顺应'。"

也就是说，我们平时的"闲思杂虑"并非闲的、杂的，而是有所指。人人都会寻思自己怎么发财，人人也会担心自己碰上倒霉事。这些胡思乱想的背后，其实都是我们对名利的渴望和对我们害怕失去某些东西的担忧，它们都属于非分之想。如果你看淡名利，如果你真看透生死，你就不可能在平时胡思乱想。

当然，王阳明之所以说闲思杂念也属于私欲，还因为闲思杂虑只存在于我们脑海中，还没有被实现。所以我们思虑的善恶、是非，并非如白昼和黑夜那样容易分辨。我们以为正在对未来憧憬，实际上却是贪欲；我们以为正把自己勾勒成一个伟大的人物，实际上却是好名的私欲。在这些真假难辨的闲思杂虑中，很容易会让良知无法判断，最终会遮蔽良知。

所以，王阳明让家人毋贪利，其实是让人省察克治，最终把贪利的念头清除出心。

有人问："是不是任何追求利的行为都是错误的呢？"

王阳明摇头道："当然不是，只要你在追求利的过程中，让良知流行其中，尽管去追求！"

家训八：毋任情

西晋名士王戎的幼儿夭折，王名士整日哀痛欲绝。他朋友山简来探望，王戎仍是悲伤不已。

山简就安慰他："您失去的不过是一个还不懂事、还没有感情的小东西，何必悲伤到这种程度呢？"

王戎抽泣着讲道："圣人寄心大道，没有感情的困扰；最驽下的人浑浑噩噩过日子，根本想不到人间还有感情这回事；只有你我这样的中庸之辈，才是情之所聚、情感丰富的人啊！"

山简大为钦佩而感动，也开始为王戎丧子而悲痛。

两人号啕大哭，如丧考妣。第二天，王戎和山简就都病了。

王戎从情感的角度把人分为三等：太上忘情，其次任情，最下不及情。他说自己处于任情层面。

那么，王阳明是如何看待这种事的呢？

异曲同工的故事发生在王阳明的弟子陆澄身上。陆澄儿子病危，他却远在千里之外，所以心情极度忧闷，整日以泪洗面。

王阳明就对陆澄说："这正是你学心学的最佳时候。"

陆澄一震："我都这样了，怎么还有心情学心学？"

王阳明说："如果在这时不用功，平时讲的那些有什么用处？父亲爱儿子，乃人之常情，不过天理也有个'度'，过了就不好。人都有七情六欲，有人认为，七情六欲应该尽量发泄才算是人，就如父母去世，做儿子的岂不想哭死？可是，古话说了：不能过分悲伤而失去了本性（毁不灭性）。本性的存在靠什么？自然是我们的身体。"

和王戎的见解大不同，王阳明认为，人的确是有感情的动物，但老天给我们这种感情时，不是让我们来挥霍、放纵它的。流露情感时要适度、适可而止。

如果无法做到适度和适可而止，那就是任情。

在人生的最后几年，王阳明和弟子们谈起自己的年轻时代。这种谈心是平静温和的，他说："现在想来，我真是很不喜欢年轻时候的自己。"

弟子们说："老师何出此言？您年轻时在各个领域都出类拔萃，大家有目共睹。"

王阳明笑道："你们看到的是表面，未看到我的心。表面看，我在任侠、骑射、佛道、辞章上专心致志，深入其中，出乎其外，成绩不凡。但我狂热的内心只专注于这些事情的本身，未专注天理。这就比如你做一件事只是为了赚钱，做事只是手段，赚钱才是目的，这就反了。"

弟子们正要作恍然大悟状，王阳明又说："这就是对自己的情绪、情感太放任和迁就，想干什么就干什么，狂热地迷恋事物本身，而不注意事物背后的天理，结果到头一场空。"

弟子们频频点头："做人就该节制自己的情绪，无论遇到什么事，以喜怒哀乐应对时，都应适中。”

毋任情，还应有所为与有所不为。王阳明在《与王纯甫》的文章中说：“居常无所见，惟当利害，经变故，遭屈辱，平时愤怒者到此能不愤怒，忧惶失措者到此能不忧惶失措，始是能有得力处，亦便是用力处。”

人难免会遭遇挫折、屈辱，甚至是巨大变故。当此时，能平静地控制住自己的情绪，这就是致良知了，也是毋任情了。

为什么不能彻底放任自己的情感？心学的道理是，情感不适度地发泄是对情感和精力的分散和浪费，而心学的基本要求是，人应该约束自己的情绪，以养精蓄锐，让情绪免于分散和浪费，从而获得情感所产生的质量和敏锐。

我们都知道，特别理性的人只是因为他能约束自己的情绪，情绪的合理表露会让他拥有人生的质量和敏锐度，使其变得更为理性；感性的人则任由情感泛滥，当真正需要约束感情时，他发现自己已无法控制它们了。

人不能控制过度的情绪，就最终会成为情绪的奴隶，为其所驱使。

凡是得意时就喜不自禁，失意时就怒气冲天，这就叫人被情感左右，何曾自己做主？牛马被人用绳子穿过鼻孔，人拉着，要走就得走，要止就得止。被情绪所主宰，太可悲了。

当泛滥的情绪主宰你之后，你根本关注不了当下，分不清对错的念头，一事难成。

不要放纵自己的情感，还表现在千万别不近人情。

介子推是春秋五霸最有实力的晋文公的臣子。晋文公还未称霸时，因为宫廷斗争的原因被迫出逃。

原本跟随晋文公的一大批臣僚全作鸟兽散，跟随晋文公的只有介子推几人。尤以介子推最忠心耿耿。

某次，晋文公在逃亡路上饿得晕死过去。介子推一咬牙，把自己大腿上的肉割了一块，又寻了点野菜，做成了肉汤，给晋文公吃。

晋文公开始时神志不清，喝了几口汤后，悠悠醒转，一见汤里有肉，哇呀一声怪叫，扑上去三下五除二就把介子推的一条大腿肉吃掉了。

吃完后，晋文公一面打饱嗝一面疑惑起来，他问："这是什么肉？"

有人回答："人肉。"

晋文公大吃一惊："你们杀人了？"

介子推一撩裤子，露出血淋淋的大腿："主公放心吃，这是俺的腿肉。"

晋文公由吃惊变成了大惊骇，半天才反应过来，急忙指天发誓道："若是以后俺发达了，一定要报答介子推的大恩。"

时光一走就是十九年，晋文公辗转回国，当上了晋国国君，封赏了从前和自己共过患难的所有人，除了介子推。

某日，晋文公大宴群臣，有人趁机把露出的大腿踩到桌子上，像是挑逗晋文公。晋文公皱眉，这人就抽出一把刀，在大腿上割了一块肉下来，龇牙咧嘴地献给晋文公，说："主公，可曾记得否？"

晋文公回首往事，"哎呀"一声："我想到了，介子推，当时他的肉里还有野菜，你这没有。"

众臣"哇啦哇啦"嚷开了。大家都想，这主公真不怎样，当初介子推割肉给您吃，现在，您竟然拿这件事开玩笑。

宴会一散，割肉的人实在忍无可忍，硬闯晋文公卧室，大腿鲜血直流。

“您不能这样对待介子推。”

晋文公想了想，问他：“疼吗？”

“不疼，哎哟，哎哟。”

晋文公坐正了，一本正经地说道：“你以为我真健忘吗？我当然记得介子推割肉救活我的事。可你想过没有，把自己的肉割了，面不红，心不跳。他对自己都这么狠，对别人呢？这就叫不近人情，冷血动物，我怎敢用这种人？”

战国初期，魏文侯要进攻中山国。大将乐羊毛遂自荐。

魏文侯说：“不可，你儿子就在中山国做官，万一他们拿你儿子要挟你，你肯定无功而返。”

乐羊立下军令状，不灭中山誓不还。

乐羊带着千军万马，去进攻中山国。中山国实在抵抗不住了，就把他儿子拖到城墙上，威胁乐羊，再不撤兵，就把他儿子剁碎包包子。

乐羊的进攻更猛了。

中山国真就把乐羊的儿子剁碎包了许多包子，扔到城墙下。乐羊捡起包子，命令：“给我吃！”

中山国一看：“这是畜生啊，还是投降吧。”

于是，乐羊凯旋。

第二天，魏文侯就让乐羊退休了。

有人为乐羊愤愤不平，魏文侯解释道：“这小子连自己的儿子都吃，还有什么事做不出来？”

有人对王阳明说：“万物一体之仁，就该一股脑地铺过去，对天地万物同样的好。”

王阳明摇头道：“你这又是说闲话了。仁，要有厚薄的。譬如让你选择砍掉身上的胳膊和脑袋，你一定选胳膊。并非我们不爱惜胳膊，而是比之于脑袋，胳膊就没那么重要了。”

我们也可以打个比方，亲人和一个陌生人掉井里，你最先救的应该是亲人，而不是陌生人。如果反了，就是不近人情。介子推割自己的肉，乐羊吃自己的儿子，这都是不近人情。

所谓不近人情，就是我们良知不认可的事。身体发肤受之父母，怎能轻易损害？亲情乃天地第一情，怎能随意割舍？

凡是不近人情的人，纵然做出再大的功业，也是阳明心学认为的最大的恶人。

人类历史上，很多人看上去都大公无私，做下了大义灭亲的事。仔细想想，如果一个人连自己的身体和亲人，都毫不客气地损坏，他对待别人，能仁慈到哪里去？

这也是另外一种任情，比极度悲伤可怕一万倍。

家训九：毋斗气

有一天，你请客吃饭。来了很多朋友，你四处张罗，生怕怠慢了客人。就在忙乱之中，你看到有位客人浑身发抖，满脸青紫。你以为他犯了心脏病，大踏步跑过去，同时还让人叫救护车。

这位客人见你到来，嘴唇颤抖，非常委屈地流下眼泪说："我没有心脏病，我是气的。"

你莫名其妙："谁气到你了？"

客人说："就是你啊，从我进来，你只跟我打了一个照面，你看看我，竟然坐在最后面，你这是瞧不起我，怠慢我。"

你急忙将此人请到主席台前，对他嘘寒问暖，夸张地抒发你对他的友谊情愫。

此人这才破涕为笑，因为高兴，后来喝得酩酊大醉。

我讲这个故事，必有目的。它就是王阳明心学中所谓的"主气"和"客气"：

> 客与主对，让尽所对之宾，而安心居于卑末，又能尽心尽力供养诸宾，宾有失错，又能包容，此主气也。唯恐人加于吾之上，唯恐人怠慢我，此是客气。

主气、客气原本是中医理论，正常的生克制化，称为主气，比如我们平时的呼吸；不正常的生克制化，称为客气，比如咳嗽。

王阳明的解释是，“主气”就是主人发出的符合自己身份的气；“客气”就是客人发出的不符合自己身份的气。

“我”请客吃饭，必要安心居于卑末，尽心尽力供养诸宾，宾有失错，又能包容。

如果“我”是客人，“我”就应该规规矩矩，不计较别人是否怠慢“我”，更不计较有人比“我”坐的位置好。否则，就是客气。

主气是天理，客气是人欲。主气是自我具有的，而客气，注意“客”这个字，它是外来的。主客之分就是内外之分，天理和人欲之别。

或者可以换个说法，主气是正能量，比如志气、豪气、气节；客气是负能量，比如傲气、娇气、斗气。

尤以斗气最平常，所以往往被人忽略，而它对我们造就的影响非常大。

所谓斗气，就是上面例子中的那个浑身发抖、满脸青紫的客人。他在和主人斗气，和所有在场的客人斗气，甚至在和当时的情境斗气。

从心学“为己才可为人”的保身角度看，斗气绝对要不得，因为它伤身，五脏六腑都会受连累。现代科学研究也证明，斗气10分钟，所耗费的精力不亚于一次3000米长跑，而且人在生气时的生理反应异常剧烈，同时会分泌出许多有毒性的物质，这些毒素甚至可以毒死一只大白鼠。从这个程度上说，斗气无异是在慢性自杀。

但如你所知，在人生中，很难做到不斗气。有人问王阳明，人若忿懥（生气）了该怎么办？

王阳明回答："忿懥几件，人心怎能无得，只是不可有耳。凡人忿懥，着了一分意思，便怒得过当，非廓然大公之体了。故有所愤懑，便不得其正也。如今于凡愤懑等件，只是个物来顺应，不要着一分意思，便心体廓然大公，得其本体之正了。且如出外见人相斗，其不是的，我心亦怒。然虽怒，却此心廓然，不曾动些子气。如今怒人，亦得如此，方才是正。"

这段话大致意思是，生气这东西，人人都会有，但你不能过。你生气的时候，其实就是把外来的东西强行纳入了自己心上。和它一较劲（斗气），就是和主气对峙，完全不符合天理了。

那么，如何应对生气呢？王阳明的办法很有点阿Q精神：当自己为某事生气时，你就把某事当成是别人的，比如你被人揍了一顿，你就把它当成是别人被揍了一顿。这样一来，你虽很怒，怒气却未能让你失去控制，时间一久，你也就恢复平静了。恢复平静，就是天理。

王阳明对家人说，不要斗气，其实就是让家人应时刻保持主气，不要客气。它和阳明心学的一贯思想是相吻合的：主气是天理，客气是人欲。致良知就是存天理、去人欲。

家训十：毋责人，但自治

北宋苏东坡在南方做官时，曾在河岸看到一条可爱的河豚。它游到桥下时闷头闷脑地撞在桥柱上。但它不怪自己不小心，也不想绕过桥柱，反而大怒，认为是桥柱撞到了自己。河豚一怒，非同小可。只见它张开大嘴，竖起明亮的鳍，鼓起肚子，漂在水面上，很长时间一动不动。这时，飞过的老鹰看到它，喜出望外，一个猛子扎下来，将它叼走了。

苏东坡大发议论道："世上有些人在不应该发怒的时候发怒，结果遭到不幸，就如这条河豚，不去改正自己的错误，却怨恨外在事物，终于成了老鹰的食物。"

苏东坡说的这个故事，也正是本节的主题：责人与责己，责己就是自治。

古人曰过：责备别人，要能够原谅别人的过失就像没有发生过一样，这样才能心平气和；要求自己，要在看似没有过失的地方找出自己的过失，这样品德就会增进。

还有古人说：能以责人的心责己，原谅自己的心原谅别人，就是圣人了。

这些话说起来轻松愉快，做起来就有难度。因为人都不愿责备自己，当某件事出了错时，当事人都避而远之，然后开始责怪那是别人的错。实际上，无数的人总是随时准备责备别人，绝不会向自己开炮。

如果这种行为属于绝大多数人，那么，“责人而不责己”是否正确，符合天理呢？

王阳明认为，这种态度是绝不符合天理的。因为责备别人是件轻快活，上下嘴唇一碰，就完事了。责备了别人后，也不必再有后续工作。但责己就特别麻烦，凡是责己，是自己必有错了。认识到了错误后，就要否定自己，然后还要改正，这个过程非常痛苦而且耗费气力。人往往好逸恶劳，所以，都在责人而不责己。

按王阳明的看法，这是颠倒乾坤，本末倒置，人最应遵循的天理就是责己而不是责人。有句话叫“人不为己，天诛地灭”，其实讲的应该是“人不责己，天诛地灭”。

人为己，是修炼自己，让自己成为一个遵循天理、活得充实幸福的人。责人做不到这点，只有责己才能做到。也就是说，**责己是真切地为自己好，而责人对自己毫无益处，反而在责备别人的过程中，得罪他人**。百害而无一利的事，为何要去做？

王阳明有个弟子特别喜欢责人，王阳明就警告他：“学须反己。若徒责人，只见得人不是，不见自己非；若能反己，方见自己有许多未尽处，奚暇责人？舜能化得象的傲，其机括只是不见象的不是。若舜只要正他的奸恶，就见得象的不是矣。象是傲人，必不肯相下，如何感化得他？”这名弟子幡然醒悟。

王阳明补充道：“你今后只不要去论人之是非，当责辩人时，就把他当作一件大私欲，克去方可。”

“只见得别人的不是，见不到自己的不是”，这种人多如驴毛。王阳明的意思很简单，每个人就是个问题库，太多的问题需要解决，而有些人竟然还想去解决别人的问题。他认为，舜能让象改邪归正，无非就是忽视象的不是，如果舜真是喜欢责人的人，那肯定就把象批评得一无是处。而对于象这种人，他必然不会承认错误。结果只能是让象的恶性暴露在光天化日之下。

自治，就是自己治理自己。一言以蔽之，就是自我管理的能力。自我管理，听上去很大，其实无非责己。常反省自己的不对之处，加以改正。当你把所有精力和时间都用在自我管理上，正如王阳明所说的，你哪里有时间去责别人？

反之，那些总喜欢责别人的人，是不可能做自我管理的，其人生境界，实在堪忧！

家训十一：能下人，能容人

“能下人，是有志；能容人，是大器”，这两句话，很有味道。能谦逊地甘居人下，能容忍别人的不平，乃至挑衅，是中国传统美德。当然，在王阳明这里，却有智慧的味道。

我们从两个故事开始，来立体地理解这两句话。

秦王朝末年，有个叫韩信的人，整日腰间佩带一把剑，四处游走。有个无赖就挑衅他：“你小子整日挎着把剑，能杀人吗？”

韩信说：“不能。”

无赖就说：“你今天必须要杀个人，要么杀了我，要么从我裤裆底下钻过去。”

韩信考虑了一下，就从无赖裤裆底下钻过去了。史称“胯下之辱”。

“胯下之辱”后来成为中国人忍辱负重的标杆，和“勾践吃屎”并驾齐驱。

有弟子问王阳明：“古圣曾说，真君子要杀身以成仁，别求生以害仁，如何理解？”

王阳明回答：“只为世上人都把生身命子看得来太重，不问当死不当死，定要宛转委曲保全，以此把天理却丢去了，忍心害理，同者不为。若违了天理，便与禽兽无异，便偷生在世上百千年，也不过做了千百年的禽兽。”

这意思已很明显，遇到不公时，要听良知的命令。如果这件事符合天理，那你为其献出生命也无妨；如果这件事不符合天理，你最好就忍了。

符合天理就是符合良知的命令。韩信在钻人家裤裆之前，良知告诉他的是，这种混账，你没必要跟他一般见识。你若真宰了他，就会去坐牢。由此，你的志向就无法实现了。利害权衡，还是钻了吧。

“胯下之辱”的故事正是“能下人，是有志”的案例解读，能在良知命令下“下人”，因为我有做人上人的志向。此志向坚定不移，雷打不动，区区一个裤裆算什么？

第二个故事发生在唐朝，主角是郭子仪。

郭子仪是平叛“安史之乱”的第一功臣，可谓功高盖主，但他有高度的政治智慧，巧妙地处理着他和其他人的关系。当时的权宦鱼朝恩因嫉妒他的风光，把郭家的祖坟挖了。郭子仪从前线回来后，人们都准备看他怎么收拾鱼朝恩，结果，郭子仪却在皇帝面前说：“我带兵打仗，常有士兵挖人祖坟的事情发生，现在天老爷降罪到我自己身上了，这是我的过错啊！”

鱼朝恩惊骇万分，从此再也没和郭子仪作对过。郭子仪后来把“容人”当成家训，传给下一代，代代相传。郭家人丁兴旺，富贵尽有。

“能容人，是大器”和“能下人，是有志”，都是教人朝既定的方向前进，不要被方向之外的人和物干扰。**走正确的路，一定要把路走正确，这才是知行合一。**如果不能容人，不能谦逊居于人下，这条路走起来就会很难。

王阳明只是想告诉家人，千万别忘了致良知这目标，除了这个目标，其他都是闲扯。要能培养这种毅力，非能下人、能容人不可。

不能下人，又不能容人，就会心高气傲、指手画脚，这种人，不但被别人反感，自己也得不到任何好处。

这方面的例子多如牛毛，我们只说说三国时的祢衡，就可感悟到这条家训的威力。

祢衡这人才华横溢，堪称人中龙凤。但他的缺点和优点一样出类拔萃，那就是心高气傲，不肯下人。

开始，祢衡的好友孔融将其推荐给曹操。曹操真心实意请他出山辅佐自己，祢衡鼻孔朝天，说："曹操他也配！"

曹操闻听祢衡鼻孔朝天的言论后，就对孔融说："祢衡只是个不知天高地厚的小子，我若真要杀他，就如同杀掉一只老鼠一样简单，但是我不杀他，这个人在外还有点名气，我不能让人说我没有容人之量。"

孔融把曹操的话告诉了祢衡，祢衡"呸"了一口："他曹操也就能杀人而已。"

曹操的确不杀他，而是把他推荐给了荆州的刘表。祢衡不愿意去，曹操就备了三匹马，派两个人挟持着他走。

祢衡只好上路，临行前他说："老子我还会回来的。"

到了刘表那里之后，祢衡依然故我，时常出言讽刺刘表的左右亲信。很快，刘表手下的人就成了他的死对头。

这些人向刘表打小报告说："祢衡那家伙看不起您，老说您像个娘们儿，最后会失败。这种人，干掉他算了。”

刘表摇头道：“祢衡折辱过曹操，但曹操都没有杀他，不过是怕背上度量小的恶名，希望能够借我的手杀掉祢衡，我也不是傻子，听说黄祖那个人脾气十分暴躁，把祢衡让给他吧。”

就这样，祢衡又被送到了黄祖那里。祢衡依然旧习难改。某次，二人喝酒，黄祖问他：“你在曹操处都结交了哪些杰出人物？”

祢衡随意回答说：“在许都，真正称得上人物的也就孔融和杨修两个罢了。”

黄祖问：“比起我来怎么样？”

祢衡瞅了黄祖一样，不屑地说：“你？不过就是个庙里受人祭祀的泥木菩萨，而且还是不太灵验的那种！”

黄祖暴怒，把祢衡捆绑得像猪一样拖出去宰了，并把他的人头送给了曹操。这真应了他从曹操处走时说的那句话：“老子还会回来的。”

若用阳明心学分析祢衡这个人，就该是这样的：觉得自己永远高人一等，不知人皆有良知，人人皆平等。无法容人、无法谦逊居于人下，倚仗外在的知识或才能而不可一世，终会倒霉栽倒。

家训十二：凡做人，在心地

“凡做人，在心地：心地好，是良士；心地坏，是凶类”，这是王阳明家训的尾声。琅琅上口、朴实无华的几句话却足以让人深思一生。

有人问王阳明：“既然良知是指引人向善的，而人人皆有，为何会有恶人？”

王阳明回答：“恶人的良知被遮蔽了。”

看到这里，很多人会认为，恶人的良知被遮蔽，就是良知不能发挥作用，分不清是非善恶，于是有了好人和坏人之分。所以，良知就是心地，良知光明，就是良人；良知被遮，就是恶棍。

这种看法大错特错。王阳明早就说过，良知无论光明还是被遮蔽，它都发挥作用，也就是说，它肯定能判断出是非对错。但是，恶人不会执行良知的命令，甚至反其道而行之。

对于抢劫，任何人都知道是错误的，但有人去做，这就是良知被遮蔽了。

良知永远是向善向“是”、天天向上的。但是，我们的心所发出的意（念头）是有善有恶的。所以王阳明要求我们要诚意——真诚恻怛地对待自己的念头——即正念头。

而心地，原本是佛教用语，指的是存心、用心。

存心就是光明良知，用心就是诚意。归根结底，所谓“心地好，是良士；心地坏，是凶类”说的就是：念头正时是良人，念头歪时是坏人。

所以，做人在心地，就是在念头。这件事，你的念头是好的，你就是好人；那件事，你的念头是坏的，你就又成了坏人。

我们可以从西汉宣帝时的宰相丙吉身上得到证明。

丙吉有一天出门办事，见到一群古惑仔正在血拼，有人已满脸血污，倒地不起。丙吉却似没看到般，就从械斗现场走过。

出了城就是郊区，有人驱着一头牛走过，那头牛气喘吁吁，伸长了舌头，有气无力地缓缓前行。丙吉急忙让车夫停下牛车，上前查探，如同医生检查病人一样认真。

回来的路上，他的车夫忽然说道：“老爷，我就不明白了。”

丙吉问：“你怎么啦？”

车夫说：“生死事大，您见到有人械斗，置之不理。可看到一头牛，却跑上去嘘寒问暖。牛比人大？”

丙吉说：“这你就不懂了，打架斗殴的事自有京城治安官负责。而那头牛喘得厉害，我担心是天热的原因。现在刚进入春天，如果天气炎热的话，那么老百姓今年的收成就成问题了。我身为宰相，黎民百姓的生计问题是要管的，打架斗殴的事不是我管的。”

后人评价说，丙吉识大体。冯梦龙却嘲讽道：“牛体比人体大，他的确是识大体。”

人命关天，丙吉不管，这就是念头不对，此时，他成了坏人。牛吐舌头，他下车询问，所抱的念头是对百姓收成的担心，这个时候他又成了好人。

有人向王阳明请教道：“我秉性平直，安分守己，遇到口才好的人，就特别惭愧，恐怕这是根器太弱，后天无法补救吧？”

王阳明回答：“你这是重外轻内。如果平时能集义（积累善念善行），则浩然之气至大至公，充塞天地，自然就能做到富贵不能淫、贫贱不能移、威武不能屈；自然就能通晓人讲话背后的意思，凡是那些弄虚作假的言语在你面前根本无从藏身。若能做到这点，你有什么可惭愧的！集义就是致良知。心得其宜为义，致良知就是心得其宜了。”

此人又问：“我因和弟弟谋划一件事，结果没成功，还连累了很多人。后来反省，都是因为不老实，您怎么看？”

王阳明回答：“所谓老实，须是实在地致自己良知才能得到，不然恐怕所谓老实，正是不老实。”

此人再问：“我听说有个县官清廉异常，退休后险些贫困而死，我就跑去给了他些食物，回来后感觉很舒服，自以为有所得，我觉得‘自以为有所得’，恐怕不太好，您认为呢？”

王阳明回答：“你既然知道‘自以为有所得’不太好，其实就是在致良知。做善事，本是天理。若有一分意思在，就是私了，就不是致良知。”

“若有一分意思在，就是私了”，这就是念头不正，心地就不好了。

佛家讲，“一念天堂，一念地狱”；儒家说，动机最重要；王阳明则说，要真诚恻怛地对待你的意（念头），时刻提防它。其实大家说的都是一回事：**好人和坏人，不是永恒的。它们在互相转变，转变**

的玄机就是我们的念头！

明末的心学门徒高攀龙也有类似的家训：我儿生在世上，只想着怎样做一个人，这是第一重要的事，其他事都不要紧。做人的道理不必多说，只消看看《大学》这本书即可。按书上说的去做，就不会有错。自古以来聪明、通达、明智的人，还有那些圣贤豪杰，对这一点看得最透彻，做得早，所以他们名垂千古，永不磨灭。如果听到这些话还不信，那就是平庸、蠢笨的人，应该猛醒过来。

做一个好人，从眼前看，得不到什么好处，但从长远看，是占了大便宜；做一个不好的人，眼前可以得到一些好处，但从长远看，必然要吃大亏。自古以来，成功失败的例子比比皆是，都非常明显，为何有人还执迷不悟？真是可悲！

不错，心地坏的人，的确很可悲！

第二编　王阳明家书

科举无妨圣学：《寄诸用明》

原文

得书，足知迩来学力之长，甚喜！君子惟患学业之不修，科第迟速，所不论也。况吾平日所望于贤弟，固有大于此者，不识亦尝有意于此否耶？便中时报知之。

阶阳诸侄闻去岁皆出投试，非不喜其年少有志，然私心切不以为然。不幸遂至于得志，岂不误却此生耶！凡后生美质，须令晦养厚积。天道不翕聚，则不能发散，况人乎？花之千叶者无实，为其华美太发露耳。诸贤侄不以吾言为迂，便当有进步处矣。

书来劝吾仕，吾亦非洁身者。所以汲汲于是，非独以时当敛晦，亦以吾学未成。岁月不待，再过数年，精神益弊，虽欲勉进而有所不能，则将终于无成。皆吾所以势有不容已也。但老祖而下，意皆不悦，今亦岂能决然行之？徒付之浩叹而已！

译文

收到了你（诸用明）的信，知晓了你近来学问功力大有长进，我非常高兴！真君子向来担心心性涵养的学业有没有做好，至于科举登第，没必要煞费苦心地关注。况且我平时对你的期望，本来就不止于科举登第，不知你是否对心性涵养这件事特别上心呢？如果是，可以和我说。

听说阶阳等几位侄子去年都考科举了，我并非不喜欢他们年少时就有这样的志向，但如果把科举考试当作人生的终极目标，这就有问题了。对青年才俊最好的方式之一，就是让他韬光养晦，厚积薄发。天道如果不聚都无法发散，何况是人呢？一朵花，开得五彩纷呈而没有果实，只是因为它把自己的才华全部表露出来而导致了后劲不足。各位贤侄如果觉得我的话不迂腐，天长日久，自然会有精进的地方。

你来信劝我出仕做官，我并非洁身清高、追求隐逸的人。之所以想辞官回乡，是因为我有志于圣学却学问未成。时间不等人，再过几年，身体和精神状态每况愈下，虽然勉强想要精进恐怕也是力不从心，终究无法在心性上有所突破了。这就是我迟迟不愿再回去做官的原因。但家中的长辈，都因为这件事情而不高兴，孝为先，我又怎能完全按自己的意志来行事呢？所以，我只能把自己的心思付之一叹罢了！

解析

诸用明，是王阳明的小舅子，毕生都敬佩他的王姐夫。二人常有书信往来，王阳明这封信写于1511年，当时，已经40岁的他正在北京吏部（组织部）担任着一个没有实权、特别清闲的中级官职，几乎属于半隐退状态。所以，他特别想彻底辞职回老家，专心致志于心学的修炼和传播。

王阳明的家人都反对，小舅子诸用明也来信劝说姐夫不要辞官，非但不要辞官，而且要找机会向上攀登，做大官。于是，就有了王阳明这封回信。

王阳明最先谈的不是做不做官的问题，而是科举和涵养心性的身心之学（圣学）的关系问题。

他的态度很清晰："真君子向来担心心性涵养的学业有没有做好，至于科举登第，没必要煞费苦心地谈论。"

他这样说，并非唱高调，而是他从前以身作则的总结。

王阳明从小的志向就不是科举，12岁那年，他问私塾老师："何谓第一等事？"也就是人生的终极目的是什么。

私塾老师回答："中科举，做大官。"

他郑重其事地摇头道："中科举恐怕不是第一等事，成为圣贤才是第一等事。"

无论是私塾老师还是他的老爹，包括所有听到这句话的人，对他的"吹牛皮"都嗤之以鼻。但让人们目瞪口呆的是，他之后真就这样做了。

在第一次进士试之前，他对考试内容"八股文"的态度非常淡薄，所以第一次参加会试，不出意料地失败了。身边好友都来劝慰他，甚至有人吹捧道："你这次不中，下次绝对中，而且一定是状元。现在就做个《来科状元赋》如何？"

王阳明一笑，援笔立就。他身边的一群文章高手看了文章，不禁惊叹："天才！天才！"

王阳明又是一笑，说："文章小事，科举也不是什么大事。"

三年后，他参加第二次会试，因为根本就没重视考试，所以再度败北。一些和他一样未中举的朋友深感对不起列祖列宗，羞愧之下，竟然号啕大哭。

王阳明却像没事人似的，微笑着拍着哭成泪人的朋友说："你们呀，都以不中举为耻。一个科举算什么啊？"

泪人恼羞成怒："你难道不把不中举当成耻辱吗？"这句话的背后其实是，你这人脸皮真厚。

王阳明始终保持着微笑道："我也有感到耻辱的时候啊。"

"什么时候？"

"落榜动心时。"

此言对落榜动心、哭得稀里哗啦的人而言无疑是一种嘲弄，但对王阳明而言，是发自真心的话语。

如果王阳明的科考故事到此为止，我们将永不会看到未来的那个创建心学、用知行合一横扫天下叛逆的王阳明。在两次科举失败的间歇，一次和朋友的对话，改变了他对科举的态度，他的人生之路也由此转了向。

王阳明对科举不重视，缘于他成圣的念头。士子们都在寒窗苦读八股文，他却寻佛问道、游山赋诗、钻研兵法。

某次，他和一位朋友兴致盎然地谈起兵法，朋友听了许久后，缓缓地问道："你这兵法有用吗？"

王阳明正色道："当然有用！"

"怎么证明呢？"

"只要让我上了战场，我就能克敌制胜。"

朋友笑了："你觉得谁会让一个连进士都不是的人上战场？"

王阳明语塞。

“你若真想验证你的兵法有用，就该找到施展的平台，可你看现在，连科举都过不了。”

王阳明恍然大悟。他所恍然悟到的是，人若想成为圣人，非得过科举这关不可。科举是敲门砖，是平台，也是人生的一种历练。

正是这场对话和对话之后的感悟，让王阳明起了奋发图强，先攻克科举的念头。1499年，王阳明第三次参加进士考试，由于之前的刻苦努力，这次轻而易举地通过了。

在创建心学后，王阳明对科举有了更深的体悟。在当时的社会，一个人如果不考取进士，就很难实现经世济民、内圣外王的理想。可是，如果把科举当成是人生的终极目标，而不注重身心修行，那就会义无反顾地陷入功利的旋涡。

所以，他的主张就是，不必着急参加科举考试，先把身心的学问做好做透，也就是好好修行自我，然后去参加科举考试也不晚。而且，他认为，一个人如果成名太速，也不是什么好事。人就应该和天道一样，应该韬光养晦，厚积薄发。如此，后劲十足，才能天长地久。

在一般人眼中，科举就是俗事，而圣学则是雅事，甚至是圣事，二者泾渭分明。当年，理学的鼻祖程颐就为了修习圣学而放弃科举，一时引为美谈。而王阳明认为，圣学无妨举业。一个人如果异常贫穷而有学识在身，就应该去参加科举，改变自己的经济状况，前提是要有圣人之志。

他非但不排斥科举，反而鼓励他的弟子去参加科举。有个叫王龙溪的人自投入他门下后就不思科举，这让王阳明很是忧虑。他对小王说：“我不认为你考了个功名是多么大的荣耀，但我觉得你还是应该去考取个功名来，有了这样的平台，你才能把你所学到的学说更大程度地发扬光大，才能找到你的人生平台。”

也就是说，王阳明认为参加科举是为学者正常的人生追求，攻举业是博取功名的重要手段。

众所周知，当时科举考试内容是理学，王阳明所谓的圣学是他的心学，二者有天壤之别。王阳明如何调和二者呢？

有一次，王阳明某弟子的老爹来看儿子，该弟子就让另外两个同学陪老爹游玩。游玩十余日，该老爹很不好意思地说："让你们陪我这么久，耽误了举子业，真是抱歉。"

两个同学笑道："我们一直在学习举子业啊。"

该老爹道："早就听说心学触类旁通，但它毕竟不是举子业，用心学能得到朱熹的理论吗？没有妨碍吗？"

两同学大摇头道："用良知求朱熹之说，正如打蛇打七寸也。"

该老爹大惑不解，去请教王阳明。

王阳明道："岂止没有妨碍，而且大有益处。学圣学的人，就如治家，其产业、房子、衣服、食物、器物，都是自置。如果请客，就把客人请到家里，万事俱备。客人走了，这些东西也在，终身用之而无穷。如果是学举业，也如治家，从不积累，到请客时，从房子到器物，都要向别人借。客人一走，这些东西还要归还。圣学是吾性自足，不假外求；举业则是事事求于外也。二者一比，是不是高下立判？"

据说，该老爹听后恍然大悟。

在王阳明看来，圣学（心学）是制胜一切的法宝，区区一个科举考试，在圣学面前根本就是小菜一碟。

所以，圣学和科举根本不必调和，因为圣学包含了科举，指挥着科举。

这就是王阳明对科举和圣学的基本态度，也是这封信的重要内容。

在信的最后，他才谈到辞官的问题。而这个问题，仍是圣学的问题。他所以想要辞官，或者不想继续向上爬，原因就是想继续修行圣学。

问题是，所有家人都不同意，于是他只好付之一叹。

这封家书就这样不痛不痒地结束了。

尽人事，听天命：《示徐日仁应试》

原文

君子穷达，一听于天。但既业举子，便须入场，亦人事宜尔。若期在必得，以自窘辱，则大惑矣。入场之日，切勿以得失横在胸中，令人气馁志分，非徒无益，而又害之。

场中作文，先须大开心目。见得题意大概了了，即放胆下笔，纵昧出处，词气亦条畅。今人入场，有志气局促不舒展者，是得失之念为之病也。夫心无二用，一念在得，一念在失，一念在文字，是三用矣，所事宁有成耶？

只此便是执事不敬，便是人事有未尽处，虽或幸成，君子有所不贵也。

将进场十日前，便须练习调养。

盖寻常不曾起早得惯，忽然当之，其日必精神恍惚，作文岂有佳思？须每日鸡初鸣即起，盥栉整衣端坐，抖擞精神，勿使昏惰。日日习之，临期不自觉辛苦矣。

今之调养者，多是厚食浓味，剧酣谑浪，或竟日偃卧。如此，是挠气昏神，长傲而召疾也，岂摄养精神之谓哉！务须绝饮食，薄滋味，则气自清；寡思虑，屏嗜欲，则精自明；定心气，少眠睡，则神自澄。

君子未有不如此而能致力于学问者，兹特以科场一事而言之耳。每日或倦甚思休，少偃即起，勿使昏睡；既晚即睡，勿使久坐。

进场前两日，即不得翻阅书史，杂乱心目。每日止可看文字一篇以自娱。若心劳气耗，莫如勿看，务在怡神适趣。忽充然滚滚，若有所得，勿便气轻意满，益加含蓄酝酿，若江河之浸，泓衍泛滥，骤然决之，一泻千里矣。

每日闲坐时，众方嚣然，我独渊默；中心融融，自有真乐。盖出乎尘垢之外，而与造物者游，非吾子概尝闻之，宜未足以与此也。

译文

君子困顿或显达，乃命中注定。虽如此说，人还须努力，既然你多年来学习举业，就该勇上考场，这就是尽人事，听天命。如果一心势在必得，认为成败即荣辱，那可就大错特错了。真正的考试心态，应是入场时，不要把得失放在心上，得失心一起，气馁存而信心无，有百害而无一利。

对于作文，先从大处着眼，也就是宏观把握。一旦把握，立即动笔，直抒胸臆，绝不可犹豫，也不要在文辞造句上苦心琢磨，相信自己的第一感觉，在这种情况下做出的文章，纵然有典故不严谨处，绝不会给人矫揉造作之感。遗憾的是，很多人从大处着眼后，却不相信自己的第一感觉，自信心一失，作文肯定砸了。这缘于得失之心横在胸中，一心不可二用，而很多考生却三用：一心在得，一心在失，一心在文字，怎么可能成事？

这就是不关注当下应做的事，不专一，不符天理人情，纵然侥幸取得成功，君子也不会重视。

考试十日前，就要为考试做准备了。

首先，是要早起，平时未养成早起的习惯，临考那天肯定会精神恍惚，作文就不会有好的思路。考生须在鸡初鸣时就起，穿衣洗漱完毕，静坐一会儿，这是为了抖擞精神，不要昏沉。坚持十天，就可达到效果。

其次，是调养。现在很多人的养生观念要么是重口味的大鱼大肉，要么是整日放浪形骸，要么整天睡大觉。这些都是消耗精力，增大惰性傲气，会招致疾病，岂是摄养精神的方法？最好的办法就是少吃多餐，以素食为主，清除体内的“肉味”，身体清净，心自然也会清净。

君子都是用这种方法致力于学业的，我只是借科场考试举个例子罢了。平日读书困倦极了可以小睡一会儿，但千万别昏睡。到了晚上就睡，也不要熬夜坐着看书。

最后，是考试前两日，就不要翻阅考试内容的书籍了。每天只要看文字一篇，当作娱乐。不要相信临阵磨枪的神话，临阵磨枪会劳心耗气，看了等于没看。在考试前两日看书，有时会走火入魔：忽然觉得有所得，忽然又觉得好多知识还未学，忽然更觉得这次考试肯定名落孙山。闲思杂虑一起来，平常人如何能抵抗得了？

考试前两天，尽量让自己闲下来，别人高谈阔论，我则呆若木鸡，尽量让自己超然物外，养得此心不动，考场之上，才能以静制动，决胜千里。

评析

徐曰仁，原名徐爱，号横山，浙江余姚马堰横上村人，是王阳明的妹夫，同时也是王阳明的首批弟子之一。当初，徐爱和他叔叔一起去到王家相亲，王阳明的老爹王华有识人术，认定徐爱的叔叔性情放逸，结果徐爱成了王家的女婿。

徐爱对大舅哥王阳明是万分敬佩。王阳明被发配龙场驿站前，徐爱就拜到王阳明门下。1508年，王阳明创建心学后，徐爱想去找王阳明探讨新学问，王阳明对他说："你应该先去会试。"于是就有了这封信。

这封信实际上是王阳明以应试为例来讲他的人生哲学。他首先说，君子应尽人事、听天命。尽到人事，天命眷顾与否，就不是我们要想的事了。无奈人人都有得失之念，不但文章做不好，做人也恐怕不会幸福。其次，无论是做文章还是做学问，都要储存精神，保持精神明澄的状态。最后，人应该杜绝想得太多（闲思杂虑），保持本心清净。

徐爱向来对王阳明言听计从，得到这考试法门后，马上付诸实践。

结果，他落榜了。

这是不是说明王阳明的这套心术毫无用处呢？徐爱不这样看，王阳明也不这样看。他得知徐爱落榜后，再次去信安慰他："你现在还年轻，一次考不上没有关系。最要紧的是修德积学，以求大成。一个科名，不是我对你的期望。养心须从义理着手，为学须聚精专一，万不可为习俗所移，不可为物质利益所引。”最后，他希望徐爱能来龙场学习他新创建的心学。徐爱接到信后，草草准备了行装，就奔龙场驿来了。

姐夫小舅子一见面，便胜却人间无数。两人谈的问题和《示徐曰仁应试》已毫无关系，却和王阳明心学的灵魂有关。这灵魂便是“知行合一”。

徐爱初到龙场后，大概就听了王阳明的“知行合一”说，但很不理解。王阳明就让他举个例子，徐爱就举例说：“人人都明‘知’对父母应该孝顺，对兄长应该尊敬，但往往不能孝、不能敬，可见知与行分明是两回事。”

王阳明回答：“这是被私欲遮蔽了，已不是知与行的原意。天下就没有知而不行的事。知而不行，就是没有真知。

“圣贤教与知和行，正是要恢复原本的知与行，并非随便地告诉怎样去知与行便撂挑子了。所以，《大学》用‘如好好色’‘如恶恶臭’来告诉人们，什么是真正的知与行。

“见美色是知，喜美色是行。见到美色时就马上喜好它了，不是在见了美色之后又立一个心去喜好。闻到恶臭是知，讨厌恶臭是行。闻到恶臭时就开始讨厌了，不是在闻到恶臭之后又立一个心去讨厌。一个人如果感冒鼻塞，就是看到恶臭物在跟前，鼻子没有闻到，也不会太讨厌，只是因他不曾知臭。又如，我们讲某人知孝晓悌，肯定是他已经有孝悌的行为，才能称他知孝晓悌。不是他只知说些孝悌之类的话，就认为他是知孝晓悌了。再如知痛，必须是他自己痛了，才知痛；知寒，必须是自己觉得寒冷；知饥，必须是自己肚子饥饿了。你看，知与行怎能分开？

“这就是知与行的原意，是未被人的私欲所迷惑的。圣贤教人，一定是这样才可以称作知。不然，只是未曾知晓。这是多么紧切实际的功夫啊！当今世人并非把知、行说成两回事，是何居心？我要把知行说成是一回事，是何居心？倘若不懂得我立言的主旨，只顾说一回事两回事，又管什么用呢？”

徐爱还是茫然，但不能不说话啊，所以就说了下面这段看似英明的话：“古人把知行分开来讲，是让人有所区分，一方面做知的功夫，另一方面做行的功夫，如此功夫方有着落。”

王阳明笑道：“你这样说，可就是违背古人的本意了。我曾说知是行的主意，行是知的功夫，知是行的初始，行是知的结果。如果真明白知行是合一的，只说知，行已自在其中了；只说行，知也自在其中了。古人之所以单独说知、行，只因世上有一种人，只茫茫荡荡随意去干，根本不思考琢磨，所以必须说一个知，他才能行得端正；另外还有一种人，每天胡思乱想，天马行空，可却不愿切实力行，所以必须要说一个行，他方能知得真切。这是古人为了救弊补偏，不得已而使用的对策。假若明了这一点，一句话就足矣。

“现今的人并非把知、行分为两件事去做，认为是先知然后行。所以，人人都认为应先去讲习讨论，做知的功夫，等知得真切，再去做行的功夫。遗憾的是，这种人终生不得行，也就终生不得知。这不是小事，此种错误认识为时很久了。

“现在我说的知行合一，正是对症下药，并非我凭空捏造。知行本体原本就是这样。如果知晓我立论的主旨，即使把知行分开说也无关紧要，其实仍是一体；如果不晓我立论的主旨，即使说知行合一，又有何作用？那只是闲扯淡而已。”

这一大段话，即王阳明对“知行合一”简易明澄的解析，没有故弄玄虚，非常接地气。我们由此可知，知行合一的“知”不是知道，而是良知，即我们与生俱来的道德感和判断力。如果我们能遵循内心的良知，复杂的外部世界将变得格外清晰，制胜决断，了然于心，彰显于外。

关于知行合一的“行”，王阳明说，不要以为看得见、摸得着的行动、实践才是行，一念发动就是行了。所以，从这点而言，王阳明提知行合一，还是让我们注意念头的对错，不要以为没有付诸看得见摸得着的实践，随便乱想无关紧要。其实，念头非常重要。

正如王阳明对徐爱说的，君子无论是进考场还是进社会，都要有个正念：尽人事，听天命。

走正确的道路，把道路走正确：《示弟立志说》

原文

予弟守文来学，告之以立志。守文因请次第其语，使得时时观省；且请浅近其辞，则易于通晓也。因书以与之。

夫学，莫先于立志。志之不立，犹不种其根而徒事培拥灌溉，劳苦无成矣。世之所以因循苟且，随俗习非，而卒归于污下者，凡以志之弗立也。故程子曰："有求为圣人之志，然后可与共学。"人苟诚有求为圣人之志，则必思圣人之所以为圣人者安在。非以其心之纯乎天理而无人欲之私与？圣人之所以为圣人，惟以其心之纯乎天理而无人欲，则我之欲为圣人，亦惟在于此心之纯乎天理而无人欲耳。欲此心之纯乎天理而无人欲，则必去人欲而存天理。务去人欲而存天理，则必求所以去人欲而存天理之方。求所以去人欲而存天理之方，则必正诸先觉，考诸古训，而凡所谓学问之功者，然后可得而讲，而亦有所不容已矣。

夫所谓正诸先觉者，既以其人为先觉而师之矣，则当专心致志，惟先觉之为听。言有不合，不得弃置，必从而思之；思之不得，又从而辨之，务求了释，不敢辄生疑惑。故《记》曰："师严，然后道尊；道尊，然后民知敬学。"苟无尊崇笃信之心，则必有轻忽慢易之意。言之而听之不审，犹不听也；听之而思之不慎，犹不思也；是则虽曰师之，犹不师也。

夫所谓考诸古训者，圣贤垂训，莫非教人去人欲而存天理之方，若五经、四书是也。吾惟欲去吾之人欲，存吾之天理而不得其方，是以求之于此。则其展卷之际，真如饥者之于食，求饱而已；病者之于药，求愈而已；暗者之于灯，求照而已；跛者之于杖，求行而已。曾有徒事记诵讲说，以资口耳之弊哉！

夫立志亦不易矣。孔子，圣人也，犹曰："吾十有五而志与学，三十而立。"立者，志立也。虽至于"不逾矩"，亦志之不逾矩也。志岂可易而视哉！

夫志，气之帅也，人之命也，木之根也，水之源也。源不濬（ruì）则流息，根不植则木枯，命不续则人死，志不立则气昏。是以君子之学，无时无处而不以立志为事。正目而视之，无他见也；倾耳而听之，无他闻也。如猫捕鼠，如鸡覆卵，精神心思凝聚融结，而不知有其他，然后此志常立，神气精明，义理昭著。一有私欲，即便知觉，自然容住不得矣。

故凡一毫私欲之萌，只责此志不立，即私欲便退；听一毫客气之动，只责此志不立，即客气便消除。或怠心生，责此志，即不怠；忽心生，责此志，即不忽；燥心生，责此志，即不燥；妒心生，责此志，即不妒；忿心生，责此志，即不忿；贪心生，责此志，即不贪；傲心生，责此志，即不傲；吝心生，责此志，即不吝。盖无一息而非立志责志之时，无一事而非立志责志之地。故责志之功，其于去人欲，有如烈火之燎毛，太阳一出，而魍魉潜消也。

自古圣贤因时立教，虽若不同，其用功大指无或少异。《书》谓“惟精惟一”，《易》谓“敬以直内，义以方外”，孔子谓“格致诚正，博文约礼”，曾子谓“忠恕”，子思谓“尊德性而道问学”，孟子谓“集义养气，求其放心”，虽若人自为说，有不可强同者，而求其要领归宿，合若符契。何者？夫道一而已。道同则心同，心同则学同。其卒不同者，皆邪说也。

后世大患，尤在无志，故今以立志为说。中间字字句句，莫非立志。盖终身问学之功，只是立得志而已。

译文

弟弟（王）守文来学心学，我告诉他先从立志开始。大概是我当时没有说清楚，守文来信说，请详细说明，最好是通俗易懂，有可操作性。于是，我写了这样一封信给他。

做学问和做事业一样，首先要立志。志不立，如同种植植物而不种其根，却一门心思培育灌溉，终究劳苦无成。世人之所以因循苟且，随波逐流，成为平庸，都是因没有立志的缘故。所以程颐说：“能立下圣人之志的人，才可与其结交谈学问。”人如果真有为圣之志，必然会琢磨圣人为什么会成为圣人。其实这种事不用琢磨，圣人无非心纯为天理而无一丝私欲。那么，如果我要成为圣人，也不过是追求天理摒弃私欲罢了。要想如此，必然会探寻“保存天理摒弃私欲”的方法。要求这种方法，必“正诸先觉，考诸古训”，只有做到这两点，才算是志真的立下了。

所谓“正诸先觉”，就是求证于先觉者，先觉就是历史上那些圣人和我们身边“心中全是天理而无一丝私欲”的人。我们要把他们当成老师，毕恭毕敬，专心致志，惟他们马首是瞻。倘若我们的想法和他们的话语有所不合，也不可轻易弃掉，认真思考为上；如果思考后仍无良好结果，那就辨析，一定要搞清楚先觉们的话中深意，搞清楚其话中深意后，就不要轻易生疑惑，要笃信之！所以《礼记》说：“老师受到尊重，然后真理才能受到尊重；真理受到尊重，然后人们才知道虔敬地学习。”如果没有尊崇笃信老师之心，必生轻视忽略怠慢之意。老师说的话，左耳听右耳出，纵然有老师教育你，也等于没有老师。

所谓“考诸古训”，就是考证古圣先贤的经典。古圣先贤的经典，无非教人摒弃私欲而保存天理的方法，比如《五经》《四书》。如果我特别真诚地要祛除自己的私欲而存养天理却没有方法，那就该读古圣先贤的著作。打开经典之时，肯定如饥饿的人之于食物，只求一饱；生病的人之于药物，只求痊愈；黑暗中的人之于灯，只求光明；瘸子之于拐杖，只求行走。难道有人曾记诵讲说圣贤经典，只是得到了一些耳朵进口里出的皮毛之见吗?

其实，立志是件特别难的事。圣人孔子说：“吾十有五而志与学，三十而立。”所谓“立”，就是立志。孔子又说，七十岁后就从心所欲“不逾矩”，也不过是始终坚持志向，而没有让志向“逾矩”。由此可知，志岂是可以随意轻视的！

志向，是浩然之气的主人，人的生命，树木的根基，水的源头。源头枯竭则支流全无，树根不栽培则木叶萧萧，生命不保养则人非死不可，没有志向，浩然之气则无法升腾。所以君子的学业，无时无处不以立志为第一要务。眼睛所看见的、耳朵所听到的，没有其他，只有志向。正如猫捕鼠，如母鸡孵蛋，精神心思凝聚融结，根本不知有其他事，唯有如此，志向才能久远而立，神精气明，义理昭然。在这种情况下，一有私欲，我们马上就可觉察到，自然就要马上去人欲了。

所以，只要有一毫私欲萌发，就要质问自己志向是否坚定，私欲马上会逃走；一有习气所染，就要质问自己是否志向不坚定，习气自然消除。有了懒惰之心，就质问志向是否坚定，那就不会起懒惰之心；疏忽大意之心生，就质问志向是否坚定，那就不会起疏忽大意之心；有了烦躁之心，就质问志向是否坚定，那就不会起烦躁之心；嫉妒之心生，就质问志向是否坚定，那就不会起嫉妒之心；忿怒之心生，就质问志向是否坚定，那就不会起忿怒之心；贪念之心生，就质问志向是否坚定，那就不会起贪念之心；傲慢之心生，就质问志向是否坚定，那就不会起傲慢之心；吝啬之心生，就质问志向是否坚定，那就不会起吝啬之心。人只要活着，就没有一时一刻不是立志、质问志向是否坚定的，就没有一件事不是立志、质问志向是否坚定的。所以，质问自己志向坚定的功夫，正如烈火烧毫毛，只要一质问志向是否坚定，就如太阳一出，而人欲（魍魉）顿消失无踪。

自古圣贤都是按时代的不同施以不同的教育，但无论任何时代的任何教育，其主旨都是大同小异。《书》说的“用功精深，用心专一”，《易》说的“用严肃恭敬的态度来保持内心的正直和真诚，用合乎道义的方式来规范自己的言行”，孔子说的“格物致知，诚意正心，广博知识，约束礼仪”，曾子说的“尽心为人，推己及人”，子思说的“尊重德行也要讲究学问”，孟子说的“多做善事以养浩然之气，以求安心”，可谓众说纷纭，但纳入我心，心心相印，为什么会这样？因为“道一”而已。道同则心同，心同则学同。如果有人发出不同的声音，那就是邪说。

后世让人忧心的地方，就是人人毫无志向，所以我今天以立下志向为题，说了这么多。字字句句都是立志。原因很简单，每个人的终生问学之功，只是志向坚定而已。

评析

“立志”是王阳明谈得最多的问题，1508年创建心学后，他给弟子制定的守则中，第一条就是“立志”。《传习录》中，随便翻到一页，非有“立志”不可。这封《示弟立志说》，正如王守文所期望的那样：通俗易懂地详细地叙述了“立志”这一心学上的尊贵主题。

《传习录·陆澄录》中，王阳明明白无误地说道：“所谓立志，就是要念念不忘存天理。若时刻不忘存天理，日子一久，心自然会在天理上凝聚，这就像道家所说的‘结圣胎’。天理意念常存，则会逐渐达到孟子讲的美、大、圣、神境界，并且也只能从这一意念存养扩充延伸。”

到底立什么样的志，王阳明已说得清楚，那就是成为“心中全是天理而无一毫人欲”的圣人。所谓圣人，不一定是呼风唤雨、撒豆成兵的神人，也不一定是征服帝国凯旋而归的战神，更不一定是富可敌国、挥金如土的超级土豪。王阳明所谓的“圣人”就是指“肯致良知”的肉眼凡胎的芸芸众生。

无论你出身如何、智商如何、身处社会哪一层，只要你肯致良知，保存天理祛除私欲，你就是立下了最完美的“志”，也就是王阳明所谓的圣人。

说得直白一点，王阳明所谓的立志，就是要你找到自己人生的方向。而这个方向在王阳明看来，就是走正确的道路，然后把道路走好，走到底。

我们如何才能走一条正确的道路？

外在的标准答案太多！孔子的答案是仁者爱人；老庄的答案是任我逍遥；释迦牟尼的答案是普度众生；东汉光武帝刘秀未发迹时的答案是娶妻当娶阴丽华（当时的大美女），做官当做执金吾（皇家卫队长）；东晋权臣桓温的答案是不能流芳百世，也要遗臭万年。

还有更多让人眼花缭乱、动人心弦的答案：全心全意为人民服务；老婆孩子热炕头；死了我一个，幸福千万家……

这些确定都有人走过的道路，可能有一条适合你，也可能你不会走任何一条。那么，是不是就没有正确答案了呢？

有！

它在你心中！

王阳明说，只要你是个人，就有良知。而良知会毫不隐瞒地告诉你人生道路的正确答案。

良知是什么？

王阳明说：一、它能知是非善恶；二、它与生俱来，唯人所有；三、它感应神速，是本能，是直觉；四、它有好恶之心。

良知告诉我们的道路，就是正确的道路。但由于良知有大小之分，人人所追求的道路就有宽广和狭窄的分别。不过，无论是光明大道还是通幽曲径，它们都是路。

如果非要给这条路起一个名字，那它的名字就该是心安。

如何正确地选择到心安这条路呢？

王阳明有两个办法：正诸先觉（求证于先觉者）、考诸古训（考证古圣先贤的经典）。其实无非找到好的导师和好的书，然后真心实意地对待他（它）们。

如何正确地走在心安这条路上呢？王阳明的指示非常明确：“只要有一毫私欲萌发，就要质问自己志向是否坚定，私欲马上会逃走；一有习气所染，就要质问自己是否志向不坚定，习气自然消除。有了懒惰之心，就质问志向是否坚定，那就不会起懒惰之心；疏忽大意之心生，就质问志向是否坚定，那就不会起疏忽大意之心；有了烦躁之心，就质问志向是否坚定，那就不会起烦躁之心；嫉妒之心生，就质问志向是否坚定，那就不会起嫉妒之心；忿怒之心生，就质问志向是否坚定，那就不会起忿怒之心；贪念之心生，就质问志向是否坚定，那就不会起贪念之心；傲慢之心生，就质问志向是否坚定，那就不会起傲慢之心；吝啬之心生，就质问志向是否坚定，那就不会起吝啬之心。”

心安的人必是快乐的人。而快乐是人人都希望得到并人人都能得到的一件宝贵财富。有人曾问王阳明：“我去追求声色货利，行吗？”

王阳明说：“当然可以。”

此人大为惊讶：“君子喻于义，小人喻于利，追求声色货利，岂不成了小人？”

王阳明回答：“只要有良知运行于声色货利之中，那就不是小人。”

这段话的意思告诉我们，人可以树立声色货利的志向，但它必须要有良知保驾护航。唯有听命于良知，你在追求声色货利的道路上才可心安，才能快乐。

你说你的志向是买一套大房子，其实良知告诉你的是，你的志向应该是安全感；你说你的志向是出人头地，其实良知告诉你的是，你的志向应该是自我价值的实现；你说你的志向是富可敌国，其实良知告诉你的是，你的志向应该是一种人生的满足感。

所以，我们所立下的任何志向，不过是为了满足我们的某些感觉，这些感觉才是人活下来的动力。而良知是本能、直觉、感觉，所以听从它的答案，绝对没有错。

走正确的道路，把道路走正确，这就是王阳明在这封《示弟立志说》要表达的主要思想。

走一条正确的路，相当重要，它不但会影响一个人的幸福感，有时还会决定生死。因为只有道路正确了，你才能心安；心安才能理得；符合天理，才能把道路走对，走到底。反之，道路不正确，就不会心安；心不安，理就无法获得；不符合天理，这条路就是一条死路。

1519年阴历六月十四，南昌城的宁王朱宸濠在立志了十余年，酝酿了十余年后，祭起了革命的大旗。他当时有精兵二十万，号称百万，浩浩荡荡向东方出发。

王阳明得知此事后，立即决定要阻止朱宸濠的远大志向。他对军事参谋们说："朱宸濠有三计：第一，从南昌直袭北京；第二，从南昌突袭南京；第三，死守南昌城。如果他出第一计，北京方面没有准备，他很可能旋转乾坤，江山社稷危如累卵；如果他出第二计，长江南北必是血流成河，他运气若好，搞不好会是南北对峙；如果他出第三计，那天老爷保佑，等政府军一到，他只能困守南昌，灭亡指日可待。"

有人问王阳明："您觉得朱宸濠会用哪一计？"

王阳明笑道："朱宸濠的良知明知造反是错误的，却非要逆良知而行。这是一条错误的道路，他的心肯定不安，心上不安，做事就会瞻前顾后，畏首畏尾。唯一能让他心安的就是龟缩老巢，所以只要我们散播勤王之师正在云集江西的消息，他必会死守南昌。"

结果正如王阳明所料，当朱宸濠准备去南京的路上听说勤王之师已进江西境内时，急忙原路返回。而就在鄱阳湖，他中了王阳明的埋伏，全军覆没，他本人也被活捉。

在对付朱宸濠的过程中，王阳明用尽了各种"造假"手段，他伪造了各种迎接正规军进南昌的公文，在这些公文中最耀眼的就是正规军的人数，粗算一下，大概有十万人。公文中还声称，约定在本年六月二十日合围南昌城，二十一日发动拂晓总攻。在另外的公文中，王阳明"回复"说，不要太急躁，为了避免重大伤亡，攻城是下策，应该等朱宸濠出城后打歼灭战。

他还伪造了答复朱宸濠最信任的两个谋士投诚的书信。在信中，他对两人弃暗投明的态度表示深深的欣赏，并且答应两人，在平定朱宸濠后会给两人升官发财的机会。他再伪造朱宸濠手下指挥官们的投降密状，让人去和平时与朱宸濠结交的人相谈，在会谈结束后故意把这些公文遗落。自然，这些伪造的公文统统都到了朱宸濠手里。

有人对王阳明这些造假计谋不以为然地问："这有用吗？"

王阳明不答反问："先不说是否有用，只说朱宸濠疑不疑？"

此人想了想，回答："肯定会疑。"

王阳明再问："为什么？"

"因为他心虚！"

王阳明大笑:“对！心不安，自然疑神疑鬼。”

站在王阳明对“立志”的角度看朱宸濠，他的确有大志向（当皇帝），但这志向却非良知的答案，所以他走到一条错误道路上时，必然处处疑神疑鬼、心上不安，稍有风吹草动，就会大乱阵脚。

人毫无志向是可怕的，但更可怕的是立错志向！

真正的学习是在世俗中修行：《赣州书示四侄正思等》

原文

近闻尔曹学业有进，有司考校，获居前列，吾闻之喜而不寐。

此是家门好消息，继吾书香者，在尔辈矣。勉之勉之！

吾非徒望尔辈但取青紫荣身肥家，如世俗所尚，以夸市井小儿。尔辈须以仁礼存心，以孝弟为本，以圣贤自期，务在光前裕后，斯可矣。

吾惟幼而失学无行，无师友之助，迨今中年，未有所成。尔辈当鉴吾既往，及时勉力，毋又自贻他日之悔，如吾今日也。

习俗移人，如油渍面，虽贤者不免，况尔曹初学小子能无溺乎？

然惟痛惩深创，乃为善变。昔人云：“脱去凡近，以游高明。”此言良足以警，小子识之！

吾尝有《立志说》与尔十叔，尔辈可从钞录一通，置之几间，时一省览，亦足以发。方虽传于庸医，药可疗夫真病。

尔曹勿谓尔伯父只寻常人尔，其言未必足法；又勿谓其言虽似有理，亦只是一场迂阔之谈，非吾辈急务。苟如是，吾未如之何矣！

读书讲学，此最吾所宿好，今虽干戈扰攘中，四方有来学者，吾未尝拒之。所恨牢落尘网，未能脱身而归。今幸盗贼稍平，以塞责求退，归卧林间，携尔尊朝夕切靡砥砺，吾何乐如之！

偶便先示尔等，尔等勉焉，毋虚吾望。

译文

近来得知你们的学业有所进步，学官考试，名列前茅，我听后高兴得睡不着觉。

这是咱家的好消息，能把读书家风继承下来的，就看你们了。努力！努力！

我并非只希望你们取得高官显爵，使自身荣耀，家庭富裕，就像世俗所推崇的那样，在小市民面前洋洋得意。你们应该心中随时想着仁礼，以孝顺父母、友爱兄弟为人生观，以圣贤为榜样，一定要为先人争光，为后代造福，这样才算是真的自身荣耀。

我由于幼年时失去学习的机会，没有引以为傲的成绩，没有老师朋友的帮助，如今人到中年，又毫无成就。你们应该以我的过去为鉴戒，抓紧时间努力，不要让未来的你悔恨现在的自己，就如我现在悔恨过去的我一样。

习俗影响人，就如用油浸泡面粉一样，贤者在习俗面前，也会失去本心，更何况你们只是刚刚开始学习的小孩子，能不沉溺于习俗中吗？

所以，只有以过去的失败为教训，才容易脱身而出。宋代的谢良佐说过：“脱离凡庸浅近的人，和高明的人交往。”这句话作为警戒，再好不过，你们应牢牢铭记。

我曾写过一篇关于立志的文章给十叔，你们可以抄录一份，就把它放到桌上，有事无事拿出来看一下，必能从中受到启发。治病的处方虽然传给了庸医，但药还是可以治疗真正疾病的。

你们不要以为你们的伯父我只不过是个平常人，他说的话未必足以效法；又不要以为他说的话虽然好像有理，也只是一种不切实际的空论，不是你们急需的东西。如果你们这样认为，那我真就无话可说了。

读书教人，这是我一直最喜欢做的事。如今虽处在战乱时期，从各地来向我学习的人，我从未拒绝过他们。遗憾的是，奔走于人世，如身在网中，不能脱身而归家。如今幸喜盗贼稍平，只想以尽责求退，隐居起来，带着你们一天到晚研讨学问，我感到没有比这更愉悦的事了。

恰好有空，先写信告诉你们，你们一定要努力啊！不要辜负我的期望。

评析

此信写于1517年四月三十，收信人是王阳明的侄儿王正思等人。

1516年九月，王阳明被任为督察院左佥都御史，巡抚南、赣、汀、漳等处，主要任务就是剿匪。1517年二月，王阳明对福建漳州盗匪进行围剿，四月下旬大获全胜。这封信就写于此时。

大概是缘于他听说侄儿王正思等人学业大有进步，于是有了此信。王阳明首先对侄儿们的表现很欣慰，接着让他们要仁礼、孝悌，以道德圣人为人生观。

接着，笔锋急转直下，他开始谈起了自己：我幼年时失去了学习的机会，没有引以为傲的成绩，没有老师朋友的帮助……

如果这不是病态式的谦虚，那就是他别有用心。王阳明幼年时一直在学习，而且成绩非比寻常，他的良师益友更是车载斗量。

他在诗词歌赋和文章上都卓有建树，军事、理学、佛道上更是让许多人望尘莫及。他曾为读书而累到吐血，也曾为锻造自己的任侠情怀，私出居庸关。种种的一切都证明，王阳明没有失去学习的机会，他的学习机会太多，否则怎么会在各个领域大放异彩。

他说他没有老师朋友帮助，这又是胡扯。大儒娄谅、铁柱宫的老道、满坑满谷的京中文友，他怎能说没有老师朋友的帮助呢？

如你所知，王阳明并非虚伪说谎的人，他讲这句话必有深意。

其实这深意就是，他当初的学习，并没有把精力放在“天理”上，他的那些老师、朋友对他创建心学的帮助也是杯水车薪，甚至没有。

王阳明只是想敬告晚辈们：真正的学习是学习存养天理祛除私欲，是学致良知，是学知行合一，而不是他当初的那些看似身心全力以赴，实则只是逐物的学习。

如何学习圣学（心学）呢？

“立志”是第一大纲目，只要立下为圣之志，才能有毅力向前走，俗话说的，“有个奔头”。然后就是学习。

学习就在生活中，心中随时想着仁礼，以孝顺父母、友爱兄弟为人生观，以圣贤为榜样，一定要为先人争光，为后代造福。另外，远离世俗的沾染，或者到世俗中去修行，虽有俗气四处流溢，然而我心屹立不动，不受其影响。

最后，他担心晚辈们对自己的主张心存疑惑，苦口婆心地叮嘱道：“你们不要以为你们的伯父我只不过是个平常人，他说的话未必足以效法；又不要以为他说的话虽然好像有理，也只是一种不切实际的空论，不是你们急需的东西。如果你们这样认为，那我真就无话可说了。”

“因为，”王阳明说，“我喜欢致良知地教育人，尤其是来我这里听我讲学的人越来越多，这说明我讲的还是对人有用的，否则人家早就不来了。人皆有良知，良知之心皆同，既然别人能从我这里受益良多，而我教育他们的也无非这些，你们也必有所受益。”

吾平生讲学，只是“致良知”三字：《寄正宪男手墨二卷》

原文

正宪字仲肃，师继子也。嘉靖丁亥，师起征思田，正亿方二龄。托家政于魏子廷豹，使饬家众以字胤子。托正宪于洪与汝中，使切靡刂学问以饬内外。延途所寄音问，当军旅倥偬之时，犹字画遒劲，训戒明切。至今读之，宛然若示严范。师没后，越庚申，邹子谦之、陈子惟浚来自怀玉，奠师墓于兰亭，正宪携卷请题其后。噫！今二子与正宪俱为泉下人矣，而斯卷独存。正宪年十四，袭师锦衣荫，喜正亿生，遂辞职出就科试。即其平生，邹子所谓“授简不忘”，“夫子于昭”之灵，实宠嘉之”，其无愧于斯言矣乎！

即日舟已过严滩，足疮尚未愈，然亦渐轻减矣。家中事凡百与魏廷豹相计议而行。读书敦行，是所至嘱。内外之防，须严门禁。一应宾客来往，及诸童仆出入，悉依所留告示，不得少有更改。四官尤要戒饮博，专心理家事。保一谨实可托，不得听人哄诱，有所改动。我至前途，更有书报也。

舟过临江，五鼓与叔谦遇于途次，灯下草此报汝知之。沿途皆平安，咳嗽尚未已，然亦不大作。广中事颇急，只得连夜速进，南、赣亦不能久留矣。汝在家中，凡宜从戒论而行。读书执礼，日进高明，乃吾之望。魏廷豹此时想在家，家众悉宜遵廷豹教训，汝宜躬率身先之。书至，汝即可报祖母诸叔。况我沿途平安，凡百想能体悉我意，钤束下人谨守礼法，皆不俟吾喋喋也。廷豹、德洪、汝中及诸同志亲友，皆可致此意。

近两得汝书，知家中大小平安。且汝自言能守吾训戒，不敢违越，果如所言，吾无忧矣。凡百家事及大小童仆，皆须听魏廷豹断决而行。近闻守度颇不遵信，致氐牾廷豹，未论其间是非曲直，只是氐牾廷豹，便已大不是矣。继闻其游荡奢纵如故，想亦终难化导。试问他毕竟如何乃可，宜自思之。守悌叔书来，云汝欲出应试。但汝本领未备，恐成虚愿。汝近来学业所进吾不知，汝自量度而行，吾不阻汝，亦不强汝也。德洪、汝中及诸直谅高明，凡肯勉汝以德义，规汝以过失者，汝宜时时亲就。汝若能如鱼之于水，不能须臾而离，则不及人不为忧矣。

吾平生讲学，只是“致良知”三字。仁，人心也。良知之诚爱恻怛处便是仁，无诚爱恻怛之心，亦无良知可致矣。汝于此处，宜加猛省。家中凡事不暇一一细及，汝果能敬守训戒，吾亦不必一一细及也。余姚诸叔父昆弟皆以吾言告之。前月曾遣舍人任锐寄书，历此时当已发回。若未发回，可将江西巡抚时奏报批行稿簿一册，共计十四本，封固付本舍带来。我今已至平南县，此去田州渐近。田州之事，我承姚公之后，或者可以因人成事。但他处事务似此者尚多，恐一置身其间，一时未易解脱耳。汝在家凡百务宜守我戒谕，学做好人。德洪、汝中辈须时时亲近，请教求益。聪儿已托魏廷豹时常一看。廷豹忠信君子，当能不负所托，家众或有桀骜不肯遵奉其约束者，汝须相与痛加惩治。我归来日，断不轻恕。汝可早晚常以此意戒饬之。廿二弟近来砥砺如何？守度近来修省如何？保一近来管事如何？保三近来改过如何？王祥等早晚照管如何？王祯不远出否？此等事，我方有国事在身，安能分念及此？琐琐家务，汝等自宜体我之意，谨守礼法，不致累我怀抱乃可耳。

又

去岁十二月廿六日始抵南宁，因见各夷皆有向化之诚，乃尽散甲兵，示以生路。至正月廿六日，各夷果皆投戈释甲，自缚归降，凡七万余众。地方幸已平定。是皆朝廷好生之德感格上下，神武不杀之威潜孚默运，以能致此。在我一家则亦祖宗德泽阴庇，得无杀戮之惨，以免覆败之患。俟处置略定，便当上疏乞归。相见之期渐可卜矣。家中自老奶奶以下想皆平安。今闻此信，益可以免劳挂念。我有地方重寄，岂能复顾家事！弟辈与正宪，只照依我所留戒谕之言，时时与德洪、汝中辈切靡道义，吾复何虑？余姚诸弟侄，书到咸报知之。

八月廿七日南宁起程，九月初七日已抵广城，病势今亦渐平复，但咳嗽终未能脱体耳。养病本北上已二月余，不久当得报。即逾岭东下，则抵家渐可计日矣。书至即可上白祖母知之。近闻汝从汝诸叔诸兄皆在杭城就试。科第之事，吾岂敢必于汝，得汝立志向上，则亦有足喜也。汝叔汝兄今年利钝如何？想旬月后此间可以得报，其时吾亦可以发舟矣。

我至广城已逾半月，因咳嗽兼水泻，未免再将息旬月，候养病疏命下，即发舟归矣。家事亦不暇言，只要戒饬家人，大小俱要谦谨小心。余姚八弟等事近日不知如何耳？在京有进本者，议论甚传播，徒取快谗贼之口，此何等时节，而可如此！兄弟子侄中不肯略体息，正所谓操戈入室，助仇为寇者也，可恨可痛！兼因谢姨夫回，便草草报平安。书至，即可奉白老奶奶及汝叔辈知之。

近因地方事已平靖，遂动思归之怀，念及家事，乃有许多不满人意处。守度奢淫如旧，非但不当重托，兼亦自取败坏，戒之戒之！尚期速改可也。保一勤劳，亦有可取。只是见小欲速，想福分浅薄之故，但能改创亦可。保三长恶不悛，断已难留，须急急遣回余姚，别求生理；有容留者，即是同恶相济之人，宜并逐之。来贵奸惰略无改悔，终须逐出。来隆、来价不知近来干辨何如？须痛自改省，但看同辈中有能真心替我管事者，我亦何尝不知。添福、添定、王三等辈，只是终日营营，不知为谁经理，试自思之！添保尚不改过，归来仍须痛治。只有书童一人实心为家，不顾毁誉利害，真可爱念。使我家有十个书童，我事皆有托矣。来琐亦老实可托，只是太执戆，又听妇言，不长进。王祥、王祯务要替我尽心管事，但有阙失，皆汝二人之罪。俱要拱听魏先生教戒，不听者责之。

译文

正宪字仲肃，王老师（**王阳明**）的继子。嘉靖六年（1527年），王老师准备去广西征讨思、田二州的叛乱，王老师的亲儿子正亿，被托付给管家魏廷豹。而正宪则托付给我（**钱德洪**）和王汝中，两人正好可以切磋学问，同时还指点正宪和我的家人们。王老师抵达广西后所寄回的信件，正是军旅倥偬之时，虽如此，书法遒劲，训诫明切。今天读了，仍有当时初读的严肃感。王老师去世后，邹谦之、陈惟浚来兰亭祭拜老师，正宪携《寄正宪男手墨二卷》，请我们三人题字。唉！如今，邹谦之、陈惟浚和正宪都已亡故，而《寄正宪男手墨二卷》独存。正宪当初十四岁，因王老师的功勋，被授予锦衣卫，特别为正亿的出生感到高兴，于是辞职了准备科举考试。观正宪一生，邹谦之有评价道，王老师“嘱咐他的话，永不忘”，我想，王老师的在天之灵，对正宪应是嘉奖的，正宪无愧于王老师的嘱托！

今天船已过了严滩（**今浙江省桐庐县南**），脚上的疮还未痊愈，不过已有所减轻。家中无论大小事都要与魏廷豹商议再行。勤读书踏实地做事，是我对你最重要的嘱托，万不可忘记。内和外要有防范，门禁要严。凡是来往的宾客和僮仆出入，都要按我当时制定的告示行事，不得有所更改。四官一定要把喝酒和赌博戒了，专心治理家事。保一这个人谨慎踏实，可以托付，你不能受别人鼓动，替换了他。我到前面，会再有信给你。

今天船已过了临江（**江西樟树市临江镇**），拂晓时和叔谦相遇于半路，谈话结束后，我就在灯下写了这封信给你。沿途很平安，咳嗽仍不见好，但也没有更严重。广西战事很急，我现在是日夜不停，向前进发，所以在南安、赣州恐怕不能留太久。你在家，凡事应遵循我当初给你的戒论。读书习礼，一日只须前进一步就好，这就是我的希望。魏廷豹此时应该在家吧。告诉所有人，要毫无条件地遵守魏廷豹的命令，你更要做个好榜样。你看信后，就告诉祖母和诸位叔叔，报个平安。如果你们真能体会我的心意，管教家人遵守礼法，我就不必喋喋不休地时刻叮嘱了。把我的意思告诉魏廷豹、钱德洪、王汝中和其他人。

最近你写了两封信给我，我已知家中大小都很好。而且你说能遵循我一向的教导，不敢越雷池半步，你如果真知行合一，我就没有任何忧虑了。家中大小事和僮仆，都要听魏廷豹的意思。最近我听说守度常和魏廷豹闹矛盾，这其中的是非曲直不必说，只是看他和魏廷豹闹矛盾，就已是有错了。后来又听说他奢侈放纵，旧习难改，良知不明，想必是很难化导了。我真不明白，他到底想要干什么，什么时候才能停止这种行径。你叔叔守悌写信来，说你要去科举。但据我的看法，你现在本领还不高，榜上有名的愿望恐怕很难实现。你近来的学业如何，我不知，你须量力而为，参加科举的事，我不阻拦你，也不强求你。钱德洪、王汝中以及我的其他一些弟子在这方面都是高明之人，凡是能用道德正义勉励你的，你犯了过失而能规劝你的，你就应该和这种人亲近。如果你和他们的关系能做到如鱼之于水，不可须臾而离，纵然现在还有不及人处，但也没有什么忧虑的了。

我平生讲学，只有三个字：致良知。仁，是人心。良知之真诚恻怛处，就是仁，没有诚爱恻怛的心，也就没有良知可致了。你在这种地方，定要深入醒悟。家中其他事没有时间一一谈及，你若真能虔敬遵守我的训诫，我也没有必要如此苦口婆心。我希望你把我说给你的话，说给你在浙江余姚的诸位叔伯和兄弟姐妹。上个月，我曾叫人给我邮寄资料，时间这么久了，应该已经发出。如果没有发出，你将我担任江西巡抚时的奏折副本和各种批文一册，共计十四本，整理好带来。我现在已到平南县，离田州已很近。田州的事啊，我继承了姚公（姚谟）的摊子，也许可以因人成事。不过我担心很难收拾这摊子，也就无法抽身而出。你在家中，凡事都要谨遵我一向的教诲，学做好人。对德洪、汝中等人，要时时交流。正亿已托付给魏廷豹。魏廷豹是好人，不会辜负我的托付。家中如果有桀骜不驯，不肯听魏廷豹的话的人，你要和魏廷豹站在一起，对其批评教育。等我回来，对那些屡教不改的人，绝不轻恕。你可随时将我的这种意思告诫那种人。廿二弟近来学业如何？守度近来修身如何？保一近来管理事务如何？保三近来错误改正得如何？王祥等人早晚照管家如何？王祯不出远门了吗？这些事啊，我有国家事务在身，怎么可能一一念及？琐碎家务，你等要体谅我的难处，谨守礼法，不要让我分神。

另外的信

去年阴历十二月二十六才抵达广西南宁，由于意识到造反的各少数民族都有改过自新的诚意，于是我就把军队解散了一部分，向他们表示，我也有好生之德。今年正月二十六，各少数民族首领真就带了他们的人来投降了，足有七万余人。地方平定，非常幸运。这都是朝廷好生之德感动天下，神武不杀的威力潜移默化，才有这样的幸运。站在我王家的角度来看，也是祖宗积德，未有血流成河的杀戮，免去了家破人亡的祸患。待我将事情处置完毕，就上奏朝廷，请求回老家。我想，咱们相见的日子可以预料到了。家中你奶奶，其他人应该都平安吧。今天收到你的信，谈到这点，免去了我的过度挂念。我有要事在身，怎么能再有心力顾及家事！诸位弟弟们和你正宪，只要依我所留的诫谕，时时与钱德洪、王汝中等人交流、切磋心得，我就没有任何忧虑了。从余姚来的兄弟、侄子们如果到了，你来信告诉我。

八月二十七，我从南宁起程，九月初七抵达广城，病情似乎有些好转，但咳嗽还是老样子，却没有严重。一面养病，一面北上已两个多月，不久应该得到让我回家的圣旨。一得到圣旨，我就东下，那么到家的日子就可以计算了。此信一到，你就去告诉祖母。最近听说你和你的叔叔、兄长们都去了杭州考试。科举之事，我怎么敢必须让你如何如何，得知你立志向上，我就非常高兴了。你的叔叔们和兄长们今年成败如何？我想个把月后就可以知道了吧，到那时我应该可以开船了。

我到广城已半个多月，因咳嗽和腹泻加重，还要再休息半个月，等皇上允准我回家养病的命令到了，我就开船回家。家事也没有空闲说，只是要告诫家人，大小都要谦谨小心。余姚八弟等事不知现在进行得怎样。在京有上奏的人，议论很广，八弟的行径只是让一些爱嚼舌根小人的人得了谈资，其他还有什么。这种时候，竟然还有这种事情发生，真是！兄弟子侄中不懂事的多，不懂得体谅，这就是操戈入室，助仇为寇啊，真是可恨可痛！因为谢姨夫回，所以把这封信托他带给你，报个平安。信到了，可告诉全家人知道。

最近因广西地方战事已平靖，突然就动了还乡之意，每想到家事，不禁心上隐隐作痛，不满意的地方太多。守度奢侈淫荡，已是秉性难移，绝不能把大事托付给他，我想，纵然他自己，也会自取灭亡，你一定要儆戒！我还是不以恶意度人，希望他能迅速改正。保一勤劳，这是他可取之处。但他特别着急，对任何事都急功近利，大概是良知太小的原因，不过只要能改掉这毛病，也不错。保三长期为恶，屡教不改，绝不可再留，要迅速把他送回余姚，让他自生自灭去吧；如果有人替保三讲话，或者偷偷收留他，那就是和他一票货色，也绝不能留。来贵这混蛋狡猾懒惰，毫无悔改之意，也要驱逐。不知最近来隆、来价做事怎样？要告诉他们，必下苦功改正反省，同辈中有真能为我着想、为我管事的，我心里有数。

添福、添定、王三等人，只是终日如没头苍蝇般，为谁辛苦为谁忙，根本就不知，从他们身上，你好好思考一下！添保的问题，我曾指出过，但他仍未有改过的心，待我回去后，要狠狠地治他一治。恐怕只有书童一人真心实意为这个家，心中没有毁誉利害，真是可爱之人。如果我家有十个书童这样的人，我就非常心安了。来琐此人非常老实，可以托付，不过他有个缺点，牛脾气，又是个妻管严，不是长久之才。告诉王祥、王祯，一定要替我尽心尽力管事，若有闪失，我非治理他们不可。我上面所说的这些人，都要听魏廷豹的话，不听的人，要施以小惩。

评析

这是王阳明先生的几封家书的汇编，也是王阳明家族当时情势的大尺度侧写。王阳明家族是个超级大家族，在他的伯爵府中，终日人声沸腾，俨然菜市。

王阳明的伯爵府是个超级大宅，在这里，除了大批佣人，还有王阳明的兄弟家族，王阳明的叔叔的家族，王阳明的叔叔的儿子们的家族，王阳明的几个老婆的娘家人、娘家人的家族。

总之，王阳明在他的伯爵府中的确秉承着“万物一体”的世界观，把所有人都当成是自己的一部分。

家信中所提到的那些稀奇古怪的名字，并不一定是王阳明本人的佣人，还包括他几个老婆的，或者是他叔叔的，又或者是他叔叔的儿子们的。在这个人丁兴旺，看上去生生不息的家族中，人际关系异常复杂，每个人都在钩心斗角，或为主子争，或为自己谋。这是个江湖，是个人人心上血雨腥风的江湖，以至于王阳明在遥远的广西的战场上，还时刻担忧着这个家族江湖。

王阳明最担心的有以下几点。

首先就是继子王正宪的教育问题。

王阳明结婚多年，娶了几位妻子，始终无儿。王正宪是王阳明的义子。据说，王正宪给王阳明当儿子的前几年，继父对他并不看好。对人性洞若观火的王阳明认为，王正宪轻浮幼稚，最要命的是竟然不立志做好人。

问题是，继子这东西不能无条件退货，只好自认倒霉。在王阳明长吁短叹时，就有弟子对他说：“您向来主张人人皆可为尧舜，可在正宪身上，您却未践行您的主张，可谓知行不一。”

王阳明悚然，眼前起了一阵发光的微风，白色的曙光不见了。他看到了自己的童年，嬉戏无度，狂傲不羁。

从此，王阳明一门心思地教育起王正宪来。我们从这件事上可以了解王阳明的伟大和其心学的精髓：人不怕犯错，犯了错立即改正，和圣人的距离就缩短了。

王正宪后来的表现让王阳明大为满意，正符合了王阳明所提倡的那句话：上智和下愚不移，不是不能移，而是不肯移。只要真的用心学习，听从好人的教导，任何人都能成为好人。

不过王阳明深谙，王正宪不属于那种性情和智慧上等的人，所以必须时刻提醒他走正确的路，要他必须付出比别人更大的精力来成就自己。这也正是王阳明虽人在广西剿匪，却在百忙之中写信给王正宪的原因。

那一时期，掌管王正宪教育的钱德洪写信对王阳明说："正宪的确是可塑之才，日渐高明，未辜负您的所望。"

王阳明病魔缠身，看到这种话时，眉开眼笑。他的目的是把王正宪打造成一个王氏家族的有用之才，纵然在他亲生儿子王正亿出生后，他也没有忘记对王正宪的栽培和敦促。

王阳明对王正宪的教训纷繁复杂，但核心思想不出三个字：致良知。

"致良知"这三个字在王阳明全集中俯拾皆是，但在家书中，这是唯一的一次。

其中的玄机大概如是：王阳明自创建心学后，提出了数目繁多的心学观点，从最开始的心即理到知行合一，然后是静坐、存天理去人欲，到最后的"致良知"，终于百川归海。

这些观点和理论，实际上都是外形的改变，所以有这些改变，是因为无数人的难以理解。提"心即理"时，有人就问他，一切道理、天理都在心上求，恐怕有遗漏吧；提"知行合一"时，有人就质疑，知是知，行是行，怎么能是一回事；提"静坐"时，很多人陷入枯禅之境，险些偏离心学宗旨。

总之，王阳明提出的任何观点、理论，都有人不解和质疑。最终，他把心学思想归结为"致良知"三字上，可谓一劳永逸。

良知与生俱来，无所不能，只要你臣服它，听从它的指令去为人处世，就是致良知，就能成为圣人，其他的一切修行方式都是为致良知服务的，或者正如他向怀疑者所说的那样：你别问那么多话，先把你的良知致了。

他对王正宪说的原话是，我平生讲学，只是“致良知”三字。怎样致呢？首先是要有一颗真诚恻怛的心，这个心就是良知，依良知的命令去行，就是致良知了。凡是人，必有良知；无良知的，它就不是人。

良知是人的尺度，你王正宪是人，就必有良知。其他废话都不要讲，为人处世，致你的良知就万事大吉了。

王阳明这段话恐怕不仅仅是说给王正宪的，对王家任何人，他都苦口婆心地讲过。从这点而言，王阳明家训就是致良知。

其次，王阳明担心的第二点是王家事务的管理问题。

在家信中，王阳明对王正宪千叮咛万嘱咐，学业之事要请教钱德洪、王汝中，家务事一定要和魏廷豹商议，并且要无条件服从魏廷豹。

最后，就是王阳明对恶人的致良知了：对家中一些坏人的应对。

王阳明曾说过，对于那些恶人，你不要单刀直入地揭发他，这是最笨的，因为你触动了他的恶性，非但不能让他悔改，而且会让他的恶性膨胀。

这用良知论就可以解释，人皆有良知，有羞耻之心。当你把他羞耻的事情挑明后，他肯定会和你势不两立。

倘若一个人的良知的确被遮蔽得暗无天日，屡教不改了，那王阳明该怎么办呢？

先看段外延材料，让我们找出王阳明的答案。

这段外延材料其实是一篇文章，王阳明在贵州龙场创建心学后，当地的军政长官从蛮夷之旧俗修了象祠，请王阳明做篇纪念文章。

象是舜的弟弟，开始时总想谋害舜，后来改邪归正。王阳明很喜欢这个题材，就写了《象祠记》，全文如下：

灵博之山，有象祠焉。其下诸苗夷之居者，咸神而祠之。宜尉安君，因诸苗夷之请，新其祠屋，而请记于予。予曰："毁之乎，其新之也？"曰："新之。""新之也何居乎？"曰："斯祠之肇也，盖莫知其原。然吾诸蛮夷之居是者，自吾父、吾祖溯曾、高而上，皆尊奉而禋祀焉，举而不敢废也。"予曰："胡然乎？有鼻之祀，唐之人盖尝毁之。象之道，以为子则不孝，以为弟则傲。斥于唐，而犹存于今；坏于有鼻，而犹盛于兹土也。胡然乎？"

我知之矣！君子之爱若人也，推及于其屋之乌，而况于圣人之弟乎哉？然则祠者为舜，非为象也。意象之死，其在干羽既格之后乎？不然，古之骜桀者岂少哉？而象之祠独延于世。吾于是盖有以见舜德之至，入人之深，而流泽之远且久也。

象之不仁，盖其始焉耳，又乌知其终之不见化于舜也？《书》不云乎？"克谐以孝，烝烝乂，不格奸"，"瞽瞍亦允若"，则已化而为慈父。象犹不弟，不可以为谐。进治于善，则不至于恶；不底于奸，则必入于善。信乎象盖已化于舜矣。《孟子》曰："天子使吏治其国，象不得以有为也。"斯盖舜爱象之深而虑之详，所以扶持辅导之周也。不然，周公之圣，而管、蔡不免焉。斯可以见象之既化于舜，故能任贤使能，而安于其位，泽加于其民，既死而人怀之也。诸侯之卿，命于天子，盖《周官》之制，其殆仿于舜之封象欤？

吾于是盖有以信人性之善，天下无不可化之人也。然则唐人之毁之也，据象之始也；今之诸苗奉之也，承象之终也。斯义也，吾将以表于世。始知人之不善虽若象焉，犹可以改；而君子之修德，及其至也，虽若象之不仁，而犹可以化之也。

翻译成白话文就是：

灵鹫山和博南山有象的祠庙。那山下住着的许多苗民，都把他当作神祭祀。宣尉使安君，顺应苗民的请求，把祠庙的房屋重新修整，同时请我做一篇记。我说："是拆毁它呢，还是重新修整它呢？"宣慰使说："是重新修整它。"我说："重新修整它，是什么道理呢？"宣尉使说："这座祠庙的创建，大概没有人知道它的起源了。然而我们居住在这里的苗民，从我的父亲、祖父，一直追溯到曾祖父、高祖父以前，都是尊敬信奉，并诚心祭祀，不敢荒废呢。"我说："为什么这样呢？有鼻那地方的象祠，唐朝人曾经把它毁掉了。象的为人，作为儿子就是不孝，作为弟弟就是傲慢。对象的祭祀，在唐朝就受斥责，可是还存留到现在；他的祠庙在有鼻被拆毁，可是在这里还兴旺。为什么这样呢？"

我懂得了！君子爱这个人，便推广到爱他屋上的乌鸦，更何况是对于圣人的弟弟呢！既然这样，那么兴建祠庙是为了舜，不是为了象啊！我猜想象的死去，大概是在舜用干舞羽舞感化了苗族之后。如果不是这样，那么古代凶暴乖戾的人难道还少吗？可是象的祠庙却独独能传到今世。我从这里能够看到舜的品德的高尚，进入人心的深度，和德泽流传的辽远长久。

象的凶暴，在开始是这样的，又怎见得他后来不会被舜感化呢？

最后瞽叟也能听从，那么他已经被舜感化成为慈祥的父亲了；如果象还不尊敬兄长，就不能够说是全家和睦了。他上进向善，就不至于仍是恶；不走上邪路，就说明一定会向善。象已经被舜感化了，确实是这样啊！孟子说："天子派官吏治理他的国家，象不能有所作为呢。"这大概是舜爱象爱得深，并且考虑得仔细，所以用来扶持辅导他的办法就很周到呢。不然，以周公的圣明，尚不能保全他的兄弟管叔和蔡叔。从这里能够看到象被舜感化了，所以能够任用贤人，安稳地保有他的位子，把恩泽施给百姓，因此死了以后，人们怀念他啊。诸侯的卿，由天子任命，是周代的制度，这也许是仿效舜封象的办法吧！

我因此有理由相信：人的本性是善良的，天下没有不能够感化的人。既然这样，那么唐朝人拆毁象的祠庙，是根据象开始的行为；现在苗民祭祀他，是信奉象后来的表现。这个意义，我将把它向世上讲明。使人们知道：人的不善良，即使跟象一样，还能够改正；君子修养自己的品德，到了极点，即使别人跟象一样凶暴，也还能够感化他呢。

"人性之善，天下无不可化之人也"，就是王阳明对待恶人的态度，与其说这是一种态度，不如说是一种理想。他觉得天下就没有从一而终的恶人，再恶的人也能被感化，而成为好人。

既然如此，问题就来了。为什么王阳明会在这封家信中，告诫他儿子，那几个混蛋下人如果继续混蛋下去，就把他们赶走呢？

这和他赶尽杀绝那些土匪的念头何等相似：对待恶人，不必解救了，驱逐他或者杀掉他（针对无恶不作的土匪）。

而那些还有良知，只是一时糊涂的人，王阳明的意思是，须时刻教诲并观察，对这种游走于良知和人欲边缘的人，要如猫捕老鼠、狮子搏杀兔子一样。

该如何判断一个人是无法感化和可以感化的呢？

王阳明没有说，或许，这也是他心学的精髓之一：一切全靠自己良知的判断。

这就是这几封家书所说的大致内容，其中蕴藏着王阳明的无限良知，跃然纸上，让人唏嘘不已。

在诸多家信中，王阳明最关心的当然就是义子的教育问题，其实也就是他所说的“致良知”问题。

当时，王正宪并不大，曾有弟子就问王阳明：“小孩子能格物（致良知）吗？”

王阳明回答：“洒扫应对就是一件物，童子的良知只到这里，就教他去洒扫应对，就是致他这一点良知了。又如童子知道敬畏老师和长者，这也是他的良知处。因此，虽然在嬉戏中，见到了老师和长者，就去作揖恭敬，是他能格物以致敬畏师长的良知了。童子自然有童子的格物致知。”

接着，他又补充道：“我这里说格物，从童子到圣人，都是这等功夫。但圣人格物，就更加熟练一些，不须费力气。这样格物，虽然卖柴的人也做得到，但即使是公卿大夫以至于天子，也都是这样做的。”

人人皆可致良知，包括小孩。只是每个人致良知的方式不同，即使同一个人，在不同阶段的致良知也不同。我们唯一要做的就是，根据自身情况和能力去尽力致良知。

有人曾总结过《教父》里的人生观：第一步要努力实现自我价值，第二步要全力照顾好家人，第三步要尽可能帮助善良的人，第四步为族群发声，第五步为国家争荣誉。

这五步，王阳明几乎全做到了。而能做到这些的超级武器，就是他所说的：吾平生讲学，只是致良知三字。

唯自谦才能自信：《书正宪扇·乙酉》

原文

今人病痛，大段只是傲。千罪百恶，皆从傲上来。傲则自高自是，不肯屈下人。故为子而傲，必不能孝；为弟而傲，必不能弟；为臣而傲，必不能忠。象之不仁，丹朱之不肖，皆只是一“傲”字，便结果了一生，做个极恶大罪的人，更无解救得处。汝曹为学，先要除此病根，方才有地步可进。“傲”之反为“谦”，“谦”字便是对症之药。非但是外貌卑逊，须是中心恭敬，撙节退让。常见自己不是，真能虚己受人。

故为子而谦，斯能孝；为弟而谦，斯能弟；为臣而谦，斯能忠。尧舜之圣，只是谦到至诚处，便是允恭克让，温恭允塞也。汝曹勉之敬之，其毋若伯鲁之简哉！

译文

今人有一大毛病，就是傲慢。千百种罪恶，归根结底，都源于傲慢。傲慢的人就会自以为是，自命不凡，不肯屈下于人。所以，做儿子的傲慢，必不能孝顺父母；做弟弟的傲慢，必不能对哥哥尊敬；做臣子的傲慢，肯定不能忠诚君主。舜的弟弟象对舜的不仁、尧的儿子丹朱品行不好，都是“傲”捣的鬼，一生就这样完结，成了个臭名昭著的人，根本没有药方可以解救。你在学习之前，只有把傲慢除掉，才能进步可言。傲慢的反义词是谦让，谦让就是对症的药方。当然，谦让可不仅仅是外貌谦卑，必须是心中恭敬，只有心上谦逊，礼节上的谦卑才会感人至深。要经常见到自己的不是，真诚恻怛地虚心接受别人的优点。

所以，做儿子的能谦让，就能对父母孝顺；做弟弟的能谦让，就能对哥哥敬爱；做臣子的能谦让，就能对君主忠诚。尧舜所以为圣人，只不过是把谦让用到极致，这极致就是诚实、恭敬又能够谦让，温和、恭逊而称职。你要自我勉励，恭敬如一，千万不可像东周时期赵简子的儿子伯鲁一样（赵简子给他一竹简，上面刻着教训之言，几天后再问他，他竟然丢了）。

评析

人皆有良知，人皆可成圣人，从这点而言，人人平等。傲，就是忘记了这点，他总以为自己比别人强，这是良知不明的典型表现。

良知若不明，无论扮演哪种身份，都不会合格。做儿子，不会孝顺；做弟弟，不会敬爱；做臣子，不会忠诚。

王阳明把这套大道理专心致志地说给义子王正宪听，只是希望他能不傲而自谦。人的良知有大小，但很少有人能把良知扩充到底，一个很重大的原因是，我们会经常产生傲心，自以为别人不如己，自以为自己永远比别人强。这种念头只要稍一发动，就是傲心，就是恶。

很多人都认为，阳明心学是要人自信的学问，其实，阳明心学同样让人自谦。这二者是互相联系，互为一体，如同知行合一的本体。

若要进入自信之境，非自谦不可，唯自谦才能充实扩张自己的良知；若要自谦，非自信不可，只有自信，坚信自己良知拥有伟大的力量，才能虚心求教，成就自己。

王阳明曾说，良知虽不由闻见所得，但必须要到闻见中去，因为只有在闻见中，你才知道自己的良知到底有多大，到底有多光明。外来的闻见就是我们自谦的目标，对天地万物有所敬畏，才可学到天地万物的真谛。

“脱离习气”的自我管理术：《与克彰太叔》

原文

克彰号石川，师之族叔祖也，听讲就弟子列，退坐私室，行家人礼。

别久缺奉状，得诗，见迩来进修之益，虽中间词意未尽纯莹，而大致加于时人一等矣。愿且玩心高明，涵泳义理，务在反身而诚，毋急于立论饰辞，将有外驰之病。所云“善念才生，恶念又在”者，亦足以见实尝用力。但于此处须加猛省。胡为而若此也？无乃习气所缠耶？

自俗儒之说行，学者惟事口耳讲习，不复知有反身克己之道。今欲反身克己，而犹狃于口耳讲诵之事，固宜其有所牵缚而弗能进矣。夫恶念者，习气也；善念者，本性也。本性为习气所汩者，由于志之不立也。故凡学者为习所移、气所胜，则惟务痛惩其志。久则志亦渐立。志立而习气渐消。学本于立志，志立而学问之功已过半矣。此守仁迩来所新得者，愿毋轻掷。

译文

王克彰号石川，是王阳明老师父亲的叔叔，向王阳明先生行过拜师礼，和其他弟子同等待遇，二人私下时，王阳明则向克彰爷爷行家人礼。

分别很久未有书信往来，前几日得到您的诗，发现您最近修学有进步，虽然其中的词意还未纯粹晶莹，不过已超过现在很多人了。希望您把诗歌当作娱乐，若要玩乐之心高明，诗歌中有义理在，必须反躬自问诚实无欺，千万不要急于就某个问题提出自己的论点、见解，也不必苦心修饰自己的言辞，长此以往，会有向外驰求之病。您所说的“善念才生，恶念又在”，足见您下过苦功。不过在这种地方，必须加倍努力醒悟。为什么会这样？是不是习气所缠呢？

自浅陋而迂腐的儒生的观点流行后，大家只认准了口耳之学，已不知有自我管理之道。现在要自我管理，却犹对口耳之学念念不忘，一定是有所挂碍而无法进步。恶念，是后天的习气；善念，是先天的本性。本性被习气扰乱，那是因为没有立定志向。因此，凡是做学问的，内心因不良习惯而改变，被不良风气所占据，就应该好好地反省，并端正自己的志向了。坚持的时间长了，人的志向就会慢慢地树立起来。做学问以立志为根本，志向立起来之后，做学问也就成功了一半。这是守仁我最近得到的感悟，希望您不要随意理解。

评析

日本有个关于习气的民间故事，读来很有意思。

有三个人，一个叫虱子包，一个叫鼻涕虫，第三个叫烂眼睛。虱子包因为全身长满了虱子，所以他有个总挠痒的习气；鼻涕虫因为鼻涕不断往下流，所以他有个总抽鼻涕的习气；烂眼睛因为眼角红肿，不断积累眼屎，所以他有个总是挤眼的习惯。

某日，三人一起上山，一个人说："伙计们，咱们总是不断地挠痒、挤眼、抽鼻涕，这太不雅观了。我们能否从现在开始，都不做这么难看的动作呢？"其他二人说："好！"于是三人发了声喊，就开始了。

然而，三人虽下定了决心，但是虱子包一会儿不挠痒，鼻涕虫一会儿不抽鼻涕，烂眼睛一会儿不挤眼，就非常难受。坚持了一个小时后，虱子包实在忍不住了，他灵机一动，一边用手抓痒，一边大声说："瞧啊，对面山上有野猪！"烂眼睛马上抓住机会，装出向远方张望的样子，一边挤眼睛一边说："哪里啊？让我看清楚点！"鼻涕虫趁势而上，一边做出抬头眺望的样子，一边抽着鼻子，说："赶紧用枪瞄准啊！"这样，三个人很快就做完了他们各自的习气动作。

这个民间故事的名字就叫《三个人的习气》。王阳明在这封信中所谈的正是这个问题：习气。

所谓习气，就是指的行为举止上的不良习惯和作风。

习气的养成，并非一朝一夕，也不可能是一个人"闭门造车"出来。那么，它是如何产生的呢？或者说，人，是如何沾染上习气的呢？

心学巨子李贽曾说过这样一段话。我们生活的这个客观世界善少恶多。绝大多数人为了生存，必须尽快融入这个客观世界。融入的过程，就是善恶进入我们头脑的过程，由于善少恶多，所以我们自然就接触了无数的恶，比如虚伪。

我们明知道闯红灯是不对的，但当所有人都闯时，只剩下你孤零零一个人站在那里等红灯，你自己都感觉别扭，于是，你很难坚持这一“是非观”，不知不觉就闯了。

有人明知不义之财不能得，但耳濡目染的全是贪污腐败，到处都是投机取巧，眼前如果有不义之财，怎么可能会不取？这种社会上的恶在我们心上日积月累，最终成为一种常态。我们身在其中，也就见怪不怪了。

于是，纯粹的良知被遮蔽。良知一旦被遮蔽，我们所言所行就不是良知之言行。言虽巧，同真我（良知光明的我）有什么关系呢？这不恰恰是以假人说假话，而事是假事、文是假文吗？其人已经假，实行起来则无不假。因为无所不假，所以整个社会是大假一片。

正如故事中所提到的三位习气的人，改掉习气很难。王阳明却说，习气固然强悍，但真正强悍的仍是我们的良知。如果一个人能立志成为好人，立志做善事，就能使良知光明，良知若光明，一切习气的魑魅鬼怪到我面前，如冰雪见烈日，全部融消，毫不留情！而真有这分志向，你就拥有无穷的力量，祛除那些不良的习气。

此信中，王阳明又重点强调的是，所立的志向要有恒心，不能一曝十寒、三心二意。只要坚持久了，自然会成为习惯，习气就不会沾染到你，你离圣人也就不远了。

善是一种力量：《又与克彰太叔》

原文

日来德业想益进修，但当兹末俗，其于规切警励，恐亦未免有群雌孤雄之叹，如何？印弟凡劣，极知有劳心力，闻其近来稍有转移，亦有足喜。所贵乎师者，涵育薰陶，不言而喻，盖不诚未有能动者也。于此亦可以验己德。因便布此，言不尽意。

正月廿六日得旨，令守仁与总兵各官解囚至留都。行及芜湖，复得旨回江西抚定军民。皆圣意有在，无他足虑也。家中凡百安心，不宜为人摇惑，但当严缉家众，扫除门庭，恬静俭朴以自守，谦虚卑下以待人，尽其在我而已，此外无庸虑也。正宪辈狂稚，望以此意晓谕之。近得书闻老父稍失调，心极忧苦。老年之人，只宜以宴乐戏游为事，一切家务皆当屏置，亦望时时以此开劝，家门之幸也。至祝至祝！事稍定，即当先报归期。家中凡百，全仗训饬照管，不一。

老父疮疾，不能归侍，日夜苦切，真所谓欲济无梁，欲飞无翼。近来诚到，知渐平复，始得稍慰。早晚更望太叔宽解怡悦其心。

闻此时尚居丧次，令人惊骇忧惶。衰年之人，妻孥子孙日夜侍奉承直，尚恐居处或有未宁，岂有复堪孤疾劳苦如此之理！就使悉遵先生礼制，则七十者亦惟衰麻在身，饮酒食肉处于内，宴饮从于游可也。况今七十五岁之人，乃尚尔茕茕独苦若此，妻孥子孙何以自安乎？若使祖母在冥冥之中知得如此哀毁，如此孤苦，将何如为心？老年之人，独不为子孙爱念乎？况于礼制亦自过甚，使人不可以继，在贤知者亦当俯就。切望恳恳劝解，必须入内安歇，使下人亦好早晚服事。时尝游嬉宴乐，快适性情，以调养天和。此便自为子孙造无穷之福。此等言语，为子者不敢直致，惟望太叔为我委曲开譬，要在必从而后已，千万千万！至恳至恳！正宪读书，一切举业功名等事皆非所望，但惟教之以孝弟而已。

译文

我觉得您最近道德和学业都有进步，但当此衰世，很多严肃的规切警励的话，都被认为是叽叽喳喳的唠叨，您觉得呢？印弟平凡拙劣，很让您费心费力，听说最近他很有改过之迹，这也是可喜之事。当老师最重要的一条就是，对学生要涵育熏陶，说最浅显的道理给学生听，对那些真诚想学习的人，都会能教会他们。而在教学生的过程中，也是在检验自己的道德，可谓两全其美。

正月二十六，我接到圣旨，让我押解宁王朱宸濠到南京。到了安徽芜湖，又接到圣旨要我回江西安抚军民。这两道圣旨都是皇上的意思，没有别的鬼门道，不足忧虑。家中凡事我都放心，但要严厉管理家众，扫除门庭，以恬静俭朴为训，待人要谦虚而不卑不亢，尽心尽力而已，其他的事，不必忧虑。正宪那一辈的孩子狂傲稚嫩，希望您能以我的话教育他们。最近得到书信，说我老爹身体不太好，很是忧愁烦恼。但凡老人，最好经常宴乐戏游，至于家务事，不必操心，也希望您能以这种话来开导我父亲，可谓家门之幸了。祝福祝福！江西的事稍安定，我就会写信告知我的归期。家中任何事，全靠您照管，其他就不多说了。

父亲病重，不能回去侍奉陪伴，日思夜想，非常苦恼，这种感觉就如同要渡河而没有船，要飞翔而没有翅膀一样。最近有人从家中来，知道父亲病已减轻，才渐感安慰。每天更希望太叔您多安慰安慰他。

我祖母尚停灵治丧，我父亲正是风烛残年，这种年纪，纵全家人日夜侍奉，还担心有什么闪失，更何况是有病在身！即使按照礼制，七十岁的老人守孝，也就是披麻戴孝，其他喝酒吃肉，宴会游玩也都是可以的。我父亲已七十有五，遭母亡故这件事，却是忧苦无以复加，其他家人看到他这种样子，岂能心安？如果我祖母在天有灵，知道我父亲如此忧愁凄苦，该多么伤心？凡是老人，不都被子孙挂念着？所以我认为，丧礼能简则简，不让我父亲受罪。希望您能劝他好好安歇，给家人们一个侍奉他的机会。有机会带他出去散散心，调节他的心情，让他更为舒畅平和。真能做到这点，就是给子孙造了无穷之福啊。这种话，当儿子的不能直接向父亲说，只希望太叔您从中斡旋，使我父亲不至于太过忧伤。望您尽力劝解开导父亲，直到他听从为止，最诚挚地感谢。正宪读书，举业功名等事都可以忽略，只要教他“孝悌”两个字就好。

评析

写这封信时，王阳明的祖母岑老太太去世不久。王阳明曾多次请假要回家看望祖母，遗憾的是，皇帝不允。岑老太去世时，王阳明的父亲王华已七十五岁。正如王阳明所说，这种年纪的人，纵然身体硬朗、吃喝不愁还容易出问题，何况是撞上了母丧！

所以这封信的基调是压抑的，王阳明既对祖母去世而哀伤，又对父亲生病、遇到母丧而心情消沉担心，更对自己无法回家跪在祖母棺前尽孝而悲痛。千万忧愁，发作成信。读这封家信，每个人的心情都不可能好。

王阳明的弟子钱德洪在这封信的最后说道："读到'欲济无梁，欲飞无翼'时，不禁流泪。王老师的学说以万物一体之仁为宗旨，让人盯住我们与生俱来的本性，所以在人的情感上特别恳切真挚。正是这种对情感的恳切真挚，才让我们无论是平时还是临事时，都能随机而动，把事做得异常圆满。"

"万物一体之仁"是阳明心学的世界观。仁是感觉，通俗而言就是，将天地万物当成是自己身体和心灵的一部分，感同身受，爱着别人的爱，痛着别人的痛，哀伤着别人的哀伤。

你可以说这是敏感，但更多的是一种情怀。人类必须有这种情怀，才能向善，才能快乐，才能如钱德洪所说的，无论是平时无事还是临时有事，都能做到以不变应万变。这"不变"就是万物一体。当我们真的把天地万物当成自己身体、心灵的一部分时，我们就会不停地释放本性中最善的那些情感。**善本身就是一种无边无际的力量，我们不停地释放这些情感时，实际上就是在加强这种力量。**

在阳明的心学语境中，真实的世界应该是以我为中心，以我和天地万物的感应为内容，以真情实感的不做作的流露为认知的。

由此我们可知，王阳明先生对父亲的挂念、对祖母的哀痛，小处说是孝，大处说就是万物一体。

人非草木，孰能无情？正因为有情感，而能有节制地发出，才是真正的致良知。

再不学，就老了：《寄诸弟·戊寅》

原文

屡得弟辈书，皆有悔悟奋发之意，喜慰无尽！但不知弟辈果出于诚心乎？亦谩为之说云尔。

本心之明，皎如白日，无有有过而不自知者，但患不能改耳。一念改过，当时即得本心。人孰无过？改之为贵。蘧伯玉，大贤也，惟曰“欲寡其过而未能”。成汤、孔子，大圣也，亦惟曰“改过不吝，可以无大过”而已。有皆曰人非尧舜，安能无过？此亦相沿之说，未足以知尧舜之心。若尧舜之心而自以为无过，即非所以为圣人矣。其相授受之言曰：“人心惟危，道心惟微，惟精惟一，允执厥中。”彼其自以为人心之惟危也，则其心亦与人同耳。

危即过也，惟其兢兢业业，尝加“精一”之功，是以能“允执厥中”而免于过。古之圣贤时时自见己过而改之，是以能无过，非其心与果与人异也。“戒慎不睹，恐惧不闻”者，时时自见己过之功。吾近来实见此学有用力处，但为平日习染深痼，克治欠勇，故切切预为弟辈言之。毋使亦如吾之习染即深，而后克治之难也。

人方少时，精神意气既足鼓舞，而身家之累尚未切心，故用力颇易。迨其渐长，世累日深，而精神意气亦日渐以减，然能汲汲奋志于学，则犹尚可有为。至于四十五十，即如下山之日，渐以微灭，不复可挽矣。故孔子云：“四十五十而无闻焉，斯亦不足畏也已。”又曰，“及其老也，血气既衰，戒之在得。”吾亦近来实见此病，故亦切切预为弟辈言之。宜及时勉力，毋使过时而徒悔也。

译文

多次得到诸位弟弟的信，觉得诸位都有悔悟奋发向上的念头，我很欣慰！但不知你们是真的诚心实意，还是随口一说。

我们的心因有良知，所以光明如青天白日，没有犯了过错的人却不知他犯错的，最大的问题是不能改。一个改过的念头产生，马上去改，立即就会良知光明。凡是人，谁能不犯错？有错就改才是最宝贵的。蘧伯玉，大贤人，还常常说，“少犯些错误却还没能做到”。商王朝的开创者商汤、孔子，都是圣人，还只是说“知错就改，就没有什么大错了”。很多人都会说“人非尧舜，怎么能没有过错”的格言，其实这是人云亦云，人们根本是不了解尧和舜。如果尧和舜自认为自己不会犯错，那他们就不能称为圣人了。所以他们都会对继承者说：“人心是会时常犯错所以难测的，道心是幽微难明的，只有自己一心一意，精诚恳切地秉行中正之道，才能功德圆满。”两人都认为人心是会犯错的，其实也就证明了他们的心和我们的心是相同的。

人心惟危的“危”就是“过错”的意思，只有小心谨慎，下最纯粹的功夫，才能让我们秉行中正之道而免于过错。从前的圣贤们一发现自己有过错，马上就改，所以才会没有过错，并非他们的心和我们的心有所不同。“在人看不到的地方也要警惕谨慎，在人听不到的地方也须唯恐有失”的人，都是时刻能见到自己的过错，而改正过错的人。我最近真切地意识到此改过之学有用力处，但被平时的积习感染，改过的勇气欠佳，所以殷切地为诸位弟弟说之。你们万不可如我一样，习气积重难返后，改过可就难了。

人正青春年少时，精神饱满充沛，生存还不是我们关心的问题，所以学习很容易。随着年纪的增长，精气神逐渐下降，特别是步入社会后，时常为生活而奔波劳累，学习就成了件比较难的事，但如果有志于学习，仍有可为。最要命的就是到了四十、五十岁，正如落山的太阳，光亮和温度渐失，无可挽回了。所以孔子说：“人到了四十、五十岁如果还没有深切的志向，那这个人的人生基本上也就这样了。”孔子还说，“年纪一大，血气衰弱，就不要把得失放在心上了。”我最近发现很多人此病不轻，所以深切嘱咐诸位弟弟们。应及时互相勉励，千万不要等到有一天懊悔终生。

评析

此信提到了两个问题，一是改过，二是立志。这两个问题在之前的王阳明家训、家规中都谈到过，所以不再赘述。值得注意的是此信的最后部分，它是一个亮点，而对于大多数人来讲，它又是个痛点。

鼓励人们天天向上的圣贤们曾说过，只要肯立志而学，什么时候都不晚。

王阳明却说：“会晚。”

人真正通过学习而光明良知的时间段就是少年时期，因为在这个时候，人的精气神都处于巅峰状态，我们有精力学习。尤为重要的是，我们不会为生计而发愁，所以能专心致志于学习，也就是有时间学习。

精力和时间，能让我们轻而易举地脱胎换骨。

一旦过了这个年纪，精气神下降，成家立业后，又受生计所困，所以，立志学习起来的难度就非常大了。

其实也就是说，不是每个人都能通过学习而光明良知，让命运最大程度呈现出来的。错过了立志学习光明良知的机会，你就永远错过了此生成圣成贤的机会。

这封信虽是王阳明写给弟弟们的，但何尝不可以看成是写给天下所有的家长们?

孩子们必须要抓住光阴，立志成为善人，为这个目标而不辞艰辛地奋斗。

本来这是孩子们的事，但王阳明认为，孩子良知正如璞玉，虽天生具有却未能展现光辉，责任就在家长身上，义不容辞。

决定成败一在天理，二在人心：《上海日翁书》

原文

寓吉安男王守仁百拜书上父亲大人膝下：

江省之变，昨遣来隆归报，大略想已如此。时宁王尚留省城，未敢远出，盖虑男之捣其虚，蹑其后也。男处所调兵亦稍稍聚集，忠义之风日以奋扬，观天道人事，此贼不久断成擒矣。昨彼遣人赍檄至，欲遂斩其使，奈赍檄人乃参政季斅，此人平日善士，又其势亦出于不得已，姑免其死，械击之。已发兵至丰城诸处分布，相机而动。

所虑京师遥远，一时题奏无由即达。命将出师，缓不及事，为可忧尔。男之欲归已非一日，急急图此已两年，今竟陷身于难。人臣之义至此，岂复容苟逃幸脱！惟俟命师之至，然后敢申前恳。俟事势稍定，然后敢决意驰归尔。伏望大人陪万保爱，诸弟必能勉尽孝养，旦暮切勿以不孝男为念。天苟悯男一念血诚，得全首领，归拜膝下，当必有日矣。

译文

在江西吉安，儿子王守仁恭敬行礼写信给父亲大人。

江西南昌朱宸濠造反的事，昨日已派遣来隆告知您，事情大略就是我在信中所说的。如今朱宸濠仍在南昌，未敢出城，我断定他担心离开老巢南昌后，我乘虚而入，在他背后突袭。儿子从各处所调兵马已陆续前来，忠义之风吹起，众人奋发、豪气冲天，观察天理人心，我坚信此贼不久必败。昨天，朱宸濠派人来招降我，我特别想宰了送信的人，但此人不是一般人，他叫季斆，平日为善积德很多，只是恐惧朱宸濠的淫威而不得已投贼，我暂时免了他的死罪，只打了他一顿板子。给您写这封信时，我已在丰城布置好战场，相机而动。

我所忧虑的是，这里离京城山遥水远，消息很难在短时间内送到。等消息送到，皇上再指派大将和兵马，这是远水不解近渴，很是焦虑。儿子要回家看望您和家人，已不是一天两天的念头，两年前来江西剿匪就已有此念，最近这一年始终在请假回家，谁想到回家不成，却陷入如此危急之境。身为臣子，必须临危赴死，绝不允许有退缩之念！我现在心中的想法就是，等候王师前来收拾了朱宸濠，尘埃落定后，我就决意飞奔回家。希望父亲您能保重，诸位弟弟必能尽心尽力侍奉您，不必以我为念。上苍若有眼，必怜悯我这忠孝之心，保存我的性命回家拜见您。

评析

倘若我们对这封信的背景不了解，就很容易被信中轻松的语调和浓浓的亲情迷惑。浓浓的亲情是真切的，但轻松的语调，恐怕就不是王阳明的真心了。

南昌城里的宁王朱宸濠造反时，据他号称有精锐部队二十万，王阳明写这封信时，朱宸濠的先遣兵团已拿下多处沿江军事重镇，逼近安庆。倘若安庆再失，大明帝国的南京就会成为朱宸濠的囊中之物。

比之于朱宸濠的二十万精锐，王阳明手中只有一些临时凑集的杂牌军，这是个绝望的对比，换作别人，老天再给他一百个豹子胆，他也不敢和朱宸濠作对。但王阳明偏就和朱宸濠作对了，并且还在给老爹的信中精神抖擞地说："观天道人事，此贼不久断成擒矣。"

天道就是天理，人事就是人心。王阳明主张心即理，所以天道人事只是一回事。这并非他的一厢情愿，按他洞彻天地的分析，朱宸濠迟迟不离开南昌，亲自去攻打安庆，就因为他心不安。他的心之所以不安，是因为他的良知早就告诉了他：你这是造反，是逆天理人心而行。当时的皇帝朱厚照虽然胡作非为，但南方的百姓还是过着太平日子，没人愿意被别人打破这种生活，所以朱宸濠挑起战争，用流行的话而言就是，不得民心。

王阳明清醒地意识到这点，在之后对付朱宸濠的手腕上，就是故弄玄虚、虚张声势、弄虚作假，让朱宸濠的心时刻得不到安宁，最终将他擒拿。

王阳明的弟子钱德洪在此信背后有一段话，可看作这封家书的一个眉批。

据钱德洪说，王阳明是奉旨去福建的路上得知朱宸濠谋反的，他立即违抗圣旨，原路返回，要和朱宸濠对决。当时，王阳明很怕朱宸濠来追击，想要换条船走，却又不舍得船中家眷。此时，王阳明的夫人手提宝剑对丈夫说："您速去，不必为我们担忧。如果真有追兵来，我手中有宝剑，自己能照顾自己！"

庆幸的是，王阳明夫人那把宝剑没用到，朱宸濠未派人来追。王阳明抵达吉安后，发兵之前，告诉留守人员：“我家眷全在衙署，你们现在就将衙署用木柴围起，我此番前去，如果有噩报传来，你们就点火！”

王阳明的弟子邹谦之在军中闻听此话，也将家人迎到吉安，准备全家同赴国难。

王阳明的老爹王华得到朱宸濠造反的消息后，有人劝他躲避。他却说：“我儿子正在战场和逆贼对抗，他老爹却在躲避，这成何体统？”于是和地方行政长官商议守城之策后，也决心与全家坚守故土。

钱德洪最后说：“王家上下，包括弟子，忠义凛凛，让人万分敬仰！”

的确，忠义精神是王家的一面旗帜，这面旗帜是王家最虎虎生威、最提神的家训！

第三编 王阳明家规

儿童教育圣经：《训蒙大意示教读刘伯颂等》

原文

古之教者，教以人伦。后世记诵词章之习起，而先王之教亡。

今教童子，惟当以孝、弟、忠、信、礼、义、廉、耻为专务。

其栽培涵养之方，则宜诱之歌诗以发其志意，导之习礼以肃其威仪，讽之读书以开其知觉。今人往往以歌诗习礼为不切时务，此皆末俗庸鄙之见，乌足以知古人立教之意哉！

大抵童子之情，乐嬉游而惮拘检，如草木之始萌芽，舒畅之则条达，摧挠之则衰痿。今教童子，必使其趋向鼓舞，中心喜悦，则其进自不能已。譬之时雨春风，沾被卉木，莫不萌动发越，自然日长月化。若冰霜剥落，则生意萧索，日就枯槁矣。

故凡诱之歌诗者，非但发其志意而已，亦所以泄其跳号呼啸于咏歌，宣其幽抑结滞于音节也；导之习礼者，非但肃其威仪而已，亦所以周旋揖让而动荡其血脉，拜起屈伸而固束其筋骸也；讽之读书者，非但开其知觉而已，亦所以沉潜反复而存其心，抑扬讽诵以宣其志也。

凡此皆所以顺导其志意，调理其性情，潜消其鄙吝，默化其粗顽。日使之渐于礼义而不苦其难，入于中和而不知其故。是盖先王立教之微意也。

若近世之训蒙稚者，日惟督以句读课仿，责其检束而不知导之以礼，求其聪明而不知养之以善，鞭挞绳缚，若待拘囚。彼视学舍如图圄而不肯入，视师长如寇仇而不欲见，窥避掩覆以遂其嬉游，设诈饰诡以肆其顽鄙，偷薄庸劣，日趋下流。是盖驱之于恶而求其为善也，何可得乎？

凡吾所以教，其意实在于此。恐时俗不察，视以为迂，且吾亦将去，故特叮咛以告。尔诸教读，其务体吾意，永以为训。毋辄因时俗之言，改废其绳墨，庶成“蒙以养正”之功矣。念之念之！

译文

古时教育的主要内容是“伦理道德”。不知何时，“记诵词章”的教育内容大为风行，因此取代了伦理道德，让古圣先贤所立下的教育真谛消失。

我认为，应该恢复古圣先贤所立下的教育内容，将“孝、悌、忠、信、礼、义、廉、耻”作为儿童的基本功课。

首先，要引导孩子们吟唱诗歌来激发他们的志趣；其次，引导他们学习礼仪，让他们的仪容趋于严肃；最后，劝导他们读书，以开启他们的灵性和智慧。遗憾的是，现在很多人认为让孩童吟唱诗歌、学习礼仪毫无用处。我说，这都是浅薄庸俗的见识，他们根本就不理解古人立教的本意！

大体来讲，儿童喜欢嬉戏玩耍而害怕受到束缚，就如草木刚露头发芽时，如果顺其自然，让它舒展畅快地生长，就能枝繁叶茂；但如果摧残它阻止它生长，必会枯萎。我们现在教育儿童，必须鼓舞他们的兴趣，使他们内心喜悦，那么他们自然就会进步，不会停止不前。正如及时的雨露、和煦的春风，滋润了花草树木，自然萌芽发育，自然能一天天地茁壮生长。如果总是遇到冰霜侵袭，那么它们就会萧条枯萎而死。

所以凡是通过歌诗来引导儿童的，不仅仅是为了发展他们的志趣而已，同时也是把他们那与生俱来的蹦跳呼喊的精力转移成为有节奏的朗诵诗歌活动，让他们在音律中宣泄心中的郁结和不快；用礼仪来引导儿童，不仅是为了整顿他们的仪容而已，同时也是通过揖让叩拜的动作来活动他们的血脉，在起跪屈伸中强健筋骨；教导他们读书，不仅仅是为了开启他们的智慧，增长他们的知识而已，同时也是通过深入钻研反复体会而锻炼他们的思想，在抑扬顿挫的朗诵中宣导他们的志向。

这一切都是顺应引导他们的思想志向，调理他们的性情，在无声无息中消除他们的鄙俗，不知不觉中改变他们的粗鲁愚顽。如此，使他们日渐接近礼而不感到厌烦，性情在春风化雨中达到中正平和。这就是古代圣贤设立教育的深意。

可现在的儿童教育呢，真让人心寒。儿童教育者每天只是用标点断句、课业练习督促他们，要求他们严格约束自己，却不知用礼仪来引导他们；只要求他们聪明，却不知用好的方法来培养他们；只知道鞭挞束缚他们，如同对待囚犯，却不知儿童最讨厌的就是被束缚。于是，儿童们把学校看作监狱而不愿去，把老师看作强盗和仇人而不愿见，用逃避、掩饰遮盖来达到他们嬉戏玩耍的目的，作假撒谎来放纵他们的顽劣鄙陋本性。于是，他们得过且过，庸俗鄙陋，日益堕落。这是驱使他们作恶却又要求他们向善，纵是神仙，恐怕也难做到这一点。

这就是我的教育理念！

评析

中国古代的儿童启蒙教育大都在家中完成，所以，《训蒙大意示教读刘伯颂等》虽非家信，其内容却洋溢着家训的味道。“训蒙大意”就是教育儿童的大致主张之意，“教读”刘伯颂是“教师”刘伯颂。这篇文字写于王阳明巡抚江西赣州时期，是一篇儿童教育圣经。

王阳明最先说的是，古时候教人的道理，“孝、悌、忠、信、礼、义、廉、耻”。可后来教人的方法就变味了，专门让人抱着几本古书，闭了眼睛胡念，书里所说的道理根本不去理睬。照这个样子，即使读了几百车书，倒背如流，能有什么用？还有一种教育方法是，专门教学生做文章，文章做得天花乱坠，却不能实实在在地做忠、孝、信、义的事，这难道是成功的教育吗！王阳明特别痛恨后世教育的方法，专重在熟读古书、做好文章去应考，混个功名富贵，把古圣先贤教人实行忠、孝、信、义的道理，却抛在脑后。

是可忍，孰不可忍！

接着，王阳明提出教人的根本主义：孝、悌、忠、信、礼、义、廉、耻。它们被称为人生八德，是中国古代德育的全部内容。一个人如果不具备这八德，或者是缺斤少两，那儒家就会指着你的鼻子说，你就不是个人！

孝，就是孝顺。孝顺父母，乃其他七种美德的基石。人为什么要孝顺？因为我们必须报答父母养育之恩。而王阳明所说的孝顺，前面已谈到，一是让父母安心；二是并非儿女单方面的孝顺，还有父母的慈，所谓“父慈子孝”，双方是有互动的。

悌，是悌敬。兄弟姊妹之间的，就是兄弟友爱，相互帮助、互相鼓励从善。在一个家庭中，悌的功能仅次于孝，它是联结同辈之间的黏合剂。

忠，是尽己，也就是尽自己全部心力来做一件事。在古代，它指的就是忠于皇帝。王阳明则认为，要忠于天下，其实就是忠于国家和民众。

信，是真诚不欺自己和他人。不能糊弄自己的良知，倘若你不糊弄自己的良知，自然就不会欺骗别人。要做一件事，就要恭敬而努力地去做，这做事的过程，就是个信的过程。

礼，是外在的礼仪。中国古代，礼仪纷繁复杂，如果你有兴趣打开《礼记》，会发现不胜枚举的礼仪向你招手。婚、丧、祭、朝、聘，每种礼仪都够你学上一年的。很多生性洒脱、不拘小节的古人把这些看成是繁文缛节，但它的确有重要的意义。通过行礼仪，人首先从外在树起一种敬畏之情，惯性使然下，它会深入你内心，塑造你成为彬彬君子。王阳明认为，心外无礼，所以他的主张就是，礼必须要有，但不必过于复杂。只要能深入你心，行之无妨；不深入你心，弃之也无妨。只要记住：一切礼都是为我们光明良知服务的。

义，很多人认为是义气，王阳明则认为是“适宜”。什么事该做，什么事不该做，在做和不该做之间有个点，这个点就是义。对朋友要义，无非要你对朋友做适宜的事。所以，不适宜的江湖义气，是万万要不得的。

廉，是廉洁。依良知之道去追求利而不贪利，就是廉。

耻，是羞耻。凡是不合天理的事，就是不符合良知，绝对不能去做，做了就会感到羞耻。人正因为有“耻”，所以才会远离人欲，追求天理，才能成为一个好人。

王阳明认为，人生八德中的关键点不是基石“孝”，也不是尽心尽力的“忠”，而是“义”。他在《传习录》中说过，良知就是“义”，或称为“宜”，就是适宜。只要你做事适宜，不偏不倚，八德中的其他七德都是水到渠成之事。

适宜地孝顺父母，孝顺父母就轻而易举；适宜地尽心尽力忠诚于某人和某事，忠诚于某人和某事就自然而然。

所有的玄机都在“义”上，良知判断出的适宜与不适宜而已。

那么，如何让孩子学习并懂得人生八德呢？或者说，如何把人生八德教授给孩子们呢？

每天拿着人生八德的内容向孩子们灌输吗？

王阳明不认为这是好办法。他认为，人生八德的内容与生俱来，原本就在孩子心中，我们只须通过一些看似无关紧要的方法，将其呼唤出来即可。

为此，王阳明提出三种：读书、歌诗、习礼。用现在的话来讲就是文化课、音乐课、体育课。

中国人，尤其是古人，最重视文化课，文化课里最重视德育，音乐课也讲，但很少讲体育课。

在王阳明看来，读书、歌诗、习礼不是看上去那么简单，背后有大深意。

读书，不仅仅是为了开启他们的智慧，增长他们的知识，同时也是通过深入钻研反复体会而锻炼他们的思想，在抑扬顿挫的朗诵中宣导他们的志向。

歌诗，不仅仅是为了发展他们的志趣，同时也是把他们那与生俱来的蹦跳呼喊的精力转移成为有节奏的朗诵诗歌的活动，让他们在音律中宣泄心中的郁结和不快。

礼仪，不仅是为了整顿他们的仪容，同时也是通过揖让叩拜的动作来活动他们的血脉，在起跪屈伸中强健筋骨。

这就是教育的真谛！

以上三种方法实际上是王阳明从儿童的性情出发的，小孩子性情活泼，像初生的草木一样，不能压制他。现代教育心理学也认为，教育儿童，要顺着他的性情才好，设种种方法，引起他的欢悦心，使他乐于受教。然后施以合宜的教育，才能够开发他固有的智能和品德，这智能和品德就是王阳明所说的良知。

顺着儿童本原的性情意志，渐渐培养他的长处，警惕他的短处。王阳明并非要雷厉风行地把儿童的短处瞬间铲除，而是希望能潜移默化。大禹治水，是顺着水性，他老爹治水却是逆着水性，二者相比，高下立判。

《训蒙大意示教读刘伯颂等》是王阳明以良知为指引，写就的一篇儿童教育圣经，值得古往今来的家长们反复阅读，铭记于心，知行合一，付诸实践。

扩而大之的王阳明家规：《南赣乡约》

原文

咨尔民，昔人有言："蓬生麻中，不扶而直；白沙在泥，不染而黑。"民俗之善恶，岂不由于积习使然哉！

往者，新民盖常弃其宗族，畔其乡里，四出而为暴，岂独其性之异，其人之罪哉？亦由我有司治之无道，教之无方；尔父老子弟所以训戒饬于家庭者不早，熏陶渐染于里门者无素，诱掖奖劝之不行，连属叶和之无具，又或愤怒相激，狡伪相戏，故遂使之靡然日流于恶。则我有司与尔父老子弟，皆宜分受其责。

呜呼！往者不可及，来者犹可追，故今特为乡约，以协和尔民。

自今凡尔同约之民，皆宜孝尔父母、敬尔兄长、教训尔子孙、和顺尔邻里，死伤相助、患难相恤、善相劝勉、恶相告戒、息讼罢争、讲信修睦，务为良善之民，共成仁厚之俗。

呜呼！人虽至愚，责人则明；虽有聪明，责己则昏。尔等父老子弟，毋念新民之旧恶而不与其善，彼一念而善即善人矣；毋自恃为良民，而不修其身，尔一念而恶即恶人矣。人之善恶系于一念之间，尔等慎思吾言，毋忽。

一、同约中推年高有德为众所敬服者一人为约长，二人为约副，又推公直果断者四人为约正，通达明察者四人为约史，精健廉干者四人为知约，礼仪习熟者二人为约赞。置文簿三扇：其一扇备写同约姓名，及日逐出入所为，知约司之；其二扇一书彰善，一书纠过，约长司之。

二、同约之人每一会，人出银三分，送知约，具饮食，毋大奢，取免饥渴而已。

三、会期以月之望，若有疾病事故不及赴者，许先期遣人告知约；无故不赴者，以过恶书，仍罚银一两公用。

四、立约所于道里均平之处，择寺观宽大者为之。

五、彰善者，其辞显而决；纠过者，其辞隐而婉，亦忠厚之道也。如有人不弟，毋直曰不弟，但云闻某于事兄敬长之礼，颇有未尽；某未敢以为信，姑案之以俟；凡纠过恶皆例此。若有难改之恶，且勿纠，使无所容，或激而遂肆其恶矣。约长副等，须先期阴与之言，使当自首，众共诱掖奖劝之，以兴其善念，姑使书之，使其可改；若不能改，然后纠而书之；又不能改，然后白之官；又不能改，同约之人执送之官，明正其罪；势不能执，戮力协谋官府请兵灭之。

六、通约之人，凡有危疑难处之事，皆须约长会同约之人与之裁处区画，必当于理济于事而后已；不得坐视推托，陷入于恶。罪坐约长约正诸人。

七、寄庄人户，多于纳粮当差之时躲回原籍，往往负累同甲。今后约长等劝令及期完纳应承，如蹈前弊，告官惩治，削去寄庄。

八、本地大户，异境客商，放债收息，合依常例，毋得磊算；或有贫难不能偿者，亦宜以理量宽。有等不仁之徒，辄便捉锁磊取，挟写田地，致令穷民无告，去而为之盗。今后有此告，诸约长等与之明白，偿不及数者，劝令宽舍；取已过数者，力与追还；如或恃强不听，率同约之人鸣之官司。

九、亲族乡邻，往往有因小忿投贼复仇，残害良善，酿成大患。今后一应门殴不平之事，鸣之约长等公论是非。或约长闻之，即与晓谕解释；敢有仍前妄为者，率诸同约呈官诛殄。

十、军民人等若有阳为良善、阴通贼情、贩买牛马、走传消息、归利一己、殃及万民者，约长等率同约诸人指实劝戒，不悛，呈官究治。

十一、吏书、义民、总甲、里老、百长、弓兵、机快人等若揽差下乡，索求赍发者，约长率同呈官追究。

十二、各寨居民，昔被新民之害，诚不忍言；但今既许其自新，所占田产，已令退还，毋得再怀前仇，致扰地方。约长等常宜晓谕，令各守本分，有不听者，呈官治罪。

十三、投招新民，因尔一念之善，贷尔之罪。当痛自克责，改过自新，勤耕勤织，平买平卖，思同良民，无以前日名目，甘心下流，自取灭绝。约长等各宜时时提撕晓谕，如踵前非者，呈官征治。

十四、男女长成，各宜及时嫁娶。往往女家责聘礼不充，男家责嫁妆不丰，遂致愆期。约长等其各省谕诸人，自今其称家之有无，随时婚嫁。

十五、父母丧葬，衣衾棺椁，但尽诚孝，称家有无而行。此外或大作佛事，或盛设宴乐，倾家费财，俱于死者无益。约长等其各省谕约内之人，一遵礼制，有仍蹈前非者，即与纠恶簿内书以不孝。

十六、当会前一日，知约预于约所洒扫张具于堂，设告谕牌及香案南向。当会日，同约毕至，约赞鸣鼓三，众皆诣香案前序立，北面跪听约正读告谕。毕，约长合众扬言曰："自今以后，凡我同约之人，祇奉戒谕，齐心合德，同归于善；若有二三其心，阳善阴恶者，神明诛殛。"众皆曰："若有二三其心，阳善阴恶者，神明诛殛。"皆再拜，兴，以次出会所，分东西立，约正读乡约毕，大声曰："凡我同盟，务遵乡约。"众皆曰："是。"乃东西交拜，兴，各以次就位，少者各酌酒于长者三行。知约起，设彰善位于堂上，南向置笔砚，陈彰善簿；约赞鸣鼓三，众皆起，约赞唱："请举善！"众曰："是在约史。"约史出就彰善位，扬言曰："某有某善，某能改某过，请书之，以为同约劝。"约正遍质于众曰："如何？"众曰："约史举甚当！"约正乃揖善者进彰善位，东西立，约史复谓众曰："某所举止是，请各举所知！"众有所知即举，无则曰："约史所举是矣！"约长副正皆出就彰善位。约史书簿毕，约长举杯扬言曰："某能为某善，某能改某过，是能修其身也；某能使某族人为某善，改某过，是能齐其家也；使人人若此，风俗焉有不厚？凡我同约，当取以为法！”遂属于其善者。善者亦酌酒酬约长曰：“此岂足为善，乃劳长者过奖，某诚惶怍，敢不益加砥砺，期无负长者之教。”皆饮毕，再拜会约长，约长答拜，兴，各就位，知约撤彰善之席，酒复三行，知约起，设纠过位于阶下，北向置笔砚，陈纠过簿。约赞鸣鼓三，众皆起，约赞唱：“请纠过！”众曰：“是在约史。”约史就纠过位，扬言曰：“闻某有某过，未敢以为然，姑书之，以俟后图，如何？”约正遍质于众曰：“如何？”众皆曰：“约史必有见。”约正乃揖过者出就纠过位，北向立。约史复遍谓众曰：“某所闻止是，请各言所闻！”众有闻即言，无则曰：“约史所闻是矣！”于是约长副正皆出纠过位，东西立。约史书簿毕，约长谓过者曰：“虽然姑无行罚，惟速改！”过者跪请曰：“某敢不服罪！”自起酌酒跪而饮曰：“敢不速改，重为长者忧！”约正、副、史皆曰：“某等不能早劝谕，使子陷于此，亦安得无罪！”皆酌自罚。过者复跪而请曰：“某既知罪，长者又自以为罚，某敢不即就戮，若许其得以自改，则请长者无饮，某之幸也！”趍后酌酒自罚。约正副咸曰：“子能勇于受责如此，是能迁于善也，某等亦可免于罪矣！”乃释爵。过者再拜，约长揖之，兴，各就位，知约撤纠过席，酒复二行，遂饭。饭毕，约赞起，鸣鼓三，唱：“申戒！”众起，约正中堂立，扬言曰：“呜呼！凡我同约之人，明听申戒，人孰无善，亦孰无恶。为善虽人不知，积之既久，自然善积而不可掩；为恶若不知改，积之既久，必至恶积而不可赦。今有善而为人所彰，固可喜；苟遂以为善而自恃，将日入于恶矣！有恶而为人所纠，固可愧；苟能悔其恶而自改，将日进于善矣！然则今日之善者，未可自恃以为善；而今日之恶者，亦岂遂终于恶哉？凡我同约之人，盍共勉之！”众重曰：“敢不勉。”乃出席，以次东西序立，交拜，兴，遂退。

译文

诸位，咱们来谈谈心，荀子说过：“蓬草生在剑麻中，不必刻意扶它，它就会生长得笔直；白沙扔进泥里，不必刻意沾染它，它就会变得很黑。”民俗的“善恶”，和环境的关系很大！

从前，有些人不守宗族规矩、祸害乡亲，到处惹是生非，轻者为流氓，重者就为盗匪，这并非他天生如此，罪过也不能全算到他头上。政府有更大的责任，治之无道，教之无方；另外就是家教，这些人的家长和父母官不能及时地进行教育和管束，没有有效地对其引导扶持，奖励劝勉，甚至是他们本人也没有做到与他人的持续和睦，孩子们耳濡目染，自然就形成了极不良的生活态度和作风，当遇到事时，就会学着家人的样子愤怒以待，虚伪狡猾以应，于是，逐渐进入恶的境地，却浑然不知。在这点上，我等父母官和父老子弟都有责任啊。

唉，过去的事就让它过去吧，我们要把握当下，所以今日我立下这份乡约，希望你们能依此乡约打造和谐社会。

从今天起，你等都要孝顺父母、恭敬兄长、教训子孙、睦邻友好，守望相助、互相劝勉、共同行善、摒弃恶念与恶行、少打官司、诚信待人、和睦相处，一定要宅心仁厚，做个良善之民。

唉！纵然是最愚笨的人，教训起别人来也特别聪明；纵然是极顶聪明的人，反省起自己来也是愚笨异常。诸位父老乡亲，不要对那些有恶行的人置之不理，他们只要现在有一善念，就是善人了；你们也不要自以为是良民，就放肆起来，要知道，有一恶念就是恶人了。人是善是恶，只在一念之间，你们用心考虑下我的话，一定要加以重视！

第一，参加《乡约》的人应推举一德高望重的人为约长，再推举两人为副约长，然后由三位约长主持推举公正果断的四人为约正，通达明察的四人为约史，廉洁干练的四人为知约，熟悉礼仪的二人为约赞。文件分为三份，一份是《乡约》花名册，由知约负责；一份是好人好事录，另一份则是坏人坏事录，由约长负责。

第二，参加《乡约》的人每次开会，每人赞助费三分银，知约用此赞助费购买饮食，这只是为了开会时大家免于饥渴，不必大摆筵席，况且，三分银也不够啊。

第三，《乡约》会议定在每月的阴历十五，那天如果有人生病而无法到场，应事先请假；无故缺席者要列入坏人坏事录，再罚款白银一两，以作公用。

第四，《乡约》的办公室要设在交通方便之地，最好是村镇中心，众人来往路途大致相近，办公室尽量宽敞明亮。

第五，好人好事录的文字，要明目张胆、大肆渲染；坏人坏事录的文字要隐晦而委婉，这就是做人要厚道，做事要忠厚。我举例说吧，比如有人对兄弟姐妹不悌，不要写他“不悌”，要这样写：听说某某对待兄弟姐妹不太好；因为只是听说，没有确凿证据，所以先放在这里，以待查证。有些人的恶很难改，不要直截了当地去纠正他，你触发了他的恶性，他恼羞成怒，会更在恶上变本加厉。遇到这种人，先由副约长出面和他谈心，谈锋要委婉曲折，让他自己发动良知，知道错误，观察他的表现，如果感觉他认识到了错误，虽然口不承认，也要把他记录到好人好事录中；如果发现他仍不知悔改，那就把他记录到坏人坏事录；再不改，就要把他的简历和恶行传递到政府那里备案；倘若这小子是王八吃秤砣，铁了心不改，那就要把他本人送去官府了。如果已经成了气候，没法抓捕，就要与官府共同谋划请兵剿灭他了。

第六，凡是遵守《乡约》之人，如果遇到难处，约长要和众人为他排忧解难，必须要解决他的问题；不能坐视不理，让他在困难时陷入恶的念头，而做出恶行来。如果有这样的人，约长等领导人是难辞其咎的。

第七，很多寄庄人（**地主在本籍以外置备土地，设庄收租**）常在政府征收粮役和差役时躲回原籍，往往给政府造成损失。今后，约长要劝这些人纳税完毕再回原籍，如果他们还旧习难改，那就告官惩治，把他们的土地收归。

第八，本地大户和外地客商放高利贷收利息的，应按常例，不得算复利；确实没有偿还能力的，应让债主放宽还款期限。如果有人还要强行收款，让百姓生不如死，而去为盗贼，那就该和官府合作，将这种人绳之以法。

第九，乡里乡亲之间有时会因一点小事而起纠纷，甚至弄出人命，酿成大祸。今后凡是和他人有矛盾，在起冲突之前，必须请约长公论是非。如果不经约长就擅自好勇斗狠，约长有权力率领众人将其押送官府。

第十，如果有人私通盗匪、贩买牛马、向盗匪通风报信而获取利益、殃及他人，那约长有权力对其进行教诲，教而不改者，扭送官府。

第十一，凡是政府人员下基层，有徇私舞弊、以公谋私者，约长有权力将其扭送官府。

第十二，《乡约》之前，有些人仗势欺人，霸占他人田产，如今已退还的，众人不可再怀前仇。如果这种人还屡教不改，仍如从前，约长有权力将其扭送官府。

第十三，改过自新的盗贼，能改过自新就是一善念，但这并不代表你从前的罪过就一笔勾销了，你应该痛下苦功，克己自责，加大改过自新的力度，用心尽力工作，万不可以为自己从前做过盗贼，就破罐子破摔。约长等人要常常找这种人谈心，如果发现他仍有重走老路的念头，即刻报官。

第十四，无论男女，到了成婚年龄，就该成婚。不要为了嫁妆和聘礼纠缠不清。约长等人应晓谕已到成婚年龄的男女，无论家境如何，都该马上成婚。

第十五，关于丧事，应量力而行，不要倾尽家财，大摆筵席，大作佛事，这些表面文章与死者有何益处？约长等人要晓谕众人，只须遵守基本丧葬礼法即可。如果有人还把丧事大操大办，就把他写进坏人坏事录中，批注为“不孝”。

第十六，《乡约》会前一日，知约应先布置会议室“约所”，把告谕牌和香案面南背北。会议那天，参与《乡约》所有人到齐后，约赞敲鼓三下，众人都有序站于香案前，面北背南跪听约正读告谕。约正读告谕完毕，约长和众人高声道：“自今以后，凡我同约之人，祗奉戒谕，齐心合德，同归于善；若有二三其心，阳善阴恶者，神明诛殛。”众人要异口同声说：“若有二三其心，阳善阴恶者，神明诛殛。”然后大家再拜，按顺序出会所，东西站立。约正读完《乡约》，大声道：“凡我同盟，务遵乡约。”众人都要说：“是。”东西站立的人互拜后，按次序就位，年轻人给年老者倒酒。知约此时拿出好人好事录，南向置笔砚；约赞敲鼓三下，众人皆站起，约赞唱：“请举善！”众人说：“是在约史。”约史这时就走到好人好事录面前，高喊道："某有某善，某能改某过，请书之，以为同约劝。"约正要询问众人："如何？"众人皆道："约史做得对！"约正此时就请出好人好事录的主人公们，向他们行礼，请他们站到早准备后的"彰善位"，这些雷锋们也是东西面立。约史再向众人道："我只知道这几个人，你们可以再举出几件好人好事！"众人如果有知道好人好事的就举出，如果没有，则说："约史所举是矣！"此时，约长们都站到彰善位。约史书写完毕，约长举杯道："某能为某善，某能改某过，是能修其身也；某能使某族人为某善，改某过，是能齐其家也；使人人若此，风俗焉有不厚？凡我同约，当取以为法！"遂注目好人。做了好事的好人也倒酒感谢约长："此岂足为善，乃劳长者过奖，某诚惶怍，敢不益加砥砺，永无负长者之教。"双方喝完，做了好事的好人再拜约长，约长答拜，然后各就各位。知约把彰善之席撤了，大家喝酒，三巡过后，知约站起，设置"纠过位"在阶下，北向置笔砚，拿出"纠过簿"。约赞敲鼓三下，众人都站起，约赞喊："请纠过！"众人皆道："请约史。"约史走到纠过位，高声道："闻某有某过，未敢以为然，姑书之，以俟后图，如何？"约正询问于众人："如何？"众人皆曰："约史所言极是。"约正乃把做了坏事的坏人请到纠过位，面北而立。约史再次说："某所闻止是，请各言所闻！"众人有知道的就说所闻，不知道的就说："约史所言甚是！"于是，约长们都走进纠过位，东西而立。约史写完，约长对坏人说："虽然姑无行罚，惟速改！"坏人跪下道："某敢不服罪！"自起，倒酒跪饮道："敢不速改，重为长者忧！"约长都说："某等不能早劝谕，使子陷于此，亦安得无罪！"然后倒酒自罚。坏人再跪下说："某既知罪，长者又自以为罚，某敢不即就戮，若许其得以自改，则请长者无饮，某之幸也！"然后倒酒自罚。约长们说："你能勇于受责如此，是能迁于善也，某等亦可免于罪矣！”于是，坏人再拜，约长拉他起来，大家各就各位。知约把纠过席撤掉，酒过二巡，开饭。吃完饭，约赞起，鸣鼓三下，拉长嗓音道：“申戒！”众人都起，约正站在中央，高声道：“呜呼！凡我同约之人，明听申戒，人孰无善，亦孰无恶。为善虽人不知，积之既久，自然善积而不可掩；为恶若不知改，积之既久，必至恶积而不可赦。今有善而为人所彰，固可喜；苟遂以为善而自恃，将日入于恶矣！有恶而为人所纠，固可愧；苟能悔其恶而自改，将日进于善矣！然则今日之善者，未可自恃以为善；而今日之恶者，亦岂遂终于恶哉？凡我同约之人，盍共勉之！”众重曰：“绝不敢懈怠。”于是出席，按顺序东西立，互拜，最后就散了。会议结束。

评析

表面看，《南赣乡约》并不是王阳明家训，它类似于今天的乡镇自治条例，但它所蕴含的精神和实施方式是每一家乃至每一家族都需要的。换种说法，《南赣乡约》是广义上的家训，因为王阳明向来是把齐家和治国合二为一的。治一乡镇和齐一家族，没有本质不同。

首先，我们该了解的是《南赣乡约》的背景。南是江西南安，赣是江西赣州。1517年，王阳明到南赣剿匪。第一次见到血肉横飞的战场时，王阳明心底就是悲凉的。随着战场的不断扩展和敌我双方的死伤，王阳明曾不无忧闷地向弟子倾诉说：“朝廷使我日以杀人为事，心岂割忍，但事势至此。譬之既病之人，且须治其外邪，方可扶回元气，病后施药，犹胜立视其死故耳。可惜平生精神，俱用在此等没紧要事上去了。”

王阳明打仗出神入化，功勋卓著，但很少和弟子们讲如何打仗。

有弟子问他：“用兵有术否？”他只是说：“哪里有什么术？只是学养纯厚。”把军事能力悄无声息地转移到学问上，这是他的慈悲，也是他的无奈。

正是在这种心理下，王阳明每削平一地的匪患，马上着手的工作就是以文治恢复平和，让曾经流离失所的百姓返回家乡，再续前缘。

《南赣乡约》就是他在削平南、赣匪患后致良知的产物。

《南赣乡约》开宗明义：环境可影响人，当初那些为匪为盗的人都是有良知的，只不过受坏环境的影响，良知被遮蔽，所以才干出坏事来。

猛一看，这个观点和王阳明心学有冲突，既然吾性自足，不假外求，心外无物，人本身就是个光明体，怎么会受外界影响呢？

人在幼年时，良知虽有，但如璞玉，未彻底光明。在这一阶段，对是非善恶的分辨，没有成人那么纯粹和干脆。于是，他们很容易被外界环境影响。王阳明“心外无物”的主张，直白而言就是，我的心能通过良知认可的就成了我心内的一部分，而不在心外。孩童很容易会被外界的环境吸引，而将其纳入心中来，这也是心外无物。

所以，“心外无物”在很大程度上是一种理想境界，它只是要你心内不可有太多杂乱的东西。家长在这方面要尽力让孩子远离不良环境，万不可让不良环境成为孩子心中的一部分。

让孩子远离不良环境的经典案例就是孟子的老娘三次搬家，儒家津津乐道为“孟母三迁”。

这个故事是这样的。孟子老爹早逝，孟子和母亲相依为命。最开始，他们住在公墓边。每天都有人来埋葬尸体，举行葬礼。于是孟子就和邻居小孩学着大人跪拜、哭号的样子，玩起了办理丧事的游戏。孟妈妈看到，就皱起眉头说：“不行！我不能让我的孩子住在这里！”

于是，孟妈妈带着孟子搬到了市集，住在了屠宰场附近。没多久，孟妈妈发现孟子又和邻居小孩学起了商人做生意和屠宰猪羊的事。孟妈妈又把眉头皱起来：“这个地方更不适合我的孩子居住！”

如你所知，母子二人又搬家了。

这一次，他们搬到了一所学校附近。每月夏历初一，官员到文庙，行礼跪拜，互相礼貌相待，孟子见了后就开始学习并记在心里。孟妈妈眉开眼笑点头道：“这才是我儿子应该住的地方呀！”于是长住下来。

“孟母三迁”的故事提醒做家长的：环境能改变人，应该让孩子接近好的人、事、物，才能成为一个好人。

——这个故事有个缺陷，孟母只有两迁。也就是第二迁、第三迁。第一迁在哪里？就是从某地迁到公墓旁。为何要迁到公墓旁？因为孟子死了老爹，他要在此地守孝。由此可知，儒家用这个故事隐晦地告诉我们，为了孩子的良好环境，给老爹守孝的事也可抛弃。

回到王阳明扩而大之的《南赣乡约》上来。王阳明对那些做匪的改邪归正很欣慰，不过他补充说，放下屠刀绝不能立地成佛，一念为善就是善人，一念为恶就是恶人，必须要时刻注意自己的念头。无论曾经你是好人或坏人，只要你一个念头是善，就是善人，一个念头是恶，你就又成了坏人。

接着又回到环境影响人上来：作为父母官和家长，对曾经为恶的人的罪行，也要有担当，应该检讨。

不过这一切都过去了，我们不能计较从前，也不要胡思乱想未来，只专注于当下。我们当下要做的事就是创建一个良好的社会环境，而要创建这种环境，必须是所有人的共同努力，把你所生活和工作的地方当成一个大家庭。这个大家庭的目标就是，培养好人和养成淳朴的乡风民俗。

“今凡尔同约之民，皆宜孝尔父母，敬尔兄长，教训尔子孙，和顺尔乡里。”这何尝不是推而广之的家训？所以《南赣乡约》的十六条，就是一份扩而大的家规！

《南赣乡约》负责的事项很多，大致有以下四方面。

第一，约中人要互相帮助。如果约长、约正等人没有做到这一点，那他们将要受到警告，严重的情况下要受责罚。至于什么责罚，王阳明并没有直说，大概是免去职务，或交政府处理。

第二，协助政府完成纳粮的任务。对那些改过自新的盗贼进行思想教育，以及劝诫同约之人维护地方的稳定。凡是乡约解决不了的问题，必须要把它交给政府。也就是说，先礼后兵，非要把问题解决了不可。

第三，处理同约事宜。经济上，保护那些借了太多高利贷而无能力偿还的人；婚姻上，男大当婚女大当嫁，不能计较经济利益；丧事上，只要能尽了儒家所谓的丧礼之节就可以，没必要铺张浪费；人际关系上，不允许私斗，有了矛盾必须报告约长，严重时，可以报官。

第四，保护同约人的利益，如果有上级官员来这里贪污腐化，约长要报官，大家一起打击腐败，维护权益。

“乡约”在古代中国并不鲜见，王阳明的《南赣乡约》之前，已有无数乡约，最著名的就是《吕氏乡约》。但《南赣乡约》和其他乡约有个很大的不同，它的组织核心是强迫性的规则，覆盖全乡村，政府要求人们必须加入。其他乡约是百姓自治的乡村组织，《南赣乡约》却成了官办自治，一个准官方机构。约长等领导人的权力和责任都非常大，要管理的事几乎无所不包，换个角度看，它就是一个政府的基层组织。

最值得一提的就是，乡约中所设置的好人好事录、坏人坏事录以及运行的机制，它真是发自良知，对人有极大的尊重。任何时代，任何家庭，都应该有这样一份“功过录”，它会让你的进步能看得见摸得着，由此激发鼓励你向善的道路大踏步前行。

《南赣乡约》的颁布与实施，效果卓著。仅一年后，南赣地区的风俗焕然一新，百姓无重赋，家家有田产，城郭乡村，一派天堂气象。

王阳明先生和南赣的缘分深沉如海，1529年1月，他从广西剿匪路过南赣，病逝于船中。南安政府的周积问他有何遗言，王阳明看向船外，波光粼粼，于是他说：“此心光明，亦复何言？”

他的遗体路过南赣时，百姓勇挡官船拦路哭吊。这是他的人格魅力，也有一部分原因就是《南赣乡约》。

一个乡村乃至一个城镇，用《南赣乡约》能化腐朽为神奇，小而言之，一个宗族或一个家族用此乡约，其效果如何，不言自明。

《南赣乡约》是王阳明家训、家规的扩而广之，直至今日，依然散发出教化力量的光辉。

儿童学习的法则：《教约》

原文

每日清晨，诸生参揖毕，教读以次偏询诸生：在家所以爱亲敬畏之心，得无懈忽未能填切否？温清定省之仪，得无亏缺未能实贱否？往来街衢步趋礼节，得无放荡未能谨饬否？一应言行心术，得无欺妄非僻未能忠信笃敬否？诸童子务要各以实对，有则改之，无则加勉。教读复随时就事，曲加诲谕开发，然后各退就席肄业。

凡歌诗须要整容定气，清朗其声音，均审其节调，毋躁而急，毋荡而嚣，毋馁而慑。久则精神宣畅，心气和平矣。

每学量童生多寡分为四班。每日轮一班歌诗，其余皆就席敛容肃听。每五日则总四班递歌于本学。每朔望集各学会歌于书院。

凡习礼需要澄心肃虑，审其仪节，度其容止。毋忽而惰，毋沮而怍，毋径而野。从容而不失之迂缓，修谨而不失之拘局。久则礼貌习熟，德性坚定矣。

童生班次皆如歌诗。每闲一日则轮一班习礼，其余皆就席敛容肃观。习礼之日，免其课仿。每十日则总四班递习于本学。每朔望则集各学会习于书院。

凡授书不在徒多，但贵精熟。量其资禀，能二百字者止可授以一百字，常使精神力量有余，则无厌苦之患，而有自得之美。

讽诵之际，务令专心一志，口诵心惟，字字句句紬绎反复，抑扬其音节，宽虚其心意，久则义礼浃洽，聪明日开矣。

每日工夫，先考德，次背书诵书，次习礼或作课仿，次复诵书讲书，次歌诗。

凡习礼歌诗之数，皆所以常存童子之心，使其乐习不倦，而无暇及于邪僻。

教者如此，则知所施矣。虽然，此其大略也，“神而明之，则存乎其人”。

译文

每天早上，学生们参拜夫子画像和教师后，教师要依次询问所有学生四个问题。这四个问题是：1.在家孝敬父母，有没有疏忽而导致的不适宜之处？2.早晚侍奉父母与请安，是否有未尽的礼仪？3.来学校的路上有没有轻狂而有悖礼仪的行为；4.昨天一天，是否做到言行一致，不撒谎不骗人？教师应郑重告诫学生，这四个问题必须老实回答。如果有学生出现了过失，就要立即改正；如果没有，那就应表扬。老师须对每个学生的疑点进行教导，然后让他们回到自己的座位上开始上课。

诵读诗歌时，学生应注重自己的仪表，清清喉咙，仔细推敲诗歌的韵调，不可急躁，不能随意，不要胆怯。诵读诗歌多了，就会让人精神舒畅，心气平和。

教师要把所有学生平均分为四个班。每天指定一个班诵读诗歌，此班诵读诗歌时，其他三班要严肃认真听。每隔五天，教师应组织一次全校诵读诗歌大会。每半个月组织一次全学区诵读诗歌大会。

学习礼仪时，教师应指导学生抛弃杂念，观察学生们的动作，揣摩他们的表情。要教导学生做到不能偷懒，不必怯场，不可粗野。要从容，但不能迟钝；要严谨又不可呆板。学习时间一长，学生们就会变得文质彬彬，品性高雅。

礼仪班分班和诵读诗歌班一样，每五天后就抽出一天让一个班演习礼仪，其他的班观看。学习礼仪这天，其他作业就不必做了。每十天组织一次全校礼仪表演，每半个月组织一次全学区礼仪表演。

给学生讲授知识不宜太多，但一定要保证教会，这就是在精不在多。应该重点考虑每个学生的资质，能学两百字的，只教一百字，能学一百字的，只教五十字，要经常让学生学有余力，这样他们才不会厌倦学习，渐渐会享受学习。

上课时，要告诉学生们专心致志、一心一意学习，嘴里念诵的同时应在心里思考，反复理解每一字每一句；朗诵诗歌时，要让他们的声音抑扬顿挫起来，让学生放轻松。如此，时间一久，学生就会慢慢变得越来越聪明，越来越懂事。

每天放学之前，教师应先考查学生的德行，其次才是背诵课文，然后是考较礼仪和课业，接着是解释课文，最后考查朗诵诗歌。

但凡学习诗歌礼仪之类的知识，必须要让学生保持一颗童心，让学生喜欢学习而不感到劳累厌烦，如此一来，学生就没时间和兴趣沾染歪门邪道了。

教师如果符合上面的条件，就算是真正的教师了。天下事都是这样，虽然说得很简单，然而真正理解做到这些很难，不过，天下还是有这样的人的！

评析

人在幼年时，最初的意识就如江水源泉，活泼而无拘无束，只要一点点力量就能改变它的流向。所以，对孩童的教育，必须谨慎。健康的精神，或者说良知的光明是一个孩童必须具有的。

这份《教约》虽是写给老师的，但在很大程度上，它更适合家长。站在人性立场看，教师即使把良知光明得完完全全，也绝不会把别人的孩子当作自己的来培养。这也是王阳明所谓的“仁”心也是有厚薄的，人们倾向于先己后人，先亲后疏。

询问学生的四个问题，前两个问题（在家孝敬父母，有没有疏忽而导致的不适宜之处；早晚侍奉父母与请安，是否有未尽的礼仪）是关于孝的，这也正说明《教约》的意之所在是家训。第三个问题（来学校的路上有没有轻狂而有悖礼仪的行为）是关于礼和义（适宜、合适）的。第四个问题（昨天的一天，是否做到言行一致，不撒谎不骗人）是关于信的。

一大早上，春光明媚，学生们精气神旺盛，最先做的事就是对“孝、礼、义、信”的反省，这非常符合王阳明家训的真谛。

值得注意的是，孝、礼、义、信的反省，不在学校，而在家庭。

确切地说，孩子这四门品德的修行，家长责无旁贷。

现代教育认为，父母是孩子的第一任老师，老师自己的举动千万不可违反自己的训导，否则孩子不可能相信你。老师如果缺乏自我管理的能力，却教育孩子反躬自省就是白费力气。做父母的如果不孝顺自己的父母，怎能指望孩子来孝顺你？**你的一言一行，都是孩子学习的模板，模板的好坏决定了孩子的好坏。**所以，做家长，怎能不谨慎？

这四个问题结束后，王阳明又谈了两个主题，一是诗歌诵读，二是礼仪学习。

王阳明非常重视儿童的诗歌诵读，这既是一种学习的高明捷径，也是一种情怀。人类对知识的记忆，浏览次于默读，默读次于朗读。把要学的东西大声读出来，其记忆的成本会大大降低。诗歌是我们中华民族的瑰宝，词量丰富，意境幽远，最适合培养人的心境。在朗诵诗歌的过程中，畅想中华民族的伟大过往，心境不由地清明起来，爱国、爱民族的情怀顿生。

不同年龄段的孩童朗诵的诗歌是不同的，三四岁的孩子只要他朗诵最简单的、最接地气的诗歌，骆宾王的《咏鹅》就是最适合的；七八岁的孩子可以朗诵简单的具有文学色彩的唐诗；随着年纪的增大，唐律、宋词，包括元曲，也都可以成为孩子们的朗诵内容。

关于礼仪的学习，王阳明仍贯彻“心即礼”的心学主张，不仅是要一个人把各种礼仪做好，还要发自真心。换句话说，只要发自真心，才能把各种礼仪做得美好。反过来，各种美好、庄严的礼仪会强化内心的认同感，表里如一，使人成为彬彬有礼的美好少年。

最后，王阳明提到一个特别关键的问题，即知识量：“给学生讲授知识不宜太多，但一定要保证教会，这就是在精不在多。应该重点考虑每个学生的资质，能学两百字的，只教一百字；能学一百字的，只教五十字。要经常让学生学有余力，这样他们才不会厌倦学习，渐渐会享受学习。”

这段话表面上告诉我们，不能实行填鸭教育。其实，反过来看，王阳明只是告诉你，根据每个学生的资质，要量他们的力而行，并非说，不让他们背诵诗歌。

诗歌必须背诵，而且要反复背诵。中国古人讲，书读百遍其义自见，很清楚地说明了背诵的重大意义。

所谓反复背诵，就是重复训练。中国古代教育极力主张以大量背诵来巩固知识，提升记忆力，有人鄙视为“填鸭式”教育；而西方主张以理解代替背诵，二者可谓泾渭分明。

按王阳明的看法，背诵是必须的，而且要极端严肃。因为孩童不是成年人，他没有自己的判断，必须要家长替他做出判断。为了涵养其知识、素养与自律，强制他遵守严肃的课堂纪律，尊重老师，死记硬背就成了必然。

阳明心学把人心所具备的能力（现代被称为认知）分为两部分。第一部分是“知”：感应神速，是直觉、本能，根本不需要我们后天的努力就可完成任务。第二部分则是“行”：它需要我们专心致志，谨慎思考，运行时需要分析和推理的介入。

由于知行是一回事，所以这两部分缺一不可，等于是一部分。不过，我们很容易就注意到，“知”控制了本能行为。比如你走路，两条腿交替迈出，这实际上就是直觉、本能；你在街上突然饿了要吃饭，然后想到要吃汉堡，这也是直觉；接着你去行，吃汉堡时不要一口塞进去，因为意识告诉你，会噎死的。

重复训练所锻炼的正是你的“知”。诗歌能让人心性高尚，古代的绝大多数文章都充满着正能量，所以反复背诵它们时就能把你良知所具有的高尚心性和正能量激发出来。

当你具备了高尚的心性和头发里都散发的正能量后，你的“行”自然就具备了正确的方向和能力。其实，背诵功夫就是致良知的一个过程。

这就是王阳明所谓的“知之真切笃实处即是行，行之明觉精察处即是知”。也可以这样理解：唯有知之真切笃实（倒背如流）才能行之明觉精察。

我们只要理解了这些，才能明白，为何中国古代的那些优秀人物，诸如刘伯温、王阳明、张居正等人为何小时候都是过目不忘的神童，并且死记硬背了很多经典书籍。确切地说，他们把自己的良知光明得很好。

《教约》的最后，是一天的学习考核。我们注意王阳明主张的次序：德行，背诵课文，礼仪和课业，解释课文，诗歌朗诵。

在道德至上的古代中国，德行永远都排在第一位，第二个就是死记硬背的童子功。依此顺序，或者说依《教约》，凡是家长皆能培育出优秀的孩子来。

尽孝是尽心，而非表面的道理：《书诸阳伯卷·甲申》

原文

妻侄诸阳伯复请学，既告之以格物致知之说矣。

他日，复请曰："致知者，致吾心之良知也，是既闻教矣。然天下事物之理无穷，果惟致吾之良知而可尽乎？抑尚有所求于其外也乎？"

复告之曰："心之体，性也，性即理也。天下宁有心外之性？宁有性外之理乎？宁有理外之心乎？外心以求理，此告子'义外'之说也。理也者，心之条理也。是理也，发之于亲则为孝，发之于君则为忠，发之于朋友则为信。千变万化，至不可穷竭，而莫非发于吾之一心。故以端庄静一为养心，而以学问思辨为穷理者，析心与理而为二矣。若吾之说，则端庄静一亦所以穷理，而学问思辨亦所以养心，非谓养心之时无有所谓理，而穷理之时无有所谓心也。此古人之学所以知行并进而收合一之功，后世之学所以分知行为先后而不免于支离之病者也。”

曰：“然则朱子所谓如何而为‘温清之节’，如何而为‘奉养之宜’者，非致知之功乎？”

曰：“是所谓知矣，而未可以为致知也。知其如何而为温清之节，则必实致其温清之功，而后吾之知始至；知其如何而为奉养之宜，则必实致其奉养之力，而后吾之知始至。如是乃可以为致知耳。若但空然知之为如何温清奉养，而遂谓之致知，则孰非致知者耶？《易》曰：‘知至，至之，知。’至者，知也；至之者，致知也。此孔门不易之教，百世以俟圣人而不惑者也。”

译文

我夫人的侄子诸阳伯又请我讲心学，我就和他谈了“格物致知”之说。

有一天，他问我：“致知，就是致我心之良知，我听您讲过了。但天下事物的道理是无穷的，真的‘致良知’就可穷尽？有些事是不是还要求于外呢？”

我重新告诉他道：“心的本体是本性，人的本性就是天理。天下怎么会有心外之性？又怎么会有心外之理？怎么可能有理外的心？不用心去求理，这是告子的‘义是外在’说。理，是心的条理，是心所发出而让人可见的。心发到父母身上，就是孝的理，心发到君主身上，就是忠的理，心发到朋友身上，就是信的理。千变万化，无穷无尽，只不过是一心生万理。所以，以容貌的端庄和内心的平静为养心，以学而问之、思而辨之为穷理，这是把心和理一分为二了。按我的看法，容貌的端庄和内心的平静也是穷理，学而问之、思而辨之也是养心。这并不是说，养心之时就没有理在，穷理之时则没有心。这是古人的学说所以能知行并进而收合一之功，后世的学说所以分知行为先后而陷入支离破碎之境的原因。”

诸阳伯又问：“那么，朱熹所说的怎样算做到让父母冬天温暖夏天清凉，如何做算奉养合宜，是不是致良知呢？”

我回答：“这只是良知，还不能算是致良知。知道如何做到让父母冬天温暖夏天清凉，则必须去做，而后才算是致了良知；知道如何做到奉养合宜，则必须去做，而后才算是致了良知。如果只是知道如何如何，就说是致良知了，那谁不能致良知？《易》说：‘知道了，就去做，才是致良知。’这是孔子不易之教法，必须用百世的时间，来等待对此理解通透而不会有疑惑的圣人。”

评析

这封家信在王阳明家训中异常重要，因为它直截了当地谈了王阳明心学的一个理论——心即理。

《传习录》中有这样一段话，更为简易明快地说明了心即理。

有弟子问王阳明：“至善也必须从事物上求取吗？”

王阳明说：“你的心纯是天理就是至善，它怎么可能从事物上获得？你举个例子来说。”

弟子说：“比如孝敬父母吧，怎样才能保暖避暑，怎样才能恰到好处地奉养，该讲求适当才是至善。基于此，才有了‘学问思辨’的功夫。”

先生说：“如果孝敬父母只讲求保暖避暑和奉养恰好，一两天时间就可讲清楚，还说什么‘学问思辨’的功夫？保暖避暑、侍奉父母双亲时只要求己心纯为天理，如果没有学问思辨的功夫，就很容易差之毫厘而失之千里。所以，即便是圣贤，也要再加‘惟精惟一’的训示。如果认为把那些礼节讲求得适宜了就是至善，那么，有些演员在戏中恰当地表演了许多侍奉父母的礼节，他们也就可称为至善了吗？”

“心即理”是王阳明在龙场悟道后由“吾性自足，不假外求”变化而出的一个理论，它是王阳明心学的世界观。简单而言，所谓“心即理”就是，心在物（事）为理，有此心即有此理，无此心即无此理。

也就是说，心和理是一回事。

心在我们体内，遇到事时，我们的心动了，它就成了理。我们如果真有忠诚君主的一颗红心，就必能产生如何忠诚君主的道理，这道理不须去外面寻求，它就是我心。可如果我们没有忠诚君主的一颗红心，就绝对产生不了如何忠诚君主的道理，纵然做得再好看，也不过是戏子演戏，是假的，因为它和我们的心不匹配。

正因为心可生万理，心也就能生万物。心外无事、心外无物、心外无理，天下一切道理都在我心。

有弟子对这个理论并不十分理解。他问王阳明：“天下一切道理若都在我心，比如侍奉老爹的道理我可以在心中得到，可那些嘘寒问暖、早晚请安的细节，难道不须讲究、不须去外界学习吗？”

王阳明说：“当然要学习，但要有个主次。比如寒冬时的保暖，也只是要尽己之孝心，不得有丝毫私欲夹杂其间；炎夏时候的避暑，也只是要尽己之孝心，不得有丝毫私欲夹杂其间。只问自己的心。如果自己的心没有私欲，天理至纯，是颗诚恳孝敬父母的心，冬天自然会想到为父母抵御严寒，会主动去掌握保暖的技巧；夏天自然会想到为父母消暑，会主动去掌握消暑的技巧。防寒消暑正是孝心的表现，但这颗孝心必是真诚无欺的。我用一棵树来比方吧，树根就是那颗诚恳孝敬的心，枝叶就是尽孝的诸多细节。一棵树，它必须先有根，然后才能有枝叶。你何曾见过有的树是先有了枝叶，然后才有根？”

由此可知，王阳明并不承认在孝顺上有道理、技巧可言。纵然有，也是枝叶，而真正的根本则是内心的良知。

这就是只要你用心，就能得到真理的定论。因为，心即理。

王阳明无非想告诉我们，我们有能力创造一个符合我们心意的世界，而和外面那个客观存在的肮脏世界泾渭分明。

《传习录》中，王阳明清晰地告诉弟子们，他为何要提心即理：“只因世人将心和理一分为二，所以就出现了许多弊端。比如春秋五霸攻击夷狄，尊崇周王室，都是为了一个私心，因此就不合乎理。但人们说他们做得十分合理，这只是世人的心不够明净，对他们的行为往往羡慕，并且只求外表漂亮，与心毫无关系。把心和理分开为二，它的结局是，自己已陷入霸道虚伪还没觉察到。所以我认为心就是理。要让人们明白心和理只是一个，仅在心上做功夫，而不到心外去寻求，这才是心学的真谛，亦是我立论的宗旨。”

诸阳伯问他，天下事物的道理是无穷的，真的“致良知”就可穷尽？有些事是不是还要求于外呢？

答案很明显了，致良知可以穷尽一切道理。因为心即理，而致良知，无非是使用我们拥有良知的心。只要用心了，就一定可以得到理。

王阳明的弟子曾问过王阳明，人的良知不被遮蔽，就必能知必能行，何必再加个“致”字？

王阳明叹息道：“‘致’实属多余，正如知行本一，不必曰

‘合’。无奈世人以为知道了就万事大吉，而不去行，不去致，我只能画蛇添足，重点强调。

所以，知道怎样做只是良知，去正确地做，才是致良知。由此可知，致良知就是知行合一。

对荣誉转瞬即忘就是致良知：《读先师再报海日翁吉安起兵书序》

原文

伏读吾师吉安起兵再报海日翁手书，至情溢发，大义激昂。虽仓卒遇变，而虑患周悉，料敌从容，条画措注，终始不爽，逆数将来，历历若道，其已然者，所谓良工苦心，非天下之至神，何以与此？而世之忌者，犹若未免于纷纷之议，亦独何哉？

夫宸濠逆谋已成，内外协应，虐焰之炽，熏灼上下，人皆谓其大事已定，无复敢撄其锋者。师之回舟吉安，倡义起兵也，人皆以为愚，或疑其诈。

时邹谦之在军中，见人情汹汹，入请于师。

师正色曰："此义无所逃于天地之间，使天下尽从宁王，我一人决亦如此做，人人有个良知，岂无一人相应而起者？

若夫成败利钝，非所计也。”

宸濠始事，张乐高会，诇探往来，且畏师之捣其虚，浃旬始出。人徒见其出城之迟，不知多方设疑用间，有以贰而挠之也。

宸濠出攻安庆，师既破省城，以三策筹之：上策直趋北都，中策取南都，下策回兵返救。

或问计将安出？

师曰：“必出下策，驽马恋栈豆，知不能舍也。”

及宸濠回兵，议者皆谓归师勿遏，须坚守以待援。

师曰：“不然，宸濠气焰虽盛，徒恃焚劫之惨，未逢大敌，所以鼓动煽惑其下，亦全恃封爵之赏。今未出旬日辄返，众心沮丧，譬之卵鸟破巢，其气已堕。坚守待援，适以自困。若先出锐卒，乘其情归而击之，一挫其锋，众将不战自溃矣。”已而果然。

人徒知其成擒之易，不知谋定而动，先有以夺其心也。师既献俘，闭门待命。

一日，召诸生入讲，曰：“我自用兵以来，致知格物之功愈觉精透。”

众谓兵革浩穰，日给不暇，或以为迂。

师曰：“致知在于格物，正是对境应感，实用力处。平时执持怠缓，无甚查考，及其军旅酬酢，呼吸存亡，宗社安危，所系全体精神，只从一念入微处，自照自察，一些著不得防检，一毫容不得放纵，勿欺勿忘，触机神应，乃是良知妙用，以顺万物之自然，而我无与焉。夫人心本神，本自变动周流，本能开物成务，所以蔽累之者，只是利害毁誉两端。

“世人利害，不过一家得丧尔已；毁誉，不过一身荣辱尔已。今之利害毁誉两端，乃是灭三族，助逆谋反，系天下安危。只如人疑我与宁王同谋，机少不密，若有一毫激作之心，此身已成齑粉，何待今日！动少不慎，若有一毫假借之心，万事已成瓦裂，何有今日！此等苦心，只好自知，譬之真金之遇烈火，愈锻炼，愈发光辉。此处致得，方是真知；此处格得，方是真物。非见解意识所能及也。自经此大利害、大毁誉过来，一切得丧荣辱，真如飘风之过耳，奚足以动吾一念？今日虽成此事功，亦不过一时良知之应迹，过眼便为浮云，已忘之矣！”

夫死天下事易，成天下事难；成天下事易，能不有其功难；不有其功易，能忘其功难。此千古圣学真血脉路，吾师一生任道之苦心也。畿既读是书，并述所闻，缀诸卷端，归之嗣子正亿，服膺以为大训。是岂惟足以祛纷纷之义，千古经纶之实学！

译文

我（王畿）恭敬地读老师（王阳明）在吉安起兵讨伐朱宸濠之前给其父亲的书信，心中真挚情感如江河泛滥，其大义激昂如雄风巨浪。老师虽仓促地遇到朱宸濠造反的变故，但运筹帷幄，一板一眼，后来所发生的事也证明了老师的超凡入圣、未卜先知。很难想象，如果不是天下第一等人物，怎可做出这样的谋划与成就那么大的功绩？而忌恨王老师的人，对王老师议论纷纷，甚至还有人不屑一顾，真不知这些人是怎么想的？

朱宸濠造反时，已蕴积多年，紫禁城里有他的人，南昌城里有他的精锐部队，可谓文武兼备，内外协应，虎狼之气，直冲云霄，使人无法睁眼。当时大多数人都认为，大局已定，朱宸濠必能造反成功，所以当时知道他造反的人，根本不敢和他叫板。只有王老师，原本是奉圣旨去福建，半路闻听朱宸濠造反的消息，立即调头回到吉安，倡义起兵，讨伐朱宸濠。一群糨糊脑袋认为王老师愚蠢透顶，螳臂当车，还有些内心阴暗的人认为王老师是在耍诈，最终目的还是要投降朱宸濠。

当时，我同门邹谦之在王老师身边，听闻军中这些流言蜚语，就去找王老师，劝他改弦易辙，或是谨慎而行。

王老师格外严肃、格外冷静地说："我良知不允我退缩！纵然天下所有人都归了朱宸濠，我一人也决意如此。人人都有个良知，朱宸濠造反必是错的，我不相信天下人的良知都被遮蔽，无一人响应我！此时，我心中只有良知的命令，成败利钝，根本无暇考虑！"

朱宸濠起事后，和他的将士们在南昌城歌舞升平，庆祝即将到来的天下，他之所以不出南昌城，主要是因为担心王老师突袭他的老巢，让他无家可归。不久后，朱宸濠发现王老师并无多少兵力，才缓缓出城。世人只见其迟迟出城，却不知这是王老师多方用计的结果，目的就是让他留在南昌。

朱宸濠亲自去攻安庆，王老师趁势攻陷了他的老巢南昌。在南昌城，王老师猜测朱宸濠有三个计划：第一计划是直逼北京，第二计划是攻取南京，第三计划是回兵救他的老巢南昌。

有人问王老师："朱宸濠会采用哪一计划？"

王老师笑道："他必出第三计划，劣性、无用的马留恋马槽，他无法舍弃老巢。"

正如王老师所料，朱宸濠闻听老巢南昌已失，慌忙在前线回师，众人都认为，朱宸濠兵强马壮，应该坚守待援。

王阳明摇头道："不对，朱宸濠虽兵强马壮，只是从未遇到劲敌，他的士兵在他发家致富的鼓舞下，才铤而走险。可才走出去没几步，老家已丢，他的士兵眼见富贵无望，老家又没了，必然万分沮丧，正如鸟的巢被打烂，鸟的气势已坠。我们现在坚守待援，是自取围困。如果抢先出兵，乘其气势低落而击之，挫了它的前锋之芒，全军必溃。"后来的情景果如老师所说。

人只知擒拿朱宸濠易如反掌，却不知这背后有王老师的无数筹划，而这无数筹划的前提只是先夺了朱宸濠的心。王老师后来把朱宸濠献给朝廷，就坐等下一步命令。

有一天，王老师对众弟子们说道："我自用兵以来，更觉'致知格物'之功精透了。"

众人难以理解，因为军务繁忙，根本无空闲时间思考学术。

王老师说："你们这样理解就错了。'致良知'在于'在事情上正念头'，正是对着外部的事验证我们的心，实在是用力处。平时无急事，感觉不到，一入军旅，呼吸存亡，江山安危，能处理明白，全在良知的力量。我的方法是，遇事时一个念头起处，立即抓住它，自照自察，无一丝思考，无一毫功利心，不要欺骗它，照良知的答案去做，此事必成，这就是良知的妙用，顺万物之自然，达无我之境。人心因有良知，所以就很神奇，它本来就是变动周流的，本能做到通晓万物的道理并按这道理行事而得到成功。之所以有人良知不明，只是考虑了利害毁誉。

"平常人所谓的'利害'，不过是一家的得丧而已；所谓'毁誉'，不过自己的荣辱而已。但朱宸濠造反一事摆在我面前的利害毁誉，可是灭三族的，可是助逆谋反的，可是关系天下安危的。正如有人怀疑我和宁王是一条船上的，如果我情绪一失控，无论是投降朱宸濠还是筹谋不到位，那就粉身碎骨了！消灭朱宸濠的全部过程中，若有一点分心和犹豫，那就万事泡汤，我还能坐在这里？我这番苦心，只能自知，正如真金遇烈火，越锻炼，越发光辉。此处能经得住，才是真知；此处能解决问题，才是大本事。自从经历了这场性命攸关的大事，一切得丧荣辱，就如耳旁之风，怎么能动我起念？今天虽成此大功，也不过是运用良知后所留下的一条轨迹，过眼就成浮云，我已忘了！”

为一件关系天下的大事死很容易，解决一件关系天下的大事难；解决一件关系天下的大事容易，不居此大功难；不居此大功容易，转瞬即忘记这大功难。此是千古圣学真正血脉，我老师一生传道的良苦用心即在此。我（**王畿**）既在这封信后说了这些话，将其交给王老师的亲儿子王正亿，就是真心认为这是千古第一家训。我说的这些话足可以平息天下对我老师的菲薄，也证实了我老师的学说是千古经纶！

评析

王畿是王阳明最钟情的一位弟子，因为他特别有灵性，这从他上面的文章中一眼即可看出，王畿阁下太会讲故事，《王阳明年谱》关于这段的记录和王畿所讲一比，味同嚼蜡。

王畿不但会讲故事，而且还善于另起炉灶，正是他，在王阳明去世后，将“四句教”改变了本然味道，声称良知现成。心学左派就此发端。

或许在王畿眼中，王阳明起兵讨伐朱宸濠到成功的这个过程，即是王阳明心学的应用，也是回答了“我们到底该学习阳明学什么”的问题。所以，王畿最后说，我将这个故事和我从心学角度看待这件事的态度交给王老师的儿子王正亿，正告他：这才是你老爹的千古第一家训。

王阳明通过平定朱宸濠造反一事，得出的结论让人血脉贲张，他说：“这种事正如真金遇烈火，越锻炼，越发光辉，此处能经得住，才是真知；此处能解决问题，才是大本事。自从经历了这场性命攸关的大事，一切得丧荣辱，就如耳旁之风，怎么能动我起念？今天虽成此大功，也不过是运用良知后所留下的一条轨迹，过眼就成浮云，我已忘了！”

凡是真金都不想遇烈火，因为那太痛苦，正如我们很多人都不希望身处逆境一样。但这不是问题所在，问题是，你的人生中总会遇到一两次逆境。能在逆境中爬出，并傲然站立，这就是真英雄，就是致良知。

王阳明从不主张去自寻逆境，但当逆境来时，你应该欣喜。正如他对弟子们说的，舜如果不遇到象，如何对付象这一物（事），就永不可能被格出来，一遇到象，舜几乎是大喜过望：我终于有机会历练如何对付象这一物（事）了。

此千古第一家训除了这一点，还有以下几点，值得我们学习。

其一，依良知命令而行，该出手就出手：“我良知不允我退缩！纵然天下所有人都归了朱宸濠，我一人也决意如此。”

其二，坚信人性本善：“人人都有个良知，朱宸濠造反必是错的，我不相信天下人的良知都被遮蔽，无一人响应我！”

其三，做坏事的人，往往恋家：“劣性、无用的马留恋马槽，他无法舍弃老巢。”

其四，只专注于天理和当下：“遇事时一个念头起处，立即抓住它，自照自察，无一丝思考，无一毫功利心，不要欺骗它，照良知的答案去做，此事必成。”

其五，对荣誉转瞬即忘就是致良知：“为一件关系天下的大事死，容易，解决一件关系天下的大事难；解决一件关系天下的大事容易，不居此大功难；不居此大功容易，转瞬即忘记这大功难。”这几件事，一件比一件难，一件比一件接近良知。人本该如此，事情来时，关注此事，事过后，忘记它，无论是荣耀还是耻辱。王阳明曾说过，眼里不能有半点沙子，也不能有半点黄金屑，否则，总是睁不开眼。

过去已逝，未来还未来，我们唯一能掌控的就是当下。

家长要做良人：《客座私祝》

原文

但愿温恭直谅之友，来此讲学论道，示以孝友谦和之行，德业相劝，过失相规，以教训我子弟，使毋陷于非僻。

不愿狂燥惰慢之徒，来此博弈饮酒，长傲饬非，导以骄奢淫荡之事，诱以贪财黩货之谋，冥顽无耻，扇惑鼓动，以益我子弟之不肖。

呜呼！由前之说，是谓良士；由后之说，是谓恶人。我子弟苟远良士而近恶人，是谓逆子，戒之！戒之！

嘉靖丁亥八月，将有两广之行，书此以戒我子弟，并以告夫士友之辱临于斯者，请一览教之。

王守仁书。

译文

希望能有和气、谦恭、正直、诚信的高尚品德的朋友，来这里讲学论道，把孝顺、友爱和谦和的美德传播开来，并付诸实践。大家以道德和学业互相劝勉，以过失和改正互相规劝，以训导我的子弟们，让他们万不可生邪恶之心。

不希望有轻狂懒惰之人，来此博弈喝酒。这种人只会传播傲慢和是非，散播骄奢淫逸的事，诱导人对钱财名利发生兴趣。他们都是些冥顽不灵的无耻之徒，煽惑鼓动弟子，让他们陷入不肖之境而不觉察。

唉！遵循我第一段说法的人，是良人；认准我第二段说法的人，是恶人。子弟们如果远离良人而亲近恶人，就是大逆不道之人，谨记！谨记！

嘉靖六年（1527年）阴历八月，我要去两广剿匪，特意写下这些来告诫门中子弟，同时让诸位弟子们也抄录一份，教导子弟。

王守仁书。

评析

“客座”是招待客人的房间；“私祝”即“私嘱”。王阳明写完这篇文字后，就将其张挂于绍兴阳明书院的客座中，以示对来客及弟子有所嘱托，所以称为“客座私祝”。

后来，此文被明代江南四大才子之一文征明的孙子文元发发现，不禁赞叹道：“公之斯文，获于乾坤正气，春温秋肃，受者皆生。又如千仞壁立，截断众流。天下父兄，苟不欲其子弟之不肖，皆当家书一通，塾置一本。”

大意是说，凡是做家长的，应该把王阳明先生这篇文字抄录一份，作为家训；做教师的也应该抄录一份，作私塾之规。

在文才子的孙子看来，这区区百余字，简直就是世界上最上乘的家训。

王阳明的这篇文字主要是嘱托外来讲学的学者，应以正道教训而不是劣行诱惑浙中子弟，并严正告诫浙中子弟千万不可成为“远良士而近凶人”的“逆子”。

所谓正道，就是孝顺、友爱和谦和的美德，以及道德和学业互相劝勉，以过失和改正互相规劝。最后一条很重要，那就是，传播正道的人也必须正：和气、谦恭、正直、诚信。

明白了正道是什么，也就知道了邪道，正是那些轻狂懒惰之人所走的道。这种人在王阳明看来，自身有劣行的同时也会诱惑别人拥有他们的劣行。

《客座私祝》虽是针对即将传授知识和美德的教师，但它的目标群何尝不是那些家长。家长有正道，儿女就能得到正道；家长无正道，儿女也好不到哪里去。

现代人说，最好的教育在家中。对于子女教育而言，家长异常重要。王阳明可以以书院院规的方式杜绝恶人来，但在一个家庭中，子女没有机会和权利杜绝恶人家长，这就需要家长致良知，把恶人从心中驱走，自己自然就成了良人。

明末清初理学家孙奇逢曾特意为《客座私祝》做了个跋：“人家子弟做坏了，多因无益之人日相导引。近墨近朱，面目原无一定；多暴多赖，习气易以移人。余不敢以概天下之贤子弟，就余儿时以迄今日，忽彼忽此，转徙难凭。日与饮者遇，而余之嗜饮也转甚；日与博弈戏谑者习，而种种之好，余亦不肯后于他人也。或时而对贤士大夫语夙昔之事、隐微之念，唯恐其革除之不尽，而洗刷之未到。迨贤士远，而便佞幸，则悠悠忽忽，故态又作。噫！友虽五伦之一，实贯于君臣、父子、夫妇、兄弟之间而妙其用；少年未经世故，此义尤为吃紧。

“《客座私祝》数语，严切简明，直令宵人辈立脚不住。其子弟贤，当益勉于善；即不贤，或亦不至大坏极裂，不可收拾。先生崛起正德，功定叛王，以一悟而师世学，以一胜而开封国，片言只字，无不足提世觉人。独取是篇而刻之，盖人未有不爱其子弟，而子弟之贤不肖，实于此判圣狂。敢以公之吾党士之共爱其子弟者。”

孙奇逢的大意是说：“很多人的孩子变坏了，多数是因为坏人引导。一个人成了什么样的人并无注定，只是近墨者黑近朱者赤而已；一个人暴虐懒惰，也不过是沾染习气而已。我不敢以这种论调评价天下的所有贤良子弟，只就我个人而言，直到今天，时而是好人时而是坏蛋，时而这样时而那样，飘忽不定。有时候我与酒鬼走得近了，我就慢慢成了酒鬼；有时候与喜欢游戏玩乐的人走近了，我就成了这种人。而有时候我和一些君子在一起，聊到自己那些念头的变幻，突然就意识到自己很多时候都是大坏蛋，并且就在那一刻下定决心洗心革面，重新做人，唯恐有一丝疏忽。可是，一和这些君子走远，和小人们走近了，故态又萌。唉，朋友虽然排在五伦之末，实际却是比其他四伦更重要的；有些涉世还未深的年轻人，这一点，最该被铭记。

“阳明先生的《客座私祝》寥寥数语，严切而简明，让那些宵小之徒看了就脸红，转身就跑。子弟贤良的，给他看《客座私祝》，以勉励他向善；子弟不贤良的，给他看《客座私祝》，他也不会坏到哪里去。王阳明先生在正德年间崛起，平定叛王朱宸濠，于龙场驿站悟道，创建心学，以一次大胜（平定朱宸濠）而名扬天下，其所说的话，每一句每一字都在提醒世人致良知。可以说，王阳明先生的所有文章都是圣典。而我独取《客座私祝》，原因就是，人人都爱惜自己的儿女，而儿女或贤良或不肖，这篇文章就是判决书。献给和我一样爱惜儿女的志同道合的朋友们。”

看任何原典，最好看和原典作者旗鼓相当的人的评析，这样可以让你有多个视角审察原典内容。孙奇逢是心学体悟者，对王阳明这段家训推崇备至。其根本原因正如他所说，这篇《客座私祝》和他本人的成长经历有了感应。正因此，他才注意到，《客座私祝》是最走心、最接地气的家训，和文征明的孙子一样，他强烈推荐。

为善就是磨炼本心：《为善最乐文》

原文

君子乐得其道，小人乐得其欲。然小人之得其欲也，吾亦但见其苦而已耳。“五色令人目盲，五声令人耳聋，五味令人口爽，驰骋田猎令人心发狂”。营营戚戚，忧患终身，心劳而日拙，欲纵恶积，以亡其生，乌在其为乐也乎？

若夫君子之为善，则仰不愧，俯不怍；明无人非，幽无鬼责；优优荡荡，心逸日休；宗族称其孝，乡党称其弟；言而人莫不信，行而人莫不悦。所谓无入而不自得也，亦何乐如之！

妻弟诸用明积德励善，有可用之才而不求仕。人曰：“子独不乐仕乎？”用明曰：“为善最乐也。”因以四字匾其退居之轩，率二子阶、阳日与乡之俊彦读书讲学于其中。

已而二子学日有成，登贤荐秀。乡人啧啧，皆曰：“此亦为善最乐之效矣！”用明笑曰；“为善之乐，大行不加，穷居不损，岂顾于得失荣辱之间而论之？”

闻者心服。

仆夫治圃，得一镜，以献于用明。刮土而视之，背亦适有“为善最乐”四字。坐客叹异，皆曰：“此用明为善之符，诚若亦不偶然者也。”相与咏其事，而来请于予以书之，用以训其子孙，遂以勖夫乡之后进。

译文

君子热衷于道，小人热衷于欲。不过人人都看到小人得到了欲，我看到的却是他得到了苦。老子说：“五色令人目盲，五声令人耳聋，五味令人口爽，驰骋田猎令人心发狂。”忙碌奔逐，常常忧虑，终生不畅，费尽心机，到头来竹篮打水一场空，迁就自己的欲望，持续地积累恶念与恶行，灭亡了自己，怎么会有快乐在里面？

如君子一样为善，仰不愧于天，俯不怍于地；在人间没有人指责他，到了地狱也没有鬼痛斥他；整日优哉游哉，不费心机，反而越来越好；宗族说他孝顺，乡里乡亲说他敬爱兄弟姐妹；他说的话人人都相信，他做的事人人都喜欢。这就是“到了什么境地都能安然自得”。还有什么快乐比这更快乐的！

我小舅子诸用明一门心思积德行善，有机会去做官也不去。有人问他：“你觉得做官不开心吗？”我小舅子回答：“为善最开心。”后来，他把“为善最乐”四个字写到书房门框之上，带着两个儿子和乡里有志为学的人在里面讲学。

后来，他两个儿子因才德兼优，考中秀才。家乡父老都赞叹不已："这就是你始终坚持'为善最乐'的回报吧！"我小舅子笑道："为善的乐趣，纵然理想完全实现，也不会因此而有所增加，即使窘困隐居，也不会因此而有所减少，既然如此，怎么会以得失荣辱而论呢？"

众人都心服口服。

有园丁修理花园，得到一镜，交给我小舅子。我小舅子擦去泥土，只见镜背上有四个字，居然是"为善最乐"。见到的人都大为惊奇，都说："这是您为善感动了天地，天地用这面镜子来呼应您呢。"众人都传播这件事，我小舅子就请我把这件事写一下，以此来教训子孙后代，进而勉励家乡父老的后代勇于进取。

评析

"为善最乐"这四个字出自《后汉书·东平宪王苍传》："日者问东平王，处家何等最乐？王言为善最乐。"东平王刘苍"少好经书，雅有智思"，后来到京城辅佐皇帝，声誉颇隆，因心上不安，于是回到封地，做最开心的事——为善。

《为善最乐文》的全部内容虽是王阳明小舅子的故事，但的确是王阳明的主张。王阳明在《传习录》中，明白无误地告诉弟子：致良知就是集义，所谓集义，就是行善，做事符合道义。

中国山西晋中乔家大院的正房中央悬挂着一块金字牌匾，上书四个大字：为善最乐。浏览乔家的历史，我们就会发现，"为善"始终贯穿于乔氏家族的日常生活和商业活动中，是乔家的家训之一。乔家曾创造了光辉夺目的成绩，和"为善最乐"四个字密切相关。

中国古人为何会把为善看作人生中最快乐的事呢?

因为无数的事实证明，乐善好施的人，都会因做善事而产生一种说不清道不明的愉悦感，这种愉悦感始终缠绕着他，让他每天都保持着积极乐观的人生态度。

站在功利性的角度看，行善就能积德，有德之人必有福报，每天都能收获福报的人，精神状态比神仙有过之而无不及。

“为善最乐”自然也是王阳明的家训，王阳明对这四个字的解析是这样的：为善的人，不仅仅他的家族爱他，朋友也爱他，纵然是鬼神也偷偷帮助他；而为恶的人，不仅仅他的家族厌恶他，朋友恶心他，纵然是鬼神也偷偷诅咒他。所以说，积善之家必有余庆，积不善之家必有余殃。

另外，我们见到为善之人，肯定会喜欢上他；如果我也为善，将心比心，别人也必定喜欢我；见到为恶之人，我们肯定会厌恶他，如果我为恶，将心比心，别人也必定厌恶我。

他又说，当我们为善时，实际上我们是在践行心学“事上磨炼”的主张，我们为善就是在磨炼、光明我们那颗拥有良知的心。良知自然会善，正如钻石自然会发光，但我们天长日久地磨炼良知里面的善，它就会更加的光彩夺目。善的能量越大，我们的良知就越光明，良知越光明，我们对人情事变的判断力就越精准。

归根结底，为善在王阳明心学那里，仍是磨炼本心。本心既明，心上则安，心安即是强大。

“为善最乐”需发自真诚无欺的良知命令，也即是说要诚意。王阳明曾对弟子说，人皆有良知，人皆想为善，但一定要加倍留意为善的念头。

此即是说，你为善时的念头是什么？是为了出名、获利，还是只听从本心，自然地流露？

这是古典儒家和理学、心学都特别关注的问题：动机。

《聊斋志异》有句话正是最好的注解：无心为恶，虽恶不罚；有心为善，虽善不赏。

所以王阳明认为，为善最乐应该有两方面，与人为善和与己为善，真正的为善最乐应该是二者兼备，二合一的。

所谓与己为善，应该是遵循本心，为善就是为善，不图其他，唯有如此，才能在与人为善时无牵无挂，自然流露。这才是真正的为善最乐，既乐他人，也乐自己。

世界上有一种令人作呕的为善，就是拉着别人去做善事，也就是今天所谓的“劝捐”。所以当我们听到公益这个词汇时，千万要谨慎，探寻下他的念头，就可知，它是真的为善最乐，还是仅仅在做为善最乐的样子。

王门四规：《教条示龙场诸生》

原文

诸生相从于此，甚盛。恐无能为助也，以四事相规，聊以答诸生之意：一曰立志，二曰勤学，三曰改过，四曰责善。其慎听，毋忽！

立志

志不立，天下无可成之事，虽百工技艺，未有不本于志者。今学者旷废隳惰，玩岁愒时，而百无所成，皆由于志之未立耳。故立志而圣，则圣矣；立志而贤，则贤矣。志不立，如无舵之舟，无衔之马，漂荡奔逸，终亦何所底乎？昔人有言，使为善而父母怒之、兄弟怨之、宗族乡党恶之，如此而不为善可也；为善则父母爱之、兄弟悦之、宗族乡党敬信之，何苦而不为善为君子？使为恶而父母爱之、兄弟悦之、宗族乡党敬信之，如此而为恶可也；为恶则父母怒之、兄弟怨之、宗族乡党恶之，何苦而必为恶为小人？诸生念此，亦可以知所立志矣。

勤学

已立志为君子，自当从事于学。凡学之不勤，必其志之尚未笃也。从吾游者，不以聪慧警捷为高，而以勤确谦抑为上。诸生试观侪辈之中，苟有虚而为盈，无而为有，讳己之不能，忌人之有善，自矜自是，大言欺人者，使其人资禀虽甚超迈，侪辈之中，有弗疾恶之者乎？有弗鄙贱之者乎？彼固将以欺人，人果遂为所欺，有弗窃笑之者乎？苟有谦默自持，无能自处，笃志力行，勤学好问，称人之善，而咎己之失，从人之长，而明己之短，忠信乐易，表里一致者，使其人资禀虽甚鲁钝，侪辈之中，有弗称慕之者乎？彼固以无能自处，而不求上人，人果遂以彼为无能，有弗敬尚之者乎？诸生观此，亦可以知所从事于学矣。

改过

夫过者，自大贤所不免，然不害其卒为大贤者，为其能改也。故不贵于无过，而贵于能改过。诸生自思平日亦有缺于廉耻忠信之行者乎？亦有薄于孝友之道，陷于狡诈偷刻之习者乎？诸生殆不至于此。不幸或有之，皆其不知而误蹈，素无师友之讲习规饬也。诸生试内省，万一有近于是者，固亦不可以不痛自悔咎。然亦不当以此自歉，遂馁于改过从善之心。但能一旦脱然洗涤旧染，虽昔为寇盗，今日不害为君子矣。若曰吾昔已如此，今虽改过而从善，将人不信我，且无赎于前过，反怀羞涩凝沮，而甘心于污浊终焉，则吾亦绝望尔矣。

责善

责善，朋友之道，然须忠告而善道之。悉其忠爱，致其婉曲，使彼闻之而可从，绎之而可改，有所感而无所怒，乃为善耳。若先暴白其过恶，痛毁极底，使无所容，彼将发其愧耻愤恨之心，虽欲降以相从，而势有所不能，是激之而使为恶矣。故凡讦人之短，攻发人之阴私，以沽直者，皆不可以言责善。虽然，我以是而施于人不可也，人以是而加诸我，凡攻我之失者，皆我师也，安可以不乐受而心感之乎？某于道未有所得，其学卤莽耳。谬为诸生相从于此，每终夜以思，恶且未免，况于过乎？人谓事师无犯无隐，而遂谓师无可谏，非也。谏师之道，直不至于犯，而婉不至于隐耳。使吾而是也，因得以明其是；吾而非也，因得以去其非：盖教学相长也。诸生责善，当自吾始。

译文

诸位相聚于此（龙场驿）听我讲学，我很欣慰。但我担心能力有限，无法帮助你们。有四件事，希望你们能做到，这也是我对你们的感谢之意吧。哪四件事呢？它们是立志、勤学、改过、责善。要严肃对待这四件事，不可疏忽！

立志

不树立志向，天下就没有能成功的事。即使是各行各业的技艺工人，也都是立有志向的人。现在的学者对学业旷废懈怠，虚度光阴，而一无所成，都是因为没有树立志向而已。我认为，立下成圣的志向，就会成圣；立下成贤的志向，就会成贤。志向不立的人，就如没有舵的船、没有缰绳的马，飘飘荡荡，漫无目标，最终要奔向何方呢？有人说过，如果立志为善，而父母愤怒你、兄弟怨恨你、家乡父老厌恶你，那么，你就不必为善了；如果立志为善，而父母爱你、兄弟喜欢你、家乡父老敬爱相信你，你何苦不为善，不当君子呢？

如果你为恶，父母爱你、兄弟喜欢你、家乡父老相信你，那你为恶也未尝不可；如果你为恶，父母愤怒你、兄弟怨恨你、父老乡亲厌弃你，你何苦必为恶而做小人呢？诸位知道了这些，就知道所立的志向应该是什么了。

勤学

立下成为君子的志向后，就该勤奋学习。凡是学习不勤奋的，肯定是其志向不坚定。我很欣慰，跟随我的弟子和朋友们都不以聪慧敏捷取胜，而以勤奋、坚定、谦虚为第一。诸位可以观察下我弟子和跟我亲近的朋友中，如果有“肚子里明明空空的，却假装很充盈；明明是没学问，却假装懂得很多”；隐藏自己的短处、妒忌别人的长处、以自我为中心、自以为是，说大话来欺骗别人，这样的人，就算天资很高超，同学们不会讨厌他吗？不会轻视他吗？他就算用那种方式来欺骗别人，别人就真的会被他所欺骗吗？会有人不在背后偷偷地嘲笑他吗？如果有人谦虚低调又能控制自己的情绪，目标坚定、虚心做事、不耻下问，与人相处总是发现别人的优点，善于从自己身上寻找不足，善于学习别人的长处，知晓自己的不足，忠诚守信而又乐观豁达、表里如一，纵然他的资质禀赋愚钝不堪，同辈之中，有谁不称赞羡慕他呢？那些原本没有多大才能，却又不求上进的人，人们当然认为他确实没有才能，还有谁会尊敬他推崇他呢？各位同学看到这些，就知道，为了志向必须要勤奋学习了。

改过

过错，大贤大能之人也有，无人可以免除，然而他们仍是大贤大能之人，就因为他们知错能改。所以说，我们不应以不犯错误为贵，而应以善于改正错误为贵。诸位扪心自问，平日在廉耻忠信方面有缺陷吗？也有轻视孝顺友爱的道理，陷入在狡猾奸诈苟且刻薄的习气吗？我想，你们大概还不至于如此。如果真不幸有这类人，全是因为他不知天理而失足，平时没有老师朋友的讲解规劝告诫。诸位试着自我反省一下，万一有和这种情况接近的，也要自我反思，自行悔改。然而也不应就此过于愧疚，导致在改正错误发扬从善方面毫无勇气。只要有朝一日能改正过去的错误，即使过去是盗贼流寇，今后也可以成为彬彬君子。如果说我过去已经是这样了，现在即使改正错误做好事了，万一人们不相信我，而且不宽恕我之前的罪过，反而让我怀着羞耻之心无颜见人，进而破罐子破摔，一错再错，对这种人，我非但无话可说，而且近乎绝望。

责善

所谓责善，就是互相监督、提醒，从而让对方的品格臻于美好，它是朋友之间不可多得的美好品质，须真诚告诫并循循善诱讲给朋友听。尽心尽力体现你对他的关心爱护，采用委婉温柔的表达方式，使朋友听到它就能够接受，深思出道理后就能够改过，对我有感激却没有恼怒，才是最好的方法啊。如果首先揭发朋友过错和缺点，极力斥责他的过错，令他无地自容，他会羞愧难当并记恨在心，即使他口已服却心不服，只是因形势所迫而暂时服从，这是刺激他继续做坏事。所以但凡揭发别人的短处，攻击别人的隐私，故作正直的举止来谋取名誉的人，都不是用语言监督、提醒朋友，使朋友臻于美好的人。即使是这样，让我被别人以这种方式“责善”也不是不可以。他人用这种态度加在我的身上，凡是攻击我过失的人，我都把他看成是我的老师，怎么可以不快乐地接受并心存感激呢？我对于圣道没有什么心得，我的学问是粗浅的。错误地让你们跟随我在此学习，即使我日思夜想，罪过尚不能免除，何况过错呢？人们说对待老师要不冒犯不规劝，并说在老师面前不能提意见，这是大错。在老师面前提意见，直言相谏不能说是冒犯，即使婉言规劝也要让他能意识到。让我按正确的做，我才能得以明白正确之处；我做错了，也能够改正错误：大概这就是所谓的“学生和老师互相学习而成长”。同学们互相监督、提醒，使对方品格臻于美好，就从我开始。

评析

《教条示龙场诸生》是王阳明初创心学，还未离开创建心学的圣地——贵州龙场驿站——时所制定的学生守则。

它虽是王阳明让弟子应遵守的规矩，但同样适合他的家人，乃至天下所有有志于学的人。立志、勤学、改过、责善，可以看作王门四规，凡是进王阳明门下学习的人，都要把这四件事铭记在心，并知行合一。

“立志”是王阳明常挂嘴边的两个字，自然也是王门第一诫。王阳明多次说过“立志”的重要性，在这里，它认为志向就是船之舵，马之缰绳。若没有志向，正如四处漂荡的小舟和脱缰的野马。

在王阳明看来，“立志”归根结底是“成就自我”，即成就自己的理想人格——成为圣贤。他说：“人须有为己之心，方能克己；能克己，方能成己；能成己，才能成人。”

立志神通广大：立志成圣，就成圣；立志成贤，就成贤。

无论是圣人还是贤人，按王阳明的看法就是善人。所谓善人，就是“父母爱你，兄弟喜欢你，家乡父老敬爱相信你”的那种人。

父母爱你，兄弟喜欢你，父老乡亲敬爱你，仅凭你是个好人就足够了吗?

不够！王阳明所谓的立志成善人，是站在万物一体的世界观角度而言的。所谓万物一体，是把天地万物当成自己身体、心灵的一部分，感同身受。可这天地万物中如果有恶劣的东西呢？比如我身体长了个毒瘤，唯一的办法就是，割掉它。

所以，王阳明所谓的善人不是帮老太过马路，也不是见到任何人就眉开眼笑，被人说“你人真老实”的善人，而是对是非好恶如冰炭般分明的善人。

若想成为这种道德和智慧兼备的善人，必须要勤学。勤学学什么？有人说，自然那是学习经典。学习经典只是呼唤出我们固有的良知，并非学习外在的知识。跳到阳明心学上来，我们要学习阳明心学，必须要读以下经典：《大学问》，这是王阳明对世界观、人生观的基本看法，也是致良知的简单流程。《传习录》和《王阳明全集》，若想知某人的哲学，必须要了解此人的言论和事迹。这就是知行合一，不读王阳明的生平，你不会太透彻理解阳明心学简易明快背后的深义。

在王门四规中，王阳明所说的勤学，其实不是知识。因为良知具足，学外在的知识只是验证良知固有的知识而已，这不是迫在眉睫的事。王阳明最关注的还是美好的品德，勤学就是学习那些或者说是呼唤良知固有的那些诸如勤奋、坚定、谦虚等美德。

因为这些美德是人类良知所固有的，所以人人皆同。掌握了这些美德，你就能和他人建立良好的感应，正如一面明镜，无论是什么人，来到你这面镜子面前，原形毕露。这也就是光明良知的手法。

我们在勤学过程中，难免会犯错，于是就有了改过。勤学是王阳明方法论“事上练”的理论依据。如果我们不去事上练，心失去了存在意义。但我们事上练时，常会有错误，这缘于我们良知的光明程度不够。认识到错误后，立即把它改正，在这过程中，我们的良知就被光明了一些。

王阳明说，眼睛如果不在心的指使下去看五光十色，眼睛就是无用的；耳朵如果不在心的指使下去听万籁之音，耳朵就是无用的；鼻子如果不在心的指使下去闻杂陈五味，鼻子就是无用的。

你说你有眼睛，但视而不见；你说你有耳朵，但充耳不闻；你说你有鼻子，但闻而不知香臭。这不能说你有眼睛、耳朵和鼻子。

正如你说你有良知，可从未做过任何善事，怎么能说你有良知？

所以，必须要事上练，事上练的过程中出了错，立即改正，这就是知行合一。

王阳明说，人皆有良知，所以人人都知道过错，但是否有勇气去改，并非人人都能做到。“悔悟是去病之药，然以改之为贵。若留滞于中，则又因药发病。”及时地改正错误，才是圣人之道。

虽然一切道理都在我心，但外在的监督、提醒也不可缺少。它们就如同制度。在好的制度下，坏人也能变好人；在坏的制度下，好人也能变坏。而我们必须要去亲近那些好的制度，凡是好的制度，都是一些人在良知命令下做出的。在我们的人生中，必须有一群好的朋友在身边，大家互相砥砺、互相纠错，从而成就彼此。这就是责善。

把王门四规放到家庭中，它同样适用。正如王阳明在立志一节中所说的那样，父母如果喜欢你为善，你为何不为？一个家庭就是一所学校，长辈、平辈和晚辈都须勤学，成为好人，人人也都有犯错的时候，要勇于改正。大家互相监督、磨砺，最终成己成人。

其实，阳明心学概念、理论、条条框框纷繁复杂，若想进王门，路径之一就是这王门四规。看似毫不出奇的八个字，寄托了王阳明对世人的良苦用心。而在他看来，只要真的做到这八个字，那成圣成贤，随你挑。

良知人人皆有：《书诸阳伯卷·戊寅》

原文

诸阳伯偁从予问学，将别请言。

予曰："相与数月而未尝有所论，别而后言也，不既晚乎？"

曰："数月而未敢有所问，知夫子之无隐于我，而冀或有所得也。别而后请言，已自知其无所得，而虑夫子之或隐于我也。"

予曰："吾何所隐哉？道若日星然，子惟不用目力焉耳，无弗睹者也。子又何求乎？道在迩而求诸远，事在易而求诸难，天下之通患也。子归而立子之志，竭子之目力，若是而有所弗睹，则吾为隐于子矣！"

译文

诸阳伯听我讲学很兴奋，要离开时，请我送他几句话。

我说：“你我一起待了数月，你从未问过什么，我也没说过什么，现在要走了，是不是有点晚了？”

诸阳伯说：“这些天来，我所以没敢问，知道您不会对我有所隐瞒，以为会有所得。即将分别，之所以请问您，是因为我感觉没有所得，我疑心您对我有所隐瞒，没有用心教我。”

我说：“我哪里有所隐藏？‘道’就如太阳、星星一样，只是你不用心，看不见而已。既然这样，你又求取什么呢？‘道’在你身边你却去远处求，很简单的事，你却把它搞得极复杂，这是天下人的通病。你回去后就立下志向，用心看，如果还没有看到东西，那就说明我对你隐藏了！”

评析

先从一个故事讲起。有个叫杨茂的聋哑人来见王阳明，请王阳明先生传授心法。二人就用纸笔交谈。

王阳明写道：“你口不能言是非，你耳不能听是非，你心还能知是非否？”

杨茂简单写道：“知是非。”

王阳明写道：“如此，你口虽不如人，你耳虽不如人，你心还与人一般。”

杨茂点头，拱手相谢。

王阳明：“大凡人只是此心。此心若能存天理，是个圣贤的心，口虽不能言，耳虽不能听，也是个不能言不能听的圣贤；心若不存天理，是个禽兽的心，口虽能言，耳虽能听，也只是个能言能听的禽兽。”

杨茂点着胸口指着天。

王阳明：“你如今于父母，但尽你心的孝；于兄长，但尽你心的敬；于乡党邻里、宗族亲戚，但尽你心的谦和恭顺。见人怠慢，不要嗔怪；见人财利，不要贪图。但在里面行你那是的心，莫行你那非的心。纵使外面人说你是，也不须听；说你不是，也不须听。”

杨茂又是拜谢。

王阳明：“你口不能言是非，省了多少闲是非；你耳不能听是非，省了多少闲是非。凡说是非，便生是非，生烦恼；听是非，便添是非，添烦恼。你口不能说，你耳不能听，省了多少闲是非，省了多少闲烦恼，你比别人快活自在了许多。”

杨茂兴奋起来。

王阳明：“我如今教你但终日行你的心，不消口里说；但终日听你的心，不消耳里听。”

杨茂再三拜谢。

再看第二个故事。

1524年，浙江绍兴府知府南大吉向王阳明请教政事。南大吉曾听过王阳明几次公开课，很快就喜欢上了王阳明心学。

那天，南大吉问王阳明：“我为政总有过失，先生为何没有说法？”

王阳明反问：“你有什么过失？”

南大吉就把自己为政的过失一一说给王阳明听。

王阳明听后说：“你这些过失，我都指点过你。”

南大吉愣住了：“您说过什么？”

王阳明接口道：“如果我没有说过，你是怎么知道这些过失的？”

南大吉恍然：“良知。”

二人相视而笑。

几天后，南大吉又来见王阳明，叹息说：“如果身边有个能人经常提醒我，我犯的过失可能会少点。”

王阳明回答：“别人的提醒不如你自己良知的提醒。”

南大吉这次恍然得更彻底。

又过几天，南大吉来问王阳明：“行为上有了过失可以改变，心上有了过失可如何是好？”

王阳明看了他一眼，说：“你现在良知已现，心上不可能有过失，心上没有过失，行为上也就不可能有过失。当然这是从理论上来讲，实践中，还需要刻苦修行。”

讲这两个故事的目的很简单：良知这东西，人人皆有，而且你只要肯见它，它就在。

回到这篇《书诸阳伯卷·戊寅》，更容易理解这句话的含义。

王阳明所说的“道”，毋庸置疑就是良知，人人皆有良知，正如天上有太阳和星星。只是很多人不用心，视而不见，或者是看到了，却漠然视之。

曾有个叫徐樾的弟子请教王阳明。王阳明说：“你不必说你的功夫如何，请举例子。”徐樾就兴奋地举起例子来，他举一个，王阳明否定一个，举了十几个，已无例可举，相当沮丧。王阳明指点他道：“你太执着于事物。”徐樾不理解。王阳明就指着船里的蜡烛的光说：“这是光。”在空中画了个圈说，“这也是光。”又指向船外被烛光照耀的湖面说，“这也是光”，再指向目力所及处，“这还是光。”徐樾先是茫然，但很快就兴奋起来，说：“老师我懂了。”王阳明说：“不要执着，光不仅在烛上。”

徐樾到底懂什么了？王阳明所谓的“光不仅在烛上”到底是什么意思？这封家信告诉了我们答案。

烛光，就是我们的良知，我们不仅要看到烛芯上有光，凡是它能照耀到的地方都有光，即是说，我们一旦致了良知，就如点燃蜡烛一样，能照彻天地。

王阳明另一层深意大概是，不要把良知当成死物，它是能扩展、能生天生地的。所以要动起来，不要静坐在那里，空空如也。

只要你动起来，良知之光就能照彻到任何地方，无论是你的内心还是大千世界。

良知就如太阳、星星，人人皆有，当它发光时，人人皆能见。

朋友也要讲门当户对：《姚江王氏族箴·慎交游》

原文

朋友居五伦之内，一生学业要他帮助教导，异日儿女成行尊为父执，此之谓取善辅仁的朋友。若同恶相济，朋比为奸，当初虽谊胜漆胶，其后必盟寒车笠，如是之人，不胜枚举。与其悔之于后，何如慎之于先？

译文

朋友在五伦（君臣、父子、兄弟、夫妇、朋友）关系之内，人的一生，在学业上需要朋友的帮助教导，有朝一日自己儿女成长后会把他尊称为父亲的朋友，这就叫作能吸取长处培养自己仁德的好友。如果一起作恶，合伙勾结常做邪恶之事，即使当初友谊亲密，曾有“车笠之盟”，日后必然因贫富的转换而忘记了贫贱之交。这种没有情谊之人，世间太多，与其到日后后悔，还不如预先交友时谨慎。

评析

古人最重视朋友，不是因为朋友能给自己带来利益和快乐，而是因为朋友在五伦之内。孔子曾说过，不知道这个人怎样，那就看他结交的朋友。他的朋友如果都不靠谱，他也诚信不到哪里去。事情明摆着：常常和好人在一起，如进了有芝兰的房间，时间一久即不会闻到香气，这是因为你的气息和芝兰的香气融为一体了，而你却不知；和坏人在一起，就如进了鱼虾市场，时间久了不会闻到腥味，因为你的气息和鱼虾的臭气也融为一体了。

这段话说明了交友的极端重要性，朋友的好坏，几乎能改变你的人生。

交友为什么重要，首先，是它在符合天理的五伦之内。其次，是人有家室后，父母之教会淡，老师之教会远，只有朋友才会随时交往。人这种动物很奇特，他们可能不会听从父母之言，不理妻子的话，但往往对朋友的话深信不疑。所以，交友，尤其是交到真正的好友，有多么重要。最后，真正朋友会指出你的错误，父母和妻子，因为出于爱，大概不会指责你的是非，但朋友会。这其中的道理恐怕是，朋友之间没有原始亲情的羁绊，互相之间没有利益冲突，所以能实话实说。

交友要有道，第一个道就是尽可能地识别君子和小人。如何识别呢？君子总谈义，小人总谈利，只要察其言观其行就可得知，这是一般层面上的说法。王阳明则认为，如果你是君子，你就有颗君子之心，心是光明的，来个朋友就照，一照就能照出来他是君子还是小人。如果你是小人，你对君子的那一套肯定不适应。这就叫物以类聚，人以群分。所以如何识别君子和小人的关键一点就是，你首先要是个君子，或者是个小人。

第二个道自然就是，知道了谁是君子谁是小人后，要亲君子远小人。

按王阳明“知行合一”理论，没有“行”就不算真知，所以如何亲君子远小人，非去事上磨炼不可。事实上，孩童在生活中必然会遇到无数的引诱，会遇到许多陌生而可能会对孩子有不良影响的人，会遇到孩子从未经历过的对他们身心有害的事件。家长应该让自己的孩子有能力对这些加以研究分析，最终有自己的判断力。倘若把孩子封闭起来，不让他们和社会接触，就不可能达到这个目的。所以，适当地让自己的孩子和各种各样的人交往，这在情在理，不过，要经常加以监督。

第三个道就是王阳明所提到的“慎”。人生得一知己足矣，但这不符合人是社会的动物这一命题。人既然是社会的动物，就肯定会结交各种朋友，但结交是结交，深交是深交，知己是知己。一定要把那些酒肉朋友请出自己的朋友圈，而请出的办法不过是，你自己首先应该不是酒肉之徒。

值得注意的是，该族箴中提到的一个典故“车笠之盟”。据说古代吴越一带风俗淳朴，凡初次同人交往，就封土坛，拿出鸡犬等作为祭品，向天祷告说:“卿虽乘车我戴笠，后日相逢下车揖;我步行，君乘马，他日相逢君当下。”在优美的祷告词中，人们希望友情天长地久，不因再次见面后地位发生了变化而变化。

这是虚幻的理想，所以很难成真。人因为地位的变化而改变从前友谊的事太多，唯一的办法就是，一旦你的朋友地位比你高了，那你就尽量不要去找人家，回顾友谊。过去的事，就让它过去，须知，朋友也是讲门当户对的。

厚待亲邻：《姚江王氏族箴·厚亲邻》

原文

亲以共休戚，邻以助守望，皆人生应有之事。然或以贫富之互形而势同冰炭，或因一言之偶拂而视若寇雠，一旦变生意外，谁为手援？故居家之道，不可无穷亲眷往来，不可无正经人交易。欲一言以蔽之，莫如存厚。

译文

亲人之间应该休戚与共，邻里之间应该互相帮助关照，这都是每个人应做的事。但有人以贫困、富贵的不同而造成水火不容，或者由于一句有口无心的话语产生隔膜而变成仇敌，一旦发生变故，还会有谁伸出救援之手呢？因此，居家的道理就是，要和贫穷的亲戚来往，同守道义的人交易。用一句话来概括就是，要拥有厚道之心。

评析

关于亲情，王阳明最有发言权。1502年，他在老家浙江余姚的一个山洞中修习导引术，品读佛经。这并非他的目的，他的目的在导引术和佛经之外，也就是当初在九华山一直追寻的目标：远离红尘，成仙成佛。1502年，王阳明已三十一岁。二十多年的追寻，二十多年的苦闷，足以让他把红尘俗世抛到脑后。他在静坐中想了很多，建功立业没有平台，又不能突破理学的大山而寻到成为圣贤的钥匙，文学家的迷梦又被他亲手刺破。他此时唯一的精神支柱只有佛道。

佛道的确能解脱他的苦恼，终止他迷茫的前半生，只要他能放弃一切。但是，他还有个心结，这就是他的家人，尤其是他的父亲。毕竟，他是个儒家知识分子，儒家提倡的第一道德就是孝，他说服不了自己的心去违背这一道德。

有一天，他在静坐修行导引术时，突然“看见”几位朋友正在来拜访他的路上。他让仆人去迎接，朋友得知原委后，大惊小怪道：“您真是神人啊！”

王阳明却叹口气道：“这是簸弄精神，毫无意义。”

就在朋友们大惊小怪的几天后，王阳明从禅宗静坐中猛然睁眼，眼神坚定地说道：“亲情与生俱来，如真能抛弃，就是断灭种性！”他站起来，走出山洞，深呼一口气，外面的空气如黄金，一片灿烂。他和佛教说了再见。

第二年，他到杭州游玩，听到一座寺庙中有个和尚，不听不闻，不言不语，已禅坐三年。若是从前，王阳明必会热血沸腾，狂奔而去见这位高人。但现在，王阳明已看透佛教，他慢悠悠地去了那座寺庙，脸上挂着不怀好意的笑。

那个和尚正在禅坐，正如传说中的一样，像尊大理石雕像。王阳明平静地绕着和尚转了几圈，脸上似笑非笑。最后，他在和尚面前站住，盯准了和尚的秃头，突然大喝一声："咳！你这和尚终日口巴巴说甚么！终日眼睁睁看甚么！"

和尚三年来明明一句话未说，一只眼未睁，王阳明却说和尚"口巴巴说什么""眼睁睁看什么"，这就是禅宗和尚们所说的禅机。禅机，就是用含有机要秘诀的言辞、动作或事物来暗示教义，让接收方触机领悟。

不愧是坐了三年的和尚，这禅机被他瞬间领悟，他睁开眼，眼前是一片金光四射的世界，非常刺眼。眼前有个人，正盯着他的脑门看。

他要张嘴，王阳明却制止了他，因为他知道，自己的话已经撬开了和尚的榆木脑袋。

"你家里还有什么人？"

和尚回答："还有老娘在。"

"想念她吗？"

和尚不语，两眼已湿润。长久的沉默后，和尚叹口气，以愧疚的语气说道："怎能不想念啊。"

王阳明长出一口气，丝毫没有搞定了和尚的欣喜，而是颇为沉重地向和尚摆手道："回去吧，你老母需要你。"

第二天，和尚迈开年久未用的双腿离开寺庙，回家孝顺母亲去了。

中国传统道德的底线是针对父母的孝，由父母延伸到其他亲人身上，就是仁。王氏家训认定，必须要以一颗仁厚的心善待亲人，才能做到休戚与共。其实，亲人之间，不仅仅有血缘关系，长期生活在一起，感情逐渐加深，自然会有与其他人不同的感情。这也就是为什么要对亲人仁厚。

至于邻里，由于他们是除亲人外离我们最近的人群，所以也应该以一颗仁厚的心对待。在王阳明的心学世界中，心外无理，只有用心，才有理的出现。我们对待亲人、邻里也正是这一思路，只有用仁厚的心对待他们，才能出现他们所偿还的以仁厚的心对待我们的理。

双方是互相发生感应的，这也正是王阳明心学万物一体之仁世界观的基本呈现。

让人洗心革面的宝典：《告谕浰头巢贼》

原文

本院巡抚是方，专以弭盗安民为职，莅任之始即闻尔等积年流劫乡村，杀害良善，民之被害来告者，月无虚日。本欲即调大兵剿除尔等，随往福建督征漳寇，意待回军之日剿荡巢穴。后因漳寇即平，纪验斩获功次七千六百有余，审知当时倡恶之贼不过四五十人，党恶之徒不过四千余众，其余多系一时被胁，不觉惨然兴哀。因念尔等巢穴之内，亦岂无胁从之人。况闻尔等亦多大家子弟，其间固有识达事势，颇知义理者。自吾至此，未尝遣一人抚谕尔等，岂可遽尔兴师剪灭；是亦近于不教而杀，异日吾终有憾于心。故今特遣人告谕尔等，勿自谓兵力之强，更有兵力强者，勿自谓巢穴之险，更有巢穴险者，今皆悉已诛灭无存。尔等岂不闻见？

夫人情之所共耻者，莫过于身被为盗贼之名；人心之所共愤者，莫甚于身遭劫掠之苦。今使有人骂尔等为盗，尔必怫然而怒。尔等岂可心恶其名而身蹈其实？又使有人焚尔室庐，劫尔财货，掠尔妻女，尔必怀恨切骨，宁死必报。尔等以是加人，人其有不怨者乎？人同此心，尔宁独不知？乃必欲为此，其间想亦有不得已者，或是为官府所迫，或是为大户所侵，一时错起念头，误入其中，后遂不敢出。此等苦情，亦甚可悯。然亦皆由尔等悔悟不切。尔等当初去后贼时，乃是生人寻死路，尚且要去便去；今欲改行从善，乃是死人求生路，乃反不敢，何也？

若尔等肯如当初去从贼时，拼死出来，求要改行从善，我官府岂有必要杀汝之理？尔等久习恶毒，忍于杀人，心多猜疑。岂知我上人之心，无故杀一鸡犬，尚且不忍，况于人命关天？若轻易杀之，冥冥之中，断有还报，殃祸及于子孙，何苦而必欲为此？我每为尔等思念及此，辄至于终夜不能安寝，亦无非欲为尔等寻一生路。惟是尔等冥顽不化，然后不得已而兴兵，此则非我杀之，乃天杀之也。今谓我全无杀尔之心，亦是诳尔；若谓我必欲杀尔，又非吾之本心。尔等今虽从恶，其始同是朝廷赤子。譬如一父母同生十子，八人为善，二人背逆，要害八人。父母之心须除去二人，然后八人得以安生。均之为子，父母之心何故必欲偏杀二子？不得已也。吾于尔等，亦正如此。若此二子者一旦悔恶迁善，号泣投诚，为父母者亦必哀悯而收之。何者？不忍杀其子者，乃父母之本心也。今得遂其本心，何喜何幸如之？吾于尔等，亦正如此。

闻尔等辛苦为贼，所得苦亦不多，其间尚有衣食不充者。何不以尔为贼之勤苦精力，而用之于耕农，运之于商贾，可以坐致饶富而安享逸乐，放心纵意，游观城市之中，优游田野之内。岂如今日，担惊受怕，出则畏官避仇，入则防诛惧剿，潜形遁迹，忧苦终身；卒之身灭家破，妻子戮辱，亦有何好？尔等好自思量，若能听吾言改行从善，吾即视尔为良民，抚尔如赤子，更不追咎尔等既往之罪。如叶芳、梅南春、王受、谢钺辈，吾今只与良民一概看待，尔等岂不闻知？尔等若习性已成，难更改动，亦由尔等任意为之；吾南调两广之狼达，西调湖、湘之土兵，亲率大军围尔巢穴，一年不尽至于两年，两年不尽至于三年。尔之财力有限，吾之兵粮无穷，纵尔等皆为有翼之虎，谅亦不能逃于天地之外。

呜呼！吾岂好杀尔等哉？尔等苦必欲害吾良民，使吾民寒无衣、饥无食、居无庐、耕无牛、父母死亡、妻子离散。吾欲使吾民避尔，则田业被尔等所侵夺，已无可避之地；欲使吾民贿尔，则家资为尔等所掳掠，已无可贿之财。就使尔等今为我谋，亦必须尽杀尔等而后可。吾今特遣人抚谕尔等，赐尔等牛酒银两布匹，与尔妻子，其余人多不能通及，各与晓谕一道。尔等好自为谋，吾言已无不尽，吾心已无不尽。如此而尔等不听，非我负尔，乃尔负我，我则可以无憾矣。呜呼！民吾同胞，尔等皆吾赤子，吾终不能抚恤尔等而至于杀尔，痛哉痛哉！兴言至此，不觉泪下。

译文

本老爷我以弭道安民为职，一到任就有良民来告你们，川流不息，不舍昼夜。听到你们的恶行后，我原本下定决心，在征剿詹师富时顺便统率大军剿灭了你们。可是平完漳寇（詹师富），斩获七千六百余，经审理后得知，首恶不过四五十人，党恶之徒不过四千余，其余的都是一时被威逼利诱而落草为贼，我不禁惨然于心。于是想到你们当中，必有被威逼利诱之人。访知你们多是大家子弟，其中肯定有明大理的。我从来没有派一人去抚谕，就兴师围剿，近乎不教而杀，日后我必后悔。所以，特派人向你们说明，不要以为有险可凭，不要觉得你们人多势众，比你们强大的都已被我消灭了，你们看不到吗？

人最耻辱的事，就是被人称为盗贼；人最咬牙切齿的事，就是被人劫掠。如果有人骂你们是盗贼，你们必大怒。这说明你们也以做盗贼为耻，那为何要做打家劫舍这类被人痛恨的事呢？若有人抢夺你们的财物和老婆，你们也必愤恨报复，将心比心，你们为什么又抢别人的财物和老婆呢？我也知道，你们或为官府所逼，或为富人所侵，一时错起念头，误入歧途。此等苦情，甚是可悯。但你们走到今天这一步，还是悔悟之心不笃实，不能毅然改邪归正。你们当初是生人寻死路，尚且要去便去；现在改行从善，死人寻生路，反而不敢，为什么？

如果你们把当初去做盗贼的勇气用来改过自新，我怎么会有必杀你们之理？你们久习恶毒，忍于杀人，心多猜疑，无法理解我无故杀一鸡犬尚且不忍，若轻易杀人，必有报应，殃及子孙，我何苦做这种丧尽天良之事？我常常替你们着想，寝食难安，无非为你们找一条生路。

但是，若是你们冥顽不灵，逼我兴兵去剿，便不是我杀你们，而是老天杀你们。现在若说我全无杀你们的心思，那也是忽悠你们；若说我必欲杀你们，可不是我本意。你们还是朝廷赤子。譬如一父母同生十子，二人背逆，要害那八个。父母须得除去那两个，让那八个安生。都是自己生养的，做父母的为何偏偏要杀掉那两个孩子，实在是不得已啊！我与你们也正是如此。若这两个悔悟向善，为父母者必哀怜收之。为什么？不忍杀其子，是可怜天下父母心也。如果你们能体谅父母之心，改过从善，真是大欢喜和幸运的事。我之于你们，正是如此心。

你们辛苦为盗，刀口上过日子，可所得利润几多，你们自己知道，你们当中也有常为衣食而焦虑的。何不用为贼的勤苦精力，来用之于种地、做个小买卖，过正常的舒坦日子。何必像现在这样担惊受怕，出则畏官避仇，入则防诛惧剿，像鬼一样潜形遁迹，忧苦终身，最后还是身灭家破。何苦来哉？我对新抚之民如对良民，让他们安居乐业，既往不咎，你们已经听说。你们若是不出来，我就南调两广之狼兵，西调湖、湘之土兵，亲帅大军围剿你们，一年不尽剿两年，两年不尽三年，我就是跟你们耗上了。你们财力有限，到时弹尽粮绝，谁也无法逃出生天！

不是我非要杀你们不可，是你们使我良民寒无衣、饥无食、居无房、耕无牛。想让他们躲避你们，他们就失去了田业，已无可避之地；让他们贿赂你们，家资已被你们掠夺，已无行贿之财。就是你们为我谋划，也必须杀尽你们而后可。现在我送去的东西不够你们大家分，你们都看看我这篇告示吧。我言已无不尽，心已无不尽。如果你们还不听，那就是你们辜负了我，而不是我对不起你们，我兴兵可以无憾矣。民吾同胞，你们皆是我之赤子，我不能抚恤你们而至于杀你们，痛哉痛哉！行笔至此，不觉潸然泪下。

评析

在进入正题前，先看一个发生在春秋时的故事。这个故事发生在卫国，卫庄公的大老婆庄姜没有儿子，小老婆生了个儿子后去世，庄姜就把这个别人的儿子当成了自己的儿子看待。

卫庄公还有个小老婆生了个儿子叫州吁，州吁特别伶俐，卫庄公非常喜欢他。自然，庄姜就特别讨厌他。

大臣石碏（què）就对庄公说："我听说疼爱孩子，应用正当的道理去教导他，不要让他走上邪路。骄横、奢侈、淫乱、放纵，是导致邪恶的四种毛病。这四种毛病的产生，是由于给他的宠爱和俸禄都过了头。国君如果要立州吁为太子，那就确定他的地位；如果还没有拿定主意，就等于是逐步地引导他走向祸乱。大凡受到宠爱而能不骄横，骄横而能安于地位下降，地位下降而能不产生怨恨，产生怨恨而能够克制的人，都是凤毛麟角。而且，低贱妨害高贵，年轻欺凌年长，疏远离间亲近，新进离间故旧，弱小压迫强大，淫邪败坏道义，这是六种逆天理之事；国君行事得当，臣子奉行君命，父亲慈爱儿子，儿子孝顺父母，兄长爱护弟弟，弟弟敬爱兄长，这是六种顺天理之事。背离顺理的事而效法逆理的事，这就是使祸患很快降临的原因。作为统治民众的君主，应该尽力除去祸患，您却让祸患很快降临，恐怕不能这样吧！"

这是一套春秋版的贵族家教，遗憾的是，卫庄公充耳不闻。

石碏说完这套大道理见国王未加理会，就跑回家教训儿子石厚："你少和州吁交往，他不是好人，你跟他交往，就等于一条腿迈进了鬼门关。"

石厚不明白老爹在说什么，依然保持和州吁的密切关系。

卫庄公死后，庄姜的继子即位，是为卫桓公。几年后，州吁干掉了哥哥卫桓公，自己做了国王，和他关系密切的石厚也富贵满堂。

州吁当上国王后，想设法安定君位，于是把这个重任交给石厚。石厚没有脑子，就去请教老爹。

老爹石碏就含泪说道：“朝见周天子就能够安定君位了。”

石厚发现老爹在哭，也没问为什么，却迫不及待地问：“用什么办法能朝见周天子呢？”

石碏老泪纵横地回答：“陈桓公正受周天子的宠信，陈国和卫国关系很密切，如果去朝见陈桓公，让他向周天子请求，此事可成。”

石厚兴奋不已，屁颠颠地带着州吁去陈国。

而他老爹石碏抢先派人告诉陈国说：“卫国国土狭小，我老头子老了，不能干什么了。这两个人，正是杀死了我国国君的凶犯，请趁此机会想法处置他们。”

陈国人立即把自投罗网的二人抓了起来，卫国派人到陈国，砍了二人的脑袋。

直到脑袋即将搬离脖子时，石厚才恍然大悟老爹何以有那么多泪水。

讲这个故事，似乎和王阳明先生的《告谕浰头巢贼》毫无干系，甚至是，《告谕浰头巢贼》和王阳明先生的家教也无瓜葛。其实，这是支离了。

《告谕浰头巢贼》是王阳明对占据浰头盗贼的一封荡气回肠的劝诫信。王阳明把自己当成父亲，把那些盗贼当成是十足的儿女，谆谆教诲，循循善诱。就如面对犯了错误却又不肯悔改的儿女：你做错事现在悔改还来得及，你悔改了仍是我的儿女；我也知道你做了这样的错事，不是个人的问题，而是有人诱导你，可如果你不悔改，那我也只能大动肝火，胖揍你一顿了；然而，打在你身，疼在我心，你这是最大的不孝，你的身体受到了我的损害，而你又伤了我的心。

石碏用实际行动验证了家教中最极端的一面：对死不悔改的儿女，强力弹压是唯一的办法。

中国民谚讲，虎毒不食子。还有格言说，可怜天下父母心。其实这两句格言都是良知被蒙蔽了。一个人如果十恶不赦，并不肯放下屠刀，你根本毫无办法，唯一的办法只能效仿石碏。王阳明后来对浰头盗贼池仲容等人的态度也是痛下杀手，未留半点私情。

不过，这只是没有办法的办法。王阳明还是坚信人皆有良知，使有罪恶的人感应到良知的存在，并致良知，终会达到圆满的结局。

从家教的角度来看《告谕浰头巢贼》的良苦用心，王阳明时时处处都在为犯错的人着想，想着他们所犯的错是外来的威逼利诱；想着他们纵然做盗贼，也无法糊口；想着他们每日都被人骂而心神不宁；等等。

这就是悲天悯人的圣贤情怀，也是中国可怜天下父母的心！

以和为贵：《告谕庐陵父老子弟》

原文

庐陵文献之地，而以健讼称，甚为吾民羞之。县令不明，不能听断，且气弱多疾。今与吾民约，自今非有迫于躯命，大不得已事，不得辄兴词。兴词但诉一事，不得牵连，不得过两行，每行不得过三十字。过是者不听。故违者有罚。县中父老谨厚知礼法者，其以吾言归告子弟，务在息争兴让。

呜呼！一朝之忿，忘其身以及其亲，破败其家，遗祸于其子孙。孰与和巽自处，以良善称于乡族，为人之所敬爱者乎？吾民其思之。

今灾疫大行，无知之民，惑于渐染之说，至有骨肉不相顾疗者。汤药馇粥不继，多饥饿以死，乃归咎于疫。夫乡邻之道，宜出入相友，守望相助，疾病相扶持。乃今至于骨肉不相顾。县中父老岂无一二敦行孝义，为子弟倡率者乎？

夫民陷于罪，犹且三宥致刑。今吾无辜之民，至于阖门相枕藉以死。为民父母，何忍坐视？言之痛心。中夜忧惶，思所以救疗之道，惟在诸父老劝告子弟，兴行孝弟。各念尔骨肉，毋忍背弃。洒扫尔室宇，具尔汤药，时尔饘粥。贫弗能者，官给之药。虽已遣医生，老人分行乡井，恐亦虚文无实。父老凡可以佐令之不逮者，悉已见告。有能兴行孝义者，县令当亲拜其庐。凡此灾疫，实由令之不职，乘爱养之道，上干天和，以至于此。县令亦方有疾，未能躬问疾者，父老其为我慰劳存恤，谕之以此意。

谕告父老，为吾训戒子弟，吾所以不放告者，非独为吾病不任事。以今农月，尔民方宜力田，苟春时一失，则终岁无望，放告尔民将牵连而出，荒尔田亩，弃尔室家，老幼失养，贫病莫全，称贷营求，奔驰供送，愈长刁风，为害滋甚。昨见尔民号呼道路，若真有大苦而莫伸者。姑一放告，尔民之来讼者以数千。披阅其词，类虚妄。取其近似者，穷治之，亦多凭空架捏，曾无实事。甚哉，尔民之难喻也，自今吾不复放告。尔民果有大冤抑，人人所共愤者，终必彰闻，吾自能访而知之。有不尽知者，乡老据实呈县。不实，则反坐乡老以其罪。

自余宿憾小忿，自宜互相容忍。夫容忍美德，众所悦爱，非独全身保家而已。嗟乎！吾非无严刑峻罚以惩尔民之诞，顾吾为政之日浅，尔民未吾信，未有德泽及尔，而先概治以法，是虽为政之常，然吾心尚有所未忍也。姑申教尔，申教尔而不复吾听，则吾亦不能复贷尔矣。尔民其熟思之，毋遗悔。

借办银两，本非正法。然亦上人行一时之急计，出于无聊也。今上人有急难，在尔百姓，亦宜与之周旋，宁忍坐视不顾？又从而怨詈讪讦之，则已过矣。夫忘身为民，此在上人之自处。至于全躯保妻子，则亦人情之常耳。尔民毋责望太过。吾岂不愿尔民安居乐业，无此等骚扰事乎？时势之所值，亦不得已也。今急难已过，本府决无复行追求之理。此必奸伪之徒，假府为名，私行需索。自后但有下乡征取者，尔等第与俱来，吾有以处之。毋遽汹汹！

今县境多盗，良由有司不能抚缉，民间又无防御之法，是以盗起益横。近与父老豪杰谋，居城郭者，十家为甲；在乡村者，村自为保。平时相与讲信修睦，寇至务相救援。庶几出入相友，守望相助之义。今城中略已编定，父老其各写乡村为图，付老人呈来。子弟平日染于薄恶者，固有司失于抚缉，亦父老素缺教诲之道也。今亦不追咎，其各改行为善。老人去，宜谕此意，毋有所扰。

今天时亢旱，火灾流行，水泉枯竭，民无屋庐，岁且不稔。实由令之不职，获怒神人，以致于此。不然，尔民何罪？今方斋戒省咎，请罪于山川社稷。停催征，纵轻罪。尔民亦宜解讼罢争，息心火，无助烈焰。禁民间毋宰杀酗饮。前已遣老人遍行街巷，其益修火备，察奸民之因火为盗者。县令政有不平，身有缺失，其各赴县直言，吾不惮改。

昨行被火之家，不下千余，实切痛心。何延烧至是？皆由衢道太狭，居室太密，架屋太高，无砖瓦之间，无火巷之隔。是以一遇火起，即不可救扑。昨有人言，民居夹道者，各退地五尺，以辟衢道，相连接者，各退地一尺，以拓火巷。此诚至计。但小民惑近利，迷远图，孰肯为久长之虑，徒往往临难追悔无及。今与吾民约，凡南北夹道居者，各退地三尺为街；东西相连接者，每间让地二寸为巷。又间出银一钱，助边巷者为墙，以断风火。沿街之屋，高不过一丈五六，厢楼不过二丈一二。违者各有罚。地方父老及子弟之谙达事体者，其即赴县议处，毋忽。

昨吴魁昊、石洪等军民互争火巷，魁昊等赴县腾告，以为军强民弱已久。在县之人，皆请抑军扶民。何尔民视吾之小也？夫民吾之民，军亦吾之民也。其田业吾赋税，其室宇吾井落，其兄弟宗族吾役使，其祖宗坟墓吾土地，何彼此乎？今吉安之军，比之边塞虽有间闲，然其差役亦甚繁难，月粮不得食者半年矣。吾方悯其穷，又可抑乎？今法度严厉，一陷于罪，即投诸边裔，出乐土，离亲戚，坟墓不保其守领，国典具在，吾得而绳之，何强之能为？彼为之官长者，平心一视，未尝少有同异。而尔民先倡为是说，使我负愧于彼多矣。今姑未责尔，教尔以敦睦，其各息争安分，毋相侵陵。火巷吾将亲视，一不得，吾其罪尔矣。诉状诸军，明早先行赴县面审。

谕告父老子弟，县令到任且七月，以多病之故，未能为尔民兴利去弊。中间局于时势，且复未免催科之扰。德泽无及于民，负尔父老子弟多矣。今兹又当北觐，私计往返，与父老且有半年之别。兼亦行藏靡定，父老其各训诫子弟，息忿罢争，讲信修睦，各安尔室家，保尔产业，务为善良，使人爱乐，勿作凶顽，下取怨恶于乡里，上招刑戮于有司。呜呼！言有尽而意无穷，县令且行矣，吾民其听之。

译文

庐陵人杰地灵，却以擅长诉讼闻名，让我备感寒心。我这个新庐陵县令，头脑不灵光，判不了那么多诉讼，而且身体也差。今天，我就和诸位约定一下，自今天起，不是类似性命攸关的大事，不要诉讼。诉讼的文字，要言简意赅，不能超过两行，每行不得超过三十个字。凡是违反这规定的，你有多大的冤屈，我也不受理。如果第二次违规，那就要受到处罚。县中父老有谨慎忠厚知道礼法的，把我的话带回你们的家乡，务必平息诉讼，兴起礼让之风。

呜呼！一时的气愤，忘了自己和家人的安危，情况严重的话，还会遗祸子孙。哪个人能以谦让恭顺要求自己，以良善闻名于乡，不会为人所敬爱？你等要仔细思考啊。

现在瘟疫横行，无知的人，受人蛊惑，担心被传染，竟然抛弃骨肉。得病的人不死于病，却因无人照顾而饿死，你们又将他们的死因归于瘟疫。乡里乡亲之道，就是该守望相助，遇到类似瘟疫的危难时更应互相扶持。可现在，竟然抛弃骨肉于不顾。县城中，怎么可能没有行孝义的人，怎么可能没有倡导行义的人呢？

远古时代，有人犯错，做官的还要给他三次机会。现在庐陵县无辜百姓，全家枕藉而死的不计其数。身为父母官，于心何忍？说起来心如针扎似的痛。半夜三更忧惶不已，无法入睡，思考救疗百姓之道，最终我只有一个办法：希望有大德之士劝告百姓，践行“孝悌”美德。念在亲情的分上，不可互相抛弃。打扫你们的房屋，开窗通风，给生病的亲人喂药吃饭。贫穷不能买药的，官府可以救济。我虽已派出医生，但恐很难落实，乡亲们只要发现有医生不务正业，即可报告官府，本老爷将治其重罪。有能践行“孝悌”美德的人，本老爷当登门拜访，树立标杆。这场瘟疫闹得这么大，实在是官员失职。我初到也感染了疾病，不能去慰问灾民，希望父老乡亲们原谅我。

请父老乡亲们，为我训诫你们的子弟，我现在未受理案件，不仅是因为我生病而无法工作。此时正是春耕之时，你们应赶紧干农活。如果把春天浪费，这一年就无望了。

你们一打官司，几乎是扶老携幼全族上阵，荒废了农田，放弃了家室，老幼无人照管，贫病之人，坐以待毙。另外，就是滋长了官场贪污之风，为害无穷。就在昨天，我于半路上被大批百姓拦截，他们哭天抢地，其神情似乎有莫大的冤屈。我就让他们来投状子。可看了几份后，我就明白了，这些人为了点芝麻蒜皮的小事，故弄玄虚，虚张声势，没有一个状子上写的事是实情。这简直太过分了，百姓真是不可理喻，从此后，我拒不接收这种官司。你等若真有大冤屈，不必来打官司，我肯定能听说。如果还有我不知道的，当地乡村德高望重的人可单独向我来报告。不过，如果报告不实，那向我报告的人也要受牵连。

其实，人与人之间应该消解小愤怒，互相包容。容忍这种美德，是众人都喜欢的，它可不仅仅是全身保家而已。唉！我不是没有严刑峻法来惩治那些胡乱打官司的人，我只是碍于做县官不久，还未有恩德给你们，就以峻法对待你们，这虽是很多官员的做派，但我对你们还是有点于心不忍。所以先把我的心声告诉你们，倘若你们还不听，那我绝不轻饶。你等须谨慎从事，不要做出让自己后悔的事情来。

官府向民间借贷，本来不是正规渠道，是一时救急。现在官员有急难，作为百姓，也该救人所急，怎么可以坐视不顾？甚至还攻击责骂，恐怕就有点过分了。本来不顾自己一心为民，是官员应该做的，但保全自己的身家性命，也是人之常情。你们百姓也别过于苛责。我何尝不希望你等安居乐业，不受骚扰，也是不得已啊！现在急难已过，我决不会再来向你们征收，必是奸伪之人假借官府的名义，此后如果还有人下乡征收，你等马上报官，我来处置，你们不要再不依不饶！

现在，庐陵县多有盗匪，官府无法缉拿，民间又没有防御他们的办法，盗贼由此更多。最近和地方上的父老豪杰商量了一下，决定这样，居住在城里的，十家为甲；居住在乡村者，一村为一保。平时，大家要讲诚信修和睦，盗贼来了，务必要互相救援。经过一段时间的工作，城中已编定完毕，乡村中的父老将村中情形编为图纸，呈交官府。乡村中有些顽劣少年，固然是平日受习气所染，但村中父老也有教诲不到的责任。我不想追究这些事，希望你们都改过从善，不要再犯。

现在，天气炎热，大旱无雨，泉水枯竭，百姓无居住之地，庄稼颗粒无收。实在是做官的失职而触怒上天，以至于此。如果不是这样，百姓有什么罪过，要受这种惩罚？我现在正斋戒反省，向山川社稷请罪，停止征收赋税。希望能减轻我们做官的罪过，让老天放过百姓。这种流金铄石之时，你等还是放弃诉讼，平息争斗，灭了心中那团火吧。

谈到火，前段时间发生了一场让人痛心的火灾，昨天我去灾后现场，一片狼藉，让人伤心不已。一家起火，绵延千家，怎会如此？我认为，都是街道太狭窄、房屋密集，没有砖瓦阻隔，也没有专业的火巷。所以一有火起，就不可能扑救。昨天有人出主意说，各房屋之间的道路都向后退五尺，使其宽敞，房屋有连接的，各退地一尺，以成火巷。这是很好的办法。但百姓都有小民意识，眼光浅薄，没有人会高瞻远瞩，一旦发生了灾难才后悔不及。现在我就和诸位约定，凡是南北夹道居者，各退地三尺为街；东西相连接者，每间让地二寸为巷。又每间出银一钱，助边巷者为墙，以断风火。沿街之屋，高不过一丈五六，厢楼不过二丈一二。违者罚款。诸位父老，请互相告之。

昨日听到这样一种论调：希望降低军队的待遇，把挤压出来的钱救济百姓。简直岂有此理！百姓是我的百姓，军人也是我的百姓。他们也要交税纳粮，凭什么要降低他们的待遇？况且，我所知道的此处军队，差役多如牛毛，官府还拖欠他们的月粮已达半年。我正在怜悯他们贫穷，怎么可能降低他们的待遇？现在法网严密，一获罪就会被投入边地从军，背井离乡，妻离子散，国家在军人待遇方面有明文规定，怎么可能强行压制？现军官们眼中并无军民之别，而你们百姓先提出这样的说法，让我在军官们面前心怀愧疚啊！诸百姓不可再有这种念头！

和诸位父老说一下，本官到任已七个月，因身体原因，没有及时为你们谋福利。其间有些事情，做得还欠周详，希望诸位不要埋怨。我即将离开此地，和你分别可能有半年之久，有一事相告：诸位应以和为贵，不要争强斗胜，乱打官司。好好过日子，做个善良之人。让别人都喜欢你，万不可让别人都厌恶你。唉！言有尽而意无穷，本老爷要走了，你等对我的话要好好品味，好自为之。

评析

1510年阴历三月，王阳明到江西吉安庐陵县做县令。此地民风刁悍，把诉讼当成行为艺术。县衙门口，每天都如菜市场般热闹。王阳明抵达后不久，就发布了这道公告，中心思想只有一个：禁止滥诉。百姓应以和为贵，互助互利，而不是整日钩心斗角，你攻击我，我伤害你。

和为贵，是中国传统儒家倡导的道德实践原则。出自《论语·学而》:“礼之用，和为贵。”就是说，礼的作用，贵在能够和顺。具体而言就是，按照礼来处理事情，就是要人和人之间的各种关系都能够恰到好处，都能够调解适当，使彼此都能融洽。孔子他老人家认为，从前那些明君圣王，在调整人和人关系中最关键的，就在于能使人们之间能够根据礼的要求，做到和达到和谐之境。

不仅仅是百姓之间，家族之间，同样如此。这道《告谕庐陵父老子弟》中的思想精华放在家族中，更恰到好处。

家族和睦，无他，只是人与人之间和谐共处而已。如果每个人都在攻击别人，每个人都想去家长那里告别人一状，那这个家族必定鸡犬不宁。

王阳明家训的最主要内容是每个家族成员都该致良知，而致良知的目的无非在家族中树立一个字“和”，嵌入家族一种信念“和为贵”。

按王阳明“知行合一”的理论，“和”不能只是谈，而要切实做。但每个人的良知光明程度不同，所以做到的分量也有轻重之别。中国人的聪明就在于，会把一种口号、文化树立载体，以这种载体来强化这一口号和文化。

中国古代家庭和文化有一种载体就是居住环境，最典型自然的就是北方的四合院。

四合院的构成和空间组合遵循的是中国传统文化中的阴阳哲学，其四周由房舍相围合，构成了外“实”内“虚”的阴阳关系。门屋和正堂，再配以两厢，则是主次的阴阳关系。

房屋和房屋围合成的露天空地称为“天井”，意为通天接地。四合院的天井上通天，纳气迎风；下接地，除污去秽，让居住环境不断新陈代谢，循环流转，吐故纳新。

在这一天地中，若要和，首先就是要各安其位，也就是家庭每个成员不能越位，不可有非分之想。比如正房只能住主人，厢房只能住子女。当把四合院大门关起来后，一个自成体系的“小天地”诞生了，它避开了城市的喧哗，有利于大集体小自由的居住方式，为“和”精神的调剂提供了便利的空间条件。

2016年年初，中国政府出台法令，会陆续拆除小区围墙，原则上是为了疏解交通，实际上，这是希望整个国人都从封闭状态下走出，互相沟通，达到“和”的境界。整个中国就是个四合院，人们在这个超级庞大的四合院中，与天地和，与人和。

我们很容易就可注意到，中国古代家族都喜欢居住在一起，王阳明本人也是如此。新建伯爵府建成后，他把七大姑八大姨都请到府中居住，所以伯爵府里人来人往，喧声鼎沸，好不热闹。按他的理想，每个人如果能致良知，和和气气，这个大家族就能和和美美。推而广之，家庭如斯，家族如斯，国家如斯，天下也该如斯。

最后，我们以一个大家耳熟能详的故事结束本节。这个故事的名字叫“六尺巷”，主人公是清朝康熙年间大学士张英。有一天，他收到家信，家人说：“邻居太不是东西，和咱们家争地，他不知道咱家上面有人吗？你赶紧让他们知道咱家的厉害！”

张英看完信，一笑，取笔写下一首打油诗：

千里修书只为墙，让他三尺又何妨？

万里长城今犹在，不见当年秦始皇。

家人接信后，良知顿现，就让出三尺宅基地。邻居一见，也发现了良知，也主动相让，结果两家院墙之间成为六尺巷。

和为贵，只要你和别人和和气气，不争不斗，就能得到意想不到的收获。

全书完

读客®

激发个人成长

多年以来，千千万万有经验的读者，都会定期查看熊猫君家的最新书目，挑选满足自己成长需求的新书。

读客图书以“激发个人成长”为使命，在以下三个方面为您精选优质图书：

1. 精神成长

熊猫君家精彩绝伦的小说文库和人文类图书，帮助你成为永远充满梦想、勇气和爱的人！

2. 知识结构成长

熊猫君家的历史类、社科类图书，帮助你了解从宇宙诞生、文明演变直至今日世界之形成的方方面面。

3. 工作技能成长

熊猫君家的经管类、家教类图书，指引你更好地工作、更有效率地生活，减少人生中的烦恼。

每一本读客图书都轻松好读，精彩绝伦，充满无穷阅读乐趣！